38

5/88

GEORGES BATAILLE
ŒUVRES COMPLÈTES
XII

GEORGES BATAILLE

ŒUvres complètes

XII

Articles 2
1950-1961

GALLIMARD

Il a été tiré de ce tome douzième des Œuvres Complètes de Georges Bataille trois cent dix exemplaires qui constituent l'édition originale.

ANNÉE 1950

L'existentialisme

Critique [1]

La vogue en France de la philosophie de l'existence n'est pas vieille. Avant *1930,* peu de gens en avaient entendu parler. Je me rappelle le temps où Henry Corbin me fit lire sa traduction de *Qu'est-ce que la métaphysique?* Ceci séduisait dès les premiers aspects de cette nouvelle philosophie (le nom de Heidegger n'avait encore été donné au public français que dans un livre de Gurvitch) : elle était de plain-pied avec la vie ; enfin cet homme-ci, que moi je suis (non cet autre), cet homme dont la vie n'est jamais donnée qu'en puissance et jamais n'est assurée, qui est en jeu dans un continuel débat, cet homme angoissé, cet homme mourant, était substitué à l'être atone de la philosophie scolaire, cette entité en un sens prélevée par une section, sur un temps de vie étale, apaisée, qu'est l'être de la connaissance. Enfin, la sagesse n'était plus le fait de ce temps étranger à la peur et au désir : cela se sentait même dans le ton, celui d'une voix sortant d'une gorge serrée.

Dès ce moment, cette philosophie suscitait avec des réserves une sorte d'enthousiasme un peu triste, un peu déconcerté.

Cela n'alla pas toujours aisément. Corbin porta ce premier texte, très court, à la *Nouvelle Revue Française,* qui le refusa (on m'assura plus tard que Benda s'y était opposé : Benda aurait été logique et il ne pécha jamais par largeur d'esprit). Toutefois une traduction d'Alexandre Koyré eut, à la même époque (en *1930*), un sort un peu moins surprenant : bien entendu, ce ne fut pas la vieille *Revue Philosophique* qui la publia, mais une revue d'esprit avancé, *Bifur.*

Ce qui malgré tout étonnait dans Heidegger était un mélange

de philosophie professionnelle et d'expression de la vie. Ce fut alors que les traductions de Kierkegaard se multiplièrent. Il ne s'agissait plus désormais de juger d'une philosophie sur le contenu. Bien des lecteurs de Kierkegaard n'étaient nullement touchés par des croyances ou des soucis religieux, auxquels ils demeuraient étrangers. Mais les questions de la philosophie étaient évidemment traitées par un homme pris dans sa vie comme dans l'étau, ou plutôt, au discours philosophique succédaient la description minutieuse de l'étau et, sobrement, le cri de l'homme que l'étau étranglait.

De cette façon, la philosophie était en somme réduite à la littérature. C'est soutenable et ce n'est pas indifférent. Peut-être est-ce préférable à l'impuissance du discours sans passion, du discours consciencieux et ennuyeux. Encore si le discours avait apporté d'indéniables résultats... Il n'apportait qu'un jeu dans la cage de l'écureuil : ne devait-on pas s'occuper, plutôt que du vain exercice, de la souffrance de l'écureuil? La souffrance avait du moins l'accent, la dignité, qui manquent péniblement à l'exercice.

Les difficultés toutefois ne pouvaient tarder à devenir sensibles. Cette littérature n'avait pris de sens que dans la mesure où elle devenait philosophie. On lui consacra des travaux... Ils n'étaient pas évitables, ils étaient passionnants. Mais la littérature, si elle est philosophique, marque bien qu'elle ne se suffit pas à elle-même; si elle est philosophique, ce n'est plus qu'un « index » désignant une *absence* de philosophie, qu'est la *vie* seule et nue. Je crois que c'est le sort – et la gloire – des « études kierkegaardiennes » de rester entre deux chaises. Du moins ne donnent-elles à personne la *satisfaction,* par laquelle elles seraient privées de sens.

Quoi qu'il en soit, l'impasse de la philosophie de l'existence est clairement définie par une impossibilité de s'en tenir à elle, eût-elle l'authenticité de Kierkegaard, puisqu'elle s'élabore en forme d'études. Il apparaît vite qu'on ne saurait s'en tenir à Kierkegaard qu'en rêve. Il faudrait « être » Kierkegaard et non le connaître (ce qui pose la question saugrenue, indécente, de la « répétition » du *paradoxe,* dont Kierkegaard faisait la pièce de sa méthode). Quoi qu'il en soit, le rêve de revenir à Kierkegaard est si bien la fatalité de cette philosophie, qu'Emmanuel Levinas put dire de Heidegger qu'il avait du moins le mérite d'avoir fait connaître Kierkegaard. Cette fatalité, évidemment, est à mettre dos à dos avec celle qui imposa à cette philosophie son développement professoral. D'un côté, la mémoire de ce qui n'aurait de sens qu'à une condition : de n'être pas mémoire et explication, mais vie. De l'autre, ouvertement, une tentative pour aller plus loin, pour faire de la philosophie de la vie un édifice égal ou supérieur aux vaines constructions des anciens philosophes.

On ne saurait dénier en particulier à la philosophie de Martin Heidegger, – mais encore à celle de Karl Jaspers, qui ne fut connue en France qu'en second lieu – d'avoir ordonné des perspectives nouvelles et d'avoir prouvé que le recours de la philosophie à l'existence pouvait avoir un sens profond. On pourrait en dire, sans doute, qu'ils ont été, de cette façon, amenés à marquer la limite de la philosophie, dont les édifices grandioses se font peut-être, en partie du moins, au détriment de la vie du philosophe. En effet, celui-ci, par rapport à la vie, ne peut guère espérer plus qu'émettre une lueur lunaire, une lueur de satellite. Mais enfin, ils arrachèrent la philosophie de l'espace, sans lumière et sans ténèbres, sans cris et sans silence, où elle semblait vouloir se situer.

Le cas de Jean-Paul Sartre est un peu différent. D'une génération plus jeune que les philosophes allemands, il rencontra la philosophie de l'existence à l'état professoral. On ne pourrait dire de lui, toutefois, qu'il reflète au second degré la lumière de la vie. On ne pourrait en dire non plus qu'il a repris le chemin de la philosophie classique, à l'encontre du paradoxe. Dans la mesure où la philosophie de l'existence oppose le pur sensible à l'intelligible, sa philosophie procède évidemment du sensible, mais par évasion. L'existence se révèle à lui dans la *nausée*. On ne l'a traité que par une injustice criante de pornographe, alors qu'il dut simplement exprimer la vie physique par les côtés de l'écœurement. Mais non seulement la sensualité, où la sensibilité a le plus grand rôle, le rebute, il est, comme l'écrivit Michel Leiris, dans la préface à *Baudelaire*, plutôt « étranger à la poésie ». S'il réduit, comme le fait le narrateur de *La Nausée*, un objet quelconque, une racine d'arbre, au *pur sensible*, c'est pour dire l'horreur que le pur sensible lui inspire [1].

Il se peut, en effet, que le pur sensible ait pour l'homme quelque chose d'affreux et de détruisant... Mais Sartre se situe encore à l'opposé en ce sens qu'il est lui-même, au plus haut degré, pure intellectualité. Il y a peu d'exemples de facultés intellectuelles mieux développées (au point qu'il en abuse parfois, et s'adonne sans trop de prudence à des jeux de virtuose). Mais le résultat est le plus bizarre du monde : une philosophie de l'existence devenue au bout du compte un jeu intellectuel éperdu, où la passion est réduite à la position intelligible du choix, qui, bien entendu, n'a pas lieu entre l'existence (le pur sensible, la poésie, la vie s'exaspérant) et l'intelligence, mais entre une conduite amorphe et une autre créatrice de principes moraux, qui sont, par hasard, rationnels.

Ce développement est d'autant plus étrange que Sartre donna un nom, l'existentialisme, à la tendance philosophique dont il se réclame, et que l'existentialisme étant la philosophie de Sartre, mais prétendant répondre à la préoccupation de ceux qui aimaient se laisser entraîner par Kierkegaard, le mot devenait, sur la table d'orientation, un sorte de *nord-sud* ou de *point zéro*.

Le paradoxe est d'autant plus grand qu'en même temps se faisait jour, d'une façon moins tapageuse, une tendance philosophique qui donnait à la philosophie de l'existence un tout autre sens, par l'interprétation même de ce Hegel, dont Kierkegaard se voulut pourtant le contraire. Que par la dialectique hégélienne du maître et de l'esclave, la philosophie trouve une sorte de pivot dans l'angoisse devant la mort, – que le maître surmonte et à laquelle succombe l'esclave, – et dont dérivera non seulement l'histoire, qui est la vie, mais par l'histoire la réalité de l'homme et la structure de sa pensée, ce fait pourrait avoir (en particulier en raison de l'importance du marxisme) des conséquences dans le sens d'une synthèse des tendances les plus contraires.

Sans nul doute, la philosophie de Sartre est pleine d'intérêt, mais il est peut-être dommage qu'elle empêche, par la place qu'elle a prise, l'attention de se porter vers une possibilité de la pensée plus vaste et, en fait, plus proche de la vie.

De toute façon, il semble bien que l'aventure devait finir en farce; la plus forte – et la plus inévitable – étant celle qui passe d'une exaspération de la vie individuelle à son anéantissement dans l'impersonnalité de l'être, en même temps du discours achevé au silence définitif; la plus gaie – mais la plus courte –, celle qui assigne à la littérature (pourtant vouée au pur sensible, à l'*existence*), la signification et l'engagement.

GÉRARD DELEDALLE, *L'Existentiel. Philosophies et littératures de l'existence*, Lacoste, 1949. In-16, 292 p.

Ce recueil de « notes » est sous une forme peu rigoureuse, peu complète, une sorte d'encyclopédie, ou plutôt un « panorama analytique des principales philosophies et littératures dites existentialistes » et que l'auteur a de bonnes raisons d'appeler de préférence « existentielles ».

M. Deledalle envisage d'un côté, sous le nom de « transexistentielle », une philosophie qui tend à « restituer à l'individuel concret la place usurpée par l'universel abstrait ». Il s'agit des systèmes de Heidegger, de Jaspers, de Sartre.

Par contre la pensée « praeterexistentielle » suivrait « analytiquement les démarches de l'individu en des circonstances historiques précises ».

Dans ce cadre, M. Deledalle fait entrer Marcel, Camus, Bataille, Unamuno, Berdiaev, Kierkegaard, Nietzsche, Dostoïevski.

Lettre à René Char
sur les incompatibilités de l'écrivain

Botteghe oscure [1]

Mon cher ami,

La question que vous avez posée, « Y-a-t-il des incompatibilités? », dans la revue *Empédocle* * a pris pour moi le sens d'une sommation attendue, qu'à la fin, cependant, je désespérais d'entendre. J'aperçois chaque jour un peu mieux que ce monde, où nous sommes, limite ses désirs à dormir. Mais un *mot* appelle en temps voulu une sorte de crispation, de ressaisissement.

Il arrive maintenant, assez souvent, que le dénouement semble proche : à ce moment un besoin d'oublier, de ne plus

---

* Y a-t-il des incompatibilités? Bien qu'il paraisse assez vain de poser aujourd'hui semblable question, les ressources de la dialectique, si on en juge sur les résultats connus, permettant de répondre favorablement à *tout*, mais favorablement ne signifie pas *véritablement*, Empédocle propose que soit examinée avec attention la question moderne des incompatibilités, *moderne* parce que agissant sur les conditions d'existence de notre Temps, on en conviendra, à la fois louche et effervescent. On affirme sous une grande quantité d'angles que certaines fonctions de la conscience, certaines activités contradictoires peuvent être réunies et tenues par le même individu sans nuire à la vérité pratique et saine que les collectivités humaines s'efforcent d'atteindre. C'est possible mais ce n'est pas sûr. Le politique, l'économique, le social, et quelle morale...

Du moment que des plaintes, des revendications légitimes s'élèvent, des luttes s'engagent et des remèdes sont formulés, ne pensez-vous pas que si le monde actuel doit retrouver une très relative harmonie, sa diversité brasillante, il le devra en partie au fait que pourra être résolu ou tout au moins posé sérieusement le problème des incompatibilités, problème vital, problème de base, comme à plaisir escamoté?

Il y a dans tout homme, on le sait, une goutte d'Ariel, une goutte de Caliban, plus une parcelle d'un amorphe inconnu, mettons, pour simplifier, de charbon, susceptible de devenir diamant si Ariel persévère, ou, si Ariel démissionne, maladie des mouches.

Nous laissons à ceux qui voudront bien nous répondre le soin de préciser le bon sens ou non, la logique ou non de notre question et sa table d'orientation.

Questionnaire maladroit et peu clair, objectera-t-on. Mais c'est de vous, adversaires ou compagnons, que questionnaire et réponses attendent la lumière.

Mai 1950

René Char

réagir, l'emporte sur l'envie de vivre encore... Réfléchir sur l'inévitable, ou tenter de ne plus simplement dormir : le sommeil semble préférable. Nous avons assisté à la soumission de ceux que dépasse une situation trop lourde. Mais ceux qui crièrent étaient-ils plus éveillés? Ce qui vient est si étrange, si vaste, si peu à la mesure de l'attente... Au moment où le destin qui les mène prend figure la plupart des hommes s'en remettent à l'absence. Ceux qui apparaissent résolus, menaçants, sans un mot qui ne soit un masque, se sont volontairement perdus dans la nuit de l'intelligence. Mais la nuit où se couche maintenant le reste de la terre est plus épaisse : au sommeil dogmatique des uns s'oppose la confusion exsangue des autres, chaos d'innombrables voix grises, s'épuisant dans l'assoupissement de ceux qui écoutent.

Ma vaine ironie est peut-être une manière de dormir plus profonde... Mais j'écris, je parle, et ne puis que me réjouir si l'occasion m'est donnée de vous *répondre,* de *vouloir* même, avec vous, le moment de l'éveil, où du moins ne sera plus acceptée cette universelle confusion qui maintenant fait de la pensée même un oubli, une sottise, un aboiement de chien dans l'église.

Qui plus est, répondant à la question que vous avez posée, j'ai le sentiment d'atteindre à la fin l'adversaire, – qui, assurément, ne peut être tel ou tel, mais l'existence en son entier, enlisant, endormant, et noyant le *désir,* – et de l'atteindre enfin au point où il doit l'être. Vous invitez, vous provoquez à sortir de la confusion... Peut-être un excès annonce-t-il que le temps vient. À la longue, comment supporter que l'*action, sous des formes si malheureuses,* achève d'« escamoter » la vie? Oui, peut-être le temps vient-il maintenant de dénoncer la subordination, l'attitude asservie, avec quoi la vie humaine est incompatible : subordination, attitude acceptées depuis toujours mais dont un excès nous oblige, aujourd'hui, de nous séparer lucidement. Lucidement! c'est, bien entendu, sans le moindre espoir.

À vrai dire, à parler ainsi, on risque toujours de tromper. Mais vous me savez aussi loin de l'abattement que de l'espoir. J'ai choisi simplement de *vivre* : je m'étonne à tout instant de voir des hommes bouillants et avides d'agir se moquer du plaisir de vivre. Ces hommes confondent visiblement l'action et la vie, sans plus jamais voir que, l'action étant le moyen nécessaire au maintien de la vie, la seule recevable est celle qui s'efface, à la rigueur s'apprête à s'effacer, devant la « diversité brasillante » dont vous parlez, qui ne peut, et jamais ne pourra être réduite à l'utile.

La difficulté de subordonner l'action à sa fin vient de ce que la seule recevable est la plus rapidement efficace. D'où, initialement, l'avantage de s'y adonner sans mesure, de mentir et d'être effréné. Si tous les hommes admettaient d'agir aussi peu que la nécessité le commande à leur totalité, mensonge et brutalité seraient superflus. Ce sont la propension débordante à l'action et les rivalités qui en découlent qui font l'efficacité plus grande des menteurs et des aveugles. Aussi bien, dans les conditions données, ne pouvons-nous rien pour en sortir : pour remédier au mal de l'action excessive, il faut ou il faudrait agir! Nous ne faisons donc jamais que condamner verbalement et vainement ceux qui mentent et aveuglent les leurs. Tout se gâte dans cette vanité. Nul ne peut condamner l'action que par le silence, – ou la poésie, – ouvrant sa fenêtre sur le silence. Dénoncer, protester est encore agir, c'est en même temps se dérober devant les exigences de l'action!

Jamais, me semble-t-il, nous ne marquerons assez bien une première incompatibilité de cette *vie sans mesure* (je parle de ce qui est, *dans l'ensemble*, qui, par-delà l'activité productive, est, dans le désordre, l'analogue de la sainteté), qui seule compte et qui seule est le sens de toute humanité, – en conséquence de l'*action sans mesure* elle-même. L'action ne peut avoir évidemment de valeur que *dans la mesure* où elle a l'humanité pour raison d'être, mais elle accepte rarement cette mesure : car l'action, de tous les opiums, procure le sommeil le plus lourd. La place qu'elle prend fait songer aux arbres qui empêchent de voir la forêt, qui se donnent pour la forêt.

C'est pourquoi il me semble heureux de nous opposer à l'équivoque et ne *pouvant agir vraiment* de nous dérober sans ambages. Je dis nous, mais je songe à vous, à moi, à ceux qui nous ressemblent. Laisser les morts aux morts (sauf impossible), et l'action (si elle est possible) à ceux qui la confondent passionnément avec la vie.

Je ne voudrais pas dire ainsi que nous devons dans tous les cas renoncer à toute action, nous ne pourrons sans doute jamais manquer de nous opposer aux actions criminelles ou déraisonnables, mais il nous faut clairement le reconnaître, l'action rationnelle et recevable (du point de vue général de l'humanité) devenant, comme nous l'aurions pu prévoir, le lot de ceux qui agissent *sans mesure,* risquant par là, de rationnelle au départ, d'être changée dialectiquement en son contraire, nous ne pourrions nous y opposer qu'à une condition, si nous nous substituons, ou bien plutôt, si nous avons le cœur et le pouvoir de nous substituer à ceux dont nous n'aimons pas les méthodes.

Blake le dit à peu près dans ces termes : « Parler sans agir, engendre la pestilence. »

Cette incompatibilité de la vie sans mesure et de l'action démesurée est décisive à mes yeux. Nous touchons le problème dont l'« escamotage » contribue sans nul doute à la démarche aveugle de toute l'humanité présente. Si bizarre que cela semble d'abord, je crois que cet escamotage fut l'inévitable conséquence de l'affaiblissement de la religion. La religion posait ce problème : mieux, c'était son problème. Mais elle a, de degrés en degrés, abandonné le champ à la pensée profane, qui *n'a pas encore su le poser.* Nous ne pouvons le regretter car, le posant avec autorité, la religion le posait mal. Surtout, elle le posait de façon équivoque – dans l'au-delà. En son principe l'action demeurait l'affaire de *ce* monde... : toutes ses véritables fins demeuraient célestes. Mais c'est nous finalement qui avons à le poser sous sa forme rigoureuse.

Ainsi votre question me conduit-elle, après mon affirmation trop générale, à m'efforcer de préciser, de mon point de vue, les données actuelles et la portée de l'incompatibilité qui me semble fondamentale.

On ne saisit pas encore assez clairement que, dans le temps présent, c'est, bien qu'en apparence il ait fait long feu, – le débat sur la littérature et l'engagement qui est décisif. Mais justement, nous ne pouvons en rester là. Je crois qu'en premier lieu, il importe de définir ce que met en jeu la littérature, qui ne peut être réduite à servir un maître. NON SERVIAM est, dit-on, la devise du démon. En ce cas la littérature est diabolique.

J'aimerais à ce point laisser toute réserve, laisser en moi parler la passion. C'est difficile. C'est me résigner à l'impuissance de désirs trop grands. Je voudrais éviter, dans la mesure même où la passion me fait parler, de recourir à l'expression lasse de la raison. Quoi qu'il en soit, du moins *vous* pourrez

sentir d'abord que cela me semble vain, même impossible.
Est-ce obscur si je dis qu'à l'idée de parler sagacement de ces
choses, j'éprouve un grand malaise. Mais je m'adresse à vous,
qui verrez d'emblée, à travers la pauvreté de mots sensés, ce
que ne saisit qu'illusoirement ma raison.

Ce que je suis, ce que sont mes semblables ou le monde où
nous sommes, il me semble honnête d'affirmer rigoureusement que je n'en puis *rien* savoir : apparence impénétrable,
piètre lumière vacillant dans une nuit sans bornes concevables,
qui entoure de tous côtés. Je me tiens, dans mon impuissance
étonnée, à une corde. Je ne sais si j'aime la nuit, cela se peut,
car la fragile beauté humaine ne m'émeut jusqu'au malaise,
qu'à savoir insondable la nuit d'où elle vient, où elle va. Mais
j'aime la figure lointaine que les hommes ont tracée et ne
cessent de laisser d'eux-mêmes dans ces ténèbres! Elle me
ravit et je l'aime et cela me fait mal souvent de trop l'aimer :
encore dans ses misères, ses sottises et ses crimes, l'humanité
sordide ou tendre, et toujours *égarée*, me semble un défi eni-
vrant. Ce n'est pas Shakespeare, c'est ELLE, qui eut ces cris
pour se déchirer, n'importe si sans fin ELLE trahit ce qu'elle
est, qui l'excède. ELLE est la plus *émouvante* dans la platitude,
quand la nuit se fait plus sale, quand l'horreur de la nuit
change les êtres en un vaste rebut.

On me parle de mon univers « insupportable », comme si
je voulais dans mes livres exhiber des plaies, comme le font
les malheureux. Il est vrai qu'en apparence, je me plais à nier,
au moins à négliger, à tenir pour rien les multiples recours
qui nous aident à *supporter*. Je les méprise moins qu'il me
semble, mais, assurément, j'ai hâte de *rendre* le peu de vie qui
m'échoit à ce qui se dérobe *divinement* devant nous, et se
dérobe à la volonté de réduire le monde à l'efficacité de la
raison. Sans rien avoir contre la raison et l'ordre rationnel
(dans les nombreux cas où c'est clairement opportun, je suis
comme les autres pour la raison et l'ordre rationnel), je ne
sache pas qu'en ce monde rien n'ait jamais paru *adorable* qui
n'excédât le besoin d'utiliser, qui ne ravageât et ne transît en
charmant, qui ne fût, en un mot, sur le point de ne pouvoir
être supporté davantage. J'ai peut-être le tort, me sachant
clairement borné à l'athéisme, de n'avoir jamais moins exigé
de ce monde-ci que les chrétiens n'exigeaient de Dieu. L'idée
de Dieu elle-même, alors qu'elle eut pour fin logique de rendre
raison du monde, n'eut-elle pas de quoi glacer? n'était-elle

pas elle-même « intolérable » ? À plus forte raison *ce qui est,*
dont nous ne savons rien (sinon en morceaux détachés), dont
rien ne rend raison, et dont l'impuissance ou la mort de
l'homme est la seule expression assez pleine. Je ne doute pas
qu'à nous éloigner de ce qui rassure, nous nous approchions
de nous-mêmes, de ce moment divin qui meurt en nous, qui
a déjà l'étrangeté du rire, la beauté d'un silence angoissant.
Nous le savons depuis longtemps : il n'est rien que nous trouvions en Dieu que nous ne puissions trouver en nous. Assurément, dans la mesure ou l'action utile ne l'a pas neutralisé,
l'homme est Dieu, voué, en un transport continuel, à une
« intolérable » joie. Mais l'homme neutralisé du moins n'a plus
rien de cette dignité angoissante : l'art seul hérite aujourd'hui,
sous nos yeux, le rôle et le caractère *délirants* des religions :
c'est l'art aujourd'hui qui nous transfigure et nous ronge, qui
nous divinise et nous moque, qui exprime par ses mensonges
prétendus une vérité vide enfin de sens précis.

Je n'ignore pas que la *pensée* humaine se détourne en son
entier de l'objet dont je parle, qui est *ce que nous sommes
souverainement.* Elle le fait à coup sûr : nos yeux ne se détour-
nent pas moins nécessairement de l'éblouissement du soleil.

Pour ceux qui veulent se borner à voir ce que voient les
yeux des déshérités, il s'agit du délire d'un écrivain... Je me
garde de protester. Mais je m'adresse à vous, par vous, à ceux
qui nous ressemblent, et vous savez mieux que moi ce dont
je parle, ayant l'avantage sur moi de n'en jamais *disserter.*
Croyez-vous qu'un tel objet ne demande pas de ceux qui
l'abordent qu'ils choisissent ? Un livre souvent dédaigné, qui
témoigne néanmoins d'un des moments extrêmes où la destinée humaine se cherche, dit que nul ne peut servir deux
maîtres. Je dirais plutôt que nul ne peut, quelque envie qu'il
en ait, servir *un maître* (quel qu'il soit), sans nier en lui-même
la souveraineté de la vie. L'incompatibilité que l'Évangile
formule n'en est pas moins, au départ, malgré le caractère
utile, de juge et de bienfaiteur, prêté à Dieu, celle de l'activité
pratique et de l'objet dont je parle.

On ne peut, par définition, se passer de l'activité utile, mais
autre chose est de répondre à la triste nécessité et de donner
le pas à cette nécessité dans les jugements qui décident de
notre conduite. Autre chose de faire de la peine des hommes
la valeur et le juge suprêmes, et de ne recevoir pour *souverain*
que mon objet. La vie, d'un côté, est reçue dans une attitude

soumise, comme une charge et une source d'obligation : une morale *négative* alors, répond au besoin servile de la contrainte, que personne ne pourrait contester sans crime. Dans l'autre sens, la vie est désir de ce qui peut être aimé sans mesure, et la morale est *positive* : elle donne exclusivement la valeur au désir et à son objet. Il est commun d'affirmer une incompatibilité de la littérature et de la morale puérile (on ne fait pas, dit-on, de bonne littérature avec de bons sentiments). Ne devons-nous pas afin d'être clairs marquer en contrepartie que la littérature, *comme le rêve*, est l'expression du désir, – de l'*objet* du désir, – et par là de l'absence de contrainte, de l'insubordination légère?

« *La littérature et le droit à la mort* » dénie le sérieux de la question : « Qu'est-ce que la littérature? » qui « jamais n'a reçu que des réponses insignifiantes ». « La littérature... semble l'élément de vide... sur lequel la réflexion, avec sa propre gravité, ne peut se retourner sans perdre son sérieux. » Mais de cet élément ne pouvons-nous dire qu'il est justement l'objet dont je parle, qui, absolument souverain, mais ne se manifestant que par le langage, n'est au sein du langage qu'un vide, puisque le langage « signifie » et que la littérature retire aux phrases le pouvoir de désigner autre chose que mon objet? Or, de cet objet, si j'ai tant de mal à parler, c'est que jamais il n'apparaît même dès l'instant où j'en *parle*, puisque, comme il semble, le langage « est un moment particulier de l'action et ne se comprend pas en dehors d'elle » (Sartre).

Dans ces conditions la misère de la littérature est grande : c'est un désordre résultant de l'impuissance du langage à désigner l'inutile, le superflu, à savoir l'attitude humaine dépassant l'activité utile (ou l'activité envisagée sur le mode de l'utile). Mais, pour nous, dont en fait la littérature fut le souci privilégié, rien ne compte davantage que les livres, – que nous lisons ou que nous faisons, – sinon ce qu'ils mettent en jeu : et nous prenons à notre compte cette inévitable misère.

Écrire n'en est pas moins en nous le pouvoir d'ajouter un trait à la vision déconcertante, qui émerveille, qui effraye, – que l'homme est à lui-même incessamment. Nous savons bien, des figures que nous formons, que l'humanité se passe d'elles aisément : à supposer même que le jeu littéraire entier soit réduit, asservi à l'action, le prodige est là de toute façon! L'impuissance immédiate de l'oppression et du mensonge est même plus grande que celle de la littérature authentique : simplement, le silence et les ténèbres s'étendent.

Toutefois, ce silence, ces ténèbres préparent le bruit fêlé et les lueurs tremblées d'orages nouveaux, ils préparent le *retour* de conduites souveraines, irréductibles à l'enlisement de l'intérêt. Il appartient à l'écrivain de n'avoir d'autre choix que le silence, ou cette souveraineté orageuse. À l'exclusion d'autres soucis majeurs, il ne peut que former ces figures fascinantes – innombrables et fausses –, que dissipe le recours à la « signification » du langage, mais où l'humanité perdue se retrouve. L'écrivain ne change pas la nécessité d'assurer les subsistances, – et leur répartition entre les hommes, – il ne peut non plus nier la subordination à ces fins d'une fraction du temps disponible, mais il fixe lui-même les limites de la soumission, qui n'est pas moins nécessairement limitée qu'inéluctable. C'est en lui, c'est par lui que l'homme apprend qu'à jamais il demeure insaisissable, étant essentiellement imprévisible, et que la connaissance doit finalement se résoudre dans la simplicité de l'émotion. C'est en lui et par lui que l'existence est généralement ce que la fille est à l'homme qui la désire, qu'elle l'aime ou l'écarte, qu'elle lui apporte le plaisir ou le désespoir. L'incompatibilité de la littérature et de l'engagement, qui oblige, est donc précisément celle de contraires. Jamais homme engagé n'écrivit rien qui ne fût mensonge, ou ne dépassât l'engagement. S'il semble en aller autrement, c'est que l'engagement dont il s'agit n'est pas le résultat d'un choix, qui répondit à un sentiment de responsabilité ou d'obligation, mais l'effet d'une passion, d'un insurmontable désir, *qui ne laissèrent jamais le choix*. L'engagement dont la crainte de la faim, de l'asservissement ou de la mort d'autrui, dont *la peine des hommes* firent le sens et la force contraignante éloigne au contraire de la littérature, qui semble mesquine – ou pire – à qui cherche la contrainte d'une action indiscutablement pressante, à laquelle il serait lâche ou futile de ne pas se consacrer tout entier. S'il y a quelque raison d'agir, il faut la dire le moins littérairement qu'il se peut.

Il est clair que l'écrivain authentique, qui n'écrivit pas pour de piètres ou d'inavouables raisons, ne peut, sans tomber dans la platitude, faire de son œuvre une contribution aux desseins de la société utile. Dans la mesure même où elle servirait, cette œuvre ne saurait avoir de vérité souveraine. Elle irait dans le sens d'une soumission résignée, qui ne toucherait pas seulement la vie d'un homme entre autres, ou d'un grand nombre, mais ce qui est humainement souverain.

Il est vrai, cette incompatibilité de la littérature et de l'engagement, fût-elle fondamentale, ne peut toujours aller contre les faits. Il arrive que la part exigée par l'action utile porte sur la vie entière. Il n'y a plus, dans le danger, dans l'urgence ou l'humiliation, de place pour le superflu. Mais dès lors, *il n'y a plus de choix.* On a justement allégué le cas de Richard Wright : un Noir du Sud des États-Unis ne pourrait sortir des conditions de contrainte pesant sur ses semblables, dans lesquelles il écrit. Ces conditions, il les reçoit du dehors, il n'a pas *choisi* d'être engagé ainsi. À ce propos, Jean-Paul Sartre à fait cette remarque : «...Wright, écrivant pour un public déchiré, a su maintenir, à la fois, et dépasser cette déchirure : il en fait le prétexte d'une œuvre d'art.» Il n'est nullement étrange au fond qu'un théoricien de l'engagement des écrivains situe l'œuvre d'art – c'est bien ce qui *dépasse*, inutilement, les conditions données –, par-delà l'engagement ni qu'un théoricien du choix insiste lui-même sur le fait que Wright ne pouvait choisir – sans en tirer les conséquences. Ce qui est pénible est la libre préférence, quand rien n'est encore exigé du dehors et que l'auteur élit par conviction de faire avant tout œuvre de prosélyte : il nie tout exprès le sens et le fait d'une marge de «passion inutile», d'existence vaine et souveraine, qui est *en son ensemble* l'apanage de l'humanité. Il y a moins de chance alors que, malgré lui, cette marge se retrouve, comme dans le cas de Wright, sous forme d'œuvre d'art authentique, dont à la fin la prédication est seulement le prétexte. S'il y a urgence véritable, si le choix n'est plus donné, il demeure encore possible de réserver, peut-être tacitement, le retour du moment où cessera l'urgence. Le choix seul, s'il est libre, *subordonne* à l'engagement ce qui, étant souverain, ne peut être que souverainement.

Il peut sembler vain de s'arrêter aussi longuement à une doctrine qui n'atteignit sans doute que des esprits angoissés, troublés par une liberté d'humeur trop grande, trop vague. Le moins qu'on en puisse dire au surplus est qu'elle ne pouvait fonder une exigence précise et sévère : tout devait demeurer dans le vague en pratique, et l'incohérence naturelle aidant... D'autre part, l'auteur lui-même a implicitement reconnu la contradiction où il achoppe : sa morale, toute personnelle, en est une de la liberté portant sur le choix, mais l'objet du choix est toujours... un point de la morale traditionnelle. L'une et l'autre morale sont autonomes, et l'on ne voit pas, jusqu'ici, le moyen de passer de l'une à l'autre. Ce problème n'est pas superficiel : Sartre lui-même l'accorde, l'édifice de la vieille morale est vermoulu, et sa pensée achève de l'ébranler...

Si j'arrive, en suivant ces voies, aux propositions les plus générales, il apparaît en premier lieu que le saut de Gribouille de l'engagement met en lumière le contraire de ce qu'il cherchait (j'ai pris le contre-pied de ce que Sartre dit de la littérature) : les perspectives aussitôt se composèrent d'une manière aisée. Il me semble en second lieu opportun de ne pas tenir compte de l'opinion reçue sur le sens *mineur* de la littérature.

Les problèmes dont j'ai traité ont d'autres conséquences, mais voici sous quelle forme il me semble que, dès maintenant, nous pourrions donner plus de rigueur à une incompatibilité dont la méconnaissance ravala en même temps la vie et l'action, l'action, la littérature et la politique.

Si nous donnons le pas à la littérature, nous devons en même temps avouer que nous nous soucions peu de l'accroissement des ressources de la société.

Quiconque dirige l'activité utile, – au sens d'un accroissement général des forces, – assume des intérêts opposés à ceux de la littérature. Dans une famille traditionnelle, un poète dilapide le patrimoine, et il est maudit; si la société obéit strictement au principe d'utilité, à ses yeux, l'écrivain gaspille les ressources, sinon il devrait servir le principe de la société qui le nourrit. Je comprends personnellement « l'homme de bien » qui juge bon de supprimer ou d'asservir un écrivain : cela veut dire qu'il prend au sérieux l'urgence de la situation, c'est peut-être simplement la preuve de cette urgence.

L'écrivain, sans se démettre, peut tomber d'accord avec une action politique rationnelle (il peut même l'appuyer dans ses écrits) dans le sens de l'accroissement des forces sociales, si elle est une critique et une négation de ce qui est effectivement réalisé. Si ses partisans ont le pouvoir, il peut ne pas la combattre, ne pas se taire, mais c'est dans la mesure seulement où il se nie lui-même qu'il la soutient. S'il le fait, il peut donner à son attitude l'autorité de son nom, mais l'esprit sans lequel ce nom n'aurait pas de sens ne peut suivre, l'esprit de la littérature est toujours, que l'écrivain le veuille ou non, du côté du gaspillage, de l'absence de but défini, de la passion qui ronge sans autre fin qu'elle-même, sans autre fin que de ronger. Toute société devant être dirigée dans le sens de l'utilité, la litté-

rature, à moins d'être envisagée, par indulgence, comme une détente mineure, est toujours à l'opposé de cette direction.

Excusez-moi si pour préciser ma pensée j'ajoute en dernier ces considérations sans doute péniblement théoriques.

Il ne s'agit plus de dire : l'écrivain a raison, la société dirigeante a tort. Toujours l'un et l'autre eurent raison *et* tort. Il faut voir sans agitation ce qui en est : deux courants incompatibles animent la société économique, qui toujours opposera des *dirigés* aux *dirigeants.* Les dirigeants tentent de produire le plus possible et de réduire la consommation. Cette division se retrouve d'ailleurs en chacun de nous. Qui est dirigé veut consommer le plus possible et travailler le moins possible. Or la littérature est consommation. Et, dans l'ensemble, par nature, les littérateurs sont d'accord avec ceux qui aiment dilapider.

Ce qui empêche toujours de déterminer cette opposition et ces affinités fondamentales est que d'ordinaire, du côté des consommateurs, tout le monde tire à hue et à dia. Qui plus est, les plus forts se sont attribué à l'envi un pouvoir au-dessus de la direction de l'économie. En fait, le roi et la noblesse, laissant à la bourgeoisie le soin de diriger la production, s'efforcèrent de prélever une grande partie des produits consommables. L'Église, qui assumait, en accord avec les seigneurs, le soin de placer au-dessus du peuple des figures souveraines, utilisait un prestige immense au prélèvement d'une autre part. Le pouvoir – royal, féodal, ou ecclésiastique – du régime précédant la démocratie eut le sens d'un compromis, par lequel la souveraineté, assez superficiellement divisée en domaines opposés, *spirituel* et *temporel,* était indûment mise au service en même temps du bien public et de l'intérêt propre du pouvoir. En effet, une attitude souveraine qui serait entière serait voisine du sacrifice, non du commandement ou de l'appropriation des richesses. Le pouvoir et l'abus qu'en fait le souverain classique subordonnent à autre chose qu'elle une attitude souveraine, – qui est l'authenticité de l'homme, ou n'est rien, – mais n'est plus authentique, évidemment, si elle a d'autres fins qu'elle-même (en somme souveraine veut dire ne servant d'autres fins qu'elle-même). Tout au moins faut-il que l'instant où la souveraineté se manifeste (s'entend non de l'autorité mais de l'accord avec le désir sans mesure) l'emporte d'une manière tranchée sur les conséquences « politiques » et financières de sa manifestation. Autant qu'il semble, en des temps reculés, la souveraineté frappait les dieux et les rois de mort ou d'impuissance. La souveraineté royale, dont le prestige est ruiné ou se ruine, est une souveraineté dégradée, elle compose depuis très longtemps avec la force militaire, appartenant au chef de l'armée. Rien n'est plus loin de la sainteté et de la violence d'un moment authentique.

Sans doute la littérature, avec l'art, jadis l'auxiliaire discret des prestiges religieux ou princiers, n'avait pas alors d'autonomie : elle répondit longtemps à des commandes ou à des attentes qui en avouaient le caractère mineur. Mais dès l'abord, dès qu'elle assume, à l'opposé de la vanité d'auteur, la simple souveraineté, – égarée dans le monde actif, inconciliable, – elle laisse voir ce que toujours elle fut, malgré les compromis multiples : mouvement irréductible aux fins d'une société utilitaire. Souvent ce mouvement entre en ligne de compte dans les plus bas calculs, mais jamais il n'y est réduit en principe, au-delà du cas particulier où il l'est. Il n'est en vérité jamais réduit qu'en apparence. Les romans à succès, les poèmes les plus serviles, laissent intacte la liberté de la poésie ou du roman, que le plus pur peut encore atteindre. Tandis que l'autorité légale a ruiné, par une confusion irrémédiable, la souveraineté des princes et des prêtres.

Héritant les prestiges divins de ces prêtres et de ces princes affairés, assurément, l'écrivain moderne reçoit en partage en même temps le plus riche et le plus redoutable des lots : à bon droit la dignité nouvelle de l'héritier prend le nom de « malédiction ». Cette « malédiction » peut être heureuse (fût-ce d'une manière aléatoire). Mais ce que le prince accueillait comme le plus légitime et le plus enviable des bienfaits, l'écrivain le reçoit d'abord en don de triste avènement. Son partage est d'abord la mauvaise conscience, le sentiment de l'impuissance des mots et... l'espoir d'être méconnu! Sa « sainteté » et sa « royauté », peut-être sa « divinité », lui apparaissent pour le mieux humilier : loin d'être authentiquement souverain et divin, ce qui le ruine est le désespoir ou, plus profond, le remords de n'être pas Dieu... Car il n'a pas authentiquement la nature divine : et pourtant il n'a pas le loisir de n'être pas Dieu!

Née de la déchéance du monde sacré, qui mourait de splendeurs mensongères et ternes, la littérature *moderne* à sa naissance paraît même plus voisine de la mort que ce monde déchu. Cette apparence est trompeuse. Mais il est lourd en des conditions désarmantes de se sentir seul le « sel de la terre ». L'écrivain *moderne* ne peut être en rapport avec la société productive qu'en exigeant d'elle une réserve, où le principe d'utilité ne règne plus, mais, ouvertement, le déni de la « signification », le non-sens de ce qui est d'abord donné à l'esprit comme une cohérence finie, l'appel à une sensibilité sans contenu discernable, à émotion si vive qu'elle laisse à l'explication la part dérisoire. Mais nul ne saurait sans abnégation, mieux sans lassitude, recourir à l'éclat de mensonges qui compensent ceux de la royauté ou de l'Église, et n'en diffèrent que sur un point : qu'ils se donnent d'eux-mêmes pour mensonges. Les mythes religieux ou royaux étaient du moins tenus pour réels. Mais le non-sens de la littérature moderne est plus profond que celui des pierres, étant, parce qu'il est non-sens, le seul sens concevable que l'homme puisse encore donner à l'objet imaginaire de son désir. Une abnégation si parfaite demande l'indifférence, ou plutôt, la maturité d'un mort. Si la littérature est le silence des significations, c'est en vérité la prison dont tous les occupants veulent s'évader.

Mais l'écrivain moderne recueille, en contrepartie de ces misères, un privilège majeur sur les « rois » auxquels il succède : celui de renoncer à ce pouvoir qui fut le privilège mineur des « rois », le privilège majeur de ne *rien* pouvoir et de se réduire, dans la société *active*, à l'avance, à la paralysie de la mort.

Trop tard aujourd'hui pour chercher un biais ! Si l'écrivain *moderne* ne sait pas encore ce qui lui incombe, – et l'honnêteté, la rigueur, l'humilité lucide que cela demande, – il importe peu, mais dès lors il renonce à un caractère souverain, incompatible avec l'erreur : la souveraineté, il devait le savoir, ne permit de l'aider mais de le détruire, ce qu'il pouvait lui demander était de faire de lui un mort vivant, peut-être gai, mais rongé au-dedans par la mort.

Vous savez que cette lettre tout entière est la seule expression véritable que je puisse donner à mon amitié pour vous.

Sociologie.
Henri Calet — Beatrix Beck

Critique [1]

SOCIOLOGIE

Si nous cherchons la connaissance, et si nous donnons le pas sur la science objective du monde à la conscience de nous-mêmes, rien ne nous intéresse davantage que la sociologie. Si nous admettons en effet, comme il est contraire au sens commun mais conforme à la sagesse de le faire, que *le tout de la société est plus que la somme de ses parties,* la sociologie doit élargir l'idée que nous nous formons de nous-mêmes : nous sommes personnellement parti de ce tout qui nous dépasse, nous nous dépassons en lui, par lui nous sommes *plus* que cette existence limitée, qui nous apparaît seule dans la conscience claire que nous avons immédiatement de nous. Je crois même que, si nous sommes *plus* dans une participation, qui n'est pas *clairement* consciente, à la vie commune, cela touche la meilleure part de nous-mêmes, celle que ne limite pas l'intérêt sordide, et plus généralement, celle que ne limite pas l'intérêt.

Il est en effet un aspect de la société que nous connaissons clairement dès l'abord. Toutes les fois qu'une activité sociale poursuit un but donné et saisissable, il n'y a rien de *plus* dans le *tout* que la somme de l'activité des individus agissants. Des projets des sociétés, il est couramment question dans les journaux; certains demeurent secrets, même, le hasard aidant, peuvent ne jamais être révélés : du moins sont-ils théoriquement connaissables : ce n'est pas ce dont il s'agit si nous disons que le *tout* est *plus* que la somme des parties.

Mais il s'en faut que les écrits tenus pour avoir un sens

sociologique, ou qui, plus récemment, se publient sous le nom de sociologie, aient eu pour objet essentiel ce par quoi le fait social est tel, diffèrent de la somme de ses parties. Tout au contraire, « les progrès les plus marquants accomplis dans la réflexion sur les phénomènes sociaux ont vu le jour en période de crise ou à propos d'une crise, lorsque les événements débordent les cadres accoutumés et les solutions traditionnelles ». C'est la phrase liminaire de la petite *Histoire de la sociologie* de Gaston Bouthoul, et Georges Gurvitch écrit, – ce sont aussi les premiers mots de sa *Vocation actuelle de la sociologie* * : « La sociologie est une science qui fait des bonds, ou au moins fluctue, avec chaque crise sociale de quelque envergure. Sa courte histoire nous l'enseigne. Née au milieu du xixᵉ siècle " du grand désarroi économique, social et spirituel " (Comte), qui caractérise cette époque post et pré-révolutionnaire, elle doit le jour non seulement à son père officiel – Auguste Comte – mais également aux deux grands adversaires de celui-ci : Proudhon et Marx. Ces trois fondateurs de la sociologie continuaient d'ailleurs, chacun à sa manière, l'effort de leur maître commun Saint-Simon. » Ce serait également vrai, selon Gaston Bouthoul, de ce qu'il nomme la *sociologie implicite,* qu'il fait remonter à Platon, aux sophistes, à Aristote, « qui fleurirent pendant la période troublée qui remonte à la guerre du Péloponnèse ** ».

J'ai insisté pour commencer sur l'intérêt exceptionnel de la sociologie : l'intérêt que je désignais touchait à vrai dire à ce qu'on nomme la *connaissance désintéressée,* mais en vérité la sociologie nous intéresse de toutes les façons, même nous intéresse trop : toute action politique, – et, en somme, *toute action* est politique, – se fonde sur une sociologie implicite ou non. Ceci éloigne justement d'une recherche ayant pour objet la spécificité du fait social. La sociologie pratique, liée à des crises, ajoute une vue générale, théorique, à ce que nous savions déjà, mais une préoccupation majeure, portant à pénétrer ce qui, dans la totalité de la vie humaine, – de notre vie, – ne nous est pas donné distinctement, ne se fait pas jour et ne peut se faire jour en elle.

Ce n'est pas que l'étude d'un *plus,* – où nous nous dépassons, où la connaissance de nous-mêmes est engagée, sans laquelle

---

* Presses Universitaires, 1950. Nous aurons l'occasion de revenir sur cet ouvrage.
** *L'Histoire de la sociologie* reprend ce que l'auteur avait déjà exprimé dans son *Traité de sociologie,* Payot, 1946.

nous échappe une part de nous-mêmes, – n'ait jamais été entreprise, – ni que son entreprise, dans la mesure où elle eut lieu, n'ait jamais été l'effet d'une crise. Le détachement croissant d'une humanité de plus en plus ennemie de ce qui n'est pas immédiatement saisissable à l'égard de ce qui n'a pas d'intérêt clair put donner un sentiment de détresse. C'est toujours une question secondaire et il n'est pas surprenant que l'étude de la spécificité du fait social soit liée à l'effort qui tendit à donner à la sociologie une méthode vraiment scientifique. On peut faire bien des réserves au compte de la sociologie de Durkheim : mais si étroit que fût le fondateur de l'école française, sa recherche n'en eut pas moins pour objet le *plus* dont j'ai parlé; et le fait de la contrainte, où il vit la spécificité essentielle, ne l'empêche nullement de laisser l'accent sur un phénomène où l'attrait se mêle puissamment à la peur, qui est la manifestation du *sacré*; il définit dans les *Formes élémentaires de la religion* le *sacré* comme le social : il vit dans le *sacré* un *plus* qui différencie le tout de la société de la somme des individus.

Il n'est pas indifférent que l'impulsion donnée par Durkheim aux études de sociologie ait été d'une remarquable fécondité. Il n'est pas indifférent non plus que cette fécondité ait été la plus grande dans le domaine de la sociologie archaïque (je citerai, entre autres, les noms de Marcel Granet et de Marcel Mauss). Certainement, le *plus* ne peut être étudié pleinement sans un recours fondamental à l'étude des sociétés dont la visée rationnelle de buts distinctement conscients n'a pas trop altéré les institutions. La difficulté de toute sociologie tient d'une part à la mobilité, au changement incessant de l'objet de son étude, d'autre part à l'absence de faits primitifs dûment authentiques. On doit même se demander d'abord si la sociologie est possible. La science peut étudier les changements, mais seulement s'ils se répètent identiquement, ou si, quand ils diffèrent entre eux, l'on isole des facteurs jouant de façon constante.

À défaut de données primitives fondamentales, nous pouvons peut-être nous contenter de données étrangères à l'effet de l'activité rationnelle consciente : nous pouvons évidemment définir un domaine où la structure de la société n'est pour ainsi dire pas altérée par la réflexion et le souci d'atteindre un but déterminé, comme c'est le cas dans les constitutions et les lois rédigées. Ainsi pouvons-nous étudier des institutions universelles qui n'ont pas été créées comme on le fait d'un outil (aussi bien que d'une loi), en vue d'un résultat précis : tels sont le sacrifice, la souveraineté, les fêtes... qui ont également part au *sacré*.

Mais il serait vain pour les étudier de vouloir isoler ces institutions de ce qui joua sur elles, les altéra et les changea en des réalités nouvelles. Du sacré aux dieux fastes et néfastes, enfin au Dieu moral de la théologie, un mouvement dialectique se produit, tenant justement à l'effet de la parole, qui toujours interprète, rapporte à des résultats visés, utilise, et altère en utilisant, ce qui eut pour essence de n'être pas l'effet d'un mouvement logique ; dans la dialectique en effet le langage se heurte à ce qu'il n'est pas, son mouvement s'interrompt, son domaine se limite : il se laisse nier, il se laisse détruire.

Essentiellement *le sacré est un retour au silence de la mort* (et toujours, le silence de la mort reste sacré).

On pourra toujours penser que le dépassement dont je parle existe en dehors du fait social. Mais il faut s'entendre : ce *plus* n'est connu qu'indirectement, mais cela ne renvoie pas au « profond mystère », au sens où la mystification, – la sottise mystifiée, – semble nécessaire à donner l'atmosphère voulue. Au demeurant, ce *plus* n'a rien de commun avec une force et il est facile de saisir le fait que les êtres humains ne communient pas profondément si un travail ou une recherche pénible les assemble, mais s'ils se rendent à cette part *souveraine* en eux, qui n'est subordonnée à rien, – est pur désintéressement, et les place au bord de la destruction.

Je crois que dans l'ensemble chaotique de la sociologie moderne, – ou ancienne, – qui envisage tout et n'embrasse rien, il serait bon d'isoler une recherche aussi distincte de celles qui portent indifféremment sur les innombrables aspects de l'activité sociale. Sans doute même devrait-elle recevoir un autre nom, qui en rappelle le caractère particulier. Car elle apparaîtrait, plutôt que d'études sociologiques sans accent, – ou purement politiques, – dans le prolongement de la théologie, dont elle différerait cependant comme la chimie de l'alchimie.

GASTON BOUTHOUL, *Histoire de la sociologie*, P.U.F., 1950. In-16, 128 p. (Collection « Que Sais-je ? ».)

Gaston Bouthoul reprend ici un thème qu'il avait déjà en partie développé dans son *Traité de sociologie* (Payot, 1946). Ce n'est pas seulement l'histoire de la sociologie proprement dite, mais celle de la réflexion sur la société, ses lois et ses fins. Platon, les sophistes, Aristote, Thucydide ont les premiers élaboré cette réflexion ; saint Augustin, dans la *Cité de Dieu*, en a développé la forme chrétienne. Ibn Khaldoun (1332-1406) l'a singulièrement approfondie. Pendant la Renaissance et les Temps modernes, les ouvrages se multiplièrent et, de Machiavel à Rousseau, prirent une place de premier plan. On sait que, sous un nom hybride, mi-latin, mi-grec, la *sociologie* se constitua comme une discipline particulière et prétendit au nom de science à partir d'Auguste Comte. Mais, il faut le dire, le tableau de Gaston Bouthoul n'est pas encourageant. Entre les édifices élevés sous les noms des diverses sciences, aucun ne donne davantage une impression de chantier, plutôt même, de chantier en démolition, d'où s'élèvent les nuages de poussière autant que les édifices ébauchés. Les édifices... et non l'édifice que serait la science.

L'auteur insiste en terminant sur la nécessité d'un édifice nouveau : la *polémologie*, ou science de la guerre. Y a-t-il en effet rien de plus urgent que d'établir les lois présidant au retour incessant des guerres, les phénomènes déterminants auxquels les guerres répondent. Pour lutter contre les crues, il est possible de bâtir des digues, mais il est possible aussi d'étudier le cours du fleuve, et parfois de le modifier. Nous nous bornons actuellement à prévoir le retour de la guerre en lui opposant de frêles barrières, nous ne voyons pas que mieux vaudrait agir sur les phénomènes qui, périodiquement, assurent ce retour. Gaston Bouthoul nous a donné jusqu'ici, sur un sujet qui lui est à cœur, des aperçus brillants où le jeu du facteur démographique était saisi d'une manière encore isolée d'un ensemble d'interrelations (cf. *Critique*, n° 11, p. 378-381 ; n° 31, p. 1126-1129). Mais il faut lui savoir gré de nous promettre, formant la première partie du tome II de son *Traité*, une étude systématique à paraître sous le titre : *Les Guerres : Éléments de polémologie* (le tome II sera consacré en entier à la *sociologie dynamique*).

Il faut reconnaître, sur ce point, la lenteur de la science par rapport aux événements.

Il est bien entendu que la recherche du sociologue est fonction de crises d'ordres divers. Mais la guerre, – depuis plus de trente ans, passée au premier plan de la souffrance des peuples, – n'a pas encore en tant qu'elle est objet de science, été étudiée d'une manière méthodique et générale (la « science de la guerre » se borne à traiter des moyens de la faire). Le souci primordial est demeuré tardivement et même, dans une certaine mesure, est encore l'organisation du temps de paix. C'est assez paradoxal... Ajoutons que l'absence d'une *polémologie* systématique, d'une part montre bien l'état embryonnaire de la sociologie; d'autre part, l'impossibilité, pour l'instant, d'un développement de la sociologie générale qui ne soit pas subordonné aux circonstances et aux passions. Au fond, le paradoxe est dans tous les sens : il va de soi qu'avec ou sans une connaissance sociologique de la guerre, la sociologie, avant d'être une science, est encore un champ de bataille.

LA LITTÉRATURE ET LE PRIVILÈGE DE LA DÉPRESSION

HENRI CALET, *Monsieur Paul*, roman, Gallimard, 1950. In-16, 333 p.

Le dernier livre d'Henri Calet, dont l'objet essentiel est d'évoquer le père de M. Paul, est fait tout entier de l'intérêt *littéraire* de la dépression. Il est dans la dépression et le dégoût de soi qui en découle, un élément de séduction, on ne sait quoi de captivant et de confondant; mais bien sûr, il ne s'agit pas d'attrait direct : la rencontre réelle d'un déprimé est assez pénible d'ordinaire. Si ce déprimé nous envoûte, c'est qu'un instant nous lâchons le monde réel, que, sournoisement, nous jouons, par la littérature, à nous détruire. À en lire un roman, à nous laisser prendre à la sorcellerie d'une histoire, nous répondons au besoin de nous liquéfier, de lâcher prise, de nous désagréger, comme on désagrège un être qui aime, s'abandonne à la passion et joue pour finir à la « petite mort ». Nous ne retirons pas que physiquement les vêtements de tous les jours. Parfois nous voulons quitter, pour une nudité plus grande, ce vêtement que le monde réel est pour nous si nous lui adhérons étroitement. Mais alors nous voulons ce qui sort des limites, ce qui les détruit...

M. Paul est le fils, en bas âge, de Thomas Schumacher (prononcer : *Chumachère*). Le livre est le récit du père, écrit à la première personne à l'intention du fils. En principe, celui-ci lira le livre quand il aura l'âge auquel l'écrit le père, quarante ans. Le père raconte à l'enfant les circonstances de sa naissance. Les plus lamentables circonstances! Le narrateur abandonne la femme avec laquelle il est presque heureux, qui l'aime, qui est digne d'être aimée, pour une extravagante qui fait vite de sa vie un enfer, et qu'il bat. Pour rendre son malheur irrémédiable, il lui fait un enfant. L'histoire est contée avec un luxe de détails sordides et humiliants, d'un humour qui n'est pas noir au sens où il a plutôt la couleur de la saleté.

Le narrateur est lâche, indécis, geignard, au surplus malhonnête. Sa bonté, qui est veulerie, tourne inconsciemment à la cruauté. Il semble avoir une affinité profonde avec l'à-vau-l'eau, le malaise inavouable. Cela semble l'effet d'une irrésistible vocation s'il se sent mal et en état d'infériorité, « comme lorsque l'on a sur soi une chemise douteuse, au col et aux manches retournées, comme quand on est accoutré d'un veston aux coudes luisants, au bord des manches rentré, un pantalon qui a des boules à l'endroit des genoux, et qui est aussi rafistolé dans le bas, que les chaussettes et que le caleçon glissent, que tout va tomber, que plus rien ne tient, que l'on est dans un monde où il fait trop froid, où les fenêtres ferment mal, où tout est plus ou moins déglingué... ». Henri Calet excelle dans la peinture de ces états intermédiaires, où les choses sont encore des choses, mais tombent en poussière : « ...il y aura, dit le narrateur, quelqu'un d'autre dans la glace, quelqu'un qui aura pris ma place, sans qu'il s'en doute... Dans le coin de droite, il y a un miroir en longueur dans lequel je me vois. Suis-je réellement aussi blême ? Je me fais peur, j'ai déjà l'air d'être un peu parti, mon contour est presque effacé, il n'y a rien dedans... ». Ce qui, dans l'idée de la mort, le désole, « c'est (qu'il sera) pris au cours d'une pensée qui n'aura plus de terme, d'un projet qui n'aboutira pas... ».

L'auteur semble assez le complice de son personnage, et son talent vivace n'est pas celui d'un homme que tient le goût et l'amour d'écrire. Sa manière d'écrire est même proche de la manière de vivre qu'il décrit, à moins que...

En effet, un soupçon vient. Je ne doute pas de la sincérité, mais la littérature a peut-être ses dangers. Parfois, un mouvement soulève le livre, et anime ce monde dissous : littérairement dissous, l'auteur et ce monde le seraient-ils illusoirement ?

Si l'on y regarde de près, ce Thomas Schumacher est moins lamentable qu'il ne semble d'abord. De temps en temps, il vit gaiement. Il lui arrive de rire, d'être heureux, sans excès, simplement. Il aime la nature, ses amis. Mais ceci est frappant : l'auteur évoque plus facilement et plus volontiers les mauvaises heures. Les heures de la transparence, du calme, auraient-elles ce défaut : manqueraient-elles d'*effet* littéraire ? Finalement, la littérature elle-même serait-elle ce miroir où l'image renvoyée a l'air blême ? Pas toujours blême, sans doute, elle peut aussi bien apparaître sanglante, furieuse, comique ; mais jamais elle ne sera claire, jamais calme.

Je crois que la littérature est par essence la destruction, la désintégration des choses, – qui substitue la violence à l'ordre figé. Mais si l'on doit désintégrer, ne doit-on pas d'abord rendre sensible la *valeur* de ce qui s'en va ? On peut écrire une œuvre digne d'être aimée, faite de l'intérêt *littéraire* de la dépression. Mais si l'auteur y sombre ? ou semble y sombrer ? Mais surtout, s'il y sombre en partie pour céder trop vite, et trop entièrement, à cet intérêt *littéraire* ?

LES RÈGLES DE L'ENFANTILLAGE EN LITTÉRATURE

Beatrix Beck, *Une mort irrégulière*, roman, Gallimard, 1950. In-16, 168 p.

Beatrix Beck avait en un premier roman introduit le personnage de Barny, dont le nom avait donné le titre du livre. *Une mort irrégulière* est la suite de *Barny*. Cette fois, les malheurs de Barny pendant la guerre nous sont contés. Comme le premier, ce livre est composé de tension, de ferveur ingénue et d'un goût immodéré pour l'insolite. Mais, dans *Barny*, la description de la folie, de la *psychose* de la mère donnait à l'insolite une authenticité peu contestable, tandis que l'insolite d'*Une mort irrégulière* est très souvent supportable.

Il est décidément bien difficile d'engager le roman dans une direction déterminée. L'œuvre de Beatrix Beck fait penser à une musique entièrement faite de sons grêles, trop aigus. Mais ici l'erreur est très regrettable. Rien n'est indifférent dans ce livre, tout y est passionné, tout y est brûlant. Pourquoi faut-il qu'un mouvement pointu porte chaque fois l'auteur à monter l'insolite en épingle ? C'est indélébile, elle s'agace elle-même à la fin, mais elle écrit :

« Communiste de bibliothèque, bolcheviste de fumoir, ô Intelliguentizia ! Petite fleur rouge de la bourgeoisie, tu trembles pour ta peau bien frictionnée. Je croyais que tu voulais mourir comme ton chéri ? C'est la souffrance physique qui t'effraye, nourrisson sénile ? Tu tenais à rester pauvre toujours. Paraît que c'est une pauvreté dorée qu'il te fallait. Parasite. Lumpen prolétaire. Révolutionnaire de carnaval. Je me vomis. »

C'est décidément sans issue.

En un généreux enfantillage, Beatrix Beck se donne elle-même un sentiment qui est l'essence de la littérature : par jeu, elle condense la lumière en un point où elle se fait chaleur pénible, enfin flamme, vertige, et consumation inutile. L'auteur échappe au sentiment des conséquences qui engagent, et il semble qu'y échappant, elle réponde à une loi impérative, à laquelle elle se tient farouchement. Elle exprime un enthousiasme communiste, lié à l'amour d'un militant, son mari, dont la mort n'est pas régulière. C'est le père de son enfant, et il se suicide. Cette mort est lourde et indéchiffrable, chargée d'une horreur étouffante, où se laissent deviner lentement la lâcheté, l'échec, l'inavouable. À la fin, rien n'est clair : nous comprenons à la dernière page que l'auteur nous invite à rester sur notre étouffement.

Seulement cette manière d'élever le lecteur au sentiment de l'impossible n'est pas convaincante. Cela s'est fait dans le mouvement de l'enfantillage. C'est, en principe, une voie authentique. Mais la littérature a ses lois : si elle peut et si même elle *doit* être puérile, c'est par excès, non par défaut. Si l'écrivain est l'homme qui refuse le sérieux de l'âge adulte, il ne peut être enfant comme l'est l'enfant, qui ne l'est que par impuissance, *malgré lui*. La solution n'est pas donnée dans une puérilité affectée, mais dans une liberté qui échappe à la stéréotypie.

Le matérialisme et la fable

Critique [1]

CHARLES MAYER, *L'Homme, esprit ou matière?*, Marcel Rivière, 1950. In-8° 140 p.

Je puis supposer dès l'abord que l'ouvrage de Charles Mayer qui, sous le titre *L'Homme, esprit ou matière?* rend l'homme à son origine matérielle, n'aura pas l'immense succès qui est le lot d'ouvrages de sens contraire, — je songe en particulier à *L'Homme et sa destinée* de Lecomte du Noüy, dont la vente fut proportionnelle à la médiocrité. À considérer la discussion dans son ensemble, il est clair que l'être humain n'est pas satisfait : c'est pourquoi ses suffrages vont toujours à ceux qui lui font espérer quelque chose de plus que ce qu'il a. Si quelqu'un s'avance et dit : «Tu es ce rien qui pense, qui souffre et qui retourne à rien», qui ne se dit, fût-ce comiquement, sans insistance : «Je croyais être davantage!» L'enfant même ne peut éviter de songer à la mort, et mesure son être à la disparition que tout lui annonce. Mais il invente alors des rêves : il est peut-être, se dit-il, la victime d'un enchantement. Quelqu'un viendra bientôt qui lui révélera l'épreuve à laquelle il est soumis : «Comment? ne serais-je pas le fils d'un roi, ou d'un Dieu? Comment n'aurais-je pas, moi, le destin le plus prodigieux, le plus digne d'envie? J'attends, j'attendrai parfois dans le calme, et parfois dans l'impatience, celui qui me dira *qui je suis?*» Comment l'enfant pourrait-il, en effet, ne pas voir dans le fait d'*être* une incomparable dignité?

Être, comme évidemment je suis, à coup sûr, c'est *avoir part* à tout ce que je puis rêver de sublime et d'heureux. Je me sens limité, c'est vrai, mais la limite n'est pas de même nature

que l'être. La limite a toujours l'aspect d'un caprice contestable ; ce mur que troue la fenêtre, à travers laquelle je vois
un autre mur, ma main et le papier que je salis d'encre, mon
nez, protubérance pointue, dirigée vers la main et dont l'imagination me gêne, serait-ce là le sérieux ? serait-ce la vérité
de l'être ? Mais plutôt, n'est-ce pas une grossière fantasmagorie ? n'est-ce pas le mensonge flagrant, que je vais dénoncer ?
  Je ne dirai pas qu'à ce sentiment, très simple et pour moi
dénué de prétention, il est bon d'opposer ce que le livre de
Charles Mayer me rappelle. Je ne sais, en effet, s'il est *bon* de
l'opposer : c'est ce qui, dans l'ensemble, se rappelle de soi-
même à la mémoire. La croyance la plus assurée dans l'immortalité de l'âme ne peut éviter ce rappel. L'Église elle-
même s'adresse à nous de la manière la plus matérialiste, nous
disant, et dans le même temps nous salissant le front de cendre :

Memento homo quia pulvis es et ad pulverem reverteris

  Mais il me semble bon que cela soit dit droitement, sans
loucher vers la porte dérobée. Les glissements, la phrase
subtilisant les mots, où la matière se voit retirer le sens simple
de la matière, me paraissent seulement déplorables. Charles
Mayer écrit (p. 15) : « À chaque nouveau pas en avant des
sciences, nous constatons que ce qu'autrefois, on aurait attribué au surnaturel se rétrécit toujours davantage. Ainsi s'affermit et se justifie la base inébranlable qui doit constituer le
fondement même de toute philosophie matérialiste, affirmation *a priori* que tout, dans le monde, procède de causes
naturelles. » Nous savons cela, et nous savons bien, en même
temps, que cette pensée est discutable, mais la discussion en
est devenue déloyale et il y a, dans le monde présent, dans
ce sens, un abus de déloyauté. Le plus petit écart, le premier
signe d'incertitude sont interprétés comme une preuve de la
démission de la science. Au lieu de voir dans sa violence une
opposition tranchée, il semble fin de s'en tenir à la position
boiteuse. Un sourire en coin nous fait savoir qu'au fond, la
science n'est rien, que sa prétention n'est pas justifiée.
  Russell écrit : « Les électrons et les protons ne sont pas des
matériaux du monde physique : ce sont des structures logiques
complexes consistant en événements. » Devant la fluidité et
l'inconsistance du monde physique que la science moderne
définit, les esprits reviennent à l'espoir comme des prisonniers

découvrent une lézarde dans le mur de la prison. Mais non!
le mur est sans lézarde. Il a changé, il change et maintenant
répond mal à son apparence première : sa nature diffère de
ce qu'en premier lieu l'on crut de part et d'autre. Il n'est pas
moins solide et il nous enferme. L'être humain est dans la
prison d'où des fables ne le tirent pas.

Que la vie ait apparu dans le monde sous l'influence de
causes naturelles; que l'esprit soit la manifestation de phénomènes matériels; que jamais rien n'ait lieu ou ne soit pour
nous, qu'une existence matérielle ne l'ait accompagné; personne n'est tenu de le croire, mais ne pas le croire n'a qu'un
sens : qu'*a priori* l'on admet une vérité contraire, fondée sur
autre chose que l'expérience menée rigoureusement. Sinon,
l'hypothèse qui est la condition de la science peut être rejetée
par caprice, mais il s'agira toujours d'un refus. Il s'agira toujours de nier comme pénible une vérité que l'être et la valeur
de l'homme exposent un jeu semblable à celui du vent, souf-
flant selon des lois qui n'ont pas humainement de sens.

Il est bien assuré que la vérité du matérialisme ne s'est pas
toujours imposée de la même façon. Charles Mayer (p. 33)
allègue le cas de Conrad Sprengel à la fin du xviiie siècle,
disant à peu près : « Le nectar des fleurs existe parce qu'il a
un rôle, celui d'attirer les insectes destinés à effectuer la fécon-
dation croisée.» C'est là ce que la science a cessé d'admettre.
Mais l'on ne saurait imaginer l'évolution de l'homme (de
l'esprit de l'homme) sans le temps où celui-ci devait se représenter les effets et les causes de la nature à son image. Comment
l'homme n'aurait-il pas vu dans l'ensemble du monde l'analogue des opérations qu'il effectuait lui-même? Du moment
que, dans la nature, tant de choses se passent comme si un
esprit les avaient calculées : en vue d'une fin, – que l'on songe
à l'œil et à la vision, – c'est qu'il est dans la nature, qu'on
l'appelle ou non Dieu, une intention analogue aux nôtres.
Nous faisons des bateaux pour naviguer, et de la même façon
la nature fait des yeux pour voir. Il faut même honnêtement
le reconnaître : que l'homme n'ait pas sombré longuement
dans le finalisme est inconcevable. Il était fatal d'attribuer à
des intentions les résultats souvent prodigieux de la nature.
Souvent l'esprit humain s'humilia devant la perfection de
l'organe visuel. La nature faisait mieux que lui. Cette humiliation ne servait d'ailleurs que la cause humaine, car elle

réduisait la nature entière à une conception anthropocen-
trique.

Il fallut d'ailleurs une sorte de courage pour nier de telles
idées. Affirmer qu'un œil est ce qu'il est, non pour voir, mais
en raison seulement de déterminations données en définitive
dans les lois qui régissent les éléments simples de la nature,
a quelque chose de consternant : l'œil au sein de la matière
animale se formant comme aussi bien pourrait se former un
pépin, une fleur, un bec, sans rapport avec la vision! Charles
Mayer (p. 17) envisage plus généralement le phénomène de
la vie et ne peut manquer de s'accorder à l'argument simple
de Lecomte du Noüy. Ce dernier, parlant dans l'*Avenir de la
science*, avait parfaitement raison : « Recherchons, disait-il,
quelle est la probabilité pour que, dans un récipient contenant
cinq cents grains blancs et cinq cents grains noirs, nous pro-
duisions une répartition telle que la masse soit partagée en
deux parties dont l'une contienne 90 % des grains d'une même
couleur. Il faudrait continuer pendant 231 sextillions d'années pour avoir une chance de réaliser une semblable répartition en agitant notre vase cinq cents millions de fois par
seconde. » Dans ces conditions, Lecomte du Noüy était fondé
à conclure qu'il est tout à fait improbable que puisse en
résulter « une certaine configuration prévue à l'avance ».
« Toutefois, poursuit Charles Mayer, si au lieu d'avoir en vue
de réaliser une combinaison voulue d'avance, le magicien qui
agite le vase contenant des grains blancs et noirs s'arrêtait
dès que se produit une configuration qui, sans avoir été prévue
par lui, lui plaît cependant, il pourrait recevoir satisfaction
sans avoir à attendre des milliards d'années. » Si, comme
l'avança Rabaud, l'œil est simplement l'effet du hasard et n'a
rien à voir avec la vision (dans ce cas, la vision procéderait
de l'œil et non l'œil de la vision), il est en effet certain qu'il
faut mettre en avant de bien trop faibles chances. De telles
affirmations, trop radicales, ont par rapport aux intentions
de leur auteur l'effet contraire.

Dans cette difficulté, Charles Mayer adopte une position
sensée. Il cite (p. 42) Claude Bernard, disant : « La force vitale
dirige des phénomènes qu'elle ne produit pas, les agents physiques produisent des phénomènes qu'ils ne dirigent pas », et
Charles-Eugène Guye : « La construction d'un œil dans un
organisme, comportant la continuation d'une évolution dans
le même sens, ne peut être expliquée par les lois du hasard. »

Mais il ajoute : « Évidemment, les lois du hasard ne l'expliquent pas, mais l'antinomie que l'on se plaît à voir entre matérialisme et vitalisme disparaît si l'on se contente de désigner par principe vital les lois particulières qui gouvernent la matière vivante. » « Attribuer à la matière vivante certaines propriétés ou qualités qui lui appartiennent en propre, telles que l'irritabilité ou la faculté de se reproduire, ce n'est pas sacrifier aux conceptions dualistes ou vitalistes, c'est simplement constater un fait dont il est plus rationnel de reporter l'origine à certaines propriétés qu'à on ne sait quel principe hypothétique immatériel » (p. 44). Il s'agit bien dès lors d'un néovitalisme, et Charles Mayer conclut : « Les conceptions néovitalistes d'un certain nombre de biologistes rentrent alors parfaitement dans le cadre d'une philosophie matérialiste progressiste où l'on ne se cantonne plus à une conception purement mécaniste de la vie » (p. 44). Il est, en effet, sensé de dire (p. 46) : « L'irritabilité joue le rôle d'un aiguilleur... L'être non irritable n'aurait aucun but, aucun désir. Il serait le jouet passif des circonstances. Au contraire la matière, dès que nous lui conférons la propriété d'être irritable, a un but. Ses comportements particuliers s'expliquent d'eux-mêmes, sans qu'il soit nécessaire de faire intervenir une volonté extérieure, un raisonnement ou un finalisme quelconque. »

Charles Mayer, auteur de travaux de chimie organique, donne ainsi l'expression la plus raisonnable aux vues les plus judicieuses de la biologie. Et s'il dit que « l'évolution d'êtres rudimentaires jusqu'à l'homme par des causes naturelles est maintenant indiscutable », il exagère en un sens (car la question n'a pas cessé d'être discutée). Mais en vérité, cette discussion est vide; elle est close : la contradiction n'a qu'une chance : de faire avancer la science sur le point où la difficulté est soulevée. L'addition d'un principe extérieur aux lois naturelles ne saurait faire avancer la connaissance de ces lois. Et il fallait le dire, tant il est vrai que l'homme se résigne mal à n'être qu'un effet semblable à celui du vent. À la faveur d'un souci de précision des hommes de science, on prend pour une retraite la subtilité des définitions. Mais cela ne saurait faire qu'à l'aide de « principes » ou de puissances extérieures à la nature on puisse enrichir les sciences naturelles : celles-ci désormais se passent de facteurs superflus d'explication.

Cela ne veut pas dire que l'explication des sciences projette une lumière suffisante sur tout ce que l'homme voudrait éclairer; Charles Mayer écrit contre le finalisme : « Le finalisme explique tout, sauf pourquoi il existe des causes finales.» De même, le matérialisme donne l'explication la plus développée et la plus solide qui fut jamais, mais n'explique pas de toute façon pourquoi il y a des causes matérielles. Charles Mayer écrit (p. 131) : « Le monde existe. C'est un fait. Or nous ne pouvons concevoir, et nous n'en avons aucun exemple, comment quelque chose pourrait naître de rien. Le monde n'a donc pas eu besoin d'être créé », mais cela veut simplement dire, nous nous contenterons de cette façon, mais justement l'esprit, d'origine matérielle ou non, se définit par le fait que nulle position ne l'apaise, même alors qu'elle embrasse la totalité de ce qui est.

Si par-delà le simple mouvement de la science, le matérialisme de Charles Mayer est une philosophie, il doit répondre à la question qui n'est pas du ressort de la science, de l'apparition de l'être *pour soi* *, que nous connaissons justement du fait que vous qui lisez, moi qui écris, sommes *pour nous*. Je ne parle pas de *conscience* : en effet, nous devons accorder aux animaux le « *sentiment de soi* ». Charles Mayer passe de la matière envisagée comme ayant seulement l'être *en soi* à l'être *pour soi* sur le pont de l'*irritabilité*. Mais si d'une main je tiens ce livre, de l'autre cet oiseau, d'un côté mes doigts touchent le monde impénétrable de la matière, ils touchent de l'autre au monde que je pénètre (il est vrai maladroitement). Si je dis que l'oiseau est fait de matière irritable, c'est de la même manière que je dis que les pages de mon livre sont de papier blanc. Si je dis que l'oiseau est fait de tissu vivant et irritable, je m'aperçois que la proposition *impliquait* l'existence *pour soi*. Seulement il reste à dire que l'irritabilité est la cause de l'existence *pour soi*. À ce moment j'aperçois clairement que l'on peut envisager l'irritabilité de deux manières : du dehors, c'est un phénomène que la science peut correctement décrire, qui ne diffère pas essentiellement du mouvement d'un ballon de baudruche que crève une épingle; du dedans, nous sommes dans un autre monde...

J'ai toujours été frappé d'une difficulté qui pourrait ne pas exister. Nous refusons l'existence *pour soi* aux parties de la nature que nous nions; nous faisons d'un chêne une table et

---

* *Être en soi*, naturel, envisagé du dehors, tel par exemple un caillou, opposé à l'*être pour soi* que l'homme est par excellence, qui dit *moi*, c'est le vocabulaire de Sartre, mais d'abord celui de Hegel.

nous n'avons dès lors qu'un objet inerte. Puis nous nions l'existence *pour soi* d'un chêne. Mais l'absence d'existence *pour soi* est tirée pour nous du fait que nous retirons de la nature des objets dont l'aspect arbitraire est généralement la négation de leur existence. Il me semble d'autre part que, si nous refusons l'existence *pour soi* d'un chêne, nous ne pouvons le faire de celle du chien ou de la vache, nous ne pouvons donc le faire de la mouche. Charles Mayer accorde encore au chêne, c'est-à-dire aux végétaux, l'irritabilité dont il fait la propriété générale de la matière vivante. Cela me semble judicieux. Il ajoute à l'irritabilité des manières d'être *pour soi* comme l'euphorie. Bien que l'implication, dans ce cas, soit contraire aux idées reçues, je ne vois aucune raison de ne pas le suivre. Mais aucune raison de m'arrêter... Je veux bien que l'être *pour soi* soit dans la cellule, mais il pouvait l'être aussi bien dans ses composants.

Seuls les mots « aussi bien » sont discutables. Il me semble assez clair que ce caractère *pour soi* de l'existence est fonction d'un degré de complexité. Il est aigu dans un ensemble où des éléments simples communiquent en s'ordonnant. Mais je ne puis croire un instant qu'il soit né d'un monde où il n'était pas, en raison par exemple de l'irritabilité extérieure, propre à une modalité de la matière. Si avec certitude, on le trouve à un degré quelconque, c'est qu'il existait au degré antérieur, plus vague sans doute, mais déjà *pour soi*. La difficulté du matérialisme est de faire naître, à un moment de l'évolution, un caractère qui nous semble prodigieux. Mais s'il est simplement, dès l'abord, sous la forme la plus vague, une propriété de toute matière?...

Dès lors, s'avéreraient les prémonitions de l'enfance, et ce qui nous séparerait du rêve puéril serait seulement une fixation de l'adulte aux soucis qui, démesurément, grandissent l'importance de ce qu'il fait. La nature entière exaucerait ce qui nous semble vite le plus dérisoire des souhaits : nous préférons, adultes, l'efficacité à la réalisation du rêve. Mais nous éloignant de ce vœu, et seulement à ce prix, nous avons acquis la *conscience,* – qui pourra, au sommet, refléter de manière fugace ce que l'enfant désespéra d'attendre.

Je ne crois pas de cette façon réfuter, bien plutôt confirmer les thèses d'un livre anachronique, – qui a le grand tort, aujourd'hui, de ne pas offrir la consolation dans l'angoisse.

ANNÉE 1951

La guerre et
la philosophie du sacré

Critique [1]

ROGER CAILLOIS, *L'Homme et le sacré*. Édition augmentée de trois appendices sur le sexe, le jeu, la guerre dans leurs rapports avec le sacré, Gallimard, 1950. In-16, 255 p. (Collection « Les Essais », XLV.)

Ce que nous dénommons *sacré* ne peut être réservé aux sociologues et pourtant : dans notre monde civilisé, désormais, il est devenu discutable d'employer le mot, si nous ne renvoyons pas à la sociologie. Seule la sociologie lui donne un sens, lequel, évidemment, diffère de ce qu'il voulait dire sans elle. La théologie sans doute ne peut céder le terrain entièrement, mais la théologie néglige en son principe une grande partie du domaine des sociologues, elle ignore, ou peu s'en faut, les religions des peuples primitifs ou anciens... Ou si elle sort de l'ignorance, elle tire ce qu'elle en sait des sociologues. Ainsi l'emploi du mot est-il étroitement contrôlé par la science.

Ce n'est pas si gênant et ce n'est pas indéfendable. Ce n'est pas non plus justifié jusqu'au bout. La science *abstrait* toujours l'objet qu'elle étudie de la *totalité* du monde. Elle l'étudie à part, elle étudie à part l'atome ou la cellule, et si elle réinsère ces objets dans des ensembles plus grands, il lui faut encore les isoler : ce sont des objets de science dans la mesure où ils peuvent être considérés séparément. On dira qu'à son tour, le *sacré* peut lui-même être envisagé seul. C'est possible, et le résultat vient à l'appui. Les écrits des sociologues imposent ceux qui les lisent, à plus forte raison ceux qui les font. Mais une question demeure ouverte : si, loin d'être isolable, comme

le sont les autres objets de la science, le *sacré* se définissait en
ce qu'il s'oppose aux objets abstraits – aux choses, aux outils,
aux éléments distinctement saisis –, comme la totalité concrète
s'y oppose elle-même.

À coup sûr, au premier abord, cela semble faux. Le *sacré*
ne peut être identifié à la totalité concrète, dans le sens du
moins où le *profane* entre lui-même dans cette totalité comme
une partie que, précisément, il est nécessaire de poser si l'on
veut définir le *sacré*.

Mais si l'on y regarde bien, qu'est le profane, sinon une
somme d'objets abstraits de la totalité? Le monde sacré est
un monde de communication ou de contagion, où rien n'est
séparé, où justement l'effort est nécessaire pour s'opposer à
la fusion indéfinie. On pourrait même dire que l'état profane
est nécessaire à l'objet que l'on veut abstraire, que l'on veut
retirer de la totalité de l'être. Prenons l'exemple du cadavre :
il ne put être disséqué, traité comme un objet de science,
sinon dans la mesure où il passa, au scandale des personnes
dévotes – ou superstitieuses – du domaine sacré au profane.

Il me semble d'ailleurs impossible de mieux atteindre la
différence du *profane* au *sacré* qu'en nous attardant sur cette
image pénible. Du point de vue où je suis placé – celui d'un
auteur de compte rendu –, cela n'est pas sans inconvénient.
Cette position m'engage en principe à la réserve. D'autre
part, parlant du *sacré*, je dois m'apercevoir, le faisant, que je
suis encore du côté *profane*. Je voudrais en sortir, c'est vrai,
je conteste le droit de parler du *sacré* comme les sociologues
le font, exclusivement comme s'il était le premier venu des
objets de science. Condamné à l'équivoque il me faut en sortir
néanmoins. À ce moment, je saisis à quel point il m'est difficile
de le faire. Si je parle en effet du *sacré* comme tel, autant que
faire se peut, évitant de le déguiser, de le transformer d'abord
en *profane*, je tombe sous le coup d'un interdit plus grave. Je
ne puis l'ignorer. Mais j'en viens au moment de rompre.

Je reviens à l'exemple du cadavre, en principe sacré en tous
lieux, mais non sur cette table de dissection, où il est à l'état
d'objet profane, d'objet abstrait, d'objet de science. Dès l'abord
il apparaît qu'un même objet peut à volonté être sacré ou
profane, cela dépend de l'angle de vue. J'envisage maintenant
et place, en esprit, dans la totalité concrète ce cadavre d'enfant
qu'ouvre un professeur, devant lequel c'est un objet anatomique, offert à l'observation savante. Je ne puis à partir de

là qu'étendre infiniment le champ de mes réflexions : je suis libre de passer de la réaction du professeur à celle de la mère, par la pensée introduite dans la salle.

Pour la mère, à ce moment, ce qui est en cause est la totalité de l'être... Et sans doute son cri accuserait aussi bien ce savant de mettre en son enfant la totalité de l'être en cause. Elle se tromperait cependant : le savant envisagerait l'objet abstrait. Le philosophe seul a, sinon la possibilité, l'obligation d'éprouver lui-même en un cri ce que l'enfant sur la table est pour la mère (d'autant plus cher et d'autant plus sacré qu'à jamais la mort en sépare l'image d'objets humbles et futiles, par lesquels, vivant, il échappait à l'horreur vide, qu'est la totalité, qu'est le temps, dans l'abîme duquel tout est jeté d'avance et confondu).

Je n'ai pas voulu dire en quelques mots *tout* ce que pour le philosophe est la *totalité* de ce qui est. Je n'ai voulu montrer, par un exemple, qu'une similitude de rapports. Ce que la totalité concrète est aux objets envisagés isolément, le *sacré* peut l'être au *profane*. La totalité se définit elle-même en opposition avec les objets. Et l'objet profane, essentiellement, n'est pas un autre objet que le *sacré*. Il n'y a dans les deux cas de changé que l'angle de vue.

Il me semble de toute façon que mes réflexions mettent en lumière la difficulté d'envisager l'objet de la religion, le *sacré*, sous le seul angle du profane.

Le *sacré* ne peut être seulement ce dont il est question comme d'un objet, auquel je ne serais pas moins étranger qu'à ces lames du parquet, si indifférentes. Le *sacré*, bien au contraire, est donné comme un objet qui toujours importe au sujet intimement : l'objet et le sujet, si je parle de *sacré*, sont toujours donnés comme se compénétrant, ou s'excluant (dans la résistance au grand danger de la compénétration), mais toujours, dans l'association ou l'opposition, se complétant. Et sans nul doute, je ne puis me retirer personnellement, tirer mon épingle du jeu. Le *sacré* ne peut être limité à l'expérience lointaine des anciens ou des primitifs, il ne peut davantage, en ce qui nous concerne, être limité à l'expérience des religions « révélées ». Il n'est nullement besoin pour nous de religion : le monde où nous vivons est toujours dans sa profondeur imprégné de *sacré*. En particulier, nos conduites à l'égard de la mort et des morts ne diffèrent pas moins de celles des animaux que celles de peuples demeurés très religieux : elles en diffèrent précisément en ceci que la mort et les morts nous serrent le cœur, alors qu'à réagir rationnellement, nous ne devrions jamais les considérer autrement que le savant qui les observe. Qui plus est, nos réactions irrationnelles sont déjà données; quand nous voyons nos semblables vivants, d'avance ce visage, en un sens, est sacré pour moi, si la mort ne peut en figer les traits sans me serrer le cœur.

Ceci ne va nullement contre les données d'une science objective, Durkheim lui-même, dans *Les Formes élémentaires de la religion*, envisageant objectivement les conduites d'indigènes australiens, tenait généralement l'individu, l'être humain, pour une des formes du *sacré*. Mais la question est moins de savoir si nous pouvons accéder du dehors à la connaissance distincte des formes de la religion, que de savoir si cette manière de connaître froide n'est pas susceptible d'altérer le sens de ce qu'elle révèle, si nous prétendons séparer d'elle notre serrement de cœur devant la mort. Cette altération ne peut d'ailleurs être tenue pour inévitable, mais si, pour avoir objectivement défini le *sacré*, nous ne pouvons plus, désormais, passer de cette connaissance de dehors à l'expérience intime, subjective, n'avons-nous pas lâché la proie pour l'ombre?

*

La question se pose, en fait, d'une manière assez complexe. J'imagine qu'en plus des règles d'objectivité de Durkheim, une sorte de pudeur a souvent interdit aux sociologues français de marquer le lien de la connaissance subjective à l'objective. Mais à la fin, cette pudeur savante engendra un grand malaise. À comparer le monde archaïque et le nôtre, le domaine que décrivaient les sociologues ne pouvait manquer de paraître appauvri. Même si la science avait voulu connaître, en même temps que de ses formes archaïques (qui ne semblent accessibles qu'extérieurement, à la manière des choses), de ses formes actuelles, ces dernières, dès l'abord, auraient pris le sens de traces, de vagues survivances d'un passé prestigieux. Dès l'abord le sentiment de *sacré* risquait de prendre, en son principe, plutôt que l'expérience, un caractère de nostalgie. Nous ne pouvons que dans une étroite limite parler de ce que nous tenons aujourd'hui pour sacré : si nous songeons à des civilisations disparues, ou à celles qui, sous nos yeux, sont en voie de disparition, c'est de la *recherche d'un bien perdu* qu'il s'agit. Dans la société actuelle, dont parfois les rapides changements nous déçoivent, car ils nous éloignent d'un monde dont les ruines et l'irremplaçable beauté donnent le sentiment de la déchéance, il nous semble en effet que nous manque un facteur essentiel de la vie. Mais la science des sociologues, qui révèle ce manque, non seulement ne guide pas la recherche qui s'ensuit. En raison même de ses fondements, elle interdit de l'entreprendre. Ces considérations sont nécessaires si l'on veut préciser le sens du livre de Roger Caillois. C'est d'abord le travail d'un sociologue, essentiellement borné à l'objectivité. Caillois entend parler du sacré *généralement* (cela ressort au moins du titre qu'il a choisi), mais cette généralité est restreinte du fait qu'il s'est lié à l'objectivité. La première édition, parue en 1939, à la veille de la guerre –, qui, pour cette raison, n'eut sans doute pas le retentissement qu'elle méritait, – est un exposé magistral des résultats de la science des sociétés archaïques. Selon les apparences, nous ne sommes pas en jeu.

Mais ces apparences nous trompent. Je ne parle pas du fait que l'auteur, à la fin du livre, consacre quelques pages à l'évolution du *sacré* dans le monde moderne. Elles n'ajoutent rien de profond à ce qui précède. Caillois nous parle alors d'expériences où non seulement rien n'est approfondi, mais rien ne peut l'être. Il insiste d'ailleurs à juste raison sur un point : le monde moderne est « conduit à tout regarder comme profane, à tout traiter en conséquence ». « Le sacré, précise-t-il, devient intérieur et n'intéresse plus que l'âme... Tout critère extérieur apparaît insuffisant dès le moment où le sacré tient moins à une manifestation collective qu'à une pure attitude de conscience... C'est avec raison, dans ces conditions, que l'on emploie le mot sacré en dehors du domaine proprement religieux pour désigner ce à quoi chacun voue le meilleur de lui-même, ce que chacun tient pour la valeur suprême, ce qu'il vénère, ce à quoi il sacrifierait au besoin sa vie. » Dès lors, seule la liberté de l'adhésion conditionne, même détermine, ce qui est sacré. « Tout se passe, dit-il, comme s'il suffisait pour rendre sacré quelque objet, quelque cause ou quelque être de le tenir pour une fin suprême et de lui consacrer sa vie, c'est-à-dire de lui vouer son temps et ses forces, ses intérêts et ses ambitions, de lui sacrifier au besoin son existence. » À mon sens, ceci n'est guère qu'une banale exten-

sion du sens du mot. De même, encore qu'avec une désinvolture plus grande, un marchand qui les solde dit de ses
marchandises qu'il les *sacrifie*. Caillois en vient à croire que
l'or est sacré pour l'avare (et ce n'est au fond pas le plus
profane de ses exemples). Le *sacré* me semble s'opposer d'abord
à l'utilité et aux passions dont l'objet est conforme à la raison.
La passion, bien entendu, peut être si grande que la valeur
de son objet en devienne *comparable* à celle du *sacré*. Néanmoins, à la base du *sacré*, se trouve toujours un interdit s'opposant à des conduites convulsives, extérieures au calcul, originairement animales. *L'omophagie*, ce sacrifice où la victime
est dévorée vivante par des participants effrénés, est sans
doute l'image la plus entière du *sacré*, qui implique toujours
un élément d'horreur ou de crime. Même pour un théologien
protestant, comme Otto, le *sacré* n'est pas seulement *fascinans*,
il est *tremendum*, terrifiant. Le *sacré* veut la violation de ce qui
est d'ordinaire objet d'un respect terrifié. Son domaine est
celui de la destruction et de la mort. Caillois le sait, qui conclut
en ces mots la partie principale de son livre (p. 185) : « La
vérité du sacré, écrit-il, réside... simultanément dans la fascination du brasier et l'horreur de la pourriture. » Cette vérité
se lie d'ailleurs à cet exposé plus précis, partant d'une expérience connue, celle de sainte Thérèse d'Avila : « Le contact
du sacré institue un douloureux débat entre une espérance
enivrante de s'abîmer définitivement dans une plénitude vide
et cette sorte de pesanteur, par quoi le profane alourdit tout
mouvement vers le sacré et que Thérèse elle-même attribue
à l'instinct de conservation. Retenant dans l'existence l'être
qui meurt de ne pas mourir, cette pesanteur apparaît comme
l'exact pendant de l'ascendant exercé par le sacré sur le profane, toujours tenté de renoncer à sa part de durée pour un
sursaut de gloire éphémère et dissipatrice » (p. 184).

*

J'ai tiré ces deux aperçus des quelques pages finales où
Caillois a tenté une incursion – dont il s'excuse – dans le
domaine « métaphysique ». J'en retiens le fait qu'il y manifeste
– implicitement – la conscience d'une valeur *pour nous* du
sacré, qui excède la connaissance savante que nous en pouvons
avoir. Il lui faut à la fin laisser entrevoir cette vérité fondamentale que l'homme a toujours à choisir entre deux voies.

D'un côté, le souci de l'avenir lui demande cette « constante recherche d'un équilibre, d'un juste milieu qui permet de vivre dans la crainte et dans la sagesse, sans excéder jamais les limites du permis, en se contentant d'une médiocrité dorée... » (p. 183). « La sortie de cette bonace équivaut à l'entrée dans le monde du sacré. » Il y a là une simplification, car nous pouvons sortir de la bonace et parfois risquer tout sans jamais dépasser un sordide calcul d'avantages et d'inconvénients, où domine l'intérêt profane. Il faut dire que dans les rites mêmes des religions, où le *sacré* est sûrement là, dans les sacrifices, les fêtes, les orgies, le point de vue profane demeure en quelque sorte immuable, sur une toile de fond : ces rites ont, par exemple, des fins agraires, mais la mesure dans laquelle ils sont subordonnés à ces fins semble aléatoire. Ces fins dans le cours de la fête ont moins de sens au moment que la fête elle-même. On peut de toute façon concevoir une valeur que la fête possède indépendamment des effets heureux qu'on attend d'elle : l'accent y est mis sur le temps présent. Dans les passages communs de la tranquillité au risque, l'accent demeure sur le résultat escompté. Reste l'*essentiel*, qu'à ce point nous serrons de près, qui maintenant pourrait être ainsi formulé : sous quelque forme, avec quelque raideur que ce soit, nous ne pouvons évoquer impunément le monde que nous devons nommer *sacré* : la considération du *sacré*, de moments de consumation si intense qu'ils effraient, parce que, vite la mort en semble le terme, nous amène sans échappatoire devant le dilemme que Caillois a clairement posé, auquel néanmoins convient une interrogation plus pressante. Il s'agit de bien définir dans nos conduites ce qui vaut par l'intérêt immédiat (c'est aussi la question de Kant), qui s'oppose aux conduites intéressées, lesquelles, en dernière analyse, vaudront dans la mesure où nous nous réservons comme leur résultat la possibilité ultérieure de conduites désintéressées. Il s'agit, en un mot, de définir ce qui *plaît*. Avertis par une considération rigoureuse *du sacré*, nous ne nous étonnerons pas d'apercevoir que le *plaisir* est toujours une consumation intense de l'énergie et des ressources, intense, c'est-à-dire périlleuse, comme telle effrayante. Le rôle de l'effroi dans ce jeu est clairement définissable : il s'agit, sans effroi, d'une consumation insignifiante; une consumation digne de plaire est toujours la plus effrayante qui puisse être supportée sans défaillir – ou sans fuir en se détournant. Bien entendu, s'il en avait la force, la seule consumation entière que puisse faire de lui-même un homme serait la mort, qui toujours est restée le signe privilégié du *sacré* (du *sacré*, c'est-à-dire de la *vie* la plus intense, la plus hardie) : « la mort, ce sursaut de gloire éphémère et dissipatrice ». La mort a du moins l'avantage de mettre fin à cette pesanteur qui nous fit rechercher pour nous-mêmes, plutôt que directement des conditions généreuses, une puissance plus grande d'être généreux ; peut-être même, plus lourdement, la puissance d'être avare, donnant à nos êtres ces valeurs pesantes, obstruant toute pensée, faisant de nos esprits ces chiens avides de vanité dont le concert est la « philosophie ». La mort seule amène la pensée à l'effroi qui la dissout, et qui lui donne à croire que le silence seul la termine.

Il faut préciser à ce point que posant ce dilemme essentiel, le *sacré* met l'être lui-même en cause, en tant qu'il n'est pas totalité, mais fragment, attaché lui-même à des fragments. Cela veut dire *en tant qu'il a le tort de n'être pas mort*. Ainsi l'étude du *sacré* est-elle la plus périlleuse, car, ou elle détourne l'esprit de l'objet qu'il a peut-être inconsidérément élu (alors, en l'extériorisant, elle réduit ce dernier à l'objet analogue aux autres du sociologue); ou elle nous abandonne à la tentation d'un « sursaut de gloire éphémère »... À ce propos je ne puis manquer de rappeler les traits essentiels de la vie publique de Roger Caillois, qui ne fut pas d'abord un sociologue. Il est, à mon sens, erroné de voir dans son passage au groupe surréaliste un événement insignifiant. Bien entendu, cela n'impliqua nulle affinité véritable : Caillois fut vite déçu. Mais à mon sens cela voulait dire que, d'abord, contre les commodes limites d'une activité savante, toujours nécessairement spécialisée, Caillois réserva tout d'abord la part de la totalité, entendant mettre dans sa vie l'être lui-même en cause, non un fragment, comme l'est l'objet de science. Et ce propos originaire survit, dans *L'Homme et le sacré,* en contradiction avec le propos contraire du sociologue. Il est remarquable qu'un tel livre demanda, pour être écrit, d'être le fait d'un homme qui voulait la totalité, mais la renia, n'en ayant vu d'abord que les aspects manqués. Il la renia, mais choisissant un objet limité d'études, il a choisi l'objet dont la nature est d'anéantir ses propres limites, il a choisi l'objet qui n'est pas un objet, étant surtout la destruction de tout objet.

Le résultat est peut-être le meilleur que l'on aurait pu

espérer. Si l'auteur avait choisi de brûler lui-même, sa hâte l'aurait privé du pouvoir d'exposer clairement les données premières que la volonté d'indifférence des savants dégagea. Il n'aurait pu rien ajouter aux résultats épars de ces derniers, s'il n'était parti d'une nostalgie de gloire éphémère. On le devine, à chaque moment, rétif, même angoissé, à la pensée d'aller plus loin que n'autorise l'objectivité de la science, méprisant peut-être en lui-même la nostalgie qui acheva de tendre sa volonté, mais ne pouvant faire que le mouvement de son livre ne le trahisse.

Aussi bien est-il digne d'attention que, du sociologue Roger Caillois, *L'Homme et le sacré* soit en somme le seul travail venu à terme. Par la suite, les soucis qui le déterminent l'ont engagé dans une voie où il ne cesse pas de rendre sensible une tension fébrile de sa démarche. Il vise à la certitude la mieux assurée, au service d'un ordre inattaquable, et il ne peut faire évidemment qu'un tel ordre n'ait pas l'ambition d'enfermer la totalité de l'être, dans son affirmation et ses négations organiques. Mais il me semble que, de ses livres de *moraliste* (tels *Le Rocher de Sisyphe, Circonstancielles, Babel*), *L'Homme et le sacré* soit la clé. Dès ce livre, il avoue le malheur de l'esprit : l'esprit « redoute de se donner, de se *sacrifier*, consciemment de dilapider ainsi son être même » (p. 185). « Mais, dit-il aussitôt, de retenir ses dons, ses énergies et ses biens, d'en user avec prudence dans des buts tout pratiques et intéressés, profanes par conséquent, ne sauve personne, à la fin, de la décrépitude et de la tombe. Tout ce qui ne se consume pas, pourrit. » Ce qui dans l'étude du *sacré* maintenait l'auteur dans la durée était l'observation des préceptes de réserve de la science. Et sa démarche plus récente, donnée dans son œuvre de *moraliste*, ne cesse pas, à son tour, de faire alterner l'accélération et le frein : jamais elle n'a trouvé, devant elle, la droite et large voie qui aurait permis de céder à la tentation de la vitesse. Ceci n'a nullement valeur de critique, ou ne l'a que généralement. De la nostalgie du *sacré*, il est temps d'avouer que nécessairement, elle ne peut aboutir à rien, qu'elle égare : ce qui manque au monde actuel est de proposer des tentations.

*

Ou d'en proposer de si odieuses qu'elles valent à la seule condition de tromper celui qu'elles tentent.

Nietzsche avait déjà vu que, de notre temps, les rigueurs de l'ascèse et de la sainteté ne pouvaient séduire et que seules la révolution et la guerre pouvaient proposer à l'esprit des activités assez exaltantes.

Aussi bien Roger Caillois, dans le sentiment du vide où l'égale impossibilité du sacrifice et de la réserve le laissait insatisfait du caractère suspendu de son livre (dans l'état où il fut d'abord publié, en 1939), répondit-il (et sa réponse termine, en 1950, la seconde édition) à la question cruciale que pose le recul du *sacré* dans le temps présent. Il avait pensé, tout d'abord, que les vacances avaient pu prendre à nos yeux le même sens qu'autrefois la fête archaïque, dont la décadence est avérée. Mais il ne put s'arrêter à cette hypothèse superficielle : il n'hésite plus aujourd'hui à voir dans la *guerre* le pendant, dans les sociétés modernes, du paroxysme des fêtes : la guerre, temps de l'« excès », de la « violence », de l'« outrage »; la guerre « unique moment de concentration et d'absorption intense dans le groupe de tout ce qui tend ordinairement à maintenir à son égard une certaine zone d'indépendance * ». Comme la fête, la guerre ordonne des « explosions monstrueuses et informes en face du déroulement monotone de l'existence régulière » (p. 230) : « ...lors de l'une et de l'autre sont permis les actes qui sont tenus en dehors d'elles pour les plus francs sacrilèges et pour les crimes les plus inexcusables : ici l'inceste est soudain prescrit et là le meurtre recommandé » (p. 231), « ... vienne l'heure du combat ou de la danse, de nouvelles normes surgissent, ... commis dans un déchaînement indiscipliné d'instincts furieux, les gestes d'hier prohibés et réputés abominables apportent maintenant gloire et prestige » *(ibid.).* Comme l'inceste dans la fête, le meurtre dans la guerre est acte de résonance religieuse. « Il tient, dit-on, du sacrifice humain et n'a pas d'utilité immédiate... » (p. 238). « C'en est fini de s'incliner devant la mort et de l'honorer, tout en dissimulant son horrible réalité à la vue comme à la pensée... C'est l'heure où l'on peut impunément saccager et salir cet objet de haute révérence, la dépouille mortelle de l'homme. Qui se priverait d'une telle revanche, d'une telle profanation ? Toute chose qu'on estime

---

* Appendice III à la 2ᵉ éd. : *Guerre et sacré*, p. 230. Des deux autres appendices de cette édition, le premier *Sexe et sacré* n'a peut-être pas l'ampleur exigée par le sujet. Le second, *Jeu et sacré*, d'un intérêt bien plus grand, ne touche néanmoins qu'un aspect de l'interprétation théorique.

sacrée la réclame à la fin. En même temps qu'elle fait trembler, elle veut la souillure et appelle le crachat...» (p. 234). « D'autre part, la fête est l'occasion d'un gaspillage immense... Comme on entasse pour la fête toutes les victuailles possibles, de même des emprunts, des prélèvements, des réquisitions drainent les diverses richesses d'un pays et les précipitent dans l'abîme de la guerre, qui les absorbe sans être jamais comblé. Ici les aliments dévorés en un jour par la multitude paraissent suffire à la nourrir pendant une saison et là les chiffres donnent le vertige : le coût de quelques heures d'hostilité représente une somme si considérable qu'on croirait avec elle pouvoir mettre fin à toute la misère du monde » *(ibid.)*.

Cette interprétation est choquante, mais il ne servirait pas de fermer les yeux : elle manque à la compréhension du *sacré*, elle manque à celle de la guerre. Et pour tout dire, elle manque essentiellement à la connaissance de l'homme actuel. Roger Caillois pose la question : « Faut-il accuser... la disparition graduelle du domaine du sacré sous la poussée de la mentalité profane, toute de sécheresse et d'avarice? » (p. 247). À une question si lourde, manquent les éléments suffisants d'une réponse, que Caillois serait le dernier à donner. Mais insistons : l'étude du *sacré* donne le sentiment d'une difficulté insoluble et d'une malédiction de l'homme. Sans le *sacré*, la totalité de la plénitude de l'être échappe à l'homme, il ne serait plus qu'un homme incomplet, mais le *sacré*, s'il prend forme de guerre, le menace d'anéantissement total. Dans le paragraphe réservé à l'action de l'énergie atomique, Caillois conclut (p. 249) : « La fête... était la mise en scène d'une imagination. Elle était simulacre, danse et jeu. Elle mimait la ruine de l'univers... Il n'en irait plus de même, le jour où l'énergie libérée dans un paroxysme sinistre... romprait l'équilibre en faveur de la destruction.»

Le journal jusqu'à la mort

Critique [1]

ANDRÉ GIDE, *Journal*, 1942-1949, Gallimard, 1950. In-16, 336 p.

Le *Journal* de Gide, en l'espèce de son dernier livre, finit d'une manière assez frappante : « Ces lignes insignifiantes, dit l'auteur, datent du 12 juin 1949. Tout invite à croire qu'elles seront les dernières de ce *Journal*. » L'auteur signe et date : « André Gide. 25 janvier 1950. » La dernière remarque avait pour objet la liberté, prise par Hugo, de faire rimer « friandes » et « viandes », ces « deux sonorités diphtongues, l'une comptant pour deux syllabes, l'autre pour une ».

(Cela va de soi : Gide put depuis lors reprendre néanmoins ce qu'entre le 12 juin 1949 et le 25 janvier 1950, il regarda comme achevé. Même la page de couverture d'un hebdomadaire (*Paris-Match*, 3 mars 1951) commente ainsi la photographie qu'elle en donne : « Gide écrit à son bureau les dernières pages de son *Journal*, interrompu le 13 février, par la maladie dont il vient de mourir. » Mais cela ne change rien à l'intention qu'il eut en 1950 de laisser l'œuvre finissant par des « lignes insignifiantes * ».)

J'ai souvent pensé que la mort, achevant la vie, devait manquer à la règle que nous suivons si nous achevons l'une de nos œuvres. Nous *construisons* un livre, un article, mais nous ne pourrions construire notre vie jusqu'à la mort. Il m'arrive en voiture d'évoquer l'accident soudain, finissant l'être sur un moment vide ; je n'en suis pas ému, même je m'en amuse,

---

* Nous apprenons en dernier lieu que le *Journal* s'est arrêté le 13 février 1951.

pourtant c'est contraire à l'idée que j'ai par ailleurs d'un sens auquel je suis lié. Comment écrirais-je s'il n'était ce sens, si je ne me disais au moins : je mènerai ma vie de manière à montrer qu'elle n'a pas de sens, sinon ce sens dernier – d'être à hauteur de mort, et la mort est justement le contraire de tout sens possible! Mais l'absence de sens ainsi entendue est active, c'est une intention, un éveil, ce n'est pas cet assoupissement, le déchet d'une vie qui s'affaisse.

Non sans malignité, Gide, sentant s'enliser l'insignifiance de la mort, en a fait la chose la plus ambiguë. Il va de soi que l'idée d'insignifiance a comme une autre un sens... Et nul ne saurait s'étonner de la voir (subtilement) soulignée. L'auteur fit donner en *fac-similé* ces derniers mots qui finissent son livre et que j'ai cités. Difficile d'être moins solennel, et pourtant...

Ce fut le sort de Gide de vivre en contradiction avec lui-même et de pratiquer cette contradiction, non seulement sans la moindre gêne, mais à la manière d'un art. La contradiction intérieure est pour d'autres un déchirement : à quoi Gide s'opposa sans doute plus décidément qu'un autre avant lui. Il érigea même en principe, et peut-être sans le vouloir, une contradiction désinvolte, qu'il ne dissimula ni n'afficha, dont il fit le fondement de sa sérénité.

Le plus remarquable est que, refusant le déchirement, jamais il n'offrit de résistance à la division de l'esprit contre lui-même. Tant qu'il lui fut possible, il se refusa de prendre parti. Et quand il le fit, ce ne fut pas sans reconnaître les raisons du parti opposé. La passion ne pouvait l'aveugler ni l'entraîner; les arguments les plus contraires valaient encore, alors qu'il avait choisi. En elle-même, la collaboration de la France et de l'Allemagne lui sembla malgré tout soutenable, – et son attitude était gaulliste, elle l'était sans réserve. Une désinvolture aussi grande n'est pas facile, mais le moins étonnant n'est pas son horreur (peut-être son mépris) d'une souffrance qui aurait dû résulter d'une aussi pénible hésitation. Il ouvrait le champ à la tragédie, où la fatalité veut qu'aboutissent des positions inconciliables, mais il s'opposait en lui-même au déchaînement de la douleur. Comme il l'écrit ingénument (p. 36), il avait « horreur du spasmodique ». Je crois qu'il se sentit tenu de sortir de difficultés profondes au moyen d'un *art de vivre* incomparable, qui fait du *Journal*, qui l'expose, un chef-d'œuvre (et peut-être le seul qu'il ait laissé).

Dans ces multiples notations, que règle le hasard, qui décrivent ses actes, ses attitudes, et l'incessante réflexion qui les accompagne, il apparaît comme le plus désinvolte, et pourtant le plus scrupuleux des hommes... Il semble que jamais les contraires ne se heurtent en lui... Je n'ai pas au hasard souligné, l'alléguant en premier, sa désinvolture : si celle-ci est toujours habile, c'est de l'habileté magistrale et très humaine de l'art, – et jamais l'art a-t-il procédé d'une plus scrupuleuse ferveur?

Le dernier livre du *Journal* en est selon moi le plus digne d'intérêt : c'est que l'«art de vivre» y est enfin l'«art de mourir». Non que l'auteur s'appesantisse, il ne fut jamais plus subtil. Il se dut de mourir simplement, comme si la mort était superficielle. Je crois qu'il eut un peu de mal à le faire. Non qu'il eut peur de mourir. Mais il ne put avoir une attitude à laquelle se tenir fermement. Il s'est trop minutieusement observé et, le faisant pour ses lecteurs, il ne put ni les éclairer en entier, ni s'éclairer lui-même en conséquence.

Il semble s'attendre parfois à la mort la plus entière, où il entraînerait avec lui le lecteur.

Il est très sensé, très lucide, à mon sens, écrivant :

« L'art – appelé à disparaître de dessus terre; progressivement; complètement. C'était affaire d'une élite; quelque chose d'impénétrable pour " le commun des mortels ". À ceux-ci les joies vulgaires. Mais aujourd'hui, l'élite même bat en brèche ses privilèges; n'admet plus que rien lui soit *réservé.* Par magnanimité quelque peu sotte, les meilleurs d'aujourd'hui souhaitent : *le meilleur pour tous.*

» J'imagine venir le temps où l'art aristocratique cédera la place à un bien-être *commun*; où l'individuel ne trouvera plus de raison d'être et prendra honte de soi. Déjà nous avons pu voir, en Russie, honnir ce qui manifeste un sentiment particulier, ne plus admettre que ce qui peut être compris par n'importe qui; et ceci risque de devenir n'importe quoi. L'humanité se réveille de son engourdissement mythologique et s'aventure dans la réalité. Tous ses hochets d'enfants vont être relégués hors d'usage; ceux qui viennent ne comprendront même plus qu'on ait pu, durant des siècles, s'en amuser » (19 avril 1943).

Ce n'est pas l'effet d'une saute d'humeur. Il dit plus loin : « ...le goût de la perfection va se perdant et je pressens venir un temps où même elle fera sourire, comme on sourit aux jeux des enfants, où le " quod decet ", la pondération harmonieuse, la nuance, l'art enfin, céderont aux qualités " de choc ", et aux considérations pratiques ; où seul le fait importera. " Sombre plaisir d'un cœur mélancolique ", c'en sera fait de vous! Ici commence l'âge viril, l'ère de la réalité » (22 mai 1943).

Mais s'il a raison (comme je crois), Gide lui-même meurt une fois de plus ; déjà ce qu'il fut, et qui eut un sens, n'en a plus, ou sinon l'échéance ne saurait tarder! Restait donc à mourir et à disparaître en disant : « Hugo se plaît à faire rimer deux sonorités diphtongues, l'une comptant pour deux syllabes, l'autre pour une... » (p. 318).

Mais jamais en rien Gide n'eut de position ferme. Il dit à un autre moment : « Souvent me point un sentiment (qui va parfois jusqu'à l'angoisse) que j'aurais à faire quelque chose de plus important (que ce que je fais et à quoi je m'occupe présentement). S'il me fallait mourir dans une heure, serais-je prêt? »

C'est en vérité de l'inconsistance de la volonté – et de la pensée – que Gide crut tirer sa valeur exemplaire. Il s'y exerça avec art, et il pressentit que l'art est lui-même absence de la volonté et de la pensée. Mais il n'était rien moins que naïf, il n'allait pas à l'aventure, et jamais, faisant « œuvre d'art », il ne se laissa *porter par le flot.* Il se contenta de choisir, avec un jugement sûr, des principes qui ne lient pas, qui maintiennent la démarche calme et libre. Jamais il ne se laissa enfermer ni entraîner.

Seule le lia une sagesse trop grande, qui le voulut équilibré dans le royaume de l'excès. Il voulait la souveraineté de la création et, dans ce sens, il eut une rigueur digne d'attention. Sa modération, sa prudence, son horreur d'une verbosité facile ont irrité la génération qui l'a suivi, sur laquelle il n'eut pas d'influence. Le plus souvent, cette génération erra et l'attitude de Gide sembla la bonne. Nous serions même aveugles à ne pas voir qu'il avait raison. Il avait raison d'être plus *léger,* plus lucide, dans les choses sérieuses. Les choses sérieuses sont toujours opposées à ceux qui s'appuient sur elles, qui en parlent et en font le principe de manifestes. Parfois la manière oblique de Gide, sa méfiance même à l'égard de ce que, peut-être, il chercha, mais sûrement sans vouloir le trouver, semblent dignes d'admiration. Sans doute ce qu'il eut pour objet exigeait la pudeur qu'il n'eut pas dans les *Nourritures terrestres...* Ne s'est-il pas, – mollement, –

détourné de son objet – comme impatienté, ou distrait – dans l'espoir de l'atteindre davantage?

Néanmoins une faiblesse se révèle dans une attitude si volontairement légère et réservée.

La génération qui l'a suivi se voulut sans art, agissant de travers à grands coups, tantôt gonflée d'elle-même, et tantôt s'humiliant à contretemps, mais toujours dans le bruit et la fureur. Sa fièvre, aujourd'hui descendue, laisse un sentiment de fausseté. Elle laisse le souvenir d'une vaine agitation, de rêves éblouissants... la honte de sentiments surfaits : les têtes creuses et les caractères faciles supportent le mieux ces épreuves... Pourtant le surréalisme posa clairement la question dont se détourna Gide. Il s'agit d'écarter ces humeurs qui font à de petits individus s'attribuer la propriété ombrageuse de valeurs qui les excèdent, qui ne sont qu'impersonnellement fascinantes ; il s'agit de passer les limites personnelles, de tenir pour rien ce qui est prétexte à l'ambition égoïste. À cette fin, le meilleur moyen n'est pas de crier, et moins encore de s'opposer à l'inévitable jeu de l'intérêt privé, mais de bien ordonner une recherche dont la négation des limites personnelles est la fin.

Gide, se voulant « le plus irremplaçable des êtres », allait à l'encontre d'une recherche à laquelle il n'est rien aujourd'hui qui ne tende : la riche individualité n'a qu'un sens, d'être si riche qu'elle ait besoin de n'être plus. Elle ne veut que mourir à soi-même et trouver « à hauteur de mort », *dans la négation que l'art annonce,* un pouvoir d'échapper à l'abaissement. (Elle sait la souveraineté illusoire, qui exige la durée, la durée des propres limites! elle ne se satisfait que d'être périssable.)

Gide à ce sujet s'exprime dans le dernier *Journal,* mais d'une manière confuse. Il écrit en octobre 1943, sous le coup de la lecture des livres de Guénon, nouveaux pour lui (livres eux-mêmes bien confus) : « À présent, il est trop tard : " les jeux sont faits, rien ne va plus ". Mon esprit sclérosé se plie aussi difficilement aux préceptes de cette sagesse ancestrale que mon corps à la position dite " confortable " que préconisent les Yogis, la seule qui leur paraisse convenir à la méditation parfaite ; et, à vrai dire, je ne puis même parvenir à souhaiter vraiment celle-ci, cette résorption qu'ils cherchent et obtiennent de l'individu dans l'Être éternel. Je tiens éperdument à mes limites et répugne à l'évanouissement des contours que toute mon éducation prit à tâche de préciser.

Aussi bien le plus clair profit que je retire de ma lecture, c'est le sentiment net et précis de mon occidentalité; en quoi, pourquoi et par quoi je m'oppose. Je suis et reste du côté de Descartes et de Bacon. N'importe! Ces livres de Guénon sont remarquables et m'ont beaucoup instruit, fût-ce par réaction. J'admets volontiers les méfaits de l'inquiétude occidentale, dont la guerre même reste un sous-produit; mais la périlleuse aventure où nous nous sommes imprudemment lancés valait la peine qu'elle nous coûte, valait la peine d'être courue. À présent, du reste, il est trop tard pour reculer; nous devons la mener plus avant, la mener jusqu'au bout. Et ce " bout ", cette extrémité, je tâche de me persuader que c'est Dieu, fût-il atteint par notre ruine. Il faudrait sans doute la " position confortable " pour mener à maturité ma pensée. En attendant, je persévère dans mon erreur; et je ne puis envier une sagesse qui consiste à se retirer du jeu. Je veux " en être " et dût-il m'en coûter» (octobre 1943, p. 195-196). Que signifie ce «Dieu», peut-être «atteint par notre ruine», s'il n'est l'anéantissement de ces limites auquel Gide néanmoins crut tenir «éperdument». Il n'en est pas gêné, l'année suivante, pour écrire : «Sans trop d'impolitesse, je voudrais prendre congé de moi-même, je me suis décidément assez vu...»

Justement la vertu du *Journal* est de souligner, et d'avouer sans pesanteur, ces contradictions par lesquelles il porta *l'art de vivre* à une subtilité rarement atteinte. Il s'établit parfois, dans la confusion et la négligence de l'essentiel, une lumière et une transparence que l'effort âpre n'atteint pas. La désinvolture de Gide est souvent prudente, elle est toujours discrète, et jamais elle ne surprend. Elle n'est pas cependant sans atteindre à l'occasion une sorte de véhémence. Parlant des «accents pathétiques» de *Numquid et tu...?* où il exprimait une inquiétude qui semblait chrétienne profondément, il s'écrie : «Je sais comment les obtenir : je tiens la recette de cette fausse profondeur»...

Je ne sais quoi de discordant, un pénible porte-à-faux des accents distinguent ces *Feuillets d'automne* (novembre 1947, p. 272-281), qui glissent à la fin du *Journal*, comme une conclusion philosophique impie allant à l'opposé de *Numquid et tu...?* (jadis introduit, comme le sont les *Feuillets d'automne*, dans le cours du même *Journal*). Il semble que Gide ne put, voulant une dernière fois préciser sa pensée, qu'en étaler le peu de consistance, les négligences, le mouvement malaisé, – comme si son impuissance avait à ses yeux plus de prix que le contenu. En ce sens, il n'apporta rien qui ne soit superflu à ces premiers mots : « Je saurais dire : " Ainsi soit-il " à quoi que ce soit qui m'advienne, fût-ce à ne plus être, à disparaître après avoir été. »

*

Nous apprenons qu'avant de mourir, Gide avait accepté de laisser Marc Allégret tourner un film documentaire ayant sa vie pour objet. Sa vie... ce fut plutôt sa mort, puisque les jours où le film fut pris précédaient ceux où il mourut.

La déclaration sur laquelle finit le documentaire de Marc Allégret prend de ce fait valeur de testament, de dernières paroles.

Gide proteste au moment où il sent menacé « ce qui fait la valeur de l'homme, son honneur et sa dignité » « contre tout mot d'ordre totalitaire et toute entreprise qui prétende incliner, subordonner, assujettir la pensée, réduire l'âme... ». Il s'en remet, pour la vertu de cette protestation, aux jeunes gens, mais seulement au petit nombre d'entre eux qui « maintiennent intacte leur intégrité morale et intellectuelle ». (Cette déclaration est donnée en entier dans *Paris-Match*, 3 mars 1951.) Gide insiste sur le fait qu'il ne croit qu'au petit nombre.

Il n'est pas sûr qu'il suffise de lutter contre l'ordre totalitaire si l'on veut que la pensée ne soit ni inclinée, ni subordonnée, ni assujettie. Mais Gide, sur ce point, n'a pas improvisé. Il reprend un thème déjà donné dans une lettre à Bernard Enginger (*Journal*, février 1946), où il disait : « Pourquoi chercher de " nouveaux maîtres? " Catholicisme ou communisme exigent, ou du moins préconisent, une soumission de l'esprit... Le monde ne sera sauvé, s'il peut l'être, que par des *insoumis*... »

Léonard de Vinci (1452-1519)

Critique [1]

Si je pense à la destinée de l'homme, il me faut choisir. La plupart des hommes ont des entraves et leur exemple, s'il le faut alléguer, ne peut l'être qu'en second lieu. Il me semble assuré que Léonard de Vinci lui-même eut ses entraves, mais à la réflexion, relativement, nous pouvons les imaginer plus légères. Elles ont même semblé quelquefois si larges, qu'au nombre des « grands » hommes, j'en citerais difficilement un autre qui ait dans une égale mesure prêté à croire qu'il se joua de toutes les limites.

C'est en ce sens que la vieille biographie de Vasari, qui en fait une sorte de figure divine, comblée de tous les dons, et à qui tout réussit, même si nous savons aujourd'hui qu'elle est trompeuse, a toujours une valeur initiale. Il prêta sans doute à l'erreur en raison d'un mystère qui l'environna, qui rendait ses démarches inexplicables et, lorsque de rares et admirables traces en restèrent seules, suggéra l'idée d'une puissance illimitée.

Ce mystère cependant se bornait à l'insatisfaction durable, à l'impression d'échec avec lesquelles il est certain qu'il a toujours vécu : c'est pourquoi il se réfère moins qu'à des succès, à l'impuissance fondamentale, à ce caractère qui ne fut que gratuitement donné comme favorisé par les dieux. Léonard de Vinci, de son vivant, eut bien du mal à s'imposer : on lui fit une place, il est vrai, mais on la lui accorda parcimonieusement.

De nos jours, un vent opposé joua, et parfois la place qu'on lui fit devint si vaste que les traits précis de cette figure s'estompèrent. Ce qu'on lui prêta devenait si indéfini, les limites en étaient si reculées, qu'autant dire qu'il cessa d'être : on lui substituait le fantôme d'une possibilité immense et insaisissable.

Je crois qu'à le mettre un peu lourdement dans le cadre réel qu'il eut (à le borner à ce qu'il fut) nous ne faisons finalement que lui rendre justice. À vouloir essentiellement être ébloui, nous ne tenions plus qu'un caprice de notre imagination. Je reconnais qu'il est tentant de mettre au compte d'un personnage brillant... et mal connu, ce qui nous manque, que nous cherchons à posséder, mais cela ne peut qu'assez malencontreusement nous leurrer.

Ce qui rendait la tentation durable est la réponse donnée en sa personne au souci que les hommes de pensée ont d'être plus qu'un instrument spécialisé. Que Léonard ait pu réunir en lui la science, la technique et la création de la grâce ne pouvait que nous éblouir en un temps où, à refuser de nous limiter à quelque possibilité définie, nous risquons, gaspillant nos forces, de voir tout nous échapper, tout nous fuir. Mieux vaudrait néanmoins nous demander la raison pour laquelle Léonard trouva ce qui nous semble hors d'atteinte aujourd'hui.

Il ne s'agit pas seulement de nous dire que le domaine des sciences est devenu trop vaste pour nous. Ce domaine ne s'est pas seulement élargi, il a changé : il s'est en quelque sorte défait, décomposé. Ce qui frappe dans les démarches intellectuelles de Léonard, c'est l'admiration, c'est l'amour. Léonard ne nous semble pas avoir seulement voulu savoir, il aima et même on peut dire qu'il voulut connaître pour aimer. « L'amour pour n'importe quelle chose, écrivait-il, est fils de la connaissance; l'amour est d'autant plus fervent que la connaissance est certaine. Et cette dernière certitude naît de la connaissance intégrale de toutes les parties qui s'unissent pour former la totalité de ce qu'on veut aimer. » Aujourd'hui nous dirions plutôt le contraire. La science ne peut qu'analyser et elle ne peut recomposer cette totalité concrète, qui seule est l'objet du déni. Mieux, nous ne pouvons nous proposer d'aimer ce que nous connaissons scientifiquement, car cette démarche nous priverait de l'objectivité foncière de la science.

Aussi bien se mêlait aux démarches de la pensée de Léonard une représentation enthousiaste de la nature, où il reconnaissait à chaque pas le maître suprême. Il nous est difficile

aujourd'hui d'imaginer cette jeunesse de la science, ce printemps de la connaissance, dont Léonard de Vinci est sans
doute le symbole le plus séduisant. Le premier mouvement
découvre le monde, et il n'est rien en lui, qui nous éloigne
de l'admiration : nous pensons même alors que, bientôt, les
plus grands secrets nous seront ouverts. La pensée de Léonard
se déplaçait suivant des lignes d'harmonie et d'abord il voulut
reconnaître l'image du monde immense dans les objets les
plus voisins (le macrocosme dans le microcosme). Il aban-
donna cette hypothèse inféconde, mais il ne cessa pas pour
autant de trouver à chaque pas, dans l'ordre des choses, un
« maître suprême ». Jamais, semble-t-il, personne n'assimila
au même point la nature à Dieu, Dieu à la nature. Rien ne
semble lui avoir été plus étranger que l'inaccessible Dieu des
théologiens, ou que le Dieu inconnu des mystiques.

Je ne crois pas que l'on puisse mieux définir l'esprit de
Léonard qu'en évoquant son enfance inculte à la campagne
(il était illettré et il n'accumula que plus tard l'extraordinaire
somme de connaissances qui nous étonne). Léonard aima la
nature au sens où le mot exprime la beauté de l'espace et des
formes terrestres, là où l'homme n'a pas changé en monde
humain le monde naturel. Il aima la beauté des montagnes
au point de faire l'ascension difficile d'un sommet des Alpes,
ce que personne ne faisait en ce temps. « Qu'est-ce donc,
écrivait-il, qui te pousse, ô homme, à abandonner ton logis
de la ville, à laisser tes parents et tes amis, pour t'en aller
dans la campagne, et errer par monts et par vaux, si ce n'est
la beauté naturelle du monde? » C'est que ce monde, dont il
confondit la connaissance et l'amour, ne lui était nullement
extérieur, comme l'est au savant moderne la nature, le monde
qu'il s'efforce d'analyser, de changer en séries d'abstractions,
à travers lesquelles il établit des formules d'identité. Sans
doute Léonard eut-il à l'extrême degré le sens de ce mouvement moderne de la science, lui qui ne croyait bien connaître
qu'à la condition d'exprimer les objets sous des formes mathématiques. Mais il n'en comprit pas, il n'en pouvait comprendre
les conséquences. La nature demeurait pour lui ce qu'il aimait,
ce qu'il connut par la sensibilité avant de le connaître par
l'intelligence. Ce n'était nullement la somme d'abstractions
qu'elle est devenue pour la science.

Bien entendu, le savant moderne aussi bien que Léonard
a le loisir d'aimer la nature... Mais chez lui l'amour et la

connaissance ne s'unissent pas : en un sens leurs objets forment en lui des mondes séparés. Léonard seul demeure le symbole d'une science dont l'objet serait toujours au niveau de la grâce de la Joconde, tout aussi beau, tout aussi riche et tout aussi profond. La suite des temps devait montrer à quel point une telle attitude était inviable : il n'y eut plus depuis Léonard de savant qui fût un grand peintre, ni de peintre qui contribuât au progrès des sciences.

Le cas de Léonard est moins simple que nous ne pourrions d'abord le croire. La nature ne se laisse pas jouer ainsi : et l'on pourrait dire que ce fut plutôt la nature qui joua Léonard. La confiance dans la nature et la pensée que la nature est belle ne sont pas de solides réactions. L'homme est en principe opposé à la nature, il en est essentiellement la négation. Léonard, sur ce point, n'est pas différent des autres : il en eut même, entre tous, une horreur extrême. Il serait difficile de citer des réactions plus accusées. Ce n'est pas lui qui aurait pu généraliser son enthousiasme et dire : « Tout ce qui est de la nature est beau. » Son jugement sur la sexualité est bien connu : « L'acte d'accouplement, dit-il, et les membres dont il se sert sont d'une telle laideur que s'il n'y avait la beauté des visages, les ornements des participants et l'élan effréné, la nature perdrait l'espèce humaine. » Il avait horreur de la boucherie et de la viande ; il était, en une époque où cela faisait exception, d'une propreté méticuleuse. Il eut même au degré maladif, au moins pour ce temps-là, le souci de la saleté des villes, l'obsession des ordures et des mauvaises odeurs.

Mais maladif, entendons-nous ! Rien n'était plus sain au contraire, en ce qu'il avait généralement le souci d'y obvier. Non seulement il souffrait de la nature, mais il s'efforçait de la modifier en en supprimant les effets. L'homme ne s'oppose pas seulement à la nature dans les secrètes nausées qu'il en a, qui comptent même pour le sauvage : il s'y oppose activement, *en la transformant par le travail,* en faisant du monde naturel un monde humain. Mais qui plus que Léonard lutta contre elle en travaillant de toutes manières à la soumettre à la volonté de l'homme ? Cette *passion* fut en lui d'autant plus remarquable qu'il n'inventa le *tout-à-l'égout* que sur le papier. D'autres bien plus tard le réinventèrent, mais ils répondaient à l'un des problèmes que posait leur activité spécialisée. La lutte de Léonard se réduisait à la passion, qui se fait jour bien plus clairement dans une spéculation à vide que dans un travail commandé et profitable.

Le plus curieux est qu'il n'eut pas conscience de se contredire. Même cet immense prurit d'inventions techniques dont témoignent ses manuscrits (mais non ses travaux), ne lui sembla nullement l'éloigner de la nature. Et il écrivait sans sourciller : « Toi qui as trouvé une telle invention, retourne prendre des leçons chez la nature. »

Un incident de son enfance exprime toutefois le peu de consistance et la naïveté de cette foi dans la nature.

Il grimpait dans les rochers quand il aperçut l'entrée angoissante d'une caverne. Il avait peur d'y entrer, mais il ne put se retenir de le faire en dépit des obstacles rencontrés, des rochers gluants qui lui écorchaient les mains ; quelque chose de plus fort que lui l'y poussait qu'il compare à « une trombe de vent qui souffle sur le creux d'une vallée sablonneuse et dans sa course rapide balaye tout ce qui lui résiste vers le centre... Une mer en tempête ne mugit pas autrement quand un vent du Nord bat ses ondes écumantes, ni le Stromboli ou le Mongibello (l'Etna) quand les flammes sulfureuses éventrent les grandes montagnes et vomissent en l'air des pierres, de la terre et du feu... Tiré par mon désir ardent, avide de voir le grand mélange des formes variées et étranges, créées par l'artificieuse nature, je m'aventurais parmi les sombres écueils... ». Il poursuit de cette façon : « Et quand je m'y fus attardé pendant un moment se réveillèrent en moi brusquement deux choses : peur et désir, peur du trou obscur et menaçant, désir de voir s'il ne décelait pas quelque chose de merveilleux. » Certes il s'agit des réactions du jeune Léonard. Néanmoins l'accent ne trompe pas, il exprime un sentiment d'une rare intensité. En vérité, les aspects modernes de la pensée de Léonard tendent à nous tromper. Le monde qu'il eut pout objet dans ses démarches savantes n'était pas celui que nous dépeçons aujourd'hui à l'aide d'un vocabulaire tiré de langues mortes. Ce n'était pas le monde de l'intelligence abstraite, c'était celui de la sensibilité immédiate, plein d'horribles cavernes et d'affreux accouplements ; c'était aussi celui de la grâce, mais l'horreur et l'attrait s'y composaient. Et quand il disséqua des cadavres, le sang-froid de l'anatomiste moderne lui manquait. Il y pensait longuement et le dégoût le soulevait.

Cet aspect sensible du monde de Léonard a d'autant plus

de sens pour nous que la nature envisagée par la science desséchée est maintenant totalement dégagée de la représentation naïve, où jouaient encore ces réactions d'horreur dont les « tabous » sont les formes les plus grossières. La « beauté » du monde de Léonard est semblable à celle d'un crépuscule et déjà nous serions plongés dans la nuit si les lueurs mourantes de cette beauté ne parvenaient encore jusqu'à nous. Aujourd'hui le monde de la science est mort : c'est le monde mort de l'abstraction qui exprime en une langue morte un vocabulaire mort. La chance de Léonard fut de vivre à la fois dans l'une et dans l'autre sphère. Il récusait les idées rudimentaires et incontrôlées de la sphère de la sensibilité, mais il n'allait pas jusqu'à vider la sphère de la connaissance de tout élément sensible : il n'aurait pu le faire et il n'est pas absurde de dire que sa volonté y aurait répugné. Certainement, par ses démarches de science et par ses projets techniques, il est l'un de ceux qui contribuèrent à la création du monde moderne, mais il n'en connut pas la sécheresse et les splendeurs de la sensibilité ne cessèrent pas de se réfléchir en lui.

De cette manière de voir, nous pourrions tirer dans le sens de la tradition le sentiment d'une exceptionnelle réussite : mais je crois qu'un tel sentiment nous tromperait. La signification de Léonard est à la fois plus riche et plus malheureuse. Léonard ne vit pas le monde que ses démarches engendraient : rien de plus opposé aux triomphes de la science ou de la technique que ses réflexions silencieuses ou ses inventions inappliquées. Mais la jouissance du passé ne lui était pas moins refusée, ou s'il la trouvait, c'était à la condition d'en modifier la forme comme il cherchait à modifier la réalité du monde. Il croyait chercher la splendeur de la nature et il ne fit que la nier, réduisant la nature à quelque chose d'humain. Mais sans recourir à ces forces grossières ou baroques qui ordonnaient le monde sacré. Il y a quelque chose d'indu, de *trop* beau, d'impuissant dans l'obscur effort de Léonard, cela épuise la possibilité. Personne ne peut faire un monde à lui seul : de là ce sentiment de rareté, de perdu et de douloureux qui nous étreint le jour où la beauté des peintures de Léonard nous atteint profondément; de là également ce sentiment d'introuvable trouvé. Mais comment éviter de sentir que cet excès de richesse appauvrit : ces figures sont trop lointaines : à vouloir *seul* modifier la forme du monde, si profondément qu'il le fît, Léonard ne put que nous angoisser, s'exaspérant lui-même dans ce monde auquel nul accord général ne donnait la force de s'imposer en s'opposant à la nature, et qui n'avait plus rien de la nature.

À ce point se situent la réaction finalement la plus forte – *et l'aveu* – de Léonard. Cette nature qu'il voulut en même temps connaître et aimer, – aimer pour la connaître, connaître pour la mieux aimer, – apparemment lui donnait une horreur *exceptionnelle*. Rien n'a plus de sens à cet égard que sa description – littéraire et figurée – du déluge, à laquelle il s'attarda si longuement. Il n'est pas d'horreur qu'il ne prête à la fureur des éléments, à laquelle s'accorde son désespoir : « Il y en avait qui s'arrachaient la vie avec des gestes de désespoir, ne pouvant plus supporter leur souffrance ; les uns se jetaient du haut des rochers, d'autres s'étranglaient de leurs propres mains, quelques-uns saisissaient avec précipitation leurs enfants pour les assommer... D'autres encore, les mains jointes, les doigts entrelacés, les mordaient jusqu'au sang, accroupis, la poitrine contre les genoux, se tordaient avec une angoisse indicible... Les oiseaux commençaient à se poser sur les hommes, ne trouvant plus un coin du sol qui ne fût envahi par les vivants... Les cadavres et les charognes montaient des eaux profondes et flottaient à la surface ; au-dessus de ce spectacle d'horreur, on voyait des nuages sombres tailladés par les éclairs en furie qui, çà et là, illuminaient les ténèbres... »

Nietzsche a prêté de la profondeur à Léonard... Et il me semble que cette profondeur est sensible dans les plus suaves de ses tableaux. (Seraient-ils, sans cela, si attachants ?) Mais comment concevoir cette profondeur de la suavité, sinon liée à ces obsessions macabres – qui changent le monde *pour tous les yeux*, dès qu'ils regardent fixement ?

Tout l'œuvre peint de Léonard de Vinci, Gallimard, 1950. In-folio, 172 p., 38 pl. en couleurs. (Collection « La Galerie de la Pléiade », dirigée par André Malraux.)

Cinq tableaux seulement parmi ceux qui nous sont parvenus comptent au nombre des œuvres exécutées par Léonard seul (l'Adoration des Mages des Offices, la Vierge aux Rochers du Louvre, le saint Jérôme du Vatican, La Joconde, le saint Jean-Baptiste du Louvre ; encore l'Adoration et le saint Jérôme sont-ils inachevés). En dehors de ces très rares tableaux, un certain nombre d'œuvres, dites « de l'atelier de Verrochio », sont pour une partie précise (ainsi une tête d'ange du fameux Baptême du Christ), ou dans leur ensemble, de la main de Léonard jeune, mais de Léonard travaillant peut-être en collaboration. Restent des œuvres « exécutées avec la collaboration d'élèves » (telle la sainte Anne du Louvre, qui est sans doute, dans son ensemble, l'œuvre de Melzi, la tête de sainte Anne seule appartenant à Léonard) ou « profondément modifiées par le temps et les restaurations » (telle la Cène).

Je crois que le petit nombre des reproductions (accrues malgré tout de celles de détails et de quelques dessins polychromes) mais, de toute façon, les plus parfaites que l'on puisse obtenir, loin de nuire, contribue au charme exceptionnel de ce livre. Même alors que certaines d'entre elles déçoivent (comme la Madone Benois et la Madone Litta, de l'Ermitage, – et surtout la Cène, assurément la plus décevante des peintures fameuses) : il semble que la cendre ajoute à l'éclat d'un peu de braise incandescente.

Les planches sont précédées de l'*Introduction à la méthode...* de Valéry (qu'accompagnent des notes marginales, qui jusqu'ici n'avaient paru qu'en édition de luxe) suivie de la *Vie de Léonard* de Stendhal. Une partie documentaire, présentée par Julien Segnaire, commente les planches, rapportant « les attributions, hypothèses et découvertes des historiens d'art et les témoignages des moralistes ».

Il n'est rien, en somme, qui ne contribue à faire de cette œuvre une sorte de chapelle vouée à l'intense dévotion. Même, en ce grand concert de louanges, un glissement vers une attitude stéréotypée est sensible. C'est ainsi que, vers la fin, Barrès a l'occasion de s'écrier : « L'endroit où la méditation fut apportée au monde, c'est à Milan, dans le réfectoire de Sainte-Marie-des-Grâces, par la Cène de Vinci! » Il est bien facile d'admirer – l'admiration des autres. Parfois l'idée vient d'un immense et durable montage de cou. Ce serait à la mesure d'un génie souvent facétieux : comment ne pas croire que cela joua pour la Cène? Mais devant des planches qui motivent un long silence, on oublie vite la sottise d'une exclamation.

ANTONINA VALLENTIN, *Léonard de Vinci*, édition revue et augmentée, Gallimard, 1950. In-8°, 511 p.

Cette biographie ne néglige aucun des aspects d'une vie exceptionnellement riche : elle n'envisage pas moins le savant et son œuvre scientifique que le peintre. Et bien qu'elle soit des plus vivantes, elle se contente de rares et insignifiantes concessions au principe de la biographie romancée. Mme Antonina Vallentin a le don d'évoquer et de suggérer, mais son travail fait la part la plus importante à l'information minutieuse. Ce n'est pas une broderie sur une trame incertaine. C'est une étude approfondie où la figure de Léonard ressort avec des traits marqués. L'auteur excelle à suivre son héros dans ses attitudes contradictoires. Le désintéressement n'empêche pas de voir la constante parcimonie, l'élévation d'esprit, les calculs. Il y a, en effet, chez Léonard, un singulier mélange de confiance en soi, d'audace, et d'un sentiment de prudence, d'esprit facétieux et de pédanterie, de chance et d'amertume glissant à la malchance. L'immense perte de temps que représentèrent ses investigations dans les domaines de la science et de la technique coïncide avec le souci ombrageux que semblent lui avoir donné ses rivaux. C'est pourquoi un rare sentiment de l'équilibre est nécessaire pour le suivre sans

jamais forcer la valeur en faveur du blanc ou du noir. Il faut, en
particulier, savoir gré à Mme Vallentin de nous montrer Léonard en
quelque sorte défait par l'approche de la mort, prenant, en même
temps, des dispositions terre à terre. Rien n'est moins conventionnel,
rien n'est moins conforme à une tradition presque puérile. Mais,
plus humaine, la figure de son héros. Si les ressorts en apparaissent
souvent très simplement humains, son caractère n'en est pas moins
énigmatique.

La civilisation et la guerre.
Princesse Bibesco — Paul Gegauff
Nietzsche

Critique [1]

LA CIVILISATION ET LA GUERRE [2]

Au xive siècle, l'historien africain Ibn Khaldoun s'efforça de définir une loi générale de l'histoire. La puissance militaire, selon lui, donnait la richesse, mais la richesse tendait à ruiner la puissance. Ainsi de puissants nomades pouvaient-ils s'emparer des installations d'un peuple sédentaire. Mais leur puissance, une fois vainqueurs, ne résistait pas à la vie plus douce des villes qu'ils avaient conquises. Ils perdaient une partie de leur valeur combative. Dès lors ils étaient à la merci d'autres peuples, demeurés entièrement ou à demi nomades. L'habitude de vivre à la dure et la cohésion plus grande des nomades leur donnaient temporairement une puissance que ses résultats, leurs conquêtes, leur faisaient perdre rapidement au bénéfice d'agresseurs nouveaux.

Qu'il s'agît de l'histoire des musulmans, ou de celle des empires du monde ancien ou de la Chine, cette théorie semblait effectivement répondre au moins à l'ensemble des cas.

Elle devait néanmoins recevoir des faits le démenti le plus rapide. En un brusque renversement, l'invention de l'artillerie devait donner, tout à l'encontre, l'avantage décisif aux peuples sédentaires. Dans la mesure où l'industrie est devenue la base de l'armement, la puissance militaire se développa au contraire en raison directe du développement de la civilisation. Nous ne pouvons être surpris dans ces conditions si la théorie de celui qui fut peut-être le premier des sociologues est aujourd'hui sinon ignorée, du moins réservée à la connaissance des érudits.

Si pourtant nous regardons les choses de près, si nous nous efforçons d'élaborer le fond de vérité qui s'exprima dans la vision du sage musulman, nous pensons que sinon les avantages conquis par les sédentaires sur les nomades, du moins ceux que les peuples les plus avancés ont jusqu'ici maintenus contre les moins civilisés sont plus précaires qu'il n'a semblé et que les vieilles et sages observations dont nous parlons pourraient encore se vérifier.

À vrai dire, il nous faut adapter à une situation nouvelle des définitions imprécises. Sédentaires, nomades, la question décisive n'est pas forcément de savoir si un peuple n'a pas de résidence immuable. Mais la civilisation en se développant n'a pas uniquement pour effet de procurer des instruments de guerre plus puissants. Dans chaque pays hautement civilisé se produit un second effet, prolongeant celui qui justifiait le pessimisme d'Ibn Khaldoun. Chaque civilisation utilise une part plus ou moins grande de ses ressources à la poursuite du bonheur. Autrefois, cette part était, faute de moyens, insignifiante chez les nomades. Ceux-ci épargnaient la perte de temps nécessaire à beaucoup d'entreprises, et de plus, ils ne pouvaient être amollis par l'usage des produits superflus que la vie urbaine rendait possible. Ils pouvaient consacrer à la guerre toutes les énergies dont ils disposaient. D'autre part ils avaient le désir de bénéficier à leur tour des avantages dont ils savaient que les sédentaires jouissaient : ils ne pouvaient se les procurer, patiemment, par le travail, mais ils pouvaient se les approprier, brutalement, par la guerre.

La situation est aujourd'hui différente. Il ne s'agit plus de nomades, mais simplement de civilisations moins riches, ayant un niveau de vie moyen plus bas. Ces civilisations ont cependant un outillage moderne. Elles peuvent donc en principe se procurer par le travail, soit les avantages que les autres se sont donnés dans la recherche du bonheur, soit des armements aussi modernes que ceux de n'importe quelle nation.

À supposer que ces peuples pauvres aient le souci, sinon de dominer les autres, de ne pas subir leur domination, ils ne s'engageront pas sur la voie des satisfactions immédiates, ils tenteront bien plutôt de se donner de grandes forces militaires. À ce moment, ils ont peut-être un désavantage, leur puissance industrielle peut être en retard, au moins quantitativement, sur celle des nations les plus riches. Mais si ces nations sont depuis longtemps engagées, comme les citadins d'Ibn Khaldoun, à la poursuite du bonheur, elles pourront plus difficilement disposer de leurs ressources aux fins de l'armement. Elles disposeront donc d'équipements militaires plus importants à proportion de leur puissance industrielle. Le même facteur jouera au cours d'une guerre. Des forces de travail du peuple pauvre n'auront pas à pourvoir dans une importante mesure à la satisfaction des besoins d'hommes de troupe habitués à leur confort. La consécration majeure qu'elles ont faite de leurs ressources à la recherche du bonheur joue dès lors contre les nations riches. Non seulement la différence dans l'usage qu'elles font de leurs richesses les affaiblit relativement, mais elle amollit les ressorts de leur énergie. Toutes choses égales d'ailleurs, les riches ne peuvent disposer d'une ardeur au combat aussi grande que les pauvres : ils peuvent être aussi courageux, mais leur ardeur mise à l'épreuve est plus facile à réduire en ce sens qu'ils ont l'habitude de consacrer à la lutte contre la faim, la soif, le froid, la recherche d'une nourriture plus agréable, plus de ressources que les pauvres. L'énergie dont ils pourraient disposer pour le combat en est d'autant diminuée. Au surplus, ils ne peuvent supporter de trop grandes fatigues. Liddell Hart, reprenant en somme en son esprit le principe d'Ibn Khaldoun, formule ainsi une loi restée fondamentale : « Plus bas est le niveau de vie d'un peuple, moins il doit faire d'effort d'adaptation, et par conséquent plus il peut prolonger sa résistance » (*Défense de l'Europe*, p. 151).

Donnons un exemple précis des rapports de forces qui découlent de ces différences. Avant la guerre de Corée, certaines personnalités anglaises (dont Lord Trenchard) affirmèrent que le rôle essentiel dans l'arrêt d'une offensive devait désormais être confié à l'aviation. On sait le sort que l'expérience a réservé à cette doctrine. Mais si l'on envisage les choses en détail, dans la perspective d'un conflit entre la Russie, nation de bas niveau de vie, et la riche Amérique, il est nécessaire de préciser que l'aviation possède en particulier le pouvoir de couper les colonnes de ravitaillement, mais que les armées soviétiques se passent de ces dernières, le soldat vivant simplement sur l'habitant...

. L'expérience de la guerre de Corée tout entière, à laquelle s'ajoute celle de la guerre du Vietnam, abonde en entier dans le même sens. La longue période où la loi d'Ibn Khaldoun ne joua plus, où les puissances occidentales disposèrent sans discussion de la supériorité militaire, est terminée. Déjà l'aventure du Japon a marqué une date en ce sens, mais, dans ce cas, certains caractères pouvaient nous tromper ; nous pouvions y voir une exception et nous dire qu'un peuple voisin de ceux que nous avions colonisés avait montré qu'il était d'une autre substance.

L'exemple des Soviets est différent. La question raciale n'y joue pas, la civilisation qui est en jeu est la même, par ses origines, que celle des nations dont le niveau de vie est plus élevé. Il ne s'agit pas d'un pays arriéré, mais d'une puissance dont la pauvreté d'hier était si grande que personne n'aurait songé à la mettre en balance avec les forces assemblées de l'Empire britannique, de la France et des États-Unis. Mais cette puissance, devenue communiste, a tourné le dos à la recherche du bonheur, quand les nations occidentales ne cessent de s'y enliser davantage.

D'un côté, des forces immenses, mais immensément gaspillées à la recherche du bonheur. Et de l'autre des forces inférieures, mais aujourd'hui plus conséquentes en raison même d'une infériorité qui les voue à la recherche de la puissance.

B. H. LIDDELL HART, *Défense de l'Europe. Quelques problèmes de la guerre et de la paix.* Traduit de l'anglais par A. Petitjean et D. Guillet. [*Défence of the West*], Calmann-Lévy, 1951. In-8°, 301 p. (Collection « Liberté de l'Esprit », dirigée par Raymond Aron.)

Ce qui donne un rare attrait à la lecture de Liddell Hart est un sentiment profond qu'a le grand critique militaire anglais d'une absurdité fondamentale des événements, en particulier des petites raisons qui décident du sort des guerres, en particulier des réactions des états-majors. Parfois, cela dépasse, du moins m'a-t-il semblé, le mouvement obstiné qui l'engage à lutter contre des flots qui débordent sans cesse : il y a, finalement, quelque chose de terriblement humain, d'essentiel dans le changement continuel et très rapide des lois de la guerre, qui rend si stupides les réactions à retardement. La science de la guerre n'est pas un domaine comparable à celui de la physique, où ce qui était vrai hier le sera demain sans changement. Les physiciens eux-mêmes se méfient désormais de cette variabilité temporelle des lois qu'ils étudient ; ils ne la considèrent plus comme exclue, mais la question est encore dépourvue d'importance pratique, et surtout on voit mal comment elle pourrait avoir un jour une importance vitale, comme il arrive quand l'humanité entière est en jeu. Suivant l'aptitude d'un état-major à s'éveiller à quelque changement capital – résultant, soit de l'existence, soit de la possibilité d'engins nouveaux –, les dés qui assignent le sort de tous les hommes tomberont de telle ou telle façon. Liddell Hart avance que, dans la guerre hitlérienne, si en 1941, il avait été donné à Guderian d'employer en Russie les divisions blindées comme il le fit en France, de foncer sur Moscou, la puissance de la Russie pouvait s'effondrer (l'état-major allemand tout entier était alors opposé à ce plan, mais cette opposition tomba, trop tard, quand les événements se développèrent...).

N'oublions pas que Liddell Hart est l'un de ceux qui contribuèrent le plus, en 1940, à la désastreuse défaite des armées anglaise et française. (Cet aspect paradoxal et si durement ironique a d'ailleurs immédiatement sa place dans les perspectives ouvertes par son livre.) Liddell Hart a été, de bonne heure, le théoricien des opérations avancées des formations blindées. Aujourd'hui, Guderian se déclare ouvertement son disciple... Mais la revanche du sort voulut que, malgré la victoire de juin 1940, l'état-major allemand négligeât en 1941 les directives audacieuses de Guderian, comme les commandements français et anglais avaient négligé, peu auparavant, les principes de son maître Liddell Hart.

Toujours une pénible lenteur d'esprit de leurs chefs achemine les armées vers la mort. Liddell Hart a des mots très durs pour ces généraux français d'entre les deux guerres qui crurent être les seuls – avec les Allemands – à savoir ce que signifie la guerre. Il a une formule lapidaire qui répond à cette mortelle impuissance du commandement qui mena l'armée française à l'effondrement : « La complaisance, affirme Liddell Hart, semble avoir été l'ordinaire compagne de la victoire. » Ce n'est pas, en effet, l'infériorité du nombre ou de l'équipement qui valut leur défaite aux forces françaises, mais cette *complaisance* en de vieilles méthodes que les officiers français avaient gardée de leur victoire antérieure. De nos jours, la guerre ne pardonne jamais à la paresse de l'esprit.

Si l'on en croit le théoricien anglais, les militaires et les gouvernements actuels suivraient fidèlement les voies de ceux qui les précédèrent. Le sort aurait même aujourd'hui un raffinement d'ironie. On sait à quel point les populations anglo-saxonnes sont hostiles à la conscription : Liddell Hart a des arguments qui nous semblent convaincants pour montrer que la conscription a cessé, *de nos jours*, d'être la réponse appropriée à de nouveaux problèmes militaires. La force des armées ne dépend plus, en effet, du nombre des hommes, mais de celui des formations qu'un long entraînement et des équipements modernes ont rendues aptes au combat.

L'essentiel de cette *Défense de l'Europe* est donné dans l'étude comparative des forces occidentales et des forces soviétiques. Il semblerait bien difficile, dans les conditions présentes, de faire une analyse plus réfléchie. Liddell Hart insiste beaucoup sur tel point auquel personne n'a songé. Je ne saurai donner une meilleure idée de l'esprit du livre qu'en mentionnant la question posée par l'auteur au sujet des troupes aéroportées que les Soviets ont créées et mises au point entre les deux guerres mais que jamais ils n'utilisèrent dans la seconde. Les choses se présentent ainsi : les Russes n'auraient-ils pas réservé l'atout qu'ils n'abattraient que dans la dernière manche, au moment où l'invasion de la Grande-Bretagne deviendrait, comme elle fut pour Hitler, une question de vie ou de mort ?

PRINCESSE BIBESCO

Princesse Bibesco, *Laure de Sade, Comtesse de Chevigné, La Duchesse de Guermantes*, Plon, 1950. In-16, 175 p., Portrait.

S'il est infiniment douteux que la comtesse de Chevigné, qui fut le prototype de la « duchesse de Guermantes », descendît, comme le croit la princesse Bibesco, de la Laure de Pétrarque, c'est dans la mesure où il est douteux que le marquis de Sade en ait lui-même descendu. Le « divin marquis » qui fut, lui, ce que ne dit pas la princesse Bibesco, l'aïeul authentique de la Laure de Sade, aimée de Proust, le croyait sur la foi de son oncle, l'abbé de Sade, qui avait publié (en 1764, à Amsterdam) de savants *Mémoires pour la vie de François Pétrarque*. L'abbé de Sade rédigea ces *Mémoires* à Saumane, à bien peu de distance de la Fontaine de Vaucluse, à peu près durant le temps où il eut près de lui, pour en faire l'éducation, le jeune marquis. Il identifiait la Laure du xive siècle avec Laure, fille d'Audibert de Noves, épouse de Hugues de Sade, mère de onze enfants et dont tous les Sade descendaient, l'abbé et le marquis. Mais cette hypothèse, qui avait pris corps en son temps, a cessé d'être reçue (voir H. Enjoulbert, *Les Amours de François Pétrarque et de Laure de Sabran*, Boivin, 1948, p. 150-152). De toute façon, le marquis n'eut aucun doute : il descendait lui-même de celle que Pétrarque a célébrée, et dans une lettre de son emprisonnement, récemment publiée (*L'Aigle, Mademoiselle. Lettres publiées...* par Gilbert Lély, Éd. Georges Artigues, 1949, p. 24-25), disant comment Laure lui est apparue en songe, il l'appelle, prosterné à ses pieds : « Ô ma Mère!... »

L'identification de la « duchesse de Guermantes » et de Laure de Sade, qui avait épousé Adéhaume de Chevigné, et mourut à Paris, le 15 octobre 1936, a sans doute, comme toutes celles des personnages de Proust, ses limites : certains traits peuvent avoir une autre source. Mais elle est autrement solide. Elle ne semble pas l'être moins que celle de Charlus et de Montesquiou. Sept lettres de Proust à la comtesse de Chevigné, publiées à la fin du livre, l'identifient avec assez de précision. Trois d'entre elles sont positives et je citerai ce passage de la première : « Je sais que l'éternelle histoire de

Pétrarque et de Laure prend toutes les formes mais reste vraie. Je ne discute pas en ce moment dans quelle mesure vous êtes la duchesse de Guermantes de mon livre. Mais même si cette mesure est moins grande que vous ne croyez, il n'en reste pas moins que tous les journaux d'Angleterre, d'Amérique, de Suisse, etc., ont fait des études sur la duchesse de Guermantes en tant que vous coïncidez, c'est-à-dire en tant que vous êtes célébrée sans une réserve, qu'un cours est professé en Suède et que des conférences ont été faites en Hollande et en Suisse sur vous, indirectement, que j'ai reçu à votre sujet plus de huit cents lettres auxquelles je n'ai pas eu la force de répondre et que la seule personne qui n'ait pas eu l'idée de m'écrire est justement vous. C'était à parier et mes débuts avenue de Marigny ne pouvaient pas me laisser grande illusion sur leur continuation, purement littéraire, cette fois, du côté de Guermantes. Il arrive pourtant qu'être méconnu à vingt ans de distance, par une même personne, sous des formes aussi incompréhensibles, et sans que les sornettes des rivales, trop malignes, puissent être une excuse, est un des seuls grands chagrins que puisse ressentir à la fin de sa vie un homme qui a renoncé à tout.»

Ces quelques lignes ont la valeur d'un épilogue.

Pourtant pas tout à fait. Le véritable épilogue est plutôt le *Temps retrouvé* terminé sans doute après cette lettre non datée, où le romancier mourant, revenant sur ses personnages vieillis, révèle enfin la double vie et les débauches de la duchesse.

PAUL GEGAUFF

PAUL GEGAUFF, *Les Mauvais plaisants*, roman, Éditions de Minuit, 1951. In-16, 224 p.

La préciosité excessive et surtout l'apparente futilité de ces *Mauvais plaisants* me semblent souvent relever de la maladresse, de cette maladresse à vrai dire inhérente à une rare maîtrise. Paul Gegauff a voulu décrire un univers plus vrai, où le saugrenu et l'injustifiable caprice feraient la loi comme il n'arrive que dans les rêves. C'est de cette manière, semble-t-il, qu'il s'est proposé de nous divertir. Et comme il est plus consciencieux qu'il n'est futile, il mit toute sa conscience au service de ses intentions futiles (ce n'est pas aussi commode qu'on pourrait d'abord le croire).

Il serait difficile de dire que la part excellente de ce livre s'y trouve à la fin malgré l'auteur. La maîtrise en effet n'est pas un apport négligeable : elle donne dès l'abord le sentiment de la valeur et elle annonce une exigence de rigueur à laquelle l'auteur dut répondre. Mais si elle peut se mettre au service du caprice, elle ne peut le commander. Ou dès lors elle altère ce qu'elle pouvait servir. En un mot ce roman, comme le sont les vaudevilles, est *fabriqué,* et l'on regrette que la fabrication retire si souvent à l'auteur le moyen de nous divertir plus bêtement.

Ce qu'il conte est fort loin d'être indifférent. Son héros est un jeune homme inconsistant que possèdent la manie de mentir et de décevoir, le besoin de se livrer à de déplorables farces, de scandaliser, d'étonner toujours. Dans le dédale de sentiments qui en découle, Gaspard est perdu comme à plaisir et il semble assister mollement aux effets de ses égarements. Le jeu veut, en effet, qu'il finisse par ne pas être moins égaré lui-même que les victimes de ses farces.

L'amitié le lie à Édouard, qui, s'il n'est pas atteint d'une manie de mauvaises plaisanteries, n'est ni moins incertain ni moins inconsistant que lui. Gaspard séduit la fiancée d'Édouard, mais tant d'inconsistance et de générosité les animent que jamais ni l'un ni l'autre en matière d'amour ne dépassent une démangeaison toujours incertaine : et ils semblent n'avoir de sentiments que pour les mettre dérisoirement à l'épreuve. Encore qu'exaspérée la « fiancée » semble se complaire, elle-même indécise, à ces jeux de l'indécision qui n'aboutissent à rien comme il se doit.

Ces abandons sans mesure et les chassés-croisés de ces abandons se poursuivent dans le monde injustifiable que forment les pâtisseries, les pensions de famille et les manoirs d'une petite ville, où chaque personnage se doit d'être aussi saugrenu qu'il le peut.

Naturellement, il est dommage que les personnages égarés soient conviés à une parade (à cette parade du caprice) dans laquelle il faudra se plier à la maîtrise de l'auteur...

Se proposer de divertir, c'est bien. Mais la littérature ne saurait se borner aux limites du premier amusement venu. Jamais elle ne peut être séparée de la totalité des choses et, devant nous divertir, elle ne peut jamais sans faiblesse proposer à notre plaisir un objet de moindre envergure. Pour cette raison, l'opération n'est jamais simplement celle de l'amuseur : il faut toujours *ensorceler*. C'est pourquoi le littérateur (en particulier le romancier) doit utiliser sa maîtrise à se laisser dominer, voire bousculer, par son objet : il reconnaît à ce malaise qu'il a su faire entrer dans ses desseins plus que de plates utilités, toute une immensité insaisissable, sinon par ces mouvements ensorcelés qui jamais ne manquèrent à la littérature.

Mais ceci, qui résume sous une forme vague *les jeux de la maîtrise et du hasard,* je n'aurais pu le dire à l'occasion du premier roman de Paul Gegauff, s'il n'était écrit de main de maître et s'il ne restait à mes yeux, malgré les critiques que je lui adresse, un livre des plus remarquables.

NIETZSCHE

NIETZSCHE, 1844-1900, Études et Témoignages du Cinquantenaire par Geneviève Bianquis, Georges Codino, Jean Gaudefroy-Demombynes, Hans Hartmann, André Jacob, Fritz Krœkel, Louis Leibrich, Albert Maillet, Jean Matter, M.-P. Nicolas, Armand Quinot, Herbert Rœschl, Victor von Seckendorff, Paris, Martin Flinker, 1950. In-8°, 235 p. (Société Française d'Études Nietzschéennes.)

La Société Française d'Études Nietzschéennes a été fondée en 1945. Elle a publié depuis lors un bulletin puis des cahiers. Le cahier qu'elle nous donne en dernier lieu a paru à l'occasion du cinquantenaire de la mort de Nietzsche.

Il contient en particulier la longue relation des deux cérémonies funèbres qui eurent lieu, la première, le 27 août 1900 à Weimar, où Nietzsche venait de mourir (dans la maison connue depuis sous le nom de Nietzsche Archiv), la seconde, à Roecken, dans le cimetière voisin du presbytère où il était né.

La sœur du philosophe, Élisabeth Foerster-Nietzsche, présidait normalement ces cérémonies. On sait qu'en 1939, quelques mois avant la guerre, elle devait inviter Hitler à une autre cérémonie, non moins funèbre, où elle donna lecture d'une lettre antisémite de son mari, que son frère avait détesté, en raison de son antisémitisme violent. En 1939, Mme Foerster fit présent à Hitler de la canne du philosophe. Le 27 août 1900, la cérémonie, purement laïque, commença par un « chant de consolation » qu'exécutèrent deux amies de Mme Foerster, Mlles von Thüna et von Prott... Suivirent les discours d'Ernest Horneffer, attaché à l'Archiv, et de Curt Breysig, professeur à Berlin d'histoire de la civilisation et de sociologie. « La cérémonie de Weimar prit fin sur une seconde exécution du morceau " consolateur " de Brahms, par Mlles von Thüna et von Prott... » Dans le cimetière de Roecken, « le chant d'un chœur d'hommes s'éleva en l'honneur du défunt », puis le Dr Adalbert Oehler, cousin de Nietzsche et premier bourgmestre de Crefeld, le critique musical Arthur Seidl et, peut-être l'ami le plus fidèle, Peter Gast, prononcèrent de petits discours. Quelques amis, Max Heinze, jadis professeur de Nietzsche à Pforta, Carl von Gersdorff et Carl Fuchs prononcèrent quelques mots d'adieux. « Après un dernier chant du chœur des hommes, la cérémonie se couronna par une manifestation collective de souvenir zarathoustrien. De la " communauté " des assistants les plus proches de Nietzsche par l'esprit s'éleva la voix de récitants successifs, qui voulaient tresser en guirlande d'impérissable vie des versets choisis avec amour dans le chef-d'œuvre du défunt. »

Ai-je tort de voir dans cette parodie de funérailles religieuses le signe de l'abandon qui ne cessa jamais de s'attacher à la personne et à la doctrine de Nietzsche? L'immense célébrité qui suivit la méconnaissance nous donne ordinairement le change, mais je puis me dire que l'ignorance et la dérision du sort continuent. Peut-être y a-t-il un excès d'orgueil à le dire, mais je continue à penser que l'on n'atteint pas plus facilement le sens de la pensée et de l'expérience de Nietzsche que, si l'on veut, celui de la pensée et de l'expérience chrétiennes : dans l'un et l'autre cas, il s'agit d'un *tout ou rien*. Non qu'une orthodoxie nietzschéenne soit possible, les choses sont plus simples, et même si j'ai soin de dire que Nietzsche n'est pas en cause personnellement, nous sommes, autant qu'il me semble, en présence d'un courant de réactions humaines, dont la vérité n'est pas limitée à Nietzsche, mais dont il est vain de parler si l'on ne se laisse emporter par lui sans effroi. Quelle dérision serait le christianisme s'il était resté à la surface de tous ceux qui se réclamèrent de lui? Nietzsche le savait lui-même et il a souvent pressenti que cette dérision s'attacherait à toute sa pensée.

Malheureusement, les quelques études publiées par la Société Française d'Études Nietzschéennes ne sont pas de nature à informer mon sentiment. Même la valeur n'en est pas dans l'ensemble au niveau de ce qu'il est malgré tout possible d'exiger. Je le dis de l'ensemble, car un certain nombre d'entre elles ont un indéniable intérêt. Entre autres : une étude médicale de Georges Codino, où l'auteur distingue la constitution paranoïaque de Nietzsche, qui n'altérait nullement ses facultés, et la maladie qui le détruisit ; *Nietzsche devant l'Inconnaissable*, de M.-P. Nicolas ; *Nietzsche et Stefan George*, de Geneviève Bianquis (où l'auteur insiste sur le fait que jamais George n'avoua Nietzsche pour son maître – ce qu'il est somme toute agréable de savoir) ; *Thomas Mann et Nietzsche*, de Louis Leibrich (malheureusement, la simple esquisse d'une étude qui demeure à faire). Deux études d'Albert Maillet et Herbert Rœschl sur Blake précurseur de Nietzsche apportent un élément nouveau : il est en effet probable que, de tous ses précurseurs, William Blake, que Nietzsche ignora, fut le plus proche de lui. L'auteur du *Mariage du ciel et de l'enfer* envisagea le premier le monde « par-delà le bien et le mal », mais c'est arbitrairement maintenir un rapprochement dans des limites formelles que d'annoncer à ce propos, comme le fait Albert Maillet, l'« avènement tardif du vrai Christ – aux antipodes du christianisme traditionnel ».

Le silence de Molloy

Critique [1]

SAMUEL BECKETT, *Molloy*, roman, Éditions de Minuit, 1951. In-16, 276 p.

Ce que nous conte l'auteur de *Molloy* est si l'on veut la chose du monde la plus ouvertement insoutenable : il n'y a là qu'une fantaisie démesurée, tout y est fantastique, extravagant, tout y est sordide sans doute, mais ce sordide est merveilleux; ou plus précisément, *Molloy*, c'est le merveilleux sordide. Il n'est pas en même temps d'histoire plus nécessaire ni plus convaincante; ce que *Molloy* expose n'est pas seulement réalité, c'est la réalité à l'état pur : c'est la plus pauvre et la plus immanquable réalité, cette réalité fondamentale qui se propose sans cesse à nous mais dont sans cesse une épouvante nous écarte, que nous refusons de voir et où nous devons sans cesse nous efforcer de ne pas sombrer, qui n'est connue de nous que sous la forme insaisissable de l'angoisse.

Si je n'avais souci ni du froid, ni de la faim, ni des multiples désagréments qui accablent l'homme s'abandonnant dans la nature, à la pluie, à la terre, à l'immense enlisement du monde et des choses, je serais moi-même le personnage de Molloy. Je puis encore en dire que je l'ai et que vous l'avez rencontré : saisis d'une envie terrifiée, nous l'avons rencontré au coin d'une rue, figure anonyme que composaient l'inévitable beauté des haillons, l'atonie et l'indifférence du regard, et l'envahissement séculaire de la saleté; il était l'*être* enfin *désemparé*, l'entreprise, que nous sommes tous, à l'état d'épave...

Il y a dans cette réalité qui est le fond ou le résidu de l'être quelque chose de si *général*, ces *vagabonds* achevés que nous avons quelquefois rencontrés, mais que nous avons aussitôt *perdus*, ont quelque chose de si essentiellement indistinct, que nous n'imaginons rien de plus anonyme. À tel point que ce nom de *vagabond*, que je viens d'écrire, les trahit. Mais celui de *misérable*, qui a peut-être sur le premier l'avantage d'une indétermination plus grande, ne les trahirait pas moins. Ce qui est là est si bien le fond de l'être (mais « le fond de l'être », cette expression ne saurait *le* déterminer seule) que nous n'avons pas d'hésitation : *à cela*, nous ne pouvons pas donner de nom, cela est indistinct, nécessaire et insaisissable, cela est *silence*, c'est tout. Ce que nous ne nommons que par impuissance *vagabond*, *misérable*, qui en vérité est *innommable* (mais *innommable* est encore un mot qui nous embrouille) n'est pas moins muet que le mort. Ainsi savons-nous vaine à l'avance la tentative de parler à ce spectre qui hante le plein jour des rues. Nous connaîtrions des circonstances et des conditions précises de sa vie (?) et de sa misère que nous ne serions nullement avancés : cet homme, ou plutôt cet être dont la parole aurait pu, le portant, faire un homme, la parole, qui subsiste ou plutôt qui s'épuise en lui, ne le porte plus, – et de même la parole ne l'atteint plus. Toute conversation que nous pourrions avoir avec lui ne serait qu'un spectre, une apparence de conversation. Elle nous éloignerait, nous renvoyant à quelque apparence d'humanité, à autre chose qu'à cette *absence* d'humanité, qu'annonce l'épave se traînant dans la rue et qui fascine *.

*

Précisons maintenant ceci d'essentiel : il n'y a pas de raison de penser que Samuel Beckett ait eu l'intention de décrire ce

* Je me rappelle avoir eu très jeune une longue conversation avec un *vagabond*. Elle dura une grande partie de la nuit que je passai à attendre un train dans une petite gare de croisement. Bien entendu, il n'attendait pas de train, il avait seulement utilisé l'abri de la salle d'attente, et il me quitta vers le matin pour aller préparer du café sur une lande. Ce n'était pas exactement l'être dont je parle, il était même bavard, peut-être plus que moi. Il semblait satisfait de sa vie, et vieillard, il s'amusait d'exprimer son bonheur au garçon de quinze à vingt ans que j'étais, l'écoutant dans l'admiration. Pourtant, le souvenir qu'il me laissa, dans l'effroi émerveillé qu'il me donne encore, ne cesse pas d'évoquer en moi le silence des bêtes. (Sa rencontre me frappa à tel point qu'un peu plus tard, je commençai d'écrire un roman où un homme qui l'avait rencontré dans la campagne le tuait, peut-être dans l'espoir d'accéder à l'animalité de sa victime.) – Une autre fois, me trouvant en voiture avec des amis, nous trouvâmes en plein jour, dans une forêt, un homme au bord de la route étendu sur l'herbe et pour ainsi dire dans l'eau sous la pluie battante. Il ne dormait pas, peut-être était-il malade, il ne répondit pas à nos questions. Nous lui proposâmes de le conduire à l'hôpital : je crois me rappeler qu'il ne répondit toujours pas, ou s'il prit la peine de répondre, ce fut par un vague grognement de refus.

«fond de l'être» ou cette «absence d'humanité» dont j'ai parlé. Il me paraît même improbable qu'il ait voulu faire de Molloy une figure de vagabond (ou de ce que ce nom annonce d'innommable), comme Molière voulut faire d'Harpagon une figure d'avare, d'Alceste, une figure de misanthrope. À vrai dire, des intentions de l'auteur de Molloy, nous ne savons à peu près rien, et généralement ce que nous savons de lui se ramène à rien. Né en 1906, Irlandais, il fut l'ami, et même en quelque sorte il est demeuré le disciple de Joyce. Ses amitiés – ou ses relations – le situent, semble-t-il, dans le milieu que Joyce a connu en France. Il écrivit avant la guerre un roman de langue anglaise, mais il en donna lui-même une version française avant la guerre, et, bilingue, il semble avoir décidément choisi le français *. Il s'en faut d'ailleurs que l'évidente influence de Joyce sur Beckett donne la clé de ce dernier. Tout au plus l'intérêt prêté aux possibilités échevelées données dans le libre jeu – malgré tout volontaire, malgré tout concerté, mais violent – du langage rapproche-t-il les deux écrivains. Et certainement la sorte de confiance, un œil ouvert peut-être mais l'air aveugle, donnée à la violence créatrice du langage situe exactement l'abîme séparant Samuel Beckett de Molière. Mais cet abîme ne serait-il pas au fond semblable à celui qui sépare le misanthrope, ou l'avare, de l'*absence* d'humanité et du caractère *informe* de Molloy? Cette absence, seul un flux incontinent du langage aurait la vertu de l'atteindre (cette incontinence, ce flux équivaudraient euxmêmes à la négation, à l'absence de ce «discours» sans lequel les figures de l'avare, ou du misanthrope, n'auraient pas cette *forme* achevée, sans laquelle nous ne pouvons les concevoir). Et réciproquement, il se pourrait que l'abandon de l'écrivain, qui ne réduit plus l'écriture au moyen d'exprimer son intention, qui accepte de répondre à des possibilités données, mais confusément, dans ces courants profonds qui traversent l'agitation océanique des mots, aboutisse de lui-même, sous le poids d'un destin auquel il succombe, à l'*informe* figure de l'*absence*.

* Le premier roman, *Murphy*, parut en 1938, en anglais, chez Routledge; en 1947, en français, chez Bordas. Il faut dire que la lecture en est un peu décevante : le récit est fondé sur le procédé qui consiste à représenter sans cohérence des aspects expressément incomplets de la réalité. Il s'agit d'une littérature provocante, acide, très moderne, à laquelle l'authenticité et l'autorité extrêmes de *Molloy* font encore défaut. Samuel Beckett est enfin l'auteur de deux romans français inédits, *Malone mort* et *L'Innommable*, qui seraient de la même veine que *Molloy*, et dont la publication ne tardera pas.

« *J'en sais*, dit Molloy (ou l'auteur), *ce que savent les mots et les choses mortes et ça fait une jolie petite somme, avec un commencement, un milieu et une fin, comme dans les phrases bien bâties et dans la longue sonate des cadavres. Et que je dise ceci, cela ou autre chose, peu importe vraiment. Dire c'est inventer. Faux comme de juste. On n'invente rien, on croit inventer, s'échapper, on ne fait que balbutier sa leçon, des bribes d'un pensum appris et oublié, la vie sans larmes, telle qu'on la pleure* » (p. 46). Ceci n'est pas un manifeste d'école, ce n'est pas un manifeste mais une expression, entre autres, de mouvements excédant l'école et voulant qu'à la fin la littérature fasse du langage cette façade échevelée par le vent et trouée, qui a l'autorité des ruines.

Ainsi, sans l'avoir voulu, ou, pour l'avoir voulu, et même encore, faute de l'avoir voulu, la littérature, aussi fatalement qu'à la mort – sous le coup d'une nécessité impérative, propre à chaque chemin qui mène au sommet, qui ne laisse plus de place au choix – mène à l'insondable misère de *Molloy*. Cet indéfendable mouvement a le sens du caprice le plus arbitraire; pourtant le poids de la fatalité le commande. Le langage décida de ce monde calculé, dont les significations supportent nos cultures, nos activités et nos maisons, mais il le fit dans la mesure où il se réduisit à un moyen de ces cultures, de ces activités, de ces maisons; ce n'est plus, libéré de ces servitudes, que le château inhabité dont les ouvertures béantes laissent entrer le vent et la pluie : ce n'est plus la parole qui signifie, mais l'expression désemparée que la mort a prise par un détour.

Par un détour toutefois. La mort serait d'elle-même ce silence dernier que n'ont jamais atténué de faux-semblants. Tandis que la littérature aligne au silence un flot de paroles incongrues. S'il a prétendument le même sens que celui de la mort, ce silence n'en est que la parodie. Mais ce n'est pas non plus le vrai langage : il se peut même que la *littérature* ait déjà profondément le même sens que le silence, mais elle recule devant le dernier pas que le silence serait. Et de même ce Molloy, qui en est l'incarnation, n'est pas un mort exactement. De la mort, il a l'apathie profonde, où l'indifférence à tout le possible, mais cette apathie rencontra dans la mort elle-même sa limite. L'interminable déambulation dans la forêt que mène sur des béquilles une équivalence de la mort, malgré tout diffère de la mort en un point : c'est que, par habitude, ou comme en vue de mieux persévérer dans la mort, et dans

la négation informe de la vie – de même que la littérature à
la fin est silence dans la négation du langage sensé, mais
demeure ce qu'elle est, littérature –, la *mort* de Molloy est
dans cette vie qu'elle obsède et qu'il ne lui est même pas
permis de vouloir quitter.

« *...au fond*, Molloy le dit (qu'une aggravation de ses infir-
mités agitait sans l'angoisser), *que ma jambe pût chômer ou qu'elle
dût travailler, y avait-il une si grande différence, quant à la douleur? Je ne pense pas. Car celle qui ne faisait rien, sa souffrance
était constante et monotone. Tandis que celle qui s'obligeait à ce
surcroît de souffrance qu'était le travail connaissait cette diminution
de souffrance qu'était le travail suspendu, l'espace d'un instant.
Mais je suis humain, je crois, et ma progression s'en ressentait, de
cet état de choses, et de lente et pénible qu'elle avait toujours été,
quoi que j'aie pu en dire, se transformait, sauf votre respect, en un
véritable calvaire, sans limite de stations ni espoir de crucifixion, je
le dis sans fausse modestie, et sans Simon, et m'astreignait à des
haltes fréquentes. Oui, ma progression m'obligeait à m'arrêter de
plus en plus souvent, c'était le seul moyen de progresser, m'arrêter.
Et quoiqu'il n'entre pas dans mes chancelantes intentions de traiter
à fond, comme ils le méritent pourtant, ces brefs instants de l'expiation immémoriale, j'en toucherai néanmoins quelques mots, j'aurai
cette bonté, afin que mon récit, si clair par ailleurs, ne s'achève pas
dans l'obscurité, dans l'obscurité de ces immenses futaies, de ces
frondaisons géantes, où je clopine, écoute, m'allonge, me relève,
écoute, clopine, en me demandant parfois, ai-je besoin de le signaler,
si je vais jamais revoir le jour haï, enfin peu aimé, tendu pâlement
entre les derniers troncs, et ma mère, pour régler notre affaire, et
si je ne ferais pas mieux, enfin aussi bien, de me pendre à une
branche, avec une liane. Car le jour, franchement je n'y tenais pas,
et ma mère, pouvais-je espérer qu'elle m'attendait toujours, depuis
le temps? Et ma jambe, mes jambes. Mais les idées de suicide avaient
peu de prise sur moi, je ne sais plus pourquoi, je croyais le savoir,
mais je vois que non...* » (p. 119-120).

Il va de soi que d'un attachement si fidèle à la vie, il ne
peut y avoir de raison; il ne sert en effet de rien de dire qu'en
vérité l'objet de cette fidélité est la mort : cela n'aurait de
sens que si la mort – ou l'existence dans la mort – ou la mort
dans l'existence – en avait un; or le seul sens qu'il y ait là
réside dans le fait du non-sens qui à sa manière est un sens,
une parodie de sens, peut-être, mais, en définitive, un sens
distinct, qui est d'obscurcir en nous le monde des significa-

tions. Telle est en effet l'aveugle intention de ce récit alerte et si longuement porté par une intarissable verve qu'il ne se lit pas avec moins d'intérêt impatient qu'un roman aux péripéties angoissantes.

*

Lasciate ogni speranza voi qu'entrate...

Telle pourrait être l'épigraphe d'un livre absolument frappant, dont l'exclamation ininterrompue, sans alinéa, explore avec une ironie jamais faiblissante les extrêmes possibilités de l'indifférence et de la misère. Un passage isolé donne une idée sans souffle et sans pouvoir de ce voyage démesuré, que, paradoxalement, le récit ordonne à la manière d'une épopée immense, fracassante et soulevée par une irrésistible, une inhumaine ruée (il est difficile en effet de prendre Molloy au mot s'il se dit par hasard humain, puisqu'au sein de sa misère, il s'octroie monstrueusement l'incongruité, l'obscénité et l'indifférence morales que, malade de scrupules et dans l'angoisse, toute l'*humanité* se refuse). *Laissez toute espérance..* à vrai dire n'est exact qu'en un sens et la violence de l'ironie s'impose, à peine ces funèbres mots prononcés. Car, au moment où il avance, brutalisé par la police, molesté, Molloy en marque la limite précisément : « *Tout en avançant,* dit sa naïveté, *de mon pas le meilleur, je me donnais à cet instant doré, comme si j'avais été un autre. C'était l'heure du repos, entre le travail du matin et celui de l'après-midi. Les plus sages peut-être, allongés dans les squares ou assis devant leur porte, en savouraient les langueurs finissantes, oublieux des soucis récents, indifférents aux proches. Y en avait-il un seul pour se mettre à ma place, pour sentir combien j'étais peu, à cette heure, celui dont j'avais l'air, et dans ce peu quelle puissance il y avait, d'amarres tendues à péter. C'est possible. Oui, je tirais vers ce faux profond, aux fausses allures de gravité et de paix, je m'y élançais de tous mes vieux poisons, en sachant que je ne risquais rien. Sous le ciel bleu, sous l'œil du gardien. Oublieux de ma mère, libéré des actes, fondu dans l'heure des autres, me disant, répit, répit.* » À vrai dire, cet aspect aurait pu avantageusement rester implicite : je ne dis pas que positivement le livre y aurait gagné, mais une ou deux phrases flambantes y détonnent. La subtilité du lecteur y aurait pu subvenir : cette subtilité aurait répondu à cette défaillance liée à toute littérature, qui ne peut que difficilement et dans un sursaut de brutale naïveté surmonter le mouvement qui l'incline à désemparer. En partie, ce passage est manqué, mal venu, mais il met en main la clé du récit, où jamais cette tension ne fait défaut qui nous rive à la dépression. Certainement, tout *espoir*, tout projet raisonnable s'y sont abîmés dans l'indifférence. Mais peut-être allait-il sans dire que, sur l'instant actuellement donné, dans la limite du temps présent, il n'était rien qui prévalût, rien qui pût prévaloir. Rien, pas même un sentiment d'infériorité durable, pas même un sort liant le héros à une expiation de ses péchés qui n'aurait pu l'abaisser ni l'humilier d'aucune manière ; elle se poursuivait tout bêtement, sans angoisse, dans un silence buté : « *...je pouvais me tromper et j'aurais pu rester dans la forêt, j'aurais pu, qui sait, y rester sans remords, sans la pénible impression d'être en faute, presque en état de péché. Car je me suis beaucoup dérobé, beaucoup dérobé à mes souffleurs. Et si je ne peux décemment m'en féliciter je ne vois pas de raison d'en concevoir du chagrin. Mais les impératifs, c'est un peu différent, et j'ai toujours eu tendance à y obtempérer, je ne sais pourquoi. Car ils ne m'ont jamais mené nulle part, mais ils m'ont toujours arraché à des endroits où, sans être bien, je n'étais pas plus mal qu'ailleurs, et puis ils se sont tus, me laissant en perdition. Je les connaissais donc, mes impératifs, et cependant j'y obtempérais. C'était devenu une habitude. Il faut dire qu'ils portaient presque tous sur la même question, celle de mes rapports avec ma mère, et sur la nécessité d'y apporter au plus tôt un peu de clarté, et même sur le genre de clarté qu'il convenait d'y apporter et sur les moyens d'y parvenir avec le maximum d'efficacité. Oui, c'étaient des impératifs assez explicites, et même détaillés, jusqu'au moment où, ayant réussi à me mettre en branle, ils se mettaient à bafouiller, avant de se taire tout à fait, me plantant là comme un con qui ne sait ni où il va ni pour quel motif* » (p. 132-133). À la fin, cette expiation, à laquelle Molloy est soumis, lui enjoint de quitter la forêt au plus vite. Bien que jamais il n'y songe que perdant le fil, elle s'impose à lui avec tant de force convaincante qu'il n'est dans l'hébétude rien qu'il ne fasse pour lui obéir. Ne pouvant plus marcher, il poursuivra en rampant ce voyage de limace : « *Allongé à plat ventre, me servant de mes béquilles comme de grappins, je les plongeais devant moi dans le sous-bois et quand je les sentais bien accrochées, je me tirais en avant, à la force des poignets, heureusement assez vigoureux encore, malgré ma cachexie, quoique tout gonflés et tourmentés par* *un genre d'arthrite déformante probablement. Voilà en peu de mots comment je m'y prenais. Ce mode de locomotion a sur les autres, je parle de ceux que j'ai expérimentés, cet avantage, que lorsqu'on veut se reposer on s'arrête et on se repose, sans autre forme de procès. Car debout, il n'y a pas de repos, assis non plus. Et il y a des hommes qui circulent assis, et même agenouillés, se tirant à droite, à gauche, en avant, en arrière, au moyen de crochets. Mais dans la motion reptile, s'arrêter c'est commencer tout de suite à se reposer, et même la motion elle-même est une sorte de repos, à côté des autres motions, je parle de celles qui m'ont tant fatigué. Et de cette façon j'avançais dans la forêt, lentement, mais avec une certaine régularité, et je faisais mes quinze pas par jour sans m'employer à fond. Et je faisais même du dos, plongeant aveuglément derrière moi mes béquilles dans la broussaille, dans les yeux à demi clos le noir ciel des branches. J'allais chez maman. Et de temps en temps je disais Maman, sans doute pour m'encourager. Je perdais mon chapeau à chaque instant, il y avait longtemps que le lucet s'était cassé, jusqu'au moment où, dans un mouvement d'humeur, je me l'enfonçai sur le crâne avec une telle violence que je ne pus plus l'enlever. Et j'aurais connu des dames, et j'en aurais rencontrées, que j'aurais été dans l'impossibilité de les saluer correctement »* (p. 138-139).

*

Mais, dira-t-on : cette sordide extravagance n'importe guère, ces immenses fantasmagories sont lassantes, elles nous laisseront strictement froids.

C'est toujours possible. Mais il est une première raison pour laquelle cette absence d'intérêt n'est pas forcément soutenable, c'est la brutale conviction du contraire que la puissance et la fougue de l'auteur nous imposent. Ce mouvement forcené de ruine qui anime le livre, qui, étant l'agression du lecteur par l'auteur, est tel que pas un instant il n'est laissé à celui-là loisir de se replier dans l'indifférence, ce mouvement aurait-il pu se produire si quelque puissant motif n'était à l'origine d'une conviction aussi entraînante?

Je l'ai dit : nous ne sommes pas en droit de supposer que l'auteur eut d'abord un projet articulé. La naissance que sans doute nous devons prêter à Molloy n'est pas celle d'une composition savante, mais la seule qui convienne à l'insaisissable réalité dont j'ai parlé, celle d'un mythe − monstrueux, et sortant du sommeil de la raison. Deux vérités analogues ne peuvent prendre corps en nous que sous la forme d'un mythe qui sont la mort et cette « absence d'humanité », qui est l'apparence vivante de la mort. De telles absences de réalité ne peuvent en effet être données dans les claires distinctions du discours, mais il est certain que ni la mort ni l'inhumanité, l'une et l'autre inexistantes, ne peuvent être tenues pour indifférentes à l'existence que nous sommes, dont elles sont la limite, la toile de fond et la vérité dernière. La mort n'est pas seule cette sorte de base dérobée sur laquelle repose l'angoisse : le vide où la misère fait tout sombrer, si celle-ci nous absorbe en entier et nous décompose, n'est pas moins que la mort objet de cette horreur dont l'aspect positif est la pleine humanité. Ainsi cette horrible figure se balançant douloureusement sur ses béquilles est la vérité dont nous sommes malades et qui ne nous suit pas moins fidèlement que notre ombre nous suit : c'est cette figure même dont l'effroi commande nos gestes humains, nos attitudes droites et nos phrases claires. Et réciproquement cette figure est en quelque sorte cette inévitable fosse qui finira par attirer pour l'ensevelir cette parade de l'humanité : c'est l'oubli, l'impuissance... Ce n'est pas le malheur, à bout de forces, qui succombe à la misère, c'est l'indifférence dans laquelle un homme oublie jusqu'à son nom, c'est la parfaite indifférence à la misère la plus répugnante. « *Oui, il m'arrivait d'oublier, non seulement qui j'étais, mais que j'étais, d'oublier d'être* », ainsi s'évapore la pensée, ou l'absence de pensée, de Molloy (p. 73)... Et sans doute, il y a là une tricherie. Molloy ou plutôt l'auteur *écrit* : il écrit et ce qu'il écrit, c'est que l'intention d'écrire se dérobe en lui... Qu'à cela ne tienne s'il nous dit : « *...je me suis toujours conduit comme un cochon »* (p. 35)...! Il n'est pas d'interdit humain qui n'ait sombré dans une indifférence, qui se voudrait définitive, – qui ne l'est pas, mais, à toute une indifférence boiteuse, imparfaite, comment ne pas être en fin de compte indifférent? Si l'auteur infidèle au parti *de se conduire comme un cochon* avoue qu'il ment et termine son livre par ces mots : « *Alors je rentrai dans la maison et j'écrivis : Il est minuit. La pluie fouette les vitres. Il n'était pas minuit. Il ne pleuvait pas* * », c'est que Molloy, ce n'est pas lui : Molloy *en vérité* n'avouerait *rien*, car il n'écrirait *rien*.

---

* Ces mots sont à la fin de la seconde partie, censée écrite, non par Molloy, comme la première, mais par un certain Moran, Jacques. Précisément, la seconde partie commence par ces mots : « Il est minuit. La pluie fouette les vitres. »

*

Qu'un auteur écrive rongé par l'indifférence à ce qu'il écrit passera pour une comédie, mais l'esprit qui découvrira la comédie n'est-il pas lui-même engagé dans des comédies – tout aussi fallacieuses, mais dans la naïveté de l'inconscience. La vérité dépouillée de comédie ne se laisse pas atteindre si aisément, car, avant de l'atteindre, nous ne devrions pas seulement renoncer à nos comédies, mais oublier tout, n'en plus savoir rien, être Molloy : un crétin impuissant, « ne sentant ce qu'(il) allait faire que lorsque c'était fait ». Nous ne pouvons que partir nous-même, à la recherche de Molloy, comme le fait Jacques Moran dans la seconde partie du livre. Ce personnage en quelque sorte inexistant, dont le caractère rangé et les manies de veuf égoïste ont quelque chose de désespérant, est le héros de la seconde partie du livre, où Molloy a disparu, mais où Moran est envoyé à sa recherche. Comme si la figure accablante de la première partie n'avait pas suffisamment investi le silence de ce monde, l'impuissante recherche de la seconde semble répondre à la nécessité de livrer à l'absence l'univers sans mesure : Molloy est plus parfaitement introuvable que présent. Mais Moran à la recherche de Molloy inaccessible, lentement dépouillé de tout, de plus en plus infirme, sera réduit à la même ambulation répugnante que Molloy dans la forêt.

C'est ainsi que nécessairement la *littérature* ronge l'existence ou le monde, réduisant à *rien* (mais ce *rien* est horreur) ces démarches où nous allons bravement d'un résultat à un autre résultat, d'un succès à un autre succès. Ceci n'épuise pas le possible donné dans la littérature. Et il est certain que l'usage des mots à d'autres fins qu'utiles ouvre en un sens contraire le domaine du ravissement du défi, de l'audace sans raison. Mais les deux domaines – de l'horreur et du ravissement – sont plus proches l'un de l'autre que nous ne l'avions supposé. Les bonheurs de la poésie seraient-ils accessibles à celui qui se détourne de l'horreur et le désespoir authentique serait-il en rien différent de l'*instant doré* de l'innommable dans les mains de la police [1] ?

Le racisme

Critique [1]

Le mot race a nécessairement deux sens, l'un précis, dans la mesure où il se peut, répondant à l'exigence de la science; et l'autre vague, quand pour distinguer deux races nous nous contentons de l'apparence. Dans le premier sens, nous dirons d'une peuplade, d'un individu, qu'ils sont de race négroïde; mais dans le second, nous parlons des peuples de race noire. Pratiquement, l'idée savante de race ne joue pas sur le plan social (pratiquement, elle ne joue d'ailleurs jamais s'il s'agit d'hommes). Les *questions raciales,* dont l'importance politique a été si grande de nos jours, ne mettent jamais en jeu que des distinctions grossières. La science n'intervient dans ce domaine que pour affirmer l'inanité de ces distinctions populaires. Elle prive ainsi de valeur en particulier la distinction qui semble généralement la plus valable, à savoir la couleur de la peau. Le pigment dont cette couleur dépend n'a pas en effet de caractère fondamental : une peuplade noire changeant de climat pourrait à la longue perdre le pigment; réciproquement le pigment peut avoir coloré des peuples qui ne sont pas de race négroïde. De toute façon, les Éthiopiens et les Polynésiens ne sont pas négroïdes; certains voient même dans les Éthiopiens des hommes de race caucasoïde, et la race caucasoïde répond à la race blanche de nos pères, comme la négroïde à la race noire.

Lorsqu'il fut question de race juive, la distinction était plus indéfendable encore, puisque, pour juger de la race d'un homme, on dut officiellement recourir à la différence de religion.

À la base de l'attitude raciste, il y a donc une immense

absurdité, et comme elle entraîne les plus inavouables cruautés, rien n'est plus naturel que de voir dans le racisme un fléau qu'il faut détruire. Il s'y ajoute que ce fléau semble récent et très évitable. L'Antiquité l'a ignoré, et le monde musulman est de nos jours indifférent aux questions de couleur. Et nous sommes tentés de l'envisager comme le médecin une maladie, qui, hier, n'était pas là, et que, par exemple, un antibiotique supprimera, ou comme le pompier l'incendie que l'eau éteindra. Le racisme a un fondement, ce fondement est mauvais, il n'a donc pas de raison d'être... Il faut lutter contre l'erreur, qui est à l'origine du racisme, l'erreur que les Anciens ne faisaient pas.

Il me semble que c'est là simplifier et que si l'on parle du mal raciste on n'a pas tout dit si l'on se place sur le plan de la distinction raciale exacte ou non. Bien entendu, l'antisémitisme raciste est une forme de haine plus pernicieuse que la haine des fidèles du judaïsme, mais ce n'est après tout que le vieil antisémitisme à la mesure de masses irréligieuses. Ne pourrions-nous voir enfin que le mot de *racisme* nous trompe? Il est commode en ce que nous devrions le remplacer par une expression, *phobie des autres*, ou par un néologisme, *hétérophobie*, qui ne peuvent immédiatement rien signifier de concret, d'aisément saisissable. Mais il est clair que le racisme est un aspect particulier d'une *hétérophobie* profonde, *inhérente à l'humanité*, et dont les lois générales ne sauraient nous échapper.

Les haines de village à village, les combats de village à village n'ont guère de virulence aujourd'hui, mais nous savons quelle intensité ils avaient encore récemment. Ils étaient tels au milieu du xixᵉ siècle que les maçons limousins formaient à Paris des clans distincts par l'origine qui se battaient sur les chantiers. En principe, l'hétérophobie est externe, mais elle peut se maintenir à l'intérieur d'une communauté politique donnée (c'est le cas qui nous occupe), il y suffit d'un critérium assez durable, maintenant clairement la différence. Les clans des Limousins se maintenaient dans la mesure où les maçons émigrés gardaient un contact avec le village où ils revenaient de temps à autre, mais l'action syndicale les réduisit (elle substitua l'antagonisme de classe à celui de clan). L'antisémitisme est plus solide (et d'ailleurs le meilleur moyen de l'atténuer fut la guerre où les juifs et les non-juifs luttaient côte à côte). Dans l'Antiquité, les populations soumises combattaient vite avec les vainqueurs les ennemis de ces derniers. Les différences sensibles d'une peuplade à l'autre étaient faibles et les juifs furent les seuls à ne pas subir l'assimilation, à s'isoler et maintenir ouvertement une différence avec les autres : leur participation aux luttes armées dans le monde moderne est récente. Le plus mauvais cas est celui des Noirs, dont la différence voyante est ineffaçable. On peut dire l'antagonisme inévitable, dans la mesure où une différence sensible a un caractère de stabilité : il est alors vain d'alléguer que la différence est mal fondée selon la science. Ce n'est pas de science qu'il s'agit : la théorie dans l'attitude raciste n'eut qu'une influence secondaire. Voir dans le racisme une idée néfaste est se détourner d'un problème dont les données ne se situent jamais dans la *pensée* : elle ne sont pas non plus dans la *nature,* elles sont contingentes, aléatoires, elles sont *historiques,* c'est-à-dire *humaines.*

Bien entendu, les différences en jeu ne sont jamais irréductibles. Elles sont et elles jouent, mais elles restent à la merci du mouvement. Les Brésiliens résolurent le problème sans avoir décidé de le résoudre : les circonstances firent que trop peu d'hommes purent se maintenir au Brésil à l'abri du mélange des « races ». Noirs d'origine africaine, Indiens et Blancs ont fusionné. Le préjugé de couleur n'y existe pas. La survivance de la pure race blanche n'y a pas plus de sens que l'existence d'une noblesse peu nombreuse maintenant sa distinction dans les alliances. Mais s'il arrive qu'un prolétariat blanc se maintient à l'abri du mélange des couleurs, comme aux États-Unis ou en Afrique du Sud, alors que les Noirs forment une masse opprimée, difficile à contenir, la crise atteint le degré aigu. L'hétérophobie est d'autant plus forte, que la masse blanche est faible numériquement par rapport à la masse colorée. La situation est alors irréductible.

L'aspect essentiel de ces antagonismes ressort le plus crûment dans cette dernière situation. La différence dont il s'agit a toujours un sens : elle marque une infériorité politique. La même différence ne joue pas en tout lieu dans le même sens. Dans le monde musulman, la supériorité appartient d'emblée au musulman noir qui avait le pas sur le Blanc chrétien. En pays musulman, la couleur ne peut donc avoir le sens de l'infériorité, elle n'existait pas comme différence. Chaque fois qu'une différence détermine l'antagonisme, elle signifie aux yeux de celui qui la fait l'infériorité de l'autre. Elle a donc une portée immense dans la mesure où il est possible d'opprimer celui que frappe la différence. Partout l'oppression est possible, mais ne saurait prendre corps de la même façon si l'opprimé est en tout point le semblable de l'oppresseur. L'oppression de l'homme de couleur est donc une forme privilégiée d'oppression. C'est l'oppression commode d'une masse unanime exercée contre une masse différenciable sans erreur.

On peut dire de l'attitude de l'oppresseur qu'elle est moralement d'une extrême bassesse. Elle suppose la stupidité et la lâcheté d'un homme qui donne à quelque signe extérieur une valeur qui n'a d'autre sens que ses craintes, sa mauvaise conscience et le besoin de charger d'autres, dans la haine, d'un poids d'horreur inhérent à notre condition. Les hommes haïssent, autant qu'il semble, dans la mesure où ils sont eux-mêmes haïssables. Il est certain, si nous envisageons un Blanc et un Noir que, selon l'expression de Michel Leiris, « de leurs physiques différents à leurs mentalités différentes il n'y a nul rapport démontrable de cause à effet ». Ce sont des cultures, des modes de civilisation différents qui fondent leur opposition.

Mais une réprobation morale n'est jamais que l'expression de l'impuissance. Cet antagonisme racial est la forme actuellement assumée en ces conditions-ci, en ces lieux-ci par des mouvements d'opposition qui parcourent de toute façon les masses humaines, et dont malheureusement la réduction ne peut être opérée en montrant qu'ils ne sont pas donnés dans la nature. L'existence humaine n'est pas existence naturelle et ces phénomènes d'antagonismes arbitrairement motivés opposent précisément les conduites humaines, historiques aux conduites immuables de l'intérêt animal.

MICHEL LEIRIS, *La Question raciale devant la science moderne. Race et civilisation*, Paris, Unesco, 1951. In-8°, 48 p.

L'Unesco a très heureusement confié à Michel Leiris, ethnographe attaché au Musée de l'Homme, par ailleurs écrivain connu en particulier par un livre remarquable, *L'Âge d'homme* (voir *Critique*, n° 11, avril 1947, p. 291), la rédaction d'un petit ouvrage résumant les données les plus sérieuses concernant les problèmes posés par les antagonismes de race.

Michel Leiris résume ainsi la thèse qu'il fonde sur des examens précis : « Le préjugé racial n'a rien d'héréditaire non plus que de spontané; il est un " préjugé ", c'est-à-dire un jugement de valeur non fondé objectivement et d'origine culturelle : loin d'être donné dans les choses ou inhérent à la nature humaine, il fait partie de ces mythes qui procèdent d'une propagande intéressée beaucoup plus que d'une tradition séculaire. Puisqu'il est lié essentiellement à des antagonismes reposant sur la structure économique des sociétés modernes, c'est dans la mesure où les peuples transformeront cette structure qu'on le verra disparaître, comme d'autres préjugés qui ne sont pas des causes d'injustice sociale, mais plutôt des symptômes» (p. 46). Ceci se fonde sur une analyse des données objectives qui montre en effet que les différences raciales ne sont au fond que des différences de civilisation. C'est indéniable, et il est également indéniable que l'injustice sociale en même temps qu'elle résulte des mouvements d'opposition entre les hommes renouvelle incessamment les mouvements. Je crois toutefois nécessaire d'introduire une réserve concernant la réduction du «préjugé racial» à l'action de la propagande. Bien entendu, rien de naturel ne fonde ce préjugé. Mais il ressort de mouvements, plus vastes que ceux que l'action des propagandes canalise, qui traversent la structure sociale et *interfèrent* avec les mouvements économiques.

Sommes-nous là pour jouer?
ou pour être sérieux?

J. HUIZINGA, *Homo ludens, essai sur la fonction sociale du jeu*,
Traduit du néerlandais par Cécile Seresia, Gallimard, 1951.
In-16, 343 p. (Collection « Les Essais » XLVII.)

À nous en tenir à l'expression – *homo ludens* – l'homme
serait un être « qui joue »... Cela serait-il vrai, la définition
n'est pas « sérieuse »... On dira que d'autres manières de définir l'homme sont aussi contestables. Que veut dire *homo faber*
s'il est d'autres animaux industrieux? *Sapiens* n'aurait de sens
que si le savoir qualifiait tous les hommes, et s'il est vrai que
la vie humaine est toujours sociale, la vie animale l'est parfois... Mais non seulement les animaux jouent, la *nature* peut
tout entière être regardée comme un jeu... Ces éclats extraordinaires, leurs rebondissements infinis, et cette profusion
de formes inutiles, brillantes ou monstrueuses ne sont pas
seulement des jeux dans l'éblouissement de l'esprit : ce sont
objectivement des jeux, dans la mesure où ils n'ont pas de *fin*,
pas de *raison*. Rien ne les justifie, sauf cette nécessité du jeu
– négation à la base de la nécessité, qui n'est que l'impuissance
de la nécessité (le fait que la nécessité, d'aucune façon, ne
saurait plier toutes choses à ses fins).
  Le fait de jouer n'étant pas la qualité qui distingue l'homme
exclusivement, *la part du jeu* n'en a pas moins été méconnue
par lui, méconnue lourdement, *absolument*; et même si l'homme
est bien égal à la totalité du possible (ou de « ce qui est »),
peut-être en avons-nous méconnu *l'importance première*?
  L'intention de Johan Huizinga n'est d'ailleurs pas d'imposer une nouvelle définition : « Le terme d'*Homo ludens*, se

borne-t-il à dire (p. 11), l'homme qui joue, me semble exprimer une fonction aussi essentielle que celle de fabriquer, et donc mériter sa place auprès du terme d'*Homo faber*.» En vérité Huizinga, dans l'essai fondamental, entre tous délivrant, qu'il consacre au jeu, s'il n'a pas voulu définir l'homme, n'a pas voulu non plus faire œuvre philosophique. Il était historien, c'est l'historien qui décrivait le rôle qu'eut le jeu, selon lui, dans l'histoire de la civilisation. «De longue date, précise-t-il, la conviction s'est affermie en moi, de façon croissante, que la civilisation humaine s'annonce et se développe dans le jeu, en tant que jeu. Dès 1903, on peut relever des traces de ce point de vue dans mes œuvres...» C'est donc bien de la réflexion d'un historien sur son expérience qu'il s'agit; cette réflexion se poursuivit d'ailleurs à mesure de l'expérience. Ainsi, une œuvre d'histoire, *Le Déclin du Moyen Âge*, avait déjà, en 1919, le même sens que la théorie, dont la première édition est de 1938. Le *Déclin*, ce «maître-livre», est assurément l'illustration de la pensée d'*Homo ludens*, mais il est significatif que l'illustration ait ici précédé, sinon la pensée, la maturation et la mise en ordre de la pensée.

L'histoire est de toute manière une expression de la pensée de l'historien. Ce n'est pas toujours, il s'en faut, de pensée personnelle qu'il s'agit. Un choix quelconque, le plus souvent impersonnel, informulé, ordonna l'exposé des événements. Mais, dès l'abord, le cas présent s'oppose à la commune mesure, dans le sens où Huizinga reconnut comme un inévitable fondement la subjectivité de l'historien * : pour lui l'histoire était nécessairement orientée et il semble bien avoir écrit *Homo ludens* afin d'expliquer, de placer sous le jour de la conscience, l'orientation qu'il avait choisie. La théorie de Huizinga est si bien le compte rendu de sa propre manière d'écrire l'histoire, qu'il tient dès l'abord à préciser : «Si l'on analyse à fond la teneur de nos actes, il se peut qu'on en vienne à concevoir tout agir humain comme n'étant que pur jeu. Quiconque se contenterait de cette conclusion métaphysique fera bien de ne pas lire ce livre» (p. 11). Cette horreur de la généralisation est bien entendu justifiée par le caractère insipide d'une thèse

---

* Je renvoie sur ce point à l'article de J. Romein («L'œuvre de Johan Huizinga (1872-1945)», *Critique*, janvier-février 1947, p. 76) : «Son discours inaugural sur l'*Élément esthétique dans notre imagination historique* (1905)... a l'importance d'un programme tout d'abord parce que l'auteur y reconnaît l'élément inévitablement subjectif dans l'œuvre de l'historien. Si aujourd'hui cet élément est accepté si généralement que la thèse ne paraît guère être plus qu'une lapalissade, c'est en partie grâce à lui...»

où l'idée de jeu serait réduite à rien par l'importance qu'on lui donnerait (si n'importe quel acte avait le sens du jeu, le jeu aurait le sens de n'importe quel acte..., ainsi n'aurait-il plus de sens). Mais elle annonce précisément une intention de limiter le problème à cette exacte position qu'il avait eue dans l'expérience de l'historien.

La définition même que Huizinga donnait du jeu répond de la manière la plus correcte à ce besoin pratique. Le jeu que l'expérience avait rencontré devait garder le sens – irréductible (« l'idée n'est pas réductible à une explication plus approfondie ») – qu'il avait dans l'expérience. Huizinga a raison d'écarter ces représentations où le jeu est immédiatement abordé « avec les instruments de mesure de la science... ». Nous devons, selon lui, « prêter tout d'abord l'attention nécessaire à la particularité du jeu, profondément ancrée dans l'esthétique... Devant chacune des explications données, insiste-t-il, la question reste valable : soit, mais quel est donc en somme le « plaisant » du jeu ? Pourquoi le bébé crie-t-il de plaisir ? Pourquoi le joueur s'égare-t-il dans sa passion ? Pourquoi une foule obstinée de milliers de têtes excite-t-elle le championnat jusqu'à la frénésie ?... La nature, si l'on se place à un point de vue logique, aurait tout aussi bien pu offrir à ses créatures toutes ces fonctions nécessaires de dépense, d'énergie superflue, de détente après la tension... sous la forme de simples exercices et de réactions mécaniques. Tout au contraire, elle nous donna le jeu, avec sa fièvre, sa joie, sa « facétie » (p. 19).

Aussi bien, n'est-ce pas une théorie du jeu qu'à proprement parler Huizinga voulut faire. Il se représenta le mouvement sensible qui l'animait chaque fois qu'il rencontrait cette fièvre du jeu : il le suivit dans les réflexions que la connaissance multipliée de l'historien conduisait dans les méandres du passé. Et il lui sembla de cette fièvre qu'elle animait ce passé immense ; que, de toute façon, nous ne saurions saisir cette prodigieuse animation sans comprendre qu'elle répondit moins à la nécessité qu'au jeu de l'homme *. Ainsi voit-il le jeu à l'origine de

---

* Il est certain que Huizinga, bien qu'il montrât de l'intérêt pour le marxisme (voir J. Romein, *Critique*, 1947, p. 80), s'opposait à l'interprétation strictement économique de l'histoire. Il précise cependant (*Déclin du Moyen Âge*, trad. J. Bastin ; Payot, 2ᵉ éd., 1948, p. 27, n. 1) : « Ma conception n'exclut pas les fonctions économiques, encore moins est-elle une protestation contre l'explication historique basée sur des faits économiques... » En effet, cette animation, résultant d'une surabondance, en elle-même et par essence non orientée, n'en est pas moins orientée du fait des limites données dans les conditions économiques qui sont à la base de la surabondance elle-même.

toutes les formes de la culture, de la religion et des lettres, de la musique et de la danse, des institutions judiciaires et guerrières, de la philosophie enfin; seules les techniques, du moins la production dans les limites de l'utilité, sont nettement en dehors de la sphère du jeu.

Cette pensée hardie et paradoxale dépasse une difficulté élémentaire, qui venait de l'opposition admise entre le jeu et le sérieux. Huizinga s'exprimait là-dessus en termes péremptoires : « Le jeu, disait-il, peut s'élever jusqu'aux sommets de la beauté et de la sainteté, où il laisse le sérieux loin derrière lui.» Pour lui, le sacré n'était pas moins que les jeux mineurs un véritable jeu. Il savait qu'à l'origine, les jeux des Anciens étaient des parties du culte. Mais ne devait-on pas justement marquer la limite du jeu au passage des formes religieuses (où l'on a le profond sérieux), à des formes gratuites, détachées, de l'angoisse perdue? Cette dernière seule annonçait le *sacré,* qui manquerait au moment où la solennité fait place au *jeu* *. Mais le caractère sérieux est loin d'être l'apanage du culte. « L'enfant, dit Huizinga, joue avec un sérieux parfait – l'on peut dire à juste titre : sacré. Mais il joue et il sait qu'il joue. L'acteur est pris par son jeu. Néanmoins il joue et en est conscient. Le violoniste éprouve la plus sainte émotion : il vit un monde extérieur et supérieur au monde ordinaire : cependant son activité reste un jeu. Le caractère " ludique " peut demeurer propre aux activités les plus élevées. Est-il permis de prolonger la série jusqu'à l'action sacrée, pour prétendre que le prêtre aussi, dans l'accomplissement de son rituel, demeure un homme qui joue? L'admettre pour une religion oblige à l'admettre pour toutes» (p. 42-43). « Les notions de rite, de magie, de liturgie, de sacrement et de mystère pourraient alors venir se ranger dans le ressort du concept jeu. Ici, il faut se garder de trop étendre cette notion... Il me semble pourtant que nous ne versons pas dans cet abus si nous qualifions de jeu l'action sacrée.» Platon lui-même l'avait précédé dans cette voie. « Il faut, disait Platon (*Les Lois,* VII, 803), traiter sérieusement ce qui est sérieux, et c'est Dieu qui est digne de tout le sérieux béni, tandis que l'homme est fait pour être un jouet de Dieu. Aussi chacun, homme ou

---

* C'est le point de vue d'Émile Benveniste (« Le jeu comme structure », dans *Deucalion,* nº 2, 1947, p. 161). Cité par Caillois dans l'étude qu'il a consacrée à *Homo ludens* (dans la revue *Confluences,* 1946 ; republiée dans *L'Homme et le sacré,* 2ᵉ éd., Gallimard, 1950, p. 208-224).

femme, doit passer sa vie à jouer les jeux les plus beaux conformément à ce principe, et au rebours de son inclination actuelle... Quelle est alors la juste manière? Il faut vivre la vie en jouant certains jeux, sacrifices, chants et danses, pour gagner la faveur des dieux, pouvoir repousser les ennemis et triompher dans le combat. » Plus loin, Huizinga explicite cette manière de voir : « L'action sacrée, dit-il, est célébrée, autrement dit, elle rentre dans le cadre de la fête... Consécration, offrande, danses et compétitions rituelles, représentations, mystères, tout cela participe de la fête. Les rites fussent-ils sanglants, les épreuves des initiés cruelles, les masques terrifiants, le tout se joue comme une fête » (p. 47). La difficulté est « d'établir le point de démarcation, à partir duquel la gravité sainte s'atténue jusqu'à la plaisanterie *(fun)*. Chez nous, un père tant soit peu puéril peut se fâcher pour tout de bon si ses enfants le surprennent au cours de ses préparatifs de Noël. En Colombie britannique, un père Kwakiutl tua sa fille qui l'avait surpris tandis qu'il s'appliquait à un travail de ciselure en vue d'une cérémonie » (p. 50). Johan Huizinga admet donc que, dans les cas les plus sérieux, subsiste un doute, un vague sentiment d'irréel, à l'égard des croyances liées aux rites ou des mythes. Il parut de toute façon nécessaire d'affirmer « l'impossibilité de perdre un seul instant de vue la notion de jeu, à propos des actions sacrées des primitifs » (p. 52).

Je crois que, sur ce point, Huizinga apporta la note exacte : c'est la catégorie du jeu qui a le pouvoir de rendre sensible la capricieuse liberté et le charme animant les mouvements d'une pensée souveraine, non asservie à la nécessité. On ne saurait mieux préciser le rapport de la souveraineté et de son expression authentique que ne fit Huizinga, disant (p. 54) : « Cette sphère du jeu sacré est celle où l'enfant, le poète et le primitif se retrouvent comme dans leur élément. » Comparées à cette formule, brève, véritablement laconique, les analyses de Lévy-Bruhl ou de Cassirer (concernant la pensée primitive ou mystique), celles de Piaget (concernant la pensée enfantine), celles de Freud (concernant le rêve), ont quelque chose d'embarrassé, de balbutiant *.

---

* Si l'on excepte *La Poésie moderne et le sacré*, de Jules Monnerot (Gallimard, 1944), la poésie n'a guère été l'objet d'une réflexion à la mesure de l'histoire de la civilisation.

*

Le glissement de l'action sacrée aux jeux de compétition est bien connu depuis le fameux *Essai sur le don* de Marcel Mauss *. Cet essai a depuis lors été la base de bien des travaux. Il est à l'origine de l'étude magistrale de Lévy-Strauss sur le problème de l'inceste **. Et de même, on concevrait mal *Homo ludens* si l'*Essai sur le don* ne l'avait précédé. C'est que le potlatch des tribus indiennes de la Colombie britannique apparaît dès l'abord comme un jeu immense, à la table duquel sont assis des joueurs rivaux, et où, sous quelque forme, se donnent rendez-vous tous les éléments et toutes les formes de jeu du monde. Le principe en est le *don*; les richesses, les cadeaux affluent sur le lieu du *potlatch*, semblables à des mises, mais d'abord sacrifiés. En une série de potlatchs donnés et rendus (comme on donne ou rend un dîner), la richesse circule selon des règles : le jeu est de rendre – au potlatch suivant – plus qu'on n'avait reçu, d'humilier un rival par une ostentation fastueuse, par une générosité indépassable. Il ne s'agit pas de s'enrichir, mais, à force de dons, de grandir son honneur, son prestige et la noblesse de sa maison.

Il peut même y avoir plus d'éclat à détruire des richesses qu'à les donner. Que l'on imagine une partie où, selon des rites et des règles, on mènerait un jeu comparable à une suite de festins de plus en plus riches que l'on donnerait jusqu'au moment où le rival devrait s'avouer vaincu.

Je citerai, après Huizinga, un exemple pris dans un monde où les règles suivies ne durent pas être données formellement : l'esprit du jeu, qui ressort d'une manière frappante, a suffi, semble-t-il, à la manifestation de traits archaïques. « Deux Romanichels égyptiens ont un différend. Pour l'envenimer, ils décident chacun, en présence de la tribu solennellement rassemblée, d'abord de massacrer leurs propres moutons, ensuite de brûler toute leur fortune en billets de banque. Enfin, l'un des adversaires voit qu'il va avoir le dessous et vend ses six ânes, pour demeurer malgré tout le vainqueur avec le numéraire résultant de l'opération. Au moment où il

* Dans M. Mauss, *Sociologie et anthropologie* (P.U.F., 1950), p. 143-279.
** *Les Structures élémentaires de la parenté* (P.U.F., 1949). Voir *Critique*, p. 50, où l'institution du *potlatch* est sommairement décrite. L'*Essai* de Marcel Mauss est également la base de mon ouvrage, *La Part maudite* (Éd. de Minuit, 1949), qui par bien des côtés est proche d'*Homo ludens*.

s'était rendu chez lui pour chercher ses ânes, sa femme s'était opposée à la vente, sur quoi il l'avait poignardée *. »

Autant qu'il semble, il s'agit bien de rendre à un mouvement de jeu ce qu'une activité besogneuse tend à faire dépendre de la suite calculée (dans la mesure où il est possible, *à coup sûr*) des causes et des effets, des connaissances techniques et du travail. Mais rendre aux mouvements du jeu, c'est égaler ce qui a une fin à ce qui n'en a pas, à ce qui n'a de sens d'aucune façon, c'est en un mot se conduire *souverainement*. Celui qui accepte la fin d'un objet qu'il possède reconnaît dans cet objet ce qui le *subordonne* lui-même à cette fin. À peine y tient-il que son attachement à cet objet le *subordonne* lui-même, son possesseur, à cette fin qui en est le propre. Le possesseur d'esclaves, dans la mesure où il y tient, aliène une part de sa souveraineté : il n'est pas lui-même servile, du moins aliène-t-il, pour utiliser la servilité de l'autre, l'énergie (la vigilance...) nécessaire à maintenir l'esclave à son service. C'est ainsi qu'un Aztèque pouvait rendre son esclave (et se rendre lui-même) au mouvement du jeu, par une mise à mort rituelle, un *sacrifice* qui était le seul moyen de ne pas perdre *à l'utiliser* cette pure souveraineté du jeu qui est l'excellence de l'homme **.

Mais un caractère marquant se fait jour à travers ces glissements qu'ordonnent le *don rituel*, le *potlatch* et, généralement, les mouvements d'ostentation, de générosité, d'excellence. Le jeu – le fait de se moquer des plus grands biens – étant la manière d'exceller souveraine, celle qui n'a pour fin que l'indifférence à toute fin, qui n'est qu'une occasion de faire preuve, par des destructions ou des dons splendides, d'une âme au-dessus des soucis de l'utilité, le jeu a pour conséquence secondaire le désir d'exceller manifestement autant ou plus que d'autres. Il ne s'agit pas de vanité : dans la mesure où il est ceci ou cela, un homme ne peut l'être pleinement que si d'autres, ses semblables, le reconnaissent pour tel. Mais cette « reconnaissance » (c'est l'*Anerkennung* de Hegel) a lieu, le plus souvent, dans la compétition. Notre volonté d'exceller, qui s'exerce dans le jeu, a fait de chaque

---

* Huizinga (p. 107) citant R. Maunier (*Année sociologique*, 1924-1925, p. 811), qui cite lui-même un journal égyptien. R. Maunier travaillait à la suite de L'*Essai sur le don*.
** Les Aztèques sacrifiaient en effet leurs esclaves dans l'esprit même du *potlatch* qui les animait sur les plans les plus divers : je l'ai indiqué dans *La Part maudite*, p. 81-86.

forme de jeu le principe d'une compétition. Le jeu par excellence est destruction ou don souverain, mais tout usage *improductif* que nous faisons de nos ressources, qui les dilapide, les *détruit*, sans autre fin que celle de l'agrément, est l'occasion pour des rivaux de faire preuve à l'envi de *supériorité*. L'image d'une intangible *souveraineté*, donnée une fois pour toutes, comme l'immense *jeu* de la lumière, éblouissant et consumant la richesse sans compter, domine ces efforts multiples où le *jeu* est risque, où chaque rival *se met en jeu*. Mais les hommes peuvent faire assaut de supériorité de toute manière, pour peu que leur *générosité*, non leur *intérêt* les y engage. Cette limitation n'est pas surprenante : personne, dans les compétitions, n'est en quête de renseignements sur l'efficacité d'un travail. Les compétitions ont un intérêt spectaculaire, mais personne ne s'occupe de l'intérêt d'un travail pour celui qui le produit. Si les hommes luttent ostensiblement, c'est pour la gloire et pour rendre sensible un certain état de *souveraineté*, qui leur appartient, que prouve une consécration de leurs ressources (ou d'une partie d'entre elles) à des fins non lucratives. Qu'il s'agisse de littérature ou de poésie, de chant ou de danse, de course à pied ou de football, d'habileté aux échecs ou aux cartes, qu'il s'agisse de tournoi, de *potlatch* ou même de guerre, les acteurs n'ont pas eu le souci de se faire voir acharnés à la bonne gérance de leur intérêt : ce qu'ils cherchent dépasse le but de l'opération intéressée ; s'ils se montrent, c'est qu'ils *jouent*, qu'ils prodiguent leurs forces sans raison ; la supériorité qu'ils s'efforcent d'affirmer est celle du *joueur* : elle consiste toujours, et pour rien, à mieux se dépenser, à mieux *donner* ses ressources. Que l'intérêt se glisse dans le monde du jeu n'a même pas le sens que l'on croit. L'argent souille, il est vrai, tout ce qu'il touche, et le joueur professionnel a perdu la pureté du jeu, mais la richesse l'atteint autrement que l'industriel : elle l'atteint pour la raison qu'elle afflue spontanément dans la sphère du jeu, où la générosité de tous est excitée. C'est la volonté commune que les créatures du jeu soient riches, car il faut qu'à leur tour, elles aient le geste généreux. Souvent le joueur détonnerait s'il avait les manières de sa mère, qui est *regardante* ; et sans doute il est pénible de le payer, c'est introduire en lui un mouvement qui démentira sa générosité première ; mais s'il manquait d'argent, cette générosité pourrait se tarir !... Les mises, les pertes et les gains des jeux de hasard ne sont pas eux-mêmes contraires à la générosité du jeu. Car le gagnant n'est pas un homme qui vient de s'enrichir – l'argent du jeu brûle les doigts, les gains ne représentent pour le joueur que de nouvelles mises, ou sinon la possibilité de dépenses superflues –, le gagnant est un homme qui a fait peu de cas de sommes considérables, et qui, fût-ce dans l'angoisse, s'est plu à se dire d'elles, *comme un enfant* : « Perdu ? pas perdu ? » Ses gains ne sont qu'une preuve de la folie avec laquelle il *lâchait sa fortune* : le joueur d'argent est un homme qui excelle à *lâcher sa fortune*, l'argent gagné est le signe heureux de cette excellence, dont l'argent perdu est le signe malheureux. De toute manière, un jeu, par essence, offre une possibilité d'exceller, et comme tel, il peut toujours être l'occasion d'une compétition.

*

Cet aspect est décisif, il domine tout le mouvement de la sphère du jeu. Toutefois, il me semble qu'il en indique mal le sens. Même si l'assaut de générosité est la base de la compétition, la compétition ne pousse jamais jusqu'au bout une générosité qui serait plus grande sans elle, si la générosité allait jusqu'à laisser d'emblée le terrain à l'adversaire. Ce dernier point de vue est généralement contestable, en ce sens que le mouvement du jeu doit être sensible, que la défaite de l'adversaire importe moins qu'une émulation fiévreuse, excitant les élans sans réserve. La compétition n'est pas seulement la forme naturelle du jeu, elle peut être elle-même dans l'esprit du jeu : elle s'en éloigne quand la haine et le désir de profit s'y mêlent. Ainsi, pour son extrême cruauté, mais seulement en faible partie, et surtout en raison des objets politiques que les adversaires y poursuivent, la guerre excède-t-elle le plus souvent la mesure du jeu : il s'agit toujours d'exubérance dans la guerre, mais l'exubérance va si loin que, pour finir, à force d'engager la totalité de la mise possible, elle se change en avarice, et même elle arrive, dans l'état d'épuisement des ressources auquel elle amène les parties ennemies, à se réduire aux réactions les plus contraires à celles du jeu, aux sombres réactions de la misère la plus vilement égoïste (tant il est vrai que le jeu n'est jamais si loin du sérieux qu'on ne pense). Mais la guerre ne fait de cette manière qu'accuser une tendance inhérente à la compétition. Elle exagère les traits hideux d'une rivalité qui cesse d'être exubérance, mais elle montre néanmoins qu'un élément sordide est à l'état naissant dans *toute* rivalité.

C'est pourquoi il serait lourd de lier trop étroitement la compétition et le jeu. Peut-être y a-t-il lieu de noter ici un manque d'aisance, de la part de Huizinga, dans le maniement des concepts : parfois l'acuité de sa vision semble trahie par un caractère un peu rigide, exagérément immobile des tableaux qu'il a représentés. Tels mouvements seraient mieux donnés si l'auteur les avaient saisis dans leur aspect changeant. Il en est ainsi de l'*ordre*, qui n'est peut-être, comme la compétition, que l'un des aspects susceptibles d'être revêtus par le jeu.

« Dans les limites du terrain de jeu, affirme Huizinga (p. 30), règne un ordre spécifique et absolu.» Et il en conclut que « le jeu crée de l'ordre», qu'« il est ordre».

Selon l'apparence, à nous en tenir à des exemples d'ailleurs significatifs, Huizinga est justifié. Mais il me semble nécessaire ici de regarder les choses de près.

Pour Huizinga, le jeu n'est pas seulement un facteur de culture, la culture elle-même est un jeu. C'est là une vue remarquable où justement réapparaît l'agitation plaisante, capricieuse, sans laquelle les hommes ont une civilisation technique, une existence sociale correcte et chargée de contrainte ou d'ennui, non ces formes de vie ordonnées par le goût, la facétie cruelle et l'anxieuse poésie qui donnaient une plénitude à l'humanité ancienne. Mais si l'on veut juger de la culture ainsi entendue, il faut partir du fait qu'essentiellement, elle a reposé sur de primitives terreurs, dont l'effet immédiat se manifestait sous la forme d'interdits. Ce sont des interdits très généraux qui distinguent d'une manière fondamentale les hommes des animaux, qui commandent communément l'horreur de l'obscénité, du sang menstruel, de l'inceste, le respect et la peur de la mort et des cadavres. Or il est difficile de dire exactement que les interdits n'ont de sens que le jeu. Nous pourrions même être tentés d'apercevoir ici les limites de la pensée de Huizinga : tout serait jeu dans la culture à l'exception des interdits. Je crois au contraire que les interdits témoignent dès l'abord de l'exubérance humaine, ce ne sont pas vraiment des jeux mais les réactions résultant d'un heurt de l'activité utile, sérieuse, et du mouvement intempérant qui nous anime au-delà de l'utile et du sérieux. L'interdit décrit toujours une frontière ordonnée séparant la vie profane, ayant ses normes d'elle-même, et la sphère du sacré qui est celle soit de la règle, soit du plein dérèglement. Tout indique que les sphères du sacré et du jeu coïncident en tous points, mais il est nécessaire alors de préciser que si la sphère du sacré est celle de la règle, c'est dans la mesure où elle est celle du dérèglement. Les règles qui entourent chaque manifestation du sacré répondent au souci de limiter et d'ordonner dans la terreur ce qui est le désordre même. C'est ainsi qu'à la mort du roi, certains peuples ont pratiqué un immense dérèglement rituel, dès que le souverain était mort, s'adonnant dans une course soudaine, effrénée, au meurtre, au pillage et au viol. Or le jeu a toujours en commun, avec cette règle du dérèglement, un élément de dangereuse détente explosive : il est ordre et règle, il est vrai, mais l'ordre et la règle en lui prouvent la nécessité où furent les hommes de limiter par une règle ce qui par nature était impossible ou difficile à contenir.

*

Il résulte assez clairement de la très belle étude de Huizinga que le sérieux n'est pas l'opposé du jeu, que l'*action sacrée* est elle-même un jeu, comme Platon le disait le premier. J'ai montré qu'il ne s'ensuivait pas, comme Huizinga le voudrait, que la règle soit l'attribut essentiel du jeu : le jeu, me semble-t-il, est un désordre limité. Mais de telles approches nous donnent une idée bien vague et lointaine de l'objet que nous poursuivons.

La limite du jeu et de ce qu'il n'est pas est plus difficile à préciser qu'il ne semble d'abord. À partir de réactions communes, le jeu serait une libre activité sans conséquences... Un chien malmène un chat, il aboie, il bouscule et il semble déchirer le félin dans ses crocs. Mais il a soin de laisser l'autre intact, il *joue* seulement la comédie du combat. S'il avait, au contraire, mordu et blessé, nous aurions dit qu'il ne jouait pas, et que l'affaire était sérieuse.

La *conséquence* opposerait donc le jeu à ce qu'il n'est pas... À l'encontre, il va de soi que, pour un chien, blesser, voire tuer un chat ou une pièce de gibier est aussi un acte sans conséquence, que la chasse, où il peut tuer, n'est pas moins plaisante, au contraire, que le jeu des morsures qui ne blessent pas. Un seul cas est clairement distinct : si l'animal qui attaque met en *jeu* sa propre vie, si la lutte dont il s'agit est une lutte à mort, où le chien, qui tue, pourrait lui-même être tué. Il va d'ailleurs de soi que, si le chien avait donné librement des crocs, la chose aurait cessé d'être un jeu *pour le chat,* qu'elle aurait à coup sûr été *conséquente.*

Sans doute! mais ceci est moins décisif qu'il ne semble. Que le jeu finisse à l'instant où la vie et la mort sont en question, cela ne définit qu'une sorte de jeu, ou si l'on veut qu'une sorte de joueur : celui pour lequel une menace de mort coupe aussitôt l'attrait du jeu. Rien n'est plus ordinaire que cette paralysie du jeu, qui résulte de la peur. Pourtant, je suis tenté de croire que le joueur authentique est, au contraire, celui qui met *sa vie en jeu,* que le jeu véritable est celui qui pose la question de la vie et de la mort.

Je montrerai plus loin le sens fondamental de ces propositions. Mais il est clair qu'une chasse où le fauve a ses chances contre le chasseur est un jeu d'une autre envergure que la chasse au petit gibier, qu'elle a plus de valeur sur le plan du jeu que sur le plan où la chasse est située. De même, une course de taureaux répond d'autant mieux au principe du jeu que le taureau est dangereux, ou que le matador, le tueur, l'affronte dangereusement. Bien entendu, pour l'acteur (et même, à la rigueur, pour le spectateur), le jeu ne reste tel qu'à la condition de disposer, pour la fin recherchée, de certaines ressources d'énergie *. Dès que le jeu excède les forces du joueur, si la peur l'emporte, il n'a plus d'attrait, ce n'est plus un jeu, mais un acte pénible, où la contrainte domine. Sans nul doute, le jeu met en œuvre l'énergie excédante des participants (acteurs et spectateurs); il suppose de leur part un excès d'énergie suffisant pour ne pas leur donner l'impression qu'ils seront dépassés, que l'horreur, la répugnance ou la peur seront trop fortes. Un amateur de corrida peut n'avoir pas plus ou même avoir moins d'énergie qu'un homme horrifié par la mort d'un taureau de combat; les sensibilités individuelles diffèrent grandement, d'une façon qui donne aux divers comportements des apparences contradictoires (un

---

* Le spectateur lui-même dépense de l'énergie en ce sens qu'il participe, par une sorte d'identification, aux sentiments du matador. Il peut même participer à ceux du taureau... Dans ce cas, il lui faut un peu d'énergie pour supporter la mort de celui-ci, pour la supporter du moins de telle sorte que le plaisir, le jeu, ne soit pas gâché. Je crois que ceci joue d'ailleurs pour tous ceux qui aiment les courses de taureaux, pour lesquels, sans exception, une course sans mise à mort est un non-sens. Ceci demanderait il est vrai pour être clair d'élucider les profonds rapports et les profondes oppositions de l'homme et de la bête.

végétarien peut être sanguinaire et le marquis de Sade supporta le plus mal du monde de voir la guillotine fonctionner sous ses yeux). Il n'en est pas moins vrai que, de toute manière, le jeu demande de l'énergie, ou plutôt, que l'excès d'énergie demande à se dépenser dans le jeu. Ainsi la limite du jeu est-elle la limite de la dépense possible : suivant les ressources et les goûts, tel jeu dangereux est ou non supportable. Mais s'il l'est, ce peut être une issue, l'issue la meilleure étant celle qui va le plus loin possible, qui met l'énergie à l'épreuve et nous mène à la limite de l'intolérable.

Loin d'être, dans ces conditions, contraire au jeu, le risque de mort est le sens d'une démarche qui veut justement que chacun de nous aille aussi loin qu'il peut dans le sens contraire de l'intérêt. Ce n'est jamais bien loin mais le point avancé où nous allons est justement celui où le jeu, demeurant possible, a la plus grande valeur et suscite les plus grandes passions.

*

La limite de l'attrait du jeu est la peur : le désir de conserver, de tenir à l'abri, s'oppose en nous à celui de gaspiller. Le désir naïf — et caché — de chacun de nous est d'affronter la mort en survivant, et de s'enrichir en dépensant. Ce n'est pas déraisonnable en ceci que, parfois, les plus braves survivent justement pour avoir eu le cœur d'affronter la mort ; de même un train de vie ostentatoire est souvent propice à l'accroissement de la richesse. Mais ces méthodes glorieuses ne sont pas sûrement les meilleures, et la raison condamne l'excès qui les commande. La raison même s'oppose à ce *mouvement de jeu* qui agite l'humanité, qui en est l'effervescence, et qui lui donne, sinon toujours la joie, cette humeur de défi qui en est l'essence.

La raison est, en effet, le contraire du jeu. Elle est le principe d'un monde qui est le contraire exact du jeu : celui du travail. C'est, en effet, le monde de la conséquence : le travail se définit le plus correctement par le fait qu'il modifie la nature. Mais il ne la modifie pas comme le fait la lutte : la mort, si elle est l'effet des combats, ne transforme rien. Elle ne peut donner à la nature un cours nouveau, en changer la réalité. Ou si la lutte agit de cette manière, c'est dans la mesure où le vainqueur oblige le vaincu à *travailler*.

Ces démarches fondamentales de la lutte (qui est un jeu)

et du travail (qui en est l'opposé) sont à la base, sinon de la philosophie, de l'anthropologie hégélienne. (Essentiellement, la philosophie de Hegel est d'ailleurs une anthropologie.) Le maître *(Herr)* est, selon Hegel, celui qui prend le risque de la mort à son compte. L'esclave *(Knecht)*, celui qui veut survivre à n'importe quel prix, qui accepte de survivre en travaillant sous la contrainte et pour un autre. C'est de l'opposition de l'attitude du jeu (ou du risque de la mort) à celle de la peur de la mort (ou du travail sous la contrainte) que Hegel tire le concept dialectique de l'être humain. Mais Hegel n'est pas du côté du jeu. Ce n'est pas lui qui affirmerait de la culture, comme Huizinga le fit, que le jeu la fonde ou qu'elle est un jeu. Bien au contraire, le travail est pour lui générateur de toute culture. C'est l'esclave ou le travailleur qui assume vraiment l'humanité. C'est le travailleur qui accomplit le possible de l'homme, qui dans le temps même où l'histoire s'achève, devient l'homme achevé, qui incarne généralement la totalité du possible et qui devient l'équivalent de Dieu.

Il faut dire que la pensée de Hegel a sur celle de l'auteur d'*Homo ludens* un avantage important : elle est dialectique, en ce sens que jamais elle ne voit dans un principe simple, mais dans l'effet complexe des contradictions multipliées, l'essence des formes réelles. Nous pouvons reprendre en suivant Hegel la démarche de Huizinga (mais d'aucune manière la démarche de Huizinga ne nous permettrait de retrouver tout le parcours de Hegel).

Que le jeu ait part à la culture, que même, essentiellement, la culture ait été un jeu, ce sont là des propositions qui ne peuvent être écartées, mais seule une représentation historique (dialectique) des faits permet de les mettre à leur place. Tout un mouvement de culture, en effet, a pour base le jeu, la libre effervescence et les rivalités démesurées, qui nous portent déraisonnablement à défier la ruine et la mort. Mais le travail, la négation de ce premier mouvement, n'eut évidemment pas moins de part à l'ensemble de traditions, de conduites, de notions qui, sous le titre de culture, sont aujourd'hui objet d'enseignement. Si comme nous y tendons (comme y tend par exemple T.S. Eliot), nous pensons, parlant de culture, à ce qui séduit et donne le prestige, aux belles-lettres, aux arts, à la beauté des coutumes, à la fierté, à la rigueur, à la délicatesse de la pensée ou des conduites, à tous ces éléments qui fondent, et exigent en même temps le *charme* personnel, la culture est bien, en effet, le libre don du jeu. Mais sans parler de la philosophie, la science et les techniques, – auxquelles s'associent les conduites sociales et juridiques, morales et politiques – qui relèvent de la raison –, ne sont pas moins parties de la culture, et ce sont les dons du travail ou de l'activité *négatrice-du-jeu*, affirmatrice des droits exclusifs du travail, qui est le propre des travailleurs. Ce qui importe, et que met en valeur la lecture d'Huizinga, est que la culture entière ne saurait être réduite à cette seconde forme, et même que cette dualité maintient à l'intérieur de la culture moderne une contradiction épuisante. Huizinga pleure la mort, au moins la décadence des valeurs anciennes. Mais ces larmes sont vaines et seule vaut la critique du monde négateur du travail, *si elle admet d'abord que ce monde qui nia celui du jeu ne le nia pas par erreur, qu'il le nia pour la raison que son essence était de le nier,* si elle admet que, pour répondre aux problèmes posés par la destinée humaine, il ne suffit pas de regretter le passé.

Le caractère fondamental de l'opposition du jeu et du travail est bien difficile à contester. À partir de là, nous serrons de près la définition du jeu, nous comprenons pourquoi le jeu et le sérieux, du moins le tragique et le pathétique, ne sont pas exclusifs l'un de l'autre. Du moins apercevons-nous que le sérieux n'est vraiment tel que s'il est celui du travail, que le *sacré,* ou le *tragique,* n'ont du sérieux lourd que l'apparence. Le travail seul est sérieux profondément, comme le sont le juge et l'huissier. Autant qu'ils peuvent, le juge et l'huissier suppriment ces éléments de hasard et de caprice qui maintiennent dans la tragédie, fût-elle réelle, un sentiment horrible et incontestable de jeu.

Cette opposition au travail me semble au reste de nature à montrer que le jeu se trouve moins évidemment qu'il ne semble – et que Huizinga ne l'admit – dans l'animalité. Je crois que le travail est nécessaire à la pleine affirmation du jeu. Avant la position du travail, l'animalité présente bien des conduites plus ou moins proches de ce qu'est le jeu des hommes, mais il n'est pas de caractère absolument distinct qui permette d'isoler l'une de ces conduites. Tout au plus pourrons-nous dire que le jeu est toujours proche des conduites animales envisagées en général. Ces conduites sont d'autant plus *ludiques* qu'elles s'éloignent du *repos.* Jamais rien d'inversé, rien de malicieusement irrégulier, rien de criminel ou de monstrueux ne détermine ces jeux ; la *chasse* qui nourrit l'animal n'est pas moins jeu que le combat inoffensif où les mâchoires ne se referment pas. Seules travaillent, dans le sens humain de ce mot, les bêtes de labour ou de trait : elles ont seules dans l'animalité des conduites qui diffèrent à la fois du jeu et du repos. Mais ce travail des animaux n'engendre pas les réactions compensatrices que sont les fêtes et les actes sacrés. L'activité intéressée de l'animal est d'ailleurs si contraire à celle de l'homme que ce dernier tient généralement pour un jeu (pour un jeu mineur du moins) les conduites de la chasse ou de la pêche. Chasse et pêche sont des conduites utiles, mais elles ne demandent pas la contrainte du chasseur ou du pêcheur (animal ou humain) *. Aussi ramènent-elles l'homme à cette liberté animale qui est le contraire du travail. Jamais en effet l'animal ne souffre ou ne meurt faute de l'activité nécessaire à sa subsistance. Mais l'homme s'est dès l'abord montré industrieux, au point de remédier d'avance à la disette par le travail **. Ainsi, d'emblée, le travail eut-il ce sens : la souffrance ou la mort seraient à craindre si nous n'acceptions de suer à cette tâche. Dans les premiers temps, un tel sens ne pouvait apparaître que lié à d'autres moins clairs : sans doute, le travail eut-il aussi des fins esthétiques. Il est certain que dans l'histoire la peur de manquer – de souffrir, de mourir – a généralement obligé de travailler. Mais si le travail reçut moralement cette valeur négative (qu'il n'a perdue que depuis peu), ce fut dans la mesure où l'humanité se divisa, comme dit Hegel, les uns ayant peur de la mort et les autres le désir de l'affronter. Hegel a raison de dire que l'esclavage *(Knecht-schaft)* est toujours un choix que l'on fait librement ; jamais personne – en dernière analyse – n'est littéralement obligé de travailler ; la contrainte est le fait de celui qui accepte de s'y plier ; quels que soient les horribles moyens qui permettent de briser une volonté, nul ne saurait tirer le travail efficace – constant – d'un homme qui aime mieux mourir que travailler : aussi bien le travail est-il, d'une manière élémentaire, le fait de celui qui prend la mort au sérieux. Travailler, c'est toujours avouer que la servitude, la subordination et la douleur sont préférables à la mort, et que le jeu devrait cesser dès l'instant où la vie est menacée. Ce n'est pas la mort qui

---

* La pêche seule est organisée comme un travail ; toutefois la pêche-jeu subsiste à côté de la pêche commerciale.
** Les provisions des insectes diffèrent essentiellement du travail humain en ce qu'elles ne répondent à aucune *notion*.

est sérieuse, elle inspire toujours de l'horreur, mais si cette horreur nous atterre, au point d'abdiquer pour ne pas mourir, nous donnons à la mort ce sérieux, qui est la *conséquence* du travail accepté. Humainement, la peur de la mort non surmontée et le labeur servile, qui dégrade et aplatit, sont une seule et même chose, immense ct misérable, à l'origine de l'homme actuel et de son langage sérieux : celui de l'homme d'État, de l'industriel ou du travailleur.

*

À partir de là, nous pourrons définir généralement la situation de l'homme dans le monde. Il lui est incessamment imposé de choisir entre deux attitudes décisives : il peut, ou jouer, en défiant la mort, ou trouver que la mort et le monde sont sérieux (ce que traduit la servilité du travail). Mais jamais ce dilemme n'est assez clairement articulé. C'est qu'un jeu authentique exige un déchaînement de violence si grand que l'aspect de jeu, qui séduit, n'est plus immédiatement sensible en lui : il terrifie, bien au contraire, et ne ravit que dans l'horreur. Or c'est seulement dans les jeux innocents, conciliables avec le travail, que l'on aperçoit le plus souvent le principe du jeu.

Pour cette raison, nous devons savoir gré à Huizinga, reprenant la pensée de Platon, d'avoir discerné l'élément de jeu dans les moments les plus inhumainement sacrés, les plus obscurément terribles. Les choses sont d'autant plus difficiles à démêler qu'un élément de jeu tend lui-même à s'introduire dans le travail. Il n'est rien, en effet, que le travail avoue moins volontiers que la lâcheté qui le fonde. Autant qu'il se peut, le travail se lie donc à des attitudes détachées, dont la nature servile est déguisée : il se lie à toutes sortes de divertissements, de même que, d'autre part, du côté *majeur*, le caprice dissimule, s'il se peut, sa nature infernale. Mais les définitions que je propose, à partir de celles de Huizinga, permettent apparemment de sortir de la confusion. La difficulté du problème du jeu vient de ce que, sous le même nom, nous désignons nécessairement des réalités bien différentes. Il existe d'une part un jeu *mineur*, qui survit à l'abdication de celui qui accepte le travail, qui ne demande nullement la pleine révolte, qu'est le défi porté sans tristesse à la mort. Ce jeu n'est qu'une détente au cours d'une vie que domine le sérieux, qui compte toujours infiniment plus que le jeu. Un riche industriel rirait, ou répondrait par une indifférence polie, si nous lui disions d'un poème, qui n'est qu'un jeu, que sa vérité est *majeure* et pleinement souveraine, auprès de ce volumineux paquet d'actions, dont la vérité *mineure* est faite de l'angoisse qui assujettit le monde au travail – de cet universel aplatissement qu'impose la crainte de la mort. Pour une tête bien ordonnée, la quantité impressionnante de contrainte, de résignation, de souffrance, de sueur ou de soumission à la peur représentée dans les actions n'est comparable à rien. C'est, en ce monde, ce qui, finalement, l'emporta sur la majesté des rois. Le principe du travail, l'angoisse paralysant le mouvement naïf du jeu est maintenant le principe souverain.

Ce n'est pas vivable en ce sens que jamais situation ne répondit mieux à la formule de Juvénal : « *Et propter vitam, vivendi perdere causas...* » Perdre afin de rester en vie ce qui est le sens de la vie, voilà ce qu'annonce la souveraineté du travail, qui subordonne toutes choses à la peur de mourir. Ces jeux mineurs, ces golfs et ce tourisme en troupe, ces littératures molles et ces philosophies exsangues sont la mesure d'une immense abdication, le reflet de cette triste humanité qui préfère le travail à la mort. Ces têtes qui ont macéré dans toutes les besognes du monde ont de rares sursauts de fierté, mais un consentement universel les incline : l'une est la valeur suprême, tout ce qui est inutile est condamnable ; le jeu, par essence inutile, doit se réduire à une fonction *mineure* de détente, elle-même envisagée comme favorable à l'activité utile, à ce titre comme utile.

À ces principes répond la négation de la guerre en tant que jeu *majeur* et bien entendu, d'une manière générale, en tant que jeu. Ouvertement, la guerre est exclusivement considérée, sous l'angle de l'utilité, comme une opération défensive, sans laquelle la vie d'une nation ne saurait être préservée. En raison de ce jugement de valeur, qui n'est pas seulement contraire à la tradition, mais au caractère de jeu du risque de mort assumé, la guerre a rapidement évolué vers des formes de travail ; la guerre est désormais un travail analogue aux autres, soumis au principe du travail, *qui est la contrainte.* C'est la monstrueuse contradiction qui place sous le signe de l'invivable une humanité qui ne comprend plus. Ces masses d'individus astreints au travail de la guerre ne peuvent dire en effet qu'elles préfèrent le travail à la mort : désormais le travail et la mort à la fois sont leur misérable partage. Mais le risque de mort a cessé d'être assumé dans un jeu librement voulu. Les *esclaves*, en somme, ont tué les *maîtres*, mais ils durent en masse suivre ceux d'entre eux qui avaient refusé leur condition, préférant la mort à la servitude : les meneurs n'ont pu que leur imposer la condition de maître, à laquelle la masse avait renoncé. Cette difficulté fut d'autant plus lourde que, souvent, les meneurs répugnaient eux-mêmes à se conduire en maîtres *. Ils ne pouvaient tirer du risque de mort cet immense mouvement de vie qui est le propre du jeu : ils n'ont pu répandre autour d'eux ces principes de gloire, qui entraînent les guerriers dans ce mouvement. Ils devaient en effet se réclamer de vérités opposées, qui proclament le primat du travail. Sans doute, dans la mesure inévitable où l'élément de jeu est encore sensible dans la guerre, personne n'osa et personne n'aurait pu le donner comme une vérité mineure. Mais il est facile de ne rien dire, du moins de ne pas insister. Il faut bien, tout d'abord, affirmer le principe du monde nouveau : l'utile est le seul souverain, et le jeu n'est toléré que *s'il sert.*

Aussi bien est-il aujourd'hui paradoxal de dire à l'encontre : il y a deux sortes de jeu, majeur et mineur; le mineur seul est reconnu dans un monde où l'utile est souverain, non le jeu; pour cette raison, rien n'est moins familier à notre pensée que le jeu *majeur,* qui ne peut servir, et où se manifeste la vérité profonde : *il n'est de souverain que le jeu et le jeu qui n'est plus souverain n'est que la comédie du jeu.*

*

Cette vérité introduit d'abord une clarté appréciable dans le domaine obscur du jeu, mais elle éclaire en même temps un domaine qui n'est pas plus facile à pénétrer, celui de la souveraineté.

Le jeu et la souveraineté sont inséparables. C'est si vrai que, d'une part, le principe de la royauté demeura fermé tant qu'il ne fut pas rapporté au primat du jeu; que nous ne pouvions, d'autre part, décrire assez pleinement le jeu sans toucher aux conduites des rois (d'un point de vue hégélien,

---

* Comme cela eut lieu, néanmoins, dans l'Empire de Napoléon.

les maîtres des maîtres). Le personnage royal n'est pas seulement voué au jeu dans le sens de son agrément : il n'est pas seulement sujet, mais objet du jeu. Le jeu a barre sur lui ; d'avance, il est soumis aux actes sacrés dont il n'a pas la force de contester l'autorité. Frazer rapporte d'un roi de la province de Quilacare, dans l'Inde méridionale : « ... Cette province est gouvernée par un roi, qui, d'un jubilé à l'autre, n'a pas plus de douze années à vivre. Son genre de vie est le suivant : à l'expiration des douze ans, une foule innombrable se réunit, le jour de cette fête, et on dépense beaucoup d'argent pour le repas des Brahmanes. Le roi fait faire une estrade de bois, que l'on recouvre de tentures de soie ; puis, il va se baigner dans un réservoir, en grande cérémonie et au son de la musique ; après quoi il va vers l'idole et lui adresse des prières, monte sur le plancher ; et, devant toute l'assistance, prend des couteaux bien tranchants et se met à se couper le nez, les oreilles, les lèvres, les membres et autant de chair qu'il peut ; il lance au loin tous ces lambeaux de son corps, jusqu'à ce qu'il ait perdu une telle quantité de sang qu'il commence à s'évanouir ; il se coupe alors la gorge *. » Je doute de pouvoir citer un exemple de jeu mené plus souverainement et plus loin, à l'encontre des principes d'action qui régissent ce monde du travail. Mais nous sommes si bien dépassés par une folie si parfaite qu'il semble difficile de la ramener intelligiblement, même aux normes de conduites de jeu dont j'ai parlé. Il n'en est pas de même d'un autre rite, dont Frazer nous donne également le récit : « La fête au cours de laquelle le roi de Calicut mettait sa couronne et sa vie en jeu était connue sous le nom de *Maha Makkam,* ou Grand Sacrifice. Elle revenait tous les douze ans... la cérémonie était célébrée en grande pompe au temple de Tirunavayi, sur la rive septentrionale du fleuve Ponnani, près de la voie ferrée actuelle. Du train, on aperçoit un instant le temple, presque caché par un bouquet d'arbres qui longe le fleuve. Du porche occidental du temple, part une route parfaitement droite qui, s'élevant un peu au-dessus des rizières environnantes, et bordée de magnifiques ombrages, se heurte, après sept à huit cents mètres, à une crête escarpée sur laquelle on distingue encore le contour de trois ou quatre terrasses. Lorsque le jour décisif était venu, le roi prenait position sur la plus haute de ces terrasses, qui

---

* *Rameau d'or,* p. 256-257. Je dois renvoyer à l'édition abrégée, trad. de Lady Frazer.

offre une vue admirable. À travers la plaine de rizières où coule le fleuve, large, placide et sinueux, le regard atteint de hautes montagnes aux sommets tabulaires et aux pentes couvertes de forêts, tandis qu'au loin se dessine la grande chaîne des Ghattes occidentales et plus loin encore, les Neilgherries ou Montagnes Bleues, se détachant à peine sur l'azur du ciel. – Pourtant ce n'est pas vers l'horizon lointain que les yeux du roi se tournaient à l'heure fatale. Son attention était retenue par un spectacle plus proche. En bas, la plaine tout entière fourmillait de troupes ; les étendards ondulaient gaiement au soleil ; les tentes blanches de nombreux camps se profilaient nettement sur le vert et l'or des rizières. Quarante mille combattants et plus étaient là, rassemblés pour défendre leur roi. Mais, si la plaine était couverte de soldats, la route qui la traverse, du temple à la terrasse royale, était libre. Pas une forme humaine ne s'y mouvait. Les deux côtés de la route étaient hérissés de palissades, et à travers celles-ci deux longues haies de lances, pointées par des bras vigoureux, s'avançaient au-dessus de la route vide, les fers se croisant en une étincelante voûte d'acier. Tout était prêt. Le roi brandissait son sabre. À la même minute, une grande chaîne d'or massif, rehaussée de cabochons, était placée sur un éléphant à côté du roi. C'était le signal. Tout aussitôt, on remarquait une agitation autour du porche du temple. Un groupe de gladiateurs, ornés de fleurs et barbouillés de cendres, est sorti de la foule. Ils reçoivent maintenant les bénédictions et les adieux de leurs amis. Un moment encore, et les voici qui descendent l'allée des lances ; ils taillent et piquent de droite et de gauche dans la direction des lanciers ; ils se glissent, se tournent, se tordent parmi les fers comme si l'ossature de leurs corps n'était plus. Tout est en vain. L'un après l'autre, ils tombent ; certains près du roi, d'autres plus loin, satisfaits de mourir, non pas pour l'ombre d'une couronne, mais pour le seul orgueil de montrer au monde leur intrépide valeur et leur prouesse. Durant les dix derniers jours de la fête, le même déploiement de magnifique courage, le même stérile sacrifice de vies humaines se renouvelaient sans trêve *. » Je puis me demander cette fois comment le fait d'affronter la mort pourrait prendre plus clairement le sens du jeu, du jeu suprême,

---

* *Op. cit.*, p. 258-259. Frazer conclut : « Qui peut dire cependant qu'aucun sacrifice soit absolument stérile, s'il témoigne qu'il se trouve des hommes pour préférer l'honneur à la vie ? Tel est aux Indes le parallèle des destinées du prêtre de Némi. »

qui ne diffère plus d'une consécration souveraine, qui en expose expressément le sens.

*

Rien ne saurait être plus diamétralement opposé aux conduites de ce monde utilitaire. Pourtant il s'en faut aujourd'hui que les effets d'un mouvement si profond aient cessé de se faire sentir. Comme nous l'avons vu, le mouvement même des « révolutions », qui fonda et fonde encore la substitution du primat de l'utile à celui de la gloire, a pour origine un refus semblable à celui du maître. Il est vrai qu'un révolutionnaire ne refuse pas de travailler, mais il n'accepte plus de le faire au profit d'un individu qui l'exploite : du travail, il veut supprimer la part de contrainte. Il revendique ainsi le droit d'avoir lui-même une vie souveraine – une vie, exactement, qui ne soit plus subordonnée au jeu d'un autre, qui soit sans attendre un jeu pour lui-même.

D'autre part, il serait impossible de nier que le souverain du temps des révolutions avait perdu depuis longtemps une partie de sa souveraineté authentique. Ce souverain, en effet, devait pour *jouer* drainer une partie des ressources de ses sujets. Et non seulement, il avait cessé, dans ce sens, d'être en même temps que le sien propre, jouet de ses sujets : *il exerçait la royauté comme un travail.* Il lui fallait, pour mieux jouer, cesser de jouer ! Il lui fallait parler, faire au monde du travail de multiples concessions, et donner à ce jeu souverain des raisons, quand son essence est justement de n'en avoir pas. Il lui fallait mentir, il n'avait ni la force ni le cœur d'avouer au travailleur que son *bon plaisir* était la seule fin de ces durs travaux. À son tour, il avait fait de la souveraineté ce que le travailleur craignant la mort avait d'abord fait de sa vie : il avait pour la sauver perdu ce qui en faisait le sens. Le révolutionnaire était donc justifié de ne plus se prêter à un jeu qui n'avait plus dans son intégrité le sens du jeu.

Il était nécessaire en un autre sens que soient essayées (et épuisées) les possibilités (et les impossibilités) qui appartiennent à cette forme paradoxale qu'est le *travailleur souverain.* Comment imaginer que la raison, et le calcul utilitaire, n'aient pas un jour eu le pouvoir d'agir, sans frein, dans les limites de leurs moyens. Le monde moderne et son exceptionnelle puissance sont nés d'une expérience qui n'aurait pu même être retardée.

Mais l'opération qui détruisit le monde du jeu et de la souveraineté ne le détruisit pas sans dégâts. En retirant du jeu la richesse, pour la consacrer tout entière au travail (à l'accumulation des moyens de travailler, de produire), la bourgeoisie dut ruiner moralement tout ce qui faisait figure de jeu, de noblesse et de souveraineté. Mais elle n'aboutit finalement qu'à enfler de manière démesurée le volume des ressources *disponibles pour le jeu...* D'où l'impuissance, dont j'ai parlé, des guerres modernes : l'excédent hypertrophié de la richesse qui ne peut être accumulée sans fin, est dépensé par des *esclaves* qui ont peur de la mort et ne peuvent jouer, sinon de manière minable. Quoi de plus minable en effet que ces hécatombes souveraines où il n'est personne qui ne soit *contraint,* que ces immenses œuvres de mort où tout le monde est là par crainte de la mort.

*

Les guerres universelles de notre temps me semblent à la fin traduire en termes démesurés la contradiction principale de l'humanité : celle-ci n'est là que pour jouer – et elle s'en est remise au sérieux du travail. Je pense qu'il serait bon de ne pas insister sur ce point trop lourdement : il est peut-être odieux de le dire au moment où elle nous épargne, mais la misère de l'homme est superficielle. Celle-ci est avant tout dans la pensée : ni la misère ni la mort n'ont de prises sur l'animal, qu'une menace de misère ou de mort ne contraint pas. Ceci rend d'ailleurs plus intelligible ce fait qu'il n'y a point de différence entre penser et subir la contrainte de la misère ou de la mort. Penser est déjà travailler, c'est *connaître* la mort et la misère en leur cédant, *en travaillant,* et c'est le travail qui fonde les lois de la pensée. Réciproquement, la pensée est mal à son aise à partir de mouvements de vie qui refusent la contrainte de la mort et de la misère, la pensée est par essence la négation et le contraire actif du jeu.

Il faut le souligner. Non seulement la pensée est raison d'une manière fondamentale, non seulement elle combat ce qui est contraire à la raison (ce qui est souverain, capricieux, et n'est pas utile), non seulement elle enferme un mouvement d'exubérance dans les limites d'opérations que fondent l'utile et la contrainte, mais elle tend à se limiter elle-même au rôle de méthode auxiliaire du travail.

La question vaut d'être une fois de plus envisagée, à la lumière cette fois des analyses de Huizinga.

S'il est vrai que la pensée sert au travail, si bien que, sans pensée, il n'y a pas de travail, ni sans travail de pensée, il est également vrai qu'un résidu énigmatique en résulte et que la position des énigmes ne saurait être tenue pour exactement étrangère à la pensée. Néanmoins la réflexion sur les énigmes éloigne si bien la pensée de son point de départ que nous ne pouvons nous étonner de la voir manifestée sous forme de jeu. La lecture de Huizinga nous apprend qu'un tel jeu d'énigmes était, dans les civilisations archaïques, une partie des rites religieux. Huizinga parle de « concours cultuels d'énigmes ». « Lors des grands sacrifices solennels, écrit-il *(ibid.)*, ces concours constituent un élément aussi essentiel de la cérémonie que le sacrifice lui-même. » Cette fonction n'est nulle part aussi claire que dans la tradition védique : « Plusieurs chants du *Rigvéda* renferment la production poétique directe de semblables compétitions. Dans l'hymne *Rigvéda*, I, 64, certaines questions se rapportent à des phénomènes cosmiques, d'autres à des particularités rituelles du sacrifice : – « Je vous interroge au sujet de l'extrémité de la terre, je vous demande où est le nombril de la terre. Je vous interroge au sujet du sperme de l'étalon ; je vous interroge au sujet du sommet de la raison. » Ce qui l'emporte dans ces chants, ce sont les énigmes de caractère rituel, dont la solution dépend de la connaissance des rites et de leurs symboles. Mais, dans les énigmes de ce type, la sagesse la plus profonde au sujet des raisons de l'être est en germe » (p. 178-179). Huizinga cite à ce titre « l'hymne grandiose » (*Rigvéda*, X, 129), sans doute, selon Deussen, « le fragment de pensée philosophique le plus admirable qui, des temps anciens, soit venu jusqu'à nous » : « Il n'y avait alors pas d'être, ni de non-être. Il n'y avait ni atmosphère ni firmament au-dessus de lui. Qu'est-ce qui se mouvait ? Où ? Sous la garde de qui ? La profondeur des abîmes était-elle remplie d'eau ? – Il n'y avait ni mort ni non-mort ; il n'y avait pas de différence entre le jour et la nuit. Seul respirait le Cela, par lui-même, sans produire de vent ; il n'existait rien d'autre » (p. 179). Huizinga ajoute : « Il ne nous est pas donné, face à ces productions de l'exaltation de la pensée et de l'émotion originelles devant les mystères de l'existence, de faire le départ entre la poésie sacrée, une sagesse qui confine à la démence, la mystique la plus profonde et un mystérieux verbiage. Les paroles de ces vieux prêtres-chantres flottent constamment devant les portes de l'inconnaissable, qui cependant restent fermées pour nous comme pour eux. On peut dire ce qui suit : dans ces compétitions cultuelles, la philosophie est née, non pas d'un *vain jeu*, mais au sein *d'un jeu sacré* [1] » (p. 180). Ce caractère *majeur* du jeu philosophique naissant est d'ailleurs annoncé par l'élément même où j'ai cru saisir l'essence du jeu : le risque de mort. « L'énigme, dit lui-même Huizinga, révèle son caractère sacré, c'est-à-dire " dangereux ", dans le fait que, dans les textes mythologiques ou rituels, elle se présente presque toujours comme une énigme " sur la tête " : en d'autres termes, la vie de celui qui répond est intéressée à la solution, elle constitue l'enjeu de la partie » (p. 182). Un certain nombre de récits témoignent de ce lien, mythique ou non, de la position de l'énigme et de la mort affrontée par le devineur. La tradition grecque connaît elle-même la donnée de la mort promise au joueur qui échoue.

Ce double caractère de l'homme se mesurant à l'*inconnaissable* et à la *mort*, qui marque la philosophie à sa naissance, encore aujourd'hui pourrait apparaître comme le signe opposant la pensée philosophique à la scientifique, comme le jeu s'oppose au travail. Mais il s'en faut que, dans l'histoire, la philosophie se soit limitée à ce mouvement de jeu. Elle s'en est remise au contraire au travail et, sur le plan de l'énigme insoluble, s'est confiée aux méthodes qui avaient excellé sur le plan de la connaissance liée à l'expérience active.

Ainsi, loin de réserver la *part du jeu*, un « monde philosophique » qui de plus en plus se prit au sérieux, et qui combattit toute valeur étrangère à la raison, engagea la pensée, avec elle l'action, dans l'impasse de l'humanité présente. À ce point commence la critique de Hegel : Hegel, sans méconnaître les difficultés de la pensée, voulut tout réduire au travail, en ce sens, il cherchait l'accord du travail et du jeu. Il me semble que Hegel eut raison sur un point : le jeu ne saurait retrouver dans la pensée une place — qui doit être souveraine — qu'une fois développées, à l'extrême de leurs limites, les possibilités du travail. Disons à ce propos que, de leur côté, sur le plan de l'action (du travail), les guerres nous ont semblé atteindre à leur façon cet extrême des limites. Peut-être est-ce là un signe de l'opportunité du petit livre de Huizinga : la pensée que fondèrent le travail et la contrainte a fait faillite ; il est temps qu'ayant fait au travail, à l'utile, la part monstrueuse que l'on sait trop bien, la pensée libre se souvienne enfin que, profonde, elle est un jeu (un jeu tragique), et que l'humanité entière étant comme elle un jeu n'a gagné en l'oubliant que les travaux forcés d'innombrables mourants, d'innombrables soldats...

Les travaux de laboratoires, d'où procèdent d'incroyables engins, achèvent de marquer ce caractère néfaste d'un *travail* devenu sans limites une réalité souveraine.

*

Les réserves que j'ai dû faire touchant certaines des explications de Huizinga apparaissent finalement de peu de sens, si l'on veut bien suivre dans leurs vastes développements les perspectives ouvertes par son petit livre. J'ajouterai enfin qu'il me serait difficile de mesurer l'éloge d'un homme qui écrivait : « Pour comprendre la poésie, il faut pouvoir s'assimiler l'âme de l'enfant, comme on endosserait un vêtement magique, et admettre la supériorité de la sagesse enfantine sur celle de l'homme » (p. 198).

René Char
et la force de la poésie

Critique [1]

RENÉ CHAR, *À une sérénité crispée*, Gallimard, 1951. In-4°, 55 p.

Si je veux m'élever, prendre de la hauteur, je me dis que le contraire – m'avilir, être bas – n'est pas sans attrait non plus. Cela tient à vrai dire à la peur que j'ai de me borner à une possibilité définie – qui ne me détourne pas seulement d'une autre, aussi étroite – qui me sépare de cette *totalité* de l'être ou de l'univers à laquelle je ne puis renoncer. Mais deux sortes de champs s'ouvrent à ma pensée : le premier, celui de l'être limité, distinct du reste du monde, et dont l'intérêt bien compris est sordide ; et le second, celui de l'être souverain, que je demeure, qui n'est au service d'aucune entreprise et pas même de son propre intérêt égoïste. Nul ne peut asservir, par aucun biais, cet être qui est véritablement et pleinement souverain : la seule chose qui l'occupe est d'être, à l'instant, sans rien attendre dont dépende sa plénitude et sans rien entreprendre dont le résultat compte plus que le moment présent, sans plus de volonté ni d'intention que l'espace vide. Mais cette souveraineté intangible suppose que je m'*élève* au-dessus du terre à terre auquel est vouée l'action, qui calcule et appelle l'effort pour répondre à la nécessité. Je ne puis en effet sans m'*élever* donner à mon regard l'horizon immense où il se dégage de ces entreprises ardues qui en exigent l'attention exacte et la soumission. Ainsi puis-je, un instant, me rassurer et me dire de cette hauteur, que je prends, de cette élévation, qui m'enivre, qu'elles ne me limitent d'aucune manière : elles ne contrarient que l'inclination servile, qui me limiterait et me lierait à l'exécution pénible d'un travail.

*

Je donnerais d'ailleurs à rire au lecteur qui m'apercevrait me débattant, écrivant et rayant et ne sachant comment sortir d'une contradiction si flagrante : comment, si j'écris, prendre la hauteur dont je parle? ce que j'écris m'engage à ne plus écrire! Si je parle de hauteur, ou je la prendrai et cesserai aussitôt de parler, ou je trahirai la hauteur dont je parle. La difficulté semble formelle, mais si, lâchant le fil de ma pensée, je copie ces mots (je pense que, les écrivant, René Char ne ressentit pas un moindre malaise que le mien) :

> *Pleurer solitaire mène à quelque chose,*

j'aperçois que l'écriture, au-delà d'une entreprise qui est concertée, et comme telle est terre à terre, privée d'ailes, peut soudain, discrètement, se briser et n'être plus que le cri de l'émotion. Il faut, pour bien m'entendre, se tenir ferme à ceci que, d'une part, la réflexion est froide et doit même exclure la chaleur ou la hauteur de l'esprit; qu'une véritable élévation, d'autre part, me porte au-delà du souci de donner un objet étroit à un cours de pensée conforme au principe de l'utilité. Mais dès lors, je dois mesurer tristement la distance qui sépare l'activité de l'intelligence – à laquelle je me livre encore, et dont l'objet est *limité* de toute façon, l'eussé-je défini comme étant justement l'*illimité* – du moment où l'esprit gagne des hauteurs depuis lesquelles tout se dérobe à *perte* de vue.

*

Mais peut-être, *sentir* cela, loin, bien loin de l'interminable obligation de l'écrire, est-il, en même temps que de douleur, un état de grâce. Dans ce dernier livre où se libèrent les mouvements d'une pensée trop rapide, et qui refuse de se laisser lire immobile, René Char écrit : « Toute association de mots encourage son démenti, court le soupçon d'imposture. La tâche de la poésie, à travers son œil et sur la langue de son palais, est de faire disparaître cette aliénation en la prouvant dérisoire » (p. 15). Rien de plus dérisoire en effet que la difficulté de la pensée qui exige d'embrasser ce qui excéderait, tant la totalité en serait sensible, toute position

d'un objet limité. Mais une énergie – ou une grâce – fulgu-
rante est nécessaire... La même énergie – la même grâce –
me sont demandées si je veux rendre sensible l'imposture
d'une vie à laquelle la mort n'ajouterait pas la chausse-trape
de l'angoisse : ce ne serait pas une totalité mais un fragment;
le sommeil aussi manque à la veille ou la monstrueuse insignifiance de la mouche à la lucidité du philosophe. Enfin, à
la connaissance de la totalité manquerait l'oubli où les esprits
les plus avides de *tout* connaître ont laissé tomber la totalité *.

*

Tout d'abord, à la lecture de Char, un enseignement provoquant qu'il apporte apparaît mal. La poésie est sensible à
la lecture d'*À une sérénité crispée,* mais il peut échapper au
lecteur que le livre qui l'éblouit l'interroge. Ce n'est pas une
prédication mais une insomnie, suggérée au sein d'un sommeil
qui gagne. Je ne pourrais citer une *leçon* de morale plus parfaite. Non qu'elle donne des règles de vie, mais elle attire à
la hauteur dont j'ai parlé, d'où nous cessons de voir isolément
ces objets d'intérêt étroit qui orientent des « commandements ». Ce livre appelle la négation de nos limites, il rappelle
à ceux qu'il dérange la totalité qu'ils reniaient. « Mais, dit-il,
qui rétablira autour de nous cette immensité, cette densité
réellement faite pour nous et qui, de toutes parts, non divinement, nous baignaient? » (p. 40). La flamme ici, et le bra-
sillement des étincelles paraissent dans l'air, tout annonce
l'éveil et l'imperceptible colère du bonheur. Les phrases se
tordent aisément, se hérissent comme le feu : « Comment
agressé de toutes parts, croqué, haï, roué, arrivons-nous
cependant à jouir debout, debout, debout, avec notre exécration, avec nos reins? » (p. 31). Pas une brindille dont la
flambée ne crépite : « Cet instant où la Beauté, après s'être
longtemps fait attendre, surgit des choses communes, traverse
notre champ radieux, lie tout ce qui peut être lié, allume tout
ce qui doit être allumé de notre gerbe de ténèbres. » Comment
la tension pourrait-elle emplir davantage ou plus chaleureusement l'étendue? Mais rien ne tempère cette plénitude :
« Oiseaux que nous lapidons au pur moment de votre véhémence, où tombez-vous? » (p. 35). Il n'est pas jusqu'au désordre

---

* Si nous parlons de totalité, nous ne pouvons en séparer l'homme devenant connaissance de la totalité, ou plutôt la totalité implique la connaissance que l'homme en a.

du langage qui n'invite à l'excès la conscience de la sagesse! l'insipidité du *possible* ne cesse pas de rappeler que nous sommes, que l'*être* est en nous le gage de l'impossible : « L'expérience que la vie dément, celle que le poète préfère » (p. 33). Si nous nous limitions au possible, jamais nous ne sortirions de nos limites, nous serions enfermés, déjà morts, ou plutôt, nous ne *serions* pas. Si nous aspirions à l'insondable totalité, comment pourrions-nous la borner? que serait l'*être* en nous s'il supportait d'être banni de la totalité de l'être? qu'est la totalité, sinon l'être excédant des limites du possible et jusque dans la mort? Nos caprices et ce goût de l'impossible qui nous tient, signifient seuls que jamais nous n'accordons la séparation de l'individu se tenant dans les pauvres limites du possible.

*

L'impossible apparaît toujours en face d'une position définie comme la position contraire. Le saut hors du possible ruine ce qui s'affirmait : l'impossible est ainsi le contraire angoissant de ce que nous sommes, qui toujours se lie au possible. Mais c'est aussi ce qui nous manque, cela seul par quoi nous nous restituons à la totalité et cela seul par quoi la totalité se restitue : ainsi la mort nous rend à une totalité qui n'exige pas moins notre absence que notre présence, qui ne compose pas seulement le monde de cette présence si naïvement exigée, mais de ce qui en supprime la nécessité, puis le souvenir et les traces. (De la même façon, l'obscénité est l'*impossible* qui manque à cette femme qui vomit à sa seule pensée.) La totalité est toujours ce qui fait trembler *, ce qui, dans ce petit morceau détaché du monde, où nous nous rassurons, est *tout autre*, horrifiant et nous donne un frisson sacré, mais faute de quoi nous ne pourrions prétendre au « pur bonheur », dont parle le poète, ce bonheur « soustrait aux regards et à sa propre nature ».

Je désigne aussi, de cette façon, l'essence de la poésie et je cite entièrement, dans ce sens, l'aphorisme de Char : « La crainte, l'ironie, l'angoisse que vous ressentez en présence du poète qui porte le poème sur toute sa personne, ne vous méprenez pas, c'est du pur bonheur, du bonheur soustrait aux regards et à sa propre nature » (p. 35).

* C'est le *mysterium tremendum* de Rudolf Otto (*Le Sacré*).

*

Mais l'humanité se voit dénier aujourd'hui le droit d'excéder souverainement le possible : partout, elle est sommée de se borner, de renier son immensité souveraine. Le temps vient où il nous sera demandé de nous immobiliser étroitement et, en un mot, de n'*être* plus. « Le monde jusqu'ici toujours racheté va-t-il être mis à mort devant nous, contre nous ? Criminels sont ceux qui arrêtent le temps dans l'homme pour l'hypnotiser et perforer son âme » (p. 45). Mais cet *Anticyclope*, à qui Char, en manière d'énigme, en appelle pour la lutte décisive, ne peut encore être soumis à une clarté précisante qui le trahirait. Le sens entier d'*À une sérénité crispée* est donné dans cette épigraphe : « Nous sommes, ce jour, plus près du sinistre que le tocsin lui-même, c'est pourquoi il est grand temps de nous composer une santé du malheur. Dût-elle avoir l'apparence de l'arrogance du miracle. » Il y a dans ces lignes une vertu saisissante, qui incite à un combat. « Nous sommes forts, ajoute-t-il. Toutes les forces sont liguées contre nous. Nous sommes vulnérables. Beaucoup moins que nos agresseurs qui, eux, s'ils ont le crime, n'ont pas le *second* souffle » (p. 21). En tous sens, la *vertu* règne dans ces aphorismes passionnés, où jamais un mot ne dérobe le cœur. La morale de Char n'en est pas une d'abdication : elle est de calme exubérance : « Batailler contre l'absolu de s'enfouir et de se taire » (p. 28). Elle rappelle à l'homme souverain que rien ne saurait prévaloir contre lui.

*

Je ne sais si la lumière émanant de ces pages chargées atteindra vite les yeux qu'elle aura le don d'éblouir. Mais entre les furtives lueurs qui nous animent, il n'en est pas de plus étrange, de plus belle, de plus digne d'être aimée. J'imagine quelqu'un ne pouvant longtemps se passer de lire et de relire ce livre, et de s'imprégner de sa vertu.

L'art et les larmes
d'André Gide

Critique [1]

ANDRÉ GIDE, *Et nunc manet in te,* suivi de *Journal intime,* Neuchâtel et Paris, Ides et Calendes, 1951. In-16, 123 p.

FRANÇOIS DERAIS, HENRI RAMBAUD, *L'Envers du Journal de Gide,* Le Nouveau Portique, 1951. In-16, 264 p.

On ne saurait dénier l'intérêt exceptionnel présenté par la récente publication d'un texte posthume de Gide, qui s'ajoute au *Journal,* dont il est en quelque sorte la clé et le véritable achèvement. Sous un titre un peu fermé *, ce petit livre avoue la conduite au moins surprenante de l'auteur à l'égard de sa femme. Il exprime au surplus le désespoir d'un auteur que la destruction, par les mains de celle qu'il aima, des lettres qu'il lui adressait prive de ceux de ses écrits auxquels il semble avoir tenu le plus.

Cette publication a suivi de peu celle d'un témoignage qui, malgré tout, semble gênant pour la mémoire de l'écrivain. Et de toute façon, nous ne pouvons nous étonner si l'histoire de la destruction des lettres à « Madeleine », et du désespoir qui suivit cette découverte a paru pénible à un certain nombre de gens.

De ces révélations se dégage je ne sais quoi de lourd, de malheureux. Mais je n'écris pas, à l'instant, pour me compter au nombre de ceux qui dénigrent Gide, je voudrais, au

---

* Tiré du *Culex* de Virgile *(et maintenant elle demeure en toi...).* L'ouvrage se compose 1) de deux longs textes postérieurs à la mort de Mme Gide (printemps 1941), le second daté de février 1939 ; 2) de fragments du *Journal* ayant trait à la vie conjugale de l'auteur, datés de 1916 à 1939, et dont la plupart ne figurent pas dans le volume de la Pléiade, publié en 1939.

contraire, insister sur les raisons qui l'amenèrent à prêter le
flanc de cette manière à une trop facile contestation. Je ne
crois pas que ces aveux posthumes soient accablants. Qu'ils
soient bizarres, tragiques et même, en partie, irritants, c'est
possible, mais dénions l'existence de valeurs assez fermes, au
nom desquelles condamner gravement une attitude qui fut
d'abord un *désarroi*.

*

Au moment où j'écris, l'éditeur annonce qu'un *Hommage à
André Gide* * est sur le point de paraître, où figureront
« quelques-unes des dernières pages qu'il ait écrites à la veille
de mourir, le sachant ». Rarement nous entendons le message
de ceux qui déjà regardaient, nous quittant, plus loin que
l'horizon qui nous cache encore le vide. Je puis douter de
l'intérêt de ces dictées où celui qui tient la plume est débordé :
l'ivresse, la volupté, la douleur ne sont pas fortement exprimées par ceux qu'elles désarment, au moins dans le moment
où ils les éprouvent. Mais Gide, soixante années d'avance, eut
soin de marquer lui-même un sens que l'approche de la mort
avait pour lui. Il écrivait dans le *Journal*, en date du 3 janvier
1892 (il avait moins de vingt-deux ans) : « La vie d'un homme
est son image. À l'heure de mourir, nous nous refléterons
dans le passé, et, penchés sur le miroir de nos actes, nos âmes
reconnaîtront *ce que nous sommes* **. Toute notre vie s'emploie
à tracer de nous-mêmes un ineffaçable portrait. Le terrible,
c'est qu'on ne *le sait pas*; on ne songe pas à se faire beau. On
y songe en parlant de soi; on se flatte, mais notre terrible
portrait plus tard ne nous flattera pas. » S'il pensait alors à
paraître devant Dieu (mais cette pensée n'était pas limitative),
le souci de l'image que la postérité garderait de lui l'occupa
directement toute sa vie : il ne cessa d'être inquiet des erreurs
ou des calomnies qui risquaient d'altérer la figure que composaient – lentement et savamment – ses actes et ses œuvres.
Même autant que l'indifférence ou la haine, il redouta l'amitié
ou la dévotion, qui sont toujours enclins à « camoufler les
morts *** ». Tout au moins restera-t-il de ces feuillets, même

---

* Sous la forme d'un numéro de la *Nouvelle Revue Française*, « qui reparaît aujour-
d'hui pour rendre hommage à celui qui l'avait fondée ».
** Souligné par Gide.
*** L'expression est dans la préface de *Si le grain ne meurt*; Gide est si préoccupé

alors qu'ils nous décevraient, l'expression d'une fidélité
majeure à la tâche assumée, de nous donner de lui l'image la
plus exacte qu'il pouvait.

On sait qu'il ne négligea rien : on alla rarement plus loin
dans l'aveu de l'inavouable, et jamais on n'accumula avec plus
de soins les éléments d'information. Le *Journal,* les
« Mémoires » *(Si le grain ne meurt)* prolongent le sens de romans
qui ne sont pas exactement biographiques, mais qui colorent
de vives lumières les récits du *Journal* et des Mémoires *. C'est
que rien ne compte au même point : là-dessus, on n'aurait ni
surpris ni gêné Gide à le prendre à partie. S'il voulut lui-
même dégager ses traits, c'est de propos délibéré, après un
calcul médité. Dès *L'Immoraliste,* il écrivait : « La vie, le moindre
geste de Ménalque n'était-il pas plus éloquent mille fois que
mon cours? Ah! que je compris bien dès lors, que l'enseignement presque tout moral des grands philosophes antiques ait
été d'exemple autant et plus encore que de parole. »

*

Je devrais me borner aujourd'hui à dire ce qu'ajoute aux
traits de l'auteur des *Caves* le petit livre posthume qui vient
de sortir; qui, autant qu'il semble, en altère plus durement
l'harmonie que la mort ne put le faire.

Déjà, de cette image qu'en guise d'enseignement ou
d'exemple il avait voulu laisser de lui, il était possible de dire
que, souvent, elle décevait. À tout le moins, elle irritait, même
alors qu'elle intéressait. Elle agaçait les nerfs, non tant pour
la raison qu'elle était celle d'un homme « tiré à hue et à dia » :
mais elle n'était pas sans complaisance offerte à la sympathie
sous cet aspect. Gide écrivait : « Je n'ai rien su renoncer et
protégeant en moi le meilleur et le pire, c'est en écartelé que

---

de l'exactitude de l'image laissée qu'il s'écrie de même, dans une lettre à François
Mauriac (à propos de sa *Vie de Jean Racine*) : « Ah! combien je vous sais gré de déca-
moufler un grand homme!» (cité par Henri Rambaud, dans *L'Envers du Journal de
Gide,* p. 80).
  * Gide précise au sujet du héros de *L'Immoraliste* (Michel) : « Qu'un bourgeon de
Michel soit en moi, il va sans dire, mais il en est ici comme de ces passions opposées
dont parle habilement Pascal, qui se maintiennent en équilibre, parce qu'on ne peut
céder à l'une qu'au détriment de l'autre. Que de bourgeons nous portons en nous,
cher Scheffer, qui n'écloront jamais dans nos livres! Ce sont des œils dormants comme
les nomment les botanistes. Mais si, par volonté, on les supprime tous, *sauf un* (souligné
par Gide), comme il croît aussitôt, comme il grandit! comme aussitôt il s'empare de
la sève!» Cité par Yvonne Davet dans sa préface à une récente réédition de *L'Immoraliste*
(Lausanne, La Guilde du Livre, p. 16).

j'ai vécu *.» On ne saurait sans précautions affirmer qu'il voulut exemplaire cet aspect, mais c'est d'un homme écartelé, acceptant de l'être, *aimant* l'être, qu'il tint à laisser l'image.

Il y a là un défi, un désir s'avouant de captiver et d'irriter, qui laisse à la plupart le sentiment qu'on leur donne à saisir l'insaisissable – et qu'on les dupe. Tout homme veut l'unité de son essence : sans relâche il s'efforce de sceller avec lui-même un accord inébranlable.

Nous voulons même si fortement la claire unité de notre personne que nous nous obstinons à la chercher dans l'unité plus générale où elle serait conforme à la nature. Rien de plus fragile, cependant, que ces accords, d'ailleurs entre eux discordants, que les hommes ont la rage d'exiger d'eux-mêmes. Rien surtout de plus comique, intimement, qu'un souci d'accorder l'existence humaine à la nature (la nature, si clairement l'ennemie de l'homme! lequel ne subsiste et ne vit qu'à la condition de la supprimer ou de l'asservir). L'amour que nous portons à la nature? au fond, celui du civilisé pour le sauvage, qu'il opprime.

Mais de cette image d'une vie intérieurement divisée, un si grand malaise émanait que souvent on voulut réduire Gide à la position chrétienne – ou à son contraire parfois – mais rarement il parut possible de s'accorder à cette intenable position : la préférence, dans laquelle il se confina, pour une absence de préférence, le refus, qui l'écartela, de rien renoncer.

C'est que le fond des choses impliqué dans cette attitude, nous n'aimons guère le voir. Nous ne voulons pas nous résigner à l'opposition d'éléments irréconciliables, nous nous acharnons à réduire l'un à l'autre : le mal est justifiable du bien, dans lequel le mal se résorbera, nous voulons une planète sans voleurs, sans prostituées, sans criminels, l'humanité sans guerres, et la vie sans la douleur et sans la mort. S'ils le pouvaient, sans réfléchir, bon nombre d'hommes supprimeraient l'obscénité – définitivement. On voit mal ce qui est pauvrement évident : dans la totalité de l'univers, une existence définie ne peut réduire à la détermination qui lui est particulière *ce qui est, tout* ce qui est. Inévitablement la totalité s'oppose comme *non* à *oui* à ce qui existe à part, à chaque être. Certes, si une expression devait être donnée de cet

* *Journal* (Pléiade, p. 777, feuillets de 1921).

aveugle *tout* nous devrions le figurer ressassant la plainte de Gide aux échos de tous les âges : « *Je n'ai jamais rien su renoncer et protégeant en moi le meilleur et le pire, c'est en écartelé que j'ai vécu...* » N'est-il pas, en effet, irréfléchi de rêver une totalité qui se limiterait et jamais ne pourrait enfreindre les limites qu'elle se serait données? Souvent, nous l'imaginons semblable au *moi*, appelant la toute-puissance qui réduirait toutes choses à la détermination qu'il porte en lui. Ainsi légiférons-nous à la légère en un univers qui se moque des lois, où jamais rien n'arrêta ce qui s'engageait sur la pente du pire, où il n'est pas d'horreur, pas d'impossible devant quoi le flot du possible ait reculé. Comme si chaque forme définie, se voulant telle, ne devait pas à la fin se dissoudre, trouver un jour ce mal qui en est la mort : la mort opérant ce miracle renouvelé de supprimer l'obstacle qui nous sépara de la totalité de *ce qui est.*

*

Tout cela, j'ai dû le dire voulant donner le sens exemplaire, à mes yeux, de la vie (de l'image) de Gide : c'est d'avoir échappé le plus souvent au besoin d'unité que nous opposons au tumulte réel * et que nous satisfaisons à bon compte (il y suffit que nous ayons l'attitude de l'autruche...).

Nous nous arrangeons pour ne pas voir, et surtout, nous n'acceptons pas de légitimer la fatalité du destin de l'individu (de l'être particulier), qui nous engage à vivre dans la crainte de ce qui nous manque (qui nous fait défaut) : ce qui nous manque étant d'anéantir ce qui est en nous de particulier, de lever ou d'enfreindre nos limites. C'est que, de l'infraction de la loi à la mort, la différence est faible ; la première implique le glissement vers l'autre. La vie, la particularité, ne peut être maintenue que dans l'observation des lois qui en assument (en déterminent) les caractères et les traits : anéantir ce qui est en nous particulier, c'est déjà cesser d'être. Il nous faut

---

* Rien ne peut se produire, aucun être particulier n'est possible qui ne divise la totalité, qui n'y commence une sorte d'opposition tourbillonnaire. Toute vie est une opposition tourbillonnaire : on pourrait dire, même si ce n'est pas tout à fait exact, que vivre (et même, simplement, être en particulier) est susciter une tempête au sein du calme infini (ce n'est pas une façon de parler correcte en ce sens que la totalité inerte posant dans l'esprit une représentation identique à celle du néant, on doit accorder que la pensée engagée dans cette direction perd pied : tout ce qu'alors il est possible de dire est encore susceptible d'intérêt, mais à titre de jeu, non de connaissance).

en un mot nous borner, ou *mourir*, puisque, nécessairement, être signifie pour nous *être limité* (être à part) : c'est être celui-ci, de telle manière, isolément, et ramenant l'intérêt de ce qu'il éprouve à l'intérêt particulier (tantôt personnel et tantôt lié à tout ce qui possède une particularité semblable).

Ceci implique essentiellement que l'horreur éprouvée par l'homme n'a pas seulement la mort pour objet. Nous n'avons guère moins que de la mort horreur de la sensualité. Gide écrit : « La sensualité... consiste simplement à *considérer comme une fin et non comme un moyen l'objet présent et la minute présente *.* » Avec une exactitude sans défaut, c'est dire en quelle mesure la sensualité approche de la mort : si l'objet présent, la minute présente me dominent, et s'ils conduisent aveuglément mes pas, j'irai rapidement à la mort, dont l'horreur du moins me rendait prudent et, de cette façon, me protégeait. Je comprends que la sensualité, par un détour, donnant à la mort un attrait, n'est pas moins qu'elle susceptible d'horrifier. Aussi bien est-elle essentiellement opposée, ainsi qu'un monde de mort, à la sphère « de décence, d'honnêteté, de réserve », où la piété des femmes procure à l'esprit une vision de repos, de perpétuité, de vie calme et lumineuse. Gide a même paradoxalement affirmé que la sensualité est contraire au tendre *attachement* : « Dès qu'il s'y mêle du désir, disait-il, l'amour ne peut prétendre durer **. » Sous cette forme excessive, la pensée est déraisonnable. Mais elle répond à l'opposition primaire dont j'ai parlé, qui pour avoir eu dans l'esprit de Gide des conséquences démesurées, n'en est pas moins banale, élémentaire.

Et nunc manet in te nous donne enfin, de la division de l'homme en deux manières d'être différentes, s'opposant comme le ciel à l'enfer, ou le jour à la nuit, ce tableau où les contrastes sont appuyés : « Je m'étonne aujourd'hui, écrit-il (p. 22-23), de cette aberration qui m'amenait à croire que plus mon amour était éthéré, et plus il était digne d'elle – gardant cette naïveté de ne me demander jamais si la contenterait un amour tout désincarné. Que mes désirs charnels s'adressassent à d'autres objets, je ne m'en inquiétais donc guère. Et même j'en arrivai à me persuader confortablement, que mieux valait ainsi. Les désirs, pensais-je, sont le propre de l'homme; il m'était rassurant de ne pas admettre que la femme en pût

---

* Souligné par Gide (*Lettres à Angèle*, X).
** *Journal* (Pléiade, p. 719).

éprouver de semblables; ou seulement les femmes de " mauvaise vie ". Telle était mon inconscience, il faut bien que j'avoue cette énormité et qui ne peut trouver d'explication ou d'excuse que dans l'ignorance où m'avait entretenu la vie, ne m'ayant présenté d'exemples que de ces admirables figures de femmes, penchées au-dessus de mon enfance : de ma mère d'abord, de Mlle Shackleton, de mes tantes Claire et Lucile, modèles de décence, d'honnêteté, de réserve, à qui le prêt du moindre trouble de la chair eût fait injure, me semblait-il.» Gide nous confie un peu plus loin l'exigence d'un élan sexuel dont l'objet ne pouvait être que masculin : il y fallait cette condition, «que rien d'intellectuel ou de sentimental ne s'y mêlât» (p. 27-28). Il tire, au surplus, d'une remarque de sa femme, peut-être la peinture la plus choquante, et la plus fidèle, du «désir».

Il se trouvait, dans les premiers temps de son mariage, dans le train qui le ramenait de Biskra. Sa femme l'accompagnait et, dit-il (p. 40-42), « trois écoliers, regagnant leur lycée, occupaient le compartiment voisin du nôtre à peu près plein. Ils étaient à demi dévêtus, la chaleur étant provocante, et, seuls dans ce compartiment, menaient un train d'enfer. Je les écoutais rire et se bousculer. À chacun des fréquents mais brefs arrêts du train, penché à la petite fenêtre de côté que j'avais baissée, ma main pouvait atteindre le bras d'un des trois écoliers, qui s'amusait à se pencher vers moi, de la fenêtre voisine, se prêtait au jeu en riant; et je goûtais de suppliciantes délices à palper ce qu'il offrait à ma caresse de duveteuse chair ambrée. Ma main, glissant et remontant le long du bras, doublait l'épaule... À la station suivante, l'un des deux autres avait pris la place, et le même jeu recommençait. Puis le train repartait. Je me rasseyais, haletant, pantelant, et feignais d'être absorbé par la lecture. Madeleine, assise en face de moi, ne disait rien, affectait de ne pas me voir, de ne pas me reconnaître...

» Arrivés à Alger, seuls dans l'omnibus qui nous emmenait à l'hôtel, elle me dit enfin, sur un ton où je sentais encore plus de tristesse que de blâme : " *Tu avais l'air ou d'un criminel ou d'un fou* *. " »

Je n'insisterai pas sur le fait que la jeune épouse, de l'amour, ne connut que cette congestion de son mari dans le tumulte

---

* Les mots soulignés le sont par moi.

d'un wagon. Le refus de la vie sensuelle, sacrifiée à une sorte maladive de pureté, fut rarement plus hardi, plus sordide, plus égoïstement insolent *. Gide voulut tardivement (mais sitôt qu'il le put) s'en ouvrir à ses lecteurs, mais, c'est finalement le plus important, il ne put se justifier ni s'expliquer devant sa femme, qu'il aimait d'une incontestable passion. Il le tenta par le détour de ses livres : sa femme refusa de les lire. C'est que le « ciel » auquel Gide jamais ne cessa d'aspirer, s'il le faut pardonne à l'« enfer », mais il lui oppose un inébranlable refus s'il s'agit d'en entendre les cris. C'était la nostalgie et l'exigence contenue de Gide qu'enfin le Ciel écoutât l'Enfer. Il le chercha par le moyen de ce cruel mariage, dont il a dit lui-même un peu littérairement : « C'était le ciel que mon insatiable enfer épousait **. » Ce fut en vain, et je montrerai plus loin dans son étendue l'échec dissimulé sous l'harmonie apparente. *Et nunc manet in te* en est l'aveu. Le récit de Gide a pour objet l'horreur à laquelle bute l'existence limitée de l'homme, dès l'instant où elle n'accepte plus ses limites. Et bien qu'il ait voulu ou même ait cru la surmonter, l'image que Gide en dernier lieu nous laissa pourrait être celle d'un homme qui perdait pied.

*

Il ne faut jamais oublier, si l'on envisage le sort de l'individu séparé, qu'il a toujours un peu la nostalgie d'une totalité perdue (qu'il a perdue du simple fait qu'il *est*, qu'il lui faut exister *à sa place*, à part). Le désir obscur d'être moins étroitement déterminé, de s'ouvrir à des mouvements illimités s'oppose souvent à la peur de mourir, il engage même à ne pas s'arrêter à cette peur. On comprend mal l'attitude de Gide, si l'on n'y voit l'obsession d'une existence moins servilement soumise, d'une existence totale, embrassant à la fois les possibles les plus divers. De telles aspirations ne sont pas rares, mais elles n'entraînent souvent que de sournoises démarches. Si quelque détermination morale, si le jugement lié à la dignité de l'homme excluent la *sensualité*, celle-ci est aussitôt désirable, en vertu d'une loi d'équilibre, mais c'est

---

* Cela ne va guère à l'appui des thèses de Corydon.
** *Si le grain ne meurt,* à quelques lignes de la fin. Il est vrai que dans le même temps, ou peut s'en faut, il écrivait (*Journal*, « Numquid et tu...? », 3 octobre 1919, Pléiade, p. 602) : « Malheureux qui prétends marier en toi le ciel et l'enfer. On ne se donne à Dieu que tout entier. »

répondre de biais à la recherche d'une totalité perdue que d'y accéder furtivement, dans la honte. Nous avouons par notre honte que la condamnation et l'exclusion sont nécessaires, et l'intégrité de l'être nous échappe. Nous jouissons, mais n'ayant pas le cœur d'assumer notre jouissance. L'exigence de Gide était plus grande. Elle voulait que ses goûts personnels, les plus sévèrement condamnés, soient reconnus comme partie honorable de l'homme. Mais il condamnait en même temps, comme indigne au moins de la femme, ce qu'il s'efforçait de justifier dans les limites de l'homosexualité virile. Telle est l'attitude subtile que nous devrons apprécier.

Disons d'abord que la simple levée, générale, de la condamnation frappant la sensualité n'avance rien. Elle ne fait que déplacer – encore est-ce alors théorique, simplement apparent – les usages et les lois qui fondent en nous l'humanité. Si nous voulons nous mesurer à la totalité de l'être, nous devons partir de cette évidence : nous ne pouvons en retrancher la délicatesse et les sentiments élevés, liés au dégoût de la sensualité. Nous devons, comme le voulut Gide, marier en nous le ciel et l'enfer : cela suppose la pureté du ciel maintenue. C'est paradoxal, mais moins qu'il ne semble. Nous nous essoufflons vainement si nous bornons l'opération au profit de quelque autre morale, aussi pauvre que la première. Soit un donné quelconque, la totalité demande, non de mettre le donné contraire à *sa place*, mais de laisser s'opposer librement les donnés inconciliables. Rechercher la totalité revient donc à vouloir vivre *écartelé*. Si l'on veut, la totalité de l'être à partir de nous mène à l'écartèlement ou au néant.

Il le faut affirmer, peut-être pas sans l'ombre d'ironie : il n'en est pas moins rare que des hommes aient poussé plus loin que Gide l'austérité morale, et même en un sens la pudibonderie.

Et nunc achève de préciser les faits que *La Porte étroite* exposait (mais ce n'est qu'un roman, traversé de vérité), que d'ailleurs, en des termes voilés, *Si le grain ne meurt* reprit sous le jour réel. Nous apprenons aujourd'hui (p. 16) que ce fut à la faveur du « tragique événement » que Madeleine et André Gide, alors âgés, sans doute, de quatorze et de douze ans, se rapprochèrent. « Toute jeune encore et la première de la famille (Madeleine) s'aperçut de l'inconduite de sa mère. Ce secret douloureux, qu'elle dut d'abord, et longtemps, garder par-devers elle, la marqua, je crois, pour la vie. Toute la vie, elle resta comme une enfant qui a pris peur » (p. 20). L'événement eut dans la vie de Gide un rôle qu'on n'exagérerait pas facilement. De la mère de Madeleine, nous est dit encore un peu plus loin (p. 24) : « Son inconduite l'avait aussitôt déconsidérée, l'avait exclue de la famille, de notre horizon, de nos pensées. Madeleine n'en parlait jamais, et n'avait eu pour elle, que je sache, aucune indulgence ; non seulement par une instinctive protestation de sa propre droiture, mais beaucoup aussi je suppose, en raison du chagrin de son père qu'elle vénérait. » « Cette réprobation, ajoute-t-il, contribuait à mon aveuglement » : il revient ici de cette manière sur l'« énormité » de son inconscience – qui lui fit croire incompatible avec l'honnêteté des femmes le désir le plus humain.

Mais les faits ne touchèrent pas seulement Gide en sa cousine, à travers elle. Ce récit de *La Porte étroite* serait injustifiable s'il n'était vrai, dans son ensemble du moins. La mère de Madeleine, la tante de Gide, s'en prit un jour à son neveu *.

« Je portais alors, nous dit-il, une sorte de vareuse à grand col, que ma tante commence de chiffonner.

» – Les cols marins se portent beaucoup plus ouverts ! dit-elle, en faisant sauter un bouton de chemise. – Tiens ! regarde si tu n'es pas mieux ainsi ! – et, sortant son petit miroir, elle attire contre le sien mon visage, passe autour de mon cou son bras nu, descend sa main dans ma chemise entrouverte, demande en riant si je suis chatouilleux, pousse plus avant... J'eus un sursaut si brusque que ma vareuse se déchira ; le visage en feu, et tandis qu'elle s'écriait :

» – Fi ! le grand sot ! – je m'enfuis ; je courus jusqu'au fond du jardin ; là, dans un petit citerneau du potager, je trempai mon mouchoir, l'appliquai sur mon front, lavai, frottai mes joues, mon cou, tout ce que cette femme avait touché **. »

Il y a certes moins de naïveté que d'insolence dans l'hy-

---

* L'authenticité générale de l'histoire d'Alissa (Madeleine) de Lucile Bucolin (sa mère) et de Jérôme (Gide) est attestée en ce qui touche l'inconduite de la mère : le « tragique événement que j'ai relaté dans ma *Porte étroite* et dans *Si le grain ne meurt* », écrit Gide (p. 16).

** *Œuvres complètes*, t. V, p. 83. – François Derais, dans *Envers du Journal de Gide* (p. 137), fait le rapprochement de cette histoire et d'une autre, ayant trait comme la première à Gide âgé de soixante-douze ans, jouant cette fois le rôle qu'avait assumé sa tante. Cette fois, c'est M. François Derais, encore enfant, qui échappe de justesse et reste écœuré : il s'écrie dans la relation qu'avant de l'offrir au public, il avait adressée à son séducteur malheureux : « Ah, vous n'avez jamais su comment je me suis précipité dans la salle de bains, savonné, frotté avec une brosse à laver à m'en faire saigner... » En de tels cas, on peut toujours songer à une fabrication. Mais tout le récit est plausible, il a l'air vrai, et il y a, je le crois, toutes les raisons de le croire tel.

pocrisie morale de la phrase qui introduit ce récit. Gide savait ce qu'il faisait, s'écriant : « Lucile Bucolin, je voudrais ne plus vous en vouloir, oublier un instant que vous m'avez fait tant de mal... du moins, j'essayerai de parler de vous sans colère *. » Mais l'ironie de l'homosexuel cynique est si contenue qu'elle demeure en un sens secrète. Elle ne pourrait même être perçue, si elle n'était révélée ailleurs, si l'auteur ne s'était trahi, s'il n'avait pas lui-même écrit ** : « Je ne suis qu'un petit garçon qui s'amuse, doublé d'un pasteur protestant qui l'ennuie. » Cette réserve n'empêche nullement que la tragique condamnation de la mère semble avoir été la base de l'amour pour Madeleine : les deux enfants se sont liés et ont communié dans un sentiment de détresse, *de terrible détresse,* devant la vérité répugnante de la vie des corps. Et il est clair que si Madeleine répondit à l'idéal de Gide, si elle fut de sa part l'objet d'une véritable passion, c'est dans la mesure où elle portait en elle la condamnation rigoureuse, et même maladive (fondée sur un choc), de la chair. Sans doute la réprobation dont il s'agit se limita dans l'esprit de Gide à l'inconduite des femmes : il était nécessaire en effet que l'exécrée et l'exécrante fussent l'une et l'autre femmes. Mais il est certain que l'amour de Gide reposa sur l'*exécration* de ce qui, d'ordinaire, entre l'homme et la femme, est l'aboutissement de l'amour.

Si nous apercevons le lien profond, élémentaire, de l'amour et de l'attachement (l'attachement de l'enfant à sa mère, de la mère à son enfant...), cette « énormité » n'est pas surprenante. Mais les accents de Gide ne peuvent tromper : à quelque horreur, à quelque haine rentrée qu'il ait mené, cet amour eut à sa manière de la violence, et l'on ne peut lui dénier son nom. Je crois qu'il faut rendre raison de cette aventure en la rapportant aux données les plus banales de la psychanalyse. Apparemment, l'homosexualité de Gide est liée à l'hypertrophie du respect (mais sans doute aussi de la crainte) que sa mère lui inspira. De toute façon, l'amour qu'il eut pour Madeleine ressemble à celui qu'il eut pour sa mère : elles représentèrent l'une et l'autre à ses yeux la réprobation de la

---

* *Œuvres complètes,* t. V, p. 82. – Comment ne pas voir aussi un peu de perversité dans le choix du prénom de Lucile. Nous avons vu plus haut que Gide avait effectivement une tante Lucile, qui n'était pas la mère de Madeleine, mais un modèle « de décence, d'honnêteté, de réserve » (*Et nunc...,* p. 23). Il va de soi que Gide ne supportait pas toujours bien la compagnie des vieilles dames, puritaines et pincées, qui entourèrent son enfance. Il a donné d'elles une image pénible dans *La Porte étroite,* mais de Lucile Bucolin, l'image la plus charmante !
** *Journal,* 22 juin 1907 (Pléiade, p. 250).

sensualité et le *ciel* (qu'il était résolu à marier à son *enfer*). Le désir avait pour objet naturel les garçons ou les femmes de « mauvaise vie », jamais ces habitantes du *ciel*, dont la pureté désincarnée devait demeurer hors d'atteinte.

*

Aussi bien la détermination humaine donnée dans cet interdit de principe, qui frappe le libre jeu de la sensualité, prenait dans l'esprit de Gide la forme d'une hypermorale, d'une cruauté incessamment tendue. Elle ne touchait que les femmes d'une certaine classe, d'un certain rang, mais il n'était plus dans ce domaine de limite à l'âpreté de sa rigueur.

L'opposition du renoncement imposé aux femmes et des libertés dont les hommes ont la légitime jouissance est toujours un peu désarmante. Mais Gide donnait à cet aveuglement sa forme aiguë : sa cruauté insouciante et la naïveté de son égoïsme relèvent à coup sûr de l'« énormité ». Essentiellement, il s'agit de cruauté contre soi, mais cette cruauté se détourne à la fin sur autrui. Gide devait se venger, *sur Madeleine,* de ce caractère étriqué de pasteur, qui collait à sa peau et nerveusement le crispait, comme ferait une tunique de Nessus. Il lui fallait renoncer à trouver en celle qu'il aimait cette totale immensité de l'être, accomplie dans l'union de l'homme et de la femme. Mais il avait le loisir de la supplicier sans trop le voir, et de trouver dans sa torture, sinon un accomplissement véritable, du moins cette sorte furtive et morose de totalité qui satisfait l'esprit, à la rigueur, si le bourreau est supplicié.

J'ai rapporté la conduite de Gide au retour de Biskra, dans le train des lycéens. On lui donne un sens plein à rapprocher cet incident d'un autre antérieur où sa mère est traitée à peu près de la même façon. Gide vivait alors à Biskra avec Paul Laurens. Les deux jeunes gens avaient une maîtresse commune, une Arabe prostituée, qui passait la nuit avec l'un ou l'autre. Attendant sa mère (il était malade) à Biskra, Gide songea bien à décommander Mériem, mais décida finalement de n'en rien faire. Sa mère aperçut la jeune fille au petit matin, sortant de la chambre de Paul. Gide souligne ainsi l'effet de la « catastrophe » :

« – Je me souviens que j'eus la cruauté de lui dire :

» – D'ailleurs, tu sais : elle ne vient pas que pour lui. Elle doit revenir.

» Je me souviens de ses larmes. Je crois même qu'elle ne me dit rien, qu'elle ne trouva rien à me dire et ne put que pleurer... »

L'idée d'une véritable et discrète dureté, d'une dureté égoïste, me semble bien liée à l'image que Gide voulut laisser de lui. Non qu'il ignorât la tendresse : mais alors il s'agissait de tendresse banale, sinon dans la mesure où se dissimulait sous le velours une main de fer nonchalante, la main d'un être malicieux, cruel à la fois pour lui-même et pour les autres : « un enfant qui s'amuse », plein de malignité et de cruauté.

Et nunc semble fait, tout entier, d'un amer ressassement de ces nonchalances cruelles, où l'on peut trouver le secret d'un style. L'épisode du train est suivi de cette phrase : « Elle avait peur de tout, dès avant d'avoir peur de moi. Je lui proposais pour devise : *leo est in via*, ou *latet anguis in herba* *. » Personne, mieux que Gide, ne connut l'objet premier de la peur de Madeleine ; de Madeleine qui, successivement, avait découvert l'ignominie de sa mère, puis de son mari. Pouvait-il en manière de plaisanterie lui rappeler ce *serpent* que partout elle avait trouvé dans l'herbe de son chemin ? et dont la menace lui donnait toujours tant d'angoisse ? et n'était-il pas le symbole de l'innommable péché qu'André Gide avait incarné devant elle ? Je ne veux pas dire qu'il eut toujours et pleinement conscience de sa cruauté, mais qui sait ce que signifie l'inconscience ? Il savait du moins que rien n'avait échappé à Madeleine et qu'il n'avait rien su lui épargner. « Par une sorte d'intuition subtile, nous dit-il, une inflexion de voix, l'ébauche d'un geste, un rien l'avertissait ; et c'est ainsi que, toute jeune encore et la première de la famille, elle s'aperçut de l'inconduite de sa mère... » (p. 20). Et il ne sut que trop à quelle sorte de supplice il l'avait soumise. Il connaissait « son instinctif retrait devant tout spectacle pénible ». Comment croire qu'il n'ait jamais joui de se savoir, à ses yeux, le spectacle le plus affreux, et de feindre de l'ignorer ?

Et nunc est dans le principe le ressassement du remords. Mais il dut trouver dans ce jeu – d'emblée au-delà du remords – une intense satisfaction, moins simple mais plus profonde,

---

* P. 43. – *Il y a un lion sur le chemin* ou *un serpent est caché dans l'herbe.*

plus étrange surtout, que les vulgaires jouissances des amants. Sinon, comment expliquer ce mélange d'amour, de honte, enfin de rancune et de haine rentrée? Son intention est avouée : « C'est son portrait que je voudrais tracer ici » (p. 43). Il voulait ainsi retrouver ce qu'il eut de meilleur en lui : celle qui, pour lui, fut tout au monde, et il y parvint, mais c'est dans la mesure où il évoqua la délicatesse et l'ardeur de ses propres sentiments. Dès qu'il voulut fixer les traits de Madeleine, ce qui l'émerveilla sembla le fuir, et il s'étendit sur les faiblesses. C'est si vrai qu'il le dut reconnaître. « Je m'aperçois, dit-il, que je n'ai dit d'elle presque rien que de privatif ; rien qui puisse expliquer peut-être son empire sur mon cœur et sur mes pensées » (p. 65). S'il la dépeint, c'est en effet « d'une intolérance raidie à l'égard de ceux qui ne peuvent trouver excuse à leur dérèglement dans la misère » (p. 14). « Elle détournait les yeux de tout objet désobligeant ou pénible. » « Elle avait peur de tout » (p. 43), n'en avait jamais « fait qu'à sa tête » ; « têtue comme le sont souvent les femmes, même en ayant l'air de céder » (p. 47). Elle était en même temps zoophile et xénophobe, et s'était, au surplus, réfugiée dans la dévotion ; elle devint soucieuse des convenances, embourgeoisée (p. 45). Elle était de deux ans plus âgée que Gide et, comme elle avait prématurément vieilli, il arriva qu'on la prît pour sa mère. Si bien qu'il se demande enfin ce « qui (le) faisait (s')éprendre d'elle * », et que nous ne trouvons de réponse digne de cet amour que dans une phrase : « ...je crois, dit-il, que c'est surtout devant moi qu'elle s'armait d'intransigeance ; par crainte aussi de se laisser entraîner par son cœur, ou du moins de le laisser paraître ; capable de fermeté, mais non jamais de dureté, elle gardait, malgré le rattachement étroit à ces principes, une sorte d'aménité souriante et grave, semblable à celle d'Iphigénie de Goethe, ou plutôt encore, de l'antique Antigone. Je ne vois aucune figure à laquelle je puisse mieux la comparer » (p. 69).

*

J'ouvre ici une parenthèse. On pourrait voir dans ce qui précède une détractation des plus détestables, puisque la vie

---

* P. 69, où la phrase est précédée et suivie de ces mots : « Parfois je pensais que c'était de la sentir extraordinairement différente de moi qui me ——— , par cet étrange attrait qu'exerce sur moi la dissemblance. » La raison ici donnée est pleine de sens, mais sur un autre plan.

intime y est en cause. Je dois à l'avance infirmer ce jugement. Je ne dis rien de Gide, en effet, qui le charge *personnellement.* Rien au fond de plus banal que ces conduites « cruelles » et ces profondes erreurs : je ne dis rien de neuf en rappelant, du tissu dont généralement la vie conjugale est formée, que le croisement de la victime et du bourreau le compose, et que d'aveugles mouvements en arrachent toujours un peu la trame. Ces tristesses, ces faiblesses – ou ces virulences – ne sauraient modifier l'admiration dont Gide est l'objet. Seule pourrait la freiner l'absence ou le peu d'ampleur dans son œuvre de cet élément *divin* où lui-même vit la raison vivante de l'adhésion.

S'il s'agit de l'apprécier, nous devons de toute façon considérer d'abord ce qui lui est propre, ce qui tient, non au détail, mais à l'ensemble, ce dont le trait marquant n'est ni l'homosexualité ni l'égoïsme, pas même le fait d'avoir vécu écartelé : c'est exactement le souci de laisser de soi-même une image captivante ; en un mot, de faire une *œuvre* d'art de cette vie écartelée.

Une double vérité est sensible. Au-delà d'un certain degré notre division intérieure n'est plus tenable et nous devons la réduire à tout prix. Sinon notre impuissance et l'état maladif où nous sombrons nous abandonnent à la déchéance. En principe du moins. Car nous pouvons à la rigueur de ce déchirement faire œuvre d'art, ce dont l'avantage est double. Nous pouvons d'une part lui donner un sens (dans le domaine sensible, non dans l'intelligible), et par là rendre désirable ce qui d'ordinaire est malheureux. D'autre part, nous répondons (et nous ne répondons qu'ainsi) à l'exigence de l'œuvre d'art, qui veut essentiellement que nous soyons écartelés, pour la raison que l'art est en son essence une expression du désaccord. Les opérations auxquelles le nom d'art revient représentent en effet l'harmonie dont la base est l'*absence* d'harmonie, l'harmonie capricieuse qui naît d'un désordre. C'est la satisfaction que notre sensibilité tire d'heureux manquements à l'efficacité de l'action, auxquels nous nous livrons par exubérance. Cette sorte d'harmonie s'oppose à celle de l'ordre nécessaire, et c'est au sein de l'ordre subsistant la marge abandonnée à la licence. Enfin c'est, dans un monde où règne la loi (le déterminé), la part faite à son contraire, au caprice, part sans laquelle nous serions étrangers à cette totalité où toujours un désordre répond à l'ordre, au bien, un mal, à la détermination, de l'indéterminé. Ainsi pouvons-nous dire qu'en son essence, l'art est cet immense et injustifiable détour, par lequel un instant déchirés, nous rendons à de libres mouvements nos personnes mesurées, serviles et définies.

Je ne sais si jamais l'on n'a mieux que Gide décrit cet arrachement, dont nous ne pourrions par définition rendre raison. Il écrit à vingt et un ans : « Je m'inquiète de ne savoir qui je serai ; je ne sais même pas celui que je veux être ; mais je sais bien qu'il faut choisir. Je voudrais cheminer sur toutes les routes sûres qui mènent seulement où j'aurais résolu d'aller ; mais je ne sais pas ce qu'il faut que je veuille. Je sens mille possibles en moi, mais je ne puis me résigner à n'en vouloir être qu'un seul. Et je m'effraie, chaque instant, à chaque parole que j'écris, de penser que c'est un trait de plus ineffaçable, de ma figure que je fixe *. » D'autres ont fait du choix, et de l'angoisse du choix, le principe d'une philosophie, sans avoir vu de la philosophie qu'ayant pour objet cette totalité que l'art a pour fin, la philosophie demande elle-même *de ne pas choisir* : ce que Gide a décrit est l'angoisse de l'*absence de choix* – ou de l'impossibilité de choisir. Mais il ne l'a pas décrite seulement dans ce passage : sa vie, son œuvre en conséquence (car il avait réduit sa vie à la seule chose qu'elle puisse être écartelée – l'œuvre d'art) ont ce même sens : cette angoisse infinie de ne pouvoir choisir et le scandaleux enchantement de faire un art de cette angoisse. C'est pour cela qu'il put dire : « On ne tracera pas aisément la trajectoire de mon esprit : sa courbe ne se révélera que dans mon style et échappera à plus d'un. Si quelqu'un dans mon dernier écrit pense saisir enfin ma ressemblance, qu'il se détrompe : c'est toujours de mon dernier-né que je suis le plus différent **. »

Mais ceci (c'est l'image qu'il voulut laisser de lui dont il s'agit) se ramène au jeu qu'il joua cruellement devant Madeleine : il l'écrivit l'année où parut *La Porte étroite* et c'est l'image de lui qui se forme dans ce livre qu'il nia si vivement, entre autres au profit de l'image contraire qu'avait d'abord donnée *L'Immoraliste*.

Je ne sais, cependant, si l'élément *divin* dont j'ai parlé domine la subtilité de ce jeu. Et il me semble même qu'il n'apparaît que négativement, dans l'échec. J'ai dit la part de la cruauté dans les liens qui unissaient Gide à sa femme, mais je crois qu'à la fin, la cruauté ne s'épuisant pas, et sans trêve engen-

---

* *Journal*, 3 janvier 1902 (Pléiade, p. 28).
** *Journal*, septembre ou octobre 1909 (Pléiade, p. 276).

drant la cruauté, la cruauté de Madeleine en contrepartie fut
la plus forte. Elle et elle seule libéra ce jeu de la recherche
limitée où le confinait l'esthétisme de Gide.

Les noms d'Iphigénie, et d'Antigone, qui viennent sous la
plume de Gide au moment où il voulut dire ce qui l'attachait
à la figure de Madeleine, signifient bien qu'elle fut victime.
Ils signifient aussi le dévouement qu'elle eut pour lui quand
il fut frappé à son tour. Mais alors, ce fut elle qui le frappa.
Je crois qu'elle ne put supporter la complaisance de son
mari pour ce jeu de figures où il s'enferma : elle ne voulut
pas s'y réduire, et tout soudain, pour en sortir, le détruisit
résolument. Cette « intuition » que Gide lui prête dut lui
représenter l'édifice où il voulait la faire entrer. Elle poussa
le refus jusqu'à brûler ses lettres, où il avait « mis le meilleur
de lui-même », et où il est probable qu'il atteignit, au-delà
d'une figure composée par l'œuvre littéraire, ce que nulle
part il n'atteignit, *l'absence d'apprêt* – et ce mouvement du
cœur qui excéda les calculs de l'écrivain. Mais c'est son image,
toujours elle, que l'anéantissement des lettres détruisait. « Ma
vie, dit-il, s'y tissait devant elle : à mesure et au jour le jour *.»
Et plus loin : « Mon œuvre ne sera plus que comme une
symphonie où manque l'accord le plus tendre, qu'un édifice
découronné » (p. 91). Ou encore : « C'est en elle surtout que
j'espérais survivre » *(ibid.)*.

Le grand désespoir de Gide ne peut être ramené au malheur
de l'écrivain perdant une partie de sa gloire possible : mais
qu'il se vît défiguré, en conséquence détruit. Il dut dès lors
admettre l'impuissance de son art, qui n'avait pu lui donner
ce qu'il en attendit : l'image insaisissable, mais formée de main
de maître, prenant souverainement le sens de la totalité du
possible. Il échoua et n'eut dès lors de recours que les larmes.
« Durant, dit-il, une pleine semaine, je pleurai du matin au
soir... ; et plus encore la nuit, après que je m'étais retiré dans
ma chambre... ; je pleurai sans arrêt sans chercher à rien lui
dire... » (p. 86). Il se sentit frappé si cruellement, défiguré
d'une manière si affreuse, qu'il en dit : « Je me comparais à
Œdipe... » (p. 84).

---

* P. 83. Il dit aussi en note : « J'ajoutais, avec une infatuation qui me fait sourire
aujourd'hui mais qui prenait élan dans mon désespoir : " Peut-être n'y eut-il jamais
plus belle correspondance. " Disons plus simplement... »

Pourtant les larmes seules lui donnaient ce que l'art n'avait pu faire. Il a très justement pensé : « Si grand que fût l'élan de mon amour, il ne servait qu'à diviser plus profondément ma nature. » Mais ce n'est tout à fait vrai qu'au moment où *l'œuvre d'art,* qu'il avait voulu, cruellement, édifier à sa manière, *le dépassa,* où il ne lui resta qu'à pleurer.

Le temps de la révolte

Critique [1]

ALBERT CAMUS, *L'Homme révolté*, Gallimard, 1951. In-16, 383 p.

Même de l'attaque dont *L'Homme révolté* vient d'être l'objet, il ressort – c'est l'aveu de l'auteur de l'attaque, André Breton – qu'il s'agit d'un livre *capital*. Il faudrait être aveugle ou de mauvaise foi pour le nier.

Albert Camus a voulu saisir dans sa cohérence ce mouvement excessif et précipité qui a fait des siècles récents une suite de destructions et de créations renversantes, où il n'est plus rien dont la face n'ait été brusquement renouvelée. La chose est bien certaine : ces siècles ne ressemblent guère à ceux qui les précédèrent et, dans les convulsions qui les traversent, le sort de l'humanité se joue entièrement ; c'est pourquoi il importe tant de bien savoir ce que signifie la fièvre, ou plutôt le délire qui nous anime, c'est pourquoi il fallait enfin éclairer dans ses angles cachés et sa profondeur un problème réduit en principe à la vue de surface.

I. L'ÈRE DE LA RÉVOLTE

Dès l'abord il y a une raison majeure de nous en prendre avec quelque angoisse (avec un désir de connaître exigeant) au problème de la révolte. L'immense période qui précéda fut au contraire celle de la soumission : une suite de soumissions et d'esclavages, tantôt subis à contrecœur, tantôt acceptés de plein gré. Si longtemps le principe de tout jugement fut une référence à l'autorité. Mais c'est bien, de nos jours, un mouvement contraire de révolte qui donne à la voix sa force convaincante; il n'est plus rien qui suscite le respect, l'amitié ou la contagion qui n'ait en quelque mesure un sens de refus. Un mot, *conformisme*, à lui seul, et les réactions qu'il entraîne exposent assez bien le changement survenu. Mais, si nous voyons qu'il est conforme aux nouveaux principes d'être révolté, nous ne pouvons pas toujours donner nos raisons. Il n'est pas seulement étrange que des croyants réagissent eux-mêmes à l'accusation de conformisme; d'où vient une rage si générale d'occuper dans chaque domaine la position de la révolte? Nous n'avons de cesse, en quelque situation, que nous n'ayons renversé les conditions mêmes de l'activité, de la sensibilité ou de la pensée. Comme si nous voulions, par un acte de violence, nous arracher de l'ornière qui nous liait, et (l'absurdité de cette image répond seule à ce mouvement) nous saisissant nous-mêmes par les cheveux, nous tirer et sauter dans un monde jamais vu.

Pour un certain nombre d'esprits, il est vrai que la révolte se réduit à des aspects plus rationnels. Une expression était donnée contre laquelle l'opprimé devait s'insurger. Mais point n'est besoin de récuser ce point de vue pour en convenir : dès le xviiie siècle il est certain qu'une fois nié le principe de son humble soumission, perdue l'autorité divine qui donne un sens à nos limites – l'homme tendit à ne plus reconnaître rien qui s'opposât *en droit* à son désir.

Ce n'est pas seulement la condition de l'homme économiquement asservi qui fut l'occasion d'exprimer la révolte. C'est *en général* que les valeurs dominantes du passé ont été niées. L'esprit de refus s'étendit si bien que, de Sade à Nietzsche, en un siècle, il n'est pas de dérèglement, pas de renversement, que l'esprit humain n'ait portés rigoureusement à leur terme. La révolte des opprimés eut sans doute, historiquement, le plus d'effet. Mais les raz de marée du langage – si le langage est bien, comme on le doit penser, une clé de l'homme – ne sont pas indignes d'intérêt. Ils sont sans précédents et ils coïncidèrent avec des changements historiques qui n'avaient pas de précédents non plus. Aussi bien devons-nous prêter l'attention la plus grande, si maintenant Albert Camus envisage hardiment l'unité et la cohérence de ces mouvements.

II. UN DISCOURS SUR LA RÉVOLTE FONDAMENTAL

Il est vrai que cette cohérence, le surréalisme, le premier sans doute, a tenté de la montrer. Mais le surréalisme se borna à de fortes affirmations. À la mesure des possibilités et des besoins de l'intelligence, cela pourrait sembler insignifiant. En même temps, le surréalisme tendit à définir une position morale qui réponde à ce double mouvement de la révolte. Il a de la sorte esquissé – vaguement – ce qu'aujourd'hui Albert Camus s'efforce de préciser. Pour Albert Camus, comme pour le surréalisme, il s'agit de trouver dans la révolte un mouvement fondamental où l'homme assume pleinement son destin. Si l'on veut comprendre un livre profond, il faut le rattacher à l'état d'esprit qu'il prolonge et auquel il répond. Je ne dis pas qu'Albert Camus est surréaliste, mais le surréalisme fut l'expression la plus voyante – parfois la plus heureuse – de cet état d'esprit élémentaire.

Il peut donc être légitime de parler de *L'Homme révolté* à partir de l'attaque dont il est l'objet de la part d'André Breton.

Je devrai d'abord en dire ce qui s'impose, qu'elle est paradoxale (Breton dirait en son langage, tout en excès : « insoutenable sous tous les rapports »). Quiconque de sang-froid et sans parti pris lit attentivement, les textes auxquels elles se réfèrent en main, les allégations de l'auteur de *Nadja* *, est saisi d'une disproportion désarmante entre les griefs et les conséquences tirées. Cela surprend d'autant qu'une amitié ouverte précéda l'éclat : « J'ai fait longtemps, lisons-nous, *toute* ** confiance à Albert Camus. Si vous vous souvenez, au meeting Pleyel de décembre 1948 j'ai tenu à lui rendre un hommage personnel, disant qu'au lendemain de la Libération sa voix m'était parvenue comme la plus claire et la plus juste... » Mais nous sommes dans le monde du tout ou rien : entretemps, Camus a parlé de Lautréamont qu'apparemment il a lu sans le long frisson qui, chaque fois, traverse Breton (qui d'ailleurs me traverse moi-même). Il s'agit donc d'un élément *sacré* qu'Albert Camus ne ressent pas comme tel. Ce que dit exactement Camus de Lautréamont n'est en cause qu'en appa-

---

* *Dialogue entre André Breton et Aimé Patri à propos de « L'Homme révolté », d'Albert Camus, dans Arts, 16 novembre 1951.*
** Souligné par moi.

rence. Mais le disant il n'a pas le ton qui convient au mystère que ne livrent pas les *Poésies*. Je ne pense pas que le passage incriminé tienne suffisamment compte du caractère démesuré, « forcené », provocant, de ce texte « conformiste » : imagine-t-on un personnage soucieux de conformisme que les *Poésies* satisferaient? Il n'empêche que la dialectique de Camus, tirée de l'opposition des *Poésies* aux *Chants de Maldoror*, expose (sans l'épuiser) un mouvement de l'esprit de Lautréamont qui touche à l'essentiel de la révolte. La « révolte poétique » – qui appelle l'outrance, la « méchanceté théorique » et toutes sortes de dérèglements – est rejetée vers la banalité : il me semble que l'expérience de la poésie, dans la mesure où l'excès de la révolte la porte à l'extrême degré de la négation, devrait confirmer l'identité, en ce point, de *Maldoror* et des *Poésies*; d'un parfait dérèglement et de l'observance scrupuleuse (il est vrai dérisoire, il est vrai ambiguë) de la règle. Sans doute, Albert Camus n'a pas, à propos de Lautréamont, tiré d'autres conséquences de cette identité que l'explication du passage allant du surréalisme au communisme stalinien (l'explication n'est pas mauvaise, mais fallait-il la lier à l'insaisissable glissement des *Poésies*?), mais le mouvement du livre tout entier va dans le même sens : l'esprit qu'a soulevé la révolte sans frein éprouve l'absurdité (l'inviabilité) de son attitude, mais il y découvre une vérité inattendue : l'existence générale d'un bien qui *vaut la peine de la révolte*, « quelque chose... qui demande qu'on y prenne garde ». « Le révolté, au sens étymologique, fait volte-face » et *s'il parle* – plus simplement, s'il a une conduite humaine, non animale –, il lui faut dire et concevoir ce qui justifie son attitude, et qui vaut qu'il affronte la mort. Mais cet élément inviolable, souverain, qui ne peut être subordonné, soumis, sans se nier et dépérir, le mouvement même de la révolte signifie que le révolté le possède en commun avec quiconque se révolte avec lui. Dans le mouvement de la révolte première, l'esprit, prenant conscience en exprimant sa position, en parlant, appréhende ce bien valable pour tous qui vaut que l'homme, généralement, s'insurge s'il lui est porté atteinte. Camus en vient à dire : « Dans l'épreuve quotidienne qui est la nôtre, la révolte joue le même rôle que le " cogito " dans l'ordre de la pensée : elle est la première évidence. Mais cette évidence tire l'individu de sa solitude. Elle est un lieu commun qui fonde sur tous les hommes la

première valeur. Je me révolte, donc nous sommes *.» Ainsi
la révolte, s'en prît-elle à la morale – dans la mesure où la
morale devient la base de l'ordre établi –, n'en est pas moins,
dès le premier moment, engagée dans une voie morale. Bien
plus, son mouvement dégage seul une valeur dépassant l'intérêt vulgaire : ce *bien* plus précieux que l'avantage ou la
condition favorable de la vie, qui même excède la vie, dont
il est distinct, puisque, la vie, nous sommes prêts à la perdre
pour le sauver.

Entre cette vue, en un sens géniale, et l'état d'esprit surréaliste, il est difficile d'éviter le rapprochement. La différence
tient au mode orageux et balbutiant, parfois même chargé
d'un fracas peu intelligible, auquel, volontairement, l'expression surréaliste s'est tenue.

L'analyse à froid succède au délire de la fièvre : elle n'en
a pas l'aveugle véhémence, mais elle sort de cette façon de
l'embarras évident de Breton cherchant à fonder *sa* morale
en dépit de son intolérance du passé. Elle sort aussi de ce
domaine à part où Breton voulut édifier un monde qui lui
appartienne *en propre.* Pouvons-nous oublier l'incompréhension purement brutale du *Manifeste du surréalisme* jugeant
l'œuvre de Dostoïevski d'une manière autrement légère que
Camus les *Poésies?* Breton a l'habitude depuis toujours de
remplacer par l'assurance et le déplacement, parfois subtil,
de la question un développement rigoureux de la pensée : ce
qu'il dit avec une puissance sans contrôle touche la sensibilité
ou les passions. Cette impuissance désinvolte lui valut, en
même temps qu'une large audience, le peu de sens et la
fragilité des adhésions qu'il a trouvées. Mais elle a principalement commandé le caractère incomplet du monde où il veut
enfermer l'existence de l'homme. Le plus gênant est le refus
qu'il oppose à une méthode plus correcte. Il ne veut pas voir
que les jugements fondés sur la force du sentiment ont peu
de chance de convaincre, ou plutôt tiennent du hasard un
pouvoir convaincant des plus vagues. Le monde présent
manque, au dernier degré, de rigueur, de lucidité simple et

---

* *L'Homme révolté*, p. 36. Le passage, et, en général, l'analyse dont je viens de faire
état, se trouvent dans un chapitre portant à lui seul le titre « L'Homme révolté », qui
avait paru à part sous le titre *Remarque sur la révolte*, dans *L'Existence*, collection « La
Métaphysique », dirigée par Jean Grenier (Gallimard, 1945). Cette étude constitue en
somme un « discours sur la méthode » de la révolte. J'en avais déjà parlé dans un
article général sur Camus (*Critique*, juin-juillet 1947, cf. t. XI, p. 237-250), mais sans
avoir su, alors, en dégager toute la portée.

surtout de largeur de vue : chacun se cantonne dans le monde restreint qu'il aperçoit d'un point de vue jamais changé. Si André Breton ne ressentait un malaise si grand dès l'instant où sont dérangés les effets de perspective éblouissants – mais trop rares, trop difficiles à composer – qu'il ordonne autour de lui, s'il ne manquait pas d'imagination, mais parfaitement, dès qu'on le sort de ses merveilleux domaines, il aurait apprécié les trésors que le livre de Camus lui apportait. Il aurait tenu pour rien une divergence, même profonde, dans la manière de juger les *Poésies.* Mais il n'a pas d'imagination, pas même une simple curiosité, s'il s'agit des choses ordinaires. Au temps où il admirait Lénine sans réserve, il est probable qu'il n'a jamais pensé au haussement d'épaules que ce dernier, *sans nul doute,* aurait opposé à la frénésie de *Maldoror.* (Peut-être même Breton en est-il encore à contester une évidence si incontestable...) Aujourd'hui, la pensée d'Albert Camus tient le plus grand compte de Lautréamont, sans doute avec beaucoup de prudence : nous sommes loin de la vision plus pénétrante, mais souvent aveuglante de la fièvre. La lecture de Lautréamont n'a donné à Camus qu'un assez tiède sentiment d'admiration. Il répond à la première attaque de Breton : « Littérairement..., je confesse que je place *Guerre et Paix* infiniment au-dessus des *Chants de Maldoror* *.» Mais Breton ne veut pas voir que la divergence multipliée, vertigineuse, est inhérente à la condition humaine, et qu'il est nécessaire de le bien voir si l'on veut réserver l'espoir de ne pas donner de la voix pour les sourds. Il a le tort assez étrange d'impliquer dans son attitude qu'en dehors d'un petit nombre d'hommes qui lui ressemblent – ou de ceux qui prêtent à la confusion – il n'y a dans le monde qu'une ignoble tricherie humaine. C'est la seule réponse – implicite – qu'il sait donner au fait qu'on lui ressemble si rarement. C'est aussi le seul sens – non moins implicite – de la phrase où il parle, à propos du texte incriminé de Camus, de faux témoignage **. Faux témoin! cela signifie tout bonnement : il ne voit pas ce que je vois.

Un autre se dirait sans plus : je ne pourrais d'aucune façon

***

* *Une lettre d'Albert Camus en réponse à André Breton,* dans *Arts,* 19 octobre 1951. Cette première lettre était justifiée par *Sucre jaune* (*Arts,* 12 octobre), où Breton s'en prend à Camus à la suite de la publication en article, dans les *Cahiers du Sud,* du passage de *L'Homme révolté* concernant Lautréamont.
** *Dialogue...* (*Arts,* 16 novembre), p. 1. Voici la phrase entière : « ... Je ne crois (pas) à la vertu finale d'une pensée qui s'appuie chemin faisant sur les interprétations arbitraires et ne recule pas, au besoin, devant le faux témoignage. »

souscrire à ce jugement sommaire, mais si l'auteur se trompe, et risque de tromper autrui, si je suis, dans le cas présent, sûr qu'il a tort, je dois néanmoins chercher les raisons qui font parler ainsi un homme que je crois honnête, auquel au surplus je faisais « toute confiance ». À moins d'avoir d'autres raisons, qu'il nous tait, Breton aurait dû d'autant plus être prudent qu'il a fait récemment suivre de *repentirs* la dernière édition de ses *Manifestes*, dont le second contenait telles attaques personnelles entre-temps devenues regrettables. Si Breton avait su dominer le mouvement de passion qui lui fait tenir pour une preuve de vulgarité morale l'insensibilité à l'œuvre de Lautréamont, il aurait au contraire aperçu qu'avec Camus, par une coïncidence des intentions et des réactions premières, l'expérience surréaliste rencontrait le moyen de rendre claire et indiscutable l'exigence profonde à laquelle elle avait répondu. L'unité de la révolte poétique et de l'historique, qu'autrefois le surréalisme se donna pour tâche élémentaire de manifester, est avérée dans le fait qu'une révolte inconditionnelle est la base de l'éclatante révélation du bien et de son empire sur l'homme, la base en conséquence d'un mouvement de révolution qui postule la souveraineté de la justice.

III. AU ROYAUME DU MALENTENDU

À ce point, je suis obligé de me mettre moi-même en cause. Il est paradoxal en effet que je doive, moi, montrer que ces « ennemis » sont d'accord et qu'une coïncidence dernière de leur opinion (dont une polémique saugrenue souligne en fait l'objectivité, la profondeur) donne à la vérité dominante d'une période sa plus ferme assise. En effet, ce curieux « accord » se fait contre une position que j'avais prise, dont parfois j'ai représenté les aspects dans cette revue, et dont j'énoncerai maintenant le principe, adapté aux termes du présent développement : l'opposition du *bien* identique au *sacré* et de la *justice*, qui relève, elle, du bien identique au profitable.

Ainsi, montrant le tort qu'ont de se battre les parties opposées (dans une discorde à laquelle Breton seul donna son caractère venimeux), c'est surtout mon tort que j'avouerai. Et comme mon aveu et ses raisons permettent, selon moi, de préciser le sens de la position d'Albert Camus, j'ajouterai au rapprochement de l'expérience surréaliste et de *L'Homme révolté*, celui de l'expérience à mon sens commune à l'un et l'autre et de la mienne.

Avant cela, cependant, je devrai rendre claire la simple vérité. Dans l'ensemble de cette histoire, il n'y a d'opposition qu'accidentelle. Je m'en prends à ce qui me semble une erreur d'André Breton. Mais de cette façon je ne suis son ennemi qu'en surface. J'ai eu plus d'une fois, après des difficultés vieilles de vingt ans, l'occasion d'exprimer mon accord avec la position surréaliste, au sens du moins qu'elle a pour moi. J'ai même publiquement – dans une lettre ouverte à son rédacteur en chef – renoncé à mon intention de donner un article aux *Temps modernes* en raison de la désinvolture avec laquelle Sartre avait parlé des surréalistes dans cette revue *. Ceci n'importe guère : je le dis seulement voulant souligner le fait que, sur le plan de la pensée, je me suis plus souvent trouvé d'accord avec Breton qu'avec Camus.

Il est plus important d'insister sur l'estime et l'intérêt que *L'Homme révolté* montre pour la personne de celui qui l'attaque aujourd'hui. Le long passage touchant le surréalisme ne saurait passer pour un accord de Camus. C'est une critique serrée qui, à mon sens, a le pouvoir de rendre compte. Peut-être manque-t-il à l'auteur l'information de ceux qui subirent au jour le jour les remous et les contrecoups du mouvement. Mais reprocherait-on de mal entendre et de ne pas aimer à

---

* Les pages des *Temps modernes* auxquelles je fais allusion sont reproduites dans *Situations*, II (Gallimard, 1945), p. 214-229, où l'auteur, entre autres, ajoute en note : (Breton) « se rend-il bien compte de la manœuvre dont il fait l'objet ? Pour l'éclairer, je lui révélerai donc que M. Bataille, avant d'informer publiquement Merleau-Ponty qu'il nous retirait son article, l'avait avisé de ses intentions dans une conversation privée. Ce champion du surréalisme avait alors déclaré : " Je fais les plus grands reproches à Breton, mais il faut nous unir contre le communisme. " " Voilà qui suffit. " » Voici pour moi l'occasion de dire qu'un jour Merleau-Ponty me prévint de l'existence de cette note ; il ajouta : « Je ne me souviens plus très bien de ce que j'ai dit à Sartre, mais cela ne devait pas être exactement ce que vous m'avez dit et je suis sûr que Sartre n'a pas reproduit exactement ce que je lui ai dit. » Ce qui est dans l'ordre des choses, mais il l'est moins de reproduire un propos que l'on n'a pas personnellement entendu... Je n'avais aucun souvenir de ce que j'avais dit à Merleau-Ponty, mais je me rappelai dans sa précision la phrase, facile à retenir sans déformation, qui me rendait compte du fait que Sartre put me prêter un propos aussi loin de ma pensée. Celle-ci diffère peut-être de ce que j'ai réellement dit, mais je la connais bien, elle n'a pas changé : je pense que le texte de Sartre contenait des vérités qui déforment la vérité et que cette sommaire exécution renforçait la position communiste sur le plan de la littérature, à laquelle je ne m'accorde pas, et à laquelle je pensais que Sartre lui-même ne s'accorde pas. J'étais alors loin d'être seul à trouver l'attitude de Sartre pénible ; il ne s'agissait pas de manœuvre de ma part, mais d'un peu d'excitation extérieure, à laquelle je ne céderais pas maintenant aussi vite. Sartre seul manœuvrait, me prêtant une phrase qui devait susciter contre moi la double hostilité de Breton et des communistes. Mais le fait est : je me suis alors désintéressé de la question. Le passage de Sartre me venant sous les yeux, pour avoir voulu donner une référence, je crois bon malgré tout, plus de trois ans ayant passé, et l'occasion se présentant, de mettre finalement les choses au point.

celui qui écrit : « Un grand appel vers la vie absente s'arme d'un refus total du monde présent »? Comme le dit assez superbement Breton : « Incapable de prendre mon parti du sort qui m'est fait, atteint dans ma conscience la plus haute par ce déni de justice, je me garde d'adapter mon existence aux conditions dérisoires ici-bas de toute existence.» L'esprit, selon Breton, ne peut trouver à se fixer ni dans la vie, ni au-delà. Le surréalisme veut répondre à cette inquiétude sans repos. Il est un « cri de l'esprit qui se retourne contre lui-même et est bien décidé à broyer désespérément ces entraves». Il crie contre la mort et « la durée dérisoire» d'une condition précaire. Le surréalisme se place donc aux ordres de l'impatience. « Il vit dans un certain état de fureur blessée; du même coup dans la rigueur et l'intransigeance fière, qui supposent une morale *.» Et plus loin : « Dans la chiennerie de son temps, et ceci ne peut s'oublier, il est le seul à avoir parlé profondément de l'amour. L'amour est la morale en transes qui a servi de patrie à cet exilé. Certes, une mesure manque encore ici. Ni une politique, ni une religion, le surréalisme n'est peut-être qu'une impossible sagesse. Mais c'est la preuve même qu'il n'y a pas de sagesse confortable : " Nous voulons, nous aurons l'au-delà de nos jours ", s'est écrié admirablement Breton. La nuit splendide où il se complaît, pendant que la raison, passée à l'action, fait déferler ses armées sur le monde, annonce peut-être en effet ces aurores qui n'ont pas encore lui, et les matinaux de René Char, poète de notre renaissance **.» Aussi bien la phrase où Breton accusa, sans attendre d'avoir lu le livre entier, celui qui a si justement traduit, parce qu'il le connaît, le mouvement de sa révolte, de se ranger « du côté du pire conservatisme, du pire conformisme ***» restera-t-elle comme un exemple stupéfiant de malentendu sans excuse.

IV. LE DILEMME DE LA RÉVOLTE [1]

L'histoire elle-même est peut-être — en tout cas, paraît bien être — un interminable malentendu. Néanmoins la fin du discours est de résoudre la difficulté que les hommes ont à

* P. 119-120.
** P. 127.
*** *Sucre jaune* (*Arts*, 12 octobre 1951).

s'entendre : considérée dans son rapport à l'ensemble du langage, à cette pensée développée, exhaustive et cohérente à laquelle aspire toute pensée isolée, une vue bornée n'a de sens que dans l'instant où elle se dément. (C'est pourquoi une pensée pleine de vie n'a de cesse qu'elle ne se soit elle-même enfin prise en défaut.) Il lui faut d'abord s'attacher aux malentendus, qui attirent et n'apportent pas seulement une promesse de résolution, mais ce pouvoir angoissant de faire la nuit, qui nous donne de la mort un sentiment opaque où elle s'abîme.

Je veux si fortement me représenter ce qui est et que je dois vivre avec exactitude, et la représentation exacte des choses me paraît liée si étroitement à la possibilité de la communiquer dans l'accord manifeste des esprits, qu'à la seule pensée de ces désaccords violents séparant ceux qui peuvent s'entendre, il me semble odieux de poursuivre l'exercice, devenant dérisoire, de la réflexion et du langage. Le sens – et le sort – de la révolte sont en jeu. Nous pouvons sagement, comme on le fit dans les conciles, comme le font maintenant les congrès, chercher un accord que fonde une *soumission* préalable aux décisions de l'assemblée. Mais nous risquons, par l'absurde, de bien montrer que conciles et congrès ont raison ; en ce qu'ils nous épargnent du moins les discordances de la révolte. Il semble souvent qu'il n'y ait, du côté des révoltés, que caprice, souveraineté de l'humeur instable, contradictions multipliées sans frein. En fait, de quoi soumettre indéfiniment la révolte à l'esprit de soumission ! Cette nécessité est inscrite dans la destinée de l'homme : l'esprit de soumission a l'efficace qui manque si bien à celui d'insoumission. Sa révolte laisse le révolté devant un dilemme qui le déprime : si elle est pure, intraitable, il renonce à l'exercice de tout pouvoir, il poussera l'impuissance au point de se nourrir des facilités du langage incontinent ; si elle pactise avec une recherche du pouvoir, elle lie par là même partie avec l'esprit de soumission. D'où l'opposition du littérateur et du politique, l'un révolté à cœur ouvert et l'autre réaliste.

Comment, d'une part, disjoindre le mouvement de la révolte et l'inclination contraire à forcer la volonté d'autrui ? Comment, d'autre part, éviter l'écueil d'une excitation verbale, d'une impuissante multiplicité d'opinions où le langage, que jamais plus ne mesure la réalité de l'action, s'emporte, s'exaspère et se vide ? Ce n'est pas seulement le problème d'Albert Camus, c'est celui de chaque homme aujourd'hui vivant la douleur de son temps, c'est enfin le problème premier de tout le présent.

V. LA SEULE RÉPONSE AU DILEMME DE LA RÉVOLTE EST LA MESURE

C'est le mérite d'Albert Camus d'avoir le premier posé le problème en entier (comme c'est la chance, ou la malchance, d'André Breton d'en avoir éclairé malgré lui le côté pénible).

Nous pouvons rejeter la solution efficace de la révolte tyrannique, d'un passage – révolutionnaire, au point d'accomplir, au sens où les astronomes l'entendent, un parfait mouvement de « révolution » – de la révolte des meilleurs à la soumission de tous. (Car les tyrans, dans la révolte tyrannique, sont eux-mêmes soumis à la tyrannie qu'ils exercent sur les autres.) Encore devons-nous savoir si la révolte refusant la tyrannie a d'autres voies que l'excitation et le verbalisme discordant. Ce n'est pas sûr, et s'il est vrai qu'Albert Camus apporte une solution dépassant la colère aveugle, la preuve reste à faire qu'elle nous donne le pouvoir de passer aux actes sans recourir au meurtre et à la tyrannie. Là-dessus, il faut dire que seul l'avenir peut authentiquement décider, mais nous pouvons chercher dès maintenant si cette solution échappe aux difficultés que nous avons dites (que le surréalisme est si loin d'avoir résolues qu'il n'a jamais si brutalement fait savoir qu'immuable, il était du côté de l'exigence exaspérée et du cri jeté pour rien) *.

Camus ne dissimule pas son aversion pour la démesure, il l'affiche. Ouvertement, sa doctrine est celle du juste milieu. Il ne craint pas de heurter de front cet état d'esprit juvénile, qui condamne ce qui n'est pas *tout d'une pièce,* qui engage à se compromettre le plus entièrement qu'il se peut. Camus ne s'oppose pas à la pureté, mais au système, à la volonté d'absolu.

Selon lui (p. 366) : « La mesure... nous apprend qu'il faut une part de réalisme à toute morale : la vertu toute pure est meurtrière, et qu'il faut une part de morale à tout réalisme :

---

* Toutefois, l'exigence ne va pas sans incohérence, sans relâchement : un petit nombre de personnes se souviennent de l'affaire Matta, de Matta exclu en raison d'un suicide qui suivit, sans d'ailleurs en être clairement l'effet, la rupture entre une femme et son mari. Nous touchons ici, mais indéniablement, le « pire conformisme », aux antipodes de la révolte.

le cynisme est meurtrier. C'est pourquoi le verbiage humanitaire n'est pas plus fondé que la provocation cynique. L'homme enfin n'est pas entièrement coupable, il n'a pas commencé l'histoire, ni tout à fait innocent puisqu'il la continue. Ceux qui passent cette limite et affirment son innocence totale finissent dans la rage de la culpabilité définitive. La révolte nous met au contraire sur le chemin d'une culpabilité calculée. Son seul espoir, mais invincible, s'incarne à la limite dans des meurtriers innocents. »

VI. LE PREMIER MOUVEMENT DE LA RÉVOLTE EST LA PLEINE DÉMESURE

On ne saurait trop louer un langage également éloigné de la phraséologie naïve et du réalisme rusé. Mais il est facile de répondre, et de miser avec Breton sur le prestige d'une incorrigible surdité : ...« une révolte dans laquelle on aurait introduit la " mesure "? La révolte une fois vidée de son contenu passionnel, que voulez-vous qu'il en reste *? ». Comme si l'on n'avait pas sous les yeux ce qui reste d'une révolte depuis trente ans réduite à la violence des mots.

Nous voici de nouveau dans la nuit du malentendu, où Breton veut confondre un premier mouvement et les conséquences qu'il demande. De ce premier mouvement – passionnel – de la révolte, Breton a sans doute formulé les images les plus précises : même encore aujourd'hui, c'est la plus chargée de démesure qui a le mérite d'éclairer l'essentiel. Mais on pourrait généralement s'accorder sur ce point que la révolte, si son exigence nous conduit, finalement, à la mesure, est d'abord dans son mouvement démesurée. Aussi bien, devons-nous saisir, à partir de la démesure, la nécessité d'en venir à la mesure.

Il n'est peut-être pas de vérité que nous devions plus nécessairement – plus vite, mais aussi plus facilement – dépasser, que celle à laquelle Breton prêta la forme de cette phrase célèbre : « L'acte surréaliste le plus simple consiste, revolvers aux poings, à descendre dans la rue et à tirer au hasard, tant qu'on peut, dans la foule. Qui n'a pas eu, au moins une fois, envie d'en finir de la sorte avec le petit système d'avilissement

---

* *Dialogue entre André Breton et Aimé Patri...*, dans *Arts*, 16 novembre 1951, p. 3.

et de crétinisation en vigueur a sa place toute marquée dans cette foule, ventre à hauteur de canon.»

J'entends bien qu'on ne peut vivre dans cette impasse. Mais je ne puis m'accorder aux réactions que la phrase a suscitées. Sur ce point, il faut dire que Breton a raison d'insister. Il est évident que, « dans (son) esprit, il est toujours allé de soi que l'auteur d'un tel acte serait lynché sur-le-champ * ». Il ajoute : « Il s'agissait – métaphysiquement parlant – d'un attentat savant contre l'homme, qui fût de nature à atteindre à la fois le " je " et l'" autre ", ce qui, pour peu qu'on y réfléchisse, n'est pas sans rapport avec l'attentat final de Jules Lequier contre " Dieu ". Je suis passé, j'en conviens – fugitivement, je précise – par le désespoir nihiliste. Ma consolation serait que j'y avais eu de grands prédécesseurs :

> Tout à la guerre, à la vengeance, à la terreur,
> Mon esprit! Tournons dans la morsure : Ah! passez,
> République de ce monde! Des empereurs,
> Des régiments, des colons, des peuples, assez!»

J'ai voulu citer le passage entier. Il a la vertu de saisir la révolte au moment de démesure où elle se déchaîne : le vertige ébloui et mortel dans lequel un homme s'arrache à la soumission imposée. Je ne m'éloigne pas de cette manière de la description d'Albert Camus, aux yeux duquel Rimbaud (sinon dans son œuvre, dans sa vie) « est le poète de la révolte, et le plus grand», – Rimbaud qui put donner «à la révolte le langage le plus étrangement juste qu'elle ait jamais reçu » (p. 115). Je ne m'attarde pas à la distance que Breton laisse aujourd'hui entre lui et cette phrase, déjà vieille de quelque vingt ans. Ni à l'insistance d'Albert Camus, soucieux de placer la « révolte métaphysique » sur des voies clairement distinctes de celles du crime (de celles en particulier de la violence nazie). La phrase des « revolvers » n'a rien à voir avec la bestialité politique : même elle met en jeu, sans nul doute, les prestiges vertigineux du suicide. Au surplus, cette forme de révolte élémentaire a plus qu'une existence verbale : c'est l'*amok* des îles de la Malaisie, dont la pratique, *traditionnelle*, n'était pas si rare. Las d'endurer la pesanteur du monde, un homme tout à coup voyait rouge : il se jetait alors à travers les rues

---

* *Ibid.*

et frappait d'un kriss ceux qu'il atteignait, au hasard, jusqu'au moment de succomber – à son tour – sous les coups d'une foule apeurée. Il est curieux qu'en un point du monde du moins, un geste si insensé ait répondu à la coutume ; qu'autant qu'il semble, il y ait pris valeur, moins de folie criminelle que d'acte sacré. C'est en vain que nous chercherions révolte plus entière. Rien n'a plus parfaitement répondu, quels que soient les fondements, simplement physiques, d'une manifestation si entière, à l'esprit de cette révolte métaphysique dont Albert Camus nous dit (p. 40) qu'elle est « le mouvement par lequel un homme se dresse contre sa condition et la création tout entière » ; qu'elle est « métaphysique parce qu'elle conteste les fins de l'homme et de la création ».

Il n'est plus pour l'*amok* de malentendu ; ni pour ses victimes. Mais ceux qui le virent assoiffé de mort, qui survivent, et peut-être l'ont tué ?

La foule européenne, peut-être plus pesamment asservie, succomberait à la rancune ; mais je puis me représenter une assistance plus fière et plus ouverte, qui ne serait pas sourde à cette protestation souveraine, dont elle a néanmoins dû se défendre. Elle saurait *sans malentendu* que l'*amok* voulut, le temps d'un éclair, nier ce qui le limitait, plutôt que d'accepter de survivre limité : elle s'inclinerait pour cette raison devant l'*amok,* dont la mort a le sens de la souveraineté authentique.

Ma façon de voir est paradoxale et semble s'éloigner de celle de Camus, pour lequel le révolté se définit par le désir de voir en lui-même reconnue la valeur de la révolte. Mais avant cela, ne devons-nous pas considérer la révolte qui aveugle – et veut rester aveugle, dans la mort ?

VII. LA RÉVOLTE, LA SOUVERAINETÉ ET LE CARACTÈRE CRIMINEL ET REBELLE DE LA ROYAUTÉ

Dans la première partie de cet article, j'ai dit mon intention de montrer non seulement l'accord essentiel de Breton et de Camus, mais une coïncidence de la position qui leur est commune avec celle que j'ai prise de mon côté.

Il s'agit de fonder la valeur sur la révolte, et *par là* de donner une base à la loi traditionnelle, qui condamne le mensonge et nous demande la loyauté envers autrui. Bien entendu, la justice elle-même est impliquée dans la morale définie par cette valeur. Or ces mots : révolte, loyauté, justice, ne sont pas sans équivoque et je voudrais maintenant montrer que l'exigence fondamentale de cette morale est la souveraineté. Ainsi, la morale de la révolte, qui fonde comme on verra la justice, ne serait pas toutefois fondée sur elle : son fondement est la volonté d'être souverainement.

Ceci ne ressort pas clairement, du moins d'emblée, du livre de Camus. Je dois reconnaître au surplus qu'en elle-même, la proposition n'est pas si claire. Je m'efforcerai maintenant, non seulement de la prouver, mais de lui donner une signification familière.

Si Camus parle du motif des sentiments de révolte, il est ambigu. Ce motif semble tout d'abord être l'injustice et la souffrance qui en résulta. Albert Camus ne semble nullement étranger à la pitié. Mais encore devons-nous savoir *quelle* souffrance est l'objet de cette pitié. Il dit bien (p. 21) : « La révolte naît du spectacle de la déraison devant une condition injuste et incompréhensible. » Mais il peut aussi bien dire : « ... La révolte est, dans l'homme, le refus d'être traité en chose. » « Traité en chose » signifie dans le vocabulaire de Kant : comme un moyen, non comme une fin. Positivement ce refus se traduit par une exigence : la révolte est dans l'homme la volonté d'être souverain (de relever de soi-même et de personne d'autre).

Albert Camus n'est pas le seul à fonder sur une exigence de souveraineté le grand mouvement de revendication depuis deux siècles. Marx lui-même a fait de l'aliénation des prolétaires le principe de la lutte de classes. Mais souvent cet aspect fondamental est voilé. Souveraineté, autonomie de l'être, sont en principe des formules abstraites. On met d'ordinaire au premier plan des satisfactions plus concrètes. S'il est question de liberté, c'est en raison d'images familières qu'évoque aussitôt ce grand mot : la prison, la répression. Ce n'est pas que la souveraineté soit abstraite inévitablement, mais, dans la mesure où une représentation commune lui est liée, elle n'est pas populaire. La souveraineté est avant tout le fait de la divinité ou des rois. La « souveraineté du peuple » est encore un énoncé irréel; c'est la *souveraineté* du peuple *laborieux, asservi* au travail, et la souveraineté se définit par le fait de n'être pas soumis! le fait, avant tout, d'être là sans autre fin que d'exister! Ce n'est pas contradictoire avec le travail à venir ou achevé, mais avec le travail *actuel* — ou avec l'*essence* du travail, assumé dans la qualité *laborieuse*, dans la qualification de *travailleur*. Il faut le préciser : le travailleur est souverain s'il le veut, mais c'est dans la mesure où il pose ses outils à ses pieds.

Allons plus loin. Camus lui-même a laissé les choses dans l'ombre, tant il est vrai qu'elles sont lourdes et irrésolues. Il me semble, et mon sentiment, sur ce point, est très fort, que sa pitié s'adresse d'abord à ceux qui se veulent souverains, et que brise ce qui demeure en eux d'irréductible. Je crois même que le mot *pitié* trahit la vigueur, je dirai la souveraineté, de ce mouvement, c'est de solidarité qu'il s'agit ; mais à ce dernier mot, trop vague, Camus préfère celui de complicité, qui lève le rideau sur la tragédie. La souveraineté est dans son essence coupable, on pourrait même dire en un sens que c'est la même chose que la culpabilité. Camus le sait bien qui rappelle le mot de Saint-Just (p. 50) : « Nul ne peut régner innocemment. » C'est ambigu si l'on entend régner au sens grossier de gouverner. Mais la souveraineté est dans le crime en ce que ses humeurs divines et majestueuses sont en elle, comme la révolte, au-delà des lois. « Saint-Just pose... en axiome que tout roi est rebelle... » (p. 150). La souveraineté n'est-elle pas le fait de celui qui aime mieux mourir, mettre du moins sa vie en jeu, plutôt que de subir le poids qui accable l'homme ? À l'extrême, ce poids n'est pas seulement la servitude ou la souffrance, mais la mort, et nous pouvons nous révolter comme Albert Camus contre la mort, mais qui ne voit qu'il y a *d'abord* dans la révolte une volonté propre de démesure et que l'on ne peut *tirer* de la souveraineté la mesure ? Ce fut même la misère de la souveraineté au sommet de vouloir dérober à la mort l'existence souveraine du roi : mais y eut-il là plus que la vaine contrepartie de cette vérité criante : « Tout roi, dit Camus, est coupable et par le fait qu'un homme se veut roi, le voilà voué à la mort ? » (p. 150). De même, le révolté moderne est dans le crime : il tue, mais il convient d'être, à son tour, voué par son crime à la mort : il « accepte de mourir, de payer une vie par une vie » (p. 216). Il y a humainement malédiction de toute souveraineté, de toute révolte. Qui n'est pas soumis doit payer, car il est coupable. Ces termes archaïques peuvent n'être pas derniers : jamais l'innocence de l'homme n'est vraiment, n'est définitivement perdue. Mais la vie souveraine, répondant au désir d'être elle-même une fin sans attendre, de n'être pas subordonnée, comme un moyen, à d'autres fins, exige de prendre sur soi la culpabilité et le paiement.

VIII. LE PAIEMENT DE LA CULPABILITÉ DU ROI

La culpabilité est la démesure, mais le paiement est le retour à la *mesure*. Il est vrai, le paiement n'est pas toujours le fait de la souveraineté, mais il lui est si bien lié que si l'on envisage les temps les plus anciens ou les formes arriérées, les mythes et les rites dans lesquels elle prend figure donnent la contrepartie des pouvoirs démesurés du souverain. Un homme peut incarner par ses prérogatives l'existence insoumise de l'homme, libérée du moins de ce poids qui accable la foule ; le peuple peut avoir exigé cette levée en un point de la loi commune, et même, en quelque sorte, il cesserait d'être humain, en quelque sorte il succomberait sans cette levée sous le poids d'une misère et d'une soumission qui seraient sans limites, mais une malédiction fatale poursuit en contrepartie qui a reçu des prérogatives divines. Parfois cette malédiction est conjurée. Une infirmité mythique peut être associée à la royauté *. Ou la religion demande au roi de s'incliner aussi bas que le plus malheureux devant une puissance céleste écrasant généralement les humains. Parfois encore, un simulacre de sacrifice, ou un sacrifice frappant une victime de substitution le libèrent. Mais il arriva souvent que le roi dût payer ses privilèges divins de sa mise à mort rituelle, même à la rigueur que la royauté devînt un redoutable fardeau.

Au reste, la souveraineté se confondit le plus souvent avec le pouvoir militaire, qui selon les termes dont Hegel se servit dans le dialectique du maître – *Herr* – et de l'esclave – *Knecht* – appartient au maître, c'est-à-dire à celui qui paie *de sa vie* ses privilèges de maître (le *Genuss*, la jouissance, et le fait de lever, pour soi-même, tout le poids de la vie matérielle). (Pour Hegel, le maître et l'esclave choisirent leur sort : l'esclave préféra la subordination à la mort, et le maître, la mort à la subordination ; mais faute de l'expérience que l'homme acquiert dans la servitude (essentiellement l'expérience du travail), le maître ne saurait parvenir au stade de l'homme achevé, qu'atteindra seul l'esclave révolté ; on devrait dire à

---

* L'œuvre de Georges Dumézil montre la part dans l'imagination de l'Antiquité et du Moyen Âge, de l'idée du roi *méhaigné*, du roi infirme.

mon sens que la souveraineté du maître – ou du roi – est une
souveraineté inconséquente : qui ne paie que malgré elle et
contradictoirement *se sert* de sa *souveraineté* comme d'une chose
possédée par lui.)

IX. LA RÉVOLTE ET LA MESURE

D'ordinaire on ne voit dans la vie des grands et des rois
que le crime (au sens du mot le plus grossier), à tout le moins
l'abus, l'exploitation des faibles au profit d'intérêts particuliers. Par la violence, la noblesse et la royauté confisquaient
à leur profit les fruits du travail des autres. Mais il est naturel
de ne plus voir là qu'un détournement, et de méconnaître le
sens initial du mouvement : le refus d'accepter comme une
limite la condition commune des hommes.

Il y a dans la souveraineté historique tout autre chose que
ce refus, un sommeil plutôt, l'exploitation de la propriété
acquise par la violence du refus. Il y a même, dans l'exercice
de la royauté, quelque chose de contraire à ce refus qu'il est
facile de mettre en valeur en représentant la situation, qui se
trouva dans l'Inde, du roi proposé comme une victime, à
l'occasion d'une fête, à un éventuel *amok*. L'*amok* qui tuait le
roi lui succédait (à peu près comme ce roi du bois de Nemi,
dont le meurtre en combat rituel est le point de départ du
Rameau d'or de Frazer). Sinon, il était aussitôt massacré. Dans
ce thème significatif se retrouve la situation animale, la souveraineté était le fait de celui qui a refusé la loi humaine, qui
accable l'homme, qui le *soumet*. Celui qui règne après l'*amok*
s'oppose à la course d'un nouvel *amok*, mais il ne s'y oppose
qu'à demi : il s'offre à la rigueur à la mort, il admet le principe
du paiement. Mais le souverain peut trahir entièrement la
vérité de sa puissance, et ne plus rien garder de ses origines
souveraines, de sa complicité originelle avec la violence. Dès
lors, il passe dans l'autre camp. Il réduit la force et les prestiges
dont il dispose à un moyen ; il se retire du jeu et *gouverne*, au
lieu de régner. Il peut même gouverner, sans plus, au mieux
de ses intérêts privés. Il n'a plus rien désormais de *souverain*
(sinon le nom), rien qui dépasse, en tous les sens, une organisation des intérêts (une subordination de tous les instants à
la sauvegarde calculée des intérêts). De la souveraineté, il
n'est que la caricature. Sa présence n'a plus qu'une valeur :

elle nous propose de rechercher une souveraineté authentique aux antipodes d'une institution méprisée.

Ces détours nous mènent assez loin des analyses d'Albert Camus. Pourtant la place apparaît maintenant préparée pour la succession indirecte que revendiquera l'« homme révolté ».

L'« homme révolté » tient sa valeur de sa révolte, de son refus du poids qui accable et soumet les hommes. Il vit l'attention maintenue sur cette part irréductible de lui-même qui peut être brisée sans doute : mais qui, *profondément*, maintient en lui tant de violence, qu'il ne peut même envisager de la réduire et de s'incliner. Il ne peut plus que succomber ou trahir. La connaissance de ce simulacre de souveraineté devant laquelle l'histoire l'a placé le détourne dès l'abord des solutions *animales*, il se méfie de la course aveugle – ou de ces privilèges clinquants substitués à la sainteté de celui *qui se voue*. Il est dès l'abord à côté de ceux qui refusent la souveraineté établie et, à l'encontre de celle des souverains du passé, sa révolte est *consciente* d'elle-même, en lui-même et dans les autres. Cette part à jamais irréductible à la loi, qu'il tient d'une immensité de l'être en lui, que l'on ne peut traiter en moyen, qui est une fin, il sait qu'il peut la réserver en travaillant, en soumettant à la loi une autre part de lui-même, qui est réductible. Il ne peut plus se laisser prendre aux apparences qui montraient, d'un côté, des esclaves soumis au travail, et de l'autre, de superbes bêtes sauvages, trichant puisqu'elles s'abaissaient au calcul des revenus provenant du travail des autres. Il sait que cette part indomptable en lui existe en *tous* les autres, à moins qu'ils ne l'aient reniée. Le vieux système du monde où ceci n'était pas (ou n'était plus) sensible, où le mensonge régnait, est justement ce qu'il refuse, c'est l'objet même de sa révolte. Il n'est pas réellement opposé, du moins il ne l'est pas *profondément*, à ce qui transpirait de sacré, dans le vieux mensonge, et *profondément*, sa protestation se fait contre la condition commune, contre l'inéluctable nécessité d'asservir en partie la vie de l'homme au travail.

Mais cette protestation liée à ces mouvements démesurés qui soulèvent la vie humaine n'a plus lieu dans la *démesure*. L'« homme révolté » sait qu'il peut faire la part du travail, à condition de ne pas faire de *toute* sa vie un système de rouages subordonné aux exigences des travaux. Et c'est aussi l'effet de la *mesure* en lui de ne plus vouloir succéder au pouvoir qu'il abat.

Il sait maintenant qu'à prendre la place de ceux qu'il a combattus, il hérite avant tout de leur démesure et détruit en lui ce qu'il a trouvé de plus grand, la « complicité des hommes entre eux ». Il perd d'un coup tout le bénéfice de la révolte. Il brise en lui – et chez ceux qu'il gouverne désormais – l'élan qui l'avait suscité. Et il ne reste plus en lui ni dans ceux qui le suivent – d'accord ou malgré eux – que la *démesure*, traduite en tyrannie et en terreur.

X. RÉVOLTE, POÉSIE, ACTION

Je suis de cette façon revenu, partant de mes propres analyses, au mouvement essentiel de la pensée d'Albert Camus. Il me semble que le rapport introduit par moi entre ce mouvement et mes prémisses ne le déforme *en rien* et même l'explicite. Mais j'insiste sur ce point : ma propre pensée me semblait suspendue faute d'arriver à ce qui en est maintenant la conclusion tirée à la fin de ce livre généralement admirable dont j'ai voulu donner le sens profond.

Il est vrai : le point de départ de ces rapprochements, qui me semblent établir une coïncidence, peut encore être tenu pour contestable. On pourrait douter que la révolte de Camus puisse être confondue avec une exigence de souveraineté.

Ce qui me semble de nature à passer outre est l'intérêt marqué par l'auteur, à l'encontre de tous les théoriciens politiques, pour les positions morales données dans la poésie, et, par-delà la poésie, dans la littérature. C'est que la poésie – et la littérature – de nos temps n'ont qu'un sens : l'obsession d'un élan souverain de notre vie. Et c'est bien la raison pour laquelle elles sont si constamment liées à la révolte. (Néanmoins la littérature et la poésie dont parle Camus n'ont le plus souvent rien à voir avec les efforts, touchants ou non, des écrivains « engagés ».) C'est de la négation des limites du monde réel qu'il s'agit, de ces limites qui entachent si souvent une souveraineté dont justement le sens est donné dans la poésie, une souveraineté qui *est* poésie.

Bien entendu ceci achève de montrer que le motif de tout ce mouvement s'accorde continuellement à la recherche surréaliste, dont il va sans dire que sa *démesure* dépassa la littérature en ce qu'elle mit en jeu, bien avant les écrits, qui demeurent, la souveraineté de l'instant, qui est à lui seul sa fin. Mais pour autant la *mesure* n'a pas manqué à la révolte d'André Breton, qui a prévenu Camus dans cette volonté de justice (qui met fin aux excès – et aux tricheries – de la *démesure* initiale). Et de même, le surréalisme, d'abord séduit par les violences et la ruse d'une politique réaliste, s'en est vite éloigné lorsqu'il en connut les aspects *démesurés*. Ce qui isole néanmoins les surréalistes c'est leur éloignement de la conscience claire, qui est à la clé de l'attitude de Camus. Breton est capable de vues profondes, d'illuminations hasardées, mais il répugne à l'analyse, n'éprouve pas apparemment le besoin de s'élever à la vue d'ensemble. S'il s'en tient, à la fin, à un quiétisme de naufrage, qui parfois semble digne d'admiration, c'est dans l'*ignorance* où il est des voies d'eau qui l'éveilleraient au sentiment de la mort.

Sans doute, il est des esprits pour lesquels ces questions *morales* n'ont pas de portée. Et il est vrai, comme je l'ai dit, que nous ne pouvons être sûrs de trouver l'issue à partir de là. Camus s'en est remis à la solution de la mesure, et il glisse rapidement sur le sujet. Il manifeste néanmoins de l'optimisme et il a peut-être raison. L'essentiel ne serait-il pas de ne plus se laisser prendre aux facilités qui ont mené à d'inextricables situations? Il me semble surtout qu'il serait temps de comprendre que l'*homme révolté* ne peut prétendre succéder à ceux qu'il combat, sans compromettre la valeur donnée dans la révolte. Pourquoi, s'il est vrai, comme tout l'indique, qu'il est toujours dans l'administration, ou la direction des choses (je ne dis pas la souveraineté), une volonté d'opprimer, ne pas maintenir en dehors de la direction une force de révolte qui en limiterait les pouvoirs? Ce pourrait être le sens de l'action syndicale, en faveur de laquelle Camus se prononce dans ce livre capital. Personne ne saurait prétendre à l'avance qu'une volonté de mesure ne pourrait, dépassant l'excitation vide, « disjoindre le mouvement de la révolte et l'inclination contraire à forcer la volonté d'autrui ».

ANNÉE 1952

Silence et littérature

Critique [1]

MAURICE BLANCHOT, *Au moment voulu*, récit, Gallimard, 1951. In-16, 167 p.

À vouloir comparer Maurice Blanchot à l'« homme invisible » de Wells, il y a une part de plaisanterie déplacée. L'auteur dont il s'agit, tout d'abord, ne voulut jamais faire apparaître ce néant visible que le spectre de Wells révélait en défaisant les bandelettes dont il s'était enveloppé. C'est, sur un autre plan, le silence que révèlent les phrases que défont – ou développent, si l'on veut – ses ouvrages romanesques. Je reconnaîtrai cependant qu'à cette différence près, l'image est exacte. Ces ouvrages ont un seul objet, le silence, et il est vrai que ce silence, l'auteur nous le donne à entendre un peu de la même façon que l'homme de Wells donnait à voir son invisibilité (que le film tiré de l'histoire dévoilait si terriblement et si parfaitement).

La plaisanterie, à tout prendre, a cet intérêt : il est difficile, à travers elle, de suggérer le rôle que Blanchot donne à la littérature dans ses livres, mais plus difficile encore sans elle. L'auteur, il est vrai, s'est expliqué là-dessus dans ses écrits critiques *, mais une représentation sensible n'est pas mauvaise. Je dois toutefois y apporter ce correctif sans attendre : il y avait dans l'image de Wells un élément pénible, une sorte d'agressivité malheureuse, une terreur terrifiée, qui en faisait, plus encore qu'un piège à nous tendu, la sotte mésaventure du malheur. Il n'y a dans les livres de Blanchot, ni piège ni

---

* *Faux pas* (Gallimard); *Lautréamont et Sade* (Éd. de Minuit, 1949); *La Part du feu* (Gallimard, 1949).

capture et l'image d'un silence dernier sous les mots, si elle n'est pas moins frappante que celle, sous les vêtements, d'un néant visible, si elle gêne et si même elle paraît contraire à tout repos, est pourtant neutre, étant bien incapable d'intention, ou ne nous laissant finalement – peut-être – qu'un sentiment de distante amitié, de distante complicité.

D'amitié? de complicité? C'est bien en cela justement que se tient le paradoxe de Blanchot. Je crains qu'à la plupart de ses lecteurs, son nom suggère un monde d'angoisse ou de réflexion que l'angoisse enferme. Je dois reconnaître, en effet, de la manière de s'exprimer de l'auteur qu'elle est de nature à nourrir un tel sentiment. En vérité, une telle littérature est bien faite pour décevoir en tous les sens. Elle s'impose par une maîtrise que la littérature atteignit rarement, mais il est à craindre qu'une fois reconnue cette maîtrise le lecteur ne se plaigne de ne pas voir, mieux de ne voir absolument pas ce que l'auteur veut lui dire. Cette impression n'est pas justifiée. Mais elle est inévitable.

Je dois au contraire insister sur le fait que les « récits » de Maurice Blanchot ne participent pas de la dépression presque de règle en notre temps. Et non seulement *Au moment voulu* est un livre heureux, mais il n'est pas de roman qui soit davantage une description du bonheur. Si un tel livre prête encore à confusion, c'est que le mode d'expression de l'auteur introduit dans la littérature une sorte de renversement parfait, en un sens semblable à celui du mouvement du cheval sur l'écran si l'on tourne soudain la bande en sens contraire. C'est ce que ma première image tentait d'indiquer d'une manière moins imprécise : les bandelettes retirées révélant le vide. Rien pour l'auteur n'est comparable au silence. Dans le silence il est profondément absorbé, sans effort, sans malheur : l'effort et le malheur ne commencèrent qu'au moment où il commença de parler.

Comment prêter trop de silencieuse attention à l'auteur disant (ce qui, en une sorte d'arrachement brusque et monstrueux, tire enfin du langage autre chose que le langage, la chose même à laquelle le langage met fin) :

« Mon unique point fort fut mon silence. Un aussi grand silence, quand j'y réfléchis, m'apparaît incroyable, non pas un mérite, car parler, d'aucune manière je n'en eus l'idée mais justement, que jamais le silence ne se soit dit à lui-même : prends garde, il y a là quelque chose dont tu me dois compte, que ni ma mémoire, ni ma

vie de chaque jour, ni mon travail, ni mes gestes, ni mes paroles,
ni les mots sortis du bout de mes doigts n'aient, de près ou de loin,
fait allusion à quelque chose dont toute ma personne était physi-
quement occupée, cette réserve, je ne la puis comprendre, et moi qui,
maintenant, parle, je me retourne amèrement vers ces journées, ces
années silencieuses comme vers un pays inaccessible, irréel, fermé à
tous et d'abord à moi-même, et où pourtant je suis demeuré pendant
une grande partie de vie, sans effort, sans tentation, par un mystère
qui à présent m'étonne.
» Avoir perdu le silence, le regret que j'en éprouve est sans mesure.
Je ne puis dire quel malheur envahit l'homme qui une fois a pris
la parole. Malheur immobile, lui-même voué au mutisme; par lui
l'irrespirable est l'élément que je respire. Je me suis enfermé, seul,
dans une chambre, au-dehors presque personne, mais cette solitude
elle-même s'est mise à parler, et à mon tour, de cette solitude qui
parle, il faut que je parle, non par dérision, mais parce qu'au-
dessus d'elle veille une plus grande qu'elle et au-dessus de celle-ci
une plus grande encore, et chacune, recevant la parole afin de
l'étouffer et de la taire, au lieu de cela la répercute à l'infini, et
*l'infini devient son écho *. »*

On ne saurait poser avec plus de précision le problème du
silence dont il est question de *parler*, le silence étant bien la
dernière chose que le langage pourrait taire, et ce qu'il ne
peut néanmoins prendre pour objet sans une sorte de crime.

Crime contre le langage d'abord, à l'égard duquel l'écrivain
qui élit le silence pour objet se conduit de la même façon que
l'incestueux contre la loi, crime aussi contre le silence lui-
même. Je ne sais comment l'écrivain pourrait mieux entrer
dans les voies inextricables du scandale, comment il pourrait
mieux s'élever contre la pesanteur qui régit les conduites et
les jugements de tous les hommes. Et comment concevoir une
possibilité d'échappatoire? L'inévitable tricherie est au même
instant l'impossibilité de la tricherie, puisque l'exigence à
laquelle nous devons répondre est la nôtre. Bien entendu,
chacun de nous demeure libre de parler, mais dès lors, il ne
peut entrer dans ce royaume où il connaîtrait ce que ne révèle
pas le langage, ce dont Maurice Blanchot a parlé dans ses
livres, par une sorte d'effort prodigieux et affreux, où il ne
lui est donné d'échouer qu'à la limite des forces, qui n'est

---

* *L'Arrêt de mort*, récit (Gallimard, 1948, p. 64-65).

enfin tolérable qu'à une condition : se livrer sans cesse au jugement qui en dénonce l'échec.

À parler de celui qui parle du silence, je ne puis qu'éprouver à mon tour le jeu d'une difficulté grandissante. Mais ce n'est pas sans contrepartie. J'ai gardé une latitude... Ce que je dis est peut-être provisoire et il m'est loisible tout au moins de simplifier. Si je dois parler d'*Au moment voulu,* je puis encore, n'étant pas ou du moins n'étant pas lié maintenant par le désir du silence, dire de cette apparition que le déroulement des bandelettes a révélée, qui est silence sans doute et que seul le silence révèle, qu'à l'opposé de l'image de l'homme de Wells, et bien qu'elle n'ait pas, au contraire, surgi d'un moment moins affreux, qu'elle a le sens du bonheur. Du bonheur *et* de *rien*; de ce bonheur exactement que jamais nulle préméditation n'atteignit, et qu'aussitôt, la préméditation de sa durée changerait en *rien*.

On me soupçonnera d'affadir ce dont la rigueur seule... Le bonheur en effet semble fade...

Mais je voudrais montrer moins vaguement que ce bonheur ainsi surgi de l'étendue déserte du silence, s'il avait procédé d'une histoire conforme aux règles ordinaires du langage, nous serait resté inconnu. Cette histoire, j'aurais pu, autant qu'il me semble, la résumer comme il suit. Un homme vient retrouver après un temps une femme, Judith, dont il dit : « *...il y avait manifestement entre nous une telle accumulation d'événements, de réalités démesurées, de tourments, de pensées incroyables et aussi une telle profondeur d'oubli heureux qu'elle n'avait aucune peine à ne pas s'étonner de moi* » (p. 8). Mais elle habite alors avec Claudia, « *du même âge... et son amie depuis longtemps, mais qui se tenait derrière elle plutôt comme une aînée de grand caractère* » (p. 25). Claudia s'interpose alors entre le narrateur et Judith. Claudia n'est pas vaincue mais en quelque sorte noyée par l'absence de préméditation du narrateur, qui retrouve Judith librement. Parfois et comme par jeu, le récit suit un cours facile, d'une réalité convaincante, surgie toutefois d'un demi-sommeil de la réalité : « *Le feu s'était probablement éteint. Je me rappelai ce feu avec sympathie, lui qui s'était laissé allumer si facilement tout à l'heure, et par temps de neige. Aux flocons avait succédé la poussière, à la poussière un dehors prometteur, rayonnant, quelque chose de trop manifeste, une apparence insistante, presque une apparition, – pourquoi cela? Le jour voulait-il se montrer?* » (p. 81). Mais entre des images se succédant, il demeure une

sorte de vide, fait de l'absence dans le récit d'un tissu enchaînant strictement l'un à l'autre une suite d'événements. Manquent essentiellement les soucis et les intentions des personnages qui ne nous sont donnés que dans la mesure où l'instant présent les possède. Si ces intentions sont dites cependant, c'est comme niées, rendues à la légèreté de l'instant. *« Elles avaient l'une et l'autre leurs devoirs domestiques. " Je ferai cette chose – Je ferai cette autre chose. " C'était aussi important que les grands projets d'avenir, décisions solennelles qui se rapportaient à un autre monde. " Je descendrai chez le marchand de bois! – J'irai chez la blanchisseuse! – Je parlerai au concierge! " Cela survolait leurs deux tasses, le matin comme des serments d'éternité. " L'aspirateur! – L'eau qui fuit! – Le vide-ordures bouché! " Et la conclusion, le terme lugubre de toute entreprise : " Mme Moffat balaiera tout ça. " Les portes battaient, claquaient. L'air, frileux et fureteur, courait sans cesse derrière elles, affairé, désœuvré, sans autre rôle que d'envelopper leurs allées et venues d'une frange d'étoffe »* (p. 73). Mais rien ne mord jamais par un espoir sur un avenir non moins inintéressant que ces «profondes masses neigeuses», cette neige «redevenue une morne profondeur», ce temps «si sombre (à l'infini si inutilement blanc)». Jamais dans ces moments se succédant, le passé ou l'avenir ne sortant de ce qui en colle au présent d'incertain, d'inutile, d'étouffant. Rien toutefois de plus mouvementé, de plus éclatant, de plus gai. Mais ce qui, dans ce monde ouaté d'où parfois il sort un cri de bête, endort à la fin la pensée est l'image d'un bonheur que seul le silence saurait contenir (et que nul n'aurait exprimé si d'abord il n'avait appartenu au silence qui n'a pas de fin) :
« À cet instant, il n'y avait ni jour, ni nuit, ni possibilité, ni attente, ni inquiétude, ni repos, mais cependant un homme debout enveloppé dans le silence de cette parole : il n'y a pas de jour et toutefois c'est le jour, de sorte que cette femme assise en bas contre le mur, le corps à demi ployé, la tête inclinée vers les genoux, n'était pas plus proche de moi que je n'étais près d'elle, et qu'elle fût là ne signifiait pas qu'elle fût là, ni moi, mais le flamboiement de cette parole : voici qu'elle arrive, quelque chose arrive, la fin commence (p. 145-146).
»... L'oubli n'a pas passé sur les choses, mais je dois le constater : dans la clarté où elles resplendissent, dans cette clarté qui ne détruit pas leurs limites, mais unit l'illimité à un " Je vous vois " constant et joyeux, elles brillent dans la familiarité d'un recommencement où autre chose n'a pas de place; et moi, à travers elle, j'ai l'immobilité

et l'inconstance d'un reflet, image errant parmi des images et entraî-
née avec elles dans la monotonie d'un mouvement qui paraît sans
terme comme il a été sans commencement. Peut-être, quand je me
mets debout, ai-je foi dans le commencement : qui se lèverait s'il ne
savait que le jour commence? Mais bien que je sois encore capable
de beaucoup de pas, et c'est pourquoi les portes claquent, les fenêtres
s'ouvrent et la lumière étant à nouveau là, toutes les choses aussi
sont à leur place, immuables, joyeuses, présentes certes, d'une pré-
sence ferme et même si certaine et si constante que je sais qu'elles
sont ineffaçables, immobiles dans l'éternité resplendissante de leurs
images. Mais les voyant là où elles sont, légèrement éloignées d'elles-
mêmes au sein de leur présence et, par cet insensible recul, devenues
la beauté heureuse d'un reflet, bien que je sois toujours capable de
beaucoup de pas, je ne puis, moi aussi, qu'aller et venir dans la
tranquille immobilité de ma propre image, liée à la fête flottante
d'un instant qui ne passe plus. Que je sois descendu si loin de moi-
même, dans un lieu qu'on peut, je pense, appeler l'abîme et qu'il
m'ait seulement livré à l'espace joyeux d'une fête, le resplendissement
éternel d'une image, il se peut que l'on s'en étonne, surprise que je
partagerais si je n'avais éprouvé la charge de cette légèreté infati-
gable, poids infini d'un ciel où ce que l'on voit demeure, où les
confins s'étalent et, nuit et jour, le lointain brille avec l'éclat d'une
belle surface » (p. 158-160).

D'un tel langage dont l'abondance est une sorte de chute
vertigineuse, cependant maîtrisée, comment ne pas voir que
le sens est de révéler ce qui déjà est un néant, l'instant seul
en étant l'éclat, ce qui n'est dans ce monde de la durée (et
des intentions) que le vide sans lequel cet état intérieur serait
moins intense.

Le mysticisme.
Emmanuel Aegerter — Jacques Masui

Critique [1]

LE MYSTICISME

Le *Vocabulaire de la psychologie* récemment publié par
M. Henri Piéron (Presses Universitaires de France, 1951)
donne cette définition du mot mystique : « Une mystique
représente une attitude collective fondée sur une foi irra-
tionnelle en une doctrine ou en un homme.» Il ajoute néanmoins : « On désigne aussi sous ce nom un ensemble de pratiques conduisant à atteindre l'état d'*extase*, point culminant
de l'aspiration caractéristique du mysticisme.» L'une et l'autre
acception du mot sont courantes, elles ne peuvent être dis-
cutées. Cependant la première est récente : elle a dû sa diffusion au journalisme. Tandis que la seconde envisage l'aspect
que la vie humaine prend au moment de sa plus grande
intensité. Ce qui a rejeté à l'arrière-plan ce mysticisme de
l'extase dont j'ai maintenant l'intention de parler est un caractère relativement désuet. Le monde moderne, qu'enlise une
exubérance de richesses matérielles, semble tenir l'expérience
des mystiques pour un luxe infiniment onéreux à la mesure
de ses moyens. Non que l'humanité présente ignore le luxe,
mais en principe il est proportionnel à l'activité productive
de celui qui en jouit. Il tend d'ailleurs à se justifier par quelque
utilité subsidiaire; il se réfère à la rapidité, qui est le signe
d'une production toujours accrue. Au contraire, l'expérience
mystique – la contemplation – retire un homme d'un monde
où l'on s'agite. Mais dans le temps même où le mot liberté
donne un tremblement à nos lèvres, pratiquement, qui s'occupe de donner, serait-ce à quelques hommes, les loisirs d'une

vie extatique? Il se peut que les lourdes initiatives publiques aient décidément le pouvoir de paralyser les élans chargés de passion, et ce mépris est peut-être préférable... Peut-être aussi vaut-il mieux ne pas s'étonner de voir une « science de l'esprit » reléguer au second plan la place de l'expérience que le nom de mysticisme désigne. Cela doit être inévitable... Cette expérience signifie en effet que celui qui la fait se retire non seulement de l'activité utile, mais de la science. Sans parler du peu d'occasions et de la difficulté formelle de passer à l'observation mesurée, le psychologue parlant d'excitation ou de mémoire a lui-même l'expérience de l'objet de son étude, tandis qu'en règle générale, il traite d'extase par ouï-dire. C'est là précisément l'apanage du mysticisme : nous lisons sur lui les livres de savants qui n'en ont eux-mêmes que la connaissance livresque; cette expérience, bien des gens accepteraient (peut-être à tort) d'en reconnaître l'éminence; elle pourrait facilement être donnée pour la plus significative – et elle est en principe reconnue comme la plus voluptueuse – que l'homme ait le pouvoir de connaître. Mais « connaître », encore est-ce une manière de parler! Comment ces hommes du temps présent que nous sommes, traversant les rues, les oreilles faites aux éclats de la radio, ne la jugeraient-ils pas – humblement – hors d'atteinte? Comme si, en un point de l'inextricable labyrinthe, se trouvait une hauteur de laquelle s'apercevrait le déroulement des couloirs, et l'issue... : incomparable vue, illuminant l'esprit et enflammant le cœur, mais personne ne saurait y conduire, ou plutôt, lentement, l'évidence se ferait : cette hauteur n'existe plus.

L'interprétation traditionnelle du christianisme a peut-être achevé de donner ce sentiment d'une hauteur cessant d'être accessible. À tort ou à raison, nous n'imaginons plus sur un monastère du temps présent ces jeux d'ombre et de lumière qui ont fait d'Avila le lieu privilégié de la vision béatifique. Même à supposer l'habit, le silence, les macérations, qui songerait encore à ce ravissement qui, par-delà l'esprit, emporterait l'esprit dans l'ouverture où disparaît *la chose même qui s'ouvrit?* La tradition chrétienne voit dans la recherche d'un état presque surhumain de la présomption : elle imagine l'homme si misérable auprès de Dieu que la seule pensée de la distance à parcourir pour accéder à Lui doive le terrifier et l'abattre. À plus forte raison, celui que ne porte pas la foi, que ne guide nulle voie tracée et que la grâce ne saurait secourir doit-il désespérer de parvenir à ces états réservés à de rares élus, que désigne une vie d'imploration, retranchée du monde. Cela est si vrai que, même dans les conditions les plus rassurantes, la question reste posée : pour l'Église, l'état mystique est loin d'être nécessairement désirable, il peut être aussi bien du démon; jamais nous ne devons oublier qu'en cette voie négatrice, de la vie, nous rencontrons d'abord le désordre et la duperie; l'excès, l'extravagance y sont de règle, si bien que loin de louer ceux qui ont soif de la révélation ineffable, l'autorité ecclésiastique les doit mettre en garde et entourer de suspicion.

Nous apprenons bien que le monde donné dans l'expérience de chaque jour n'est rien et que seul un au-delà de ce monde d'ennui vaut d'être connu, mais nous apprenons en même temps que cet au-delà nous est à jamais interdit. Nous devons nous borner à connaître dans des livres la seule chose qu'il aurait valu la peine de connaître en brûlant.

La science abordant les états mystiques serait donc excusée de n'être pas fondée sur une expérience du savant... Excusée, elle l'est d'ailleurs en d'autres cas, à peu près de la même façon. Qui demanderait au psychiatre d'être fou? Les états mystiques ont ceci de commun avec les pathologiques, qu'ils sont observés du dehors, comme des effets auxquels l'observateur est forcément étranger. De là une propension du savant ou de l'homme normal à les confondre. En somme, la science ne fit que donner un nouvel aspect à la suspicion de l'Église. L'humanité active entend se détourner de ce qui introduirait dans ses œuvres le désordre, dans sa mesure l'excès. La science est allée plus loin que l'Église, elle a même été parfois jusqu'à ravaler tout le mysticisme au niveau du pathologique. Mais elle s'accorda sur un point avec l'Église : elle tendit à représenter ces états, que parfois elle étudia avec soin, comme étrangers à la normale.

Le monde occidental serait difficilement sorti de cette impasse où l'expérience mystique s'est vue, en même temps et à l'unisson, dénigrée et magnifiée. Mais une telle expérience n'est pas limitée à ce monde et elle perd, si l'on envisage non plus les seules données du christianisme, mais dans leur ensemble les pratiques extatiques aujourd'hui connues, ce caractère de transcendance.

« ... Les âmes, à quelque culte qu'elles se réfèrent, peuvent tenter l'expérience mystique. Chez les Hindous, le Samâdhi reste à la portée de tout être humain... Nous nous rendons compte... que le même mécanisme psychologique joue chez tous les initiés et par conséquent nous autorise à conclure qu'il existe chez tous les hommes de toutes races une même méthode de recherche du divin, qui par les mêmes moyens, aboutit au même résultat. Et ceci implique que ce mécanisme, qui joue partout dans les mêmes conditions, n'est pas une sorte de détraquement de l'esprit, mais obéit à des lois précises, qu'il n'est pas un mouvement spirituel tournant à vide puisqu'il aboutit à travers les mêmes joies et les mêmes souffrances à la même perception productive de la même activité... » (Aegerter, *Le Mysticisme*, p. 245). Ce caractère universel des états mystiques ne saurait s'opposer à la description brûlante des chrétiens, mais enfin nous voici prévenus : ces états de ravissement ne sont pas le privilège d'un monde mort, légendaire en ce sens qu'y serait excédée notre mesure, où un renoncement inhumain et des pouvoirs perdus ouvraient l'accès d'inconcevables sphères; à cette transfiguration de toutes choses, nul ne peut parvenir aisément, mais rien ne s'y oppose, *et rien n'en préserve...*

Mais non seulement les recettes assez simples (sinon sans danger) des Hindous nous rappellent que la vie, que toute vie, reste à la merci de l'extase. (Cela pourrait n'avoir sans doute qu'une étroite portée : que signifie l'ivresse? ou en général ces moments de ravissement que n'accompagne aucun *souci*? rien en somme – il est vrai qu'ici *rien*, pour finir, pourrait vouloir dire aussi bien... l'essentiel...) Cette universalité des états de transfiguration ne saurait être alléguée seulement pour la sphère religieuse. Sans croyance (mais non sans un souci profond), un littérateur moralement aussi seul que le fut Proust atteignit ces moments où les murs s'ouvrent, où chaque chose est enfin sans opacité et sans poids, où la chaîne du temps est brisée. À coup sûr, ces brusques résolutions que décrit *La Recherche du temps perdu* sont liées à de grandes souffrances et à d'indicibles renoncements : mais ces souffrances du moins sont accessibles, ces renoncements, humains. Il serait difficile de citer d'autres expériences que l'intensité et l'immensité de leur mouvement rapprochent au même point de celle des mystiques, alors que les pensées ou les croyances qui les accompagnent sont si différentes de celles des saints. (Comment par ailleurs oublier cette étroite adhé-

sion au vice, cette vie strictement rongée *par les rats* *, ce
cœur à jamais avide de souiller, d'horrifier, de désespérer ce
qu'il aime le plus?) Mais les états extatiques de Proust sont
seulement les plus notables (sans doute aussi les plus aigus)
de ceux qui ne procèdent pas du cheminement traditionnel.
Si l'on rassemble un certain nombre de témoignages ayant
pour objet les moments de ravissement et de plénitude, la
simple vérité ressort clairement : ces états extraordinaires
affleurent sitôt les conditions données. Nous vivons tous à la
limite d'un éblouissement, d'une illumination suffoquée,
devant cette immensité inconnue qui nous déborde en tous
les sens : joie et peur se confondent en nous intimement dans
cette réflexion illimitée de l'univers en nous, à laquelle nous
échappons en agissant, mais à laquelle aussi nous renvoie
l'ennui qui résulte à la fin de l'action. De Rousseau à Baudelaire, de Hölderlin à Nietzsche, de Poe ou de Dostoïevski
à Hofmannsthal, la littérature a décrit ces états d'extase qui
échappent aux données classiques de la religion. Ces états
sont sans doute d'une intensité variable (que d'ailleurs, on ne
peut mesurer), ils sont d'ordinaire transitoires et le ravage de
la vie active qui leur est lié n'a pas ce caractère voulu, finalement peu nocif, qui est le propre d'une expérience menée
en bon ordre. Mais ils n'en ont pas moins de sens. En ce domaine,
certains seront tentés de refuser le rapprochement de ces
états et de ceux que la théologie avoua. Ce serait, je crois,
simplement témoigner d'un jugement court porté sur
l'homme, dont le caractère abyssal demeure inexploré et
méconnu.

Ainsi sommes-nous conduits à penser que ces états de ravissement ou d'union, dont l'extase proprement dite est peut-
être la forme ébauchée, voisine d'autres mouvements de passion, n'ont pas nécessairement cette nature transcendante et
inconcevable qu'on leur a prêtée. Peut-être suffit-il, au
contraire, d'échapper à cet envoûtement des opérations, qui
nous laisse vivre dans la dépendance d'un résultat toujours
remis, pour reconnaître simplement ce que les saints ont
aperçu : un monde non réduit aux mesures de nos œuvres, à
jamais inconnu, inintelligible et désarmant. Le rapport si évi-

* Dans *Ainsi soit-il* (Gallimard, 1952), Gide fait allusion à la confidence que Proust
lui fit d'une abominable obsession sexuelle des rats. Je suppose que le livre posthume
de Gide est le premier qui fasse allusion, en le désignant nommément, à ce secret de
Marcel Proust.

dent des états pathologiques et des mystiques, que nous ne trouvons pas seulement dans le domaine de la religion, tiendrait dès lors dans le fait qu'en tout dérangement de notre organisation active nous échappons justement à la réduction du monde à la mesure de nos calculs. Cela ne signifie nullement l'identité du mysticisme et de la folie. La folie est même en son principe opposée à l'extase des mystiques : sans contrôle, les débris ou les résidus d'une machine détraquée encombrent d'ordinaire l'esprit du fou... tandis que l'extatique est souvent celui qui limite raisonnablement l'activité utile à un moyen de la fin que l'extase est à ses yeux. Il est vrai qu'un léger désordre aide parfois à se détacher, mais ce désordre évidemment n'est pas lui-même la vision. Ce que l'extatique discerne a, au contraire, un sens le distinguant clairement de ces choses du monde de l'activité, qui sont, d'une manière fondamentale, connues distinctement et clairement. Nous ne saurions trop bien marquer le fait que seule une raison intacte peut avoir pour objet et pour intérêt ce qui excède la raison.

EMMANUEL AEGERTER, *Le Mysticisme*, Flammarion, 1952. In-16, 252 p. (« Bibliothèque de philosophie scientifique », dirigée par Paul Gauthier.)

Cet ouvrage expose dans leur ensemble les questions du mysticisme traditionnel et les résultats des études qui lui ont été consacrées. Il ne se limite pas au domaine occidental et donne un aperçu substantiel du soufisme et des principes du *yoga* bouddhiste ou non. L'auteur s'oppose avec beaucoup de bon sens aux théories qui tendirent à réduire le mysticisme à un chapitre de la psychopathologie. Il montre bien que l'expérience des grands mystiques laissa intacte leur aptitude à l'action. Cet argument classique est décisif et nous aurons prochainement l'occasion de montrer qu'il vaut dans tous les domaines où il est possible d'observer le phénomène de l'extase. Mais Emmanuel Aegerter s'engage trop loin lorsqu'il distingue le faux et le vrai mysticisme. Il donne l'exemple bien connu de la Madeleine de Janet. Cette extatique croyante, longuement observée par Janet à la Salpêtrière, présente des caractères communs avec les mystiques reconnus, avec des traits pathologiques périodiquement accusés jusqu'à la psychose. Mais comment distinguer les moments d'illumination donnés dans les descriptions de Madeleine de ceux que nous pouvons tenir pour authentiques ? Tout d'abord, le caractère vague de toute description des « états » nous prive de la possibilité de parier avec une trop grande assurance. La question cependant n'est pas là. Nous ne pouvons regarder un « état » donné à une certaine date comme inauthentique du seul fait que *plus tard* le dérangement de l'esprit l'emportera. Tout au moins n'y a-t-il que des différences de degré. Le parti pris d'Emmanuel Aegerter apparaît plus clairement mener à l'erreur dans un autre cas, tiré comme le premier de l'ouvrage essentiel de Janet, *De l'angoisse à l'extase.* Cette fois Aegerter allègue l'exemple de Martial, que Janet exposa avec quelque précision. Il s'agit d'un « jeune homme persuadé de son génie », qui médite « un grand ouvrage »... « Il s'enfermait dans sa chambre pour rédiger sans arrêt, dans un état d'exaltation extraordinaire... » « Balzac, lui aussi, dit Aergerter, s'enfermait pendant des jours et des nuits... Créateur, il avait l'orgueil de donner la vie à des êtres qui ne périraient pas. La similitude est en apparence frappante entre l'auteur célèbre et le malade inconnu. Qu'est-ce donc qui distingue Balzac de Martial? Simplement ceci que Balzac a laissé une œuvre énorme et définitive, qu'il a créé un univers, tandis que le malheureux jeune homme a barbouillé d'inutiles pages.» Ceci aussi pourrait en principe passer pour une forme de simplification, relevant de la regrettable tendance de l'auteur à opposer une forme à l'autre comme le pur à l'impur. Mais il s'y ajoute une erreur de fait : le Martial de Janet n'est pas un inconnu et ces « inutiles pages » qu'il barbouilla sont aujourd'hui célèbres. Martial était Raymond Roussel. Il eut donc réellement le génie que Janet n'aperçut pas et qu'Aegerter du moins lui aurait sûrement reconnu s'il avait su. Dans une œuvre posthume, *Comment j'ai écrit certains de mes livres,* Raymond Roussel a lui-même indiqué son identité avec Martial. Janet le soigna longtemps. Il le considérait simplement comme un malade. Et malade, il le fut, sans doute, mais on voit mal ce que cela retire à l'authenticité de *Locus solus.* Et les confidences que Roussel fit à Janet pourraient enrichir les témoignages que nous avons de ces états d'extase éprouvés par des écrivains.

JACQUES MASUI, *De la Vie intérieure. Choix de textes,* Éd. des Cahiers du Sud, 1951. In-8°, 163 p. (Collection « Documents spirituels », I.)

On ne saurait trop louer l'initiative de ce recueil de textes, où les moments les plus ouverts et les moins limités de l'homme composent une admirable et lumineuse figure. Jacques Masui se réfère à la suggestion d'Edmond Jaloux qui parla peut-être le premier de réunir ces fragments d'auteurs en quelque sens mystiques mais d'origines diverses, où s'expriment « des moments de conscience poétique du monde, d'extase à peu près impersonnelle... »
Je ne suis pas très sûr que ces textes, nous devions les considérer selon le vœu et l'expression de Jaloux, « comme les plus beaux qui soient sortis de l'esprit humain ». Le mysticisme n'est pas nécessairement le sommet et il y a toujours quelque chose d'appauvri dans l'expresse volonté d'apercevoir les choses sous un angle défini. J'ajouterai qu'une telle anthologie serait diversement composée par un autre... Mais cela ne m'engage qu'à désirer, pour ce livre indéniablement captivant, le succès mérité qui en permettrait la refonte. Comment ne pas regretter qu'aux mystiques cités du Moyen Âge manque Maître Eckart, aux modernes, Marcel Proust? Mais le premier pas est fait et l'on ne peut méconnaître l'intérêt qu'il y avait à unir Plotin et Mallarmé, les bouddhistes du Japon et sainte Thérèse.

L'élevage

Critique [1]

Que l'élevage soit un élément crucial de la civilisation, qu'essentiellement l'homme soit cet animal parasite d'autres animaux qu'il a subjugués et dont il s'entoure, c'est déjà un trait archaïque en ce monde où la machine a presque entièrement remplacé le travail de la bête de somme. Dès aujourd'hui, le passage dans la rue d'un cheval émerveille les petits enfants. L'homme actuel est avant tout métallurgiste, dans la mesure même où l'homme d'autrefois fut un éleveur.

Ce parallélisme est d'ailleurs vrai d'un point de vue qui pourrait passer pour dominant. De nos jours, la métallurgie est base de la puissance ; de même le troupeau de l'éleveur fut autrefois signe et réalité de la force militaire. Nous avons quelque peine à concevoir, malgré des survivances à la longue vides de sens, l'éminente dignité qui se lia de ce fait à la propriété des animaux. Cette incompréhension croissante est peut-être le plus sensible sous le jour d'une contrepartie surprenante. Si des hommes ont gardé, dans notre voisinage, les habitudes et l'état d'esprit de l'éleveur, nos habitudes et notre état d'esprit de mécanicien les choquent. Qu'un avion piloté par un officier blanc atterrisse près d'un poste militaire de Mauritanie, le Maure qui l'aperçoit, que laissent froid les grands résultats de la science européenne, regarde de haut l'homme qui accepta cette besogne d'esclave : la conduite d'une machine. Il ne peut voir un chef en cette nature servile, qui s'est subordonnée à la marche d'un moteur. Mais l'animal à ses yeux n'asservit pas celui qui le monte. Le Maure, en somme, maintient entre l'une et l'autre activité la différence

que nous faisons toujours entre la chasse, demeurée noble,
et la boucherie, qui ne l'est pas.

Jadis, ce qui vaut aujourd'hui par rapport à l'activité ouvrière
fut d'ailleurs *en un sens* plus constant par rapport à l'agriculture. « Dans certaines sociétés, dit Paul Veyret (*Géographie de
l'élevage*, p. 64), l'élevage est considéré comme une occupation
noble et la culture comme un travail avilissant. Ainsi pensent
les nomades, qu'ils vivent à l'écart des sédentaires ou près
d'eux et plus ou moins sédentarisés... À plus grande échelle,
les conquêtes arabe, mongole, turque, toutes les épopées des
nomades fondateurs d'empire ont magnifié les pasteurs,
rabaissé les cultivateurs; pasteur est devenu synonyme de
maître, cultivateur de sujet.» Cette opposition élémentaire
nous rappelle la célèbre loi du précurseur de la sociologie,
Ibn Khaldoun, pour lequel les sédentaires des villes succombaient à l'assaut des nomades, qui devenaient sédentaires à
leur tour, puis à leur tour étaient soumis par ceux des peuples
demeurés nomades. Il semble bien, depuis longtemps, que
cette loi cesse d'opérer : car la poudre à canon donne à l'industrie cette supériorité de l'armement qu'assuraient autrefois les bêtes de selle et la rudesse de la vie des éleveurs. Mais
le souvenir reste vivant d'un temps où les animaux assurèrent
la suprématie de ceux qui les unissaient à leur sort par une
sorte de pacte fondamental.

Ceci se lie avec une sorte d'évidence à la question initiale
de l'histoire. Comme telle, l'humanité s'est faite, s'est définie,
en s'opposant à la bête. Elle opposa à la liberté animale la
multiplicité de ses interdits : les hommes mangent, évacuent
et s'accouplent autrement que les animaux. Mais ils gardent
la nostalgie de l'immédiateté et de la violence animale. Cette
nostalgie elle-même a deux aspects : c'est d'une part un besoin
de revenir à ces états de violence, qui ont pris pour l'homme
accompli la valeur criminelle qu'ils n'avaient pas pour les
animaux ; c'est aussi l'aspiration à cette vie enivrée, extatique,
que l'humanité retrouve dans la fête. La guerre d'une part,
et de l'autre les formes positives et brûlantes de la *religion*
répondent à ces deux aspects différents. Les formes négatives
de la religion, les interdits (moins les tabous locaux dans leur
singularité, que les interdits généraux qui partout s'opposent
à la manducation, à l'excrétion ou à l'accouplement sans règle)
se rapportent au contraire, en ce qu'ils en sont la condition,
au monde expressément humain de l'activité, au *travail*, auquel

sont d'ailleurs associées la conscience claire et la raison. Bien entendu, le monde du travail et de la raison ne saurait à lui seul prétendre former l'humanité : la figure de l'homme n'est pas moins déterminée par le regret de l'immensité effrénée de la vie animale que par le fait de lui échapper. Aussi bien n'y eut-il rien de plus important, à l'aurore de la civilisation, que les relations liées avec des animaux par les hommes. L'élevage s'est développé dans cette situation ambiguë, où l'homme cependant séparé de l'animal revient vers lui avec un sentiment trouble d'espoir, comme s'il en attendait, dans l'aridité de sa vie, quelque violent secours.

Il paraît difficile de préciser les sentiments qui ont motivé des formes diverses et singulières : comment saisirions-nous, au-delà d'une vague ambiguïté, la part exacte de la répugnance et celle de l'attrait dans un rite religieux déterminé? Si nous disions du totémisme qu'il implique de l'intérêt, de la sympathie, de la crainte, pourrions-nous nous avancer davantage? De même, il n'y a rien de plus précis à tirer du culte des divinités animales (qui n'est pas forcément le dérivé du totémisme). Il est certain que l'homme, avant de parvenir à la simplicité du mépris actuel, ne se regardait pas sans équivoque comme supérieur à l'animal qui, sur le plan *divin*, gardait un sens profond.

Le chasseur des tribus ne commettait pas avec plus d'hésitation le meurtre du gibier que ne le font aujourd'hui ses émules, mais il en concevait un remords (ou il en craignait les conséquences) et il pouvait se croire tenu à quelque forme d'expiation.

Aussi bien est-il naturel d'insister sur le fait qu'à l'origine de l'élevage, les relations de l'animal et de l'homme devaient sensiblement différer de celles qui subsistent aujourd'hui. Paul Veyret écrit : « On a soutenu, avec grande apparence de vérité, que les hommes primitifs étaient, psychologiquement, bien plus près des animaux que nous : tout notre passé de civilisation nous en a éloignés. Ils devaient avoir des bêtes une connaissance intuitive que ne possèdent plus, parmi nous, que certaines personnes ou les enfants, et il n'est pas incroyable que de leur côté les animaux aient éprouvé pour l'homme préhistorique une sympathie dont certaines légendes nous transmettent un écho assourdi : c'est la louve allaitant Rémus et Romulus. Certaines populations montrent encore parfois aujourd'hui à l'égard des animaux des familiarités révélatrices. Au Brésil, comme en Nouvelle-Guinée, des explorateurs ont vu des femmes payer la dette de Romulus en donnant le sein à de jeunes animaux; chez les Semang des îles Andaman, c'est une vision singulière et touchante à la fois que celle d'une mère accroupie, donnant un sein à son enfant et l'autre à un singe ou à un porcelet. Les Semang considèrent ces animaux comme camarades de camp et personne ne songerait à les tuer, encore moins à les manger. Il paraît vraisemblable que tous les peuples autrefois ont possédé ce don d'entrer en sympathie avec les animaux, de les conquérir par l'attachement... »

L'élevage que nous connaissons est loin de ces sortes d'amitiés et en un sens, Paul Veyret a raison de dire en contrepartie : «... mais certains..., au lieu de rester les camarades des animaux, se sont faits leurs maîtres et ceux-là ont créé l'élevage qui est domination, exploitation, non plus fraternité des êtres». Sans doute, mais le même auteur, dans le même ouvrage, énumérant les « types d'élevage », en distingue quatre, disant du second : « On ne se flatte pas d'expliquer un tel élevage, qui place le bétail au niveau de l'homme, quand ce n'est pas au-dessus. » Le domaine de ce genre d'élevage paradoxal n'en est pas moins vaste : il comprend aujourd'hui, en dehors de l'Inde, Madagascar et une partie importante de l'Afrique, du Haut-Nil jusqu'au sud, à travers l'Afrique tropicale. Disons pour situer l'importance de ce domaine que le Kenya compte à lui seul 250 000 bovins, 260 000 chèvres, 150 000 moutons. Les méfaits de cet *élevage sentimental* (c'est l'expression de Veyret) sont bien connus. L'Inde perpétua « ce paradoxe d'un troupeau bovin qui est de très loin le premier du monde par le nombre mais l'un des plus médiocres par la qualité et qui, au lieu de soulager par ses produits un peuple indigent, l'accable encore, d'un fardeau inutile. L'homme manque de soins, mais il se console en constatant que les animaux malades ou blessés disposent d'hôpitaux et qu'à Bénarès existent de nombreuses maisons de retraites pour les vaches » (p. 62). Il faut dire que ces animaux sacrés sont, dans l'Inde, misérables, mal nourris et maltraités. Mais le Malgache de Madagascar voue à ses bêtes une affection véritable. « Il les traite en amis, les intègre dans sa famille » (p. 162), et il les *connaît*.

À vrai dire, si l'auteur de *Géographie de l'élevage* avait mieux connu les récents travaux des sociologues, plutôt que d'attitude *sentimentale*, il aurait parlé de *prestige*. Le prestige, d'ailleurs, reste à ses yeux le fondement de cette sorte d'élevage noble. Il me semble avoir exactement vu ce dont il s'agit lorsqu'il émet cette hypothèse : « Dans tous ces pays, un animal seulement possède une dignité éminente, le bœuf (ou la vache), et ce gros mangeur ne se trouve guère à sa place dans la plupart de ces régions affligées d'une longue saison sèche. Son élevage a été introduit par des envahisseurs qui ont dominé des cultivateurs déjà installés; que les nouveaux venus soient ou non devenus agriculteurs à leur tour, c'est l'élevage du bœuf qui a continué de les distinguer des autochtones. On est ainsi amené à penser que peut-être le respect, l'affection ou l'orgueil, qui se portent aujourd'hui sur le bétail, ont leur origine dans le désir, plus ou moins conscient, de frapper l'esprit des peuples envahis, de grandir à leurs yeux un élevage qu'ils ne pratiquaient point, de fortifier, par la dignité des bêtes et de l'élevage, une domination d'éleveurs » (p. 167). La part historique de l'explication est peut-être contestable, mais qu'il s'agisse de frapper l'esprit de peuples soumis, ou, plus simplement, de rivalité intérieure entre éleveurs inégalement riches, c'est le prestige qui est en jeu, ce n'est pas l'intérêt bien compris, le rapport, tel que l'évalue un fermier français. Ceci ressort assez clairement dans un exemple particulier. Les peuples du Soudan, grands pasteurs, dont les élevages sont à peine *productifs*, ont une coutume soulignant le sens profond que possèdent à leurs yeux les troupeaux : s'ils « voient apparaître, dans la race N'Dama, des lignées sans cornes, dont les vaches font preuve d'aptitudes laitières supérieures, au lieu d'encourager la reproduction de ce caractère héréditaire pour amorcer une sélection laitière, ils châtrent les mâles et il faut leur grande avidité du lait pour qu'ils pardonnent aux vaches de déparer l'esthétique du troupeau » (p. 74-75). Ils entretiennent ainsi, sur les rives du Tchad, « des races bovines pourvues d'énormes cornes, appendices inutiles, encombrants et d'autant plus amples que la race est plus médiocre » (p. 165).

Cet élément de prestige ne va nullement à l'encontre des sentiments; prestige et sentiment s'accordent, étant l'un et l'autre par-delà l'intérêt (où seuls sont en jeu des moyens), des fins qui n'ont de sens qu'elles-mêmes, qui sont, en un mot, désintéressées. Nous ne devons pas nous étonner, au contraire, si Veyret rapporte (il cite Gourou, *Pays tropicaux*,

p. 69) des faits qui relèveraient, aux yeux de la plupart des paysans français, d'une puérilité presque visible : « Chez les Dinkas, un peuple nilotique, le père donne à son fils qui atteint l'âge viril un taureau, le jeune homme prend l'animal en affection ; passe des heures à jouer avec lui et à lui chanter des airs ; la mort du taureau causera un très vif chagrin à son maître. – Les pasteurs du Cameroun sont très attachés à leur bétail et il faut parlementer plusieurs heures avec un éleveur, quand on a pu l'approcher, pour le décider à vendre. Souvent il prend plusieurs heures pour réfléchir, refuse de se séparer des vieilles bêtes qui n'ont jamais quitté la famille et pleure quand il les voit partir. » Mais la part étant faite aux sentiments, il semble bien qu'il s'agisse de réactions, sinon strictement individuelles, relevant d'attitudes propres à des populations limitées. L'aspect de prestige au contraire doit avoir, dans l'ensemble du domaine envisagé, la valeur la plus constante.

Et bien entendu, la recherche du prestige est une attitude de maître, liée à un ensemble de valeurs dont la vertu guerrière est la principale.

Apparemment, ce facteur a joué de la façon la plus marquée dans le cas des Arabes. Et, pour approfondir le sens de l'élevage (l'Islam est assez essentiellement une religion de peuples pasteurs, venus du désert ou des steppes), il peut être opportun d'indiquer le rapport général des différentes religions avec l'élevage. Je puis penser que nous risquerions de donner ainsi un sens nouveau à la théorie bien connue de Frazer. Ce dernier ramène à des rites agraires un ensemble de pratiques ou de croyances se rapportant au thème du Dieu qui meurt. Il y a là quelque chose de bizarre. De cette manière, une vision tragique d'un dieu qui doit mourir afin de renaître est subordonnée à l'intérêt matériel impliqué dans les récoltes... L'explication de la mythologie la plus profonde par la nécessité d'assurer le rendement de la culture n'est pas très satisfaisante : les représentations matérialistes y sont gauchies dans le sens de la superstition arbitraire ; ou, du point de vue de la poésie, les choses sont ramenées à la platitude. Mais l'ensemble cohérent évoqué dans le *Rameau d'or*, ce système religieux dont la mise à mort du dieu est le sommet – et dont le christianisme est une forme familière – a peut-être avec le monde de l'agriculture des liens différents de ceux que l'on pouvait imaginer. On pourrait simplement dire que l'image de la mort du dieu prenait un sens dans le monde où l'on cultivait les champs (où l'on agissait sur les plantes), qu'elle n'avait pas immédiatement dans le monde des pasteurs (où l'on agissait sur des animaux). La périodicité de la végétation est proche de l'idée d'une mort nécessaire à une renaissance. D'autre part, l'agriculture engendre une civilisation du travail, plus paisible (relativement), plus riche, où il est possible de ménager de terribles relâchements et de grands délires religieux. Des mythes cruels et profonds sont plus nécessaires là où l'activité régulière ordonne un monde étroit, et conséquemment dominé par la nostalgie d'une immensité perdue. L'élevage est toujours plus près de l'animalité naturelle, plus sauvage, plus loin de mondes élaborés par l'art humain : il porte peu à des solutions trop lointaines. Il serait difficile d'appuyer ou de préciser, mais un sens de la différence primitive de l'Islam et du christianisme apparaît peut-être de cette manière. L'Islam est peut-être plus rude et moins mystérieux que la religion chrétienne, il est peut-être plus approprié à la vie d'éleveurs guerriers. En fait, ses tendances à l'enrichissement mystérieux sont tardives, elles pourraient être tenues pour contraires à l'esprit même par lequel il s'oppose au christianisme : elles ne sont d'ailleurs pas le fait des pasteurs, des nomades, dont le rôle pourrait au contraire avoir été de mettre fin aux lourdes dérivations mystiques. Son exemple au surplus montre assez que de strictes limitations sont impossibles et que, si l'éleveur est vraiment le maître, et l'agriculteur, le sujet, l'histoire présente rarement des exemples où il n'y ait pas quelque association des deux. L'Islam semble bien le seul cas où l'esprit des pâturages ait montré tant d'obstination à résister en dépit de la contagion de ces formes qui méritent apparemment le nom d'agraires.

Mais ceci, encore une fois, est loin de nous : de l'élevage que nous connaissons n'émane plus une physionomie autonome. Si nous regardons autour de nous, l'état d'esprit de l'éleveur moderne diffère assez de l'état d'esprit commun : l'éleveur a depuis longtemps cessé d'appartenir à un monde particulier, que l'on puisse nommer le monde de l'élevage. Non seulement, il associe d'ordinaire l'activité du cultivateur à celle du pasteur, mais il tient des villes industrielles sa civilisation et les mesures de ses valeurs. Nous ne pouvons plus parler que, généralement, du *paysan*, qui ne sait maintenant

opposer à l'ennui du travail des pâtures ou des champs que
les divertissements des villes.

Il est en effet évident que l'humanité actuelle a cessé d'être
pastorale ou agraire. Elle avait encore récemment quelque
chose de terrien, au temps où l'aristocratie issue de la terre
avait le pouvoir jusque dans les villes. Mais l'humanité d'aujourd'hui est industrielle en ce sens, non seulement, que l'industrie y a le plus grand rôle, et qu'elle constitue la base de
la force militaire, mais aussi bien en ce que ses mesures de
valeur rigoureusement utilitaires l'ont emporté sur les mesures
de valeurs anciennes, religieuses ou immédiatement guerrières. En un mot, ce qui séduit, est objet de prestige, d'entraînement glorieux, n'a plus une force dominante. Sans doute,
de tous temps, l'intérêt commanda, toutefois le monde agraire
céda au désir dominant d'échapper à la norme du travail : et
ce désir ouvrait la voie d'une spiritualité effrénée ; le monde
pastoral, lui, obéit, par-delà l'intérêt du pillage ou de la
conquête, aux dérèglements de la frénésie guerrière. Il n'y
eut généralement que des hybrides de ces formes fondamentales, mais dans le monde ancien, il reste que la passion, le
fanatisme religieux et l'attrait de la gloire guerrière ont joué,
plaçant au-dessus des valeurs d'*usage* des valeurs que l'on peut
nommer *de gloire* (de la même façon que la *fin*, ce qui compte
en définitive, est naturellement placée au-dessus des simples
moyens). Au contraire, dans le monde présent, l'emporte la
valeur du moyen, qu'est la productivité, l'agriculture devient
une activité industrielle. L'élevage devient élevage industriel
et sa seule norme est désormais la productivité.

PAUL VEYRET, *Géographie de l'élevage*, Gallimard, 1951. In-8°, 255 p.
(« Géographie Humaine », 23. Collection dirigée par Pierre Desfon-
taines.)

L'excellente monographie que Paul Veyret consacre à l'élevage a
tout d'abord le mérite de traiter un sujet qui ne l'a pas encore été
dans son ensemble. L'auteur y considère l'élevage sous tous ses aspects
actuels et dans son histoire. Il serait difficile d'imaginer rien de plus
vivant, de plus divers, riche à la fois de tous les sentiments de l'homme.
Tous les aspects frappants de l'élevage moderne, de cette sorte d'élevage qui peut être en effet qualifié d'industriel, y sont traités avec
la compétence la plus évidente. Mais, ceci n'est pas moins remarquable, l'auteur semble n'avoir des questions religieuses qu'une
connaissance sommaire (au point de parler de « l'Inde bouddhique »).
Or ce qu'il dit des rapports de la religion et de l'élevage n'en est pas
moins d'une pertinence appréciable. Sans doute il ramène tout au

principe de la civilisation productive, il ne décrit les formes archaïques de l'élevage qu'en les rapportant aussitôt à la norme de la productivité, mais il n'en a pas moins su dégager leurs traits essentiels et les interpréter d'une façon satisfaisante.

Le souverain

Botteghe oscure [1]

I

Rien n'est plus nécessaire et rien n'est plus fort en nous que la révolte. Nous ne pouvons plus rien aimer, rien estimer, qui ait la marque de la soumission. Pourtant, tout entier, le monde dont nous sortons, dont nous tenons ce que nous sommes, a vécu un interminable agenouillement : cette origine nous prévient, qu'à nous laisser mener sans méfiance par nos sentiments les plus sûrs, nous pouvons glisser d'une humeur autonome et capricieuse à ces jugements courts dont le verbalisme subordonne l'esprit de ceux qui les forment. Il n'est pas moins contraire à la révolte de *subir,* au nom d'un principe d'insoumission, le mécanisme des mots, que de s'incliner naïvement devant telle force souveraine. Tout le passé aurait-il été asservi? et tout serait-il fier dans la haine ou l'envie que couvrent nos refus?

La plus lourde misère inhérente à notre condition veut que jamais nous ne soyons désintéressés sans mesure – ou sans tricherie – et qu'en dernier lieu, la rigueur, fût-elle âprement voulue de nous, est encore insuffisante. L'esprit de l'homme a trop de profonds replis où même il ne servirait pas de s'attarder : car les vérités qui s'y découvrent n'égarent pas moins que les apparences honnêtes.

Dans ces conditions difficiles, nous ne pouvons que rire ou craindre, mais un rire *insidieux* est plus droit qu'un tremblement : au moins veut-il dire que nous n'avons pas de refuge et que nous refusons gaiement d'être joués.

Ceci, j'avais à le dire d'abord. En effet, je ne puis faire que

la « prétention » de la révolte ne se lie, de près ou de loin, à
ce que dissimulent d'inavouable les replis d'une âme humaine,
mais *je me ris* et je crois qu'avec moi l'esprit révolté se rit,
fût-ce un jour dans le tremblement, de ces interminables
pesanteurs : je ris comme je l'ai dit d'un rire heureux, mais
que mon ardeur veut souverainement « *insidieux* ». Le propre
de la révolte est de ne pas se laisser soumettre aisément. Je
puis me mettre moi-même en cause, douter de ma bonne foi.
Mais je ne puis laisser l'*esprit soumis* me rappeler l'autorité qui
l'incline. J'assume ici bien légèrement la prétention de la
révolte, qui est de ne rien reconnaître de souverain au-dessus
de moi (quand ma solitude mesure à perte de vue l'obscurité
de l'univers) et de ne plus attendre une réponse venant d'un
silence sans défaut.

Un désir d'exactitude à l'instant me guide qui ne peut
s'accorder à ce soulagement qu'en des conditions de nudité,
d'abandon, de non-sens, je trouverais à me prosterner devant
un pouvoir rassurant. Un état de passion m'interdit de ne pas
laisser monter librement le sanglot qui parfois me brise à me
sentir seul, à n'avoir jamais trouvé que mon ombre autour
de moi. Je sais qu'en moi l'homme est seul ici de la solitude
que fait la mort, si elle frappe qui nous aimions ; et mon appel
est un silence qui triche : je ne connais que cet *instant* nu,
immensément gai et tremblant, que même un sanglot ne peut
retenir.

II

J'ai voulu, tout d'abord, opposer ces êtres révoltés, que
nous sommes essentiellement, à ce monde, autrefois indiscuté,
qu'ordonnait la soumission. Mais nous ne sommes pas *tous* et
nous ne sommes pas *également* révoltés de la même façon. Et
la révolte se liant d'elle-même à la condition de l'homme,
donnée dans l'histoire, je ne pourrais prêter un sens à la
position de *ma* révolte – de notre heureuse, gauche et souvent
incertaine révolte – sans la situer dans l'histoire *dès son principe.*
Je crois que, dans la soumission, l'*être* se dérobe, mais la
fatigue, le désir de se dérober et la déchéance qui la suit se
font jour aussi bien quand nous prétendons non sans lourdeur

à la révolte : inversement, par la ruse ou le don sans réserve
de soi, souvent, la révolte se fit jour sous l'aspect de la soumission. Nous devons donc veiller à ne pas la voir dans les
rancunes qui parlent en son nom, comme à ne pas la méconnaître dans ces terribles lueurs qui ont illuminé le passé. À
l'encontre de ceux qui lient à l'obéissance les états les plus
éveillés, nous devons même supposer que l'être n'a de présence réelle, ou souveraine en nous que révolté ; que sa pleine
manifestation – qui ne peut, *comme le soleil ou la mort, se regarder
fixement* – exige l'extrême abandon de la révolte. Ainsi
l'éblouissement émerveillé, ou la joie furtive de l'extase, en
apparence liés à une attitude d'effroi, ne sont donnés que
malgré la soumission où l'effroi semblait conduire. De même,
les caractères neutres et tièdes, le terre à terre besogneux ou
le plat lyrisme des révoltés nous trompent : ce n'est pas du
côté d'une croyance humble et formelle, mais dans le sursaut
d'un refus que s'ouvre une expérience plus brûlante, qui nous
laisse enfin glisser sans limites. Ce serait une duperie de lier
décidément l'être en sa démarche la plus perdue à des vérités
correctes, faites de concessions à l'esprit docile : ce saut qui
nous arrache à la pesanteur a la naïveté de la révolte, il l'a,
en fait, dans l'expérience, et s'il est vrai qu'il nous laisse sans
voix, nous ne pouvons néanmoins nous taire avant de l'avoir
dit.

Il est vrai qu'une ouverture illimitée – négligeant ces calculs
qui nous lient à une existence articulée dans le temps – nous
abandonne à des difficultés bizarres, que n'ont pas connues
ceux qui suivirent (ou pensèrent suivre) les voies de l'obéissance. Si elle nous soulève assez librement, la révolte nous
condamne à nous détourner de son objet. Cette solitude dernière et espiègle de l'*instant,* que je suis, que tout aussi bien
je serai, que je serai enfin d'une manière achevée dans l'échappée soudain rigoureusement jouée de ma mort *, il n'est rien

* Je n'ai pu dans ce développement préciser qu'il est dans l'essence de l'échappée
dont je parle d'être jouée, non seulement d'une manière inattendue, mais si résolue
que l'être dont l'instant est en balance est en quelque sorte joué, comme s'il s'agissait
d'un escamotage. Or cet escamotage est si bien fait que le public (que *l'être* est aussi
bien qu'il est escamoteur ou victime) est soulevé par un applaudissement immense,
comme la mer l'est par une vague : je songe à une sorte d'applaudissement où l'exaltation est sans mesure, la beauté de l'escamotage étant si grande qu'elle laisse sur un
sanglot contenu. (Il n'est pas admis, je crois, mais il est peu contestable que l'on pleure
de ce qui porte une foule entière à l'acclamation.) Dans l'étroite donnée de l'instant,
il faut dire que la conscience du *moi* est subtilisée, car une conscience qui ne saisit rien
au-delà du présent lui-même, oublieux de tout le reste, ne peut être consciente de ce
moi qui ne pourrait se distinguer d'autres *moi* s'il comptait sur sa durée. L'instant,

dans ma révolte qui ne l'appelle, mais il n'est rien non plus qui ne m'en éloigne. L'*instant*, si je l'envisage isolé d'une pensée enchevêtrant le passé et l'avenir de choses maniables, l'instant qui se ferme en un sens, mais, en un sens bien plus aigu, s'ouvre en niant ce qui limite les êtres séparés, l'instant seul est l'être souverain. Par révolte, je refuse de laisser une part souveraine, encore qu'elle m'ait semblé irréductible en moi, cesser d'être telle étant soumise à d'autres pouvoirs, qui la traitent et l'emploient comme une chose, qui enchaînent cette chose dans les intentions de la pensée efficace. Si je donne des conséquences à ce mouvement de révolte, je dois m'efforcer et lutter pour nier le pouvoir de celui qui m'aliène, me traite en chose, et borne à une utilité ce qui voulait brûler *pour rien* : je ne sors ainsi de la prison de la servitude que pour entrer dans les enchaînements d'une révolte conséquente ; ceux-ci ne diffèrent qu'*en puissance* de la prison que cette révolte voulut ouvrir.

III

À me rapporter, comme j'en ai marqué l'intention, au cours historique de la révolte, je ne puis donc douter que le révolté perde beaucoup – et peut-être tout – s'il entre dans cette voie étroite des conséquences : il doit dès lors mener, sans claire limitation, un combat où il devra subordonner le présent à des fins lointaines, et sombrer dans l'obéissance.

Mais je puis remonter le cours de l'histoire : dans le passé, du moins dans les temps qui précédèrent « la soumission », une voie large s'ouvrait à celui qui d'emblée refusait d'asservir la vie en sa personne. L'*être* dont il était le dépositaire, il le voulait maintenir insoumis, ne le subordonnant jamais à rien : il ne pouvait servilement être le moyen d'une fin qui comptât plus que lui, il devait être là, souverain, sans limites, et ne jamais cesser, pour aucun résultat à venir, de refuser ce qui asservit. Si elle engage la vie, cette attitude est sans réplique : entre l'asservissement et la mort, chacun est libre de choisir la mort.

même dans la mort (et même dans l'imagination de la mort), n'est pas encore cette donnée étroite d'une manière isolée, d'une manière déjà identique à la mort ; il y a tout au plus une fulguration qui se perd. Mais sachant qu'elle se perd et le voulant, elle obtient l'accord de cette acclamation démesurée qui, grandissant dans l'arrachement soudain, irrésistible mais heureux, vient du dernier abandon de l'être.

Mais cette résolution hardie ne pouvait faire qu'un peu plus loin, la pesanteur ne gagnât et n'épaissît l'humanité : comme une marche inhabituelle engourdit les jambes, le travail imposé et malheureux marqua *les autres.* L'humanité n'est pas le grand souffle de poésie qui m'épuise en vain : c'est une avarice enlisée dans la boue de décembre d'une ferme, en un pays de froid, de jalousie, de maladie haineuse. Le visage même d'un être humain annonce qu'il est mieux de vivre à petit calcul et de subordonner chaque geste à l'avantage. La flétrissure liée à cette conduite ne lui est pas préjudiciable, et la limite en est l'asservissement de l'être. Tout homme est encore, en puissance, un être souverain, mais à la condition d'aimer mieux mourir que d'être asservi. Je puis, dès ce moment, ne plus vouloir que mon caprice et, selon ma chance, je le ferai, ou je mourrai. C'est pour cela que je puis dire, sans mentir et sans même forcer la vérité, que tout homme est souverain s'il met sa vie en jeu dans son caprice. Et si le caprice des princes, autrefois, disposa de tout au monde, ce fut dans la mesure où ils mirent en jeu jusqu'à leur vie. Les vicissitudes des hommes sont si variables qu'à cet aspect de principe s'en opposent d'autres apparemment contradictoires; mais cette vérité première : *qu'il y eut des princes,* bien que, le plus souvent, le sens nous en échappe, et que nous nous obstinions à ne pas voir *qu'elle nous domine,* ne nous rappelle pas moins clairement qu'une voie souveraine plus accessible et plus simple que la révolte fut d'abord ouverte à la volonté qui ne s'incline pas.

Je puis toujours, en un point du mouvement qui refuse en moi la servitude que la condition humaine impose au grand nombre, ne plus me soucier des autres hommes, limitant aux miens et à mes amis une solidarité toujours précaire. Qu'un petit nombre d'hommes se soient mis de cette manière *au-dessus* de la servitude est d'autant moins digne d'étonnement qu'à la prendre dans l'ensemble et dès l'abord, l'humanité tendit spontanément à se mettre un peu *au-dessous.* Si un point d'histoire semble peu contestable, c'est bien celui qui touche au travail, auquel les hommes, à l'encontre des animaux, du moins de la plupart, s'asservirent d'eux-mêmes. Le travail va de pair avec les interdits auxquels les premiers hommes semblent bien aussi s'être soumis sans y être contraints par autrui. Apparemment, ces êtres à la fois si proches et si éloignés de nous s'opposèrent aux animaux, en se pliant d'eux-mêmes à des lois comme celles qui interdirent le libre commerce sexuel et le meurtre. Encore que précédant l'histoire au sens étroit. Et même si nous doutons, supposant quelque intervention ancienne de la contrainte, nous devons croire que l'humanité s'est d'elle-même soumise en son ensemble, à peu près dans le même temps, à la loi du travail et à celles des grands interdits. Elle s'est soumise, elle a renoncé à la souveraineté naturelle de l'animal.

Mais ce mouvement de soumission devait justement entraîner, dans des conditions où la contrainte ne pesait pas, la nécessité d'une compensation. Une servitude volontaire avait nécessairement une fin par-delà l'activité, commune aux animaux et aux hommes, qui suffit aux subsistances. L'humanité fit succéder le temps de la licence, où le long calcul des travaux n'opère plus – et où les interdits défaillent – à celui de l'asservissement. Le mouvement souverain de la fête, où rien ne compte qui ne soit cet instant, qui est là, compense le mouvement contraire, qui avait engagé à des attitudes soumises, et dont il est, par la surdité à ce qu'il n'est pas, la résolution et la fin.

Ce que sont, dans le temps, les caprices de la fête à la subordination du travail, le souverain l'est, dans l'espace, au sujet qui travaille à son service. Non que le souverain ne soit lui-même soumis à des lois : mais celles-ci règlent ses rapports avec les autres, et les précautions que ceux-ci doivent prendre en présence de cette force irréductible, qui ne peut être subordonnée à rien ; elles donnent du dehors des limites aux effets ruineux qui se répandent à partir de celui que rien ne limite de lui-même. Mais dans le royaume de l'instant, le souverain ne place pas seulement d'autres hommes dans le pouvoir de mouvements dangereux et capricieux, il y demeure lui-même ; il est ainsi celui qui ne peut d'aucune façon se mettre à l'abri, ne pouvant vivre sous le poids du calcul *.

---

* Une longue dissertation manque à ce point, et il me semble qu'à supposer qu'elle ne manque pas, quelque chose d'autre manquerait, que je dois taire. Et sans doute aurais-je dû, me dira-t-on, me taire auparavant... Devais-je me donner le tournis à m'engager dans le labyrinthe sans issue des récits que sans fin l'histoire reprend – et renouvelle – de cette nuit à l'autre qui la suit, ou de cette nuit tombe à ce berceau ? Mais si nous cessons de lier à ces formes objectives que l'histoire compose et recompose (comme sont la servitude ou la maîtrise...) *les expériences intérieures* (les réelles et celles que l'imagination me représente aisément) qui leur répondent, nous renoncerions à ce que nous sommes en vérité, à l'être en nous-mêmes donné, où chaque forme

La cruauté n'est pas en jeu, mais la souveraineté sans l'esclavage a quelque chose d'accordé... Tandis que l'esclavage fut imposé aux vaincus de telle sorte que le mort seule aurait permis l'insoumission. L'esclave qui travaille n'est plus que l'effet d'une contrainte. Ceux qui ne s'inclinent pas d'eux-mêmes devant le souverain lui subordonnent – par la force – des hommes qui, sinon, refuseraient le travail. Ainsi l'esclave n'a pas de lui-même placé le maître au-dessus de lui. À la fin, le souverain, qui avait en lui-même voulu préserver de la soumission l'*être* dont l'essence lui semblait d'être irréductible à la soumission, le lâche dès que l'*être* est celui d'un vaincu et d'un étranger. Le refus que l'homme du caprice oppose à l'asservissement est demeuré en apparence inchangé. Mais l'excuse qu'il avait dans l'accord intime disparaît si l'esclave involontaire, et non le sujet, est tenu de le servir. Ou plutôt, il acquiert le pouvoir d'employer du travail à d'autres fins que la dangereuse souveraineté de l'être : il peut dans ces conditions vouloir se retirer du jeu, demeurer à l'abri, et loin de vivre dans l'instant, se priver lui-même de la force sacrée qu'il eut d'en jouir, pour lui substituer ce désir que l'instant dure, qui a justement le don d'en souffler la flamme.

À la fin, l'échec du souverain des temps anciens, dont la voie aurait pu sembler moins aberrante que celle du moderne révolté n'est donc pas moins entier que le discrédit général ne le suggère. Si nous sommes soucieux de laisser en nous-mêmes intact un mouvement souverain de l'être, nous ne pouvons pas plus le réduire en autrui que laisser en nous, provisoirement, ce mouvement se subordonner dans l'attente de l'affranchissement final.

objective ne prend place que liée au sens qu'elle a sur le plan d'un donné subjectif. C'est là faire, il est vrai, comme on dit, *table rase*, mais de quelque côté que nous ayons placé le donné fondamental authentique, nous n'avons fait que nous figer dans une attitude pédante, où seule notre sottise, timide ou solennelle, nous empêche d'avouer clairement qu'il n'est pas de donné si simple que nous puissions dire : je touche le sol, *isolément*, de tout le reste... De toute façon, ce *sol* où l'on a trouvé le *clairement* connu n'est pas si clair pour une conscience à laquelle il donne le sentiment opposé de la *nuit* : de ce qui est simple comme serait le monde à qui, ne voyant rien et ne discernant rien, ne saurait dire *je pense*, faute d'objets de pensée distincts susceptibles de prêter à la distinction « je » le sens précis qui ne le distingue pas seulement d'autres objets mais de cette pensée – qui se manifeste en lui... : mais en dehors de ces représentations courtes, qui ne s'articulent que pour un temps et nous lâchent au tournant même où nous avions pensé qu'enfin, *nous verrions*, qui ne sait en effet que le monde n'est à lui (ou n'est en lui) que cette nuit achevée, ce qui n'ayant pas de nom concevable, se dérobe infiniment.

IV

C'est ce dilemme qu'un mouvement de soumission sans mesure évitait selon l'apparence. Aux yeux de l'homme soumis, l'état souverain ne pouvait être accessible à la *créature* qu'il était. Ou si l'on veut, à la mesure de l'homme, l'état souverain – où il n'est plus de limite admise ni de soumission tolérée – c'est le péché. Et le péché, nous devons, s'il se peut, l'éliminer de la Terre, même généralement de l'univers, mais nous ne pourrions – d'ailleurs nous ne voulons pas – porter atteinte à ce qui au sein de l'être est souverain, qui nous domine et domine ce qui s'élève humainement de plus puissant. La souveraineté dans la soumission devient une affaire de l'autre monde : en un sens, l'homme soumis, pieux et religieux ne remet pas à *plus tard* d'être souverainement, mais à l'au-delà, qui n'est pas ultérieur si nous envisageons *sur-le-champ* la totalité de ce qui est ; qui, pour nous, n'est pas seulement ultérieur, mais séparé de nous dans l'espace – ou si l'on veut : dans l'ordre de l'espace, hors de l'espace.

Cette configuration n'est pas arbitraire. Comparée à celle qui définissait un souverain *de ce monde,* elle ouvrit à l'être un champ de possibilités renouvelées. Elle dénonça en même temps, bien qu'avec prudence, les jeux de lumières qui abusaient le plus grossièrement de l'humaine simplicité. Mais il est en elle une faille dont la conséquence est *mortelle,* en ce qu'elle ne maintient que difficilement la distance de l'être souverain à l'homme soumis. Ce Dieu que rien de défini ne manifeste, et qui dépend en dernier lieu de ces hommes dont il est – formellement – une représentation de l'esprit, tend à répondre lui-même, à son tour, aux exigences de soumission auxquelles se plient ces derniers. Il est souverain mais l'angoisse humaine, qui est la plus forte à mesurer ce que rien ne limite ni ne subordonne, tend à charger cette légèreté de son poids, à mettre à la raison l'irrationnel, et à donner des lois au caprice. Un Dieu des philosophes, un bon Dieu à l'image du Bien et de la Raison, est ce que la servilité introduisit qui change le présent en souci de l'avenir, qui annihile l'instant et fait du calcul une figure vide opposée à l'immense – comme le séparé, le figé, au refus de toute limite.

Je ne veux pas dire que la « religion », que la soumission

définit, se borne à ce mouvement de la pesanteur en elle : son élan initial la porte en sens contraire, mais la « religion » est ce corps que l'engourdissement, le sommeil gagnent sans fin et qui ne vit qu'à la condition de revivre. Il n'y a rien de « religieux » qui ne demande incessamment qu'une sorte de *révolte* limitée le nie, le réforme ou le recommence : la soumission éloigne toujours, insensiblement, de la souveraineté qui en est la fin. Même un élan que rien encore n'a ralenti, qu'aucune angoisse ne détourna silencieusement de l'objet souverain que j'ai dit, s'embarrasse aussitôt dans les calculs qui sont dès l'abord essentiels à l'esprit docile.

Ces calculs, la piété devrait les oublier. Il arrive qu'elle le fasse. Parfois la peur de l'enfer (ou des incarnations renouvelées), le désir du salut perdent dans le sentiment de l'âme extasiée le sens qu'ils avaient pour l'être docile. Mais pour un saut dans la divinité, que de méthodes poussives et de méditations pesantes où l'accès à l'état souverain est prévu comme un voyage !

Ceci dit, les méthodes de méditation religieuse, qui tendent à nous donner, sinon la souveraineté, la vision de la sphère souveraine, ne peuvent être envisagées d'une manière unilatérale. Il n'y a jamais humainement de mouvement simple : il n'est pas d'état insouciant auquel le calcul n'ait quelque part ; inversement, les calculs les plus indiscrets sont souvent suivis de mouvements naïfs.

Nous entrons à la recherche du salut, dans un monde de glissements, d'équivoques, d'habiles malentendus et de tricheries criants de sincérité. Le salut paraît d'abord être l'opération par excellence. À l'opposé d'une jouissance naïve et souveraine, il n'est pas de calcul plus asservi que celui du dévot, par esprit de soumission, refusant l'attrait que l'instant lui propose, condamnant la vie immédiate, en vue du bien, infiniment plus grand, qui lui sera donné *plus tard*. Mais *plus tard*, ce ne l'est pas exclusivement. C'est vrai pour le fidèle tenté, dans le moment de la tentation. D'autres fois, l'attrait du souverain bien est *sensible* sans attente. Ce bien ne se propose pas toujours avec un moindre pouvoir de séduire que d'autres objets du désir : mais il peut nous être donné d'une manière indépendante de la réalité extérieure, sans que la chance, l'audace ou l'abus de la force nous l'aient procuré. Il n'en est pas de même de ces attraits auxquels nous ne pouvons communément céder sans péché, comme ceux de l'amour ou du meurtre. Nous ne pouvons aimer ou détruire que des êtres placés par le sort à notre merci; et nous devons, dans la plupart des cas, le faire à leurs dépens. Tandis qu'à la rigueur, il dépend de nous et de notre effort d'accéder au souverain bien.

Sans nul doute, le divin fut souvent donné à des hommes de la même manière que l'objet de la sensualité ou du meurtre : il leur fut révélé du dehors. Nous devons même imaginer que le divin fut d'abord sensible objectivement, et que les rites le révélèrent en des lieux qui lui furent consacrés. Cela n'allait pas sans la destruction qu'est le sacrifice, et le Dieu de l'Église ne nous fut lui-même donné que sur la croix. Mais il fut possible à partir de là d'évoquer dans la mémoire ce qui avait ainsi la vertu d'extasier. C'est possible en d'autres domaines, mais seules les manifestations du divin furent au départ d'évocations que la solitude au lieu d'appauvrir enrichit. Ainsi la méditation de la sphère divine fut le creuset où l'être humain, lentement, se détacha, puis se consuma dans l'instant, jusqu'à parvenir, au mépris d'un monde de chair et de sang, à l'état souverain le plus insouciant.

Si des hommes, portant tout entière l'attention sur l'instant, avaient tenté, sur le mode ordinaire de la connaissance, la recherche d'un moment souverain, l'impuissance de l'attention aurait seule joué *. Mais la méditation religieuse se donnant un but, le salut, qui recevait une valeur incomparable, ne fit réellement qu'attarder la conscience sur un attrait déjà sensible. La méditation méthodique orchestra un thème —

---

* En effet, comment compterions-nous sur l'attention pour saisir en nous-mêmes un présent hors duquel rien de divin, de souverain, d'incalculé ne nous est donné? Nécessairement, l'attention se donnant le présent pour objet nous leurrerait : elle devrait d'abord à cette fin le réduire à un avenir. Car l'attention est un *effort* en vue d'un résultat, elle a la forme du *travail*, et même elle n'est plus, simplement, qu'un moment du travail. Nous pouvons travailler sans attention, mais le travail le plus inattentif fut d'abord une conséquence de l'attention prêtée à l'opération difficile. C'est l'effort appliqué au discernement d'un aspect donné d'un objet. Mais si nous voulons discerner cet aspect, c'est en vue de changer cet objet. Nous pouvons ne rien vouloir changer à la *réalité* de l'objet ainsi proposé à l'attention, mais au moins changeons-nous alors (à moins d'échec) la connaissance que nous en avons : nous changeons l'objet insuffisamment connu en objet mieux connu. Ainsi l'attention prêtée à l'instant ne peut avoir *en vérité* pour objet l'instant lui-même, car l'objet assigné l'est dans une opération devant nous le faire mieux connaître, et la connaissance, fût-elle en elle-même une fin, ne peut l'être *en vérité* dans la mesure où elle n'est pas une œuvre en vue d'un résultat, ou comme telle elle cesse de compter dès qu'elle est acquise – sauf un jour où nous aurons l'occasion de faire connaître à d'autres le résultat. Ceci revient à dire qu'en son principe la connaissance attentive n'est jamais contemplation au sens fort : elle engage dans le développement indéfini (la servitude sans fin) du discours : ainsi l'attention, si elle envisage l'instant, le change, en fait, de ce qui nous échappait inconsciemment, en ce qui nous échappe le sachant, malgré l'attention que nous lui prêtons.

déjà donné – ou en développa les variations, elle le dépouilla
jusqu'à le réduire à un contenu élémentaire, qui frappe la
sensibilité si intensément qu'il n'est plus, au-delà, d'intérêt
concevable, et qu'à ce point l'âme, qui d'abord avait prétendu
mourir de ne pas mourir, accueille en silence la simplicité, vide
de sens, de la mort. Mais l'opération si clairement subordonnée qui parvint à ce *résultat* ne rencontra pas ce qu'elle cherchait et elle ne cherchait pas ce qu'elle rencontra, jamais elle
ne devint ce qu'elle voulut être et jamais le mystique ne reçut
de réponse à son entreprise, sinon celle d'un oiseau moqueur,
qu'il était lui-même devenu, qui sifflait où personne n'attendait rien. Sans doute est-ce la raison pour laquelle les zénistes,
étant des « maîtres » facétieux, voyant en ceux qui avaient
formé le projet de les suivre les victimes désignées d'une farce
souveraine, furent de tous les guides les plus capables, qui ne
ruinèrent pas par des discours mais dans leur conduite la
notion d'entreprise et de voie. Au surplus, il est permis de
croire que, si les mystiques, parlant de leurs états, induisent
en erreur ceux qui les écoutent, puisqu'ils parlent de ce dont
les autres n'ont pas de connaissance, ils rencontrent la chance,
non la difficulté de leur recherche prétendue. Je ne puis
admettre en effet qu'il y ait recherche dans la mesure où
jamais nous ne trouvons rien qu'à la condition de ne pas le
chercher. Non qu'à travers les siècles et les civilisations variées,
l'immense effort qui tendait le monde religieux n'ait rien
voulu dire. Mais s'il eut un sens, c'est *malgré* le principe de
la soumission et de l'entreprise du salut, dont toutefois j'ai
encore cette raison de ne pas parler trop simplement : ne fut-
il pas en effet en un autre sens une *révolte* de fait contre une
soumission générale au monde réel, qui limitait le pouvoir de
la séduction à la chance, et qui plaçait les moments souverains
dans la dépendance de la force?

v

Ainsi le monde de la soumission ne cessa d'être parcouru
de lueurs souveraines imprévues, mais ce fut dans la mesure
où il refusait la pesanteur liée à la soumission. L'exode du
monde réel – la conquête d'une sphère souveraine localisée
dans l'au-delà – eut certainement de son côté le sens d'un
refus de la toute-puissance de ce monde. Mais la soumission

de cette façon maintenait dans les limites de la réalité la souveraineté de la pesanteur et de la tricherie : souveraine affirmation de ce qui était le gâchis de la fierté (les plus fiers étant désormais les plus comiquement soumis). Ainsi le principe de la soumission jouant à l'échelle de l'humanité ne put que placer la vie dans le souverain pouvoir de la comédie.

Comment imaginer malentendu plus emmêlé? Il mit fin à la brutalité presque cynique... mais nous n'en sortons qu'en risquant – voulant aujourd'hui le résoudre, et ne pouvant le faire sinon dans la fièvre de la révolte – de l'emmêler bien davantage...

De le démêler entièrement, il ne saurait être question! Il faut pour le tenter, ne pas voir qu'un monde dont les contradictions seraient résolues n'aurait plus de fin souveraine – ou qu'un monde ayant une fin souveraine part d'une contradiction fondamentale, opposant la raison (ce qui est sensé, rationnel, mais n'étant que *moyen* ne peut être *fin*) à la *fin*, qui toujours est *inutile*, et toujours est *insensée* (l'utile est tel pour une fin donnée qui, elle, par définition, n'est pas utile; de même rien ne peut avoir à proprement parler de sens sinon par rapport à quelque autre chose; ce par rapport à quoi le sens est donné ne peut indéfiniment renvoyer plus loin : c'est un moment souverain perdu dans l'inconséquence de l'instant). Un arrière-fond d'insensé, que compose tantôt l'imagination, tantôt le désordre, parfois la tension extrême de la vie, échappe sans nul doute à toute rationalisation concevable; sinon nous cesserions d'être au monde *dans le temps présent*, nous serions tout entiers *au service* du temps à venir. Surtout, nous ne saurions penser d'aucune manière à faire entrer dans la sphère souveraine quoi que ce soit de rationnel ou de prémédité. L'humanité que dès l'origine orientèrent des interdits et la loi du travail ne peut à la fois être humaine, au sens où elle s'oppose à l'animal, et authentiquement souveraine : en elle, la souveraincté ne fut jamais que réservée, comme une part de sauvagerie (d'absurdité, d'enfantillage ou de brutalité, plus rarement d'amour extrême, de beauté révulsée, de plongée extasiée dans la nuit). Comment nous étonner si, de nos jours, la révolte, refusant d'aliéner cette part irréductible appartenant à chacun de nous ne peut cependant l'assumer. Il lui faut d'ailleurs la limiter, au moins en ce sens que nous ne saurions sans contradiction réduire la part d'autrui afin de ne pas réduire la nôtre mais l'ajustement des droits est difficile, et la révolte s'enlise attelée à la tâche qu'elle dut se donner : elle est si bien perdue dans un travail interminable, que rien n'est maintenant plus loin de la pensée des révoltés que la fin souveraine de l'être (cette fin se retrouve peut-être, mais, de peur du scandale, elle se donne alors pour ce qu'elle n'est pas, pour utile). Ainsi le dilemme de la souveraineté ne se pose pas d'une manière moins dérisoire pour le moderne révolté que pour le roi divin ou le moine. S'il a le désir d'échapper aux conditions qui le condamnent, il n'a comme eux de recours que dans la chance et dans l'obstination du refus. Le seul changement intervenu tient à la clarté qui se fait, à cette situation si dénudée qu'aucun homme jusqu'à nous n'en put concevoir de plus durement éclairée : l'humanité entière bloquée, ici dans les contradictions archaïques des religieux ou des rois, mais là dans l'impasse d'une révolte en s'achevant revenant à la soumission, mais plus parfaite et sans au-delà.

Combien il serait difficile de représenter, sans en avoir ainsi figuré les antécédents précis, les conditions dans lesquelles un homme accède à sa fin souveraine – immédiate – dans le temps actuel. La révolte a ébranlé et ruiné ce qui dans le fond des âges avait eu le ton capricieux de l'autorité, et rien ne reste de souverain, donné au dehors, qui puisse nous donner le *violent désir* de nous incliner. Comment ces voix lasses auraient-elles encore un pouvoir de nous briser ? À peine est-il possible de rêver un refuge, un séjour rassurant dans ces ruines : elles sont majestueuses, et parfois elles accueillent ceux qui n'en peuvent plus d'affronter un monde qui leur semble en entier hostile. Rien en vérité ne demeure et rien dans l'univers n'apparaît qui puisse rassurer ou guider l'existence incertaine de l'homme. Nous ne pouvons que nous donner à nous-mêmes la gloire d'être à nos propres yeux cette vision insensée, risible et angoissante. Ainsi dans la nuit dernière où nous sombrons, la possibilité nous est laissée de nous savoir aveugles et de tirer du refus que nous opposons à ces bribes de savoir qui nous assotent une vertu : celle de nous éveiller sans mesure à cette nuit et de nous dresser, vacillant ou riant, angoissés, égarés dans une intolérable joie!

Mais sans doute devons-nous éviter de parler étroitement d'une expérience encore à venir. Tout au plus est-il permis de dire qu'apparemment le *révolté souverain* se situe aussi bien à la suite des extases des saints qu'à celle des licences de la fête... Mais le souci de s'effacer et discrètement de s'en aller à l'obscurité qui est son domaine lui revient. Si l'éclat poétique lui est lié, si le discours prolonge en lui ses dernières et précises clartés, sa vie néanmoins donne sur un versant opposé où il semble que le silence et la mort se sont définitivement établis. À coup sûr, dans la pleine négation qui suit la ruine de toute autorité, nous n'avons plus de vérité que dans l'instant *. Mais l'instant, dont la vérité seule nous touche, et ne peut cependant être niée, jamais ne sera mieux l'instant qu'étant le dernier (sinon lorsqu'il sera celui du dernier homme...). Encore écarterai-je avant de me taire la possibilité d'un plat malentendu : il n'y a de place dans ce tableau pour rien de lourd ou d'orgueilleux, la réputation de la mort est surfaite, le silence dont je parle est gai. La révolte est le plaisir même, et c'est aussi − *ce qui se joue de toute pensée.*

* Comment peut-on imaginer que l'*autorité ruinée,* il put subsister en ce monde, hors celle de l'instant, une vérité valant pour tous qui ait plus d'intérêt que « cette table est verte », « cet homme est plus âgé que celui-ci », − qui réponde à d'autres questions que celles d'intérêt pratique. Mais l'instant est silence.

L'utilité de l'art

Critique [1]

Dans un récent débat sur le réalisme socialiste (publié dans *Arts*, n° 357, 1er au 7 mai 1952), le peintre Aujame s'exprime ainsi : « Pour les marxistes, l'art n'est qu'un des moyens d'agir sur les masses. » Et, parlant de l'opinion de Vercors, selon lequel il y a, toutes proportions gardées, « une certaine ressemblance entre la situation des artistes en Union soviétique et celle des artistes du Moyen Âge », il ajoute : « Dans ce que disait Vercors, il y a un point contre lequel je m'élève avec violence : il paraît absolument indigne d'un homme que nous considérons comme un grand esprit de comparer cette situation à celle qui avait cours au xııe siècle. Ce qui est capital au xııe siècle, oubli sensationnel de la part de Vercors, c'est que le clergé (comme aujourd'hui les sorciers en Afrique) était considéré comme intercesseur. Là est le centre de la question : Staline – et c'est ce qui l'éloigne de nos conceptions artistiques – ne se considère plus du tout comme un intercesseur, puisqu'il n'y a pas de finalité, puisqu'il n'y a absolument rien au-delà que le progrès indéfini, que le progrès technique. » Ces quelques phrases ont beau être bizarres, à coup sûr, elles placent le débat sur son terrain. Tout d'abord, je ne puis manquer d'insister sur un point : la comparaison de Vercors ne me scandalise pas, au contraire, c'est seulement à partir d'elle, à mon sens, que prend forme un problème fondamental. Comment, dans un débat sur la liberté de l'art, oublier un instant que l'*artiste* et que l'art lui-même ont toujours été réduits à servir? L'artiste libre, l'art autonome sont des formes très récentes dont nous sommes d'autant plus loin de connaître la portée que nous perdons de vue leur caractère absolument nouveau. Nous nous élevons contre l'art officiel un peu vite. Cependant, s'il est vrai que l'art soviétique, revenant à l'art d'État, restaure un principe qui fonda l'art de tous les temps, il y a une différence entre l'art soviétique et l'art ancien qu'Aujame a très bien vue, encore qu'il l'ait bizarrement exprimée. L'autorité ecclésiastique donnant ses directives aux artisans des cathédrales différait en effet sur un point de l'autorité soviétique. Elle avait dans le monde une tout autre attitude. Elle servait ce qu'Aujame appelle « une certaine transcendance » et qu'il est plus heureux de nommer *fin souveraine.* Un article de Salvador Dali, qu'*Arts* publie à propos du même débat, formule les choses de la manière la plus banale : « L'artiste ne doit servir personne, sauf Dieu. » Cela veut dire en termes plus précis que l'artiste peut servir, mais seulement si ce qu'il sert est souverain. Il peut recevoir des commandes des prêtres. Il peut en recevoir des rois. En effet, ce qu'un prêtre ou un roi lui ordonne de figurer est divin ou royal, c'est-à-dire au-dessus de l'utilitaire : essentiellement, c'est ce qui n'est un moyen d'aucune façon, ce qui ne sert à rien, qui est une fin. Or il semble le plus souvent que l'État soviétique ait pris le contre-pied de ce qui est ainsi *souverainement,* qu'il ait réduit toute chose aux « moyens d'agir sur les masses », aux moyens de produire davantage ou de renforcer les pouvoirs de ceux qui dirigent.

Ce n'est pas tout à fait vrai. La fin de l'État socialiste se situe, elle aussi, au-delà des moyens : c'est l'« homme non aliéné », c'est cette réalité humaine profonde dont Dieu est le reflet. La seule différence entre le marxisme et le christianisme est que, pour celui-ci, l'homme est fait à l'image de Dieu, que Dieu, pour celui-là, est fait à l'image de l'homme. Mais l'homme fin souveraine n'est pas moins souverain que Dieu ; c'est absolument vrai s'il s'agit, dans l'homme, de cette part divine que les moyens dont l'homme dispose délivrent de l'asservissement à la nature, et qui maintient en nous, comme un principe irréductible, une *beauté émouvante* qui par définition ne sert à rien.

Et comme il n'est rien en ce monde qui ne donne finalement la mesure de l'homme, nous pourrions à ce point définir une vérité première. Cette beauté émouvante, indépendante et bien clairement des formes anciennes et menteuses de la souveraineté, est devenue dans un monde très dissocié l'objet même de cet art que ne guide plus l'autorité, qui est le nôtre, et que l'autorité marxiste dénonce. Cependant cette beauté propre à l'homme non aliéné n'en est pas moins la fin que poursuit le marxisme lui-même – mais dont il lui faut se garder dans la mesure même où, pour l'atteindre plus sûrement, il doit, en premier lieu, réduire chaque homme au parfait contraire de cette fin, à un *moyen*.

Ce n'est pas une erreur : c'est la tragédie du temps actuel où nous n'entrevoyons qu'à travers des mensonges et des déchirements une souveraineté dégagée des compromis auxquels l'engageait l'asservissement des malchanceux.

*

À l'occasion du même débat, Roger Caillois, répondant à André Parinaud, insiste sur un point : « La question du réalisme socialiste, dit-il, n'est pas un problème esthétique. La peinture désignée en Russie sous ce nom est très exactement la peinture admirée, estimée, achetée, accrochée aux murs de toutes les latitudes et aussi bien à Chicago qu'à Bordeaux et à Leningrad par tous les gens qui désirent orner leur " intérieur ", qui ne sont pas spécialement artistes, mais qui constituent, d'un point de vue strictement administratif, la partie saine de la population... Le " réalisme socialiste" est un nom pédant pour désigner le goût universel des gens qui n'ont pas le sentiment des valeurs proprement picturales et qui sont satisfaits avec les calendriers des P.T.T.» Cela est juste sans doute, mais Caillois parle en sociologue et ce qu'il dit introduit en effet, sans le préciser, un problème de sociologie. Ce problème, si l'on m'a suivi, pourrait se poser en ces termes : si les goûts des dirigeants soviétiques diffèrent si peu du goût universel, ne serait-ce pas pour la raison qu'en un point la réalité des amateurs de chromos et celle des conseillers du réalisme socialiste se confondent? ne seraient-elles pas, sur le plan de l'art, identiques en ceci que les uns et les autres sont délibérément éloignés des fins souveraines, s'en tenant à des soucis plus terre à terre, que les fins souveraines transcendent (en un sens) et que le mot d'utilité situe? Ne pourrions-nous aussi nous demander si l'« irrémédiable déchéance » (le mot est d'André Breton parlant, dans la même publication, du mal qui atteint la peinture soviétique) qui a généralement frappé la masse de la production picturale depuis cent ans (et qui acheva alors un déclin sensible bien plus tôt) n'a pas tenu au vide social laissé par la déchéance des valeurs sacrées de tout le passé. Si nous pouvions répondre positivement, peut-être aurions-nous le loisir d'entrevoir un sens profond de l'art autonome que nous aimons? Peut-être l'art d'une civilisation *désacralisée* devrait-il irrémédiablement déchoir, et peut-être l'art autonome, à travers des recherches en apparence bornées au domaine plastique, poursuit-il encore, sous nos yeux, la quête d'un monde perdu, le monde sacré. Ne nous semble-t-il pas souvent qu'au-delà de son impuissance, l'art moderne poursuit la fin que n'atteignent plus nos désastres utilitaires?

La mystique purement poétique
d'un grand écrivain irlandais

Critique [1]

A.E. (George Russell), *Le Flambeau de la vision* [*The Candle of Vision*], Traduction de Léon-Gabriel Gros, Préface de Jacques Masui, Éd. des Cahiers du Sud, 1952. In-16, xiv-165 p.

Ce petit livre d'un Irlandais, dont la traduction est aujourd'hui donnée au lecteur français, est tout à fait extraordinaire. Ce n'est pas seulement un chef-d'œuvre littéraire : de ce dont il nous entretient, jamais, me semble-t-il, nous n'avons entendu parler. Ce récit d'une expérience mystique, qu'un comptable mena sur les pentes herbeuses des collines, mais aussi dans son triste bureau, témoigne de la survie d'un monde païen. Qu'il est déconcertant de lire (p. 11-12) : « Voici qu'ensuite je retombais de ma vision et de mon extase, et que j'entendais parler, que je revoyais à travers le tremblement de l'air surchauffé les faces fiévreuses; il me semblait être rejeté du monde de l'esprit. Il m'était presque intolérable après de penser à ces choses, car j'avais l'impression de me trouver pris au piège en quelque obscur enfer. Vous l'étiez, aussi, pris au piège avec moi, vous tous, braves et bonnes gens du bureau, qui jamais ne dites un mot rude à l'enfant distrait que j'étais. Vous aussi, je le savais, aviez vos révélations. Je me rappelle un jour combien ce commis au visage ridé, aux yeux clignotants et à la barbe grisonnante, qui ne semblait avoir en dehors de son travail d'autres objets d'intérêt que sa pipe et son journal, me surprit en me disant qu'à minuit, la nuit précédente, il s'était réveillé dans son sommeil, et qu'une portion de son être allait et venait à grands pas dans le clair de lune sur une immense avenue bordée de gigantesques statues. » Ce n'est pas une fiction mais un témoignage, où il entre beaucoup de naïveté mêlée à l'alacrité du bon sens et à la forte érudition. Ce poète dont la Terre fut la divinité conte avec un charme prodigieux : il crut dans ses mémorables visions retrouver la « mémoire éternelle », et s'il déconcerte quelquefois, il est certain qu'il émerveille toujours.

George Russell qui, en 1919, publia sous les initiales A.E. ce *Flambeau de la vision*, est né en 1867, à Lurgan, dans le comté d'Armagh. Il mourut en 1935. Il avait été l'ami d'un autre poète irlandais, Yeats, auquel le mysticisme l'apparente – Yeats, encore inconnu dans notre pays en raison de difficultés de traduction, mais que le monde anglo-saxon tient pour un des grands poètes de tous les temps. L'Irlande n'a nullement méconnu George Russell et *Le Flambeau de la vision* fut souvent réédité. « Comptable... il devint par hasard, la préface nous l'apprend (p. xiv), organisateur de sociétés agricoles et dirigea à ce titre, de 1904 à 1923, l'*Irish Homestead*, l'organe du mouvement agricole coopératif en Irlande. En 1923, il créa l'*Irish Statesman*, un important journal hebdomadaire qui contribua grandement à provoquer le mouvement qui devait conduire l'Irlande à la complète indépendance. – Dès 1899, il avait été l'un des promoteurs de l'Irish Litterary Theatre qui devait révéler le célèbre Synge. » Il fut aussi un économiste remarquable : il a publié sur l'idéal coopératif un ouvrage intitulé *L'Être national* : « A.E., écrit dans la préface Jacques Masui (p. xii-xiii), n'est pas seulement un grand poète, il fut aussi la conscience de l'Irlande et, avec Yeats, l'un des pères de son indépendance et sa plus belle voix. Sa vie est un grand exemple. Il alliait à une puissance de travail prodigieuse une intégrité et un désintéressement absolus. Simple et modeste il repoussa la richesse et les honneurs officiels par souci d'indépendance. Doué par les dieux pour la poésie et la peinture *, il se mit très jeune au service de sa patrie renaissante avec une abnégation remarquable : durant plus de vingt ans il se dévoua corps et âme au mouvement coopératif agricole qui devait transformer la structure économique de l'Irlande. A.E. exerçait un ascendant irrésistible sur tous ceux qui l'approchaient et, aux dires de témoins, il se dégageait de toute sa personne un rayonnement béné-

* Je ne sais rien de la peinture de George Russell, mais il serait très intéressant de savoir exactement ce qu'elle fut, même si, comme il est fort possible, elle est médiocre.

fique extraordinaire qui était la preuve irréfutable d'une réalisation intérieure parfaite. Peu d'hommes à notre époque évoquent davantage l'image de la sagesse antique... »

*

Nous sommes frappés dans le récit d'A.E. par le fait que son expérience est étrangère à toute discipline déterminée. Elle ne procède nullement de la discipline des chrétiens et elle ne se réfère que vaguement à celle des hindous. Ce fut, à l'âge de 16 ou de 17 ans, une sorte d'envahissement spontané. « Par une tiède journée d'été, nous dit-il (p. 9), où j'étais étendu paresseusement sur la pente d'une colline, ne pensant à rien pour l'instant si ce n'est au soleil et combien il était doux de sommeiller, ... soudain je ressentis au cœur une violente palpitation. Je tressaillis, tous mes sens exacerbés et en éveil, tendus vers l'intérieur de l'être. » Il s'exprime là-dessus de la manière la plus précise (p. 5) : « Ce fut, je crois, une naissance spontanée. Durant mes promenades sur les routes de campagne, je m'étonnais des intenses images d'un autre monde ou d'une nature intérieure qui commençaient à s'emparer de moi. Elles étaient comme des étrangers qui entrent soudainement dans une maison, bousculent les portiers et exigent qu'on les reçoive. »

Ce qu'étaient exactement ces visions, il est (mais comme toujours) difficile de le préciser. Il nous semble souvent qu'elles se bornèrent à des images nettes, dont la description détaillée pouvait être aisément donnée. Mais il doit les décrire, d'autres fois, d'une manière beaucoup plus vague : « Alors, dit-il (p. 9), s'ouvrit pour moi le cœur de la colline, et je sus que pour ceux qui y vivaient, ce n'était pas une colline et qu'ils n'avaient pas conscience des étouffantes montagnes entassées sur leurs palais de lumière. Les vents étincelaient d'une clarté de diamant, riches cependant d'une opalescente couleur, comme ils se glissaient brillants à travers la vallée. » Le récit exagère d'ailleurs, probablement, l'aspect visionnaire au détriment des mouvements extatiques. En effet la vision est saisissable et elle peut toujours être décrite, tandis que, de l'extase, nous ne parlons jamais que par détours. Cela, A.E. le sut, qui écrivit (p. 104) : « Je me souviens de faits plutôt que de comportements, je me rappelle plus la vision que l'extase. » Toutefois, il tendit à souligner les aspects violents des comportements extatiques. Il décrit (p. 104) « l'extasié au langage à demi articulé, aux mots hachés... ». Et il se peut que les moments calmes, en un certain sens apathiques et, de toute façon, les plus « libres » de l'expérience, s'il les connut, ne lui furent jamais familiers.

À la spontanéité de la naissance, il semble bien que succédèrent des tentatives au contraire concertées. « Je m'attardais, dit-il (p. 20), à conquérir la maîtrise de ma volonté ; je choisissais quelque objet mental, une abstraction, par exemple, et m'efforçais de contenir mon esprit fixé sur lui en une concentration constante, de telle façon que l'attention ne fléchît pas le moindre instant. » Il parle (p. 23) de persévérer « des semaines et des mois » et fait (p. 43) allusion à d'autres qui « n'ont jamais eu le don naturel de vision... et l'ont acquis, par une méditation soutenue et une concentration poussée jusqu'à l'incandescence de la volonté, ils furent transportés au-dessus de la mesquine vie corporelle ».

Cette allusion à d'autres personnes avancées dans la même voie est surprenante. Nous ne sommes nullement faits à cette facilité de la vie mystique. Même dans le cadre de la religion catholique, où subsistent une riche tradition et des *institutions* contemplatives, l'expérience mystique au sens fort est très rare. Ceci étonne d'autant qu'en apparence il s'agit d'intentions informes, qui ne sont pas orientées par des croyances reçues et par des pratiques éprouvées. À vrai dire, il faudrait pour en juger des informations plus précises. Ce qu'en dit A.E. (p. 12) déconcerte : « Je rencontrai bien vite des camarades de vision qui eux aussi pouvaient voir comme je voyais, et entendre comme j'entendais, et il en était parmi eux qui étaient allés plus profondément au cœur de cet être que je n'y avais moi-même voyagé. » Cela ne donne pas le sentiment d'expériences que la connaissance de quelque *yoga* aurait guidées... Mais *Le Flambeau de la vision* ne dit pas ce qu'étaient la « méditation soutenue » et la « concentration poussée jusqu'à l'incandescence » de ces « camarades de vision ». Nous lisons simplement (p. 25-26) : « Il est raisonnable d'admettre que les visions et les extases les plus hautes sont déterminées par une loi à la portée de tous. » Et rien sur la « loi ». A.E. explique longuement sa pensée sur ces expériences mais il les interprète après coup, il ne s'agit nullement, comme nous y sommes habitués, d'une tradition préalable, fondamentale, à laquelle s'ajoute le commentaire, parfois philosophique, d'extases et de visions peut-être différentes, mais peu différentes, de celles qu'avaient éprouvées les mystiques déjà connus. Sans doute l'auteur lut à la fin la littérature hindoue – et il cite les *Upanishads* et Çankara... Il faut sans doute rapporter à cette tradition la manière de voir à laquelle il est parvenu, si opposée à l'enseignement chrétien qu'il écrit (p. 19) : « Il faut nous défier de la religion qui ne dit pas : on peut me vérifier aujourd'hui avec la même certitude que l'eau mouille ou que le feu brûle; essayez-moi afin que vous deveniez semblables à des dieux. Ces messages sont les prophètes des ténèbres. » Par contre ce qui suit répond à la partie la plus vivante des doctrines de l'Inde (p. 17) : « Nous sommes vraiment bien misérables lorsque nous rêvons que nous n'avons aucun pouvoir sur le destin et j'estime que la plus haute sagesse est de savoir que l'univers vivant ne contient pas d'autre sagesse que celle que nous créons. » Nous ne saurions non plus nier la parenté de cette vision du divin avec la pensée hindoue : « Cet infini, nous dit Russell, auquel nous aspirons est vivant. C'est notre être ultime. Dans la méditation nous pensons ardemment à ce Moi majestueux. Nous nous imaginons être dans cette immensité. Nous nous concevons reflétant son infinité qui se meut partout et vit dans toute la création, terre, eau, feu et éther. Nous essayons de connaître comme lui, de vivre comme il vit, d'avoir sa compassion. Nous nous rendons égaux à lui, afin de le comprendre et de devenir semblables à lui. Nous ne nous agenouillons pas devant lui comme des esclaves, mais comme des Enfants de Roi. Nous nous élevons jusqu'à cette gloire et affirmons que nous sommes ce que nous imaginons. " Ce qu'un homme pense, c'est là ce qu'il est, c'est l'antique secret ", a dit un sage. Nous nous sommes imaginés nous-mêmes dans ce rêve pitoyable de la vie. » Et il est encore possible de songer à l'influence orientale si Russell affirme (p. 80), qu'une force « semble nous servir aussi indifféremment et rapidement quand notre volonté est mauvaise que quand elle est bonne... (qui) évoquera pour nous des images de bestialité et de luxure à l'appel du désir ». Ou s'il interroge ainsi (p. 81) : « Existe-t-il un autre génie, et du mal, celui-là, effigie sombre du Plus-Haut, lui aussi à notre service comme esclave de nos désirs? »

Aussi bien Jacques Masui est-il fondé à le reconnaître dans sa préface (p. xiii) : « Il ne faut chercher dans *Le Flambeau de la vision* ni un enseignement, ni la démonstration de quoi que ce soit, l'auteur n'a pas voulu parler à notre raison discursive. Avec une simplicité qui était le propre même de son génie, A.E. s'adresse aux couches profondes de notre être, auxquelles atteint parfois la poésie digne de ce nom et qui se réveillent à la lecture de ce petit livre. » Bien qu'il y ait dans les « idées » d'A.E., par-delà cette pensée brumeuse, mais non chrétienne, un apport propre dont je reparlerai, c'est en effet dans la mesure où cette expérience est celle non d'un philosophe, mais d'un poète qu'elle est si profondément attachante : d'un grand poète – peut-être – et d'un homme indépendant de toute façon de tout ce qui existait avant lui. Il y a malgré tout dans sa pensée un point essentiel. Il écrit (p. 25) : « Nous sommes subjugués d'admiration lorsque nous lisons le *Prométhée déchaîné*, mais qui se demande quel était l'état d'âme de Shelley durant cette extase de création. » Et plus loin (p. 124-125) : « Le message de la nature importe plus que les symboles dont on use pour le transmettre, et, quand j'analyse ces correspondances, j'ai un peu l'impression d'être comme un lecteur de l'*Hymne de Pan* de Shelley qui, passant sous silence tout le côté extatique de ce poème, ne parlerait que de la forme ou de la structure des vers. » Ce qui attache en effet dans *Le Flambeau de la vision* est, par-delà les cadres reçus des idées mystiques, l'identité profonde, inscrite dans le mouvement du livre, de l'extase et de la fièvre poétique. A.E. ne s'est représenté la poésie que dans la *totalité* qu'est l'extase, que dans la *totalité* qu'est la poésie. Les conceptions exaltées parentes de la philosophie orientale n'ont qu'un sens : elles écartent la *vision et la transe* – de l'esprit dogmatique qui domine la mystique traditionnelle de l'Occident, elles ne l'empêchent nullement de se borner à une explosion de la poésie dans la totalité de l'être et de l'univers, à l'envahissement illimité de la poésie. C'est la poésie finalement, ce n'est pas la philosophie qui expose l'extase; dans *Le Flambeau de la vision*, la poésie est à l'extase ce qu'ailleurs lui sont une croyance, une communauté – et même une pratique. La spontanéité commune et renversante de la poésie est l'Église et le dogme de cette vision. Ainsi est-ce la négation de toute appartenance à un système fermé qui ouvre à l'expérience une possibilité souveraine.

Après cela, nous sommes sans doute en droit de ne pas nous arrêter à ces « analyses de correspondances » auxquelles A.E. s'est en effet livré. S'il a parlé « du trésor des augustes mémoires de l'être innombrable de la terre » (p. 44), s'il a insisté disant « de la terre, que nous-mêmes et toutes choses étions ses rêves... » (p. 6), sommes-nous tenus d'y voir autre chose que le débordement de la poésie, qu'une imagination poétique sans frein, pleine d'ivresse et de rire heureux. Mais plus loin, devons-nous prendre tout à fait au sérieux cette « nature » qui s'adresse à nous dans un message : il me semble qu'essentiellement, il s'agit de cette figure de hasard qui nous propose l'éblouissement privé de sens de reflets de lumière sur un jeu de formes fugitives. Peut-être toutefois devons-nous tenir compte de l'inquiétude fondamentale – et que rien n'est capable d'apaiser – à laquelle A.E. va donner l'expression la plus précise (p. 13) : « Et puis tout cela m'apparaissait aussi futile qu'un atome de poussière essayant de se maintenir contre un typhon, et l'ultime porte se refermait sur moi me laissant plus désespéré qu'auparavant. » Il est en effet dans l'éblouissement de l'extase poétique une sorte de point mort, il est irréductible, que seuls ceux que l'éblouissement a ravis parviennent à percevoir et à connaître. « L'intensité même de la vision, précise A.E., en rendait la disparition plus insupportable. C'était une agonie de ténèbres et d'abandon où je ressemblais à ceux qui, dans un cauchemar, sont ensevelis en des cavernes si profondes, plus bas que les racines du monde, qu'il n'y a aucun espoir d'évasion » (p. 12). Ce qui est en dernier une « mort de la pensée » est peut-être moins haïssable pour l'esprit que le jeune Irlandais ne le crut, il se peut même que rien de plus désirable ne puisse être proposé à l'homme, si heureux, si comblé qu'il soit, mais nul ne saurait s'étonner de voir s'imposer la réaction contraire à ceux qui en font l'expérience. C'est la chose même qui leur semble terrifiant. Si nous « aimons » ce non-savoir aveugle, cette « mort », il n'est rien qui nous délivre au même degré de la peur, il n'est pas de joie comparable et en elle nous atteignons la souveraineté de la pensée (comme si le plus petit désir de *vérité* pouvait survivre à une si parfaite connaissance de *ce qui est,* dont le sens le plus profond, *et le plus satisfaisant,* est de n'en avoir pas!), mais justement il n'est possible de l'aimer que malgré soi, pour finir et dans le sentiment de sombrer : c'est pourquoi l'expérience mystique – qui toujours passe par elle – est toujours, en apparence, un effort pour lui échapper. Mais il ne s'agit que d'une équivoque et c'est cette âpreté de mort qui *en dernier* a le sens d'une expérience, non les tentatives de la nier. Ce donc que nous devons chercher dans un mystique, ce n'est pas l'explication qu'il nous donne, où il a cru tirer de sa vision une vérité vieille ou nouvelle, c'est la force qu'un homme eut de parvenir à ce point où il cessa de rien savoir qui concerne ce sort échu en lui : cette existence au milieu d'autres et sous le ciel, où il cessa de voir une *connaissance* dans le jeu illuminé de la fièvre cherchant la vérité, et où la mort en lui de toute pensée le combla.

En cela l'extase que seule oriente la poésie doit être donnée comme la plus *grande*, elle n'oppose à la mort de la pensée que des obstacles dérisoires (qu'il s'agisse de Lautréamont ou d'A.E.). C'est, fût-il passager, le désespoir d'A.E. qui le place au nombre de ceux qui firent de la mystique une ultime exploration du possible : ses pénibles efforts à travers les semaines et les mois le désignent, et non ses faibles visions, dont le sens se borna à l'abandonner au désespoir. Ces efforts furent révolte et il y a quelque chose de poignant dans cette confidence (p. 13) : « Mon esprit méditait le moyen de s'évader et de remonter vers ses régions natales, comme ces anges déchus qui, dans le prodigieux récit de Milton, s'arrachèrent à leurs tortures et conspirèrent pour démanteler le trône de Dieu. » Ce qui en effet fonde l'authenticité du mystique est la force de négation qui lui appartient, en quoi il le faut juger comme le poète – Blake disant de Milton qu'il était sans le savoir du parti des démons. Il y a chez A.E., malgré beaucoup d'heureuse naïveté, un moment où il se révéla proche parent de Lautréamont. Il écrit (p. 79) : « Je suis aussi excité d'admiration par le génie créateur dont témoigne le cauchemar le plus incohérent que par la plus haute vision. » Aussi bien est-il à l'aise dans le monde des vieilles divinités celtes et malgré tout embarrassé par tout un ordre de pensée bénisseur, auquel le génie irlandais semble avoir tourné le dos.

L'espèce humaine

Critique [1]

Dans les réactions « racistes », si nombreuses et si frappantes, des Américains, ce qui joue n'est pas, autant qu'il semble, le contact de « races biologiquement très différentes, car, à l'occasion, l'excitation se monte à un diapason aussi élevé contre les Irlandais catholiques à Boston ou contre les Italiens dans les villes manufacturières de la Nouvelle-Angleterre, que contre les Orientaux en Californie ». Ainsi s'exprime Ruth Benedict (p. 18), dans un essai des plus remarquables ayant pour objet l'ensemble et la diversité des formes de culture *.

À la vérité, les hommes n'ont jamais une idée claire de l'unité de leur espèce. Ils opposent cette espèce à tous les autres animaux, mais une obscurité subsiste en raison de la dignité propre de l'homme. La nature humaine est bien définie, et elle est toujours éminente, mais si deux sortes d'hommes s'opposent, facilement les uns admettent des autres qu'ils ne sont pas vraiment, qu'ils ne sont pas tout à fait des hommes. C'est décidément curieux, on s'accorde sur un point : les Papous et les Fuégiens, les Tupi-Guaranis et les Cafres sont des hommes. Cela n'empêche jamais un « Oui! mais... » qui, même inexprimé, demeure comme une arête dans la gorge. C'est que l'homme se fait de lui-même, en tant qu'homme, une idée si haute, qu'il retranche de l'humanité ceux qu'il méprise, et il méprise tous ceux *qui ne lui ressemblent pas*, et

---

* *Échantillons de civilisations.* Traduit par Weill Raphael (Gallimard, 1950. Collection « Les Essais », XLII). Le titre anglais de ce volume, écrit en 1934, est *Patterns of Culture*. « Patterns » est un mot difficile à traduire, mais « types » s'en éloignerait peut-être moins qu'« échantillons ».

avec lesquels il ne peut s'entendre. « Un grand nombre de noms de tribus usés communément, écrit Ruth Benedict (p. 13), Zun, Déné, Kiowa et d'autres encore sont des noms par lesquels des peuples primitifs se désignent eux-mêmes et qui ne sont que les vocables naturels signifiant " Êtres Humains ", c'est-à-dire Nous-Mêmes. En dehors de cet étroit petit groupe, il n'y a pas d'êtres humains. Et ceci, en dépit du fait que, partant d'un point de vue objectif, chaque tribu est entourée de peuplades qui partagent ses arts et ses réalisations matérielles, ainsi que les pratiques minutieuses qui n'ont pu se développer que par de mutuels échanges d'un peuple à l'autre dans les façons de vivre. »

C'est là sans doute un trait essentiel de l'homme : sa détermination, sa manière de se définir *homme,* en conséquence d'être homme, est tout à fait incertaine. Tantôt, le contenu est en jeu – si l'on veut : le destin, la signification intime du fait d'être homme – et tantôt la forme physique, le signe extérieur de ce fait. La valeur indicative de l'aspect physique ne peut être contestée, mais sur le plan de l'extériorité seulement : une telle vérité n'est pas *sentie* et le sentiment d'être homme ne peut que difficilement s'identifier à ces apparences vaines et fermées qui nous viennent de mondes hostiles.

Que signifie donc ce sentiment?

Nous sommes censés le partager avec les autres hommes, c'est le sentiment *commun* d'être homme. Hostiles à tels autres ou subissant leur hostilité, nous cessons aussitôt de l'avoir en commun avec eux. Cela va de soi : nous ne pouvons nous sentir semblables à ceux qui nous haïssent, ou que nous haïssons. Quelque différence élémentaire doit rendre compte de notre haine ou de celle des autres. Ensemble, nous nous tenons – de quelque « ensemble » qu'il s'agisse – pour des humains. Mais cela ne veut pas dire seulement que nous sommes semblables, et distincts des autres êtres, cela veut dire aussi qu'à l'exclusion de tout autre être, nous disposons généralement de toute la vérité et de toute la réalité de l'être; nous et ce qui nous est lié formons un monde qui est totalité, qui est *tout ce qui est*; ce qui ne nous est pas lié *n'est pas vraiment,* et si nous concevons quelque élément qui nous transcende, nous nous lions aussitôt à lui, afin que, par un jeu de réciprocité, il nous appartienne en propre. Le Dieu qui nous transcende est *notre* Dieu... Autrement dit, le sentiment d'être homme est celui d'être universel : si d'autres êtres, ayant l'apparence d'hommes, nous semblent néanmoins étrangers à *ce que nous sommes*, aussitôt nous les retranchons de cette humanité, qui est en nous l'universalité, qui est *notre* universalité, nécessairement ; mais si quelque élément non humain, nous transcendant et s'imposant à nous, nous semble manquer à cette valeur universelle, sans laquelle nous ne serions pas humains, il nous faut bien vite nous l'attribuer de quelque manière, dussions-nous à cette fin nous *subordonner* à lui. L'être humain dans l'univers, en effet, doit être l'univers lui-même. C'est là ce que nous impliquons tous dans cette pensée : je suis un homme.

*

Cette implication se heurta aux plus pénibles démentis. « Au temps de Copernic, observe Ruth Benedict (p. 10), cette prétention à la suprématie était tellement étendue qu'elle englobait même la terre sur laquelle nous vivons et le xivᵉ siècle refusa passionnément de laisser assigner une place à notre planète dans le système solaire. À l'époque de Darwin, ayant abandonné le système solaire à l'ennemi, l'homme combattit avec le secours de toutes les armes qu'il possédait pour son droit à la suprématie de l'âme, don mystérieux de la Divinité à l'homme. »

Mais non seulement la situation de l'être humain – la condition de son existence – est de nature à mettre en doute sa volonté de s'identifier à cet univers, dont il n'est apparemment qu'un accident : les perpétuelles dissensions, les oppositions d'une tribu à une autre, d'une nation à une autre, d'un groupe à un autre, rendent la prétention de l'homme à l'universalité dérisoire. Elles ont compromis les esprits dans des mensonges continuels. Est-il rien de plus piteux, finalement, du point de vue de l'universalité, que de la lier au « mode de culture », aux « idées », au « type d'existence » que possèdent en commun un certain nombre d'hommes seulement. Chaque manière de voir, chaque croyance et chaque hérésie représenta autant d'efforts pour réduire l'univers que veut être l'homme (l'universel) à quelque chose d'étroit, de fermé, de particulier.

Combien Ruth Benedict a raison de montrer l'absurdité du savant traitant les effets de conditions culturelles données comme un absolu : « Parce que tous, ils sont les matériaux avec lesquels il lui faut travailler, il identifie les manières d'être locales des années 1930 avec la Nature humaine... »

(p. 16). Disons : avec un être persuadé qu'en lui toutes choses sont résumées. Nous essayons, dit encore Ruth Benedict (p. 13), « d'identifier nos propres modes personnels de vie avec la Manière de Vivre en soi ». L'auteur, à cette étroitesse, oppose l'étude des diverses cultures et le sentiment de relativité qui en découle. Certes, son intention est louable, et l'on doit tenir pour opportun d'inscrire un tel principe dans un essai voué à la description de cultures vraiment opposées à la nôtre.

Il semble néanmoins qu'une réserve est nécessaire. À trop rigoureusement marquer l'erreur de ceux qui aperçurent la totalité de ce que l'univers effectue dans une existence que fonda l'arbitraire de la coutume, nous oublions, je crois, que l'échec a peut-être moins de sens que l'intention. Importerait-il à ce point que l'effort échoue s'il commande cette démarche toujours échouant mais toujours reprise que, je crois, nous pouvons saisir comme la réponse donnée à quelque exigence inéluctable.

Il y a dans la manière de voir de Ruth Benedict une sorte d'abandon propre à la science, qui renonce à tout dessein sinon à celui qu'elle poursuit elle-même, qui est la construction de la science. En effet, pour la science, tout est sur le même pied : tel animal ou l'homme ne sont que deux formes diverses apparaissant dans la suite des êtres. La seconde de ces formes est peut-être mieux douée. Elle exerce il est vrai sur la première une domination de fait. Elle ne saurait en rien prétendre pour autant à cette « suprématie » dont l'obsession lui fit constater avec peine qu'elle n'était pas, comme elle voudrait, le centre et la somme de l'univers. Certes, la science a montré à l'homme qu'il n'était d'aucune façon un être d'exception, mais que signifie cette démonstration? Ceci de clair, que, pour la science, *a priori*, toutes choses sont sur un pied d'égalité, qu'en elle il n'est rien qui permette de placer une chose avant une autre, sinon dans l'ordre des dimensions plus ou moins grandes, ou dans l'ordre du temps. Elle aurait même dû s'opposer, dès l'abord, au sentiment de moindre dignité qui s'attacha, pour notre terre, au fait de tourner autour d'une étoile médiocre. Cette réaction tenait à notre naïveté préscientifique. De même la dignité que les savants n'ont pas cessé d'attribuer à la science tient encore de cette naïveté, mais en un point où elle ne sera pas de sitôt réduite, car la vanité l'appuie.

*

Ruth Benedict est d'ailleurs loin de s'en tenir à l'austérité d'une science inhumaine. Elle enchaîne au contraire le mouvement que la science lui permit d'ébaucher dans le sens de cette volonté d'être universel dont elle s'acharnait pourtant à montrer l'échec. C'est que la critique de cette volonté apporte à la fois la preuve qu'elle échoue... mais la preuve aussi qu'elle peut ne pas échouer, puisqu'elle sait reconnaître son erreur. Il est vrai qu'il y a, dans le principe même de l'auteur, une sorte de limitation : Ruth Benedict voulut se détourner de l'originalité de notre propre civilisation, elle a cherché l'originalité « des institutions humaines de l'ensemble de l'univers ». Il y a là une timidité. L'originalité véritable de l'homme disparaît si nous négligeons cette civilisation qui nous est propre, et qui seule poursuivant – par-delà l'erreur de tous ceux qui lièrent à leur coutume le sens universel de l'homme – notre passion d'être, la manifeste encore dans toute sa rage.

Les échecs endurcissent la volonté, et nous pouvons en vérifier en nous l'effet obstiné. Rien n'arrêtera l'espèce humaine dans un mouvement où elle veut dépasser les limites qui la séparent d'une manière d'être. Et il est temps de reconnaître finalement que les mille erreurs où elle s'attarda ont toujours eu ce sens profond : la persistance dans l'être d'une négation, fût-elle grossière, de tout ce qui empêche l'espèce privilégiée d'être *ce qu'elle est,* quelque chose d'infini, d'excédant, qui jamais n'accepta ses propres limites.

Leclerc

Critique [1]

ADRIEN DANSETTE, *Leclerc*, Flammarion, 1952. In-8°, 235 p., 14 pl., 7 cartes.

La vie du maréchal Leclerc nous est parvenue sous une forme qui est bien dans la ligne de l'imagerie d'Épinal, et l'ouvrage d'Adrien Dansette a lui-même foncièrement ce caractère. Les travaux de l'auteur de l'*Histoire religieuse de la France contemporaine* et de l'*Histoire de la Libération de Paris* sont bien connus et Adrien Dansette ne saurait passer pour un imagier populaire. Si donc la biographie qu'il publie maintenant tourne à la légende, c'est que son héros, tout d'abord, eut les réactions et la vie qu'exige la légende, c'est que le capitaine de Hautecloque, dont la guerre fit le général, enfin le maréchal Leclerc, ne vivait pas dans le même monde que nous, mais dans ce monde même, devenu archaïque, que représenta l'imagerie populaire. Cela ne va nullement contre les incontestables qualités de tacticien et de diplomate de Leclerc (il apparaît qu'en Indochine, il jugea mieux et d'une manière moins colonialiste que l'amiral d'Argenlieu), mais en lui ces qualités demeurèrent à l'arrière-plan : les violents mobiles de son esprit et tous les ressorts d'un caractère emporté appartenaient au monde de la légende. Sa figure se compose à partir de là. Je ne dis pas que d'autres figures n'ont pas de semblables traits : en principe, ceux qui vivent héroïquement doivent se composer du monde une image très populaire, c'est-à-dire naïve. Naïve en un sens seulement bien entendu, car cette image du monde étant celle de l'immense masse est réelle profondément : tous les hommes d'État en tiennent compte. Mais ils doivent ne lui donner que peu de place; leur action se compose dans un enchaînement de plus lourdes réalités. Aussi bien est-il frappant de voir un homme dont le rôle historique est certain lui donner toute la place : toute la place... au moins dans la mesure où il aurait à coup sûr péri, ou n'aurait pas eu de puissance, s'il lui en avait donné davantage.

Philippe de Hautecloque, avant la guerre, était si loin de la réalité de ce monde-ci qu'il en apprit la politique à travers le lorgnon de Maurras. Il n'échappa au mépris de l'*Action Française* pour ce monde que le jour où il dut agir vraiment, où il sortit, avec de Gaulle, de la discipline, de la servitude de l'armée. Maurras n'eut de l'action qu'une sorte de passion esthétique : il s'est agi, pour lui, d'imaginer un théâtre d'action dont tous les éléments composeraient un sordide mais correct ballet diplomatique. Jamais il n'aurait accepté de danser avec les insaisissables figures et sur les sols fangeux de notre temps. Mais Leclerc au fond se moquait des acrobaties intellectuelles du plus anachronique des théoriciens. La défaite ne lui avait pas retiré les raisons qu'il avait d'agir : jamais, même, depuis longtemps, elles n'avaient suscité plus de fièvre, jamais elles n'avaient promis de plus grands dangers, exigé de plus lourds sacrifices; déjà un avenir d'aventures violentes se parait d'une auréole de légende. Quand le « colonel » Leclerc s'empara du Cameroun avec le seul appoint d'une audace sans mesure, quand ayant traversé quinze cents kilomètres de désert, il fit, à Koufra, tomber une citadelle italienne avec des forces inférieures, il éprouva d'emblée le principe archaïque mais fondamental de la vie humaine : le maître est celui qui méprise et affronte la mort et il se subordonne ceux qui préfèrent à la mort la subordination. En vain chercherions-nous chez le libérateur de Strasbourg quoi que ce fût qui excédât l'action militaire fondant à sa façon – *légendairement* – l'ordre social. Il n'était nullement inculte, mais sa vie entière s'inscrit dans un monde inclus dans ces limites. Il méconnut évidemment le fait qu'un tel monde ne peut se suffire à lui-même, qu'il ne peut satisfaire tous les hommes. Son esprit laissait une place à la religion, mais limitée : Adrien Dansette décrit avec précision des sentiments sans doute profonds mais excluant la passion ou l'inquiétude. Un je ne sais quoi de cruel et d'orageusement poétique, qui est le propre de la religion, est rejeté par l'attitude tranchée du soldat.

Toujours le *soldat,* si l'on veut le maître, est celui qui résout la question que pose la vie humaine par l'intrépidité du combat. Pour l'audacieux, il n'y a plus humainement de question : de son angle de vue tout semble merveilleusement réglé : le vaincu est négligeable, il subit ce que le vainqueur a lui-même risqué ; si quelque souffrance excessive en résulte, c'est qu'il ne sut pas préférer la mort à la défaite. Ce qui a disparu est le lien honteux de la vie humaine et d'états malades – et, malgré l'urgence de l'action, l'attention attardée au moment spectaculaire de la mort (dans ces pratiques pathologiques du sacrifice auxquelles, anciennement, les souverains eux-mêmes succombaient). Le goût de cendre, les larmes, les rages impuissantes qui demeurent généralement le lot des hommes, en dépit – même, surtout, à cause – de l'action militaire n'en altèrent pas moins la vérité de l'ordre que le soldat crut imposer. Le travail permet bien de dominer, plus authentiquement, le malheur commun. Mais le travail, encore faut-il s'emparer de ses fruits : dès lors, à nouveau, la lutte (au moins en puissance, militaire) introduit ses déchirements dans les limites mêmes où l'ordre semblait assuré. Il est frappant, dans ce sens, de voir un soldat comme Leclerc rester aveugle à une réalité politique trouble, que pourtant il ne pouvait ni réduire ni clarifier. Il écrit en 1942, à un ami en contact avec le général de Gaulle (p. 89) : « On ressort les histoires des grands ancêtres, on s'appesantit sur la Déclaration des Droits de l'Homme, cela veut dire simplement réveiller les querelles antérieures, faire renaître les appréhensions du Front populaire. » Le caractère irréductible de la lutte pour les fruits du travail n'échappe pas moins au soldat que ces macabres orgies spirituelles des religions, auxquelles la vie humaine est lourdement vouée, qui sont le sens et le non-sens, en un mot le tréfonds de notre vie.

Ceci pouvait être dit à propos de la publication de cette solide biographie du maréchal Leclerc, parce qu'il est rare qu'une figure auréolée de gloire ait des traits aussi simplement archaïques. Mais je ne veux pas dire pour autant qu'elle fut déplacée dans ce monde qui est le nôtre, que l'essor industriel et la lutte des classes ont éloigné de l'ordre social héroïque d'autrefois. Il faut dire au contraire de l'évolution rapide qui nous emporte qu'elle ne cesse pas de nous ramener aux fondements. L'actualité est peut-être faite d'une âpre lutte autour des produits de la gigantesque industrie moderne. Mais précisément le caractère démesuré de cette lutte donne un sens nouveau, plus ouvert et plus désarmant, en même temps qu'à l'expérience religieuse (ou poétique) la plus sombre, à la naïveté de légende de l'héroïsme. Et même, au-delà de conduites humaines qui se sont exclues si souvent, elle nous invite à une sorte monstrueuse de synthèse où la nécessité de l'action, de la naïveté et de la légende s'accorderait avec un sentiment déchirant du destin.

L'affaire de « L'Homme révolté »

Critique [1]

L'intérêt suscité par la controverse Sartre-Camus fait songer aux passants qu'amuse dans la rue la moindre bagarre. Le fond de l'affaire a peu de place, ou aucune, dans cette curiosité un peu lourde. L'accueil que fit la presse de droite au livre de Camus est sans doute à l'origine du débat. *Les Temps Modernes*, en la personne de leur gérant, Francis Jeanson, ont tout d'abord reproché à Camus d'être loué par des réactionnaires. L'argument est de bonne guerre et traditionnel entre ennemis, mais il me semble temps de dire en insistant que ces louanges de la droite ne signifient rien aujourd'hui qui touche en particulier le sens d'un livre. Qui ne voit qu'elles manifestent plus simplement un changement global des esprits?

Les idées politiques dans les conditions présentes s'énoncent dans un monde que partagent déjà des jeux de force stabilisés.

Les camps sont faits, organisés, et si quelque attention est encore donnée à la manifestation des idées, c'est qu'on pourrait à la rigueur en faire des utilités. Les esprits ont la permission de penser seulement ce qui convient à de vastes mouvements de force qui les négligent (qui négligent à coup sûr l'angoisse, l'espérance ou la révolte profondes). Ils s'agitent sinon dans le vide.

Ceci ne doit pas seulement être dit en termes vagues. Il y a dans le monde présent quelque chose de changé, radicalement : ce monde-ci, autant qu'il semble, a perdu la plasticité. Rien n'y compose plus des forces nouvelles inexistantes jusque-là; les idées ne coagulent plus, rien de semblable aux mouvements socialistes ou fascistes, que le jeu des idées suscita, n'y prend corps. Ce n'est pas une vérité mystérieuse : cela tient, d'une part, à la force d'attraction décidément massive du parti communiste, qui élimine d'emblée ce qui ose la concurrencer, de l'autre à l'échec catastrophique des fascismes. Pour l'instant, le monde se partage entre deux grandes coalitions, dont l'une, la soviétique, résulta d'une initiative capitale et dont l'autre oppose pêle-mêle à la première tout ce qui en refuse la loi. Il s'agit uniquement, dans le premier camp, de poursuivre la lutte au nom des idées qui sont à sa base : cela tend à les rendre immuables, elles sont mises ouvertement au-dessus de la discussion ; et à l'intérieur du second camp, il règne la plus vague indifférence à l'égard de tout jeu possible d'idées. Dans la faible mesure où survit une agitation d'esprit, les intérêts qu'elle suscite ont peu de sens : à coup sûr, à l'avance, l'idée nouvelle, si elle met en cause, en sa totalité, le destin des hommes, s'adresse à une curiosité qui l'examine avec calme, n'en attend pas grand-chose et n'en redoute rien. Ainsi la pensée n'est-elle plus en principe, aujourd'hui, qu'un exercice gratuit, sans conséquence. Il n'en fut pas de même durant les deux siècles qui précèdent, en tout cas ; et souvent nous réagissons avec un peu de retard : nous jugeons d'un ouvrage naïvement comme s'il était écrit et publié pour un monde mobile, qui pourrait lui donner − ou lui refuser − une efficacité. En particulier, les protagonistes des *Temps Modernes,* qui écrivent pour agir, qui librement ont décidé d'avoir un rôle dans l'histoire qui se fait, qui croient que la grande affaire en ce monde est de déterminer le destin de l'homme, reprochent à Albert Camus de mal répondre à leur propos. C'est leur droit. Il me semble même qu'ils ont raison. Camus pourrait sans doute n'y pas répondre mieux qu'ils ne font eux-mêmes ; il pourrait bien être à la fin réduit comme eux au rôle contraire, celui d'appoint. Mais on oublie aux *Temps Modernes* que, les unes et les autres, ces réactions de l'esprit sont venues trop tard.

Il apparaît que, dans le monde présent, la pensée qui s'engage est d'avance écrasée. Ce n'est pas scandaleux : ceux qui agissent devraient-ils interminablement s'embarrasser de la fièvre de ceux qui pensent ? De toute façon, les voies qui mènent de la pensée à l'action diffèrent de celles de la pensée naissante. Les hommes d'action demandent aujourd'hui aux « penseurs » de les comprendre. Discrète et lucidement désespérée, c'est ainsi qu'aujourd'hui la pensée pourrait survivre...

Toutefois, la différence de positions qui ressort de la contro-verse Sartre-Camus laisse entrevoir, me semble-t-il, une sorte d'issue, peut-être insignifiante, mais qui échappe aux *Temps Modernes.*

Je comprends mal ce que Jean-Paul Sartre et Francis Jean-son voient de si satisfaisant dans les possibilités de lutter qui leur sont offertes. Je veux bien l'espérer : sans tarder, la lecture d'un nouvel article de Sartre ouvrira mes yeux... Mais il n'importe : les perspectives de l'*histoire* aujourd'hui rendent aisé d'imaginer l'hésitation de l'homme réfléchi. Il me semble même, pour moi, que, devant cette somme de colères et de surdités, et devant le cataclysme où mène cette double déme-sure, la tentation de l'inertie a quelque chose qui fascine. Au moins, ne pas répondre aux vœux de ce Jupiter qui a décidé notre perte et nous fait brutalement délirer! Je veux bien que s'abstenir est se résigner à ce délire, c'est même y participer passivement : nous ne faisons jamais dans l'inertie que donner dans la facilité de la pensée qui se figure être hors de l'histoire alors qu'elle y est tout entière enfermée. Nous ne pouvons sans une intime lâcheté laisser l'exercice aigu de la pensée tourner en bévue, il est ridicule de nier l'histoire, mais du moins nous pouvons, si nous sommes pour cela assez forts − assez lucides surtout −, prendre sur nous de lui opposer un refus, contre l'histoire nous pouvons en un mot nous *révolter.*

J'entends qu'il y a là quelque chose d'inattendu, qui tout d'abord doit paraître peu défendable. D'ailleurs, en un sens, il est logique de dire : la révolte contre l'histoire? n'est-ce pas la chose du monde la plus connue? c'est la *contre-révolution*! ... En vérité, la révolte dont je parle refuse cette révolution démesurée dont la démesure donne sa raison d'être à l'ad-versaire, mais elle est étrangère, elle est hostile à l'avare inintelligence de la contre-révolution. Ceci doit être dit en premier lieu, mais il faut ajouter aussitôt qu'il ne suffit pas de le dire, et que l'attitude définie de cette façon doit sembler sottement verbale. C'est même, nous l'avons vu, l'essence de la situation présente : les jeux sont faits et des affirmations de principe à l'intérieur d'un camp ne peuvent en infléchir la politique. Le refus de l'histoire ne peut à coup sûr désigner une tentative qui, se situant sur le plan de l'histoire, y serait seulement en porte à faux. C'est une attitude à la fois plus modeste et plus hardie. Dans le sens ordinaire, elle ne peut susciter d'action, elle ne veut pas changer le monde, mais elle répond à un changement déjà survenu dans le monde.

En effet, l'histoire est bien en dernier, je crois, celle d'une lutte de classes exprimant la souffrance des opprimés, donnant ses conséquences à la tension qui en résulte. Si l'on m'invite à songer d'abord à ceux qui ont faim, je reconnais une précellence de ceux qui ont raison contre moi parce qu'ils souffrent. C'est d'eux, me dit-on, qu'il s'agit, non de moi. Je ne suis pas aussi assuré que Sartre et que Jeanson d'un principe selon lequel la souffrance des déshérités compterait plus que toute autre chose en ce monde. Je sais que les déshérités justement pourront m'aider un jour à le bien savoir si j'en doute. Mais je vois pour l'instant que leur souffrance n'est plus la seule : la menace d'une guerre a placé globalement l'humanité dans une situation désespérée ; les privilégiés cette fois ne sont pas à l'abri et ce qui nous accable ainsi sans mesure, ce ne sont pas leurs intérêts, c'est *l'histoire.* Je le veux bien : si les privilégiés abandonnaient leurs privilèges, aucune guerre ne serait possible. Mais justement : on ne nous laisse pas oublier que la violence seule, et non la persuasion, les en dépouillera. On a raison, mais comment ne pas voir aussitôt l'horreur de cette raison ? Comment ne pas voir aussitôt, dans l'histoire même, un mal plus grand que l'oppression ? Ce qui dans le monde où nous sommes est révoltant n'est plus seulement le sort fait par la direction bourgeoise à ceux qu'elle opprime, ce qui nous révolte jusqu'à la nausée est que l'histoire inexorablement accule l'espèce humaine au suicide.

Voici, il va sans dire, une manière de penser d'une immense sottise ! Comment se révolter contre l'histoire ? C'est se condamner à parler sans être entendu, c'est prêcher les pierres du désert, ou c'est proposer de folles équivoques : sous une forme rafraîchie, reprendre la risible plainte du pacifiste ! Au mieux, c'est rencontrer l'audience inattentive qui ne peut prêter à ce qu'elle écoute la seule attention véritable : lui donner des conséquences en agissant. Agir, c'est toujours se battre et il n'y a que peu d'occasions dans ce monde pour la lutte sans violence d'un Gandhi ; cette lutte eut d'ailleurs, à défaut de violence, une fin historique. Il n'y a finalement qu'une justification solide d'une attitude si peu efficace : c'est que seule aujourd'hui l'absence de pensée, la routine, fait l'histoire et que ne pas se révolter contre elle, c'est la faire.

S'il en est ainsi, nous ne pourrons nous étonner de la contro-

verse qui vient d'opposer Sartre et Camus. *Les Temps Modernes*
optent pour l'histoire. Ils s'en tiennent, en manière de pensée
politique, à la position marxiste traditionnelle, à laquelle Jeanson reproche à Camus de n'être pas fidèle. Il est vrai que
cette position a le privilège d'une efficacité historique exemplaire... Les idées de liberté, de choix, d'engagement qui,
dans le domaine politique, ont représenté l'apport personnel
de Sartre ne me semblent pas actuellement mises en avant.
Il faut d'ailleurs leur reconnaître un mérite : elles ne sont pas
dérangeantes, elles n'intéressent évidemment pas plus la masse
ouvrière que la révolte de Camus contre le destin des hommes,
mais elles gênent peu. Sartre cesserait à jamais d'en parler
que rien ne paraîtrait changé. Elles signifient que la liberté
de l'homme fait l'histoire, mais il en résulte de toute façon
que l'histoire et l'homme qui la fait sont une même chose.
Sartre écrit : « Nous sommes dedans jusqu'aux cheveux. » C'est
incontestable et l'on ne peut contester non plus que l'histoire
ait un sens. Toute action humaine a un sens, et l'histoire est
toujours l'effet d'une action, seulement ce sens est parfois
critiquable. Action et histoire détruisent afin de créer. Laissons de côté la possibilité de créations inférieures en qualité
à ce qu'elles détruisirent pour être. Mais la somme des biens
détruits peut à la fin représenter un prix démesuré. Camus
oppose à la confiance des *Temps Modernes* une horreur raisonnée de *ce qui arrive.* L'horreur va même en lui jusqu'à ne
pas aimer l'action que l'histoire attend de lui, quelle qu'elle
soit. La révolte en arrive avec lui à des formes en même temps
anachroniques et très neuves. Anachroniques, en ce qu'elles
refusent la grossière simplification de l'efficacité, neuves en
ce qu'elles seules répondent, ou tentent de répondre, à la
situation désespérée de l'homme actuel. Il oppose au typhon
de l'histoire la sève, à la démesure de l'activité moderne la
mesure d'une humanité moins tendue. Cette détente choque
profondément des esprits qu'enferment des formules à la
mesure de réunions frénétiques. Quel révolutionnaire ne se
dresserait contre une attitude qui ne peut agir puisqu'elle est
détente? On peut ne pas aimer le livre de Camus, je vois bien
les raisons (toutes ne sont pas mauvaises) pour lesquelles il a
déçu. Néanmoins les voies de *L'Homme révolté* demandent plus
de fermeté que la routine. Camus se révolte contre l'histoire :
je le répète, cette position est intenable. Il se condamne à la
louange de ceux qui ne l'entendent pas, à la haine de ceux

qu'il voudrait convaincre. Il ne peut trouver ni assise ni réponse. L'inévitable vide où il se débattra le voue au mépris de lui-même. Il devra cependant s'obstiner parce qu'il n'est rien aujourd'hui de plus révoltant que la *démesure de l'histoire.*

FRANCIS JEANSON, *Albert Camus ou l'âme révoltée* (dans *Les Temps Modernes*, mai 1952, p. 2070-2090) – ALBERT CAMUS, *Lettre au directeur des Temps Modernes* (*ibid.*, août 1952, p. 316-333) – JEAN-PAUL SARTRE, *Réponse à Albert Camus* (*ibid.*, p. 334-353) – FRANCIS JEANSON, *Pour tout vous dire* (*ibid.*, p. 354-383).

Cet ensemble de textes, en dépit de son caractère polémique, n'est pas toujours sans intérêt. L'arrière-fond du débat, cette réalité qui accable la pensée la prenant pour objet, est présent malgré le souci de porter des coups, et malgré l'assurance, que j'aime à croire de règle, du directeur et du gérant des *Temps Modernes.* L'essentiel des reproches adressés par cette revue à l'ouvrage d'Albert Camus apparaît sans doute dès l'abord, il ne se dégage vraiment que dans les répliques finales. La pensée de Jean-Paul Sartre n'est pas exprimée sans nuances : « Et si vous vous étiez trompé ? Et si votre livre témoignait simplement de votre incompétence philosophique ? S'il était fait de connaissances ramassées à la hâte et de seconde main ? S'il ne faisait que donner une bonne conscience aux privilégiés...? Si vos pensées étaient vagues et banales ? Et si Jeanson, tout simplement, avait été frappé par leur indigence ?... *Je ne dis pas que cela soit...* » (p. 340, je souligne). Il ne le dit pas... si l'on veut. De son côté, Francis Jeanson ne peut souffrir la solennité, le ton sentimental de *L'Homme révolté.*

J'aurais su gré à Sartre d'exprimer plus clairement ce qu'il pense de la compétence de Camus. Mais ceci me semble une ruse. Sans doute le livre de Camus est d'abord un témoignage humain. Mais il est clair en effet qu'Albert Camus a résumé l'inquiétude d'esprit de notre temps, comme on ne l'avait pas fait avant lui, comme il était souhaitable qu'on le fasse, *indépendamment* de l'analyse des infrastructures. Le marxisme évidemment ne s'en porte pas plus mal. Ce n'est pas la question. L'ouvrage ne saurait passer pour définitif : mais il est, et il est possible, à partir de lui, d'envisager bien moins vaguement le problème de la révolte, dans ses rapports avec le développement de la pensée et de la sensibilité, dans ses rapports enfin avec un aspect irréductible de toute condition humaine. Nul n'est forcé de s'y tenir et personne ne saurait négliger le fait qu'un tel livre intéresse un public qu'il rassure. Il va encore de soi qu'il peut sembler antipathique, et que l'on peut toujours discuter la compétence d'un auteur. Mais la première critique est tout de même insuffisante et la seconde aurait plus de sens si elle était suivie, dans les soixante-dix pages d'articles de Sartre et de Jeanson, au moins d'un embryon de discussion des analyses fondamentales de Camus. Au lieu de cela, Jeanson s'est borné d'abord à montrer ce qu'elles avaient d'inconciliable avec le marxisme : puis les brocanteurs répondant à Camus qui s'en plaint en restent sur leur dédain. Soixante-dix pages pour refuser de voir l'intérêt d'une recherche portant sur le sentiment de la révolte dans les esprits les plus remarquables des temps modernes, cela est d'autant plus regrettable que Sartre s'est évertué, par une rhétorique pleine de maîtrise, et tout juste au niveau de loyauté de la polémique moyenne, à faire de Camus une sorte d'« homme fini ». Il n'est pas jusqu'à une description remarquable, favorable cette fois, de la position du directeur de *Combat* au temps de son prestige le plus grand, qui ne contribue à servir ce dessein.

La littérature française en 1952

The American Peoples Encyclopedia [1]

L'année 1952 accuse plutôt qu'elle n'atténue le malaise latent de la vie littéraire en France. Paradoxalement la littérature française moderne est en un sens aristocratique, du moins dans la mesure où les auteurs s'occupent peu de répondre à la masse des lecteurs. Depuis la seconde partie du xixᵉ siècle, il est certain que les meilleurs des écrivains français écrivirent surtout les uns à l'intention des autres... Une sorte d'étouffement en résulta et le grand désir de retrouver un accès auprès du public, semblable à celui qu'ont toujours maintenu les écrivains anglo-saxons. Ce n'est pas si facile! Personne, en effet, ne voudrait pour autant se vulgariser. S'il faut toucher la foule encore est-ce à la condition de ne pas s'abaisser en allant vers elle.

Il est vrai que Paul Eluard, dont la mort subite, en novembre 1952, consacra une popularité des plus étendues, ne cessa jamais de maintenir une poésie très rare, d'une subtilité verbale qui choquait il y a trente ans la plupart de ses lecteurs. Le public français aurait-il cédé? Ce n'est pas sûr. C'est d'abord le poète de la Résistance, ce n'est pas tellement le surréalisme qui sut gagner les cœurs. Mais nul plus que lui n'avait souffert de la tour d'ivoire où confine en France une recherche littéraire raffinée, et nul ne voulut briser la glace avec une passion plus nécessaire. Il sut marquer avec une patience, une grâce et une discrétion souveraines le lien de la plus profonde poésie et de l'expression populaire la plus naïve. Il l'a fait en particulier dans un ouvrage très vivant paru peu de jours après sa mort, *Les Sentiers et les routes de la poésie.*

Mais l'heureuse réussite d'Eluard dissimule sans la supprimer une très pénible fissure. La masse du peuple et ceux
qu'obsède la magie de la création littéraire restent séparés.
S'ils se rencontrent c'est au fond sur des malentendus. Les
chansons populaires d'autrefois n'importent peut-être pas plus
au grand nombre que la poésie moderne. L'initiateur de Paul
Eluard est le chef de l'école surréaliste, André Breton. Jusqu'en 1938, Eluard fut le meilleur et le plus fidèle ami de
Breton. Or, sans nul doute, le désir d'un contact populaire
joua dans la violente querelle qui les sépara. Mais Breton
demeure, lui, bien loin de la pensée des hommes les plus
simples, sur une position intransigeante. Il a publié cette année
un livre où il a réuni des *Entretiens* donnés à la radio. C'est
le livre le plus accessible qu'il ait jamais sorti, c'est aussi un
livre excellent, agréable à lire. Cette concession occasionnelle
ne va pas sans une sorte de détachement, qui implique au
fond l'ennui.

Breton souffre de son isolement, mais sans doute se dit que
la réussite d'Eluard est un faux-semblant. Il sait que la profonde fissure est toujours là.

Un autre renégat du surréalisme, Raymond Queneau, a
tenté de résoudre le problème à sa manière. Queneau est
maintenant l'un des écrivains français les plus lus. Son dernier
roman, *Le Dimanche de la vie,* est très amusant. C'est une
histoire d'une franche trivialité racontée avec une verve
comique impayable. Toutefois Queneau n'est pas seulement
un grand poète, il est en France un des rares esprits à maintenir la tradition d'une culture à la fois très vaste et tout à
fait profonde. Il a été facile de montrer qu'il fallait voir dans
Le Dimanche de la vie une illustration d'un des thèmes les plus
difficiles d'accès de la philosophie de Hegel. Il n'en est pas
moins vrai qu'à presque tous ces lecteurs il n'a donné à lire
qu'un roman comique, sa véritable pensée n'est parvenue qu'à
un petit nombre d'initiés.

C'est à ce petit nombre que s'adresse délibérément sans
espoir, un auteur comme Maurice Blanchot, dont le dernier
roman, *Au moment voulu,* a bouleversé ceux qui ont eu la
patience de le lire... Ceux-là savent que cet écrivain est l'un
des plus grands de ce temps. Mais, bien que Blanchot soit par
ailleurs celui des critiques français qui a, de beaucoup, le plus
d'autorité, ils savent aussi qu'en un sens leur sentiment restera
secret... On a rapproché Blanchot de Kafka, mais Kafka

exprime une culpabilité insaisissable, ce sont les inquiétantes richesses du monde de la solitude que découvrent les minutieuses descriptions de Blanchot.

Samuel Beckett, qui se rapproche à la rigueur de Blanchot (mais il est plus banal, moins profond), a donné cette année un nouveau roman *noir, Malone meurt,* et une pièce de théâtre, *En attendant Godot.* Beckett est le plus jeune des écrivains de langue française (sa langue maternelle est l'anglais, mais il semble y avoir renoncé) qui ait justifié une estime sans fragilité. Il la doit incontestablement à son indifférence au goût du public moyen.

D'autres écrivains ont certes un grand talent, mais se tiennent dans des demi-mesures. Certains ont une grande sincérité, mais ils ne peuvent renoncer aux prestiges de la littérature qui se tient hors des sentiers battus. Ils s'adressent au grand nombre sans accepter de devenir indifférents aux amateurs de livres étranges... Ceci explique peut-être le fait que la plupart des romanciers français ne se décident pas à répondre simplement au désir si humain d'entendre conter tout ce qui arrive aux hommes de significatif ou d'insolite, de terrible ou de séduisant. S'ils le content, c'est d'une manière alambiquée et au mépris des quelques principes simples qui rendent une histoire captivante...

Un petit nombre de romans parus en 1952 méritent néanmoins de maintenir l'attention, soit que l'auteur ait osé malgré cela s'exprimer simplement, soit que son talent ait remédié à l'absence de simplicité.

Je citerai *Sainte Barbegrise* de Noël Devaux, *Les Amants du Theil* de Paul Bodin, *L'Amour de rien* de Jacques Perry, *Les Enfants du Bon Dieu* d'Antoine Blondin. *Le Marin de Gibraltar* de Marguerite Duras est un échec relatif dû peut-être à l'abandon d'une simplicité que cet auteur avait précédemment su trouver. Les dons exceptionnels de Jacques Audiberti ont donné à sa *Marie Dubois* une vigueur qui triomphe de la bizarrerie du sujet.

Nul ne saurait reprocher à Jean-Paul Sartre un parti pris d'obscurité. Le *Saint Genet* qu'il a publié cette année est un très gros ouvrage de critique ayant pour objet Jean Genet, écrivain très doué que distingue une vie scandaleuse de hors-la-loi. C'est sans doute un des meilleurs livres de Sartre, témoignant à la fois d'une grande hardiesse de pensée et d'une tendance à l'acrobatie intellectuelle qui ne va pas toujours sans bluff.

Le sentiment de malaise laissé par la production de 1952 n'est pas atténué par la publication tardive d'un très long roman de Marcel Proust écrit aux environs de 1900, *Jean Santeuil*. Cette œuvre est surtout intéressante pour l'étude de la méthode de travail de l'auteur, et elle ajoute peu de chose à la gloire de son auteur.

Il serait difficile de dire que le théâtre échappe à cette sorte de marasme. En effet, la pièce la plus significative, *Le Dialogue des Carmélites* de Georges Bernanos (1948), était publiée depuis plusieurs années. Mais malgré l'échec de la tentative la plus audacieuse, *Nuclea* d'Henri Pichette, il est agréable de signaler le succès relatif de *La Parodie* d'Arthur Adamov et des *Chaises* de Ionesco. Paradoxalement le théâtre pourrait en France devenir un moyen d'exprimer une manière de sentir que le grand public est mal préparé à comprendre.

ANNÉE 1953

Hemingway
à la lumière de Hegel

Critique [1]

ERNEST HEMINGWAY, *Le Vieil homme et la mer* * [*The Old Man and the Sea*], traduit de l'américain par Jean Dutourd, Gallimard, 1952. In-16, 188 p.

CARLOS BAKER, *Hemingway. The Writer as Artist* [*Hemingway. L'Écrivain comme artiste*], Princeton, Princeton University Press, 1952. In-8°, 322 p.

Hemingway me semble l'écrivain américain que le public *averti* reçut le plus facilement, et le premier. Aux environs de 1930, il y avait peu d'intérêt, dans mon entourage, pour la littérature d'Amérique. Nous connaissions l'existence de *Transition,* revue d'avant-garde publiée aux États-Unis, et de son directeur, Eugène Jolas. Nous avions entendu parler de Gertrude Stein. Mais autant dire que les revues ou les écrivains de l'Amérique ne comptaient pour nous que dans la mesure où ils n'ignoraient pas les visées très ambitieuses, et toujours passionnées, qui distinguaient alors une partie du « monde littéraire » français. Queneau fut le premier à me parler de Hemingway et je crois lui avoir répondu en avouant un préjugé défavorable, qui ne reposait alors sur rien. Mais la lecture du *Soleil se lève aussi* me toucha pleinement (peut-être en partie du fait d'un malentendu). Je lus Faulkner un peu plus tard et, sans lui ménager mon admiration, jamais je n'ai pu l'aimer. Le goût du « roman américain » devint par

---

* Le texte intégral de ce livre a paru pour la première fois dans la revue américaine *Life* (1er septembre 1952). Le livre lui-même parut huit jours plus tard, à New York, chez Charles Scribner, éditeur ordinaire de Hemingway depuis 1926.

la suite une sorte de manie. Mais Caldwell, Steinbeck ou Dashiell Hammet connurent un engouement moins durable.

À revoir les choses aujourd'hui, en un temps où, relativement, l'agitation littéraire est morte, je veux insister sur le fait qu'entre les passions en jeu dans la littérature française et les écrivains américains, il n'y eut jamais de rapport. Il est vrai qu'une attente en France, un goût des émotions sans phrase ou des renversements soudains avaient fait les esprits à ces commotions directes que provoquent les Américains sans donner d'explications. De la Première Guerre à nos jours, rien en France n'a été l'objet d'une horreur plus indiscutée, plus ardente et plus naïve que le sentiment de la mesure. Même aujourd'hui, qui dénonce l'accord intime et pourtant immanquable de la violence et de la mesure? qui reconnaît l'impossibilité de délirer sans tricherie? quel œil est assez sec pour regarder longuement? quelle résolution est assez ancrée pour endurer la solitude? Partout où se fait jour un peu d'initiative, où le sommeil traditionnel n'est pas reçu, mieux vaut ne jamais parler de modération. Un isolé ose-t-il parler de mesure, il est aussitôt épouillé, on ne voit en lui que reniement.

*

Sans l'intensité de la passion, la vie est sans doute un leurre dont la limite est le confort, dont la vérité est la peur à l'idée d'aller trop loin (d'aller plus loin que cette limite). Mais il est facile d'étonner si nous nous mettons, sans conscience, à la merci d'un entraînement irréfléchi. Mais le goût d'une littérature mouvementée, où les sentiments n'apparaissent qu'en surface, a sans doute avant tout marqué la fatigue qui nous accablait. Nous étions las de *conventions* de profondeur, selon lesquelles les sentiments devaient s'exprimer. À la fin nous avons vu dans la profondeur elle-même une sorte de sclérose, et la brutalité nous a séduits : nous avons aimé tout ce que la culture ne faussait pas. C'était une tricherie, et cette tricherie était le signe d'une impuissance. La culture, en effet, débilite ce qu'elle a formé, elle donne elle-même un sentiment de mensonge, à la longue l'ânonnement des êtres sans violence qui l'incarnent est intolérable : nous nous trouvions plus forts en la niant, nous aimions la fièvre et la sauvagerie, tout ce qui est immédiatement, directement. Mais la littérature

moderne, aux États-Unis et en France, a répondu de manières
très différentes à ces irritations sommaires. Elles n'ont de
commun, au départ, qu'un malaise superficiel.

*

Le roman américain moderne ne peut être, d'ailleurs, réduit
à l'expression de l'immédiat et de la violence. En particulier,
l'œuvre de Hemingway se recommande vite par un achèvement qui ne peut rassurer les amateurs de sensations. L'auteur, évidemment, ne peut souffrir ni les grands mots, ni les
constructions de l'intelligence, il valorise souvent la vie du
corps aux dépens de la réflexion. Mais il place avant l'immédiat un souci de morale et de probité. Ses préoccupations
morales ne sont pas forcément apparentes, mais si nous en
croyons un de ses commentateurs les plus sérieux – Carlos
Baker, auteur de *Hemingway. The Writer as Artist,* est professeur
à l'université de Princeton –, elles le dominent.

Aux environs de 1922, Hemingway vécut à Paris dans le
milieu de peintres et d'artistes de Montparnasse. Il y eut des
sympathies, mais il en eut vite horreur. Il a écrit *Le Soleil se
lève aussi* (paru en 1925) dans un moment de réaction contre
la vie frelatée de Montparnasse. Carlos Baker a raison d'insister sur une ligne de partage séparant les bons et les mauvais.
On s'en souvient, Hemingway donna en épigraphe de son
livre un propos de Gertrude Stein : « Vous êtes tous une
génération perdue. » Ce propos, tout d'abord, un garagiste
français du Midi l'aurait tenu, parlant de ses mécaniciens!
Gertrude Stein l'aurait appliqué à toute une jeunesse
moderne... Mais il n'importe : Hemingway protesta au nom
d'une santé qu'il pensait avoir. Il n'y avait pas de génération
perdue. Un homme moralement fort pouvait être abattu, mais
non vaincu. Jake Barnes, Bill Gorton ou le matador Romero
avaient cette force morale et seuls étaient perdus les êtres
veules, que toujours leur veulerie laisse dans l'impasse. Ainsi
Robert Cohn, Mike Campbell ou Brett Ashley. La ligne de
partage, aux yeux de Carlos Baker, oppose à la santé la névrose.

Ce n'est pas tout à fait convaincant. Brett Ashley est loin
d'être affalée, affaissée dans sa veulerie, elle n'est pas seulement fascinante : Carlos Baker lui accorde le courage et la
netteté avec laquelle elle délivra d'elle Romero, l'homme naïf,
et non frelaté, qu'elle avait séduit. Mais c'est peu de lui concé-

der un geste. J'ignore si Hemingway le voulut, mais il n'est pas de personnage dans le livre qui ait le prestige de Brett. Jake Barnes, qui l'aime, qui lui-même est un ivrogne, en dit : « C'est une ivrognesse! » Carlos Baker, cependant, ne convainc pas, qui la range avec le lamentable Cohn, qui la donne, avec une horreur religieuse, pour une « alcoolique nymphomane », image du mal (de la névrose, qui est le mal). Bien plutôt, en sa personne, l'ivresse est souverainement séduisante. Et la vie de Hemingway tout entière, Carlos Baker ne devrait pas l'oublier, reste l'effet de cette séduction.

Je ne pense pas que Baker ait tort. Je crois seulement que Hemingway est difficile à réduire en un schéma. Et, sinon avec moins de force, c'est d'une manière moins mécanique, plus obscurément, plus vaguement qu'il est possible de voir dans une honnêteté profonde, dans une passion pour la vérité et l'excellence, la vertu et le sens de ses livres.

*

L'œuvre de Hemingway me semble d'abord l'exaltation, une exaltation mesurée, et d'autant plus tendue, de ce que, selon l'auteur, la vie humaine a de plus digne d'adhésion.

Cela ne veut pas dire ce que la morale commune définit comme tel. Ce n'en est pas le contraire, sans doute, c'est d'une recherche *indépendante,* que la tradition ne lie pas, qu'il s'agit. Il n'en faut pas à l'avance limiter le résultat à des principes déjà donnés. Ces principes, en effet, sont mis à l'épreuve de la vérité; c'est selon moi le sens profond des rares affirmations générales de Hemingway : « L'affaire d'un écrivain est de dire la vérité », a-t-il dit, ou « je ne connais que ce que j'ai vu * ». L'opération morale, dans l'esprit de Hemingway, ne consiste jamais à dire : il est bien de faire ceci ou cela, mais d'abord de donner une image vraie, tirée de la vie, de ceci ou de cela. Il n'a pas toujours représenté ce qui excelle. Il a même dit que l'on pouvait conter n'importe quoi. Mais l'indifférence première, subsistant dans le parti pris, souligne la valeur de l'excellence rencontrée : l'excellence, dès lors, découle de la vérité, non d'un choix qu'a fixé d'avance une généralisation formelle, une règle, une loi morale.

La passion dans la recherche de l'excellence – non d'une

---

* Carlos Baker, *Hemingway,* p. 48.

excellence imaginable, idéale – mais d'une excellence vraie qu'enserre et sur laquelle, de tout son poids, pèse ce monde qui est vrai – est ce qui rend compte de la rage et de l'entêtement de Hemingway dans l'effort d'excellence qui lui appartient. Je veux parler de ce degré d'exactitude dans l'expression sensible de la vérité, que nul autre que lui ne me semble avoir atteint. C'est peu de dire que, sous sa plume, la vérité devient saisissante : elle est parfois gênante, au point d'être mal supportée – quand le lecteur, par hasard, a connu telle personne, qui lui servit de prototype.

*

Il y a là un indéniable sortilège, qui joue d'ailleurs dans tous les cas. Pour chacun des personnages qu'il a mis en jeu, le don d'évocation de Hemingway exerce sur les nerfs une pression qui a parfois l'intensité d'un pincement. Il en est de même des paysages, des lieux, des aspects... Je veux bien que l'on y voie quelque chose de mince, d'analogue aux talents de société; même, je suis sûr qu'à l'occasion, il en fit un usage d'une méchanceté juvénile. Ce n'est pas notre affaire. Ce qui importe est de savoir l'interminable travail que le jeu lui donne. De tous les mots de son dernier livre, *Le Vieil homme et la mer*, il put dire qu'il n'en était pas un qu'il n'ait relu deux cents fois. Cette monstrueuse patience, que l'auteur, autant qu'il nous semble, exerça dans toute son œuvre, n'indique pas l'amusement superficiel, elle démontre un irrésistible besoin. Un désir de la perfection poussé à ce point n'est que bien rarement une manie. L'excellence à laquelle il faut parvenir à tout prix répond au désir exaspéré d'un bien presque inaccessible.

Vaudrait-il la peine de parvenir à la vérité criante si elle n'était le seul moyen de parvenir au *bien*, au bien tout court, que la généralisation, la simplification intellectuelle ont toujours trahi, en faisant l'objet d'un enseignement ennuyeux? D'une manière sobre, effacée, le *bien* – ou l'excellence – est la passion indubitable et dominante de Hemingway. La beauté de ses livres est l'effet d'une probité dont il est soucieux. Nous ne saurions le dire trop lourdement. Parfois une littérature sans probité nous fascine mais il y manque la probité de l'auteur : c'est une littérature informe ou monstrueuse. Ce n'est pas une raison de perdre de vue le fait qu'inévitablement, cette probité est impuissante : la littérature n'est-elle pas, par elle-même, le domaine du mensonge, de la fiction et de la tromperie ? Mais l'écrivain, précisément, est à plaindre (même, le plus souvent, il est odieux) s'il nous trompe autrement que malgré lui *.

*

Il va de soi que la probité, se limitât-elle à la littérature, témoignerait encore d'une morale, qui nécessairement a pour l'auteur une valeur qui commande sa vie entière. Dans le cas de Hemingway, cet aspect est très sensible. Cette morale s'affirme indépendamment des règles formulées. Ses exigences n'en sont pas moins précises. Elles ne peuvent être tirées qu'après coup des images concrètes où elles s'imposèrent à lui. Mais nous pouvons saisir ces exigences et il est d'un indéniable intérêt de le faire.

Je crois qu'elles ne répondent pas aussi simplement que l'a cru Carlos Baker à cette morale universelle dont le christianisme est encore, dans son ensemble, une expression acceptable (de cette morale, en effet, le communisme lui-même n'est pas éloigné). La morale de Hemingway peut être conciliable avec cette morale commune, mais elle en est distincte. Ce n'est pas la morale nietzschéenne des maîtres (qui d'ailleurs, dans l'esprit de ceux qu'elle a séduits, n'est souvent qu'un malentendu). C'est une morale dont le sens est plus précis (dont la morale des maîtres, ébauchée par Nietzsche, procède peut-être, mais d'une manière peu soutenable).

On sait que le développement de la *Phénoménologie de l'esprit* s'ouvre par une division première des possibilités de l'homme en deux aspects opposés : la dialectique du maître et de l'esclave est enfin devenue fameuse et l'on n'ignore plus aujourd'hui qu'elle a non seulement précédé les idées morales de Nietzsche, mais ordonné la pensée fondamentale de Marx. Hegel est un penseur obscur, mais tout au moins, la pièce la plus voyante de son système est bien facilement saisissable. Pour Hegel, l'humanité ne s'est pas formée simplement mais, dans un téméraire aveuglement, les plus fiers affrontèrent

---

* Il serait vain, dans ces conditions, de ne pas affirmer avec force – comme il serait vain de simplifier. La littérature est aussi le domaine du caprice. Elle est aussi le domaine de la monstruosité. Mais le capricieux, mais le monstrueux sont authentiques, sinon...

la mort. Ils manquaient de lucidité, mais ils surent mettre à leur service le travail des autres, en les réduisant à l'esclavage. Furent esclaves ceux qui préférèrent à la perte de la vie celle de la liberté. Ils acceptèrent dès lors une vie subordonnée – médiocre, mutilée et durement laborieuse. Mais ce fut leur labeur interminable, ce ne furent pas les vaines parades des maîtres, qui fonda ce monde civilisé, où nous vivons. Les esclaves produisirent, les maîtres consommèrent, puis dans le monde de la production dont seuls ils paraissaient bénéficiaires, ils devinrent lentement des étrangers : des survivances débiles d'un monde ancien, d'un monde de la gloire et du prestige, qui n'avait plus de sens là où s'imposaient la capacité technique et la mise en œuvre de grandes forces de production.

Dans la mesure où la pensée de Hegel dut, inévitablement, rendre compte de développements historiques qu'il ne put connaître, il demeure en elle une marge d'imprécision. Mais nous qui, décidément, sommes noyés dans ce monde de la production qu'il connut mal, nous ne pouvons trouver que dans sa pensée la description cohérente et intelligible – intelligiblement située – de ce monde ruiné du prestige *dont nous n'avons plus que la nostalgie.* Ainsi ne pourrions-nous pas, sans les repères de Hegel, dire de la morale de Hemingway qu'elle est celle du *maître disparu.*

Il demeure évidemment une différence entre l'attitude du maître et celle de l'écrivain américain (en aucune mesure, en effet, l'écrivain n'est le maître réel) mais nous pouvons la négliger d'abord. S'il s'agit de préciser ce qu'est le *bien* pour Hemingway, c'est ce qui le fut pour le maître, ce qui lui donne le sentiment de l'excellence, c'est ce qui donnait au maître le même sentiment. Ce qui importe pour le maître est un monde où la vie humaine tire sa valeur, et sa saveur, du fait d'affronter la mort, où le travail n'est l'objet d'aucune attention. Le travail n'y est pas proprement méprisé, mais c'est ce dont le maître se décharge sur des hommes déchus, qui lui sont asservis.

À ce point, nous pouvons serrer les choses de près. La chasse ou la pêche sont à la rigueur des travaux, dont le produit alimentaire est la fin utile. Mais s'il refuse de labourer, si jamais il ne fait œuvre de forgeron, de tisserand, d'architecte, le maître ne dédaigne pas du moins de chasser et de pêcher. Cette anomalie se rapporte dans l'ensemble au fait que les premiers maîtres, ceux qui asservirent les premiers d'autres hommes, furent des chasseurs et des pêcheurs. On peut même penser que les peuples de laboureurs, devenus sédentaires, fournirent les premiers des esclaves à des hommes plus sauvages, rompus à des exercices plus violents. Ils devenaient la proie d'hommes qui affrontaient les animaux dangereux ou la mer... Quoi qu'il en fût, la pêche, surtout la chasse ont toujours été des jeux, souvent des privilèges de maîtres.

Ce qui touche les animaux, surtout sauvages, eut d'ailleurs anciennement, et peut-être, en partie, a gardé, une dignité particulière. Ce sont des laboureurs ou des artisans asservis, ce ne sont pas les chasseurs, les pêcheurs, les éleveurs libres, qui donnèrent à la dignité de l'homme et au mépris des bêtes la forme extrême qui fonde nos jugements. Apparemment, les hommes les plus anciens n'ont pas fait cette différence tranchée : ils ont vu dans les animaux des êtres qui leur ressemblaient; s'ils les tuaient, ce n'était pas sans un sentiment de faute, ils s'en excusaient auprès de ceux qu'ils combattaient en égaux. L'asservissement d'autres hommes n'était pas plus monstrueux à leurs yeux que celui des animaux. J'imagine que le jugement de nullité porté sur l'animal est lié au sentiment d'abus que donna l'exploitation de l'homme. Sans ce mépris, bien ou mal fondé, comment condamner l'esclavage? Les maîtres, de toute façon, le reçurent du dehors, jamais ils ne l'assimilèrent tout à fait. La « noble conquête de l'homme » marque un sentiment de similitude, que marque le mot *noble*, entre un cheval de guerre et l'homme de la caste supérieure. Il serait facile d'insister.

*

Le jeu de la tauromachie relève de la même attitude. Le taureau affronté, puis mis à mort, est lui-même admiré pour sa noblesse. Ce n'est pas un être tenu pour nul et personne n'imagine un taureau de corrida à la charrue. Le jeu repose d'ailleurs sur le noble aveuglement, ou la noble sottise de la bête. Le taureau intelligent, devinant le leurre, est sifflé. De même le maître intelligent s'avilit. (Sans une folie sanglante, Hamlet succomberait sous le mépris.) Quand la tauromachie entra dans l'histoire, en Espagne, elle était jeu de princes et les matadors mercenaires marquent bien le dépérissement, le

passage à la politesse et la finale impuissance de la noblesse.
Néanmoins la tauromachie reste le reflet dans les temps présents du monde révolu des maîtres : non seulement s'il combat le monstre, le taureau, l'homme affronte la mort, il se fait un jeu de l'affronter, il la frôle, et il tire un prestige de la frôler. Si, dans un risque inespéré, il l'approche à ne pas le croire, le vieil éclat de la souveraineté scintille encore une fois sous nos yeux.

J'ai défini, partant de Hegel (de la conception hégélienne du « maître »), le monde de valeurs archaïques qu'éclaire l'œuvre de Hemingway. Ses héros excellent dans la chasse ou dans la pêche, leur seule occupation est la guerre... Entre tous, la tauromachie est le jeu qui leur agrée... Ou plutôt, il n'est rien qui leur convienne qui ne soit jeu, à la condition que le jeu, en quelque mesure, en soit un de la vie et de la mort.

L'amour n'est que le complément, ou l'épanouissement, de la vie jouée sans merci et de l'excellence de la vie se jouant. L'amour est excellence de l'être aimé. Digne de son nom, l'amour est souverain, rien ne compte davantage, et de quelque manière son objet doit avoir la valeur qui répond à celle que le maître s'arroge. Cela suppose la réduction de la femme aimée à l'inexistence personnelle, à cet état d'*amibe* des amoureuses de Hemingway (Catherine, Maria), qui a frappé la critique depuis longtemps. Peut-on rien concevoir de plus archaïque que la passion réduisant la fille au reflet féminin de la lumière émanant de celui qu'elle aime? Il est pourtant une possibilité différente. La femme aimée peut tenir son caractère souverain de l'accord avec ce maître, à qui elle s'identifie au point de n'être plus. Mais elle peut le tenir d'elle-même en un jeu de rivalité qui l'oppose au maître, au lieu, sans résistance, de s'effacer. Dès lors elle ne joue plus le jeu du maître, comme Maria..., mais comme Brett un jeu personnel. L'élément du jeu ne change pas, c'est la mort risquée activement (et non la mort frappant Catherine au moment de l'enfantement). Brett ne peut, comme le font les hommes, aller au-devant du simple danger, elle se détruit par un mouvement qui la dérègle, où elle fascine pour la raison qu'elle appelle ce qui la fascine − et qui la détruit. Il ne faut pas nous y tromper : boire à mort, se livrer au désordre des sens peut être, comme le croit Carlos Baker, un effet de la névrose, mais dans ce cas, le mouvement du maître qui le porte à chercher le danger peut lui-même relever de la névrose, et la liberté sensuelle, à laquelle accède souvent le jeu de femmes qui ont librement choisi est pour elles un équivalent de ce que les désordres des combats sont pour les hommes.

Sans doute, la souveraineté féminine est souvent proche de la névrose, Cléopâtre n'eut pas la solidité de César... Une femme ne tire pas son prestige de la lutte pour la vie et la mort. Elle ne peut le tenir non plus d'un mariage ou de sa famille. Car elle est alors *effacée*. Le maître masculin l'efface si elle vit dans l'obéissance où sa souveraineté se réduit au reflet d'une autre. Mais lorsqu'elle obéit sans être en puissance de mari, son obéissance n'en est pas souveraine pour autant. La souveraineté d'une reine ne pouvant tenir du combat se réduit à la licence, que seul justifie l'état de fait – et la force publique, mais qui manifeste du moins l'autonomie d'un être. En un certain sens, le caractère souverain d'une existence de femme est donc une sorte de maladie. La souveraineté masculine elle-même est monstruosité, mais ce qui la supporte à la base est la monstruosité vivante d'un combat. Il n'en est pas moins puéril, même si le combat fait défaut, de dissocier la souveraineté féminine d'une liberté semblable à celle des hommes qui ne sont pas asservis. C'est exiger, comme en une sorte de rêve diurne le firent souvent les livres de Hemingway, la réduction à l'état d'*amibe* de l'être aimé. Ce que rend claire l'œuvre de Hemingway est qu'une fois les limites d'une certaine conception du monde acceptées – le monde du maître limitant l'esprit de Hemingway – de deux choses l'une : ou l'homme est souverain, et la femme qu'il aime – et qui l'aime – en est le reflet; ou seule la femme est souveraine, celui qu'elle aime – et qui l'aime – étant impuissant. Frederik Henry et Robert Jordan annulent Catherine et Maria, mais devant Lady Brett Ashley l'existence de Jake Barnes est annulée par l'impuissance.

*

Je m'excuse de la rigueur, presque mécanique – et comique – de ces développements imprévus. Par bonheur, ceux qui me lisent ont la liberté de ne pas me suivre. Mais si je plaisante, c'est lassitude. J'aime mieux écrire plus simplement... Le monde de Hemingway est si bien le monde du maître que celui de ses héros qui sans doute répond le plus parfaitement

au désir d'excellence qu'il porte en lui s'exprime ainsi (bien qu'il soit en bas de l'échelle sociale) :
– « L'homme n'est pas fait pour la défaite. On peut détruire l'homme, mais le vaincre, on ne le peut pas. »
Ce n'est pas la transposition d'une vérité tirée de la section A du chapitre IV de la *Phénoménologie de l'esprit*. Ces paroles, Hemingway les prête à un vieillard à bout de forces, luttant contre les requins. Ce vieillard évidemment n'est pas le maître, mais il distingue lui-même avec lucidité en quoi il participe de l'esclave – en quoi il participe du maître.
– « Je suis un vieil homme fatigué, dit-il. Mais j'ai tué ce poisson qui est mon frère et maintenant je dois faire le travail de l'esclave. »
Ou plus loin :
– « Le combat est fini, et maintenant, il y a du travail à faire en quantité, du travail d'esclave *. »
Il sait qu'en un point le travail qu'il doit faire est servile, mais la pêche en elle-même ne l'est pas. Il n'en doute pas, la fin n'en est pas tellement l'utilité, c'est le prestige. « Il pensa : Tu as tué le poisson, ce n'est pas seulement pour te maintenir en vie et pour le vendre. Tu l'as tué par orgueil **, parce que tu es pêcheur. Tu l'aimais quand il vivait et tu l'aimes encore. Si tu l'aimes, ce n'est pas un péché de le tuer... » Avant tout, la capture de l'énorme poisson, qui lui a coûté des efforts démesurés, avait été pour le vieil homme lutte *fratricide* et *noble*, et lutte pour la vie ou la mort. « Poisson », disait-il, parlant à haute voix, « je t'aime et te respecte, et pourtant je te tuerai. » Même il s'attrista « pour le grand poisson », ferré depuis longtemps « qui n'avait rien à manger, mais sa résolution de le tuer ne fléchit pas pour la tristesse qu'il en avait ».

---

* Je n'ai pu citer le texte de la traduction très libre de Jean Dutourd. Voici de toute façon le texte américain : « I am a tired old man. But I have killed this fish which is my brother and now I must do the slave work » et « There is very much slave work to be done now that the fight is over. » Dans leur ensemble, les libertés prises par le traducteur sur l'original me semblent malheureusement en changer l'intention. Dutourd prête d'un bout à l'autre au vieil homme un langage teinté d'argot, Hemingway lui prête au contraire une sorte de simplicité biblique, pleine de dignité. Le ton de la traduction (p. 110) : « Y a personne qui mérite de le manger, digne et courageux comme il est, ce poisson-là. » L'original : « There is no one worthy of eating him for the manner of his behaviour and for his great dignity. » Dutourd fait dire au pêcheur parlant au poisson : « camarade ». Hemingway a écrit : « brother ». Dutourd (p. 147) : « Avec sa gueule coincée et sa queue bien droite, nous deux le poisson on navigue en frères. » Hemingway : « With his mouth shut and his tail straight up and down we sail like brothers. » Rien n'est plus contraire au langage des hommes simples que ces simplifications lasses du parler populaire des villes. Le pêcheur de Hemingway est naturellement noble.
** « You killed him for pride... »

La lutte à mort se prolongea, épuisant durant deux nuits et deux journées interminables les forces du vieil homme. Sa petite embarcation était perdue dans le parfait isolement de la haute mer : sans cesse à la limite de défaillir, « le vieux pensa : Poisson, tu vas me tuer. Mais tu en as le droit. Je n'ai jamais rien vu de plus grand ou de plus beau que toi, frère, rien de plus calme ou de plus noble. Viens et tue-moi. Ça m'est égal, celui qui tuera l'autre * ». Il avait beau donner de la corde à son adversaire qui tournait en rond et parfois sautait hors de l'eau, il pouvait à peine supporter la tension de cette situation impossible. Une crampe travaillait sa main gauche et il avait blessé sa main droite dans une chute. Il n'avait pas de provisions et ne pouvait que difficilement se nourrir, par raison, de filets de poisson cru sans sel, qui le laissaient à la limite de la nausée. Il n'avait pas dormi depuis quarante-huit heures et l'âge et le sommeil venaient à bout d'un corps dont la vigueur avait fait, autrefois, l'admiration de tous les autres. Mais lorsque en plein midi, il put enfin avoir à sa portée ce poisson qu'il avait ferré depuis deux jours, il lui perça le cœur de son harpon. Jamais, il n'avait même entendu parler d'un aussi gros poisson. Depuis quatre-vingt-cinq jours, il était désespéré de n'avoir rien trouvé, mais il ramenait maintenant cette prise miraculeuse dont à lui seul, il était venu à bout. Il triomphait trop tôt. Des requins attaquèrent l'espadon que la barque avait en remorque. Il en tua plusieurs, mais à la fin, n'ayant plus rien pour les frapper, le poisson qu'il amena la nuit dans le port était une arête décharnée que précédait une tête énorme et solennelle.

*

De cette histoire déjà célèbre... j'admets, si l'on y tient, qu'elle s'apparente aux récits de la vie paysanne de Giono ou de George Sand, où la littérature met en jeu des hommes plus près de la nature que nous. Mais Sand ou Giono **

---

* Dutourd (p. 137) : « Camarade, j'ai jamais rien vu, etc. » ; Hemingway a écrit « brother ».

** Voici, me semble-t-il, l'occasion, tant est significatif le contraste qui l'oppose à Hemingway, de souligner le caractère de l'œuvre de Giono tout entière. Il y a dans l'essence même de Giono une exceptionnelle inconsistance : si sa déclaration à *La Gerbe* du 11 juillet 1940 confond l'esprit, c'est moins par une indécence certaine que par une sensible indifférence à la vérité. Laissons de côté, si l'on y tient, une attitude politique au moins déréglée, mais une telle impuissance à ne pas se mentir à soi-même! Seule l'indifférence à la vérité permit à un écrivain très doué de faire du *Hussard sur* mentent, Hemingway se situe à l'extrême opposé du mensonge. Et ce n'est pas, négativement, par un scrupule, mais il a le pouvoir et la passion d'évoquer avec une exactitude jamais vue.

Je ne crois pas que la passion de la vérité, entendue dans le sens de l'exactitude de la peinture, ait la valeur unique et limitée que lui accorde Hemingway. Mais nécessairement l'œuvre littéraire met en jeu un objet que nous ne pouvons atteindre sans cette passion. Comment aurions-nous le pouvoir de communiquer un sentiment si nous n'en avions le désir fiévreux ? En un sens, la relation de l'auteur et du lecteur est comparable à celle de l'amant et de l'être aimé. Le faiseur empressé peut séduire celle qui l'écoute, mais celle-ci n'est pas trompée, elle a le faiseur qu'elle voulait. Ces paroles ont servi de prétexte et elles n'ont pas de ce fait la valeur que donne un véritable tourment.

Ce qui fait le prix de l'art de Hemingway est cette quête de la souveraineté qu'il poursuit dans son œuvre avec une passion aveugle et obstinée. *Le Vieil homme et la mer* me semble avoir dans cette recherche une place privilégiée : la passion de Hemingway, sans y être moins aveugle, y est pourtant plus sûre, et elle y a le pouvoir d'atteindre, sinon l'inaccessible, ce qui du moins sembla hors d'atteinte. À mes yeux, l'apparition fugace de cette souveraineté profonde qui est le bien du vieillard est d'autant plus significative qu'elle est partie de l'impuissance. J'ai tenté un parallèle de la représentation hégélienne et de celle d'un livre en tant qu'il met en scène un personnage, mais ce parallèle ne peut être maintenu jusqu'au bout. Le vieillard évidemment n'est pas le *maître*. Hemingway d'ailleurs n'est pas lui-même le maître. Selon Hegel, le propre du maître, et c'est là finalement son erreur, est de vouloir être *reconnu* par celui qu'il a vaincu, et dont il a fait son esclave. Le vaincu, qui accepte de l'être et de

le toit l'un des plus séduisants trompe-l'œil que la littérature ait produits : immense récit conçu sans larmes et dont jamais la richesse de moyens ne sait *convaincre* le lecteur. Même entièrement, grâce à l'involontaire tricherie et à la légèreté masquée sous les apparences de la force, le lecteur échappe à l'horreur dans laquelle il semble pourtant que l'auteur voulut le faire entrer : il y échappe dans la mesure où Giono lui-même le condamne à cette indifférence profonde où sommeille sa volonté, et à cet insurmontable besoin qu'il a lui-même d'échapper à tout. Par un provocant paradoxe, Giono voulut peindre le courage d'un guerrier, d'un parangon de l'héroïsme militaire, mais l'aspect qu'il lui a donné est celui de l'homme fuyant qu'il est lui-même, traversant l'horreur avec toute l'impavidité de l'inconscience. Pourquoi le livre de Giono n'émeut-il jamais ? Ce livre, à mes yeux, n'est pas moins criant de fausseté que n'est criant de vérité celui de Hemingway : dans l'un et l'autre cas, cela s'impose de soi-même.

survivre (qui n'a pas cru, comme le vieillard, qu'un homme pouvait être détruit, mais non vaincu) est réellement et moralement esclave en effet. Mais en acceptant d'être vaincu l'esclave a perdu la qualité sans laquelle il ne peut *reconnaître* le vainqueur de manière à le *satisfaire*. L'esclave ne peut donner au maître la *satisfaction* sans laquelle celui-ci n'aura plus de repos. Il n'est reconnu que par un esclave; et pour l'être d'une manière satisfaisante, il faut l'être par un égal. L'attitude du maître repose sur une contradiction : selon Hegel, l'homme ne pourrait s'accomplir, il ne pourrait devenir un homme entièrement, s'il n'affrontait d'abord son semblable dans une lutte à mort, mais il ne doit pas seulement le tuer, il doit se faire reconnaître par lui. Or, si son adversaire est mort, ce n'est plus rien, et s'il survit il est déchu... Selon Hegel, l'histoire entière en ses multiples développements eut la charge de résoudre cette contradiction. L'existence humaine, en effet, ne pouvait s'achever, s'accomplir entièrement qu'au prix de cette résolution. *La Phénoménologie de l'esprit* est le récit, très schématique, de cette recherche et d'aboutissements qui ne demandèrent rien de moins qu'une révolution puis la digestion (quelque peu négative) de cette dernière.

Le vieillard sait qu'affronter la mort en combattant est le seul moyen de répondre, il sait que l'homme ne vit pas seulement de pain mais de prestige; mais il ignore évidemment que l'homme a de plus une tâche essentielle : l'homme a la charge de transformer l'homme, l'homme par son action doit changer le monde. Le vieillard, devant cette tâche, se déroberait d'ailleurs pour deux raisons : la première, que l'horrible travail de l'histoire n'eut pas besoin de lui pour se faire (il y a des millénaires que s'est faite la division décisive des hommes en maîtres et en esclaves); et la seconde, qu'il n'en a pas le cœur (il n'est ni assez ambitieux ni assez cruel pour cela).

C'est là pourquoi le vieillard de Hemingway assume le sens de toute une œuvre. J'ai dit que le bien de Hemingway est celui du *maître* et que l'*excellence* qu'il recherche est celle qui vaut aux yeux du *maître*. Seulement est-ce bien de réalité qu'il s'agit? Cela devait de prime abord sembler douteux.

*

La passion de vérité qui donne sa valeur à l'œuvre de Hemingway a pour fin la littérature. C'est pourquoi la vérité dont il s'agit est limitée. C'est la vérité de la littérature. Pour l'histoire envisagée dans la logique de ses développements le sens du maître ne se borne pas aux effets sensibles (esthétiques). Le maître agit, et s'il mène une lutte de prestige, cette lutte à ses yeux comme à ceux de l'historien se lie à ses conséquences. Elle n'a pas seulement la valeur du prestige, mais en même temps le sens de la domination. C'est un jeu si l'on veut, mais il n'est pas gratuit. Par rapport au jeu lourd des véritables maîtres, les jeux de Hemingway sont peut-être des jeux d'enfants. Si le vieillard est vrai, l'intérêt de sa vérité se limite à l'esthétique (s'il compte c'est d'abord du point de vue de la littérature). Nul enjeu lourd, indéniable, *historique* ne se lie à son prestige. Il est si l'on veut comparable à ces Indiens que les États-Unis maintiennent dans des réserves. Ce sont les mêmes apparemment que ceux d'autrefois, mais leur *aspect* prestigieux est celui d'un rôle, ils existent dans des limites où cet aspect n'a plus de conséquences, ces Indiens ne sont plus là *pour de bon* et le tourisme est devenu leur véritable sens.

Il est vrai : parfois la différence est infime entre les fastes littéraires et l'appât humain, touristique, des voyages. Mais cet infime enfin peut désigner le changement le plus profond. Qu'il me serait facile de dire, avec un dédain *justifié :* cette œuvre à peu de frais donne à son lecteur une satisfaction fondée sur le fait qu'elle est fiction! Ces figures se détruiraient si elles ne bénéficiaient d'un privilège exorbitant : elles sont toutes *détachées* de la réalité de ce monde lourd, où nous sommes enlisés, enchaînés. En effet : pourquoi ne seraient-elles pas décrochées *comme elles sont?* elles répondent précisément au désir que nous avons de nous décrocher nous-mêmes, elles répondent à la durable nostalgie d'un monde où la vie de l'homme échapperait à ces enchaînements de machine, où elle se jouerait librement, au lieu d'être happée dans l'engrenage.

À coup sûr, il y a dans le monde de Hemingway quelque chose d'archaïque et de court, quelque chose de simplifié. Il est vain d'opposer aux obstacles que la violence ne peut réduire une aveugle fierté. Je n'en puis néanmoins douter : seule la littérature nous ramène encore à ce que nous avons en nous de nécessairement souverain, et seule la littérature peut le faire. Cela signifie que désormais nous ne pouvons plus être souverains *réellement*. Mais *réellement* souverains, jadis cela désigna l'asservissement d'autres hommes. Nous pouvons penser que désormais notre souveraineté ne peut se réduire à ce domaine indifférent. Est souverain celui qui n'est pas lui-même une chose. Il n'a que faire de disposer souverainement des choses. Il se place au-dessus des choses, il est dans le domaine de la poésie. Or la littérature n'est pas la poésie, mais ce qui, dans ce sens, s'efforce avec passion vers l'honnêteté nous rapproche de l'*inaccessible*..., du moment où nous ne serons plus asservis. Hemingway est peut-être limité mais il n'y a pas dans son œuvre de tricherie, ni de concession à la lâcheté qui porte à dominer les autres comme des choses.

Le passage de l'animal à l'homme
et la naissance de l'art

Critique [1]

H. BREUIL, *Quatre cents siècles d'art pariétal. Les Cavernes ornées de l'âge du renne*, réalisation Fernand Windels, Montignac (Dordogne), Centre d'Études et de Documentation Préhistoriques, 1952. In-fol., 419 p., 531 planches et figures (6 pl. en couleurs).

HANS-GEORG BANDI ET JOHANNES MARINGER, *L'Art préhistorique. Les Cavernes. Le Levant espagnol. Les Régions arctiques*, traduction de Jean Descoullayes et François Lachenal, Bâle, Les Éditions Holbein; Paris, Charles Massin, 1952. In-fol., 168 p., 216 fig. (dont 21 reprod. phot. en polychromie).

La richesse de sa documentation figurée, la valeur scientifique de ses exposés et leur caractère approfondi font de l'ouvrage récent de l'abbé Breuil une véritable somme des connaissances que l'homme actuel a pu rassembler sur l'art de l'homme le plus ancien. Toutes les grottes connues à la date de sa rédaction y sont l'objet d'une description minutieuse et d'une discussion détaillée des dates, qu'éclairent relevés et photographies. Ce sont parfois de simples mises au point, parfois aussi l'apport inédit est considérable (ainsi pour les prodigieuses parois gravées des Trois Frères). Et nous devrons longtemps, pour toutes les stations de ce domaine récemment révélé, faire état en premier lieu de ce que cet ouvrage nous apprend *.

* « Ce n'est pas, dit l'auteur lui-même, un corpus complet, mais il donne, sur presque toutes les grottes ornées, inédites ou non, relevées par moi, ou publiées par d'autres spécialistes, l'essentiel des gravures ou figures pariétales. »

L'auteur s'est borné à la France, à une grande partie de l'Espagne et à l'Italie. Il laisse de côté l'art de l'Espagne du Sud-Est, connu sous le nom d'art levantin (cet art est en effet plus récent, bien qu'il dérive directement, selon lui, de l'art franco-cantabrique le plus ancien, aurignacien et périgordien). Il laisse également de côté l'Afrique. Mais si nous envisageons la *naissance* de l'art (mieux, la naissance de l'homme lui-même), il n'y manque vraiment que l'apport non négligeable, mais secondaire, de l'art mineur, désigné d'ordinaire, s'il s'agit de préhistoire, sous le nom d'art mobilier. L'énigme étant posée du passage de l'animal à l'homme, c'est surtout nous aidant de cette œuvre monumentale que nous devons nous efforcer de la résoudre : nous pouvons, nous devons aller sur les lieux, mais les lieux, sans ce guide, ne nous révéleraient pas souvent leurs secrets *.

*

L'art préhistorique le plus ancien marque assurément le passage de l'animal à l'homme [1]. Sans doute, au moment où naquit l'art figuratif, l'homme existait-il depuis longtemps. Mais non sous la forme qui justifie la sorte d'émoi, qu'étant humains, nous avons si nous nous sentons semblables et solidaires. Les anthropologues désignent sous le nom d'*Homo faber* l'Homme du Paléolithique inférieur, qui n'avait pas encore la station droite, qui se tenait encore très loin de nos possibilités multiples et n'avait de nous que l'art de fabriquer des outils. Seul l'*Homo sapiens* est notre semblable, à la fois par l'aspect, la capacité crânienne et, au-delà du souci de l'immédiate utilité, par la faculté de créer, plus loin que les outils, des œuvres où la sensibilité affleure.

L'aspect du premier homme ne nous est connu qu'indirectement par des os, et sa capacité crânienne est une représentation de l'esprit. L'art préhistorique est donc la seule voie par laquelle, à la longue, le passage de l'animal à l'homme est devenu *sensible* pour nous. À la longue et aussi, faut-il

---

* C'est en second lieu seulement que je me référerai dans cet article à l'ouvrage de H.-G. Bandi et J. Maringer, qui reprend un projet de Hugo Obermaier. Ce travail apporte toutefois une utile contribution au domaine ici envisagé, notamment en ce qui concerne l'art mobilier dont il traite abondamment. Il est l'œuvre de J. Maringer pour l'art préhistorique. H.-G. Bandi étudie les domaines levantins (dont la découverte est due pour une grande part à H. Obermaier) et arctiques, dont nous ne parlerons pas aujourd'hui.

dire, à partir d'une date assez récente. En effet, cet art, autrefois ignoré, n'a été l'objet que depuis peu d'une découverte en deux temps. Tout d'abord, la première révélation de l'art pariétal paléolithique ne rencontra que l'indifférence. Comme en un conte de fées, la petite fille, âgée de cinq ans, de Marcelino de Santuola, découvrit, en 1879, dans la grotte d'Altamira, près de Santander, de merveilleuses fresques polychromes. Sa petite taille lui avait permis d'errer sans effort dans une salle si basse que personne n'y entrait. Dès lors, les visiteurs affluèrent, mais l'idée d'un art admirable, dû à des hommes très primitifs, ne put s'imposer. Il y avait là quelque chose de choquant, les savants haussèrent les épaules, et l'on finit par ne plus s'occuper de ces invraisemblables peintures. Méconnues, méprisées, elles n'ont obtenu que tardivement le dédouanement de la science : ce ne fut qu'après 1900.

Mais les peintures d'Altamira demandaient encore, pour être admirées, l'effort de l'admirateur. Elles étaient toujours, en 1940, les plus belles que nous aient laissées nos ancêtres les plus lointains, mais elles n'avaient pas suscité l'étonnement débordant qui résulta de la découverte de Lascaux. « Jusquelà, dit l'abbé Breuil (p. 17), le grand public ne s'intéressait que très occasionnellement à l'art des cavernes, souvent difficile à apprécier et même à déchiffrer, dans des grottes d'un accès pénible et parfois dangereux. L'extraordinaire état de Lascaux, l'ampleur et la richesse de son décor... en provoquant l'admiration des non-initiés autant que celle des spécialistes, a définitivement fait entrer l'art préhistorique dans l'horizon de tout homme cultivé. » C'est le moins que l'on puisse dire. En effet, ce qui frappe à Lascaux, c'est qu'à réfléchir au fond de nos yeux le premier signe sensible que l'homme ait laissé de son irruption dans le monde, nous achevons de mesurer ce qu'elle eut de merveilleux. Nous achevons de mesurer ce que nous sommes encore *...

La découverte de l'art préhistorique nous permit, tout d'abord, de discerner, à grand-peine, un reflet de la vie des premiers hommes. Mais nous n'avons plus à chercher maintenant : ces peintures ont la force d'éblouir, et même au point de nous gêner.

---

* Évidemment Lascaux n'est pas tout à fait le premier signe. Il y eut des balbutiements dont nous avons parfois gardé la trace. Mais c'est le premier signe *sensible*, en ce qu'il atteint la sensibilité, pleinement, avec la plus grande force. Un homme du métier, qui par le grand nombre est tenu pour le plus qualifié, disait récemment de ces peintures : on n'a rien fait de mieux depuis.

*

Il y a peu de temps qu'un hasard fit entrer de jeunes garçons sous la terre, dans une salle des mille et une nuits : dans les bois, près d'un bourg de Dordogne, ils craquèrent des allumettes au fond d'une grotte où ils cherchaient un chien, ils en virent les parois peintes de fresques d'une fraîcheur éblouissante.

Ces fresques n'avaient pas seulement l'apparence qu'elles auraient eu exécutées d'hier, elles avaient un charme incomparable, et de leur composition désordonnée une sorte de vie sauvage et gracieuse émanait.

Rien n'aurait pu rendre plus sensible la présence, à une date très reculée, de cette humanité qui naissait. Mais cet aspect sensible en même temps maintient en l'amplifiant le paradoxe propre à l'art préhistorique tout entier. Les traces que ces hommes ont laissées de leur humanité lointaine, qui nous parviennent après des dizaines de milliers d'années, se bornent, ou peu s'en faut, à des représentations d'animaux. Ces hommes ont rendu sensible pour nous le fait qu'ils étaient devenus des hommes que les limites de l'animalité ne bornaient plus, mais ils l'ont rendu sensible en nous laissant l'image de l'animalité même dont ils s'évadaient. Ce qu'avec une force juvénile annoncent ces fresques admirables, ce n'est pas seulement que l'homme qui les a peintes cessa d'être animal en les peignant, mais qu'il cessa d'être animal en donnant de l'animal, et non de lui-même, une image poétique, qui nous séduit et nous semble souveraine.

Cela, les figures animales de Lascaux le disent après bien d'autres, mais le jour où elles le dirent, elles achevèrent la longue révélation par une sorte d'apothéose.

*

Ce qui doit nous maintenir dans l'étonnement, c'est que l'effacement de l'homme devant l'animal, à l'instant même où l'animal en lui devenait humain, est le plus grand qui peut être conçu. En effet, non seulement l'homme ancien ne donna que de l'animal une image à la fois fascinante et naturaliste, mais quand il voulut néanmoins, et maladroitement, représenter ce qu'il était lui-même, il dissimula les traits de celui qu'il était vraiment sous ceux de la bête qu'il n'était pas. Il n'avoua qu'à moitié la forme humaine et se donna la tête d'un animal. Cet aspect ne me semble pas avoir été marqué aussi clairement qu'il convient. Son caractère étrange accuse cependant l'intérêt que présente, pour nous, le passage de l'animal à l'homme. Nous devons nous dire que le pas décisif eut lieu quand l'homme, qui se voyait devenu tel, loin d'avoir honte, comme nous, de la part animale qui restait en lui, déguisa au contraire cette humanité qui le distinguait des bêtes. Il masqua le visage dont nous sommes fiers et il étala ce que dissimulent nos vêtements.

*

Nous verrons que de telles considérations sont consistantes; il sera difficile de n'y pas trouver, sinon d'immuables vérités, du moins les données d'un problème qui s'impose à nous. Mais nous ne saurions nous étonner si les préhistoriens les évitent. Nous serions surtout malvenus de le regretter : elles n'auraient pu que vainement infléchir la recherche en un sens donné d'avance.

L'abbé Breuil se borne à dire (p. 24) : « Dans cet art des cavernes obscures où la magie de chasse tient la plus grande place, la figure humaine est toujours rare, bien que non absente, et généralement très conventionnelle. La plupart de ces figures étaient masquées ou, si l'on veut, pourvues d'attributs non humains. »

Je tenterai de donner un tableau général de ces figures.

Les plus belles sont gravées et peu lisibles. Assez exceptionnellement, l'« homme mort » de la caverne de Lascaux (p. 135 et fig. 115) est peint ou plutôt dessiné à gros traits; mais s'il est de lecture facile, sa facture grossière, enfantine (d'autant plus choquante qu'un bison voisin est d'exécution réaliste) fait penser à quelque interdit frappant la fidélité de l'image de l'homme. L'abbé Breuil y voit un mort « renversé sur le dos », devant un bison qui, blessé, perd ses entrailles : il est, de toute façon, ithyphallique et « sa tête, petite, ressemble à celle d'un oiseau à bec droit ».

Pour être d'abord moins lisibles, les figures semi-humaines de la grotte des Trois Frères sont d'une vérité plus sensible. L'une d'elles, étonnamment vivante, est donnée dès l'abord sur la couverture de l'ouvrage. Elle apparaît (fig. 129 et 139) perdue dans un pullulement d'animaux, qui furent gravés les uns sur les autres, formant un vaste enchevêtrement : chevaux, bisons et bouquetins mêlés (même un rhinocéros ajoute sa forme baroque à ce flot de sauvagerie) font à cette apparition voilée de la forme humaine un accompagnement grandiose. Selon l'abbé Breuil, cet homme à tête de bison, dansant et ithyphallique, jouerait de l'«arc musical». Le relevé de cette paroi gravée est le résultat d'un interminable travail de l'abbé Breuil : ni la photographie, ni la simple vision ne peuvent saisir ces ensembles de traits confus que seul le dessin rend lisibles. Pour indirect qu'il soit, le document que l'abbé Breuil publie aujourd'hui n'en a pas moins une grandeur indéniable ; peu d'œuvres figurées sont plus belles à mes yeux que cette symphonie animale, en tous sens submergeant l'humanité furtive : promesse sans doute de domination triomphale, mais à la condition d'être masquée *.

Rien de plus à dire d'une autre figure des Trois Frères qui présente, elle aussi, la structure ambiguë d'un homme ithyphallique au-dessous des reins et d'un bison au-dessus.

C'est surtout la figure déjà connue, et déjà publiée, sous le nom du « sorcier », par l'abbé Breuil (mais qu'aujourd'hui, il aime mieux nommer le « Dieu » des Trois Frères) (fig. 130 et p. 170) qui mérite de retenir l'attention. C'est, dit l'auteur (qui dans l'étude consacrée à cette caverne eut pour collaborateur le comte Bégouën), « la seule figure peinte » (elle est à la fois gravée et peinte). Elle est néanmoins peu lisible en reproduction photographique, et seul le relevé en est clair. Ce « Dieu » isolé, situé très haut, « préside à toutes les bêtes accumulées en incroyable nombre et souvent en terrible fouillis... Vue de face (la) tête a des yeux ronds pupillés, entre lesquels descend la ligne nasale se terminant par un petit arceau. Les oreilles dressées sont celles d'un Cerf ; sur le bandeau frontal... émergent deux fortes ramures... Il n'y a pas de bouche mais une très longue barbe striée tombant sur la poitrine. Les avant-bras sont relevés et joints horizontalement, se terminant par deux mains juxtaposées... Une large bande noire cerne tout le corps, s'amincissant à l'ensellure lombaire et s'étendant aux membres inférieurs fléchis... Les pieds, orteils compris, sont assez soignés et marquent un mou-

---

* Au risque d'introduire une équivoque, comment ne pas songer devant cette figure à la devise énigmatique de Descartes : *larvatus prodeo...* ?

vement analogue à celui de la danse du " cakewalk ". Le sexe mâle accentué, non érigé, est rejeté en arrière, mais bien développé *, inséré sous une queue abondante (Loup ou Cheval) à petite houppe terminale » (p. 179). « Telle est évidemment, conclut l'abbé Breuil, la figure que les Magdaléniens ** considéraient comme la plus importante de la caverne et qui nous paraît, à la réflexion, celle de l'Esprit régissant la multiplication du gibier et les expéditions de chasse » (p. 176).

Là-dessus je doute qu'il nous soit possible de *savoir* en principe rien d'aussi précis, mais ces images gravées, dans leur ensemble, se rapportent à la chasse; et à la chasse, l'homme aux oreilles de cerf, qui s'élève au-dessus de l'enchevêtrement, ne peut être tenu pour étranger. L'hypothèse de l'abbé Breuil me paraît tout à fait sensée : je ne lui opposerai que le sentiment d'une réalité insaisissable, et trop riche pour être aussi vite épinglée, comme un insecte dans sa boîte avec une étiquette claire. À mon sens, cette définition a surtout le tort de laisser l'essentiel en dehors. Que le sens de la figure ait – ou non – été de régir les opérations qui avaient pour les hommes qui l'ont conçue l'importance la plus grande, je puis, par-delà cette utilité semblable à celle d'un organe de machine, discerner ce qu'elle implique sur le plan de la vie *humaine,* dont cette créature de rêve est la *négation.*

Il est facile de dire d'un animal représenté : c'est un Renne, un Cerf élaphe, un Mammouth. De tels énoncés laissent passer la vie : ces *apparitions* désignent moins tels ou tels êtres envisagés comme des choses que les sentiments de ceux qui les ont fixées. De même, *a fortiori,* ce que désignent ces hommes à têtes de bison est un monde où le jeu complexe des sentiments élaborait l'humanité. De ces derniers, d'ailleurs, l'homme aux oreilles de cerf n'est différent que par la situation privilégiée qu'il occupe. Il s'agit chaque fois de nier l'homme au bénéfice de l'animalité. Certainement, ces êtres ont de l'homme le prestige et la maîtrise, ils ne sont ce qu'ils sont qu'étant des hommes et non, plus simplement, des animaux. Mais ces hommes fuient l'humanité, mais ces hommes se dérobent devant le destin qui les détermine : ils noient dans

---

* Exactement le sexe est en érection, mais cette érection est dirigée vers le bas.
** On sait que les préhistoriens doivent, à défaut de date, donner des noms à des périodes dont l'ordre de succession est connu : pour les quatre cents siècles envisagés par l'abbé Breuil, on a d'abord l'Aurignacien et le Périgordien, puis le Solutréen et le Magdalénien. L'homme mort de Lascaux doit remonter au Périgordien (ou Aurignacien supérieur).

la sauvagerie et dans la nuit de l'animalité ce qui néanmoins naît en eux de clair et de calculé. Souvent nous éprouvons nous-mêmes le poids d'une civilisation qui est pourtant notre fierté; nous avons soif d'autre chose, et souvent nous attribuons cette lassitude à notre sophistication : il est facile de voir un signe de vieillesse dans des sentiments contraires à l'efficacité, et qui jamais ne contribuent à l'œuvre humaine d'exploitation de toutes les ressources possibles.

Mais ces sentiments ont si fortement incliné l'humanité naissante qu'ils ont retardé une tendance, qui ne domina que bien plus tard, à voir dans la raison la valeur suprême, sur laquelle devait se fonder le mépris des animaux.

*

Dans leur ensemble, les figures humaines des cavernes, qui sont nombreuses, mais n'en sont pas moins exceptionnelles, comparées aux foules animales où elles sont perdues, répondent à l'aspect que je viens d'en donner.

D'ailleurs, plutôt qu'humaines, l'abbé Breuil les dit le plus souvent semi-humaines. Soit qu'elles fassent songer à quelque déguisement animal, soit qu'elles évoquent des êtres à mi-chemin de l'homme et de la bête, soit qu'une maladresse de facture ou un glissement vers le grotesque leur retire un aspect humain qui semble ne leur avoir été accordé qu'à contrecœur. Certaines de ces images sont très anciennes et doivent être datées de l'Aurignacien ou du Périgordien : tel l'« homme mort » de Lascaux, dont j'ai parlé en premier lieu ; ou ces silhouettes humaines d'Altamira, qui semblent masquées, mais ne sont que difficilement lisibles – et que l'abbé Breuil rapproche de l'homme de Hornos de la Peña, « à allure de singe, accentuée par la présence d'une queue postiche » (p. 355). L'équivoque créature de Hornos est ithyphallique et il en est de même de « l'horrible anthropoïde » de La Peña de Candamo, « à jambes cagneuses et pieds en arceaux » (p. 385-386). À Pech-Merle, « un Homme masqué à museau pointu » (p. 272) fait songer aux figures nettement postérieures des Trois Frères. « À la fin de l'évolution du Périgordien vers le Magdalénien » appartiennent les nombreuses « figurations humaines ou plutôt semi-humaines » de Casares. L'abbé Breuil a distingué à Casares des « groupements en scènes... des plus suggestives, comme quelques représentations vulgaires; les hommes ont tous une face grotesque, comme sur le plafond d'Altamira et à Hornos. Ils sont associés à des figures de Poissons et de Grenouilles ».

Les gravures pariétales des Combarelles, près des Eyzies, sont d'une date bien plus récente (elles appartiennent au Magdalénien), mais le tableau est à peine changé. L'abbé Breuil décrit « toute une série de figures anthropoïdes qui sont peut-être des représentations de masques, qui semblent avoir une signification magique. Parmi les plus frappantes, on peut citer une étrange silhouette humaine dont la tête affecte la forme de celle d'un mammouth et dont les bras se prolongent en deux longs appendices qui pourraient fort bien en être les défenses. Ailleurs un homme, obèse, semble suivre une femme; de-ci, de-là, des faces humaines à tête d'animaux sont gravées sur la paroi. Toutes sont caractérisées par l'extrême négligence de la facture » (p. 95) *. Les figures de la grotte magdalénienne de Marsoulas se situent dans les mêmes limites, mais appuient sur la note comique : il s'agit de compositions informes en abondance, « surtout des faces et parfois des profils grotesques et enfantins » (p. 245) **.

Dans toute la mesure possible, en ce qui concerne tout au moins les figurations masculines, l'art mobilier s'accorde avec le tableau de l'art pariétal. Selon Johannes Maringer (p. 34), ces figurations « se bornent à des dessins tenant de la caricature et qui combinent des traits d'hommes et des traits d'animaux. Ces dessins peuvent aussi bien représenter des chasseurs déguisés que des personnages affublés de curieux masques de sorciers et de surprenants costumes de cérémonie; beaucoup d'entre eux ne sont peut-être que de simples produits de l'imagination ».

Les figures féminines, dont je parlerai plus loin, posent des problèmes indépendants de ceux qui tiennent aux données dont j'ai tenté de faire le tableau. Mais ce tableau se présente de toute façon comme ayant un sens à trouver. Nous ne saurions songer à parler de hasard. Il y a une intention et un parti pris systématique dans ces représentations de l'homme, si proches les unes des autres et si différentes dans leur principe des représentations toujours naturalistes et généralement

---

* Les relevés d'une face ou d'un profil sont reproduits dans Marcellin Boule, *Les Hommes fossiles*, 3e éd., 1946, fig. 226, n° 8.
** Il y a aux Combarelles trente-neuf figures vaguement humaines, mais celles d'animaux y sont au moins dix fois plus nombreuses. Le relevé par l'abbé Breuil de l'« Homme à la tête de Mammouth » (?) a été reproduit par Bandi et Maringer, fig. 70.

belles de l'animal. Elles demanderaient une explication générale. « Ces figures..., dit l'abbé Breuil (p. 95), ne peuvent évidemment représenter un vrai type humain, elles nécessitent
une explication diverse. » En présence de certaines hypothèses, je suis tenté d'aller plus loin. « On a parlé de l'influence
résultant de l'habileté qu'avaient les artistes paléolithiques à
représenter des animaux. » Mais il s'agit précisément de rendre
compte de ce caractère exclusif, et non d'y voir, trop naïvement, la raison d'une disparition presque parfaite, en présence de l'homme, de la faculté d'imitation. L'abbé Breuil
s'est efforcé de donner à cette bizarrerie un sens répondant
à la nature spécifique de l'objet représenté : ce seraient malgré
tout des représentations naturalistes. J'ai déjà cité l'explication particulière qu'il donne du « sorcier » des Trois Frères.
Il donne au surplus une formule générale énumérant les
diverses hypothèses possibles et s'appliquant à tous les cas.
« Ce sont, nous dit-il (p. 95), soit des masques de chasse ou
des masques cérémoniels, soit des représentations d'êtres spirituels ou mythiques. L'homme à tête de Mammouth, celui à
tête d'Oiseau, tous les autres êtres masqués d'ici ou d'ailleurs,
sont peut-être des chasseurs déguisés, prêts à partir en expédition. Plus probablement, ce sont des membres de la tribu,
accomplissant quelque rite magique, ou des êtres mythiques
dont il s'agit de se concilier les faveurs. » Je n'objecterai que
peu de chose et n'ajouterai rien à cet énoncé complet, sinon
que parfois les traces de réalités précises du passé durent
disparaître, qui étaient différentes de ce que la réflexion est
susceptible de suggérer.

*

Dans l'ensemble des représentations de l'art préhistorique,
les figures féminines forment, à part, un troisième monde,
aussi bien opposé à celui des hommes qu'à celui des animaux.
La plupart appartiennent à l'art mobilier : ce sont des sta-
tuettes dont les caractères singuliers sont bien connus. Elles
accusent le plus souvent les traits de la maternité – les hanches
et les seins; on pourrait même parfois les dire idéalisées, si
cette idéalisation n'allait pas dans le sens de la difformité.
Toujours est-il qu'elles s'opposent aux figurations masculines,
dont elles n'ont pas, normalement, la facture négligée : elles

sont les unes d'un naturalisme minutieux, les autres d'un idéalisme difforme *.

Elles ont toutefois deux points communs avec les images masculines dont j'ai parlé.

Sans doute, au visage de ces figurines, jamais l'aspect animal n'est donné, mais son aspect humain est supprimé. La plupart du temps, la face a le même aspect lisse que la partie postérieure : sans yeux, sans nez, sans bouche et sans oreilles. La tête de la statuette de Willendorf est une sphère granuleuse uniforme, ressemblant à une grosse mûre. La tête de la femme en bas-relief de la caverne de Laussel, attribuée à l'époque périgordienne, est une sorte de disque irrégulier. Cette absence de visage n'est pas moins remarquable chez les trois femmes en bas-relief dans la grotte d'Angles-sur-Anglin. Elles sont en effet « réduites, ou peu s'en faut, aux parties de leur corps en dessous de la taille » (p. 335) **.

L'autre point touche le caractère accusé du sexe. Ce caractère est même plus net que dans les représentations masculines, en ce sens surtout que ces dernières se bornent souvent à la partie supérieure du corps.

L'absence de visage des femmes souffre toutefois une exception fort ancienne et des plus remarquables. Une très petite tête de jeune femme, sculptée dans l'ivoire de mammouth, a été découverte à la fin du xixe siècle, dans une grotte des Landes, à Brassempouy. Le nez et la bouche ont été si bien formés que ce minuscule visage, connu sous le nom de « figurine à capuche », donne une impression de jeunesse et de grande beauté. S'il en était besoin, nous aurions la preuve de l'habileté que l'art aurignacien aurait eu au besoin s'il avait voulu figurer la beauté humaine. Mais un unique visage ***

---

* Bien entendu selon notre jugement. On a donné le nom de Vénus stéatopyge à telles de ces figurines, et l'on a comparé ces formes accentuées à celles des femmes hottentotes.

** « Il n'y avait pas à Angles-sur-Anglin la place pour sculpter un buste et une tête normale, le plafond étant très peu distant », dit l'abbé Breuil, qui ajoute toutefois : « Il semble du reste que, tout au moins pour une, la tête en ait été sculptée, mais il n'y a, en tout cas, aucune trace des épaules et des bras » (p. 335). Aucune trace non plus, autant qu'il semble, de nez, de bouche, d'yeux ou d'oreilles. L'auteur rapproche d'ailleurs les femmes d'Angles d'une statuette magdalénienne connue sous le nom de Vénus impudique, qui n'ayant pas de tête n'a pas été cassée comme on l'a cru : en effet, « son sommet se terminerait en un biseau manufacturé ». Il reste plausible, il est vrai, « que la figure ait été faite de plusieurs pièces embouties ».

*** Je dois cependant citer le n° de novembre-décembre 1952 (paru en février 1953) du *Bulletin de la Société Préhistorique Française*, qui fait état (p. 622-624) de la découverte, en août 1952, par M. Vergnes, d'un certain nombre de figures d'animaux gravées dans la caverne de La Magdeleine (Tarn). Deux gravures de nus féminins ont été découvertes un peu plus tard dans cette même grotte. Lors de sa visite, M. l'abbé Breuil déclara :

ne peut annuler ce que nous signifient, multipliées, cette absence de face ou ces faces animales : que l'homme du Paléolithique masqua ce dont nous sommes fiers, étala ce que dissimulent nos vêtements.

Les femmes au visage lisse laissent peut-être peu de sens à l'hypothèse assez courante de ceux qui voient des chasseurs déguisés dans les images d'hommes à tête d'animal. Quelque chose de plus général qu'une ruse de chasse me semble avoir commandé le parti pris de ne pas figurer l'homme de la même façon que l'animal.

À coup sûr, si nous cherchons ce que cela peut être et si nous voulons nous tenir à une interprétation terre à terre, ne faisant pas état de ce que nous ne savons pas, nous nous sentirons dès l'abord désarmés. Cependant, il ne me semble pas vain de rappeler, en premier lieu, à quel point la laideur du singe nous gêne : même, elle ne cesse pas de nous hanter. Or les attitudes dont je parle remontent à des temps où l'aspect du singe devait être familier et pouvait avoir d'autant plus d'importance que l'homme du Paléolithique inférieur devait avoir lui-même un aspect voisin du singe. Nous pouvons poser la question : l'aspect de l'homme du Paléolithique inférieur, de l'homme de Neanderthal, qui dut être bien connu des premiers hommes à la station droite, provoquait-il en ces derniers la même horreur que l'aspect du singe provoque en nous ? Nous devons reconnaître d'abord que nous n'en savons rien... qu'en principe jamais nous n'en pourrons rien savoir. Sans doute... mais les anthropoïdes dont parle l'abbé Breuil (« l'horrible anthropoïde à jambes cagneuses et pieds en arceaux... ») forment avec les hommes grotesques et les hommes à tête d'animal une série continue. La question pourrait à la fin se poser un peu autrement : quand donc l'homme à la station droite sut-il se regarder lui-même avec une sympathie admirative, et regarder avec aversion d'abord le vieil

« Ce sont les plus remarquables sculptures féminines de l'époque magdalénienne. C'est là une véritable révélation puisque, avant le xvie siècle, on ne connaissait en France aucune sculpture se référant à de tels canons artistiques. Les deux " Madame Récamier " – l'abbé insiste sur cette appellation – relèvent d'une esthétique à la fois réaliste et idéaliste. Or, l'art magdalénien, du moins tel qu'on l'avait connu jusqu'ici, n'avait rien révélé de comparable aux préhistoriens. Ce qui s'apparenterait le plus aux Vénus de la Magdeleine, quant à leur facture, serait certaines figures de l'art crétois d'origine non religieuse. » Les relevés, peut-être insuffisants, que R. Vergnes a donnés des deux nus laissent l'impression que les visages sont marqués de quelques traits. Quoi qu'il en soit, ces deux femmes allongées ont nettement des poses alanguies. L'une a « les jambes écartées et le sexe fortement marqué ». La position très semblable de l'autre suggère même un état voluptueux. Il s'agit apparemment de figures érotiques. Mais, encore une fois, cela ne change pas un tableau d'ensemble assez clair.

homme incliné et les singes, puis l'ensemble des animaux ? Cette question pourrait n'avoir pas de réponse précise... L'humanité ne se rendit jamais pleinement homogène à ses propres yeux. Pour nous, la beauté et l'humanité vont de pair en un sens, mais cette affirmation est niée, au fond de nous, par la laideur humaine qui ne nous fait pas moins peur que la beauté humaine ne nous attire. Si nous cessons de nous tenir à des jugements superficiels, chaque opposition apparaît doublée d'une autre qui la contredit. Si nous envisageons les singes d'une part, et les beaux animaux sauvages de l'autre, la belle image de l'homme est du même côté que les beaux animaux ; la laide, du côté des singes. Mais dans l'opposition, apparemment tardive, de l'animal et de l'homme, si l'humanité laide reste animale, c'est d'une manière discrète et insignifiante, les singes sont renvoyés à l'animalité.

Autrement dit, nos jugements constitutifs sont ambigus.

*

Autant qu'il semble, dans les limites de l'opposition donnée dans l'art préhistorique, l'animalité est chargée du signe positif, l'humanité du signe négatif. Mais les animaux figurés dans les cavernes ou sur les objets décorés ne sont pas *tous les animaux*, mais ceux qui provoquent le désir de l'homme, ceux dont il fait sa nourriture (encore est-ce à la condition qu'ils soient de grande taille et dignes de respect) ou les fauves dangereux. Ce sont à la fois ceux que les hommes des cavernes chassaient, et ceux que les hommes de civilisation peu développée traitent sur un plan d'égalité, soit qu'ils en attendent la vie par la nourriture, soit qu'ils espèrent s'en approprier la férocité. À l'égard des animaux qui suscitent leur désir — et qui, précisément, sont à peu près (si l'on néglige les différences tenant à la diversité des faunes) ceux que les hommes des cavernes figurèrent — l'attitude des « primitifs » en général, en particulier des chasseurs, est en même temps étrange et bien connue, c'est une attitude d'amitié. Les chasseurs « primitifs » ne méprisent pas ceux qu'ils tuent. Ils leur prêtent une âme semblable à la leur, une intelligence et des sentiments qui ne diffèrent pas de ceux des hommes. Ils s'excusent auprès d'eux de les tuer, et quelquefois les pleurent, en un touchant mélange de sincérité distraite et de naïve comédie.

Cette attitude amicale se lie chez les « primitifs » de notre temps aux pratiques de magie sympathique. Les « primitifs » pensent que la représentation d'une scène est efficace : elle tend, à leurs yeux, à incliner la réalité. Tout indique que les peintures pariétales eurent dans l'esprit de leurs auteurs cette valeur active. Personne ne met en doute l'interprétation de l'abbé Breuil, affirmant que, « dans cet art pariétal des cavernes obscures..., la magie de la chasse tient la plus grande place ». Ces animaux percés de flèches (ils ne le sont pas tous, mais ils le sont souvent) représentent l'objet du désir de l'homme ancien dans un état conforme à ce désir. Il en est de même des femelles gravides ou des scènes animales d'accouplement : un désir de multiplication des proies est lié à celui de leur capture. Les animaux féroces, les félins souvent figurés dans les cavernes, répondent au désir de supprimer un danger, et sans doute, sans parler de leur dépouille, au désir de capter moralement leur courage. C'est là une interprétation solide et terre à terre. Mais il n'est pas moins sûr de prêter à l'homme paléolithique l'*amitié* ambiguë que les peuples chasseurs de notre temps ont pour les animaux qu'ils désirent et qu'ils tuent. Ces figures fascinantes des parois sont belles justement parce que leurs auteurs aimaient ceux qu'ils figuraient. Ils les aimaient et ils les désiraient. Ils les aimaient et ils les tuaient.

Nous pouvons nous-mêmes aimer les animaux mais, en principe, nous les aimons dans la mesure où nous ne désirons ni les tuer, ni les manger. Et nous les méprisons quoi qu'il en soit. Le regard de l'homme moderne à l'égard des animaux, le regard général, extérieur aux réactions individuelles, avec lequel nous les voyons, est un regard absent, c'est le regard avec lequel nous voyons les choses utiles et quelconques. À nos yeux, généralement, l'animal n'existe pas ; et c'est pourquoi il ne meurt pas. Ou, si l'on veut, nous nous entendons pour en escamoter la mort, pour la dérober à tous les yeux, finalement, pour faire un monde où l'agonie et la mort de l'animal soient comme si elles n'étaient pas. Il en est de même, dira-t-on, de l'agonie et de la mort de l'homme, mais dans le cas de l'animal, cela se lie au sentiment qu'elles sont au fond sans importance, au sentiment contraire s'il est question de l'homme : pour nous, les animaux sont des choses, ce que précisément nous ne sommes pas. L'humanité s'est radicalement séparée de l'animal, mais cela ne s'est achevé que récemment, quand les dieux thériomorphes ont de plus en plus effacé leur aspect animal et quand nous sommes devenus incapables d'attribuer aux bêtes un langage et des sentiments semblables aux nôtres. Les fables de La Fontaine nous aident à nous rappeler qu'hier encore, les animaux parlaient.

Il existe un monde animal, où l'homme était autrefois intégré, que composèrent les animaux qu'il aimait. Ce n'est pas l'animalité au sens où nous l'entendons : elle ne comprend pas les cafards ou les poux. Elle ne comprend pas non plus les singes. C'est l'animalité poétique des cavernes. Sans doute elle subsiste pour nous, mais nous nous en sommes séparés. L'humanité en est sortie. Elle en est sortie en fondant sa supériorité sur l'oubli de cette animalité poétique et sur le mépris de la bête – privée de la poésie de l'être sauvage, réduite au niveau des choses, asservie, abattue, débitée.

Il est vrai que les jugements de supériorité de l'homme ne sortent pas eux-mêmes de l'ambiguïté. Ils nous renvoient à une image conventionnelle, et ne vont pas contre le fait qu'une partie de l'humanité est immonde aux yeux de l'autre partie.

*

Je m'efforcerai pour conclure de donner une vue d'ensemble de la situation infiniment complexe de l'homme dans le monde au milieu d'êtres dont il est proche (dont il est d'ailleurs issu). Mais je voudrais d'abord revenir sur le sens précis des documents qui permettent d'en mesurer les effets les plus anciens.

Ce que signifie l'art des cavernes est la convoitise et la croyance à l'efficacité d'une convoitise qui rend plus intense une figuration naturaliste. Mais l'homme, en principe, n'était pas l'objet de cette convoitise. Les femmes pouvaient l'être et telle est peut-être la raison d'un aspect naturaliste des images qui les représentent.

Selon la vraisemblance, l'importance la plus grande revenait à l'apparition de l'animal sur les parois d'une caverne sombre. Tout indique que les gravures ou les peintures n'eurent pas le sens qu'ont les figures fixes d'un sanctuaire où sont célébrés des rites qui s'y rapportent. Il semble que l'exécution de la peinture – ou de la gravure – était elle-même partie des rites. De ces rites, nous ne pouvons dire que peu de chose. L'abbé Breuil est peut-être justifié d'évoquer (p. 23) les « danses et cérémonies dont tous les peuples chasseurs nous donnent d'innombrables exemples, où le " grand Esprit " qui régit les forces de la nature est invoqué, où les âmes des animaux abattus sont conviées à se réincarner ». Nous ne savons rien des croyances liées à ces rites et nous pouvons même imaginer que, les rites étant d'ordinaire préalables à des croyances qui en sont les naïfs commentaires, les hommes les plus anciens s'en passèrent ou en eurent de moins embarrassés. Et il n'est pas sûr que les lieux aient souvent permis d'importantes cérémonies ou des danses. Les grottes n'étaient parfois que d'étroits couloirs (cependant l'exceptionnelle richesse de Lascaux et la grande beauté de ses peintures pourraient, en une certaine mesure, tenir à l'ampleur de la grande salle où des dizaines d'hommes auraient facilement évolué). De toute façon, l'abbé Breuil a les meilleures raisons d'écrire : « Au cours de ces cérémonies, les ministres de ce culte intervenaient, des panneaux gravés étaient exécutés selon des méthodes et des techniques auxquelles étaient entraînés des artistes professionnels, aussi professionnels que ceux de l'Égypte, de la Grèce et de nos cathédrales » (p. 23). Des panneaux gravés – ou des fresques. Si l'image elle-même, et non le temps de son exécution, avait compté, l'enchevêtrement des figures serait inexplicable. Sans nul doute, l'homme du Paléolithique ne voulut jamais décorer la paroi ; dans l'obscurité de la caverne, à la clarté des lampes, il célébrait un rite d'évocation. Peu lui importait les images anciennes, seul comptait l'animal, qui allait surgir avec une évidence sensible, qui répondait à l'intensité du désir. L'image naissante assurait l'approche de la bête et la communication du chasseur avec la proie. À l'avance, celui qui faisait apparaître le Taureau, ou le Cerf, en était l'intime et le possesseur *.

Même, à nos yeux, cet aspect singulier de l'art pariétal a beaucoup de sens. Ces œuvres, en aucune mesure, à aucun moment, ne furent des objets d'art : rien ne s'éloigne davantage, dans la production de tous les âges, de ce qui mérite le nom de chose. Leur sens se donnait dans l'*apparition*, non dans la chose durable, qui demeurait après l'apparition. C'est selon moi ce qui donne un si grand charme au désordre inouï

---

* L'endroit où le rite avait lieu était en principe inhabité et de nature à donner le sentiment du sacré. L'abbé Breuil a noté des exceptions : « Si, dit-il (p. 23), la localisation des panneaux peints au fond de galeries profondes témoigne de la recherche de véritables arcanes, presque inaccessibles au vulgaire, en d'autres lieux, comme au Cap Blanc, au Roc de Sers, à Angles..., il y a eu des sites ouverts et habités. » En tout cas, les grottes qu'il allègue n'ont été ornées qu'au Magdalénien (*cf.* p. 407).

des parois, qui est la négation toujours vivante de la chose durable, qu'à la fin, malgré tout, chaque figure est devenue, mais que jamais ne deviendra l'enchevêtrement où elle est perdue – qui n'est pas réductible à l'unité de sens de la chose. Il me serait impossible d'épuiser, dans les limites d'une étude occasionnelle, la profondeur du problème posé par l'opposition que présentent l'apparition des proies sur les parois et celle des figures humaines, si décevantes, qui les accompagnent. Mais la clé, me semble-t-il, en est donnée dans cet aspect, cette valeur contraire à celle de la chose, propre aux figurations de l'animal. Apparemment, l'ambiguïté constante de l'homme se lie, à l'origine, à la fausseté de l'attitude humaine à l'égard de l'animal. Il est de règle de réduire au désir d'efficacité ce que signifient les termes de magie sympathique, le recours à l'image de l'animal en vue d'assurer la capture de l'animal réel. Il y a là une certaine pauvreté de vue. Non que l'intention de l'homme ancien n'ait bien été celle que les sociologues modernes définissent. Mais il y a un autre aspect. L'image évoquée est toujours négation de la chose. Pourtant, la fin de l'évocation est ouvertement la réduction de l'être réel à l'état de chose possédée. En fait, l'évocation est aussi, d'une manière essentielle, une excuse : s'adressant à l'animal, le prédateur humain s'excuse de le traiter en chose, afin de pouvoir accomplir sans remords ce dont il s'est d'avance excusé.

L'excuse est évidemment mensongère et de même il y a mensonge dans le fait que l'homme, qui s'excuse, reconnaît son indignité. Il avoue qu'il se réduit au niveau de la chose, puisque, à la fin, l'objet de son désir est la chose qu'est l'animal réduit à l'état d'aliment. Dans l'art paléolithique, cet aveu se produirait même sous une forme soulignée, si l'on en juge à l'effacement du visage de l'homme au profit de l'affirmation de l'animal. Mais cette sorte d'humilité devant la bête est évidemment feinte. Les jeux étaient faits dès l'abord. Il n'y a pas de raison de penser que l'homme n'ait pas dès l'abord ressenti ce sentiment de supériorité et de fierté qui le distingue de nos jours. En une certaine mesure, du moins. Assurément, la comédie vis-à-vis de l'animal date de loin. Les Hindous qui maltraitent, ou traitent assez mal les bovins, dans lesquels ils feignent de voir des dieux, doivent se conduire ainsi depuis longtemps. L'homme préhistorique, qui tuait et mangeait ceux dont il se donnait volontiers l'apparence, ne dut pas ressentir uniquement, et même pas profondément, l'aversion pour la forme humaine qu'à le juger d'après son art, nous sommes fondés à lui prêter.

Quoi qu'il en soit, l'apparence nous engage à croire qu'il ne s'était pas encore librement abandonné à cette admiration pour soi-même s'opposant à l'horreur qu'a l'être humain actuel de l'aspect archaïque de son espèce (tel que l'anthropoïde la représente). Une sorte d'hésitation, dont nous ne pouvons connaître ni le degré ni la forme, ne lui permit pas, autant qu'il semble, d'approfondir le fossé qui le séparait de celui qu'il faut nommer l'homme inachevé, dont l'allure était, plus que la sienne, voisine de celle du singe. L'humanité ancienne ne devait pas plus que l'actuelle être belle en sa totalité, et le sentiment dominant de l'homme du Paléolithique semble avoir été celui de sa propre laideur. De toute façon, il se situe d'abord très loin de notre réaction générale, selon laquelle l'animalité entière – les singes et les autres bêtes – est par rapport à l'homme, qui est, lui, noble et beau, de l'autre côté d'un abîme. Le sentiment de la magnificence et de la beauté le saisit devant des taureaux, des chevaux, des bisons, non tout d'abord, devant lui-même. De lui-même, tout d'abord, il est probable qu'il dut rire.

*

L'allusion que je viens de faire à la réaction du rire montre assez que je n'ai pu qu'aborder les problèmes que j'ai posés. En effet, le rire, qui n'est pas seulement le propre de l'homme, mais ce dont l'homme est l'objet propre, est évidemment impliqué dans l'aspect étrange des premières réactions humaines que l'art des cavernes nous fait connaître. Il me semble même que la signification du rire ne peut être interprétée indépendamment des données sur lesquelles j'insiste dans cette étude. Mais je ne puis m'étendre plus longtemps... Tout ce que je voudrais dire encore est que je ne serais nullement surpris si quelqu'un voyait mal le côté solide et terre à terre des considérations que j'introduis... Pourtant je n'ai parlé, parfois sous une forme difficile, que des faits les plus évidents.

Pour n'être pas familière, dans les limites du moins des représentations du monde savant, l'opposition de ce qui est chose et de ce qui ne l'est pas ne peut être écartée d'aucune

façon. C'est en vérité le plan sur lequel se sont constitués les
caractères spécifiques de l'homme.

Depuis deux millénaires au moins, l'homme s'est, assez
bizarrement, laissé aller à une élévation d'esprit liée au sentiment que lui donnent les choses durables. Mais j'ai voulu
montrer qu'il en allait bien autrement quand il « naquit ».
Qu'en fait, quand il « naquit », il ne fut pas amené à préférer
ce qu'il devait à la longue devenir, *ce qu'il est* : le créateur
d'un monde de choses durables. Qu'il effaça tout au contraire
les aspects de ce monde dont son visage est le signe.
Il ne triomphait pas encore mais s'excusait.

Il triomphe aujourd'hui mais il éprouve déjà, profondément, les raisons que le premier homme eut de s'excuser
d'être déjà *ce qu'il serait.*

L'homme actuel devine l'inanité de l'édifice qu'il a fondé,
il sait qu'il ne sait rien et, comme ses ancêtres voilèrent leurs
traits sous le masque de l'animal, il appelle la nuit de la vérité
où le monde qu'ordonna sa prétention cessera d'être *clair* et
distinct.

Le non-savoir

Botteghe oscure [1]

I

Vivre afin de pouvoir mourir, souffrir de jouir, jouir de souffrir, parler pour ne plus rien dire. Le *non* est le moyen terme d'une connaissance qui a pour fin – ou pour négation de sa fin – la passion de ne pas savoir.

Il existe un point à partir duquel il n'y a rien à dire ; à ce point nous arrivons plus ou moins vite, mais définitivement, si nous y sommes parvenus, nous ne pouvons plus nous laisser prendre au jeu.

Je n'ai rien à dire contre le jeu. Mais le croire sérieux ? Mais disserter gravement sur la liberté, ou sur Dieu ? Nous n'en savons rien, et si nous en parlons, c'est un jeu. Tout ce qui va plus loin que la vérité commune est un jeu. Mais nous savons que c'est un jeu et, dans ce jeu, nous trouvant engagés comme dans une opération sérieuse, nous ne pouvons que la poursuivre un peu plus sérieusement que les autres, afin de la dégager du sérieux.

Quant à la sphère de la pensée, c'est l'horreur. Oui, c'est l'horreur même.

C'est mené à être, par une aberration qui n'est qu'un désir insurmontable, mené à l'instant de mourir. C'est glisser dans la nuit sur la pente d'un toit, sans garde-fous et dans un vent que rien n'apaise. Plus la pensée est rigoureuse, plus la menace s'intensifie.

La pensée rigoureuse, la ferme résolution de penser, est défaillance déjà.

La possibilité, sur le toit, d'un équilibre angoissé est elle-même conditionnée par une vocation : celle de répondre à l'appel du vent, de répondre à l'appel de la mort.

Mais si la mort appelle, encore que le bruit de l'appel emplisse la nuit, c'est une sorte de profond silence. La réponse elle-même est silence dénué de tout sens possible. Cela est crispant : la plus grande volupté que le cœur supporte, une volupté morose, écrasante, une pesanteur sans bornes.

À ce sentiment de vice parfait, répond la phrase : *Deus sum, nil a me divini alienum puto,* mais comme un trou noir où se vide tout élan, toute ironie, toute pensée ; état aussi plat, aussi creux qu'un mal de tête. J'ai fait la lumière au milieu de la nuit, dans la chambre, afin d'écrire : malgré cela la chambre est noire ; la lumière point dans les ténèbres parfaites, pas moins superficielle que ma vanité d'écrire que la mort absorbe comme la nuit dérobe la lumière de ma lampe. C'est à *peine,* si j'écris, c'est à peine si j'ouvre les yeux. Ce que je vis, c'est d'être mort et il faut s'être enfoncé très loin dans le vice pour être sûr d'être ainsi dans le fond de la volupté.

Un sentiment stupide et cruel d'insomnie, sentiment monstrueux, amoral, d'accord avec la cruauté sans règle de l'univers, cruauté d'une famine, d'un sadisme sans espoir : goût insondable de Dieu pour les douleurs extrêmes des créatures, qui les étouffent et les déshonorent. Dans cette égalité avec l'égarement sans limites où je suis moi-même égaré, me suis-je jamais senti plus simplement humain ?

Une lecture m'abandonne à cette voluptueuse terreur : cette phrase de Husserl à sa sœur Adelgundis, durant sa dernière maladie grave : « Je ne savais pas qu'il fût si dur de mourir. Et pourtant je me suis efforcé tout au long de ma vie d'éliminer toute futilité...! Juste au moment où je suis si totalement pénétré du sentiment d'être responsable d'une tâche... Justement maintenant que j'arrive au bout et que tout est fini pour moi, je sais qu'il me faut tout reprendre au commencement... » Ce même effroi heureux, ce même sentiment de voluptueuse impuissance se maintiennent. La futilité au second degré de Husserl ne me semble pas décourageante.

Si je n'avais noté sur-le-champ, dans la nuit, ce sentiment, je l'aurais oublié. De tels états supposent une sorte d'évanouissement de la réalité du monde : je sortais d'un sommeil où je savais bien que j'allais rentrer dans l'inertie du lit, j'étais cette vie à la dérive qui ne mordait sur rien, mais sur laquelle rien ne mordait plus. C'est justement dans la mesure où ils sont tout à fait hors du monde que nous négligeons de tels moments : leur indifférence, leur solitude, leur silence ne sont pas objets d'attention, ils demeurent comme s'ils n'étaient pas (il en est ainsi d'étendues de montagnes désertes). Nous leur prêtons de l'insignifiance, mais seuls les sens du jour ont disparu, comme de s'habiller, de sortir, de ranger : c'est en cela que réside leur insignifiance. Les sens du rêve ne sont pas là non plus, mais ces derniers sont ceux du jour devenus absurdes; leur absurdité capte l'attention, elle empêche d'apercevoir enfin la *nudité* : cet immense objet silencieux, qui se dérobe, se refuse et, se dérobant, laisse voir que le reste mentait.

En dépit d'un aspect fiévreux de ces quelques pages, y aurait-il un esprit plus positif et plus froid que le mien?

Je veux préciser ce que j'entends par souveraineté. C'est l'absence de péché, mais encore est-ce ambigu. Cela définit réciproquement le péché comme manquement à l'attitude souveraine.

Mais la souveraineté n'en est pas moins... le péché.

Non, c'est le pouvoir de pécher, sans avoir le sentiment de but manqué, ou c'est le manquement devenu le but.

Je donne un exemple paradoxal. Si l'un de mes amis me manque, se conduit mal vis-à-vis de moi, la conscience de mes propres manquements m'est difficilement tolérable : je les réprouve comme irrémédiables. Mais la souveraineté est en jeu dans l'amitié, ma souveraineté, c'est-à-dire l'impossibilité où mon ami aurait été de m'atteindre par son manquement – si je ne lui avais pas moi-même manqué. C'est de lui avoir manqué qui entache ma souveraineté. Mais mon ami n'a pas su que je lui avais manqué. S'il l'avait su, son manquement n'aurait pas entaché la souveraineté qui lui appartient, il aurait pu le supporter lucidement.

Bergson voyait dans le mysticisme une possibilité de parler lorsque la raison n'en a plus le droit. Il est difficile aux philosophes de résister à la tentation de jouer, comme les enfants. Pourtant si la philosophie se pose, ce que la science évite, les questions que la religion prétend résoudre, comment oublier, si rares soient-ils, ces instants où l'homme religieux *se tait*?

Toujours nous nous éloignons, dans l'examen de la pensée, du moment décisif (de la résolution) où la pensée échoue, non comme un geste maladroit, comme un achèvement au contraire, qui ne peut être dépassé; parce que la pensée a mesuré la maladresse impliquée dans le fait d'accepter l'exercice : c'est une *servilité*! Les hommes rudimentaires avaient raison de mépriser ceux qui s'abaissaient à penser; ceux-ci crurent échapper à la vérité de ce mépris du fait d'une supériorité effective, qu'ils se donnaient dans la mesure où l'humanité entière est engagée dans l'exercice de la pensée : mais cette supériorité n'en est pas réduite au plus ou moins d'excellence dans une occupation servile. Mais une excellence achevée laisse entrevoir que, la recherche finale de l'homme et de la pensée étant la souveraineté, la pensée résolue est celle qui révèle la servilité de toute pensée : cette opération par laquelle, épuisée, la pensée est elle-même l'anéantissement de la pensée. De même cette phrase est dite afin d'établir le silence qui en est la suppression.

C'est le sens, ou mieux, l'absence de sens de ce que j'ai noté l'autre nuit.

Pour apercevoir le sens du roman, il faut se mettre à la fenêtre et regarder passer des *inconnus*. Partant de l'indifférence profonde pour tous ceux que nous ne connaissons pas, c'est la protestation la plus entière contre le visage assumé par l'homme en l'espèce du passant anonyme. L'inconnu est négligeable et dans le personnage de roman est sous-entendue l'affirmation contraire, qu'à lui seul cet inconnu est le monde. Qu'il est sacré, dès que je lève le masque profane qui le dissimule.

J'imagine le ciel sans moi, sans Dieu, sans rien de général ni de particulier – ce n'est pas le néant. À mes yeux le néant est autre chose. C'est la négation – de moi-même ou de Dieu – Dieu et moi-même n'ayant jamais été, jamais rien n'ayant été (sinon le néant n'est qu'une facilité du jeu philosophique). Je parle au contraire d'un glissement de mon esprit auquel je propose la possibilité d'une totale disparition de ce qui est général ou particulier (le général n'étant qu'un aspect commun des choses particulières) : reste, non ce que l'existentialisme appelle un fond sur lequel se détachent..., mais à la rigueur ce qui apparaîtrait à la fourmi si elle se quittait, ce qu'elle ne peut faire et que mon imagination peut me représenter. Dans l'oubli illimité, qui, à travers ma phrase, en moi-même, est l'instant dans la transparence, il n'y a rien qui puisse en effet donner un *sens* à ma phrase, mais mon indifférence (mon être indifférent) repose en une sorte de résolution de l'être, qui est non-savoir, non-question, bien que, sur le plan du discours, ce soit essentiellement question (en ce sens que cela est parfaitement inintelligible), mais, par là-même, essentiellement renvoi, anéantissement de la question. Tout ce qui survient est indifférent – on n'est, par le retour de la complexité, qu'un prétexte à l'heureuse, à l'onaniste angoisse dont j'ai parlé, à l'angoisse qui est ironie, qui est un jeu. Mais au fond, si rien ne survient, il n'y a même plus de jeu. Il n'y a que négation de sens, aussi accomplie que le rend possible la persistance – par habitude – de l'intérêt qu'ont en moi-même tous les objets de ma pensée.

Je ne suis pas seul. J'aurais pu croire, si je l'étais, qu'en moi l'homme est ce que j'ai cru savoir, mais dans la multiplicité inconciliable des pensées, j'ai admis que sans un barrage, qui me protégerait d'une agitation sans apaisement, ma propre pensée se perdrait. Mais nous tous, ce n'est pas en raison de mauvaises méthodes, mais d'une impuissance de la multitude, qui est la grande force de l'homme, que nous ne savons rien. J'ajoute au bruit de tempête de la discordance des esprits, pourtant, cette simple affirmation – semblable dans la bataille à la chute sur le sol d'un combattant blessé, expirant déjà – : « Nous avions des vérités limitées, dont le sens, la structure valaient dans un domaine donné. Mais de là, nous avons toujours voulu aller plus loin, ne pouvant supporter l'idée de cette nuit dans laquelle j'entre maintenant, qui est seule désirable, auprès de laquelle le jour est ce que l'avarice mesquine est à l'ouverture de la pensée. »

La multitude inapaisée, *que je suis* (rien ne me permettrait-il de m'en retirer? ne suis-je pas en tout point semblable à elle?), est généreuse, elle est violente, elle est aveugle. C'est un rire, un sanglot, un silence qui n'a rien, qui espère et ne retient rien. Car la rage de posséder avait fait de l'intelligence le contraire d'un rire, une pauvreté dont rient sans fin ceux qu'enrichit leur folle générosité.

Je *pouvais* dire « Dieu est amour, n'est qu'amour », « Dieu n'est pas », « Dieu est mort », « je suis Dieu ». La condition rigoureuse – rigoureuse comme la naissance et la mort le sont – c'était à l'avance d'effacer, d'enfouir en un silence *souverain* (par rapport à ma phrase, comparable à ce que l'univers céleste est à la terre) ce que j'avais dit d'insensé. Malheur à celui qui effacerait à moitié ou laisserait la porte entrebâillée : le silence de l'homme glorieux, victorieux, exalté et, tel un soleil, transfiguré, est celui de la mort, en ce que toute volonté de résoudre l'univers en une création à la mesure de nos efforts s'y résout elle-même, s'y dissout.

Je ne puis dire ce que le silence où j'entre a de souverain, d'immensément généreux et d'absent, même pas dire : il est délectable, ou odieux. Ce serait toujours trop et pas assez.

Ma phrase voulut faire le silence à partir des mots, mais il en est de même du savoir qui se perd dans le non-savoir, à mesure qu'il s'étend. Le véritable sage, au sens grec, utilise la science comme elle peut l'être en vue du moment même où chaque notion sera portée au point où *sa limite* apparaîtra – qui est l'au-delà de toute notion.

Ce que j'apporte. L'honnêteté du non-savoir, la réduction du savoir à ce qu'il est. Mais il s'y ajoutera que, par la conscience de la nuit, l'éveil dans la nuit du non-savoir, j'ai changé un savoir outrepassant malhonnêtement ses possibilités en des enchaînements hasardeux, injustifiés à la base, en un éveil sans cesse renouvelé, chaque fois que la réflexion ne peut plus être poursuivie (puisque, se poursuivant, elle substituerait à l'éveil des opérations de discernement fondées sur des falsifications). L'éveil, au contraire, restitue l'élément *souverain*, c'est-à-dire impénétrable (insérant le moment du non-savoir dans l'opération du savoir; je restitue au savoir ce qui lui manquait, une reconnaissance, dans l'éveil angoissé, de ce qu'il me faut résoudre, étant humain, alors que les objets de savoir sont subordonnés).

Toujours à la limite, alors que nous réfléchissons discursivement, de l'instant, où l'objet de notre pensée n'est plus réductible au discours, et où nous n'avons plus qu'à ressentir un point dans le cœur – ou à nous fermer à ce qui excède le discours. Il ne s'agit pas d'états ineffables : de tous les états où nous passons, il est possible de parler. Mais il demeure un point qui toujours a le sens – plutôt l'absence de sens – de la totalité. Or une description, du point de vue du savoir discursif, est imparfaite, si par elle, au moment voulu, la pensée ne s'ouvre pas sur le point même où se révèle la totalité qui en est l'anéantissement.

Je parlerais de Dieu?
Précisément je me refuse à dire un mot de l'instant où le souffle m'a manqué. Parler de Dieu serait – malhonnêtement – lier ce dont je ne puis parler que par négation à l'impossible explication de ce qui est.

En ce que j'écris il y a toujours le mélange de l'aspiration au silence et de ce qui parle en moi, réclamant même de l'argent; tout au moins les appropriations qui m'enrichissent en quelque sorte et qui ne peuvent *toutes* être négation de moi-même, négation de mes intérêts. N'est-il pas triste, d'ailleurs, de lier l'intérêt propre à la négation de l'intérêt propre!

II

De deux choses l'une, ou j'ai tout dit; dès lors je n'ai qu'à vivre sans penser (j'imagine, souvent, qu'il en est ainsi, que la transparence ne saurait être plus limpide, que je vis dans l'instant comme le bruit se dissipe dans l'air...); ou je dois redire ce que j'ai mal dit : c'est aussitôt le tourment et la certitude non seulement de ne jamais le dire mieux mais de le trahir une fois de plus. Mais sans doute ai-je raison de ne pas céder à la tentation d'un silence où j'aurais avéré mon impuissance à m'exprimer à demi-mot, et dans l'innocence que donne un sentiment de parfaite limpidité. Je puis dire aujourd'hui que la moindre pensée accordée à mes projets, qui existent malgré moi, me dépasse et m'accable. Mais l'instant! C'est toujours le délire infini...

Mais cela suppose un champ libre. Exactement, si je vis un instant sans le moindre souci de ce qui pourrait survenir, je sais bien que cette absence de souci m'enlise. Je *devrais* agir, parer à des menaces qui prennent figure. Si j'atteins le cristal impalpable de l'instant, je manque à mon devoir à l'égard d'autres instants, qui suivront si je survis.

Le plus difficile : je pense à telle chose que je dis dans un livre qui me coûte un effort épuisant. Dans la perspective de ce livre, aussitôt, ma pensée me semble incompatible avec cet effort dont je suis malade. Elle touche le rapport de l'« apathie » dont parle Sade et de l'état théopathique, lié dans ma mémoire au nom de saint Jean de la Croix. Je n'en dégage le véritable aspect qu'à la condition de le dégager d'un enchaînement rigoureux (peut-être pas assez, car j'étais à la fin *malade*, l'ordre des pensées et son expression ordonnée demandaient un pouvoir qui m'échappait). Ce n'est pas qu'un tel enchaînement soit en lui-même une erreur, mais la forme enchaînée de la pensée, je la rejette au moment où son objet m'emplit.

Le principe de la morale. Il existe deux phases dans le temps, la première est nécessairement dominée par les règles de la morale et certaines fins lui sont données qui ne peuvent se rapporter qu'à la seconde.

La pensée de Hegel se *révolta* en un point de sa démarche. Il importe assez peu qu'elle se soit *éveillée* en ce point-ci (le renoncement à l'individualité, je crois). Ce n'était pas, apparemment, le *moment voulu* : ce n'est pas la perte de l'individualité qui est le scandale, mais bien le *savoir absolu*. Non pour ce qu'il a peut-être d'imparfait, au contraire, dans la présupposition de son caractère absolu. Le contenu révèle son équivalence au non-savoir. Si nous arrivions par-delà la recherche du savoir, au savoir, au résultat, nous devons nous en détourner : ce n'est pas ce que nous cherchions. La seule réponse non dérisoire est *il y a Dieu*, c'est l'impensable, un mot, un moyen d'oublier l'éternelle absence de repos, de satisfaction impliquée dans la recherche que *nous sommes.* L'incorrection de la pensée qui se donne le temps d'arrêt du mot *Dieu* est de voir dans sa défaite une résolution des difficultés qu'elle a rencontrées. La défaite de la pensée est extase (en puissance), en effet, c'est le sens de ce que je dis, mais l'extase n'a qu'un sens pour la pensée, la défaite de la pensée. Il y a bien une tentation, donner à l'extase une valeur pour la pensée : si la dissolution de la pensée me met en extase, je tirerai de l'extase un enseignement. Je dirai, ce que l'extase m'a révélé compte plus que le contenu de ma pensée qui me semble avoir le plus de sens. Mais cela signifie seulement : le non-sens a plus de sens que le sens.

Si le rire dégrade l'homme, la souveraineté ou le sacré le dégradent aussi. Ceci a d'ailleurs un sens poignant : une vulve de femme est souveraine, elle est sacrée, mais elle est aussi risible, et celle qui la laisse voir est dégradée.

Un projet demande un effort, qui n'est possible qu'à une condition : de satisfaire à défaut d'un désir la vanité. La vanité existe au niveau du projet, qu'elle expose et dont elle est, moralement, le compte rendu. L'orgueil est à la vanité ce que l'instant est au projet.

J'aurais dû dire de l'échappée de la mort qu'il est dans son essence d'être jouée, non seulement d'une manière soudaine, mais aussi « bien jouée », comme s'il s'agissait d'un escamotage si parfait qu'une salle entière fonde en applaudissements et en clameurs : je songe à ces applaudissements où l'exaltation – parce que la *beauté* de l'escamotage est inespérée, et qu'elle surpasse de beaucoup le prévisible – est si grande qu'elle laisse à la limite des larmes. (Il n'est pas reconnu, mais il n'est pas moins vrai que l'on peut pleurer de ce qui fait trépigner une salle d'insuffisantes acclamations.) Bien entendu, si je meurs, je suis à la fois celui qui joue et celui qui est joué, ce qui ne veut rien dire de connaissable en ce que rien dans l'instant n'est saisissable : il n'y a plus dans l'instant de *moi* qui ait conscience, car le *moi* conscient de lui-même tue l'instant en le revêtant d'un travesti; celui de l'avenir qu'est ce *moi*. Mais imaginons que le moi ne tue pas l'instant! aussitôt c'est l'instant qui tue le *moi*! C'est pour cela qu'il n'est jamais aussi parfaitement l'instant que dans la mort, pour cela que, par la mort seule, il propose à une foule de vivants angoissés, mais provisoirement rassurés, son apothéose qui retire le souffle.

III

En entrant dans le non-savoir, je sais que j'efface les figures au tableau noir. Mais l'obscurité qui tombe ainsi n'est pas celle de l'anéantissement, ce n'est même pas la « nuit où toutes les vaches sont noires ». C'est la jouissance de la nuit. Ce n'est que la mort lente, la mort dont il est possible, lentement, de jouir. Et j'*apprends*, dans la lenteur, que la mort faisant en moi ne manquait pas seulement à mon savoir, mais à la profondeur de ma joie. Je ne l'apprends que pour mourir, je sais que sans cet anéantissement déjà de toute pensée, ma pensée serait ce bavardage servile, mais je ne connaîtrai pas mon ultime pensée puisqu'elle est la mort de la pensée. Je ne jouirais pas de ma délivrance et jamais je n'aurai rien dominé : je jouirai au moment où je serai libre. Et jamais je ne le saurai! Il aurait fallu pour le savoir que cette joie qui est la fulguration de la joie ne soit pas la mort de ma joie et de ma pensée. Mais on ne peut concevoir l'immondice où je sombre, immondice divine et voluptueuse, *envers* de toute pensée et de tout ce monde qui édifia la pensée, si bien que toute horreur représentable est lourde de la possibilité de ma joie. La mort de la pensée est la voluptueuse orgie que prépare la mort, la fête que la mort donne dans sa maison.

Question sans réponse? peut-être. Mais l'absence de réponse est la mort de la question. S'il n'y avait rien à savoir? Et si la violation de la loi, étant, après la loi, plus que la loi, l'origine de tout ce que nous aimons ne détruisait pas moins le fondement de la pensée qu'elle ne met fin au pouvoir de la loi? Arrivé à l'instant de la réflexion expirante, à la tombée de la nuit, assistant à la mort qui nous gagne, comment maintiendrions-nous ce principe, qu'il y eût quelque chose à savoir, que nous n'avons pas su? Si je ne m'étais pas révolté contre la loi, j'aurais continué de *savoir – ce que je ne sais pas*. Je ne sais pas non plus s'il n'y avait rien à savoir, mais comment le rire révolté qui me prend n'irait-il pas à ce point de la révolte, où il ne subsiste plus d'adhérence qui me ramène au monde de la loi et du savoir? Si ce n'est afin de jouir de la loi et du savoir dont je jouis *lorsque j'en sors*.

Ne serait-il pas risible de voir une philosophie dans ces propositions expirantes? Je les ai ordonnées pour les mener au point où elles se dissolvent et peut-être ne l'ai-je pas fait moins bien que les philosophes qui en ordonnent qui se ferment. Mais ce que je dis se résout dans un récit de ces instants où l'horreur existe et non la pensée : l'horreur, l'extase, le vice voluptueux, le rire...? à la fin l'imprévisible, si toujours il s'agit de perdre pied.

Comment serais-je déprimé refusant de prendre le monde et ce que je suis moi-même pour une inéluctable mesure et pour une loi? Je n'accepte rien, et ne suis satisfait de rien. Je vais dans l'avenir inconnaissable. Il n'est rien en moi que j'aie pu *reconnaître*. Ma gaieté se fonde sur mon ignorance. Je suis ce que je suis : l'être en moi-même se joue, comme s'il n'était pas, jamais il n'est ce qu'il *était*. Ou si je suis ce que j'étais, ce que j'étais n'est pas ce que j'avais été. Jamais *être* ne veut dire *être donné*. Jamais je ne puis apercevoir en moi *cela* qui est repérable et défini, mais cela seulement qui surgit dans le sein de l'univers injustifiable, et qui jamais n'est plus justifiable que l'univers. Il n'est rien de moins déprimant. Je suis dans la mesure où je refuse d'être *cela*, que l'on peut définir. Je suis dans la mesure où mon ignorance est démesurée : dans la dépression, je tomberais dans la classification du monde et me prendrais pour l'élément que situe sa définition. Mais qu'annonce en moi cette force qui refuse? Elle n'annonce *rien*.

Au rendez-vous de Lascaux, l'homme civilisé se retrouve homme de désir

Arts [1]

Après plus de dix ans, nous sommes loin d'avoir reconnu la portée de la découverte de Lascaux. Il va sans dire que ces peintures sont belles, qu'elles émerveillent ceux qui les voient et que par elles nous nous sentons plus près des premiers hommes. Mais justement ces formules nous découragent. Elles sont froides et... pourtant il pourrait être apparemment prétentieux de parler avec plus de cœur des peintures de cette caverne. C'est qu'elles sont du ressort de la science et du désir. Serait-il possible d'en parler comme Proust le fit de Vermeer ou Breton de Marcel Duchamp? Il n'est pas seulement malaisé d'éprouver auprès d'elles un enchantement pour lequel, dans le désordre des visites, nous manque le temps de nous recueillir, mais les préhistoriens nous somment de nous rappeler toujours modestement ce que furent ces apparitions pour ceux qui les animèrent et, sans l'avoir voulu, nous les laissèrent.

L'attente et le désir de chasseurs et de carnivores ont disposé ces images sur ces rochers; et c'est la naïveté de la magie qui voulut que ces beaux animaux y fussent la promesse du carnage et de la curée. Un appétit de viande?... Sans doute? Nous ne pouvons penser que les préhistoriens nous trompent. Ils se devaient de définir l'abîme qui nous sépare de ces hommes du temps de l'aube. Il leur fallut déterminer le sens de ces figures, et nous dire en quoi elles diffèrent de celles des tableaux que nous aimons. Ceux-ci sont devant nous les miroirs d'un long rêve, que la passion poursuit en nous. Nous chercherions en vain nos rêves dans ces figures, qui répondirent comme souvent les rêves des enfants à la convoitise de la faim. Nous ne pouvons dans la caverne de Lascaux éprouver ce qui nous dissout devant un tableau de Léonard, et qui fait que du peintre et du paysage, du visage peint et de ce regard qui le boit, nous n'avons qu'une unique notion, vaporeuse et glissante, semblable à la diversité dissoute de l'univers. Plutôt que Léonard, ou ces regards noyés qui s'enivrent de ses tableaux, ces chasseurs de la Dordogne auraient compris la ménagère de Sarlat, qui achète dans la boucherie la viande de son déjeuner. Leur art animalier, pour être habile, était très simple et il n'est pas de monde moins riche que celui des grandes bêtes appétissantes qui peuplent ces parois. Les peintures de Lascaux sont belles et nous pouvons nous émerveiller de leur état de conservation, mais elles n'annoncent que le désir de manger de ceux qui les firent, qui les faisaient avant la chasse, croyant que la possession de la figure assurait celle de l'animal représenté.

À quoi s'oppose ce cri de joie qui a seul la force de répondre à la vision qui depuis des millénaires nous attend dans la caverne de Lascaux.

Ce qui l'arrache est l'illusion qu'à travers un temps si long que l'esprit n'imagine rien de plus éloigné, je reconnais celui qui me ressembla... C'est moi-même en vérité que je crois reconnaître, moi-même et le monde merveilleux lié au pouvoir de rêver, qui m'est commun avec l'homme du fond des âges. Je puis me méfier d'un sentiment qui m'oppose au jugement des savants. Pourtant, pourrais-je l'abandonner avant que la science, à laquelle incombe la charge de la preuve, n'en ait assez clairement montré l'inanité?

L'opinion selon laquelle les premiers hommes, proches des animaux et accablés par les duretés de la vie matérielle, auraient été au niveau des plus grossiers des hommes actuels, passe souvent pour répondre à l'objectivité de l'histoire. La science sembla longtemps liée à l'idée d'un progrès continu, allant de la brute animale à l'homme primitif, encore sauvage, enfin à l'homme pleinement civilisé, que nous sommes.

De toute manière, nous ne saurons de Léonard rien d'essentiel, si nous ne connaissions pas ses peintures. Ainsi n'est-il pas forcément plus facile de le connaître que les peintres de Lascaux ; du moins ne pouvons-nous faire de l'un à l'autre cas qu'une différence de degré. Je ne veux pas dire que la communication nous parvenant d'un lieu aussi profondément lointain que Lascaux ait la même force que si elle venait de plus près. Mais ce n'est pas clair : les peintures de la caverne auraient elles-mêmes un grand pouvoir, si nous n'étions intimidés par la sommation qui nous est faite de les réduire à une œuvre de magie, au sens pratique, utilitaire, au sens plat de ce terme poétique. Les préhistoriens les plus prudents en conviennent : le sens qu'ils donnent à leurs figures ne veut pas dire que les peintres de Lascaux n'aient pas, sans en avoir eu l'intention, fait œuvre d'art. Mais, *pour nous*, que veut dire l'œuvre d'art qui, ne nous étant pas destinée, n'était pas non plus destinée comme œuvre d'art à ceux qui en voulurent l'exécution?

Les figures les plus maladroites auraient suffi à l'efficacité de l'œuvre magique. Du moins s'il ne s'y mêlait pas d'intention qui allât plus loin... Une valeur communicative excessivement forte put néanmoins répondre, au-delà de la pure fin magique, à la passion commune du peintre et de tous ceux qui en attendaient l'œuvre. Rien de plus mystérieux en de telles valeurs que dans le trouble qui émane de la violence d'un tam-tam, qui atteint même les Blancs. Rien de moins inintelligible non plus. Sur ce plan (mais seulement dans ces limites), la science enfin se tait. Elle peut nous parler encore des formes qui accompagnent nos impressions, des conditions ou des circonstances qui s'y rattachent : l'impression elle-même lui échappe, que nous sommes réduits à décrire en reproduisant directement sa cause (la peinture), ou, bien maladroitement, en cherchant dans l'ordre des mots, ou des sons, des sources d'impressions qui la suggèrent.

Le malaise qui nous paralyse et nous laisse à la fin, devant les figures de Lascaux, un sentiment faible et déçu semble contradictoire avec la force de l'impression ressentie. Ce qui nous engage, passé le premier moment, à voir dans ces peintures un monde n'ayant que le sens malheureux du besoin, ou impénétrable pour nous, tient à l'impuissance où nous sommes de trouver dans un monde animal une réponse entière à notre désir... Ce n'est à nos yeux qu'un monde incomplet... Les conditions et les circonstances liées à nos impressions les plus fortes ne nous enferment jamais dans cette profondeur animale. Très jeunes, nous apprenions à voir dans l'animal *ce qui lui manque*, et dans le mot *bête* qui le désignait, ceux d'entre nous dont le peu de raison nous faisait honte. Ce rendez-vous que du fond des âges, ces chasseurs nous donnèrent, mais sans le savoir, dans une caverne de la Dordogne, pourrait décevoir si très vite nous n'apercevions, dans les épreuves qu'il nous impose, une manière de nous affranchir. Nous avons à nous libérer de la sottise, toute humaine, qui nous empêchait de nous retrouver et d'établir entre le plus simple et le plus complexe – de l'homme le plus ancien au plus récent – le contact le plus séduisant. Il suffirait enfin, puisqu'une similitude profonde, malgré tout, nous rapproche de nos premiers pères, de nous détacher, par la réflexion plus entière et plus précise, de cette construction réfléchie qui nous éloigne de ces hommes auxquels les animaux semblaient fraternels, et la science l'apprend, qui ne tuèrent pas sans remords ceux dont ils devaient se nourrir. Lascaux nous propose, pour tout dire, de ne plus renier *ce que nous sommes.* Nous dénigrons l'animalité qu'à travers l'homme de ces obscures cavernes, qui dissimulait lui l'humanité sous des masques de bêtes, nous n'avons pas cessé de prolonger. Nous ne pouvons cesser d'être des hommes, et nous ne pourrions renoncer à une raison qui d'ailleurs seule connaît la limite de la raison. Mais de même que nos pères avaient honte de tuer ceux qu'ils aimaient – et devaient tuer – nous pourrions, dans la caverne de Lascaux, éprouver la honte d'être, par la raison, asservis aux travaux qu'à tout prix nous devons poursuivre. Alors, le cri de joie dont j'ai parlé, devenu plus étrange, et comme étranglé, serait aussi plus gai.

Aphorismes

Arts [1]

J'appelle à moi tout l'imprévu et le tumulte indémêlable de la vie, j'appelle à moi ces rires qu'arrête, mais n'arrête jamais profondément, la brusque arrivée d'intrus... J'allais parler de mon impuissance – de ce désir qui me comblait d'angoisse – et maintenant... je ne sens plus cette impuissance... Me voici calme, indifférent, l'enfantine simplicité de l'angoisse ne joue plus, je ne suis plus dans la détresse où m'avait jeté la pensée de tout ce temps qui me sépare encore de l'instant où mon désir s'assouvira. J'ai du mal à surmonter l'inertie qui m'envahit, ce bonheur morne, immobile... Du mal? peut-être peu de mal? mais l'instant? comment de l'indifférence profonde glisserai-je au moment d'un bonheur «qui se chante», qui me débordera et dont j'étoufferai? Comment de ma dignité molle, dont les yeux sont vides d'intention, passerai-je au sentiment de cette nuit pleine de richesses et de nudité qui appelle le désir de mourir? Comment accueillerai-je à nouveau le joyeux cauchemar de l'ivresse adhérant jusqu'à la mine défaite à la mort? Je le sais et, sans cesse, les mouvements pathétiques des arts me le rappellent, l'objet de mon attente n'est pas la paix, mais cet immense délire de l'univers auquel le battement de mon cœur est mêlé – et dont il me demande d'être partie.

S'il n'était le seuil de la mort et ce ressac des eaux qu'apparemment une horreur de l'illimité dresse dans les affres du refus, s'il n'était ma terreur à l'idée de faire le pas, je ressemblerais à la houle se jouant, s'abîmant dans la profondeur liquide. Mais la mort m'effraie et je reste assis à l'envisager, assis comme le sont ceux qui opposent à la beauté aveuglante de ce monde la précision terne des mots. La table, le papier, la sinistre digue de la mort alignent les syllabes de mon nom. De cette table et de ce papier – qui me promettent à la disparition – je suis malade (exactement j'ai mal au cœur), et pourtant les mots que j'y puis écrire appellent ce qui, me rendant plus malade, me rendrait à la souple violence du vent, emportant à jamais ce papier et les mots que j'écris sur lui.

Sade, 1740-1814

Critique [1]

Il me semble souvent – le plus souvent – que les personnages réels ne font jamais que donner leur chair, et la virulence de leur caractère, à des possibilités dépassant ce qu'ils sont vraiment. Aussi bien ne devons-nous jamais parler d'eux isolément, mais en même temps que des êtres de rêve qu'enfantent la mythologie ou la fiction. Sade n'est pas seulement l'homme exceptionnel qu'exhuma le premier Maurice Heine : au-delà de l'effroi maladif qui accompagne sa mémoire, Sade est aussi une pensée, sinon du peuple, de la foule, et ce fut à peu près la même pensée qui inspira dans le même temps la musique de Mozart, en l'espèce de *Don Giovanni*. Il est vrai qu'à cette occasion la fiction demeure en deçà de la vie. Mais la vérité et le rêve se composent et l'ampleur de l'une et de l'autre ne put sans doute épuiser l'excessive richesse du possible. Rien n'approche, cependant, les ressources de cruauté que Sade tira d'une involontaire et interminable méditation dans la solitude de la prison : auprès d'elle, la sinistre rouerie de Don Juan semble légère. Cette âpre soif de meurtre voluptueux, qui tord les nerfs et donne au plaisir silencieux de l'être une crispation follement divine et ténébreuse, répond sans doute seule à l'attente d'abord timide, angoissée, puis, sans transition, effrénée et toujours, dans la rage, mettant le possible en pièces, qu'est la sensualité des hommes et des femmes. Comment ne pas voir enfin l'illimité dans ce désordre qui survient, exigeant soudain et souverainement du premier venu qu'il accède à l'*envers* de ce qu'il a toujours voulu, qu'il dénude ce qu'il habillait, qu'il étrangle et déchire ce qu'il chérissait ? Personne avant Sade n'avait mesuré de sang-froid, méchamment, ce que notre cœur dissimule et qui veut que les limites, toutes les limites, soient dépassées. Car nous sommes tous, si divers que nous soyons, faits d'un même bois : la même image d'affreux renversement obsède le moine en tentation qu'enferme la cellule et l'insensé dans la solitude du crime, repu de funèbre plaisir. D'autres hommes sont frivoles ou tendres et se contentent d'une aimable volupté, d'autres même répondent par l'indifférence à ce que le jeu des passions leur propose de vertigineux. Mais la vie, mais la vie *innombrable* ne s'arrête, elle, qu'elle n'ait touché, au-delà du possible, l'*impossible.* Peut-être pas un homme sur mille ne sombre dans l'horrible désir de l'*impossible,* mais parfois... et dès lors il ne suffit pas, s'il va trop loin, de dire pauvrement qu'il a tort, qu'il devait s'arrêter à temps. Que la justice humaine ait la faiblesse, le condamnant, de lui donner ce tort – dont elle sait cependant que la vie l'assume dans le condamné, qu'elle l'assume sans pouvoir un instant ne pas l'assumer – rien n'y saurait contrevenir et même il est nécessaire d'ajouter qu'au crime lui-même, la sanction inexorable des lois manquerait (ce ne serait plus crime, mais *seulement* innocence animale). Car sans les lois qui le condamnent, le crime serait peut-être l'impossible, mais non tenu pour tel. Et l'halluciné de l'impossible veut aussi, de l'objet de son obsession, qu'il soit impossible vraiment. Peut-être n'est-ce pas tant la société qui frappe. Souvent, le criminel lui-même veut que la mort réponde au crime, qu'elle lui donne enfin la sanction sans laquelle le crime serait *possible,* au lieu d'être *ce qu'il est,* que le criminel voulut.

Autrement dit, la vie des hommes est toujours un dialogue du possible et de l'impossible. Chacun de nous, s'il le peut, se tient au possible : il s'arrête au moment où la certitude se fait. Le possible alors se retire et l'impossible commence. Mais *chacun de nous,* ce n'est pas *tous* : le mouvement nous portant du possible à l'impossible, puis de l'impossible au possible, s'accomplit en quelques-uns. Le grand nombre, évidemment, ne va pas jusqu'au bout, mais il ne se peut faire que *personne* n'y aille. Ainsi se fonda l'inachevable dialogue de celui qui ose et de ceux qui n'osent pas, ces derniers s'opposant en deux chœurs, qui parfois se mêlent : le premier que l'horreur fascine, le second exécrant le crime avec rage. Mais jamais la haine n'est si rigoureuse que la foule spectatrice – et les deux chœurs – ne restent suspendus aux lèvres du coupable, *qui osa.* Qu'en leur principe même, Don Juan ou Sade soient affreux, c'est facile à dire – cela se chante même au besoin. Mais le silence se fait quand à leur tour ils parlent ou chantent : c'est qu'ils annoncent ce que nous avions cru impossible de penser. Ils défient le ciel, ils refusent! À jamais notre oreille est fêlée d'entendre, se répétant, le « no » de Don Juan...

Que peuvent en effet nos fureurs et notre puissance? Que signifie notre assurance quand, les condamnant, nous prouvons la fragilité et l'erreur de leurs desseins. Décidément, leur prodigieuse insouciance nous désarme, qui nous fait voir en eux ce que nous serions si les soucis ne nous avaient courbé la tête. Nous vivons lourds sous le poids du souci que nous avons de nous-mêmes et des autres : ils n'ont eux de souci ni des autres ni d'eux-mêmes. Ainsi vivons-nous éblouis des ivresses et des bonds que notre pesanteur nous interdit. Qu'ils vivent; que, selon leur caprice, ils se déchaînent, et que nous l'admettions; le précaire abri qu'édifièrent nos craintes et notre patience – dont nous dépendons et dont ils profitent – aussitôt irait s'effondrant : un ordre, une tranquillité sont nécessaires à ces œuvres qui nous créent, sans lesquelles nous ne serions pas. Mais comment, nous soumettant – sérieusement – à ces conditions humiliantes, pourrions-nous même espérer ces enchantements de la sensualité que la partition de Mozart exprime avec tant de force, qui justement les porte à leur sommet, la catastrophe, où le chœur magnifie la justice et accable la victime.

Ivre de volupté cruelle, en apparence inaccessible au doute, don Juan, de lui-même, élude le dialogue. À peine si le Commandeur et les affres de l'enfer ont le pouvoir, un seul instant, de l'arracher au plaisir et de tirer de son emportement quelques paroles, dont l'essentiel est « non!» Cet incroyable « non » à la face du Dieu de terreur? Mais Sade qui, sans doute, aurait entendu en tremblant de joie ce « non!» qui est le sommet, sut bien que sa vie même était et ne pouvait être qu'un dialogue, opposant le possible et l'impossible. Il se connaît. Un interminable silence lui fut donné pour se connaître. Et quand à la Bastille, dont il désespérait de sortir après dix ans d'emprisonnement sans jugement, il se décrivit sous les traits de Franval *, il pouvait dire : « Tel était le genre de son caractère : vindicatif, turbulent, impétueux quand on l'inquiétait; redésirant sa tranquillité à quelque prix que ce

---

* *Eugénie de Franval*, dans *Les Crimes de l'amour* (Jean-Jacques Pauvert, 1953), p. 161.

pût être, et ne prenant maladroitement pour l'avoir que les moyens les plus capables de la lui faire perdre de nouveau. L'obtenait-il? Ce n'était plus qu'à nuire qu'il employait toutes ses facultés morales et physiques... » Sade réel, en effet, différa du Don Juan de la fable en ce qu'il reconnut le possible et ses conditions. Son humeur turbulente et voluptueuse l'empêcha jusqu'au bout de s'y tenir, mais il refit sans fin le projet d'arranger sa vie. Ce passage d'*Eugénie de Franval* est d'ailleurs la seule clé de ces humeurs contradictoires, en apparence inconciliables, qui rendent ses lettres si vivantes (et surtout celles qui ne furent éditées que récemment). Combien il est difficile de donner un sens clair à trop d'exigences profondes, où la destruction demande la tranquillité préalable, où la tranquillité cependant n'apparaît jamais qu'en vue d'être aussitôt détruite. Certes, il est difficile... car rien n'est plus contraire au rythme ordinaire de la vie, mais il importe s'il est vrai que l'irrésistible séduction du plaisir se rapporte à l'inaccessible, et que le plaisir est d'autant plus fort que son objet nous échappe. Ceci, dès l'abord, a deux aspects : le plaisir, qui nous semble vil s'il est mineur, approche néanmoins la valeur au sens profond s'il ne se lie plus à l'avantage égoïste ; et la valeur ne dépend pas moins de l'anéantissement de l'être que de l'être. Autrement dit l'être n'est à lui-même entièrement donné, par la plénitude et la générosité du plaisir, qu'en lâchant le possible pour l'impossible, dans l'*insouciance.*

Si nous ne savions qu'il en est ainsi – profondément – pourquoi serions-nous suspendus, comme exorbités moralement, quand, sur la scène, nous voyons Don Juan mourir foudroyé. Cette mort est le grand moment de la vie, où l'authenticité du plaisir se fonde sur l'impossible qu'il atteint. Aussi bien nous faut-il savoir gré à Sade, faisant de la volupté la seule vérité et la seule mesure, de ne jamais la confondre avec l'agrément. La volupté est à ses yeux la part de l'homme qui a franchi les bornes du possible. Cet homme peut en apparence s'assurer le bonheur, la tranquillité, mais dès lors il s'agit d'insolence, de provocation. Et ce n'est pas pour euxmêmes que compte ce bonheur, cette prospérité, mais parce qu'ils font plus criant le défi. Rappelons que Franval, la tranquillité atteinte, ne songeait qu'à la troubler. Car dans la voie de l'impossible, ce qui est impossible avant tout, c'est de s'arrêter. C'est la grandeur de Sade d'avoir saisi que le plaisir supposait, exigeait la négation de ce qui fait le possible de la vie, et qu'il était d'autant plus fort que la négation, plus violente, portait sur des objets qui incarnaient avec plus de charme le possible de la vie.

Ce qui sur ce plan nous abuse – qui répond à l'irrésistible besoin que Sade eut de défier le genre humain tout entier – est la platitude apparente des *calculs* sur lesquels il établit son système. Pas d'autre intérêt, nous dit-il, que le plaisir... Il oublie un peu volontairement que la base de ces *calculs* est l'*insouciance*. Celui qui observe l'intérêt veille à rendre durable la possibilité de satisfaire son plaisir. Sade eut tant d'insouciance que jamais il ne tenta, d'une façon suivie, de donner de la cohérence aux différents calculs de son égoïsme. Finalement, l'insouciance seule est le sens d'un discours qui ne relève pas de la volonté de persuader mais de défier; l'insouciance à laquelle il donna cette portée décisive de commander le choix de l'impossible, le rejet de tout le possible.

Nous, nous vivons dans le possible, auquel nous lie la pesanteur. Mais nous ne pouvons nous étonner d'apercevoir, en un point, se donner cours, avec violence, la pensée qui ressort de l'exigence opposée du défi.

Nous mentionnons à la suite les ouvrages de Sade ou sur lui parus en France depuis août 1947 et parvenus à notre connaissance. Cette date est celle des dernières références que nous ayons données de ces ouvrages (*n° 15-16, p. 147*). Les indications qui suivent certaines de ces mentions ne constituent en aucune mesure des comptes rendus : elles sont essentiellement de caractère bibliographique.

MARQUIS DE SADE, *Œuvres*. Textes choisis par Maurice Nadeau et précédés d'une *Exploration de Sade*, La Jeune Parque, 1947. In-8°, 419 p.

Morceaux choisis de Donatien-Alphonse-François, Marquis de Sade, publiés avec un Prologue, une Introduction et un Poème, un Aide-mémoire biographique, une Bibliographie, treize documents hors-texte et deux Lettres inédites du marquis, par GILBERT LELY, Seghers, 1948. In-8°, 160 p.

D.A.F. DE SADE, *Histoire de Juliette*, Sceaux, Jean-Jacques Pauvert, 1948-1949. 5 tomes en 10 vol. in-16.

Version intégrale de cette suite donnée par Sade en 1797 à *La Nouvelle Justine*.

MARQUIS DE SADE, *L'Aigle, Mademoiselle...* Lettres publiées pour la première fois sur les manuscrits autographes inédits avec Préface et un Commentaire, par Gilbert Lely, G. Artigues, 1949. In-8°, 222 p.

La préface de ce recueil donne un «Catalogue des manuscrits autographes inédits, découverts en 1948, au château de Condé-en-

Brie, dans les archives de ses descendants ». Cet ensemble d'ouvrages, qui enrichit considérablement l'œuvre connu de Sade, comprend, outre de nombreuses pièces de théâtre, deux romans et des textes divers, environ deux cent cinquante lettres, la plupart adressées à Mme de Sade. Des vingt-deux qu'il publie sous le titre de *L'Aigle, Mademoiselle...* (formé des premiers mots d'une lettre à Dorothée de Roussel, publiée dans un autre recueil), Gilbert Lely a soin de nous dire qu'elles n'ont pas plus de prix que celles qui seront publiées par la suite, et c'est de la totalité de ces lettres qu'il nous dit que « l'incomparable valeur humaine domine de très haut l'ensemble (des) œuvres inédites » du marquis.

Maurice Heine, *Le Marquis de Sade.* Texte établi et préfacé par Gilbert Lely, Gallimard, 1950. In-8°, 383 p.

Maurice Heine est mort en 1940, quelques jours avant l'arrivée des Allemands. La date de 1940, centenaire de la naissance de Sade, était l'année où il aurait aimé aboutir à la publication de la grande biographie qu'il préparait. Gilbert Lely a publié les fragments de ce long travail retrouvé dans les papiers transférés à la Bibliothèque Nationale en 1941 ; il les a joints à des articles et des études publiés du vivant de l'auteur et à une conférence inédite.

Marquis de Sade, *Les Crimes de l'amour. I. Historiettes, contes et fabliaux,* Sagittaire, 1950. In-8°, 319 p.

C'est la réimpression d'*Historiettes, contes et fabliaux,* publié en 1926 par Maurice Heine. Mais *Les Crimes de l'amour,* parus du vivant de l'auteur en 1800, sont entièrement différents de ce texte.

Sade, *Justine, ou les malheurs de la vertu.* Préface de Georges Bataille. Frontispice de Hans Bellmer – Le Soleil noir, 1950. In-16, 152 p.

Cette version diffère de la première rédigée à la Bastille en 1787 sous le titre *Les Infortunes de la vertu* et qui fut publiée pour la première fois par Maurice Heine en 1930. Elle est plus accentuée, toutefois bien moins que la troisième, intitulée *La Nouvelle Justine.* La première édition de cette seconde version parut en 1791 (En Hollande, chez tous les libraires. 2 vol. in-8°).

Gilbert Lely, *Vie du marquis de Sade,* écrite sur de nouvelles données et accompagnée de nombreux documents, le plus souvent inédits. Tome I : *De la naissance à l'évasion de Miolans, 1740-1773,* Gallimard, 1952. In-8°, 539 p.

D.A.F. de Sade, *Les Crimes de l'amour. Idée sur les romans – Faxelange – Eugénie de Franval – Dorgeville – A Villeterque, folliculaire.* Précédé d'une note bibliographique, Jean-Jacques Pauvert, 1952. In-16, 263 p. frontispice.

Comme la notice bibliographique l'indique, cette édition reproduit celle de 1800, parue sous le nom de Sade, mais ne donne que trois des onze nouvelles que contenait la première. Elle y ajoute le texte de la plaquette parue quelques mois plus tard sous le titre *L'auteur des crimes de l'amour à Villeterque, folliculaire.*

MARQUIS DE SADE, *Le Carillon de Vincennes.* Lettres inédites, publiées avec des notes, par Gilbert Lely. Arcanes, 1953. In-8°, 105 p., ill. (Collection « Humour noir »).

Ce second recueil de onze lettres, écrites dans le donjon de Vincennes et tirées des archives de la famille de l'auteur, donne en particulier la lettre commençant par les mots « L'Aigle, Mademoiselle... » qui ont donné le titre du premier recueil (voir plus haut).

MARQUIS DE SADE, *Cahiers personnels (1803-1804).* Textes inédits, établis, préfacés et annotés par Gilbert Lely. Avec un fac-similé et un portrait par Man Ray, Corréa, 1953. In-16, 129 p.

Ces cahiers, écrits à Charenton, contiennent entre autres « *le Plan d'un roman en lettres,* dont les aspects principaux rappellent le thème des *Liaisons dangereuses* ». Ils ne sont pas publiés intégralement. Le portrait de Man Ray est un « portrait imaginaire ». Nous ne connaissons pas de portrait de Sade. Mais, écrit Gilbert Lely, « le marquis Xavier de Sade nous a assuré qu'en 1939, avant la mise à sac par les troupes allemandes du château de Condé-en-Brie, sa famille possédait une miniature représentant Donatien-Alphonse-François sous l'aspect d'un homme jeune, au visage charmant, aux yeux bleus et à la bouche petite ».

MARQUIS DE SADE, *Histoire secrète d'Isabelle de Bavière, reine de France.* Texte inédit et préfacé par Gilbert Lely, Gallimard, 1953. In-16, 335 p., fac-similé.

Le manuscrit de ce roman se trouve dans les archives du comte Xavier de Sade, descendant direct de l'auteur. « *Isabelle de Bavière,* écrit Gilbert Lely, qui s'appuie sur des notes figurant à la fin des cahiers manuscrits, a été commencé le 19 mai 1813 et terminé le 24 septembre... les dernières corrections y ont été apportées le 20 novembre. Mais une note supplémentaire témoigne que l'auteur a voulu revoir encore une fois son ouvrage le 29 octobre 1814, c'est-à-dire trente-quatre jours avant sa mort. » Sade en 1813 était âgé de soixante-treize ans.

D.A.F. DE SADE, *La Nouvelle Justine, ou les malheurs de la vertu,* Sceaux, Jean-Jacques Pauvert, 1953. 4 vol. in-16.

Reproduction intégrale de l'édition de 1797, constituant la troisième version de l'histoire de Justine.

D.A.F. DE SADE, *La Philosophie dans le boudoir (1795),* Jean-Jacques Pauvert, 1953. In-16, 309 p.

Reproduction intégrale du texte paru en 1795 sous le titre *La Philosophie dans le boudoir,* ouvrage posthume de l'auteur de *Justine* (2 vol. in-12).

SADE, *Œuvres*. Introduction de Jean-Jacques Pauvert. *Justine, ou les malheurs de la vertu. Dialogue entre un prêtre et un moribond. Eugénie de Franval. Idée sur les romans. L'auteur des crimes de l'amour à Villeterque, folliculaire.* Suivi d'un *Essai sur Sade,* par Maurice Blanchot [et d'une Bibliographie], Le Club Français du Livre, 1953. In-8°, 747 p., ill. (Collection « Classiques », n° 40).

D.A.F. DE SADE, *The Bedroom Philosophers.* Being an english rendering of *La Philosophie dans le boudoir,* done by Pieralessandro Casavini, Paris, The Olympia Press, 1953. In-16, 219 p.

D.A.F. DE SADE, *Justine, or Good Conduct well chastised.* Being an english rendering of *Justine, ou les malheurs de la vertu,* done by Pieralessandro Casavini, Paris, The Olympia Press, 1953. In-16, 334 p.

ANNÉE 1954

Hors des limites

Critique [1]

PIERRE KLOSSOWSKI, *Roberte ce soir*, illustré par l'auteur, Éd.
de Minuit, 1953. In-16, 141 p., 4 hors-texte.

Il est possible, à la rigueur, d'apercevoir ainsi le monde
littéraire :

Il demeure, chez les auteurs, un certain désir d'imposer
leur vision au lecteur. Mais il est banal, de la part des romanciers, de répondre plus sagement à l'attente du lecteur, qui
ne veut pas se déranger, mais est simplement heureux de
revoir, sous un aspect nouveau, paré de couleurs un peu
changées, le vieux paysage familier. Le lecteur est disponible,
il n'est pas exigeant qu'on lui donne le change et il est heureux, il est ravi de cela même dont il se croyait fatigué. Mais
c'est justement lorsqu'il est incapable d'efforts qu'il lit des
romans, car il se fie au romancier, qu'il imagine incapable
par vocation de lui en demander.

Le monde où se déplacent la pensée et les désirs de Pierre
Klossowski * est certes l'un des plus singuliers où il nous soit

---

* Pierre Klossowski est surtout connu comme l'auteur de *Sade mon prochain,* ouvrage
au sujet duquel les personnages de *Roberte* nous disent : « – Rien que le titre est à faire
vomir... – Faire vomir qui? – Tout athée qui se respecte... » (p. 101). Il a également
publié, en 1951, un roman ecclésiastique qui scandalisa : *La Vocation suspendue* (N.R.F.),
dont la première partie parut en tête des *Temps modernes.* Dès 1935, Pierre Klossowski
avait publié dans la *Revue française de Psychanalyse* et dans les *Recherches philosophiques*
des études sur le marquis de Sade. Plus tard son orientation d'esprit eut un autre
cours : il se destina pendant la guerre à la vie religieuse. Une sorte d'ambivalence
irréductible est peut-être à la base de toute sa vie. Nous connaissons par la *Correspondance* entre Gide et Rilke (Correâ) les conditions de son arrivée à Paris : Rilke le
recommanda longuement et chaleureusement à l'attention de Gide, Pierre Klossowski
est le frère aîné de Balthus (Balthasar Klossowski), l'un des meilleurs peintres vivants.
Comme Balthus, son frère aîné fut dès l'abord attiré par les arts du dessin. Il ne
persista pas, mais les compositions qui accompagnent aujourd'hui *Roberte ce soir*

possible d'entrer, mais, bien que l'auteur écrive des romans, il ne fait, pour le rendre accessible, aucun effort. Aussi bien son lecteur est-il invité, s'il a l'intention d'y pénétrer, à s'armer de l'endurance et des équipements de l'explorateur. Mais l'explorateur a l'espoir et l'intention de quitter le monde qui nous est connu, d'atteindre enfin une contrée où les limites que nous donnons à nos passions sont enfreintes, où d'autres limites leur sont opposées. La lecture de *Roberte* ne saurait décevoir une telle attente, mais en effet elle se propose à la curiosité hardie de l'explorateur. Elle conviendrait mal au demi-sommeil des lecteurs de romans, qui déjà est la faim d'un sommeil plus profond.

*

Le monde de *Roberte* est le monde de l'esprit que brisa la discipline de la scolastique, mais qui ne tira de cette discipline qu'une aptitude au mal, refusée à ceux qui suivent, plus naïvement, l'enseignement de la nature. C'est en un mot le monde de l'esprit *tortueux*, auquel n'apparaît jamais ce que voit la naïveté, mais exclusivement ce qui se révèle à l'esprit se suppliciant pour deviner ce que la naïveté ne voit pas.

Dans ce monde facétieux, dans ce monde introuvable, il n'est rien qui ne soit vicié, perverti à l'usage d'une imagination que seul intéresse le piège.

Un épisode tel que « l'affaire du camp des otages communistes » rend sensible un tel aspect. Cette affaire, un dialogue la rapporte * :

OCTAVE : *L'affaire du camp des otages? Écoute bien, Antoine!*

ROBERTE : *Là, quelques heures à peine avant la libération de Rome, des malheureux parqués dans des carrières depuis des mois, voient tomber du ciel un parachutiste qui touche au sol, tenant un ostensoir...*

OCTAVE : *C'est trop beau pour être vrai...*

ROBERTE : *C'est affreux et c'est vrai...*

ANTOINE : *Donc c'est vrai parce que c'est affreux...*

---

témoignent de dons remarquables : elles contribuent authentiquement à l'atmosphère de malaise et de monde étrange de ce beau livre.

* Ce dialogue me rappelle ceux de Raymond Roussel, avec lequel, me semble-t-il, il a quelque chose de commun.

ROBERTE : *Probablement, et que se passe-t-il ? Les uns, dans leur détresse, viennent se prosterner, les autres croient à un piège, une bagarre s'ensuit et la milice fasciste tire dans le tas. Il se serait agi d'un pari entre le commandant nazi et le parachutiste, prétendra ce dernier, qui n'est autre que votre Vittorio de Santa-Sede. Si je montre l'hostie à vos otages, tous, communistes ou non, l'adoreront – aurait-il affirmé à Binsnicht, commandant nazi du camp, lequel en revanche aurait accepté de libérer les otages et de se constituer prisonnier, si Santa-Sede avait été gagnant.*

OCTAVE : *À quel moment auraient-ils pu faire semblable pari ?*

ROBERTE : *Toujours est-il que, quelques instants après, le camp d'otages, réduit à l'état de charnier, est libéré par les alliés...* (p. 103-105).

Octave, professeur, laïque, de scolastique, est le mari de Roberte. Antoine, leur jeune neveu, est épris de sa tante, non sans l'approbation sournoise d'un oncle, qui pratique, avec une perversité naïve, mais, avec insistance, exhibée, « les lois de l'hospitalité ». L'aventurier, Vittorio de Santa-Sede, ou Victor, qui « fait... passer sa véritable identité pour la fausse identité d'un autre », en fin de compte officier de la garde pontificale, officie littéralement, colosse vêtu d'un uniforme non moins grandiose que désuet, dans la salle de bains de Roberte. Celle-ci, flanquée, entre ses jambes, sous la jupe, d'un nain blond proférant dans cet abri les aphorismes d'une philosophie pédante, répond à la solennelle impudence de Victor – lui mordant le gras du pouce – par un silence où il n'est rien que d'inavouable.

Le drame de *Roberte ce soir* est en un sens le plus familier de tous, mais en même temps le plus méconnu. C'est celui de la relation du plaisir charnel et du mal. Baudelaire lui a donné l'expression la plus mémorable, écrivant (dès la première page de *Fusées*) : « la volupté unique et suprême de l'amour gît dans la certitude de faire le mal ». Roberte lui donne une forme plus subtile, se plaignant devant Octave « de ces tortures feintes que vous nous infligez et sans lesquelles il semble que les hommes de notre temps soient incapables de nous féconder » (p. 121). Mais elle s'en plaint « d'autant que cherchant à nous faire souffrir et n'y parvenant pas une fois pour toutes, vous nous faites souffrir davantage par votre impuissance » (p. 122), car « l'homme, poursuit Roberte, est incapable de mal, mais ce qui l'incite à faire souffrir et à souffrir de ce fait, c'est qu'il croit y parvenir ». Cette incapacité de faire le mal tient d'ailleurs à la nature de ce mal limité dont il s'agit, que « l'acte charnel » occasionne. C'est évidemment, dans la mesure où il est, devant l'Église, « impardonné ou pardonnable », lié toujours à « l'idée de faire un mal », qu'« il devient un acte de l'esprit » (p. 124). Mais Roberte, aussitôt, de s'écrier : « Je refuse l'esprit au prix d'une maladie. » À quoi Octave n'est pas en peine de répondre : « Sans doute du point de vue de l'animal, l'esprit est une maladie... »

*

Le problème impliqué dans ce dialogue, dont il est juste de dire qu'il est scandaleux par excellence, est généralement évité. Les incroyants pensent en effet que la morale chrétienne, rigoureuse sur le chapitre de la chair, est responsable de la relation présente entre la sexualité et le mal. Les croyants voudraient limiter la portée de la condamnation par l'Église du désordre auquel le désir ouvre infiniment. La vérité est qu'en aucune manière, le christianisme n'est *à l'origine* de la honte liée à la vie charnelle, mais qu'entre toutes, son attitude est la plus hostile et la plus propre à fonder le paradoxe de Baudelaire. Ajoutons que l'érotisme étant essentiellement l'expérience pécheresse que l'*esprit* fait de la vie charnelle, toujours l'érotisme est pour nous l'expérience pécheresse qu'en a faite le monde chrétien.

Thierry Maulnier en donne une assez belle définition. Il est, à ses yeux, « un appel à l'esprit à travers les corps ». Mais il ajoute, refusant de voir que des relations de réciprocité sont nécessaires entre l'un et l'autre : « non un appel du corps au corps à travers l'avilissement de l'esprit ». Ne dit-il pas, d'ailleurs : « l'érotisme au sens vrai (on pourrait dire au sens noble)... » ? Il se borne ainsi librement et borne en même temps le mot, pourtant du domaine public, aux limites de l'intérêt qu'il y porte. Accéder à l'esprit à travers le corps, ce n'est pas supprimer le corps, c'est plutôt établir entre l'un et l'autre une relation où, parfois, il arrive que l'esprit soit avili : l'esprit annonce en effet l'humain et le corps l'animalité, qu'humainement nous tenons pour vile. Mais l'esprit avili reste l'esprit et s'il en appelle au corps, c'est encore à la fête de l'esprit qu'il le convie, cet esprit fût-il avili. Disons vite que cet avilissement

n'a qu'un sens : la honte que l'esprit a du corps. Ainsi le corps
est-il tombé dans une catégorie spirituelle, celle de la honte.
La honte, évidemment, n'est pas le fait du corps (le corps
l'ignore dans l'animalité), mais de l'esprit. L'érotisme de sens
ignoble n'est donc pas moins différent que l'érotisme de sens
noble de la sexualité animale. Il n'est pas animal, il est *spirituel*,
et non simplement *corporel*. Et sans doute encore ce caractère
spirituel est-il la raison pour laquelle à peu près tous les hommes
s'accordent pour lui reconnaître un sens érotique, qu'il possède en commun avec l'amour-passion.

J'ai cru bon de marquer ce rapport essentiel de l'érotisme
et de l'esprit à propos d'un livre, d'un roman, où la spiritualité
la plus haute devient le tremplin, ou la planche savonnée, de
la sensualité. C'est, je le crois, je l'ai dit à l'instant, le principe
de tout érotisme, mais d'ordinaire ce qui fut en vérité le
tremplin est tenu, du point de vue de l'érotisme, comme un
obstacle. Le frein religieux est dénoncé, voué à la risée ou
au mépris de la raison, ce qui n'est pas sans bizarrerie. Car
l'érotisme n'est jamais un retour à la nature, c'est le retour
à l'élément que l'*esprit* jugea du domaine de la honte. Sinon
ce serait le retour à l'animalité insipide. Sur ce point, l'équivoque est inévitable. Elle joue un rôle assez complexe dans
le dénigrement de l'érotisme, que l'on accuse à tort de ravaler
l'homme au rang des bêtes. Ce jugement mal fondé est même
au fond de l'antipathie de Thierry Maulnier... Mais surtout,
je veux à présent montrer dans *Roberte ce soir* l'attitude la plus
contraire à ce parti pris. Ce que Pierre Klossowski a rendu
sensible est qu'un très haut degré de spiritualité rend vertigineuse la tentation de la chair. Si l'on tourne en dérision
l'interdit, le pouvoir d'affolement de l'érotisme est déjà grand,
car fût-il en lui-même dérisoire, il reste encore de l'interdit
l'accord universel. Mais si l'interdit reste valable pour celui-
là même qui l'enfreint? si l'esprit ne cesse pas d'apercevoir
ce qui fait l'érotisme condamnable?
   En effet, l'érotisme est condamnable en ceci qu'être humain
c'est observer les limites sans lesquelles nous serions des animaux. Mais dans la suite des temps, « sortir de nos limites »
n'est en rien revenir à l'animalité, nous ne le pouvons plus :
c'est aller plus loin par-delà l'homme et l'animal, c'est ouvrir
le domaine interdit, et l'interdit, nous le savons, c'est le sacré.
Nous pénétrons le domaine sacré même si nous jugeons l'in-

terdit injustifié, si nous en rions, mais dès lors nous le pénétrons sans le reconnaître comme tel, ce que Pierre Klossowski ne veut pas. Ce que *Roberte* représente est l'instant divin où la loi est violée contre toute attente, où l'érotisme, aux antipodes de l'animalité, relève en un même temps de la malédiction et du miracle.

Il faut exclure de ce petit livre, il est vrai scandaleux, toute idée de vulgarité. Il se peut que les actes des personnages les avilissent, mais dans cette atmosphère de malaise, qu'achève la raideur délirante du récit, rien n'a de sens plus grand que la spiritualité compassée du langage. Une pédanterie scolastique, qui parfois confine à l'inintelligible, élève la liberté des actes à cette extravagance *jamais vue* qui n'a de sens que dans l'esprit. Il est vain de chercher un précédent : cette extase sensuelle qui nous est proposée est faite d'une recherche intelligente à laquelle la honte est conviée, d'une faim de vérité profonde à laquelle l'avidité des corps doit répondre avec rigueur. Le mouvement facétieux, le refus d'adoucir ou d'expliquer, le parti pris de ne rien rendre accessible et de tout porter, dès l'abord, à l'extrême, un style subtilement mais incroyablement solennel, il n'est rien qui ne fasse de ce petit livre un monstre séduisant, rien, même la maladresse où l'auteur s'est volontairement enfoncé, qui est comme un emblème de sa volonté de décevoir, de mener vers le monde de malaise qu'engendra la pensée malaisée, la pensée sortant des limites.

ANNÉE 1955

L'au-delà du sérieux

La Nouvelle N.R.F. [1]

Je parle de bonheur. Mais ce n'est, pour l'instant, qu'un désir, et le désir conçu me sépare de son objet. J'écris et j'endure mal une différence entre celui que je serai, le travail fait, et moi qui maintenant veux le faire ! J'écris voulant qu'on me lise : mais le temps me sépare d'un moment où je serai lu ! Chaîne sans fin : si j'étais lu comme je veux l'être et si le désir de me lire répondait à celui que j'ai d'écrire, combien le lecteur souffrirait de la différence entre celui qu'il sera m'ayant lu et celui que trouble un obscur pressentiment ? Au contraire, nous lisons certains livres avec un peu de peur du moment où, parvenus à la fin, nous devrons les lâcher...

Mais, dans le livre qui nous quitte et dont nous nous séparons à regret, rien n'est dit du bonheur, mais seulement de l'espoir du bonheur. Ou plutôt l'espoir seul (l'espoir est toujours une peur de ne pas atteindre, l'espoir est le désir mais ouvert à la peur), l'espoir seul y rend le bonheur sensible.

Je voulais dire mon impuissance, liée au désir, qui m'agite, ou se traduit, si je suis immobile, en un peu d'angoisse. Mais, déjà, je n'ai plus ce sentiment d'impuissance. Je suis indifférent, l'enfantine simplicité du désir ne joue plus. Je suis sorti de la détresse où m'avait fait entrer la pensée de tout ce temps qui m'éloigne du moment où mon désir s'accomplira.

Je sais qu'avant cette date je n'étais pas né, mais je suis né depuis longtemps ! Je suis et ne suis pas, et, si je cesse de voir, auprès de moi, le papier, la table, si je vois le nuage déchiré dans le vent, ces mots ne sont à la mesure des nuages que si j'écris : « Les nuages et le vent me nient » ; ou : « Dans le mouvement qui me dissout, je suis dès maintenant ce que j'étais autrefois (avant d'être né) ou ce que je serai (après ma mort). » Rien ne subsiste de ce jeu, pas même une négation de moi-même que le vent emporte au loin. Je vois le monde à travers la fenêtre de ma mort, c'est pourquoi je ne puis le confondre avec la chaise sur laquelle je suis assis. Sinon je ne saurais pas qu'il me renverse dans le mouvement qui me soulève, je crierais sans savoir que jamais rien ne franchit ce mur du silence.

Nous avons pour excuse l'inégalité des hommes entre eux, les significations très diverses des uns et des autres et les attachements affectueux qui s'y rapportent. Il n'en est pas moins étrange de voir entre les personnes et les mouches cette entière différence qui fait une comédie de toute pensée. De deux choses l'une : ou la mort d'un homme a la même portée que celle d'un autre et, dans ce cas, elle n'en a pas plus que celle d'une mouche; ou *cet* homme, s'il meurt, est irremplaçable pour ceux qui l'aiment : ce sont alors des conséquences *particulières* qui comptent, non par elle-même la mort d'un homme, à la fin le semblable de ceux qui demeurent. En vérité, les hommes glissent de l'un à l'autre tableau pour donner à leur mort cette magnificence éhontée qui n'est que la magnificence de leur effroi.

Si je laisse le malheur parler en moi, il me dérobe à l'infini la fête définie de la lumière. Mais le bonheur, qui me dérobe aux affres de l'espoir, me voue au délice de la peur. Autant dire que la chance – et la chance seule – me fait ce que je suis : elle se donne, dans mes ennuis, toute la gravité de la loi, et c'est elle, si elle m'est favorable, qui vit avec moi de mes désordres heureux.

Dans la gravité professorale, et même, plus simplement, dans la réflexion profonde, la malchance a toujours le plus de poids : je ne sais quoi de pauvre, d'ennuyeux. La vie est soumise à l'alternative de la chance et de la malchance, mais c'est le propre de la chance de ne pouvoir *être prise au sérieux*. Une jeune et jolie femme séduit, mais ce qu'elle est n'a pas de sens dans la philosophie profonde... Toujours l'intensité du désir est l'effet de l'exception, la sensualité est un luxe, une chance, et la chance n'a jamais de profondeur : sans doute est-ce la raison pour laquelle les philosophes l'ignorent. Leur domaine authentique est le malheur, aux antipodes d'une parfaite absence de malheur qu'est l'univers.

Dans la mesure où il assigne la totalité de l'expérience,

Hegel échappe à la réduction du malheur. La *Phénoménologie de l'esprit* fait la part de la jouissance *(Genuss)*. Mais, illogiquement, la *Phénoménologie* donne au sérieux du malheur et à l'absence de jeu la valeur finale. Je ne crois pas que Hegel fut pleinement l'athée qu'Alexandre Kojève voit en lui *. Hegel fait une *chose* de l'univers, une chose humaine, il en fait Dieu (dans le sens où, en Dieu, l'immanence ou le caractère sacré de l'univers se donne la transcendance d'un objet, d'un objet utile). Hegel n'a pas saisi, dans notre achèvement, une inhumanité singulière, l'absence de tout sérieux de l'homme à la fin libéré des *conséquences* qu'ont les tâches serviles, n'ayant plus à prendre ces tâches au sérieux, n'ayant plus *rien* à prendre au sérieux.

Mais, de même que le sérieux des intentions lia la pensée humaine au malheur et l'opposa à la chance, de même l'absence de sérieux suppose la chance de celui qui joue. Elle l'exige péniblement puisqu'un malheureux ne pourrait jouer, le malheur étant inéluctablement le sérieux [1].

Je ne l'avais pas tout d'abord aperçu, mais le malheur, enfin, dans l'indifférence au malheur, atteint ce bonheur parfait dont le bonheur commun nous sépare encore : il l'atteint au sommet de l'inconcevable dans la mort, et l'image la plus exacte en est le sourire naïf, qui est le signe du bonheur. En un point de la pensée qui ne diffère pas moins de la pensée articulée que, de la vie, l'inertie de l'abattoir, où il n'est plus rien qui ne soit dépecé, il n'est plus rien qui ne soit le contraire de ce qu'il est. *Ce qui arrive,* alors, en quelque sens que cela tombe, ne diffère plus de *ce qui n'arrive pas,* qui est, qui était, qui sera sans que rien arrive.

Mais, dans la pensée de Hegel, ce désordre est un ordre qui se cache, cette nuit est le masque du jour!

Le désordre de ma pensée, ce qu'elle a d'irréductible à une vue claire, ne dissimule *rien. Je ne sais rien.* Il est vrai que le cri déchiré qui l'annonce est aussi le silence, si je veux. Mais je proteste enfin, prévoyant la volonté de réduire à quelque état d'intellection ce silence criant ou ce cri inaudible qui dérobe en moi chaque possibilité concevable : c'est cela, c'est cela seulement que masque mon écriture. Je songe à la fatigue, qui ordonne les méandres de la pensée, j'écoute un *garde à vous!* que rien ne justifie, qui exige de moi un courage qui ne

---

* Kojève n'en a pas moins raison. Impossible de ne pas voir en Hegel une résolution, un changement en autre chose, une négation de Dieu.

se résoudra en sommeil qu'à la condition d'avoir un instant cru le sommeil impossible – à jamais!

J'appelle *ce qui n'arrive pas*, ce qui est, qui était, qui sera, sans que rien arrive. Je l'appelle, mais je suis fait de ce tissu, de ces *non* multipliés, opposés à *ce qui arrive*, de ces *non* tissés à des *oui*. Que j'appelle *ce qui n'arrive pas*, que je demande d'être délaissé par *ce qui arrive*, en sorte que je n'aie rien à dire, ni *oui*, ni *non*, c'est à peine alors si j'ai la force d'écrire.

Si j'écris, c'est ma faible, impuissante protestation contre le fait qu'en écrivant je ne puis rien envisager, sinon *ce qui arrive*, qui a besoin pour être tel d'arriver.

Pourrais-je jamais dire un mot de *ce qui n'arrive pas*, qui, misérablement, dans mon esprit, ressemblerait à la mort, s'il était sur ce plan quelque *non-mort* imaginable? Mais les mots, par un sautillement où ils refusent leur démarche de mots, où ils s'accrochent à toutes les négations possibles des fatalités inhérentes à l'affirmation, par un suicide de tout le possible qu'ils désignent, les mots ne peuvent-ils, au sommet, dévoiler ce que les mots eux-mêmes plongent dans la nuit?

Oui, si, sur la brèche où ma lassitude des mots me laisse, je ne dénonce pas moins la brèche et le fait que j'y suis laissé.

J'ai voulu, c'est bien sûr, communiquer l'état dans lequel me laisse une indifférence à la communication, qui prolonge un désir de communiquer que rien ne saurait satisfaire.

Dans la perspective où ma pensée n'est plus en moi que la tristesse où elle sombre, où il n'est rien que ne consume une obsession de mettre à nu l'envers de la pensée, je me souviens des jeux qui m'émerveillaient : la beauté et la religion, le vice, l'amour éperdu, l'extase, le rire...

Déjà, n'était-ce pas la même âpreté de nier et d'anéantir ce qui me sépare de *cela*, qui n'est *rien*, qui est la négation, qui est l'envers du sérieux de la pensée?

Qui osera dire la volupté de mettre à l'envers?

Seul le silence est plus voluptueux – plus pervers – que la volupté criante ne peut qu'annoncer. Le plein silence, enfin l'oubli [1].

Quoi que nous envisagions de *ce qui arrive*, tout *ce qui arrive* est solidaire, il est difficile d'en apprécier un élément et de négliger le reste. Mais c'est là ce que nous faisons, ce que nous ne pouvons éviter de faire.

Si chaque chose qui arrive est solidaire du reste, tout *ce qui arrive* est englué. Nous le sommes dès l'abord dans l'aveuglement animal. *Ce qui arrive* est par exemple l'éléphant, la colère, la ruée désastreuse d'un grand nombre d'éléphants, un embarras inextricable. Jamais ce qui arrive n'est d'accord avec l'univers. L'univers regardé comme une totalité n'arrive pas. L'univers est *ce qui n'arrive pas.* Hegel voulut passer de *ce qui arrive* à *ce qui n'arrive pas,* du particulier à l'universel. Cela suppose retrouvés les rapports d'interdépendance de toutes choses entre elles, qui arrivent et, en arrivant, se détachent de ce qui arrive d'autre qu'elles.

L'univers, qui n'arrive pas, ne peut être détruit. Mais les galaxies, les étoiles, les planètes, qui arrivent, peuvent être détruites. *Ce qui n'arrive pas* n'est pas l'espace. *Ce qui arrive* est « quelque chose » et peut être déterminé, l'espace peut encore être déterminé. *Ce qui n'arrive pas* n'est « rien » en ceci : ce n'est pas « quelque chose ». Ce n'est pas Dieu non plus. Dieu est *ce qui n'arrive pas* si l'on veut, mais bien déterminé, comme si *ce qui n'arrive pas* était arrivé. (En un sens, cet embouteillage incommensurable, ce solennel désir de justice, devait arriver, c'est un aspect, le plus engluant, de *ce qui arrive.*)

De *ce qui n'arrive pas,* nous ne pouvons dire un mot, sinon que la *totalité* de ce qui est n'arrive pas. Nous ne sommes pas devant *ce qui n'arrive pas* comme devant Dieu. Nous n'arrivons devant *ce qui n'arrive pas,* en tant que nous, nous arrivons, que par la négation la plus entière, nous retirant le sol de sous les pieds : nous devons enfin nous enfoncer doucement, glisser comme du sommeil, insensiblement, dans le fond de la négation (dans la négation jusqu'au cou, jusqu'à la lie). Se représenter *ce qui n'arrive pas* est s'imaginer mort, c'est-à-dire, essentiellement, ne plus rien se représenter.

Ce qui n'arrive pas ne peut exister comme objet, comme opposé à un sujet. Mais pourquoi prêter à *ce qui n'arrive pas* l'existence subjective? Il s'agirait d'une affirmation et nous ne pouvons rien affirmer. Nous ne pouvons pas parler non plus de non-subjectivité, alors que nous pouvons parler de non-objectivité.

Nous parlons de non-objectivité dans la mesure où l'objet transcende ce qu'il n'est pas, alors que le sujet ne transcende pas forcément le reste du monde. Nous pouvons nous représenter l'immanence du sujet par rapport à *ce qui n'arrive pas.*

Ce qui arrive arrive objectivement.

Dans *ce qui arrive,* la subjectivité possible est toujours objectivement limitée. Elle est personnelle, liée à quelque objet déterminé. *Ce qui arrive* est un loup pour *ce qui arrive*. *Ce qui arrive* signifie la dévoration de ce qui n'est pas cette chose même qui arrive. La limite n'est donnée que dans la mesure où la communication, d'un sujet à l'autre, est personnelle : où quelque immanence s'oppose à la propension du *ce qui arrive* à rapporter chaque chose (qui arrive) à soi-même, à son intérêt de chose qui arrive. En fait, la communication suppose détruite – ou réduite – une particularité, le quant-à-soi de l'être particulier, ainsi lorsqu'on retire la robe d'une fille.

Jamais *ce qui arrive* ne sort de *ce qui arrive* sinon par un accomplissement, par la réussite de la volonté d'arriver. Si nous n'aimons pas, jusqu'à l'extrémité, *réussir*, nous sommes animalement enfermés par *ce qui arrive*. Nous le sommes animalement, d'une manière très limitée, comme le sont les brutes, les soldats, qui jamais n'ont le désir d'aller plus loin, de plus en plus loin. Sinon, nous nous enfermons chrétiennement, niant en nous *ce qui arrive* avant de l'avoir achevé. Ce n'est que si nous affirmons jusqu'au bout *ce qui arrive* en nous que nous avons la force de le porter au niveau de *ce qui n'arrive pas*. (Nietzsche est, selon son expression, un « hyperchrétien », et non, comme on a dit, un animal se plaçant au-dessus de l'homme.)

L'humanité est le lent passage, éclaboussé du sang et de la sueur de longs supplices, de *ce qui arrive*, qui s'est tout d'abord animalement dégagé de la passivité minérale, à *ce qui n'arrive pas*.

L'animal est l'image d'une impossibilité, d'une dévoration sans espoir impliquée dans *ce qui arrive*.

L'homme maintient en lui, dans l'ambiguïté, l'impossibilité animale. Il s'oppose en lui-même à l'animalité, mais ne peut s'accomplir ensuite qu'à la condition de la libérer. Car l'animalité réprimée n'est plus en lui *ce qui arrive*. *Ce qui arrive* est l'homme réprimant en lui-même ces impulsions animales qui ont d'abord été *ce qui arrive*, sous l'aspect de son impossibilité. Mais qui sont devenues, en opposition à *ce qui arrive* d'humain, *ce qui n'arrive pas*, la négation de *ce qui arrive* de nouveau.

Le savoir se limite à *ce qui arrive* et tout savoir s'éteint si nous envisageons *ce qui n'arrive pas*. Nous ne connaissons que des objets, ou des sujets objectivés (personnels). Si je parle maintenant de *ce qui n'arrive pas*, j'introduis l'*inconnu*, l'inconnaissable dans le discours dont le sens était de substituer le connu à l'inconnu.

Tout ce que je puis savoir de l'inconnu est que je passe du connu à l'inconnu. C'est là une marge abandonnée au discours. Je parle de l'instant et je *sais* que l'instant opère en moi le passage du connu à l'inconnu. Dans la mesure où j'envisage l'instant, obscurément, je reçois la touche de l'inconnu, le connu se dissipe en moi. *Ce qui arrive* implique la durée (mais non l'immuabilité) de *ce qui arrive.* Et, dans l'instant, rien n'arrive plus. L'érotisme est la substitution de l'instant ou de l'inconnu à ce que nous croyions connaître. Nous ne connaissons pas l'érotique, nous ne reconnaissons en lui que ce passage du connu à l'inconnu, qui nous érige à n'en plus pouvoir, tant il est vrai que l'homme aspire d'abord à *ce qui n'arrive pas!* tant il est vrai que *ce qui arrive* est l'insatiable désir de *ce qui n'arrive pas!*

Comme si le langage de la philosophie devait, je ne dis pas toujours, ni tout d'abord, mais finalement devenir fou. Non d'une folie ouverte à l'arbitraire, mais folle en ce qu'elle manque fondamentalement de sérieux, en ce qu'elle souffle le bon sens et gravit légèrement ces hauteurs où la pensée ne cherche plus que la chute vertigineuse de la pensée. Jamais plus rigoureuse que dans l'élan l'emportant *par-delà le sérieux.*

Il ne m'importe pas que les pieds-bots de la pensée ne me suivent pas, et si parfois les facilités de la poésie donnent l'illusion de culbutes impeccables, c'est tant pis. Le dernier mot de la philosophie est le domaine de ceux qui, *sagement,* perdent la tête. Cette chute vertigineuse n'est pas la mort, mais *la satisfaction.*

Ce qui arrive est toujours insatisfait, sinon ce qui arrive serait d'emblée *ce qui n'arrive pas. Ce qui arrive* est toujours une recherche – dans la sueur – de la satisfaction. La satisfaction est possible à partir de la haine, au contraire, de la satisfaction. *Ce qui arrive* aspire *à ce qui n'arrive pas...* C'est vrai, mais, en premier lieu, *ce qui arrive* désire d'arriver..., veut la satisfaction sur le plan de la platitude, au lieu de la vouloir comme on veut mourir, de telle sorte que *satisfait* suppose étanchée la soif de mourir, et non celle de réussir. À moins que réussir au sommet veuille dire : au point d'en mourir...

Si ces mots n'étaient portés par le mouvement d'un rire incoercible, j'en dirais ce qu'un homme raisonnable en devrait dire : que je les entends mal.

La grandeur de Nietzsche est de n'avoir pas accordé sa pensée à la malchance qui l'accabla. S'il n'a pas cédé, ce fut néanmoins sa chance, mais son bonheur se réduisit à n'avoir pas laissé parler le malheur en lui.

L'au-delà du sérieux? Le malheur ne l'atteint pas!

La souffrance le parachève, mais supposons qu'il cède à la souffrance?

Il n'y a plus que *le sérieux*.

Nul ne peut se dire au-delà du sérieux s'il imagine que le malheur le rendrait sérieux.

L'au-delà du sérieux diffère autant de l'en-deçà que le sérieux du plaisant. Il est bien plus sérieux, bien plus comique – son sérieux n'étant mitigé par rien de plaisant, son comique par rien de sérieux. Un seul instant, l'homme sérieux ou le plaisantin ne pourraient même y respirer. Ceci dit sans le moindre sérieux, mais de plein fouet, sans rien prendre par un biais.

Le paradoxe de l'érotisme

La Nouvelle N.R.F. [1]

De toute façon, l'érotisme est l'extravagance. C'est d'un côté l'horizon où le plus désirable est ouvert : un plaisir si profond que nous en tremblons. Mais, de l'autre côté, c'est la honte. Nous serions inhumains si, longuement, nous cessions de sentir en lui ce qui répugne.

Nous tenant à une seule de ces vues, nous rejetons la connaissance ; mais, lui tournant le dos, c'est au possible, au maintien de la vie, que nous tournons le dos.

Le plus souvent, l'érotisme est méprisé. C'est pourquoi nous devons parler de la lâcheté du mépris : celui-là est lâche qui vilipende ce qui l'aurait porté, avec de la chance, à un tragique ravissement.

Mais nous devons en même temps dénoncer le suprême reniement de ceux qui aperçoivent la suprême valeur et la justification suprême dans l'érotisme.

Le plus lourd est qu'à l'érotisme l'anéantissement est si bien lié qu'il ne pourrait survivre à un triomphe qui serait celui de l'anéantissement. La naissance et la vie sont inconcevables sans lui... Mais l'érotisme appelle lui-même les aberrations où il sombre. La honte répond si subtilement au désir de la frénésie du désir que, sans la honte dissimulée dans son objet, le désir n'atteindrait pas la frénésie. Les psychiatres le nient ; pour maintenir en eux dans sa simplicité le mouvement de la science, ils tiennent pour rien une évidence qui découle à peu près de tout le mouvement de l'érotisme. Même alors que la honte n'est pas ouvertement désirée, elle est voilée dans l'angoisse du désir. Si nous n'excédions la honte en quelque renversement, nous n'accéderions pas à l'extase qui abolit les jugements de la vie commune. L'extase est même l'effet de cette abolition. Le bien-fondé de ce jugement est l'origine de l'extase, qui exige justement de bafouer tout ce qui fonde.

C'est cette extravagance démesurée, ce paradoxe souverain, qu'*est* l'existence humaine. Nous ne la trouvons jamais au repos, et c'est pourquoi notre pensée est un débris porté par un torrent. Jamais une vérité énoncée n'est qu'un débris, sitôt dite, si ce n'est cette extravagance malheureuse, que propose, en tremblant, l'esprit perdu de honte.

Ainsi ne pouvons-nous jamais parler vraiment de l'érotisme. Il est toujours, dans une assemblée, un sujet qui soulève un tollé. Il peut alors être trop tard pour dénoncer l'extravagance commune à ceux qui vocifèrent et à ceux qui considèrent le scandale. Il peut y avoir un défaut dans la position des pro-testataires : parfois l'extravagance qu'ils réprouvent *définit* l'humanité au nom de laquelle ils prétendent imposer silence. Mais l'extravagance de leurs cris est corollaire de la première : elle aussi est inévitable.

S'il s'agit de littérature, l'attitude de l'indignation est d'au-tant plus sotte que l'objet même de la littérature est le para-doxe. Ceux dont la vie est régulière, et que nulle anomalie de leurs actes ne désigne, ennuient. C'est, il est vrai, la seule objection valable opposée à l'érotisme en littérature : la pein-ture de l'érotisme ne peut être renouvelée, le paradoxe que l'érotisme est par essence se change en une répétition oiseuse et, par là, rentre dans la norme et dans l'ennui. Mais l'objec-tion peut être retournée : si la littérature érotique se répète, c'est qu'elle le peut sans lasser un lecteur ému par un scandale qui l'étonne toutes les fois à travers des suites de romans qui changent de titre, et ne changent pas de situation. N'était l'indifférence de ce lecteur à la répétition, la littérature dont la vie secrète est l'objet pourrait aussi bien proposer le renou-vellement, mais s'il s'en passe? Mais s'il tient à l'inavouable monotonie, dont joue la médiocrité de l'attrait, jamais épuisé, de l'abjection?

Il est des lectures que dérangerait la valeur littéraire d'un livre... Le ressassement, pourtant, n'intéresse qu'un petit nombre : au-delà, la liberté, le désordre et l'agacement de toute la vie ne sauraient finir de mettre en cause le paisible accord dans le désaccord et cette paisible coexistence des violences complémentaires sur lesquelles est fondé le double jeu de toute la vie. À ce point la description érotique envisage

mieux que la répétition. La répétition l'éloignait du déséquilibre infini qui dérange le sommeil de l'être. L'être est lui-
même, il est dans son essence déséquilibre : il est la question
sans réponse. La répétition érotique n'a jamais su qu'à la
faveur de l'assoupissement ménager cette ration de désordre
et d'agacement sans laquelle la lecture ennuie. Mais, toujours,
un déséquilibre l'emporte : l'érotisme appelle au sommet le
désordre sans limite et cette démangeaison qui enrage plus
on la gratte.

Au-delà de la répétition, la possibilité de la littérature érotique est celle de l'*impossibilité* de l'érotisme. Le sens même
de la littérature est donné dans cette ascension d'un sommet,
où ce qui manque toujours est l'espoir de souffler. Sade déni-
grait l'accord qui accueille et bannit dans le même temps la
vie charnelle : sa plaidoirie exigea pour l'érotisme tous les
droits, mais il n'est pas de réquisitoire qui l'accable davantage.
Il plaça la liberté de l'érotisme sur le pilori de ses fureurs :
personne ne montra avec plus de soin qu'il ne fit l'infamie
de l'érotisme. Sa rage redoublant dans la mesure de la cruauté
des crimes qu'il imagine, c'est lui qui le premier, et le plus
parfaitement, fit de la littérature érotique une expression de
l'être à lui-même intolérable qu'est l'homme, de son « extravagance infinie » et de son « paradoxe souverain ».

Son absence d'intérêt pour l'érotisme doucereux ne le préserva pas, il est vrai, de la répétition obsédée ; il n'a pas évité
le ressassement de l'horreur, mais le sommet auquel parvint
le ressassement était celui de l'*impossible*.

Érotique, la littérature peut se dérober, ou même elle peut
céder à la répétition, mais elle est, dès l'instant où elle se
libère, une expression de l'*impossible*.

Je m'arrête à ce point, gêné de me servir de la parole à des
fins qui excèdent la possibilité de la parole. Il n'est d'ailleurs
pas nécessaire que cette littérature existe. Mais, si elle existe
– si Sade eut finalement des conséquences – elle portera
nécessairement à l'extrême une exigence de la littérature
souvent réservée à la poésie, qui la veut contraire au sens du
langage, qui veut qu'elle *anéantisse,* en un mot, tout le mouvement que porte la parole. La parole obligée par essence
d'exister, par essence obligée d'affirmer ce qui doit être...
L'érotisme est contraire à ces mouvements qui s'affirment
comme les effets d'un devoir auquel ils répondent.

Dans l'un des rares romans * où l'érotisme ne s'en tient pas aux facilités de la répétition, Pierre Klossowski prête ces mots à l'un de ses héros. Le jeune dragon pontifical appréciant l'impudeur de la femme du professeur de théologie lui explique :

« Votre geste, Madame, prouve que vous croyez un peu moins à votre corps, un peu plus à l'existence des purs esprits. Et vous direz avec nous : au commencement était la trahison. Si la parole exprime des choses que vous jugez ignobles du seul fait qu'elles sont exprimées, ces choses demeurent nobles dans le silence : il n'est que de les accomplir ; et, si la parole n'est noble qu'autant qu'elle exprime ce qui est, elle sacrifie la noblesse de l'être aux choses qui n'existent que dans le silence ; or ces choses cessent d'exister dès qu'elles prennent la parole. Dès lors comment punir cette ignominie ? N'a-t-elle pas produit au grand jour comme de l'obscène en soi ? Or, comme on ne connaît guère les choses fausses, sinon en ceci qu'elles sont fausses, parce que le faux n'a pas d'existence, vouloir connaître des choses obscènes n'est jamais autre chose que le fait de connaître que ces choses sont dans le silence. Quant à connaître l'obscène en soi, c'est ne rien connaître du tout. » Il se peut que la nature *innommable* de l'obscène ne le supprime pas. Ce qui ne peut entrer dans l'ordre du langage existe en tant qu'il lui est contraire et même est susceptible d'en briser l'ordre. Quoi qu'il en soit, de deux choses l'une : ou la parole vient à bout de l'érotisme, ou l'érotisme viendra à bout de la parole. Ceci a lieu de plusieurs manières : il n'importe, si la mort est à la fin. Nous vivons toujours la même insoutenable vérité, qui nous mène à la négation de ce que, malgré tout, nous devons affirmer : nous sommes réduits à nous accomplir dans le paradoxe d'une parole affirmée avec force – sans autre fin que nous donner les gants de la trahir. L'érotisme serait-il érotisme, le silence serait-il silence, s'ils n'étaient d'abord trahison ?

C'est la justification et le sens d'une littérature érotique si grandement différente aujourd'hui d'une pornographie mécanique. Un roman aussi admiré qu'*Histoire d'O,* par un côté semblable à la littérature de répétition, en diffère néanmoins dans la mesure où, magnifiant l'érotisme, il en est néanmoins l'accablement. Il n'en est pas l'accablement si le

---

* *Roberte, ce soir.*

langage en lui ne peut prévaloir sur un profond silence qui est comme la trahison de la mort, la trahison dernière que la mort est risiblement. L'érotisme d'*Histoire d'O* est aussi l'impossibilité de l'érotisme. L'accord donné à l'érotisme est aussi un accord donné à l'impossible, que dis-je, il est fait du *désir* de l'impossible. Le paradoxe d'O est celui de la visionnaire qui *mourait de ne pas mourir,* c'est le martyre où le bourreau est le complice de la victime. Ce livre est le dépassement de la parole qui est en lui, dans la mesure où, à lui seul, il se déchire, où il résout la fascination de l'érotisme dans la fascination plus grande de l'impossible. De l'impossible qui n'est pas seulement celui de la mort, mais celui d'une solitude qui se ferme absolument.

Cette littérature, si, en un sens, elle est possible, est d'accord avec ceux qui la condamnent. Elle aspire au silence d'une horreur qui a seule la force de la comprendre. À quel point la répétition sera difficile à partir de là! Ce livre, en cela comparable à la *Roberte* de Klossowski (qui égare davantage, qui par là, peut-être, est plus admirable), est le livre de l'exception. S'il est vrai que, depuis longtemps, l'édition n'a rien sorti d'égal à ces deux inavouables romans, ils n'annoncent pas le renouvellement, mais la difficulté, mais l'impasse de la littérature. La littérature étouffe de l'inviabilité réelle – qui est cruelle et pourtant est merveilleuse – de toute la vie. Elle étouffe d'autant plus qu'elle fait son œuvre, qui est de mettre fin à la possibilité du langage qui la porte.

Dans les déchirements auxquels nous mènent les miracles de notre joie, la littérature est la seule voix, déjà brisée, que nous donnons à cette impossibilité glorieuse où nous sommes de ne pas être déchirés; elle est la voix que nous donnons au désir de ne rien résoudre, mais, visiblement, heureusement, de nous donner au déchirement jusqu'à la fin. Mais la littérature, le plus souvent, tente d'échapper et d'imaginer de piètres issues : pourquoi lui marchander le droit d'être frivole?

Hegel,
la mort et le sacrifice *

Deucalion [1]

> *L'animal meurt. Mais la mort de l'animal est le devenir de la conscience.*

I. LA MORT

La négativité de l'homme.

Dans les *Conférences* de 1805-1806, au moment de la pleine maturité de sa pensée, à l'époque où il écrivait la *Phénoménologie de l'esprit,* Hegel exprimait ainsi le caractère noir de l'humanité :

« L'homme est cette nuit, ce Néant vide, qui contient tout dans sa simplicité indivise : une richesse d'un nombre infini de représentations, d'images, dont aucune ne lui vient précisément à l'esprit, ou (encore), qui ne sont pas (là) en tant que réellement présentes. C'est la nuit, l'intériorité – ou – l'intimité de la Nature qui existe ici : – *(le)* Moi-personnel pur. Dans des représentations fantasmagoriques il fait nuit tout autour : ici surgit alors brusquement une tête ensanglantée; là, une autre apparition blanche; et elles disparaissent tout aussi brusquement. C'est cette nuit qu'on aperçoit si l'on regarde un homme dans les yeux : on plonge alors ses regards

---

* Extrait d'une étude sur la pensée, fondamentalement hégélienne d'Alexandre Kojève. Cette pensée veut être, dans la mesure où c'est possible, la pensée de Hegel telle qu'un esprit actuel, sachant ce que Hegel n'a pas su (connaissant, par exemple, les événements depuis 1917 et, tout aussi bien, la philosophie de Heidegger), pourrait la contenir et la développer. L'originalité et le courage, il faut le dire, d'Alexandre Kojève est d'avoir aperçu l'impossibilité d'aller plus loin, la nécessité, en conséquence, de renoncer à faire une philosophie originale, et par là, le recommencement interminable qui est l'aveu de la vanité de la pensée.

en une nuit qui devient terrible; c'est la nuit du monde qui
se présente alors à nous *. »

Bien entendu, ce « beau texte », où s'exprime le romantisme
de Hegel ne doit pas être entendu au sens vague. Si Hegel
fut romantique, ce fut peut-être d'une manière *fondamentale*
(il fut de toute façon romantique pour commencer – dans sa
jeunesse –, alors qu'il était banalement révolutionnaire), mais
il ne vit pas alors dans le romantisme la méthode par laquelle
un esprit dédaigneux croit subordonner le monde réel à l'arbitraire de ses rêves. Alexandre Kojève, en les citant, dit de
ces lignes qu'elles expriment l'« idée centrale et dernière de
la philosophie hégélienne », à savoir : « l'idée que le fondement et la source de la réalité objective *(Wirklichkeit)* et de
l'existence empirique *(Dasein)* humaines sont le Néant qui se
manifeste en tant qu'Action négative ou créatrice, libre et
consciente d'elle-même ».

Pour donner accès au monde déconcertant de Hegel, j'ai
cru devoir en marquer par une vue sensible à la fois les
violents contrastes et l'unité dernière.

Pour Kojève, « la philosophie " dialectique " ou anthropologique de Hegel est en dernière analyse une *philosophie de la
mort* (ou ce qui est la même chose : de l'athéisme) ** ».

Mais si l'homme est « la mort qui vit une vie humaine *** »,
cette négativité de l'homme, donnée dans la mort du fait
qu'essentiellement la mort de l'homme est volontaire (dérivant de risques assumés sans nécessité, sans raisons biologiques), n'en est pas moins le principe de l'action. Pour Hegel,
en effet, l'Action est Négativité, et la Négativité, Action. D'un
côté l'homme niant la Nature – en y introduisant comme un
envers, l'anomalie d'un « Moi personnel pur » – est présent
dans le sein de cette Nature comme une nuit dans la lumière,
comme une intimité dans l'extériorité de ces choses qui sont
en soi – comme une fantasmagorie où il n'est rien qui se
compose sinon pour se défaire, qui apparaisse sinon pour
disparaître, rien qui ne soit, sans trêve, absorbé dans le *néantissement* du temps et n'en tire la beauté du rêve. Mais voici
l'aspect complémentaire : cette négation de la Nature n'est
pas seulement donnée dans la conscience, – où apparaît (mais
c'est pour disparaître) ce qui est *en soi* –; cette négation s'ex-

---

* Cité par Kojève, *Introduction à la lecture de Hegel*, p. 573.
** *Op. cit.*, p. 537.
*** *Op. cit.*, p. 548.

tériorise et, s'extériorisant, change réellement *(en soi)* la réalité
de la Nature. L'homme travaille et combat : il transforme le
donné ou la nature : il crée en la détruisant, le monde, un
monde qui n'était pas. Il y a d'un côté poésie : la destruction,
surgie et se diluant, d'une *tête ensanglantée*; de l'autre Action :
le travail, la lutte. D'un côté, le « Néant pur », où l'homme
« ne diffère du Néant que *pour un certain temps* * ». De l'autre
un Monde historique, où la Négativité de l'homme, ce Néant
qui le ronge au-dedans, crée l'ensemble du réel concret (à la
fois objet et sujet, monde réel changé ou non, homme qui
pense et change le monde).

*La philosophie de Hegel est une philosophie de la mort – ou de
l'athéisme* **.

C'est le caractère essentiel – et nouveau – de la philosophie
hégélienne de décrire la totalité de ce qui est. Et en conséquence, en même temps qu'elle rend compte de tout ce qui
apparaît à nos yeux, de rendre compte solidairement de la
pensée et du langage qui expriment – et révèlent – cette
apparition.

« Selon moi, dit Hegel, tout dépend de ce qu'on exprime
et comprenne le Vrai non pas (seulement) comme substance,
mais tout autant comme sujet ***. »

En d'autres termes, la connaissance de la Nature est incomplète, elle n'envisage, et ne peut envisager que des entités
abstraites, isolées d'un tout, d'une totalité indissoluble, qui
est seule concrète. La connaissance doit être en même temps
anthropologique : « en plus des bases ontologiques de la réalité naturelle, écrit Kojève, elle doit chercher celles de la
réalité humaine, qui est seule capable de se révéler elle-même
par le Discours **** ». Bien entendu, cette anthropologie

---

* *Op. cit.,* p. 573.

** Dans ce paragraphe, et le paragraphe suivant, je reprends sous une autre forme
ce que dit Alexandre Kojève. Mais non seulement sous une autre forme; j'ai essentiellement à développer la seconde partie de cette phrase, difficile, au premier abord,
à comprendre dans son caractère concret : « L'être ou le néantissement du " Sujet "
est l'anéantissement temporalisant de l'Être, qui doit être *avant* d'être anéanti : l'être
du " Sujet " a donc nécessairement un commencement. Et étant néantissement (temporel) du néant dans l'Être, étant néant qui néantit (en tant que Temps), le " Sujet "
est essentiellement négation de soi-même : il a donc nécessairement une fin.» En
particulier, j'ai suivi pour cela (comme je l'ai déjà fait dans le paragraphe précédent)
la partie de l'*Introduction à la lecture de Hegel* qui répond aux parties 2 et 3 de la présente
étude, à savoir : Appendice II, L'idée de la mort dans la philosophie de Hegel, p. 527-
573.

*** *Phénoménologie de l'esprit,* Préface, Traduction de Jean Hyppolite, t. I, p. 17, l.
1-4.

**** *Op. cit.,* p. 528.

n'envisage pas l'Homme à la manière des sciences modernes, mais comme un mouvement qu'il est impossible d'isoler au sein de la totalité. En un sens, c'est plutôt une théologie, où l'homme aurait pris la place de Dieu.

Mais pour Hegel, la réalité humaine qu'il décrit au sein, et au centre, de la totalité est très différente de celle de la philosophie grecque. Son anthropologie est celle de la tradition judéo-chrétienne, qui souligne dans l'Homme la *liberté*, l'*historicité*, et l'*individualité*. De même que l'homme judéo-chrétien, l'homme hégélien est un être spirituel (c'est-à-dire « dialectique »). Cependant, pour le monde judéo-chrétien, la « spiritualité » ne se réalise et ne se manifeste pleinement que dans l'au-delà, et l'Esprit proprement dit, l'Esprit vraiment « objectivement réel », c'est Dieu : « un être infini et éternel ». D'après Hegel, l'être « spirituel » ou « dialectique » est « nécessairement *temporel* et fini ». Ceci veut dire que la mort seule assure l'existence d'un être spirituel ou « dialectique » au sens hégélien. Si l'animal qui constitue l'être naturel de l'homme ne mourait pas, qui plus est, s'il n'avait pas la mort en lui comme la source de son angoisse, d'autant plus forte qu'il la cherche, la désire et parfois se la donne volontairement, il n'y aurait ni homme ni liberté, ni histoire ni individu. Autrement dit, s'il se complaît dans ce qui néanmoins lui fait peur, s'il est l'être, identique à lui-même, qui met l'être (identique) lui-même en jeu, l'homme est alors un Homme en vérité : il se sépare de l'animal. Il n'est plus désormais, comme une pierre, un donné immuable, il porte en lui la *Négativité*; et la force, la violence de la négativité le jettent dans le mouvement incessant de l'histoire, qui le change, et qui seul réalise à travers le temps la totalité du réel concret. L'histoire seule a le pouvoir d'achever ce qui est, de l'achever dans le déroulement du temps. Ainsi l'idée d'un Dieu éternel et immuable n'est-elle, dans cette vue, qu'un achèvement provisoire, qui survit en attendant mieux. Seule l'histoire achevée et l'esprit du Sage (de Hegel), dans lequel l'histoire révéla, puis acheva de révéler, le plein développement de l'être et la totalité de son devenir occupe une situation souveraine, que Dieu n'occupe que provisoirement, comme régent.

Aspect tragi-comique de la divinité de l'homme.

Cette manière de voir peut être à bon droit tenue pour comique. Hegel d'ailleurs n'en parla pas explicitement. Les textes où elle s'affirma *implicitement* sont ambigus, et leur extrême difficulté acheva de les dérober au grand jour. Kojève lui-même observe la prudence. Il en parle sans lourdeur, évitant d'en préciser les conséquences. Pour exprimer comme il convient la situation dans laquelle Hegel se fourra, sans doute involontairement, il faudrait le ton, ou du moins, sous une forme contenue, l'horreur de la tragédie. Mais les choses auraient bientôt une allure comique.

Quoi qu'il en soit, en passer par la mort manque si bien à la figure divine qu'un mythe situé dans la tradition associa la mort, et l'angoisse de la mort, au Dieu éternel et unique, de la sphère judéo-chrétienne. La mort de Jésus participe de la comédie dans la mesure où l'on ne saurait sans arbitraire introduire l'oubli de sa divinité éternelle – qui lui appartient – dans la conscience d'un Dieu tout-puissant et infini. Le mythe chrétien, exactement, devança le « savoir absolu » de Hegel en fondant sur le fait que rien de divin (au sens préchrétien de *sacré*) n'est possible qui ne soit *fini*. Mais la conscience vague où le mythe (chrétien) de la mort de Dieu se forma, malgré tout, différait de celle de Hegel : pour gauchir dans le sens de la totalité une figure de Dieu qui limitait l'infini, il fut possible d'introduire, en contradiction d'un fondement, un mouvement vers le fini.

Hegel put – et il lui fallut – composer la somme (la Totalité) des mouvements qui se produisirent dans l'histoire. Mais l'humour, semble-t-il, est incompatible avec le travail, et l'application que les choses demandent. Je reviendrai sur ce propos, je n'ai fait, à l'instant, que brouiller les cartes... Il est difficile de passer d'une humanité qu'humilia la grandeur divine à celle... du Sage divinisé, souverain et gonflant sa grandeur à partir de la vanité humaine.

Un texte capital.

Dans ce qui précède, une seule exigence se dégage de façon précise : il ne peut y avoir authentiquement de Sagesse (de Savoir absolu, ni généralement rien d'approchant) que le Sage ne s'élève, si j'ose dire, à hauteur de mort, quelque angoisse qu'il en ait.

Un passage de la préface de la *Phénoménologie de l'esprit* * exprime avec force la nécessité d'une telle attitude. Nul doute

---

* Trad. Hyppolite, t. I, p. 29, cité par Kojève, p. 538-539.

que ce texte admirable, dès l'abord, n'ait « une importance capitale », non seulement pour l'intelligence de Hegel, mais en tous sens.

« ...La mort, écrit Hegel, – si nous voulons nommer ainsi cette irréalité – est ce qu'il y a de plus terrible et maintenir l'œuvre de la mort est ce qui demande la plus grande force. La beauté impuissante hait l'entendement, parce qu'il l'exige d'elle ; ce dont elle n'est pas capable. Or, la vie de l'Esprit n'est pas la vie qui s'effarouche devant la mort, et se préserve de la destruction, mais celle qui supporte la mort et se conserve en elle. L'esprit n'obtient sa vérité qu'en se trouvant soi-même dans le déchirement absolu. Il n'est pas cette puissance (prodigieuse) en étant le Positif qui se détourne du Négatif, comme lorsque nous disons de quelque chose : ceci n'est rien ou (ceci est) faux et, l'ayant (ainsi) liquidé, passons de là à quelque chose d'autre ; non, l'Esprit n'est cette puissance que dans la mesure où il contemple le Négatif bien en face (et) séjourne près de lui. Ce séjour-prolongé est la force magique qui transpose le négatif dans l'Être-donné. »

La négation humaine de la nature et de l'être naturel de l'homme.
En principe, j'aurais dû commencer plus haut le passage cité. J'ai voulu ne pas alourdir ce texte en donnant les lignes « énigmatiques » qui les précèdent. Mais j'indiquerai le sens des quelques lignes omises en reprenant l'interprétation de Kojève, sans laquelle la suite, en dépit d'une apparence relativement claire, pourrait nous rester fermée.

Pour Hegel, il est en même temps fondamental et tout à fait digne d'étonnement que l'entendement de l'homme (c'est-à-dire le langage, le discours) ait eu la force (il s'agit d'une puissance incomparable) de séparer de la Totalité ses éléments constitutifs. Ces éléments (cet arbre, cet oiseau, cette pierre) sont en effet inséparables du tout. Ils sont « liés entre eux par des liaisons spatiales et temporelles, voire matérielles, qui sont indissolubles ». Leur séparation implique la Négativité humaine à l'égard de la Nature, dont j'ai parlé sans en faire ressortir une conséquence décisive. Cet homme niant la nature, en effet, ne pourrait d'aucune façon exister en dehors d'elle. Il n'est pas seulement un homme niant la Nature, il est d'abord un animal, c'est-à-dire la chose même qu'il nie : il ne peut donc nier la Nature sans se nier lui-même. Le caractère de totalité de l'homme est donné dans l'expression bizarre de

Kojève : cette totalité est d'abord Nature (être naturel), c'est
« l'animal anthropophore » (La Nature, l'animal indissoluble-
ment lié à l'ensemble de la Nature, et qui supporte l'Homme).
Ainsi la Négativité humaine, le désir efficace que l'Homme a
de nier la Nature en la détruisant – en la réduisant à ses
propres fins : il en fait par exemple un outil et l'outil sera le
modèle de l'objet isolé de la Nature – ne peut s'arrêter devant
lui-même : en tant qu'il est Nature, l'Homme s'expose lui-
même à sa propre Négativité. Nier la Nature, c'est nier l'animal qui sert de support à la Négativité de l'Homme. Sans
doute n'est-ce pas l'entendement brisant l'unité de la Nature
qui veut qu'il y ait mort d'homme, mais l'Action séparatrice
de l'entendement implique l'énergie monstrueuse de la pensée, du « pur Moi abstrait », qui s'oppose essentiellement à la
fusion, au caractère inséparable des éléments – constitutifs
de l'ensemble – qui, avec fermeté, en maintient la séparation.

C'est la position comme telle de l'être séparé de l'homme,
c'est son isolement dans la Nature, et, en conséquence, son
isolement au milieu de ses semblables, qui le condamnent à
disparaître d'une manière définitive. L'animal ne niant rien,
perdu sans s'y opposer dans l'animalité globale, comme l'animalité est elle-même perdue dans la Nature (et dans la totalité
de ce qui est) ne disparaît pas vraiment... Sans doute, la mouche
individuelle meurt, mais ces mouches-ci sont les mêmes que
l'an dernier. Celles de l'an dernier seraient mortes?... Cela se
peut, mais *rien* n'a disparu. Les mouches demeurent, égales
à elles-mêmes comme le sont les vagues de la mer. C'est
apparemment forcé : un biologiste sépare cette mouche-ci du
tourbillon, un trait de pinceau y suffit. Mais il la sépare *pour
lui*, il ne la sépare pas pour les mouches. Pour se séparer des
autres, il faudrait à la « mouche » la force monstrueuse de
l'entendement : alors elle se nommerait, faisant ce qu'opère
généralement l'entendement par le langage, qui fonde seul
la séparation des éléments, et la fondant se fonde sur elle, à
l'intérieur d'un monde formé d'entités séparées et nommées.
Mais dans ce jeu l'animal humain trouve la mort : il trouve
précisément la mort humaine, la seule qui effraie, qui glace,
mais n'effraie et ne glace que l'homme absorbé dans la conscience de sa disparition future, en tant qu'être séparé, et
irremplaçable; la seule véritable mort, qui suppose la séparation et, par le discours qui sépare, la conscience d'être
séparé.

« *La beauté impuissante hait l'entendement.* »
Jusqu'ici le texte de Hegel présente une vérité *simple* et *commune*, – mais énoncée d'une manière philosophique, qui plus est, proprement sibylline. Dans le passage cité de la Préface, Hegel au contraire affirme, et décrit, un moment *personnel* de violence. Hegel, c'est-à-dire le Sage, auquel un Savoir absolu confère la satisfaction définitive. Ce n'est pas une violence déchaînée. Ce que Hegel déchaîne n'est pas la violence de la Nature, c'est l'énergie ou la violence de l'Entendement, la Négativité de l'Entendement, s'opposant à la beauté pure du rêve, qui ne peut agir, qui est impuissante.

En effet, la beauté du rêve est du côté du monde où rien n'est encore séparé de ce qui l'entoure, où chaque élément, à l'inverse des objets abstraits de l'Entendement, est donné concrètement, dans l'espace et le temps. Mais la beauté ne peut *agir*. Elle peut être et se conserver. Agissant, elle ne serait plus, car l'Action détruirait d'abord ce qu'elle est : la beauté, qui ne cherche rien, qui est, qui refuse de se déranger, mais que dérange la force de l'Entendement. La beauté n'a d'ailleurs pas le pouvoir de répondre à la requête de l'Entendement, qui lui demande de soutenir en la maintenant l'œuvre de la mort *humaine*. Elle en est incapable, en ce sens qu'à soutenir cette œuvre, elle serait engagée dans l'Action. La beauté est souveraine, elle est une fin, ou elle n'est pas : c'est pourquoi elle n'est pas susceptible d'agir, elle est dans son principe même impuissante et ne peut céder à la négation active de l'Entendement qui change le monde et devient lui-même autre chose que ce qu'il est *.

Cette beauté sans conscience d'elle-même ne *peut donc* vraiment, mais non pour la même raison que la vie qui « recule d'horreur devant la mort et veut se préserver de l'anéantissement », supporter la mort et se conserver en elle. Cette

---

* Ici mon interprétation diffère un peu de celle de Kojève (p. 146). Kojève dit simplement que la « beauté impuissante est incapable de se plier aux exigences de l'Entendement. L'esthète, le romantique, le mystique fuient l'idée de la mort et parlent du Néant lui-même comme de quelque chose qui *est* ». En particulier, il définit ainsi le mystique admirablement. Mais la même ambiguïté se retrouve chez le philosophe (chez Hegel, chez Heidegger), au moins pour finir. En vérité, Kojève me semble avoir le tort de ne pas envisager, au-delà du mysticisme classique, un « mysticisme conscient », ayant conscience de faire un Être du Néant, définissant, qui plus est, cette impasse comme celle d'une Négativité qui n'aurait plus de champ d'Action (à la fin de l'histoire). Le mystique athée, *conscient de soi*, conscient de devoir mourir et de disparaître, vivrait, comme Hegel le dit *évidemment de lui-même*, « dans le déchirement absolu » ; mais, pour lui, il ne s'agit que d'une période : à l'encontre de Hegel, il n'en sortirait pas, « contemplant le Négatif bien en face », mais ne pouvant jamais le transposer en Être, refusant de le faire et se maintenant dans l'ambiguïté.

beauté qui n'agit pas souffre du moins de sentir se briser en morceaux la Totalité de ce qui est (du réel-concret), qui est profondément indissoluble. Elle voudrait elle-même demeurer le signe d'un accord du réel avec lui-même. Elle ne peut devenir cette Négativité consciente, éveillée dans le déchirement, ce regard lucide, absorbé dans le Négatif. Cette dernière attitude suppose, avant elle, la lutte violente ou laborieuse de l'Homme contre la Nature, dont elle est l'aboutissement. C'est la lutte historique où l'Homme se constitua comme « Sujet » ou comme « Moi abstrait » de l'« Entendement », comme être séparé et nommé.

« C'est dire, précise Kojève, que la pensée et le discours révélateur du réel naissent de l'Action négative qui réalise le Néant en anéantissant l'Être : l'être donné de l'Homme (dans la Lutte) et l'être donné de la Nature (par le Travail – qui résulte d'ailleurs du contact réel avec la mort dans la Lutte). C'est donc dire que l'être humain lui-même n'est autre chose que cette Action : il est la mort qui vit une vie humaine *. »

J'insiste sur la connexion continuelle d'un aspect abyssal et d'un aspect coriace, terre à terre, de cette philosophie, la seule qui eut la prétention d'être complète. Les possibilités divergentes des figures humaines opposées s'y affrontent et s'y assemblent, la figure du mourant et celle de l'homme fier qui se détourne de la mort, la figure du seigneur et celle de l'homme rivé au travail, la figure du révolutionnaire et celle du sceptique, dont l'intérêt égoïste borne le désir. Cette philosophie n'est pas seulement une philosophie de la mort. C'en est une aussi de la lutte de classes et du travail.

Mais dans les limites de cette étude, je n'ai pas l'intention d'envisager l'autre versant, je voudrais rapprocher cette doctrine hégélienne de la mort de ce que nous savons du « sacrifice ».

II. LE SACRIFICE

Le sacrifice, d'une part, et, de l'autre, le regard de Hegel absorbé dans la mort et le sacrifice.

Je ne parlerai pas de l'interprétation du sacrifice donnée par Hegel dans le chapitre de la *Phénoménologie* consacré à la

---

* Kojève, p. 548.

Religion *. Elle a sans doute un sens dans le développement du chapitre, mais elle éloigne de l'essentiel, et elle a, selon moi, du point de vue de la théorie du sacrifice, un intérêt moindre que la représentation implicite dans le texte de la Préface que je continue de commenter.

Du sacrifice, je puis dire essentiellement, sur le plan de la philosophie de Hegel, qu'en un sens, l'Homme a révélé et fondé la vérité humaine en sacrifiant : dans le sacrifice, il détruisit l'animal ** en lui-même, ne laissant subsister, de lui-même et de l'animal, que la vérité non corporelle que décrit Hegel, qui, de l'homme, fait – selon l'expression de Heidegger – un être pour la mort *(Sein zum Tode)*, ou – selon l'expression de Kojève lui-même – « la mort qui vit une vie humaine ».

En vérité, le problème de Hegel est donné dans l'action du sacrifice. Dans le sacrifice, la mort, d'une part, frappe essentiellement l'être corporel; et c'est, d'autre part, dans le sacrifice, qu'exactement, « la mort vit une vie *humaine* ». Même il faudrait dire que le sacrifice est précisément la réponse à l'exigence de Hegel, dont je reprendrai la formule :

« L'Esprit n'obtient sa vérité qu'en se trouvant soi-même dans le déchirement absolu. Il n'est pas cette puissance (prodigieuse) en étant le Positif qui se détourne du Négatif... non, l'Esprit n'est cette puissance que dans la mesure où il contemple le Négatif bien en face (et) séjourne près de lui... »

Si l'on tient compte du fait que l'institution du sacrifice est pratiquement universelle, il est clair que la Négativité, incarnée dans la mort de l'homme, non seulement n'est pas la construction arbitraire de Hegel, mais qu'elle a joué dans l'esprit des hommes les plus simples, sans accords analogues à ceux que règlent une fois pour toutes les cérémonies d'une Église – néanmoins d'une manière univoque. Il est frappant de voir qu'une *Négativité* commune a maintenu à travers la terre un parallélisme étroit dans le développement d'institutions assez stables, ayant la même forme et les mêmes effets.

---

* *Phénoménologie*, chap. VIII : La Religion, B. : La Religion esthétique, a) L'œuvre d'art abstraite (t. II, p. 235-236). Dans ces deux pages, Hegel fait bien état de la disparition de l'*essence objective*, mais sans en développer la portée. Dans la seconde page, Hegel se cantonne dans des considérations propres à la « religion esthétique » (la religion des Grecs).

** Toutefois, bien que le sacrifice de l'animal apparaisse antérieur à celui de l'homme, rien ne prouve que le choix de l'animal signifie le désir inconscient de s'opposer à l'animal en tant que tel, c'est seulement à l'être corporel, à l'être donné, que l'homme s'oppose. Il s'oppose d'ailleurs aussi bien à la plante.

*Qu'il vive ou qu'il meure, l'homme ne peut connaître immédiatement
la mort.*

Je parlerai plus loin de différences profondes entre l'homme
du sacrifice, opérant dans l'ignorance (l'inconscience) des
tenants et aboutissants de ce qu'il fait, et le Sage (Hegel) se
rendant aux implications d'un Savoir absolu à ses propres
yeux.

Malgré ces différences, il s'agit toujours de manifester le
Négatif (et toujours, sous une forme concrète, c'est-à-dire au
sein de la Totalité, dont les éléments constitutifs sont inséparables). La manifestation privilégiée de la Négativité est la
mort, mais la mort en vérité ne révèle rien. C'est en principe
son être naturel, animal, dont la mort révèle l'Homme à lui-
même, mais la révélation n'a jamais lieu. Car une fois mort,
l'être animal qui le supporte, l'être humain lui-même a cessé
d'être. Pour que l'homme à la fin se révèle à lui-même il
devrait mourir, mais il lui faudrait le faire en vivant – en se
regardant cesser d'être. En d'autres termes, la mort elle-
même devrait devenir conscience (de soi), au moment même
où elle anéantit l'être conscient. C'est en un sens ce qui a lieu
(qui est du moins sur le point d'avoir lieu, ou qui a lieu d'une
manière fugitive, insaisissable), au moyen d'un subterfuge.
Dans le sacrifice, le sacrifiant s'identifie à l'animal frappé de
mort. Ainsi meurt-il en se voyant mourir, et même en quelque
sorte, par sa propre volonté, de cœur avec l'arme du sacrifice.
Mais c'est une comédie!

Ce serait du moins une comédie si quelque autre méthode
existait qui révélât au vivant l'envahissement de la mort : cet
achèvement de l'être fini, qu'accomplit seul et peut seul
accomplir *sa* Négativité, qui le tue, le *finit* et définitivement
le supprime. Pour Hegel, la *satisfaction* ne peut avoir lieu, le
désir ne peut être apaisé que dans la conscience de la mort.
La satisfaction serait en effet contraire à ce que désigne la
mort, si elle supposait l'exception de la mort, si l'être satisfait
n'ayant pas conscience, et pleinement, de ce qu'il est d'une
manière constitutive, c'est-à-dire mortel, s'il devait plus tard
être chassé de la satisfaction par la mort. C'est pourquoi la
conscience qu'il a *de soi* doit réfléchir (refléter) ce mouvement
de négativité qui le crée, qui justement fait un homme de lui
pour la raison qu'un jour il le tuera.

Sa propre négativité le tuera, mais pour lui, désormais, rien
ne sera plus : sa mort est créatrice, mais si la conscience de

la mort – de la merveilleuse magie de la mort – ne le touche pas avant qu'il meure, il en sera pour lui, de son vivant, comme si la mort ne devait pas l'atteindre, et cette mort à venir ne pourra lui donner un caractère *humain*. Ainsi faudrait-il, à tout prix, que l'homme vive au moment où il meurt vraiment, ou qu'il vive avec l'impression de mourir vraiment.

La connaissance de la mort ne peut se passer d'un subterfuge : le spectacle.

Cette difficulté annonce la nécessité du *spectacle*, ou généralement de la *représentation*, sans la répétition desquels nous pourrions, vis-à-vis de la mort, demeurer étrangers, ignorants, comme apparemment le sont les bêtes. Rien n'est moins animal en effet que la fiction, plus ou moins éloignée du réel, de la mort.

L'Homme ne vit pas seulement de pain mais des comédies par lesquelles il se trompe volontairement. Dans l'Homme, c'est l'animal, c'est l'être naturel qui mange. Mais l'Homme assiste au culte et au spectacle. Ou encore, il peut lire : alors la littérature prolonge en lui, dans la mesure où elle est souveraine, authentique, la magie obsédante des spectacles, tragiques ou comiques.

Il s'agit, du moins dans la tragédie *, de nous identifier à quelque personnage qui meurt, et de croire mourir alors que nous sommes en vie. Au surplus, l'imagination pure et simple suffit, mais elle a le même sens que les subterfuges classiques, les spectacles ou les livres, auxquels la multitude recourt.

Accord et désaccord des conduites naïves et de la réaction lucide de Hegel.

En la rapprochant du sacrifice et par là du thème premier de la *représentation* (de l'art, des fêtes, des spectacles), j'ai voulu montrer que la réaction de Hegel est la conduite humaine fondamentale. Ce n'est pas une fantaisie, une conduite étrange, c'est par excellence l'expression que la tradition répétait à l'infini. Ce n'est pas Hegel isolément, c'est l'humanité entière qui partout et toujours a voulu, par un détour, saisir ce que la mort en même temps lui donnait et lui dérobait.

Entre Hegel et l'homme du sacrifice subsiste néanmoins une différence profonde. Hegel s'éveilla d'une manière

---

* Je parle plus loin de la comédie.

consciente à la représentation qu'il se donna du Négatif : il le situait, lucidement, en un point défini du « discours cohérent » par lequel il se révélait à lui-même. Cette Totalité incluant le discours qui la révèle. Tandis que l'homme du sacrifice, auquel manqua une connaissance discursive de ce qu'il faisait, n'en eut que la connaissance « sensible », c'est-à-dire obscure, réduite à l'émotion inintelligible. Il est vrai que Hegel lui-même, au-delà du discours, et malgré lui (dans un « déchirement absolu ») reçut même plus violemment le choc de la mort. Plus violemment surtout, pour la raison que l'ample mouvement du discours en étendait la portée sans borne, c'est-à-dire dans le cadre de la Totalité du réel. Pour Hegel, sans nul doute, le fait qu'il demeurait vivant était simplement aggravant. Tandis que l'homme du sacrifice maintient sa vie essentiellement. Il la maintient non seulement dans le sens où la vie est nécessaire à la représentation de la mort, mais il entendait l'*enrichir*. Mais à prendre la chose de haut, l'émoi sensible et *voulu* dans le sacrifice avait plus d'intérêt que la sensibilité *involontaire* de Hegel. L'émoi dont je parle est connu, il est définissable, et c'est l'horreur *sacrée* : l'expérience à la fois la plus angoissante et la plus riche, qui ne se limite pas d'elle-même au déchirement, qui s'ouvre au contraire, ainsi qu'un rideau de théâtre, sur un au-delà de ce monde-ci, où le jour qui s'élève transfigure toutes choses et en détruit le sens borné.

En effet, si l'attitude de Hegel oppose à la naïveté du sacrifice la conscience savante, et l'ordonnance sans fin d'une pensée discursive, cette conscience, cette ordonnance ont encore un point obscur : on ne pourrait dire que Hegel méconnut le « moment » du sacrifice : ce « moment » est inclus, impliqué dans tout le mouvement de la *Phénoménologie* – où c'est la Négativité de la mort, en tant que l'homme l'assume, qui fait un homme de l'animal humain. Mais n'ayant pas vu que le sacrifice à lui seul témoignait de *tout* le mouvement de la mort *, l'expérience finale – et propre au Sage – décrite dans

---

* Peut-être faute d'une expérience religieuse catholique. J'imagine le catholicisme plus proche de l'expérience païenne. J'entends d'une expérience religieuse universelle dont la Réforme s'éloigne. Peut-être seule une profonde piété catholique peut avoir introduit le sentiment intime sans lequel la phénoménologie du sacrifice serait impossible. Les connaissances modernes, bien plus étendues que celle du temps de Hegel, ont assurément contribué à la solution de cette énigme fondamentale (pourquoi, sans raison plausible, l'*humanité a-t-elle généralement* « sacrifié »?), mais je crois sérieusement qu'une description phénoménologique correcte ne pourrait que s'appuyer au moins sur une *période* catholique.

la Préface de la *Phénoménologie* fut d'abord *initiale* et *universelle*, – il ne sut pas dans quelle mesure il avait raison, – avec quelle exactitude il décrivit le mouvement intime de la Négativité; – il n'a pas clairement séparé la mort du sentiment de tristesse auquel l'expérience naïve oppose une sorte de plateforme tournante des émotions.

La tristesse de la mort et le plaisir.

Le caractère univoque de la mort pour Hegel inspire justement à Kojève le commentaire suivant, qui s'applique toujours au passage de la Préface * : « Certes l'idée de la mort n'augmente pas le *bien-être* de l'Homme; elle ne le rend pas *heureux* et ne lui procure aucun plaisir. » Kojève s'est demandé de quelle manière la satisfaction résulte d'un séjour auprès du Négatif, d'un tête-à-tête avec la mort, il a cru devoir, honnêtement, rejeter la satisfaction vulgaire. Le fait que Hegel lui-même dit à ce propos de l'Esprit qu'il « n'obtient sa vérité qu'en se trouvant soi-même dans le déchirement absolu » va de pair, en principe, avec la Négation de Kojève. En conséquence, il serait même superflu d'insister... Kojève dit simplement que l'idée de la mort « est seule à pouvoir satisfaire (l') orgueil de l'homme ».... En effet, le désir d'être « reconnu », que Hegel place à l'origine des luttes historiques, pourrait s'exprimer dans une attitude intrépide, propre à faire valoir un caractère. « Ce n'est, dit Kojève, qu'en étant ou en se sentant être mortel ou fini, c'est-à-dire en existant et se sentant exister dans un univers sans au-delà ou sans Dieu que l'Homme peut affirmer et faire reconnaître sa liberté, son historicité et son individualité « unique au monde ». Mais si Kojève écarte la satisfaction vulgaire, le bonheur, il écarte maintenant le « déchirement absolu » dont parle Hegel : en effet, un tel déchirement s'accorde mal avec le désir d'être reconnu.

La satisfaction et le déchirement coïncident cependant sur

– Mais de toute façon, Hegel, hostile à l'*être* sans faire, – à ce qui *est* simplement, et n'est pas *Action*, – s'intéresserait davantage à la mort militaire ; c'est à travers elle qu'il aperçut le thème du sacrifice (mais il emploie le mot lui-même dans un sens moral) : « La condition-de-soldat, dit-il, dans ses *Conférences* de 1805-1806, et la guerre sont le sacrifice objectivement réel du Moi-personnel, le danger de mort pour le particulier, – cette contemplation de sa Négativité abstraite immédiate... » (*Œuvres*, XX, p. 261-262, cité par Kojève, p. 558.) Le sacrifice religieux n'en a pas moins, du point de vue même de Hegel, une signification essentielle.

* Kojève, p. 549. Les mots soulignés le sont par l'auteur.

un point, mais ils s'y accordent avec le *plaisir*. Cette coïncidence a lieu dans le « sacrifice »; s'entend généralement de *la forme naïve de la vie*, de toute existence dans le temps présent, manifestant ce que l'Homme *est* : ce qu'il signifie de neuf dans le monde après être devenu l'*Homme*, et à la condition d'avoir satisfait ses besoins « *animaux* ».

De toute façon, le *plaisir*, au moins le plaisir des sens, est tel qu'à son sujet, l'affirmation de Kojève pourrait difficilement être maintenue : l'idée de la mort contribue, d'une certaine manière et dans certains cas, à multiplier le plaisir des sens. Je crois même que, sous forme de souillure, le monde (ou plutôt l'imagerie générale) de la mort est à la base de l'érotisme. Le sentiment du péché se lie dans la conscience claire à l'idée de la mort, et *de la même façon* le sentiment du péché se lie au plaisir *. Il n'est pas en effet de plaisir *humain* sans une situation irrégulière, sans la rupture d'un interdit, dont, actuellement, le plus simple – en même temps le plus fort – est celui de la nudité.

Au surplus, la possession fut associée, en son temps, à l'image du sacrifice : c'était un sacrifice dont la femme était la victime... Cette association de la poésie antique est pleine de sens : elle se rapporte à un état précis de la sensibilité où l'élément sacrificiel, le sentiment d'horreur sacrée se lia même, à l'état faible, au plaisir édulcoré; où, d'autre part, le goût du sacrifice et l'émotion qu'il dégageait n'avaient rien qui semblât contraire à la jouissance.

Il faut dire aussi que le sacrifice était, comme la tragédie, l'élément d'une fête : il annonçait une joie délétère, aveugle, et tout le danger de cette joie, mais c'est justement le principe de la joie *humaine* : elle excède et menace de mort celui qu'elle entraîne dans son mouvement.

L'angoisse gaie, la gaieté angoissée.

À l'association de la mort au plaisir, qui n'est pas donnée, du moins n'est pas immédiatement donnée dans la conscience, s'oppose évidemment la tristesse de la mort, toujours à l'arrière-plan de la conscience. En principe, *consciemment*, l'humanité « recule d'horreur devant la mort ». Dans leur principe, les effets destructeurs de la Négativité ont la Nature

---

* C'est du moins possible, et s'il s'agit des interdits les plus communs, c'est banal.

pour objet. Mais si la Négativité de l'Homme le porte au-
devant du danger, s'il fait de lui-même, du moins de l'animal, de l'être naturel qu'il est, l'objet de sa négation destructrice, la condition banale en est l'inconscience où il est
de la cause et des effets de ses mouvements. Or, ce fut
essentiel pour Hegel *de prendre conscience* de la Négativité
comme telle, d'en saisir l'horreur, en l'espèce l'horreur de
la mort, en soutenant et en regardant l'œuvre de la mort
bien en face.

Hegel, de cette manière, s'oppose moins à ceux qui
« reculent », qu'à ceux qui disent : « ce n'est rien ». Il semble
s'éloigner le plus de ceux qui réagissent gaiement.

J'insiste, voulant faire ressortir, le plus clairement possible,
après leur similitude, l'opposition de l'attitude naïve à celle
de la Sagesse – *absolue* – de Hegel. Je ne suis pas sûr, en effet,
que des deux l'attitude la moins *absolue* soit la plus naïve.

Je citerai un exemple paradoxal de réaction gaie devant
l'œuvre de la mort.

La coutume irlandaise et galloise du « wake » est peu connue,
mais on l'observait encore à la fin du siècle dernier. C'est le
sujet de la dernière œuvre de Joyce *, *Finnegan's Wake*, c'est
la veillée funèbre de Finnegan (mais la lecture de ce roman
célèbre est au moins malaisée). Dans le pays de Galles, on
disposait le cercueil *ouvert*, debout, à la place d'honneur de
la maison. Le mort était vêtu de ses plus beaux habits, coiffé
de son haut-de-forme. Sa famille invitait tous ses amis, qui
honoraient d'autant plus celui qui les avait quittés qu'ils dan-
saient plus longtemps et buvaient plus sec à sa santé. Il s'agit
de la mort d'un *autre*, mais en de tels cas, la mort de l'autre
est toujours l'image de sa propre mort. Nul ne pourrait se
réjouir ainsi qu'à une condition; le mort, qui est un autre,
étant censé d'accord, le mort que sera le buveur à son tour
n'aura pas d'autre sens que le premier.

Cette réaction paradoxale pourrait répondre au souhait
de nier *l'existence de la mort*. Souhait logique? Je crois qu'il
n'en est rien. Au Mexique, de nos jours, il est commun
d'envisager la mort sur le même plan que l'amusement : on
y voit, dans les fêtes, des pantins-squelettes, des sucreries-
squelettes, des manèges de chevaux-squelettes, mais à cette

---

* Sur le sujet de ce livre obscur, voir E. Jolas, *Élucidation du monomythe de James Joyce*
(*Critique*, juillet 1948, p. 579-595).

coutume se lie un intense culte des morts, une obsession visible de la mort *.

Il ne s'agit pas, si j'envisage la mort gaiement, de dire à mon tour, en me détournant de ce qui effraie : « ce n'est rien » ou « c'est faux ». Au contraire, la gaieté, liée à l'œuvre de la mort, me donne de l'angoisse, elle est accentuée par mon angoisse et elle exaspère cette angoisse en contrepartie : finalement l'angoisse gaie, la gaieté angoissée me donnent en un chaud-froid l'« absolu déchirement » où c'est ma joie qui achève de me déchirer, mais où l'abattement suivrait la joie si je n'étais pas déchiré jusqu'au bout, sans mesure.

Je voudrais rendre sensible une opposition précise : d'un côté l'attitude de Hegel est moins entière que celle de l'humanité naïve, mais ceci n'a de sens que si l'on voit, réciproquement, l'attitude naïve impuissante à se maintenir sans fauxfuyant.

Le discours donne des fins utiles au sacrifice « après coup ».

J'ai lié le sens du sacrifice à la conduite de l'Homme une fois ses besoins d'animal satisfaits : l'Homme diffère de l'être naturel qu'il est aussi : le geste du sacrifice est ce qu'il est humainement, et le spectacle du sacrifice rend alors son humanité manifeste. Libéré du besoin animal, l'homme est souverain : il fait ce qui lui plaît, son bon plaisir. Il peut faire enfin dans ces conditions un geste rigoureusement autonome. Tant qu'il devait satisfaire des besoins animaux, il lui fallait *agir* en vue d'une fin (il devait s'assurer des aliments, se protéger du froid). Cela suppose une servitude, une suite d'actes subordonnés au résultat final : la satisfaction naturelle, animale, sans laquelle l'Homme proprement dit, l'Homme souverain, ne pourrait subsister. Mais l'intelligence, la *pensée discursive* de l'Homme se sont développées en fonction du travail servile. Seule la parole sacrée, poétique, limitée au plan de la beauté impuissante, gardait le pouvoir de manifester la pleine souveraineté. Le sacrifice n'est donc une manière d'être *souveraine, autonome,* que dans la mesure où le discours *significatif* ne l'informe pas. Dans la mesure où le discours l'informe, ce qui est *souverain* est donné en termes de *servitude.* En effet, ce qui est *souverain,* par définition ne *sert* pas. Mais le simple discours doit répondre à la question que pose la pensée dis-

---

* Cela ressortait du documentaire qu'Eisenstein avait tiré de son travail pour un long film : *Tonnerre sur le Mexique.* L'essentiel portait sur les bizarreries dont je parle.

cursive touchant le sens que chaque chose doit avoir sur le plan de l'utilité. En principe, elle est là pour *servir* à telle ou telle fin. Ainsi la simple manifestation du lien de l'Homme à l'anéantissement, la pure révélation de l'Homme à lui-même (au moment où la mort fixe son attention) passe de la souveraineté au primat des fins serviles. Le mythe, associé au rite, eut d'abord la beauté impuissante de la poésie, mais le discours autour du sacrifice glissa à l'interprétation vulgaire, intéressée. À partir d'effets naïvement imaginés sur le plan de la poésie, comme l'apaisement d'un dieu, ou la pureté des êtres, le discours significatif donna comme fin de l'opération l'abondance de la pluie ou le bonheur de la cité. Le gros ouvrage de Frazer, qui évoque les formes de souverainetés les plus *impuissantes* et, selon l'apparence, les moins propices au bonheur, tend à ramener généralement le sens de l'acte rituel aux mêmes fins que le travail des champs, à faire du sacrifice un rite agraire. Aujourd'hui, cette thèse du *Rameau d'or* est sans crédit, mais elle parut sensée dans la mesure où les peuples mêmes qui sacrifièrent inscrivirent le sacrifice souverain dans le cadre d'un langage de laboureurs. En effet, d'une manière très arbitraire, qui jamais ne justifia le crédit d'une raison rigoureuse, ces peuples essayèrent, et durent s'efforcer de soumettre le sacrifice aux lois de l'action, auxquelles ils étaient eux-mêmes soumis, ou s'efforçaient de se soumettre.

Impuissance du sage à parvenir à la souveraineté à partir du discours.

Ainsi la souveraineté du sacrifice n'est pas absolue non plus. Elle ne l'est pas dans la mesure où l'institution maintient dans un monde de l'activité efficace une forme dont le sens est d'être au contraire souveraine. Un glissement ne peut manquer de se produire, au profit de la servitude.

Si l'attitude du Sage (de Hegel) n'est pas souveraine de son côté, les choses se passent du moins dans le sens contraire : Hegel ne s'éloigna pas et s'il ne put trouver la souveraineté authentique, il en approcha le plus qu'il pouvait. Ce qui l'en sépara serait même insensible, si nous ne pouvions entrevoir une image plus riche à travers ces altérations de sens, qui atteignent le sacrifice et, de l'état de *fin* l'ont réduit à celui de simple *moyen*. Ce qui, du côté du Sage, est à la clé d'une moindre rigueur, est le fait, non que le discours engage sa souveraineté dans un cadre qui ne peut lui convenir et l'atrophie, mais précisément le fait contraire : la souveraineté dans l'attitude de Hegel procède d'un mouvement que le *discours* révèle et qui, dans l'esprit du Sage, n'est jamais séparé de sa révélation. Elle ne peut donc être pleinement *souveraine* : le Sage en effet ne peut manquer de la subordonner à la fin d'une Sagesse supposant l'achèvement du discours. La Sagesse seule *sera* la pleine autonomie, la souveraineté de l'être... Elle le *serait* du moins si nous pouvions trouver la souveraineté en la cherchant : en effet, si je la cherche, je fais le projet d'être – souverainement : mais le *projet* d'être – souverainement suppose un être servile! Ce qui assure néanmoins la souveraineté du moment décrit, est le « déchirement absolu » dont parle Hegel, la rupture, pour un temps, du discours. Mais cette rupture elle-même n'est pas souveraine. C'est en un sens un accident dans l'ascension. Bien que l'une et l'autre souverainetés, la naïve et la sage, soient celles de la mort, outre la différence d'un déclin à la naissance (de la lente altération à la manifestation imparfaite), elles diffèrent encore en ce point précis : du côté de Hegel, il s'agit justement d'un accident. Ce n'est pas un hasard, une malchance, qui seraient dépourvus de sens. Le déchirement est plein de sens au contraire. (« *L'Esprit n'obtient sa vérité*, dit Hegel (mais c'est moi qui souligne), qu'en se trouvant soi-même dans le déchirement absolu. ») Mais ce sens est malheureux. C'est ce qui borna et appauvrit la révélation que le Sage tira d'un séjour aux lieux où règne la mort. Il accueillit la souveraineté comme un poids, qu'il lâcha...

J'aurais l'intention de minimiser l'attitude de Hegel? Mais c'est le contraire qui est vrai! J'ai voulu montrer l'incomparable portée de sa démarche. Je ne devais pas à cette fin voiler la part bien faible (et même inévitable) de l'échec.

À mon sens, c'est plutôt l'exceptionnelle sûreté de cette démarche qui ressort de mes rapprochements. S'il échoua, l'on ne peut dire que ce fut le résultat d'une erreur. Le sens de l'échec lui-même diffère de celui de l'erreur qui la causa : l'erreur seule est peut-être fortuite. C'est généralement, comme d'un mouvement authentique et lourd de sens, qu'il faut parler de l'« échec » de Hegel.

En fait, l'homme est toujours à la poursuite d'une souveraineté authentique. Cette souveraineté, selon l'apparence, il l'eut en un sens initialement, mais sans nul doute, ce ne

pouvait alors être de manière *consciente,* si bien qu'en un sens
il ne l'eut pas, elle lui échappait. Nous verrons qu'il poursuivit
de plusieurs façons ce qui se dérobait toujours à lui. L'essentiel
étant qu'on ne peut l'atteindre consciemment et le chercher,
car la recherche l'éloigne. Mais je puis croire que jamais rien
ne nous est donné, sinon de cette manière équivoque.

ANNÉE 1956

Hegel, l'homme et l'histoire

Monde nouveau-Paru [1]

Il me semble généralement que les jeux de la pensée actuelle sont faussés par la méconnaissance, où nous nous complaisons, de la représentation générale que, dès 1806, Hegel donnait de l'Homme et de l'Esprit humain. De cette représentation je ne puis savoir ni à quel point elle est grandiose, ni si elle est l'objet majeur que doive se proposer ma réflexion, mais elle existe et elle s'impose dans la mesure où nous la connaissons : le moins que j'en puisse dire est qu'il est vain de l'ignorer, et plus vain d'y substituer les improvisations imparfaites impliquées tacitement, peut-être sournoisement, par tous ceux qui parlent de l'homme.

Je dirai néanmoins dès l'abord qu'en partie cette méconnaissance a des excuses. La lecture de Hegel est difficile et l'exposé de cette représentation qu'Alexandre Kojève a donné dans son *Introduction à la lecture de Hegel* * se présente (mais seulement à première vue) de manière à décourager le lecteur. Je n'ai pas l'intention de remédier par un article à des difficultés qu'un siècle et demi n'ont pas suffi à résoudre. Mais j'essaierai de rendre sensible la richesse d'un contenu dérobé jusqu'ici à l'ensemble des hommes et qui les intéresse au plus haut point.

L'importance presque dominante qu'a prise le marxisme de notre temps a d'ailleurs contribué à porter l'attention sur la philosophie de Hegel, mais une tendance à mettre en avant, à partir d'Engels plutôt que de Hegel lui-même, les aspects dialectiques de la nature a laissé quelque peu dans l'ombre le

* Gallimard, 1947, in-8.

développement dialectique fondamental du hégélianisme, qui porte sur l'Esprit – c'est-à-dire sur l'homme – et dont le mouvement décisif envisage l'opposition du Maître et de l'Esclave (la division de l'espèce humaine en classes opposées).

I. LE SOUVERAIN (OU LE MAÎTRE), LA MORT ET L'ACTION

Je ne m'attarderai pas, voulant donner de la représentation de l'homme dans Hegel une idée plus frappante qu'explicite, à des principes philosophiques mais avant de parler du Maître et de l'Esclave, je devrai cependant montrer que la philosophie de Hegel est fondée sur la négativité qui, dans le domaine de l'Esprit, oppose généralement l'Homme à la Nature. La négativité est le principe de l'Action ou plutôt, l'Action est Négativité et la Négativité, Action. Tout d'abord, l'Homme nie la Nature en y introduisant, comme un envers, l'anomalie d'un « Moi personnel pur ». Ce « Moi personnel pur » est présent dans le sein de la Nature comme une nuit dans la lumière, comme une intimité dans l'extériorité de ces choses qui sont *en soi*, et, comme telles, ne peuvent développer la richesse de l'opposition dialectique.

Cette intimité est celle de la mort, le « Moi personnel pur » oppose à la présence stable de la Nature cette disposition imminente qui dès l'abord est le sens profond de son apparition. Mais la négation de la Nature n'est pas seulement donnée dans la conscience de la mort – donc je puis dire en insistant que la forme la plus humaine est donnée dans la contemplation du sacrifice sanglant * cette négation change réellement (change *en soi*) le donné naturel par le travail. L'Action de l'être personnel commence, transformant le monde et créant de toutes pièces un monde humain, dépendant de la Nature sans doute mais en lutte contre elle.

L'Action, selon Hegel, n'est d'ailleurs pas donnée directement dans le travail **. L'Action est donnée en premier

---

* Voir G. Bataille, *Hegel, la mort et le sacrifice*, dans *Deucalion*, numéro spécial : *Études hégéliennes* (Neuchâtel, La Baconnière).
** Dans *Lascaux ou la naissance de l'art* (Genève, Skira), j'ai représenté l'antériorité apparente du travail, mais la construction logique de Hegel est indépendante de la chronologie des événements. Les développements que j'ai introduits dans *Lascaux* sont corrects du point de vue hégélien.

lieu dans la lutte du Maître – lutte de pur prestige – en vue de la Reconnaissance *. Cette lutte est essentiellement une lutte à mort. Et c'est, pour Hegel, la forme sous laquelle apparaît à l'Homme sa Négativité (sa conscience de la mort). Ainsi la Négativité de la mort et celle du travail seront-elles étroitement liées.

Je donnerai une interprétation personnelle de cette Lutte à mort, qui est le thème initial de la dialectique du *Maître*, en me référant à la forme voisine du *souverain* **. L'attitude du Maître implique la souveraineté : et le risque de mort accepté sans raisons biologiques en est l'effet. Lutter sans avoir pour objet la satisfaction de besoins animaux est d'abord en soi-même être souverain, c'est exprimer une souveraineté. Or tout homme est initialement souverain, mais cette souveraineté est à la rigueur celle de l'animal sauvage. S'il ne luttait à mort contre ses semblables, sa souveraineté, n'étant pas reconnue, serait comme si elle n'était pas. Ce serait la souveraineté d'un renard ou d'un merle. La force ne joue pas, car le fait de fuir un danger n'entraîne pas de servitude durable. La souveraineté animale est inchangée. Mais la souveraineté humaine est celle devant laquelle s'inclinent les autres hommes, ce n'est pas celle du renard, que jamais le merle ne servira. Ceci va si loin que, la lutte engagée fût-elle de pur prestige, s'il tue son adversaire, un homme n'a rien obtenu pour autant : un mort ne peut reconnaître celui qui l'a tué. Il lui faut, pour cela, le réduire en esclavage.

Dès lors l'humanité se divise en deux classes, celle des hommes souverains, que Hegel désigna sous le nom de Maîtres *(Herren)*, celle des Esclaves *(Knechten)*, servant les Maîtres.

---

* Dans son *Introduction à la lecture de Hegel* :
1° Tout d'abord, Kojève a publié (p. 9-34) une traduction longuement commentée du chapitre IV, section A de la *Phénoménologie de l'Esprit* de Hegel, qui décrit l'opposition du Maître et de l'Esclave.
2° L'exposé de la même dialectique est repris (p. 51-56), dans des notes prises par Raymond Queneau au cours professé par Kojève à l'École des Hautes Études en 1933-1934 ; de même, dans le texte intégral de ce cours en 1937-1938 (p. 172-180) ; encore dans le chapitre intitulé « la dialectique du Réel et la méthode phénoménologique chez Hegel » (p. 494-501).
** En écrivant la dialectique du Maître et de l'Esclave (c'est le texte dont la traduction commentée est donnée « en guise d'introduction » dans Kojève (p. 9-34), Hegel n'avait en vue que les mouvements de l'être individuel de l'Homme. Il ne traite de l'évolution dialectique de la société elle-même que dans les chapitres VI et VII de la *Phénoménologie de l'esprit*. C'est à mon sens un défaut, d'ailleurs de peu d'importance. Dans la dialectique de la souveraineté que j'esquisse, le point de vue des chapitres IV et V et celui des chapitres VI et VII sont réduits à un seul point de vue : l'individu n'y est pas séparé des fonctions sociales et religieuses.

Tout d'abord, le Maître d'Esclaves semble avoir atteint son but. L'Esclave, en effet, prend toute servitude à son compte, il libère le Maître des soucis et des activités préalables, sans lesquelles ce dernier n'avait pu jusqu'alors satisfaire ses besoins animaux. À ce point, j'introduis cette remarque personnelle : avant d'avoir des esclaves, l'homme n'avait qu'une souveraineté limitée. Le souverain devait éventuellement faire de sa vie deux parts, l'une absolument souveraine et l'autre active, au service de fins animales. Les esclaves lui permirent de se libérer de la part active. Mais cette libération eut sa contrepartie.

Dans la vie du Maître d'Esclaves, la part souveraine, manifestée dans la lutte de pur prestige, cesse d'être uniquement souveraine : elle a deux aspects. D'un côté, la lutte prend la valeur et la forme d'une activité utile : d'un autre côté, cette activité utile est toujours détournée vers des fins dépassant l'utilité dans le sens du prestige. De toute façon, un *pouvoir* est constitué dans les mains du souverain. La souveraineté cesse donc d'être ce qu'elle fut : la beauté impuissante, qui, dans les combats, ne savait d'abord que tuer.

Les deux formes anciennement banales de la souveraineté, la religieuse et la militaire, répondent à cette division. La religieuse n'entraîne pas forcément des avantages, elle peut aussi bien avoir des inconvénients, et par là, manifester même assez durement le fait que la souveraineté de l'homme exprime une familiarité avec la mort : il était dans la logique de la situation que le roi fût la victime désignée du sacrifice. Comme nous le verrons dans le paragraphe suivant, le souverain militaire est lui-même voué au domaine de la mort, mais il entre, en *agissant*, dans la voie d'un pouvoir croissant. Il n'y a pas de raison d'imaginer à l'origine des formes très homogènes, strictement alignées, sans opposition entre elles, mais il est possible d'énoncer un principe. Il y a d'abord la souveraineté religieuse, où le souverain est l'objet d'un attrait indépendant de *ce qu'il fait*, où il est souverain pour *ce qu'il est*. Mais dans la mesure où, dérogeant à la pure souveraineté, les souverains se livrèrent à des *entreprises* de guerre, passèrent de l'impuissance au pouvoir, un roi militairement puissant eut le loisir de se refuser à la mise à mort rituelle – au sacrifice – en proposant une victime de substitution. Il serait impossible de dire : c'est ainsi que les choses se passèrent. Mais il est légitime de croire que cela ne fut pas rare, et ce mode de transition expose correctement le principe du passage d'un monde purement religieux au monde militaire, où le jeu des forces réelles, *ce que l'on fait,* joue à côté de la loi religieuse *qui est.* Il y a sûrement une dégradation de la souveraineté dès l'instant où la Lutte a l'Esclavage de l'adversaire vaincu pour fin. Le roi qui exerce le pouvoir et se laisse, au-delà de *ce qu'il est,* sans agir, reconnaître pour *ce qu'il fait,* pour sa puissance, entre dans la voie où l'Action est réellement efficace, et n'est plus de *pur* prestige. Mais s'il n'est plus seulement la « beauté impuissante » du roi religieux, il est encore le héros qui ne recule pas devant la mort, qui l'affronte « bien en face »; il ne s'en détourne pas non plus pour dire : « Ce n'est rien » ou « c'est faux * ». Il séjourne au contraire auprès d'elle, et c'est la Négativité qu'il incarne qui ne cesse pas en lui de créer l'être humain, méprisant l'animalité de la mort, parce qu'il est glorieux de la mépriser **.

Cette phénoménologie de la royauté tient compte d'un ensemble de formes très riche, que Hegel ne put connaître. Dans la mesure où elle se réfère à des faits aussi mal connus que la mise à mort des rois, ou leur impuissance, cette manière de voir paraîtra hasardée. Il me semble cependant que nous avons nous-mêmes une expérience de l'oscillation durable (durable, autant qu'il semble, à partir des temps historiques) de l'institution royale entre l'impuissance religieuse et le pouvoir du Maître militaire.

II. L'ESCLAVE ET LE TRAVAIL

L'Esclave, pour Hegel, n'est pas seulement l'esclave de la société antique, objet d'une propriété individuelle. C'est en

---

* Les mots entre guillemets sont tirés d'un passage célèbre de Hegel sur la mort (*Phénoménologie de l'esprit,* trad. Hyppolite, t. 1, p. 29; cité par Kojève, p. 538-539).

** James Frazer a exposé un ensemble de faits (de survivances actuelles ou historiquement connues) qui témoignent dans le sens d'une assez large diffusion dans des temps lointains, du sacrifice du souverain. L'œuvre plus récente de Georges Dumézil a dégagé les traits généraux de la souveraineté indo-européenne : l'étude des mythes, des rites et des institutions d'un domaine limité va dans le sens d'un dualisme – religieux et militaire. Cette œuvre est toujours critiquée, et il est certain que les résultats en sont surprenants, qu'ils étendent le domaine des connaissances historiques et, sur un point crucial, d'une manière qui confond l'esprit ; la prudence de Georges Dumézil n'en est pas moins à la mesure de l'audace de son entreprise. Les données générales de l'anthropologie phénoménologique esquissée dans cet article, essentiellement à partir de Hegel, ne devraient pas être changées si la construction de Georges Dumézil s'avérait fragile. Toujours est-il que la construction, indépendante de toute théorie préconçue, coïncide avec ces données, forme avec elles la réalité d'un mouvement sensible.

général l'homme qui n'est pas libre de faire ce qui lui plaît : son action, son travail, les produits de son travail, appartiennent à d'autres.

Cependant Hegel le définit en premier lieu par rapport à la mort. Ce qui distingue le Maître est le risque de la vie. Le Maître a préféré la mort à la servitude. L'Esclave a préféré ne pas mourir. De même que la Maîtrise du Maître, sa servitude est donc le résultat d'un choix vraiment libre.

L'Esclave a reculé devant la mort, il subsiste au niveau de l'être naturel, de l'animal, qui recule devant la mort. Mais c'est justement pour avoir cédé à la réaction de la Nature, pour avoir manqué de la force qu'il faut pour se conduire en Homme, qu'il se trouvera mieux placé que le Maître pour accomplir en lui jusqu'au bout les possibilités de l'Homme. Le Maître restera identique à lui-même, tandis que l'Esclave se transformera du fait qu'il travaille. « Le Maître, dit Kojève *, force l'Esclave à travailler. Et en travaillant, l'Esclave devient maître de la Nature. Or il n'est devenu l'Esclave du Maître que parce que – au prime abord – il était esclave de la Nature, en se solidarisant avec elle et en se subordonnant à ses lois par l'acceptation de l'instinct de conservation. En devenant par le travail maître de la Nature, l'Esclave se libère donc de sa propre nature, de son propre instinct, qui le liait à la Nature, le travail le libère donc aussi de lui-même, de sa nature d'Esclave, il le libère du Maître. »

C'est qu'en vérité l'angoisse mortelle devant le Maître, origine de la Servitude, est en même temps qu'un aveu d'infériorité devant le Maître, qui le dépasse, obscure compréhension de la misère du Maître, qui a risqué sa vie pour un résultat peu enviable. En même temps qu'il refusait les conditions données, et les dépassait, préférant la mort à l'acceptation, plus que son Esclave, le Maître s'engageait dans la vie limitée et donnée. Disposant du travail de l'Esclave, il peut en effet, plus que dans les conditions premières, agir sur la Nature. Mais il agit seulement par l'intermédiaire de l'Esclave. Lui-même ne peut rien faire qui change le monde, si bien qu'il se « fige » dans la Maîtrise.

Ainsi le souverain militaire maintient-il en lui l'impuissance profonde du religieux. La souveraineté, en effet, ne peut rien changer. Elle n'est plus souveraineté pure si elle veut changer

---

* *Introduction à la lecture de Hegel*, p. 28.

ce qui est. Au contraire l'Esclave a la véritable puissance du fait qu'il ne peut accepter vraiment sa condition : il est donc en entier négation du donné, qu'il s'agisse de lui-même (de son état), ou de la Nature.

Des représentants dégradés de la classe souveraine rendent encore sensible pour nous l'esprit d'inertie oisive dont j'ai parlé : les hommes de l'activité ingénieuse paraissent en effet serviles à ces «inutiles»; les jugements de valeur des négociants ou des ingénieurs héritent en effet de l'esprit de servilité le sentiment d'une importance plus grande, par rapport aux conduites de «pur prestige», des activités subordonnées à des fins biologiques.

De même, dit Hegel *, que la Maîtrise a montré que sa réalité essentielle est l'image renversée et faussée de ce qu'elle veut être, la Servitude elle aussi – on peut le supposer – deviendra dans son accomplissement le contraire de ce qu'elle est d'une manière immédiate. En tant que conscience *refoulée* en elle-même, la Servitude va pénétrer à l'intérieur d'elle-même et se renverser et se fausser de façon à devenir autonomie véritable.

Ainsi, dira Kojève **, « l'homme intégral, absolument libre, définitivement et complètement satisfait par ce qu'il est, l'homme qui se parfait dans et par cette satisfaction, sera l'Esclave qui a " supprimé *** " sa servitude... L'Histoire est l'Histoire de l'Esclave travailleur ». Et plus loin **** : « L'avenir et l'Histoire appartiennent donc... à l'Esclave travailleur... Si l'angoisse de la mort incarnée pour l'Esclave dans la personne du Maître guerrier est la condition *sine qua non* du progrès historique, c'est uniquement le travail de l'Esclave qui le réalise et le parfait. »

Par le travail forcé, l'Esclave en effet se détache du produit, qu'il ne consomme pas. C'est le Maître qui le consomme. L'Esclave en travaillant doit refouler son désir propre. De cette façon, il se forme (il s'éduque). De même le Maître détruit – consomme – le produit. L'Esclave ne détruit pas lui-même, au contraire, il forme l'objet de son travail. « Il diffère la destruction de la chose en la transformant d'abord par le

---

* *Phénoménologie*, chap. IV, section A. Traduction commentée dans Kojève, p. 26.
** *Ibid.*
*** Les guillemets indiquent que ce mot doit être pris dans le sens de l'allemand «aufgehoben», c'est-à-dire : supprimé dialectiquement, à la fois supprimé, conservé et sublimé. De la même façon le Travail nie et «supprime» le chêne : il en fait une table.
**** P. 28.

travail ; il la prépare pour la consommation... Il transforme les choses en se transformant, en s'éduquant soi-même. » Ce détachement vis-à-vis de l'objet du désir est à l'opposé de l'attitude animale (telle l'attitude du chien vis-à-vis de l'os). Ce qui est levé dans ce détachement est l'angoisse, au moins l'angoisse immédiate : car l'angoisse s'atténue dans la mesure où le désir est refoulé.

Dans ce chapitre, jusqu'ici, j'ai suivi Hegel, – et Kojève – de près. Non sans parfois me demander si la succession des moments décrits était la plus satisfaisante. Ces doutes ne portent pas sur l'essentiel, touchant l'apparition des moments que nous pouvons connaître *phénoménologiquement* du fait qu'ayant disparu en nous depuis longtemps, y étant « supprimés », ils y sont néanmoins dialectiquement « conservés » (s'entend sublimés).

Il me semble personnellement difficile d'oublier que le travail a dû précéder l'esclavage. Le plus bizarre dans le déroulement des formes décrites dans la *Phénoménologie* tient peut-être à une méconnaissance d'une existence proprement humaine antérieure à la réduction des vaincus en esclavage. En un sens ce n'est pas d'une importance fondamentale : on peut facilement convenir du fait que l'Histoire demanda qu'un drame intérieur (on peut l'imaginer en premier lieu) « s'extériorisât », ordonnât les oppositions d'attitudes opposées en des personnes ou des catégories de personnes diverses. Mais Hegel n'aurait pu décrire tout ce qui se développa si le drame ne pouvait s'intérioriser dans la conscience d'un individu unique. Cela ne veut pas dire qu'il fut d'abord intérieur, comme sera enclin à le croire l'esprit nourri des descriptions des sociétés archaïques : ce ne sont pas, de toute façon, les informations des ethnologues qui nous permettraient d'établir la succession logique qui, sinon étroitement, généralement et de loin, doit approcher de la succession historique *. C'est, je crois, le contraire qui est vrai : la construction logique d'une suite des apparitions que la conscience « conserve » a plus de poids que la discussion reconstitutive à partir des données de science fragmentaires **. Je suis, quoi qu'il en soit, porté à penser que l'Homme en tant que tel séjourna

---

* Mais Hegel lui-même nous en prévient : il va de soi, comme je l'ai dit plus haut, que la succession des chapitres de la *Phénoménologie* n'est pas une succession temporelle.
** Bien entendu, cette construction de l'*ensemble* est la condition élémentaire de toute phénoménologie *de l'Histoire* : il s'agit d'abord d'ordonner en nous, à l'aide de repères historiques, le contenu de la conscience.

auprès de la mort et travailla (construisit un monde non naturel et se libéra − partiellement − de l'angoisse en travaillant pour un résultat différé). La distance de l'objet formé à celui qui le produisit sans le consommer (le détruire) aussitôt, et, de cette manière le forma en se formant, peut avoir été l'effet d'*interdits* antérieurs à la domination du Maître, d'interdits purement religieux. Il se peut que l'Homme devint tel, se sépara de l'animal, en suivant d'autres voies que celles de la description de Hegel. Il n'importe s'il lia les moments de cet humble devenir à ceux d'une Histoire comparable en son entier déroulement à l'élévation de l'arbre au-dessus des herbes.

Sans doute ce que j'avance devrait être élucidé et longuement élaboré. Je dirai seulement où conduit ma supposition. L'Homme peut avoir vécu les moments du Maître et de l'Esclave en un même individu (ou en chaque individu). La division dans l'espace de Hegel se fit, sans doute au préalable, dans le temps. C'est le sens d'une opposition classique entre « temps sacré » et « temps profane ». Ce que le temps profane est au sacré, l'Esclave le fut au Maître. Les hommes travaillent dans le « temps profane », assurant de cette manière la satisfaction des besoins animaux, en même temps amoncelant les ressources qu'anéantiront les consumations massives de la fête (du « temps sacré »). Mais la transition du temps à l'espace implique un renversement : dans la division temporelle, la clarté de l'opposition était un élément de stabilité (sans doute provisoire); dans la division spatiale, l'opposition du Maître et de l'Esclave annonce l'instabilité de l'Histoire : le Maître est ce qu'il n'est pas et n'est pas ce qu'il est, il ne peut avoir l'autonomie du « temps sacré », il insère même dans l'existence sacrée le mouvement du temps profane, où l'on agit en vue d'un résultat. Son être même introduit, du fait qu'il dure, un élément contraire à l'*instantanéité* du « temps sacré », où l'avenir ne compte plus, où les ressources se liquident, où la victime est détruite, anéantie, où il ne s'agit plus que d'être « souverainement dans la mort », « pour la mort » (dans l'anéantissement et la destruction). L'élément personnel dans le Maître accentue le désir d'une puissance accrue et les résultats d'une guerre heureuse sont plus solides que ceux des sacrifices, ces derniers apparussent-ils bénéfiques.

On voit que, même en admettant la possibilité que l'Homme

eut de *nier* en lui-même l'animalité *sans agir* *, il n'y a rien d'essentiel à changer dans le mouvement de l'histoire de Hegel. Le devenir de l'Esclave, ses vains efforts pour retrouver une souveraineté illusoire (dans le stoïcisme ou le scepticisme), sa mauvaise conscience, sa renonciation et le report sur un Dieu individuel et éternel, transcendant et anthropomorphe, de sa nostalgie de vie souveraine, le Travail ordonnant la vérité d'un monde naturel, finalement la reconnaissance des hommes entre eux (sur le plan d'un « État universel et homogène », c'est-à-dire, simplement d'une « société sans classes »), en un mot l'ensemble du devenir où se joue la révélation dans la conscience de la Totalité incluant ce devenir et la révélation de ce qu'est la Totalité, l'on voit mal comment cette description de l'Homme et du Monde, du Sujet et de l'Objet, pourrait être essentiellement changée. C'est en ordre plausible un tableau où se composent les possibilités qui généralement s'ouvriront à la conduite, à la pensée et au discours de l'Homme. Il est des points où la mise en ordre est contestable, aussitôt la contestation semble mineure et la faire engage à mieux admirer ce sur quoi nulle contestation ne pourrait mordre. Jamais on ne discuta les perspectives centrales du tableau : sur ce plan, dès l'abord, ce que l'on imagine d'autre est court, est de façon frappante une méconnaissance de l'ensemble. Une phrase très simple de Kojève énonce ces perspectives : « Le processus historique, le devenir historique de l'Être humain est donc l'œuvre de l'Esclave travailleur et non du Maître guerrier. Certes, sans Maître, il n'y aurait pas eu d'histoire. Mais ceci uniquement parce que, sans lui, il n'y aurait pas eu d'Esclave et donc de Travail. » L'essentiel de ce

---

* Selon moi, c'est par l'*interdit* ou les interdits religieux que l'Homme se serait séparé de l'animalité. Mais en écrivant le mot, je ne fais ici qu'énoncer vaguement sans en développer le sens un moment de la Négativité qui s'insère, en un sens, de lui-même, dans les constructions hégéliennes. Kojève fait allusion, mais sans le *situer*, au moment dont je veux parler. Il écrit (p. 490, nº I) : « Toute éducation implique une longue suite d'auto-négations effectuées par l'enfant : les parents incitent seulement à nier certains aspects de sa nature innée animale, mais c'est à lui de le faire effectivement. (Il suffit que le petit chien ne fasse plus certaines choses, l'enfant doit encore *avoir honte* de les faire, etc.). » Et c'est uniquement à cause de ces *auto-négations* (refoulements) que tout enfant « éduqué » est non pas seulement un animal dressé (« identique » à lui-même et en lui-même), mais un être vraiment humain (ou « complexe ») : tout en ne l'étant, dans la plupart des cas, que dans une trop faible mesure, l'éducation (c'est-à-dire les auto-négations), cessant généralement trop tôt. Kojève ne parle ici que du devenir humain de chaque individu dans l'enfance, mais généralement le passage de l'animal à l'Homme implique dans le même sens des *auto-négations* initiales, à mon sens, au premier temps de ce devenir. (J'ai tenté d'élucider ces questions touchant l'origine dans *Lascaux ou la naissance de l'art*.)

que l'Homme doit savoir de lui-même fut-il jamais plus brutalement (et plus sournoisement) énoncé ?

Si l'on songe que cette mise à nu de toutes choses – de l'Histoire envisagée dans sa violence (mais aussi dans le mouvement de ses rouages précis) – se passe, selon Hegel, au lieu même où l'être naturel devint l'Homme et le sut quand il sut ce qu'est la mort, il ne nous reste qu'à nous taire. En effet, le discours à l'extrémité de tout le possible place à la fin celui qui l'écoute dans le vide d'une nuit où la plénitude du vent empêche d'entendre parler.

III. LA FIN DE L'HISTOIRE

Au point où je suis parvenu se rencontre une inévitable déception. Au fond, cette déception est celle de l'homme cherchant dans la mort le secret de l'être et ne trouvant rien, faute de pouvoir au même instant connaître et cesser d'être : il doit se contenter d'un spectacle. Je puis imaginer – et représenter – un achèvement du discours si parfait qu'à la suite, d'autres développements n'auraient plus de sens, n'apprendraient rien et laisseraient regretter le vide que laisse la fin du discours. Mais j'aborde ainsi le problème dernier de l'hégélianisme. Ce moment ultime de l'imagination implique la vue d'une totalité dont aucun élément constitutif ne peut être séparé, qui, en conséquence, en dernier lieu, amène tout élément au moment où la mort le touche ; qui, bien plus, tire la vérité de chaque élément de cette absorption prochaine dans la mort. Mais cette contemplation de la totalité n'est pas possible réellement. Elle n'est pas moins hors de notre atteinte que celle de la mort.

J'introduis de cette manière le postulat de la « fin de l'histoire ». Le discours de Hegel n'a de sens qu'achevé et il ne s'achève qu'au moment où l'Histoire elle-même, où tout s'achève. Car, sinon, l'Histoire continue, et d'autres choses encore devront être dites. La cohérence du discours entre alors en cause, et même sa possibilité.

La fin de l'Histoire peut sans doute avoir lieu de plusieurs manières. Et de quelque manière qu'elle ait lieu il me paraît, sinon légitime, inévitable, à défaut de vivre la fin de s'imaginer la vivant, de la *représenter* pour cela par un artifice. Ce n'est en rien plus fou que de s'imaginer sa propre mort... Il est même soutenable de dire : « *l'histoire finie, à jamais finie, personne ne parlerait plus* ». Il serait même valable d'ajouter : « *Peut-être même personne alors ne le saurait. En conséquence, nous devrions anticiper!* » Une différence toutefois demeure entre deux comédies : la mort, elle, est certaine. Mais la fin de l'Histoire ne l'est pas. Ainsi ne pouvons-nous avoir, en ce qui la touche, la bonne conscience de celui qui s'imagine mourir. Et c'est regrettable à mes yeux. En premier lieu, il ne serait pas agréable d'affirmer, fût-ce en la prouvant, la nécessité selon laquelle « l'histoire finira », encore moins s'il fallait dire, naïvement, qu'elle est finie. En effet, l'idée que l'histoire ait pris fin semble une sottise à la plupart. Les arguments que l'on y oppose sont peut-être faibles. Ils reviennent à dire, à peu près, d'une colline ou d'une maison : nous l'avons toujours vue là, pourquoi s'en irait-elle? Pourtant, l'histoire a commencé...

Je donnerai maintenant le sens précis que nous pouvons donner à ces mots étranges : la fin de l'histoire. Cela veut dire que désormais rien de nouveau n'aura lieu. Rien du moins de vraiment nouveau. Rien qui puisse enrichir un tableau des formes d'existence apparues. Des guerres ou des révolutions de palais ne prouveraient pas que l'histoire dure.

Quoi qu'il en soit, si je la propose, perspective si peu attendue motivera les mêmes réactions que la mort. Je puis en dire : « ce n'est rien » ou « c'est faux ». Je puis même « reculer d'horreur devant la fin ». Je puis également contempler ce qui meurt « bien en face », supportant l'œuvre de la mort. Je tirerai dès lors d'un déchirement absolu une vérité dont l'apparition annonce qu'elle va disparaître...

De toute façon, la mort de l'histoire est ma mort aussi bien que celle de l'individu que je suis. N'est-elle pas même une mort au second degré? La durée historique ouvrait devant moi une survie, dont jamais je n'ai ri qu'hypocritement.

Mais je sais que l'homme est négation, qu'il est une forme rigoureuse de Négativité ou n'est rien. Si sans révolte créatrice, le donné est accepté, tous ces êtres qui acceptèrent seront-ils encore des hommes? s'ils se satisfont d'eux-mêmes, restant sans changement égaux à eux-mêmes, n'auront-ils pas acquis le caractère de l'animal – renoncé à celui des hommes? À ce propos, Kojève dit simplement * : « La Disparition de

---

* *Introduction à la lecture de Hegel*, p. 434, n° 1.

l'Homme à la fin de l'Histoire n'est... pas une catastrophe cosmique : le Monde naturel reste ce qu'il est de toute éternité. Et ce n'est donc pas non plus une catastrophe biologique : l'Homme reste en vie en tant qu'animal qui est en accord avec la Nature ou l'Être-donné. Ce qui disparaît, c'est l'Homme proprement dit, c'est-à-dire l'Action négatrice du donné et l'Erreur, ou, en général, le Sujet opposé à l'Objet. En fait, la fin du Temps Humain ou de l'Histoire, c'est-à-dire l'anéantissement définitif de l'Homme proprement dit ou de l'Individu libre et historique, signifie tout simplement la cessation de l'Action au sens fort du terme. Ce qui veut dire pratiquement : − la disparition des guerres et des révolutions sanglantes *. Et encore la disparition de la *Philosophie* : car l'Homme ne changeant plus essentiellement lui-même, il n'y a plus de raison de changer les principes (vrais) qui sont à la base de sa connaissance du Monde et de soi. Mais tout le reste peut se maintenir indéfiniment : l'art, l'amour, le jeu, etc. ; bref tout ce qui rend l'Homme *heureux*. Rappelons que ce thème hégélien, parmi beaucoup d'autres, a été repris par Marx. L'Histoire proprement dite, où les hommes (les « classes ») luttent entre eux pour la reconnaissance et luttent contre la Nature par le travail, s'appelle chez Marx " Royaume de la nécessité " *(Reich der Notwendigkeit)*; *au-delà (jenseits)* est situé le " Royaume de la liberté " *(Reich der Freiheit)*, où les hommes (se reconnaissant mutuellement sans réserves) ne luttent plus et travaillent le moins possible (la Nature étant définitivement domptée, c'est-à-dire harmonisée avec l'homme **.»

Kojève dit ailleurs *** : « Rien ne change... plus dans (l') État universel et homogène. Il n'y a plus d'Histoire, l'avenir y est un passé qui a déjà été, la vie y est donc purement biologique. Il n'y a donc plus d'homme proprement dit. L'humain (l'Esprit) s'est réfugié, après la fin définitive de l'Homme historique, dans le Livre ****. Et ce dernier est donc non plus le Temps, mais l'Éternité.»

Puis il commente ce dernier passage de son livre ***** : « Le fait qu'à la fin du Temps le Mot-concept (Logos) se *détache*

---

* À la rigueur, car il est possible d'imaginer, après la fin de l'histoire, des guerres et des révolutions n'ajoutant pas de chapitre *nouveau* à ce que l'homme a déjà vécu.
** Voir *Le Capital*, L. III, chap. 48.
*** P. 387.
**** *Phénoménologie de l'esprit*. (Cette note n'est pas de Kojève lui-même.)
***** En note de bas de page, p. 387-388.

de l'Homme est, existe-empiriquement, non plus sous la forme d'une réalité humaine, mais en tant que Livre – ce fait révèle la *finitude essentielle* de l'Homme. Ce n'est pas seulement tel ou tel homme qui meurt : l'Homme meurt en tant que tel. La fin de l'Histoire est la *mort* de l'Homme proprement dit. Après cette mort, il reste : 1) des corps vivants ayant forme humaine mais privés d'Esprit, c'est-à-dire de Temps ou de puissance créatrice ; et 2) un Esprit qui existe-empiriquement, mais sous la forme d'une réalité inorganique, non vivante, en tant qu'un Livre, qui n'étant même pas une vie animale n'a plus rien à voir avec le Temps. Le rapport entre le Sage et son Livre est donc rigoureusement analogue à celui de l'Homme et de sa *mort*. Ma mort est bien mienne, ce n'est pas la mort d'un autre. Mais elle est mienne seulement dans l'avenir : car on peut *dire* : " je vais mourir ", mais non " je suis mort ". De même pour le Livre. C'est mon œuvre, et non pas celle d'un autre ; et il y est question de moi et non d'autre chose. Mais je ne suis dans le Livre, je ne suis ce livre que tant que je l'écris ou le publie, c'est-à-dire tant qu'il est encore un avenir (un projet). Le Livre une fois paru, il se détache de moi. Il cesse d'être moi, tout comme mon corps cesse d'être moi après ma mort. La mort est tout aussi impersonnelle et éternelle, c'est-à-dire inhumaine, qu'est impersonnel, éternel et inhumain l'Esprit pleinement réalisé dans et par le Livre. »

Si j'ai donné ces textes étranges où la parole même paraît frappée de mort, ce n'est pas seulement pour en défendre le contenu, mais pour mieux situer la philosophie de Hegel. Le texte de Kojève est péremptoire. Le mouvement en est brutal. Il n'est pas conciliant, et il est clair qu'à s'adoucir, il se viderait de contenu. Certes la philosophie de Hegel est la philosophie de la mort. L'adhésion étroite de Kojève à l'emportement négateur de l'Action le marque lui-même d'un signe de finitude ou de mort ; à l'écouter, il semble que la mort elle-même a parlé ce langage aisé, tranchant, animé d'un implacable mouvement : sa parole a l'impuissance et dans le même instant, la toute-puissance de la mort. Que reste-t-il d'un mouvement dévastateur où il n'est rien que pense l'humanité qui n'aille en poussière et qui ne s'effondre : Kojève a souligné l'insatisfaction cachée de Hegel et il a fait ressortir heureusement que le Sage nomme satisfaction, une frustration certes *volontaire,* mais absolue, mais définitive. Qu'est-ce d'ailleurs sinon révéler dans la Totalité hégélienne, un holocauste offert « bien en face » à la dévastation du Temps? Du temps dérobant toutes choses, se dérobant lui-même en sa disparition incessante.

Malgré les manières de penser qui prévalent, j'envisage maintenant la fin de l'Histoire comme une vérité quelconque, comme une vérité établie.

La condition essentielle en est claire, c'est seulement le passage des hommes à la société homogène; la cessation du jeu par lequel ces hommes s'opposaient entre eux, et réalisaient tour à tour des modalités *humaines* différentes.

Dans le déroulement de l'histoire, une partie des hommes devenait autre que n'étaient ceux qui demeuraient immobiles, immuables. L'Homme s'oppose à l'animal en ce que l'animal à travers les siècles demeura semblable à lui-même, tandis que l'homme devient toujours *autre*. L'homme est l'animal qui diffère continuellement de lui-même : c'est l'*animal historique*. Les animaux n'ont pas, ils n'ont plus d'histoire. L'histoire humaine cessera quand l'Homme cessera de changer, et de cette façon de différer de lui-même.

Un tel moment est facilement reconnaissable : les hommes, d'un côté, sont purement conservateurs de ce qu'ils sont, surtout conservateurs des différences qui les séparent, qui leur donnent le sentiment d'être humains; si, du côté de ceux qui changent le monde, ils sont uniquement occupés à supprimer celles des différences entre eux qui ont le sens d'une distinction de classes, il n'y a plus d'histoire, ou du moins la partie de l'histoire qui se joue est *finale*.

En de telles conditions, il est clair que la lutte a lieu sincèrement de chaque côté *pour l'Homme*. Les conservateurs ne sont pas les conservateurs de tous les temps, ils ne sont pas la pure expression de l'inertie du passé, mais de la volonté que l'Homme a sans cesse de différer de ce qu'il fut, d'incarner l'Homme authentiquement dans cette différence avec lui-même. En contrepartie, les révolutionnaires modernes ne ressembleront pas à ces révolutionnaires du passé, qui portaient en eux la venue d'hommes nouveaux (ainsi l'intellectuel libéral, le poète romantique), qui créaient de nouvelles distinctions. Ou s'il est question d'un homme nouveau, la seule nouveauté qu'il signifiera sera d'aligner l'humanité entière au niveau d'une sorte d'achèvement. Il est facile de préciser le point où cet alignement est proposé. Il s'agit d'une culture susceptible sans doute de divers degrés mais telle que ces degrés n'aient qu'une importance quantitative et ne créent pas de distinctions qualitatives. La culture susceptible de ménager l'homogénéité fondamentale et la compréhension réciproque de ceux qui l'incarnent aux divers degrés est la culture technique. L'ouvrier ne sait pas ce que sait l'ingénieur, mais la valeur des connaissances de l'ingénieur ne lui échappe pas, comme lui échappent les intérêts d'un écrivain surréaliste. Il ne s'agit pas d'une échelle de valeurs supérieure, ni d'un mépris systématique des valeurs désintéressées. Il s'agit d'appuyer ce qui rapproche les hommes et de supprimer ce qui les sépare. C'est, pour l'homme, un renversement du mouvement qui l'avait porté jusque-là. À partir de là, chaque homme peut voir en lui-même l'humanité, dans ce qui le fait la même chose que les autres, alors que nous faisions porter la nôtre sur les valeurs qui nous en distinguaient.

Cela ne suppose pas le désir de ce que l'humanité atteignit en s'élevant de distinction en distinction. Cela suppose seulement que personne ne cherche plus de distinction nouvelle. Mais cela veut dire que l'homme, d'accord avec lui-même, ne cherche plus à être l'homme en différant de ce qui se donnait avant lui pour nature humaine. En somme, ce qui fit de nous le prodige décevant que nous sommes encore, cède la place à l'être naturel, animal, en tant qu'immuable, qui dominera la nature en ne la niant plus puisqu'il y sera entièrement intégré.

L'événement est d'autant plus lourd que de part et d'autre, personne n'est prêt à le voir « bien en face ». Le sens en est reconnaissable et jamais il n'est reconnu. Mais il règne aujourd'hui sur la terre un grand malaise.

Il nous est difficile, malgré tout, de ne pas revenir à nos habitudes de penser. Mais la chance, un instant, nous est donnée de connaître au moment où il entre dans la mort, ce monde qui jamais ne sembla nous révéler une insoutenable présence sinon pour nous en dérober le sens. Ce sens nous le connaîtrons d'une manière fugitive, et l'affirmation n'en sera là que pour se dissoudre en un silence définitif. C'est une chance néanmoins de répondre à cette invitation : cette chance est décevante, c'est vrai, mais si elle l'est, peut-être avons-nous attendu d'innombrables siècles une apothéose si humaine, un achèvement si sublime et si parfait. Toujours est-il qu'une apothéose de la sorte, où les yeux sans doute s'ouvriront trop tard à la dernière révélation, mérite au moins la faible excitation que j'éprouve. Je ne puis espérer d'en jouir, même je ne saurais pas si je fais un spectacle merveilleux d'un événement dont c'est justement le propre de n'annoncer plus rien de merveilleux. Le jour où ce que j'attends se verra, tous les yeux seront peut-être fermés, comme inévitablement les yeux de bourreaux dignes de ce nom sont aveugles à la mort. Mais il est temps encore, et je puis, sortant de nos habitudes de penser, me donner à l'avance le spectacle que jamais ne regarderont que des yeux fermés, mais que je vois encore, et qui devant des yeux que j'écarquille est aussi merveilleux qu'angoissant.

Il ne me semble pas qu'à cette fin, l'imagination soit satisfaisante. Il est certes plus captivant de représenter à notre manière une fatalité précise. La contemplation anticipée dont jamais nous ne sortirons ne peut être que savante. Nous devons nous borner à nous raconter l'histoire des antécédents de l'événement. Mais nous pouvons nous rapprocher de plusieurs manières de ce qui, dans l'esprit, éveille le désir d'être là, regardant bien en face. Incontestablement ces réactions ultimes sont dérisoires, mais ce qui pour les uns est « tant pis » est parfois « tant mieux » pour les autres.

Me plaçant dans le développement du temps, je puis envisager la masse de la matière vivante, dans cette masse m'arrêter à ce fait : l'homme agissant au sein de cette matière y doit « produire » sa subsistance, mais il produit toujours (ou presque toujours) plus qu'il ne faut pour subsister.

En elle-même la nature produisait déjà plus de subsistances qu'il est nécessaire à la somme des êtres vivants. D'où le sens économique d'animaux déprédateurs ayant une nourriture bien plus onéreuse que les animaux de la même taille. Tout a lieu comme une explosion ralentie de feu d'artifice ; de cette explosion, se multiplieraient les arabesques de vie et de mort, mais elle ne cesserait jamais de prolonger (ou d'intensifier) son mouvement explosif. Si l'on envisage la mort elle-même comme un luxe, tout est luxe dans la nature. Tout est luxe, surabondance.

Assurément, de tous les animaux, l'homme a la vie la plus luxueuse. Bien entendu, à cet égard, il y a une oscillation. D'une façon générale, si l'espèce d'un animal est saturée de ressources, l'abondance peut servir à sa reproduction multipliée. Bien entendu, cette croissance de l'espèce atteint vite un point de saturation, au-delà duquel on verrait diminuer la part individuelle des ressources. Sur ce plan intervient d'ailleurs le déprédateur : il mange une partie des animaux ; de cette façon, les survivants, dont la croissance indéfinie aurait eu la pénurie pour résultat, ne manquent de rien.

J'ai déjà dit que le sens économique du déprédateur tenait à la nature luxueuse de sa nourriture. Pour se nourrir, il utilise en un sens, sa vie durant, la quantité d'herbe qui servit à nourrir ses victimes, c'est-à-dire une quantité bien plus grande que s'il s'était nourri en herbivore. Un lion se nourrissant de vaches absorbe pour se nourrir le produit d'une quantité d'herbe très supérieure à celle qui suffit à la nourriture d'une vache. Mais il n'a pas détruit un brin d'herbe. Si son espèce croissait elle-même rapidement, l'on n'aurait fait que reculer pour mieux sauter, mais il n'en est rien. Le calcul des effets serait complexe, et il faut dire aussi qu'il est difficile d'en établir les données précises. Mais la simple évocation des faits montre le danger (le non-sens) d'une métamorphose de l'abondance en croissance supprimant l'abondance. Ce qui compte économiquement est le maintien d'une oscillation entre la croissance et la consommation onéreuse, qui n'a pas de croissance proportionnée pour effet.

Dans le cas de l'Homme, il est vrai que la croissance même contribue au développement des ressources. Mais ce n'est vrai que dans le développement de possibilités techniques non encore employées. Il y a donc néanmoins des points de saturation. Mais cela signifie qu'humainement, la croissance a deux formes. La croissance de base est celle de l'espèce : elle touche le nombre des individus. Elle est favorable à l'autre forme, secondaire, celle des moyens de produire à la disposition d'une société. Théoriquement, la croissance secondaire pourrait être indéfinie et n'avoir pas d'inconvénients. Il y a pourtant dans la croissance industrielle un point de saturation, comme dans la croissance animale ; pour une situation donnée dans le temps et dans l'espace, il existe un point de saturation de la croissance industrielle elle-même. Fût-ce dans l'État rationnel universel et socialiste, nous devrons tenir compte d'un facteur précis : une satiété des produits relative à l'effort de production. Sinon une croissance industrielle excessive pourrait à la fin signifier la même chose que la croissance animale excessive, la diminution du bien-être moyen.

Si l'on pense avec Hegel, que l'Histoire, c'est-à-dire

l'Homme, commence avec la lutte de pur prestige en vue de la Reconnaissance, il faut admettre, à la base de l'existence *humaine*, le problème d'un choix entre l'emploi des ressources, à la croissance en nombre et en puissance d'une part, la consommation *improductive*, d'autre part. Le choix initial de la lutte de prestige marque le privilège de la consommation improductive, mais il est moins clair qu'il ne semble d'abord; il n'y a qu'en apparence choix unilatéral, il y a en vérité *double* mouvement. Jamais le souci de croître ne cessa de jouer, ni jamais non plus celui de vivre glorieusement. On verra que le choix authentique de l'homme est la *duplicité*.

La solution première se trouva dans une répartition du double mouvement entre l'Esclave et le Maître. *Volontairement*, l'homme refusa de s'appliquer à la croissance; il ne voulut pas ouvertement subordonner le présent à l'avenir comme l'implique humainement le souci de croître; l'Esclave, seul, dut subordonner son temps présent à l'avenir du Maître. Tout d'abord, ce fut donc la servilité, s'entend l'absence de liberté, qui prit sur elle le souci de l'avenir : la liberté affirma la vie souveraine, ou divine dans l'instant.

Il va sans dire que ces fondements ne sont pas seulement fragiles, ils sont faux. La tricherie du Maître * est claire dès l'abord. Car le Maître commande l'Esclave, et dans cette mesure il *agit* au lieu d'*être souverainement*, dans l'instant. Ce n'est pas l'Esclave, c'est le Maître qui décide les actes des Esclaves, et ces actes serviles sont ceux du Maître.

Mais le Maître les nie. Il se dégage hypocritement du crime initial (qu'est la négation de la nature) en persévérant dans ce crime. Il nie les autres hommes, les Esclaves, de la même façon qu'il nie la nature. Il ment s'il ne semble consentir qu'à la consumation luxueuse. Il est honteux de *sa* misère, d'une misère qui est la sienne, non pas seulement celle de l'Esclave. Car l'Esclave agit malgré lui et n'est pas servile volontairement – de même, le Maître, qui décide s'il *est* souverain volontairement, ne l'est pas en vérité. À croire le Maître, c'est l'Esclave que dégradent les soucis serviles. Il est vrai que l'Esclave, lorsqu'il préféra l'esclavage à la mort, se dégrada; qu'il se mit de lui-même au niveau de la vie animale. Mais la prévoyance n'est pas son fait. Le Maître a seulement chargé l'Esclave

---

* Dans ce développement, bien que je parle de la souveraineté du Maître, je n'envisage de ce dernier que l'esprit individuel, comme le fait Hegel au chapitre IV de la *Phénoménologie*.

dégradé d'une prévoyance qu'il n'avait pas. Il était dégradé dès le départ; il était facile de lui associer ce qui dans la prévoyance est dégradant (même si le Maître seul a su prévoir).

Néanmoins, le travail de l'Esclave fut une réussite dans le sens de l'usage souverain des richesses. Dans l'oscillation dont j'ai parlé, il assura à la vie humaine une dominante improductive. Mais finalement l'Esclave assuma la servilité prévoyante qu'il avait d'abord malgré lui et dont le Maître avait honte – lui n'en eut pas de honte et dans un mouvement terre à terre, à la longue, il acquit la puissance véritable; la honte du Maître lui retira ce que l'Esclave gagna. Vint le temps où l'Esclave puissant subordonna librement les ressources disponibles à des résultats escomptés dans l'avenir. Il le fit, s'en vantant. Mais il n'eut pas moins d'inconséquence que le Maître. Il suivit ces principes sans toucher d'abord à l'ordre établi. Le capitaliste voua les ressources à la même croissance des moyens de production, mais sans rien changer au monde fondé sur la *distinction* des classes, qui s'opposèrent les unes aux autres. Le capitaliste, en principe, niait ces différences *qualitatives* entre les classes. Mais ceci échappait au « patronat » : une part de son activité demeurait improductive. Dans son essence, l'industrie était bien un monde de l'utilité, c'était aussi un monde homogène borné aux différences *quantitatives*. Mais l'utilité se bornait à celle de l'employeur. Et souvent l'employeur jugeait bon, il jugeait *utile* de rivaliser avec le Seigneur dans l'usage fastueux de sa richesse.

C'était en un sens une limite donnée à la croissance, mais c'était seulement une apparence. La limite était donnée principalement dans le fait que, la subsistance assurée (mal assurée, mais assurée selon l'usage), une part appréciable de la production devait être dilapidée sous forme d'activité improductive. Sinon les effets d'une croissance exagérée se seraient fait sentir péniblement. Jamais il ne fut question de réduire la production improductive au profit d'une accumulation plus rapide. Il fallait seulement, dans le monde servile, la nier en la conservant, lui donner la forme servile. L'excès des richesses disponibles devait passer d'une répartition inégale voyante, à une répartition homogène, sous la forme d'un accroissement du niveau de vie des travailleurs – de tous les travailleurs. Le luxe est supprimé et sublimé sous forme de *commodité* *.

Ceci couvre l'essentiel de l'opération présente. Sur ce plan, toutefois, l'usage improductif par excellence est plus que jamais donné dans les dépenses de guerre, ce qui semble aller à l'encontre d'un mouvement de nivellement. Les guerres sont peut-être en fait les derniers soubresauts d'un mouvement enclin dans son expansion à ce rayonnement final dont la chaleur est le type, qui se diffuse en se perdant et où les différences et l'intensité se perdent. Les guerres ont, il est vrai, servi de malaxeurs. Elles peuvent, en un sens contraire, ramener, comme on dit, l'humanité en arrière, mais encore, en ce sens, cela ne saurait annoncer un temps où l'humanité en mouvement retrouvera l'esprit de conquête qu'elle eut notamment depuis cinq siècles.

Il n'y a rien à regretter, cet esprit vient sans nul doute de l'insatisfaction, et ses conquêtes ont jusqu'aujourd'hui passé l'Homme insatisfait. Il s'agit d'ailleurs à présent d'une phase plus profondément critique. L'Homme en est peut-être de nos jours au moment d'être lâché par le mouvement qui l'avait porté en avant ; peut-être est-il déjà lâché. C'est bien la raison pour laquelle il pourrait sentir, comme jamais il ne le sentit, ce qu'est l'Homme : cette force de Négativité, un instant suspendant le cours du monde, le réfléchissant parce qu'un instant, il le brise, mais ne réfléchissant qu'une impuissance à le briser. S'il lui semblait briser vraiment, il ne réfléchirait qu'une illusion, car il ne le brise pas. L'Homme à la vérité ne réfléchit le monde qu'en recevant la mort. À ce moment, il est souverain, mais c'est que la souveraineté lui échappe (il sait aussi que, s'il la maintenait, elle cesserait d'être ce qu'elle est...). Il dit ce qu'est le monde, mais sa parole ne peut troubler le silence qui s'étend. Et il ne sait rien que dans la mesure où le sens du savoir qu'il a se dérobe à lui.

---

* Kojève écrit, p. 499, n° 1 : « ...La plupart des gens croient qu'ils travaillent davantage pour gagner plus d'argent ou pour augmenter leur " bien-être ". Il est cependant facile de voir que le surplus gagné est absorbé par des dépenses de pur prestige et que le prétendu " bien-être " consiste surtout dans le fait de vivre mieux que son voisin ou pas pire que les autres. » Oui, mais dans l'homogénéité moderne le bien-être doit servir de liant à l'homogénéité ; il ne doit pas servir de distinction. Kojève ajoute : « ...Le surplus de travail et donc le progrès technique sont en réalité une fonction du désir de " reconnaissance ". » Oui, mais Kojève ajouterait que ce facteur jouerait d'une manière renversée « dans la reconnaissance de tous les hommes entre eux, sans rivalité ».

L'impressionnisme

Critique [1]

JEAN LEYMARIE, *L'Impressionnisme*, Étude biographique et critique, Genève, Skira, 1955, 2 vol. In-8°, planches en couleurs. («Le Goût de notre Temps», collection établie et dirigée par Albert Skira.)

JOHN REWALD, *Histoire de l'impressionnisme*, Traduit de l'anglais par Nancy Goldet-Bouwens, Albin Michel, 1955. In-8°, 463 p., pl.

MAURICE RAYNAL, *Cézanne*. Étude biographique et critique, Genève, Skira, 1954. In-8°, planches en couleurs. («Le Goût de notre Temps», collection établie et dirigée par Albert Skira.)

JEAN DE BEUCKEN, *Un Portrait de Cézanne*, Gallimard, 1955. In-8°, 347 p., pl.

Entre les diverses périodes de la peinture, il n'en est pas qui éveillent aujourd'hui plus d'intérêt que celle du renouvellement décisif qui se produisit en France, dans la seconde moitié du XIXe siècle. Notre perspective est peut-être fausse? Sans doute d'autres périodes ont-elles été plus grandes, plus brillantes? La question, à vrai dire, importe peu. Personne n'imaginerait maintenant qu'une opinion définitive pût avoir un sens objectif. Mais il est un fait : les ouvrages consacrés à l'impressionnisme, à la période entière ou aux peintres qui la représentent sont les mieux accueillis du public actuel *. Et

---

* J'ai tenté de donner cet aperçu de l'impressionnisme à partir des quatre ouvrages cités en tête. Le premier, celui que Jean Leymarie a publié aux éditions Skira donne

sans doute en est-il de même des expositions. Nous pouvons sur ce point parler de vérité objective : les sceptiques peuvent interroger les éditeurs et les libraires...

Ceci est digne de remarque : ce mouvement d'intérêt porte essentiellement sur des œuvres que le public du temps accueillit par des rires mêlés de colère. Que l'on songe aux réactions de la presse en 1865 contre *L'Olympia*. C'est d'un déchaînement qu'il est nécessaire de parler : le tableau qui devait, en 1907, entrer au Louvre atteignit d'emblée la célébrité, mais c'était celle du scandale. Même un Théophile Gautier, qui appartenait au milieu où Manet trouva ses premiers défenseurs, levait alors les bras au ciel. Et sa fille écrivit au sujet du peintre : « Parmi les artistes (du Salon), il est un homme qui se met à faire la culbute et à tirer la langue... » Un critique quelconque déclarait : « M. Manet qui a peint l'enseigne de la femme à barbe est original... » Un autre enfin : « La foule se presse comme à la morgue devant *L'Olympia* faisandée de M. Manet. L'art descendu si bas ne mérite pas qu'on le blâme... » Nous ne saurions trop souvent rappeler cette origine infâme de l'art moderne. D'autres, Cézanne, Van Gogh... n'éveillèrent pas une colère égale, c'est qu'ils passèrent inaperçus. Le mépris du public ne permit pas au scandale qui les atteignit d'avoir une aussi grande ampleur. Sans doute Cézanne chercha le scandale, il éprouva un vif plaisir chaque fois qu'il eut l'occasion d'horrifier, mais ce fut Manet, qu'il rendait malade, qui le personnifia...

Le scandale de la peinture à partir du milieu du xixe siècle,

d'abord près de cent vingt reproductions en couleurs de premier ordre, dont le choix est vraiment remarquable. Le texte en est alerte et donne du développement du mouvement et de ses conséquences une image très complète et très vivante. Nous regrettons seulement que l'auteur n'ait pas tenu compte, au moins pour les discuter, des vues qu'André Malraux expose dans ses *Voix du silence*. C'est un reproche que nous ne pouvons faire au travail de John Rewald dont la traduction en français n'est accompagnée que d'un petit nombre de photographies et de reproductions : l'auteur s'inspire en effet des idées de l'historien français, Fustel de Coulanges, au nom duquel il se refuse à « discuter avec profondeur »... Mais son exposé est le plus abondant recueil de documents sur l'impressionnisme dont nous puissions actuellement disposer. Et, bien que Fustel de Coulanges l'ait également mis en garde contre le souci de « raconter avec agrément », il est certain que ce gros volume est vivant d'un bout à l'autre. L'excellente monographie que Maurice Raynal, avant de mourir, a consacrée à Cézanne est d'autant plus précieuse que l'auteur a vécu dans le milieu de peintres qui accepta et féconda l'héritage du maître, dans le milieu des peintres cubistes. Son langage peut surprendre, mais c'est, transposé dans la sévérité d'une étude, le langage des peintres. Et c'est bien sous cet aspect, lourd du sens que cette peinture prit dans l'histoire, que nous devons envisager l'œuvre de Cézanne. Cette monographie est enrichie de soixante reproductions en couleurs des éditions Skira. À ce que nous connaissions déjà de la vie de Cézanne, Jean de Beucken ajoute encore des documents nouveaux et pittoresques. Son récit chronologique n'est nullement une vie romancée, mais il est peu de romans qui puissent être lus avec plus d'intérêt.

et sa prolongation dans le premier tiers du xxᵉ, est d'autant plus curieux qu'il n'existe plus de nos jours. Les Anciens avaient l'habitude de dire qu'avant sa mort, on ne pouvait parler d'un homme : tant qu'il vivait, son destin, sa figure pouvaient changer et certainement la disparition d'un phénomène aide au contraire celui qui tente d'en découvrir la signification. Les choses aujourd'hui sont jouées : la vertu qu'une peinture remarquable eut d'attirer une foule qui la venait voir afin d'en rire n'agit plus. Cette hilarité collective a duré après l'impressionnisme, à l'occasion du fauvisme, du cubisme, du surréalisme. Mais les hommes de notre temps l'ont perdue, ou s'ils la retrouvent, c'est, à la rigueur, isolément. Il n'y a pas eu, depuis Dali et depuis Balthus, de nouveauté choquante dans la peinture.

Ce ne sont pas, au xixᵉ siècle, les impressionnistes qui furent les premiers à faire rire : Delacroix et Courbet, et même Ingres, ont fait rire en leur temps. Le public a d'abord manifesté une aptitude à rire de ce qui lui semblait nouveau : le rire entraînait bien entendu le jugement péjoratif des rieurs. Aujourd'hui nous avons retourné ce jugement..., le rieur qui aurait survécu ne se vanterait pas. Mais dans ces changements risibles de la peinture, nous devons, j'imagine, envisager deux périodes. Dans la première, le rieur se bornait à rire de changements semblables à ceux qui s'étaient succédé depuis l'origine de l'histoire de l'art : le public était devenu moins docile, plus sot. Il ne réagissait toutefois dans le début qu'à des prodromes. Courbet, ni Delacroix n'introduisirent pas de différence appréciable, ils se bornèrent à moins bien obéir, à se soumettre moins bien. Pour le public, du moins pour ce troupeau que fut le public, plus nombreux, du xixᵉ siècle, la peinture devait imiter, elle devait copier le monde réel. Mais le réel n'était en rien ce qui effectivement existait, le réel était ce qui répondait à l'attente de ce public. Le peintre Gleyre, dont Monet fut un temps l'élève, lui disait d'un travail : « Pas mal, pas mal du tout cette affaire-là, mais c'est trop dans le caractère du modèle. Vous avez un bonhomme trapu : vous le peignez trapu. Il a des pieds énormes, vous les rendez tels quels. C'est très laid, tout ça. Rappelez-vous donc, jeune homme, que quand on exécute une figure, on doit toujours penser à l'antique *... » La peinture imitait, elle copiait le

---

* Rewald, *Histoire de l'impressionnisme*, p. 61.

monde réel. Sans doute. Mais comme la convention le voyait,
tout à l'opposé de ce que verrait l'œil, si l'œil, au lieu de voir
ce que l'esprit cultivé, l'intellect, lui représentent, découvrait
tout à coup le monde. « Monet, nous dit Jean Leymarie *, a
pu confier à un jeune peintre qu'il aurait souhaité naître
aveugle et recouvrer soudainement la vue pour ne rien
connaître des objets et se trouver vierge devant les *apparences.* » De ce propos justement célèbre, Leymarie dit qu'il
éclaire jusqu'à l'absurde l'esthétique de la sensation de Monet.
J'insisterais plutôt sur le côté logique de la proposition du
peintre (je ne doute d'ailleurs pas de l'entente parfaite entre
l'absurde et le logique) : dès l'instant où la peinture n'était
plus la reproduction d'une image du monde *intellectualisée,* le
peintre se devait de « mettre entre parenthèses » tout ce qu'il
savait, en particulier ce que signifiait de savoir acquis cette
vision des choses que l'intellect ordonne, qu'il articule en
nous. L'École des Beaux-Arts tentait d'achever l'ordonnance
en la rapportant « à l'antique », mais elle ne faisait qu'or-
chestrer l'air populaire. L'aspect du monde connu de tous,
auquel la peinture était asservie, n'en était pas l'aspect réel,
ou, si l'on veut, n'en était pas l'*apparence vraie,* c'était un
mythe conventionnel, qui avait eu sa fécondité et sa force,
mais qui, sans doute, au début du xixᵉ siècle n'eut plus que
pour une foule inerte une valeur convaincante. Le moment
vint où des peintres moins dociles s'avisèrent, encore qu'ils
ne cessassent pas de représenter ce qu'ils voyaient, de n'en
plus reproduire une image conventionnelle, donnée dans la
conscience commune.
    Leur indocilité n'eut pas d'abord de cohérence, elle n'eut
pas la logique donnée dans l'absurde désir de Monet. Delacroix suivait le caprice, il se livrait à l'envolée de l'imagination,
Courbet, bien au contraire, abandonnait la convention pour
une vérité terre à terre. L'un et l'autre, toutefois, continuaient
de faire naïvement de la peinture une sorte de langage voisin
du langage parlé. Les tableaux de Delacroix, de Courbet ont
souvent la valeur d'une éloquence qui tente de convaincre
d'un sens que le peintre a donné aux objets représentés. Cette
indocilité se borne en somme à proposer une nouvelle sorte
de convention. C'est à partir de Manet seulement qu'à l'aspect
conventionnel des choses le peintre substitue un aspect imprévu

---

* *L'Impressionnisme,* II, p. 36.

qui n'a pas de sens, sinon l'incongruité des choses comme elles sont (cette incongruité que la peinture traditionnelle se devait de voiler : « Il a des pieds énormes, vous les rendez tels quels... », disait à Monet Gleyre navré!)

De cette orientation cohérente de la peinture, Manet, qui n'eut jamais de véritable théorie (qui se bornait à dire : « Il n'y a qu'une chose vraie, ce qu'on voit »), fut la manifestation première. Mais Monet ne fut pas son suiveur (Monet exposait au Salon des marines, qui eurent un incontestable succès l'année même où *L'Olympia* faisait rire la foule entière). En vérité, chacun de ces quasi-homonymes représente l'une des possibilités qu'ouvrait la tendance nouvelle. Monet, conscient de l'incongruité du résultat, lorsqu'il peignait *ce qu'il voyait*, n'hésitait pas à en tirer je ne sais quel charme caustique. Il y a quelque chose d'acide dans l'incongruité de *L'Olympia* : nous avons fini par ne plus le voir, mais elle fut au moment si criante que la critique parla d'une « laideur de gorille ». Le même élément joue à travers l'œuvre entière de Manet. Au contraire, dès l'abord, Monet se situa dans l'étroitesse de l'indifférence. Son travail tout entier est vibrant d'un bonheur sans fièvre. (Aucune peinture plus étrangère à la vie du peintre : les tableaux qu'il peignit dans le temps d'une misère à laquelle il tenta d'échapper par le suicide sont d'une sérénité heureuse, égale à celle d'autres périodes.) Cézanne disait de lui : « Ce n'est qu'un œil, mais quel œil! » Monet est tout entier dans ce désir qu'il eut de naître aveugle et par là d'être à l'état pur cet organe, toute autre faculté atrophiée. Un fait qu'il a lui-même conté le laisse voir d'une manière à la fois admirable et atroce : « Un jour, expliquait-il à Georges Clemenceau, me trouvant au chevet d'une morte qui m'avait été et qui m'était toujours très chère *, je me surpris les yeux fixés sur la tempe tragique dans l'acte de chercher machinalement la succession, l'appropriation des dégradations de coloris que la mort venait d'imposer à l'immobilité du visage, des tons de bleu, de jaune, de gris, que sais-je? Voilà où j'en étais venu... Voilà que l'automatisme organique frémit d'abord aux chocs de la couleur, et que les réflexes m'engagent, en dépit de moi-même, dans une opération d'inconscience où se reprend le cours

* Il s'agit de sa première femme, Camille, dont le portrait, exposé au Salon de 1866, est l'un des chefs-d'œuvre du peintre : elle était alors très jeune; elle mourut en 1879.

quotidien de ma vie. Ainsi de la bête qui tourne sa meule *. »
Faut-il dire qu'en dépit de la virtuosité et de la force calme
de Monet, il y a dans le caractère fragile, irritable et capricieux
de Manet, quelque chose de rassurant, d'instable et de plus
humain ? Manet fut l'ami intime de Baudelaire, surtout de
Mallarmé. Il représente un mouvement brisé, en irruption
dans des domaines souvent inattendus, où joue un élément
de désordre et de subversion subtile. Manet n'en eut conscience que vaguement, il n'eut jamais, comme plus tard
Cézanne, une volonté brutale de heurter, mais, toujours, il y
eut en lui, en un sens malgré lui, quelque chose de dérangeant,
qui ne se laissait pas réduire à la calme indifférence de Monet,
que ce dernier eut en commun avec Pissarro et Sisley, comme
avec Renoir.

Il est donc juste de lier de préférence l'impressionnisme à
ces quatre noms, et surtout à Monet. Ceux-là eurent en
commun leur rigueur, étrangère à tout autre souci. Manet
aurait sans nul doute protesté si l'on avait vu dans sa peinture
la trace d'une préoccupation intellectuelle. C'est cependant
par là, par une moindre indifférence au sujet, ou plutôt par
une ouverture à ces intérêts inattendus, naissant d'un dérangement de l'ordre convenu, qu'il excelle. Il y a toujours l'atmosphère d'un trouble orageux se prolongeant dans la peinture de Manet. Elle ne se manifeste parfois que dans le rythme
brisé du trait mais ce trouble est toujours latent, toujours il
est prêt à charger d'une électricité gênante des aspects volontairement faits pour surprendre. Au contraire, les paysages
de Monet et de Renoir, de Pissarro et de Sisley ouvrent à la
vision une plage de repos. Ces toiles ont en commun le détachement et la mise au repos de l'esprit. Il y a une sorte de
grâce qui délivre dans ces vues apaisées d'une nature jamais
hostile, à la mesure de l'homme qui sut faire la paix avec elle,
s'accordant avec le possible. Je ne veux pas marquer une
restriction : ce détachement était profond, il exprima un
moment léger mais solennel de l'être humain. Et s'il est possible chez Monet d'en apercevoir la sécheresse, il a chez Pissarro une gravité dont la résonance n'a peut-être pas encore
été mesurée. Monet fut le virtuose du groupe, le virtuose et
le théoricien. Pissarro fut l'homme simple qui toujours voulut
en peignant se sentir plus humain. « J'ai senti, disait-il, que

---

* Cité par Leymarie, II, p. 37-38. Voir aussi Rewald, p. 228. Le texte est tiré de
Georges Clemenceau, *Claude Monet*, 1928, p. 19-20.

s'émancipait ma conscience dès les jours où s'émancipèrent mes yeux *. » On connaît la bonté, la douceur et la modestie, de cet homme qui n'opposait à la misère que sa bonne foi et sa croyance humanitaire dans la réconciliation de l'homme avec lui-même. Il y a quelque chose de touchant, d'émouvant chez ce Juif qui ressemblait à Moïse. Lorsqu'il entrait au café, il faisait songer à Moïse apportant les tables de la loi. Il était cependant l'homme du monde le moins pontifiant. Nous risquerions, sans la *ferveur* de Pissarro, de ne pas éclairer assez humainement le sens d'une rigueur, d'une pureté, que nous ne trouvons pas dans l'agitation de Manet. Cette rigueur qui sagement s'applique à saisir « la vibration de la lumière » dans « la division de la touche » apparaît tout d'abord sèche et systématique, et Pissarro n'en donne peut-être pas l'achèvement le plus parfait, mais la sensibilité simple, celle qui appelle l'amitié de l'homme et de la lumière, éprouve devant ses toiles une confiance, la certitude de jamais n'être égarée par les effets brillants de la facilité. Ces nuances ne sont pas fortement marquées, ce qui frappe chez les impressionnistes de la première heure, est plutôt l'unité et relativement la monotonie de l'émotion communiquée. Reportons-nous à ces exemples singuliers de toiles de Renoir et de Monet peintes en même temps sur le même motif. L'ouvrage de Leymarie les juxtapose et nous donne, au moins dans le second cas, le sentiment d'une sorte de fusion, d'identité des êtres en dépit de la différence **. Cependant Cézanne affirmait le premier la grandeur de Pissarro.

Cézanne, que Pissarro initia à l'art impressionniste du paysage, n'en représente pas moins l'autre tendance de l'école, moins rigoureuse et moins uniforme, que Manet représente d'abord, mais à laquelle Degas se rattache. Je l'ai dit, cette tendance substitue à la convention académique *ce que nous voyons*, sans en tirer de réflexion qui l'assimile à la formulation du langage ; mais elle n'est pas indifférente à l'incongruité du sujet représenté, elle en tire au contraire un effet sensible.

* Cité par Leymarie, II, p. 54.
** Cette juxtaposition d'excellents clichés en couleurs est d'autant plus digne d'intérêt que dans le premier cas, *La Grenouillère*, le tableau de Renoir est au National Museum de Stockholm, celui de Monet au Metropolitan Museum de New York (Leymarie, t. I, p. 80-81) ; dans le second cas, le plus remarquable, *La Seine à Argenteuil*, de Renoir, est à l'Art Museum de Portland (U.S.A.), *Les Voiliers à Argenteuil*, de Monet, dans la collection Durand-Ruel, à Paris (t. II, p. 38-39). Une autre juxtaposition (t. II, p. 44-45) de tableaux de Renoir et de Monet, pour n'être pas fondée sur l'identité de sujet et de temps, donne deux « impressions » de la même famille.

Chez Manet, chez Degas, ceci ne joue que dans le choix des effets cherchés. Mais Cézanne *intervient* : c'est cette intervention possible – dès l'instant où l'objet copié, répondant à la commune vision, n'asservit plus – qui fit toute la portée de l'impressionnisme. Lorsqu'il émancipa ses yeux de la commune vision, Pissarro sentit que « s'émancipait sa conscience ». Mais il n'usa que timidement de la liberté acquise. Sans doute Cézanne dut-il trouver en lui l'ébauche des constructions – des constructions d'effets sensibles – qui naissent, à peine pouvons-nous cesser de répondre à l'attente de formules conventionnelles. Mais ce qu'ébaucha Pissarro, Cézanne le chercha rageusement. Le saut n'est d'ailleurs pas moins grand de Manet à Cézanne que de Pissarro à Cézanne. Car ce dernier ne tira plus – comme Manet ou Degas – l'effet sensible de l'imprévu, de l'incongruité du sujet, mais des variations que lui permettait d'introduire une émancipation fondamentale. Cézanne, à partir de Pissarro, aperçut la possibilité de construire des effets qui répondissent de plus en plus intensément à son émotion intime. Daniel-Henry Kahnweiler * définit ainsi le peintre : « un homme qui éprouve le besoin impérieux de fixer son émotion sur une surface plane, au moyen de lignes et de figures d'une ou de plusieurs couleurs ». Si l'on envisage deux des premiers chefs-d'œuvre de Cézanne, *La Pendule noire* ** ou *La Maison et l'arbre* ***, nous ne sommes en présence ni d'une nature morte ni d'un paysage mais de constructions grandioses dont, d'une part, un coquillage et une pendule, d'autre part, un arbre et une maison, ont été les matériaux. Ces matériaux, ces « objets », dès qu'il fut sans question qu'ils eussent en eux-mêmes un sens, étaient en quelque sorte anéantis par le peintre, comme l'architecte anéantit la pierre qu'il emploie dans l'édifice. Mais l'édifice, nous savons ce qu'il signifie : que veut dire ce rectangle où se jouent des contrastes de couleurs. Quelque chose, évidemment. Quelque chose d'une valeur incomparable, mais quoi? Pissarro, dans ces circonstances, nous laissait croire encore à l'*impression fugitive* éprouvée devant cette meule et ce paysage, à cette lumière. Il simplifiait peut-être. Mais ces constructions arbitraires sur la toile? Malraux, dans *Les Voix du silence*, a

---

* *Juan Gris. Sa vie, son œuvre, ses écrits.* Gallimard, 1946, in-4°, p. 82.
** Reproduction en couleurs dans Raynal, *Cézanne*, p. 33, et Leymarie, *L'Impressionnisme*, t. I, p. 63.
*** *Id.*, dans Raynal, p. 39.

parlé de la *royauté* des pommes de Cézanne et je pense que le
mot de Malraux est juste, mais encore demanderons-nous :
qu'est cette *royauté*? Je proposerai : ce je ne sais quoi de *royal*
qui dans le sentiment de l'humanité d'autrefois anéantissait
l'homme, l'homme semblable à tous les autres, en la personne
du roi. Mais pour Kahnweiler, avons-nous dit, ce que le peintre
a fixé sur la toile est une émotion, son émotion. Il est vrai que
le sentiment d'un homme devant un roi est une émotion.
Cézanne aurait donc, à partir du monde réel, construit, pour
le fixer sur la toile, des objets émouvants. Cette pendule, cette
maison, cet arbre sont, en effet, majestueux. Mais leur majesté,
leur royauté ne sont pas celles d'un autre. Ces objets ne sont
rien par eux-mêmes et personne ne leur confère la moindre
dignité. *Sinon Cézanne.* Sinon l'*émotion* de Cézanne.

Si nous voulons voir plus loin, reportons-nous au sentiment
de Cézanne sur lui-même. « Vous savez bien, dit-il un jour,
qu'il n'y a qu'un peintre au monde, et c'est moi *. » Le personnage est depuis longtemps bien connu. Jean de Beucken
en a récemment tracé un portrait truculent, où abondent les
détails anecdotiques, où la vie tout entière du maître d'Aix
est reprise **. Quelque chose d'hostile, d'agressif et d'incoercible a dominé ce caractère bougon. Il pouvait être exquis
mais était impossible. « Quant je pense, écrivait en 1873 un
de ses amis, le peintre Achille Emperaire, à ce *phénomène
d'impuissance*..., j'ai connu des inspirations criminelles. Il y a
si long à dire sur ce sujet inqualifiable, vrai *monstre* s'il en
fut ***... » D'Achille Emperaire, Cézanne avait fait en 1870
un portrait immense, de deux mètres de haut : « un nain dont
la tête de mousquetaire repose sur un corps frêle aux membres
osseux... », un « personnage étrange et grotesque, vêtu d'une
robe de chambre bleue qui découvre des caleçons longs, vio-
lets et des chaussons rouges,... assis sur un grand fauteuil
tapissé à fleurs, dans lequel d'aucuns ont cru pouvoir reconnaître une chaise percée **** ». Sans doute la lettre d'Emperaire, comme le portrait de Cézanne, était-elle outrancière.
Cézanne n'en fut pas moins timide et provocant, hirsute et
mal peigné, une sorte de *monstre*. Il fut souvent un ami plein
de délicatesse, mais toujours des soubresauts imprévisibles

* Raynal, p. 58.
** Je ne sais pourquoi il omet cependant un détail concernant la vie sexuelle de
Cézanne. Son goût affiché des maisons closes (*cf.* Raynal, p. 16).
*** Jean de Beucken, *Cézanne*, p. 117.
**** Rewald, p. 171.

réservaient en lui une part de silence abrupt. Comment d'ailleurs saisir autre chose qu'un monstre en ce garçon qui, jeune, voulait mettre en vers l'ensemble des codes français, qui, à vingt et un ans, écrivait en vers à son ami Zola, dans ce style : « Cicéron foudroyant Catilina, après avoir découvert la conspiration de ce citoyen perdu d'honneur » (titre du poème) :

> *Contemple, cher ami, vois bien Catilina*
> *Qui tombe sur le sol en s'écriant : « Ah! Ah! * »*

Ce qui l'emporte en lui est un attrait pour l'excessif et le prodigieux : son silence se lie à la conscience d'une impossibilité de communiquer l'émotion grandiose qui ne cesse de l'agiter, qu'il éprouve comme une émotion souveraine. Les freins qui jouent chez la plupart, s'opposant à une telle outrance, ne semblent pas avoir eu chez lui la moindre force. Que l'on se reporte à ses œuvres de jeunesse, par exemple à *L'Orgie ** : c'était la liberté du déchaînement, qui demeurait à la limite du grotesque et de l'outrageant. Ce ne fut qu'à plus de trente ans que l'influence de Pissarro l'engagea dans des voies plus sereines, où il découvrit le pouvoir d'inscrire en toute forme la souveraineté de son émotion. Ce vivant scandale dont Cézanne enfin eut la force d'exiger d'autrui la *reconnaissance,* c'est la liberté sans contrôle, qui toujours est en cause si l'art ne s'asservit pas, comme elle est en cause quand la société donne la prérogative royale à l'un des siens. Dans la naïveté de Cézanne, dans cette obsession triste des yeux traqués qu'il donne souvent à ses portraits, nous pouvons découvrir une sorte de royauté assyrienne, barbare et blessée.

Il n'est pas impossible de pressentir en Manet une rage du même ordre. Manet, cet homme bien élevé, riche ***, soucieux d'élégance, ne donnait pas, comme Cézanne, de la tête contre les murs : il se bornait à vivre dans l'énervement. Cependant la filiation de l'un à l'autre est plus véritable qu'elle n'apparaît le plus souvent. John Rewald et Jean Leymarie s'accordent pour voir entre les natures mortes de Manet et celles de Cézanne, le même lien qu'entre les paysages de Pissarro et ceux de Cézanne. Cela semble peu contestable, encore que jamais Cézanne ne se réclame de Manet, qu'il

---

* De Beucken, p. 20.
** Reproduction entière et en détail dans Raynal, p. 18 et 20.
*** Cézanne lui-même était riche, mais...

connut bien, mais auquel il montra le côté brutal de son caractère. « Je ne vous serre pas la main, Monsieur Manet, dit-il un jour au café où les peintres se groupaient justement autour de l'auteur de *L'Olympia*, je ne me suis pas lavé depuis huit jours. » S'il y a dans l'émotion que l'art exprime un élément souverain, cet élément est, quoi qu'il en soit, proche du peuple.

J'ai voulu, c'est même fondamental, insister sur l'art de Cézanne parce qu'à l'impulsion singulière de l'impressionnisme, il a donné sa conséquence la plus entière : l'impressionnisme émancipa la peinture de la servitude qu'elle avait dans la société organisée, qui la subordonnait au sujet représenté (la valeur d'une peinture était la force qu'elle donnait à ce qu'elle voulait dire); par l'impressionnisme la peinture atteignait l'*autonomie,* mais Cézanne seul usa puissamment de la liberté offerte. Manet s'en était enivré sans aller plus loin et s'il choqua le plus bruyamment, c'est qu'il fut le premier. Cézanne a plus profondément scandalisé, ouvrant cette voie où se développa cette peinture *autonome* (que souvent l'on appelle peinture pure) qui par le fauvisme, le cubisme et le surréalisme a tenté d'explorer en entier le domaine du possible, mais qui semble aujourd'hui arrêtée par cette difficulté inattendue : comment s'ouvrirait-elle une conquête nouvelle ?

Un livre humain
un grand livre

Critique [1]

CLAUDE LÉVI-STRAUSS, *Tristes tropiques*, Plon, 1955. In-8°, 422 p., planches « Terre Humaine ». Civilisation et Sociétés. Collection d'études et de témoignages dirigée par J. Malaurie.

Je regarde quelques pages de la belle traduction qu'Yves Battistini vient de publier des trois plus grands présocratiques *. La philosophie naissante nous y est donnée : ces textes, au-delà du sens précis que les philosophes leur prêtent, sont des *œuvres littéraires*. Les dialogues de Platon n'offrent rien de contraire à ce premier aspect.

Ce caractère premier de la philosophie qui me frappe m'engage à poser la question : le rejet de la forme littéraire n'est-il pas le signe d'un changement profond? ne signifie-t-il pas le passage à l'activité spécialisée, l'analogue d'un travail dont la fin est limitée? Un travail, lorsqu'il vise un résultat particulier, clairement saisissable, ne nous engage pas entièrement, en quoi il est simplement prosaïque; mais il n'est rien qu'une recherche sans limite ne mette en nous-mêmes en cause, et cela définit peut-être une *ouverture poétique*, sans laquelle il n'est pas d'œuvre littéraire, ni généralement d'œuvre d'art...

À l'occasion du dernier livre de Lévi-Strauss, envisageons ici l'ethnographie (sans nous attarder aux problèmes que pose la délimitation précise de cette activité spécialisée). En son principe, un ouvrage d'ethnographie est l'œuvre d'un spécia-

---

* Paru tout récemment sous le titre : *Trois contemporains. Héraclite, Parménide, Empédocle*. Traduction nouvelle et intégrale avec notices par Yves Battistini. Gallimard, 1956. In-16, 205 p. (Collection « Les Essais », LXXVIII).

liste savant, qui rejette la forme littéraire, qui s'applique de son mieux à réaliser la forme prosaïque, la seule qui réponde au souci exclusif de l'exactitude objective. Il y a cependant une difficulté. Par son objet, l'ethnographie introduit la vie humaine, et celle-ci, dans l'ethnographie, prend un sens tout à fait contraire à la limite : cet objet n'est-il pas justement la vie humaine au-delà des limites que lui donne la civilisation blanche, à laquelle l'ethnographie appartient ? L'ethnographie n'est pas seulement un domaine entre autres des connaissances, c'est une mise en question de *la civilisation des connaissances,* qui est la civilisation des ethnographes. En ce sens, l'évocation d'une société dont les normes ne sont pas les nôtres, inévitablement, introduit la dimension de la poésie, qui peut-être est *la dimension de l'homme,* encore que notre activité pratique et l'élaboration savante qui lui est liée tendent à obscurcir la conscience que nous en avons.

Le maître livre de Claude Lévi-Strauss, auquel il a donné le nom de *Tristes tropiques,* pose ce problème dont l'importance ne peut échapper. L'auteur cependant n'est pas le premier savant spécialisé dans l'observation des peuples archaïques qui ait péniblement ressenti cette difficulté de la science à laquelle il s'est voué.

L'Île de Pâques *, d'Alfred Métraux qui, comme Lévi-Strauss, est l'un des ethnographes vivants les plus remarquables, est certainement, bien que peu de personnes l'aperçoivent encore sous ce jour, un des chefs-d'œuvre de la littérature française présente. Comment ne pas lire avec passion tel chapitre intitulé « la tragique histoire de l'île de Pâques » ? C'est peu de dire que l'intérêt de cette lecture laisse loin derrière la masse de ces romans que le public reçoit sous le nom de littérature. Au surplus, ce qui m'émeut dans *L'Île de Pâques,* c'est que l'auteur avide d'atteindre la rigueur de la science la plus sourcilleuse ait néanmoins dû répondre au besoin de donner à son étude une forme qui laisse une part à l'émotion. Métraux nous parle d'un sujet qui n'a d'autres limites que celles de l'homme, qui même étend les limites que l'homme aujourd'hui se donne. Et sans oublier un instant la tâche scientifique qu'il assume, il prend en même temps à son compte le souci propre de la littérature, qui donne la *dimension poétique* de ce

* Gallimard, 1ʳᵉ éd., 1941 ; 2ᵉ éd., 1956.

dont elle parle, qui l'éclaire de manière à rendre sensible un élément *souverain,* que ne subordonne aucun calcul.

Littérairement, le livre de Métraux est peut-être plus réussi, plus heureux que celui de Lévi-Strauss. Mais il n'a ni l'ambition ni la portée de ce dernier, qui marquera me semblet-il une date non seulement dans l'histoire de l'ethnographie, mais dans celle de la pensée. Lévi-Strauss a pris sur lui de poser clairement la question qu'à ma façon j'introduis en tête de mon étude, touchant la situation morale que l'exercice de son métier fait à l'ethnographe. Le plus remarquable est qu'une telle orientation ait amené l'auteur sur le plan littéraire. *Tristes tropiques* se présente dès l'abord, non comme une œuvre de science, mais comme une œuvre d'art. Le langage de Lévi-Strauss ne frappe pas, comme celui de Métraux, par la simple saveur des phrases. C'est un langage nerveux, plutôt rapide. Il ne donne pas ce sentiment de calme étranger à l'agitation – au-dessus, tout au moins, de l'agitation – qui, paradoxalement, est le propre de l'art. Lévi-Strauss n'est pas dégagé d'une inquiétude apparemment liée à la position qu'il a prise, hors de chemins battus. Peu de livres soulèvent des problèmes aussi vastes, aussi fondamentaux. Et s'il est vrai que le langage est l'homme, le style de *Tristes tropiques* est en effet l'expression d'un homme oppressé, devant se délivrer de conditions qui lui pèsent.

Je m'excuse de donner un jugement qui par définition est discutable avant même d'avoir exposé le contenu de ce grand livre. C'est qu'avant toutes choses, j'ai voulu le représenter comme une œuvre littéraire. L'auteur y exprime avant tout ses sentiments et s'il y donne parfois des observations faites dans les peuplades où il séjourna, c'est moins pour exposer les résultats d'un travail méthodique que pour exprimer les sentiments qui, dans son esprit, s'y associent nécessairement. *Tristes tropiques* nous donne sur la vie des peuplades isolées du Brésil des renseignements précis qui auraient leur place dans une publication savante. Mais Lévi-Strauss n'isole pas ces données de son travail, exposées par *Tristes tropiques* en forme de récit de voyage : une libre réflexion les accompagne, qui engage en lui, plus loin que le savant, l'homme en entier. Si l'exploration de régions peu accessibles des tropiques est bien le centre du livre – le centre même et la principale partie – c'est qu'elle fonda principalement l'expérience que l'auteur voulut acquérir de la vie humaine. Elle ne peut à ce titre se séparer d'une expérience plus générale, qui se lie d'ailleurs à d'autres voyages, dans l'Inde, les Antilles, l'Amérique du Nord. L'auteur en ce sens fait penser à ces sages de l'Inde, errant en quête de leurs semblables afin d'élargir l'horizon que la contemplation leur ouvrit. Les voies de Lévi-Strauss ne sont pas celles du yoghi, ce qu'il veut connaître est l'effort, ce sont les souffrances et les joies de tous les hommes, et non seulement de ceux qui cherchèrent dans la solitude, à l'extrémité de tout le possible. Ce n'en est pas moins, d'une manière fondamentale, la vie spirituelle qui est en question dans ce livre singulier. Non d'une façon délibérée. Mais hors de l'étroitesse d'une recherche spécialisée le point de vue où il se plaça ne reçut pas de nouvelles limites. Si bien que sa réflexion s'étendit à la sphère embrassant la possibilité de toute autre sphère (de la même façon que le ciel embrasse la possibilité de tout espace) : *Tristes tropiques* n'a d'autre sens que d'aboutir en un dernier chapitre à la réflexion la plus vaste, celle dont la religion est l'objet. Une vue générale du christianisme, de l'islam et du bouddhisme (à laquelle ne manque pas la considération du marxisme) apparaît à la fin comme une tentative de conclusion de l'expérience religieuse des hommes.

Ce qui dans ce livre fascine est le parti pris d'une ouverture immédiate à toute pensée qui se présente. Ce parti pris commande la forme littéraire, qui jamais ne se ferme en système, qui jamais n'exclut rien de ce qu'un libre jeu d'associations propose. La composition littéraire se distingue en ceci des exposés savants (où la logique ordonne la suite des paragraphes et des chapitres) : l'esprit y suit essentiellement ce qui l'attire, et qui le séduit. La religion n'est peut-être que l'ouverture illimitée à ce qui, dans notre angoisse, malgré l'angoisse, a la force de nous séduire. (En ce sens, il est vrai que dans la mesure où elle se donne les limites d'un dogme, une religion est, en même temps que religion, fuite de la religion. Y a-t-il là matière à s'indigner? ne pouvons-nous nous représenter simplement l'échappée vertigineuse à laquelle j'ai voulu faire allusion? la séduction la plus intense n'est-elle pas donnée dans le fond de l'accablement? la vie religieuse n'est-elle pas, avant tout, liée à la fascination de la mort?) La recherche qu'est sans nul doute en son essence l'expérience de la religion est fondée sur le libre mouvement de la sensibilité (même à l'intérieur de l'orthodoxie ce mouvement est

toujours libre). Jamais son expression ne peut aller sans la
forme poétique. Qu'est la liturgie et que sont les textes sacrés
s'ils ne frappent l'imagination de la même façon que des
poèmes? Réciproquement, la littérature ne serait rien si elle
n'avait la vertu de mettre en cause ce qui fut en cause dans
la religion : elle procède d'une autre manière, la littérature
ne lie pas ceux qu'elle atteint par un contrat, l'émotion qu'elle
suscite se limite en principe à la solitude de l'individu (même
au théâtre, un spectateur est seul, il ne forme pas, avec la
foule des autres, une communauté). Mais il suffit d'un rien :
la passion obscure de la religion se retrouve. Ainsi pouvons-
nous dire qu'au moment où ses fins excédèrent les limites
précises de la recherche ethnographique savante, Lévi-Strauss
dériva vers des préoccupations religieuses et que l'expression
de sa pensée fut nécessairement littéraire, qu'elle s'adressa
moins à l'intelligence qu'à la sensibilité.

Au surplus, ce qui, dans cette tentative, est passionnant, est
l'hésitation de l'auteur. Dès les premières pages, il manifeste
une véritable répugnance à l'idée de lier au rapport objectif
de ce qu'il a pu constater les aspects subjectifs de la vie du
voyageur. Il a, pour cela, les meilleures raisons. Il craint la
confusion possible entre son livre et ces récits de voyage
s'adressant au grand public, qui se multiplient de nos jours,
où l'observation est superficielle, où la réflexion personnelle
de l'auteur est superflue. Au contraire, la réflexion qui se
poursuit tout au long de *Tristes tropiques* tire une partie de
sa valeur du fait de l'aptitude que l'auteur a d'observer rigoureusement. C'est un savant qui réfléchit, il ne réfléchit pas
en deçà mais au-delà de la limite que la science lui donnait.
L'importance de ce fait ne peut être sous-estimée. Les savants
ont raison de négliger ces modes de pensée vagues, que seule
l'inaptitude à la rigueur rendit possibles. Mais ils n'aperçoivent pas le plus souvent que les desséchantes limites qu'ils se
donnent ne valent plus s'il s'agit d'aller plus loin qu'eux, de
ne pas se laisser enfermer dans leur étroite sphère, non par
défaut mais par excès. Celui qui sait donner à sa pensée les
rigueurs de la méthode a peut-être seul le droit d'aborder le
domaine inaccessible à la science proprement dite, mais ceux
qui lui contestent ce droit (car, disent-ils, il s'agit de sottise)
ont de l'homme et de son exigence fondamentale une idée
d'ignorants. Les problèmes ne cessent pas de se poser, qu'il

faut de toute façon résoudre : l'étroitesse du savant spécialisé est une solution comme une autre, mais elle est comme les autres gratuite, et surtout elle est l'expression de consciences timorées.

La réflexion de Claude Lévi-Strauss part d'une conception de l'être humain déterminée par sa condition matérielle. Elle dépasse cette conception puisque les problèmes que cette condition pose à l'homme sont d'abord des problèmes limités. C'est seulement dans la mesure où ces problèmes, en principe limités, ne peuvent être résolus – quand sévit la misère atroce – que « l'absurdité des rapports que l'homme accepte d'entretenir avec le monde » pose à la fin le problème illimité. Le marxisme d'ailleurs refuse cette difficulté profonde : l'humanité pour lui ne se pose que des problèmes qu'elle peut résoudre. C'est pourquoi il s'oppose à l'habitude que l'homme avait depuis toujours de passer une partie importante de son temps à poser le problème illimité – le problème insoluble – impliqué dans le sentiment religieux. S'il s'agit de priorité, chacun l'admet : le moment vient où la priorité appartient aux problèmes susceptibles de solution. Mais les problèmes sans solution ne recevant plus dès lors ces ombres de solution qu'étaient les religions particulières demeurent posés à leur façon. Ce sont peut-être de faux problèmes. Peut-être aussi ne sont-ils faux que dans la mesure où l'on cherche à leur donner quelque solution analogue à celle que demandent les problèmes véritables. Il est d'ailleurs un point sur lequel l'accord est plus facile. Déjà, dans le grand ouvrage savant qu'il consacra à l'examen des données archaïques de l'inceste *, la réflexion de Lévi-Strauss semblait partir de la question du passage de la nature à la culture, autrement dit du passage de l'animal à l'homme. Apparemment sa position n'a pas changé. Il ne dit pas expressément du problème religieux qu'il est implicite dans sa transformation initiale, mais je suppose qu'essentiellement l'homme est pour lui l'être qui voulut n'être plus simplement animal, et qui s'effraie de voir à chaque pas renaître la bête.

À mon avis la valeur exceptionnelle de *Tristes tropiques* est liée au sens pathétique que l'auteur donne à la question. Il ne me semble pas inutile d'insister sur le fait que l'homme selon Lévi-Strauss vit sous le poids de la menace que l'im-

---

* *Les Structures élémentaires de la parenté*, Presses Universitaires, 1949. Cf. *Critique*, n° 44, janvier 1951, p. 43-611.

mondice – que *son* immondice – fait peser sur lui. Or que signifie cette immondice, sinon le caractère bestial en profondeur de notre humanité ? On pourrait voir une obsession maladive dans cette préoccupation terre à terre. Ce serait une erreur profonde. Non seulement c'est le fait d'un homme dont l'expérience excède l'expérience banale de l'homme civilisé et bien élevé. Mais c'est le fait d'une indispensable lucidité. Je reviendrai vite au problème de la religion proprement dit. Mais je voudrais d'abord indiquer une remarquable vue cavalière de l'humanité historique, qui ressort de *Tristes tropiques*. L'homme des premiers temps, celui du moins des temps néolithiques, a su résoudre les problèmes que lui posait le passage de la nature (de l'animalité) à la culture (à l'homme), qui s'identifie à son être même. Mais Lévi-Strauss n'envisage pas nécessairement l'histoire sous l'angle de vue du progrès : plutôt que de progrès, il parle de recul. La civilisation se développe sans doute, mais ses développements apparents sont souvent d'authentiques régressions. « Dans quelque domaine que ce soit, seule la première démarche est intégralement valable *.» Il existe au contraire une sorte d'achèvement industrieux qui dès les abords du troisième millénaire « rappelle les prestiges et les tares d'une grande cité moderne ». Les vestiges de la vallée de l'Indus, les ruines assez récemment découvertes de Mohenjo-Daro, avec leurs rues géométriques, leurs logements ouvriers, leur art « sans mystère et sans foi profonde » préfigurent « ces formes plus poussées de la civilisation occidentale dont à l'Europe même, les États-Unis d'Amérique offrent aujourd'hui le modèle ** ». « Ce style de vie morne et efficace (l'Asie l'a) peut-être inventé au troisième millénaire, (il) s'est ensuite déplacé à la surface de la terre, s'immobilisant provisoirement dans le Nouveau-Monde ***... » Il retrouve aujourd'hui son lieu d'origine : Lévi-Strauss évoque pour nous une Asie de cauchemar, une « Asie de cités ouvrières et de H.B.M. » qu'il a visitée et dont il décrit l'horreur, l'immondice, que le style de ciment de la civilisation utilitaire a rendue parfaitement inhumaine. C'est qu'en Europe « une expansion démographique régulière a permis le progrès agricole et industriel, les ressources augmentant plus vite que les consommateurs ». En Asie, « la même révolution a entraîné

---

* *Tristes tropiques*, p. 442.
** *Ibid.*, p. 129.
*** *Ibid.*, p. 128.

depuis le xviiie siècle un abaissement constant des prélèvements individuels sur une masse de biens restée relativement
stationnaire * ». Sur ce point, la réaction de Lévi-Strauss est
remarquable. Il insiste moins sur des résultats positifs de cette
morne efficacité que sur une interférence de la construction
en série – forme achevée d'un style de vie moderne – et du
dénuement qu'engendre la surpopulation. Il a raison puisqu'une telle interférence est le fruit d'un monde que nous
pensons prodigieusement civilisé. Mais il voulut par-dessus
tout rendre sensible le fait que ces formes de civilisation en
série ne nous séparent pas réellement de l'animalité, que cette
séparation fondamentale est assurée par des conquêtes apparemment plus humbles, qu'au sommet de notre achèvement
matériel nous sommes plus que jamais près de sombrer dans
l'inhumain. Les *worker's quarters,* les habitations ouvrières de
Narrayanganj, ces « cuves de ciment nu, lavables à grande
eau », ces « alvéoles obscurs et sans air » qui ne se prêtent « ni
au repos, ni au loisir, ni à l'amour », que sont-elles enfin ? De
« simples points d'attache au rivage de l'égout communal, elles
(procèdent) d'une conception de la vie humaine ramenée à
l'exercice des seules fonctions d'excrétion ** ». Lévi-Strauss
les compare à d'autres produits de la civilisation matérielle,
à « ces basses-cours organisées spécialement pour le gavage
des oies : chacune, enfermée dans une étroite logette,... réduite
à la condition de tube digestif ».

Nous sommes tentés de dire que l'humanité de nos jours
est loin d'être réduite en général à la condition de l'ouvrier
de Narrayanganj ou de l'oie des basses-cours des Landes.
Personne cependant ne doute d'une tendance de la civilisation
moderne à réduire l'homme à ses fonctions, et le détour à
travers lequel Lévi-Strauss nous amène à voir essentiellement
dans nos fonctions celles d'excrétions n'est pas forcément
abusif. De l'homme actuel est-il impossible de dire qu'ayant
voulu faire l'ange, il fait la bête ? Une sorte de dégradation
profonde est présente que peut-être l'homme du Moyen Âge
ou celui du xviie siècle n'avaient pas, quelle que fût d'autre
part leur misère. Mais nous ne pouvons que gratuitement
juger des époques disparues. Les seules formes d'humanité
différentes de la nôtre dont nous puissions parler sont celles

* *Ibid.,* p. 132.
** *Ibid.,* p. 127.

qui survivent à nos côtés, qui justement relèvent de l'observation des ethnographes.

Nous parvenons au problème fondamental. Si l'essentiel est de sortir de l'animalité, quelle étape décisive nous donnat-elle la dignité humaine ? Lévi-Strauss n'a pas formulé le problème en ces termes, mais il me semble qu'implicitement, il l'envisage s'il parle de chercher, à travers les diverses formes de culture qu'étudie l'ethnographie, derrière les tares et les inhumanités qui les limitent, « la base inébranlable de la société humaine * ». Cette base, Lévi-Strauss admet qu'elle « ne saurait être trouvée dans notre civilisation : de toutes les sociétés observées, précise-t-il, c'est sans doute celle qui s'en éloigne le plus ». Il s'est expliqué là-dessus : il pense que l'anthropophagie de nombreux peuples ou l'obsession du sang et de la torture des Aztèques en éloignent, mais la manière que nous avons de rejeter, de vomir des éléments redoutables « en les tenant temporairement ou définitivement isolés, sans contact avec l'humanité, dans les établissements destinés à cet usage », ne représente pas une moindre barbarie que celles des sociétés que nous appelons primitives, auxquelles notre « coutume inspirerait une horreur profonde ** ». Il y a d'ailleurs dans le choix de l'ethnographe, en principe du moins, un parti pris avouable, et par Lévi-Strauss avoué, en faveur des formes de société qu'il étudie, dont il tient les coutumes en voie de disparition pour précieuses. L'ethnographe a eu le désir et il a la possibilité de « donner à (ses) réflexions la grandeur indéfinissable des commencements ». « La grandeur qui s'attache aux commencements, dit encore Lévi-Strauss, est si certaine que même les erreurs, à la condition d'être neuves, nous accablent encore de leur beauté. »

Nous commençons sans doute à voir ce qui dans les brousses et les forêts du Brésil était l'objet de la quête de Lévi-Strauss : une société qui se rapprocherait le plus d'un modèle qui ne répondrait à aucune réalité observable mais où pourrait être discerné un mouvement humain expressif du commencement. Ce qui dans *Tristes tropiques* est émouvant, en même temps signe d'une conception hardie, est cette quête de la naissance, menée d'ailleurs avec prudence, et même avec timidité, avec une réserve fuyante, corrigeant la hardiesse de la conception.

* *Ibid.*, p. 422.
** *Ibid.*, p. 418.

Il y a en effet une ambiguïté dans l'attitude de Lévi-Strauss. En premier lieu, dès qu'il abandonne les limites de l'observation étroite, il se conduit en somme en écrivain, gardant la liberté d'allure qui appartient à l'œuvre d'art. Il semble avoir à l'égard de la pensée systématique une sorte de pudeur. Parallèlement, en ce qui touche le commencement, dès qu'il s'agit de celui qui compte, de celui de l'homme, il est flottant. Il semble envisager ce que nous devons apprécier de la même façon qu'une œuvre d'art. S'il parle d'un commencement particulier, il oppose « les primitifs aux maîtres de la Renaissance..., les peintres de Sienne à ceux de Florence » : il entrevoit des uns aux autres « une déchéance ». Mais s'il assigne le commencement des commencements, la « base inébranlable de la société humaine », aux temps néolithiques, c'est pour des raisons surtout matérielles. L'agriculture alors donna aux hommes plus de sécurité : ils eurent ainsi le loisir de penser. Il est frappant qu'il n'ait pas eu la tentation de trouver la « grandeur indéfinissable des commencements » dans des temps plus anciens : apparemment plus de dix millénaires avant les hommes néolithiques, à l'âge paléolithique, des hommes qui les premiers dépassaient physiquement l'hominien encore à demi animal qu'était l'Homme de Neanderthal (ce dernier n'avait pas encore la station droite) accomplirent vraiment cette « première démarche » qui, selon Lévi-Strauss, « seule... est intégralement valable » : ils trouvèrent à peu de chose près du premier coup la perfection de l'œuvre d'art. N'est-ce pas ces hommes dont l'immédiate maîtrise répond si bien à sa formule que Lévi-Strauss aurait pu charger de la « grandeur indéfinissable des commencements »? La seule raison, me semble-t-il, qu'il avait d'hésiter est l'apparente fragilité, l'insécurité d'une civilisation de chasseurs. Cependant, il aurait été justifié de le faire d'autant que la peuplade brésilienne où il a vu la société *humaine* « réduite à sa plus simple expression », mais très humaine, les Nambikwara, ne vit pas de ressources plus consistantes. Ils cultivent, il est vrai, le manioc, mais tirent le plus souvent leur subsistance de la chasse et de la cueillette. Des terrains de chasse pauvres compensent ce que leur apporte une ébauche d'agriculture. Tout ce que l'on peut dire est que sans doute les hommes paléolithiques de la vallée de la Vézère durent représenter, autant que les Nambikwara, mais avec plus de force première, un état idéal de la société se formant humainement, à la base. Cette remarque ne modifie en rien

la valeur de la peinture que Lévi-Strauss nous a donnée de
ces hommes très dénués, qui vivent nus et, la plupart du temps,
couchent à même le sol à la belle étoile. Et sans doute s'agit-
il de ce type qui selon Rousseau, plus prudent que l'on ne
pense, « n'existe plus, qui n'a peut-être point existé, qui probablement n'existera jamais * ». Mais ce n'est pas le hasard
qui voulut que Lévi-Strauss alléguât cette réserve à propos
des Nambikwara. Il ajouterait sans doute à son compte : mais
dont une société agonisante, au sein de la brousse brésilienne,
nous donne l'image insatisfaisante, mais l'image. Ces hommes
ont tout pour nous toucher qui vivent relativement heureux
dans leur dénuement profond. Leur vie quotidienne impré-
gnée d'érotisme, leur humeur rieuse, leur absence de
contrainte, le fait qu'ils manifestent souvent de la répugnance
si la dignité de chef leur est proposée, répondent à notre
nostalgie d'une humanité plus immédiate, vivant au jour le
jour, sans subordonner son effort à quelque grande pensée,
à quelque ambition infernale. Nous ne nous sentons pas étrangers devant leur « mélancolie rêveuse ». Et si leur observateur
nous rappelle que la bande auprès de laquelle il nous fait vivre
« était celle qui cinq ans auparavant avait massacré (des) mis-
sionnaires », nous comprenons qu'une sauvage saute d'humeur, sans préméditation, put être motivée. Nous ne nous
étonnons pas, nous ne sommes pas effrayés, si les « informa-
teurs masculins décrivaient cette attaque avec complaisance
et se disputaient la gloire d'avoir porté les meilleurs coups ** ».
C'est que l'émotion de Lévi-Strauss est communicative qui
transfigure des êtres si rudimentaires et leur accorde cette
clarté intérieure qui signifie l'humanité. « Le visiteur, dit-il,
qui, pour la première fois, campe dans la brousse avec les
Indiens, se sent pris à la fois d'angoisse et de pitié devant le
spectacle de cette humanité si totalement démunie... Mais
cette misère est animée de chuchotements et de rires. Les
couples s'étreignent comme dans la nostalgie d'une unité perdue... On devine chez tous une immense gentillesse, une profonde insouciance, une naïve et charmante satisfaction animale, et rassemblant ces sentiments, quelque chose comme
l'expression la plus émouvante et la plus véridique de la tendresse humaine ***. » Ce charme, ce lyrisme qui l'exprime

* *Ibid.*, p. 339.
** *Ibid.*, p. 307.
*** *Ibid.*, p. 311.

serait-il lui-même naïf? À coup sûr, il y a quelque chose de subjectif dans une telle appréciation. Les photographies qui accompagnent le texte – et le confirment – seraient-elles une tricherie? Mais l'auteur qui peut-être aurait pu involontairement se tromper ne peut être du moins soupçonné d'avoir, intentionnellement, voulu nous tromper. Si la lueur est fugitive, elle existe et elle illumine cette image d'un commencement.

Mais ne nous sommes-nous pas éloignés de ce problème initial dont nous avons parlé, qui n'a pas véritablement de solution, et qui depuis toujours agite les hommes sous le nom de religion? Non si nous reconnaissons simplement que cette tendresse naissante justement porte avec elle le problème qui n'a pas de solution : c'est l'être tendre en nous qui nourrit cette inquiétude inguérissable, et dont, peut-être, nous ne voulons pas guérir, que nous appelons religieuse. Selon moi, la naissance du sentiment qui fonde la religion, qui fonde l'homme et l'oppose à l'animal, ne peut être séparée de la résolution dans la tendresse d'un mouvement immense et conscient d'espoir et de crainte, d'amour de la vie et d'évidence de la mort. La tendresse, en un sens, est le contraire de la religion, mais elle l'annonce et l'appréhension du sacré ne serait rien si elle n'était le fait d'hommes susceptibles de tendresse. À vrai dire, Lévi-Strauss, explicitement, ne s'avance pas dans cette voie, mais si nous n'apercevions cette connexion, la profonde unité de son livre nous échapperait, dont les développements se dirigent vers un aboutissement inattendu, une profession de foi bouddhiste énoncée dans les derniers chapitres.

Inattendue, sans doute, mais seulement pour celui qui ne sut pas deviner le sens de cette quête obstinée d'une lueur humaine naissant à travers ces régions inhospitalières à l'homme, où il semble que, seule, est possible une vie animale, sans conscience, sans répit. La vie animale ne se pose, certainement, que des problèmes qu'elle peut résoudre. Sans doute en est-il de même de l'humanité, mais en ce sens : elle ne s'est jamais posé pour le résoudre l'insoluble problème de la religion : ce n'est donc pas un véritable problème. Mais l'inquiétude inguérissable de la religion demande toujours d'être vécue. Et le sentiment bouddhiste de Lévi-Strauss a cet intérêt curieux : il reprendrait le cours, détourné, de l'histoire.

Il n'y eut pas avant l'islam de séparation solide entre les deux mondes : occidental, oriental. Après la conquête d'Alexandre, les formes de l'art grec se répandirent non seulement à travers l'Inde mais à travers la Chine et le Japon bouddhistes : la diffusion du style gréco-bouddhique est un des chapitres marquants de l'histoire de l'art. L'islam intervint comme une barrière entre les deux mondes que formèrent les domaines de religions spirituellement parentes, formant malgré les différences un monde uni en profondeur. L'étroitesse de l'islam, son repliement sur lui-même, au contraire compromit l'unité profonde de l'homme. Cet aspect est indéniable, même si l'on tient compte de la proximité relative du mysticisme des chrétiens et de celui des soufis (le soufisme d'ailleurs était dans l'islam hétérodoxe). Le bouddhisme de toute façon, moins encore que le christianisme, n'est pas susceptible de cloisonner la pensée humaine, et c'est en lui qu'il est possible de retrouver cette concordance universelle des consciences dont l'islam arrêta le cours.

Lévi-Strauss insiste sur le sentiment qu'il eut en Birmanie dans un temple : « Tout contribuait à me rapprocher plus que je ne l'avais jamais été de l'idée que je pouvais me faire d'un sanctuaire *. » Le récit émouvant n'a cependant rien à voir avec la venue surnaturelle de la grâce, car il ne s'agissait pour lui que d'un « hommage à la réflexion décisive qu'un penseur, ou la société qui créa sa légende, poursuivit il y a vingt-cinq siècles, et à laquelle ma civilisation ne pouvait contribuer qu'en la confirmant ». Sans doute, un instant, le bouddhisme l'arrête en ce sens qu'il est résignation à la souffrance, qu'il incline à ne pas lutter. Mais il pense aussitôt que « le bouddhisme peut rester cohérent tout en acceptant de répondre aux appels du dehors ». Sa curiosité se tourne alors vers un monde naissant, il se souvient que, dans la Chine communiste, cette religion a gardé la foule de ses fidèles. « Peut-être même, dans (cette) vaste région..., (le bouddhisme) a-t-il trouvé le maillon de la chaîne qui manquait. » « Entre la critique marxiste qui affranchit l'homme de ses premières chaînes... et la critique bouddhiste qui achève la libération, il n'y a ni opposition ni contradiction. » Je ne suis pas sûr que cette discipline millénaire puisse intervenir sans malentendu dans le développement de la pensée occidentale : le bouddhisme est né pour

* *Ibid.*, p. 444.

répondre à ce malaise social qui grandit au vɪᵉ siècle avant notre ère, auquel répondirent aussi le prophétisme hébreu et Socrate... Le monde présent est lourd de résolutions plus entières et de plus profonds enlisements. Lévi-Strauss ne peut mettre en avant le principe d'une régression qu'avec de la prudence. Il me semble malgré tout à ce jeu ne pas faire ressortir avec assez de force ces accomplissements de l'homme qui sans doute ont plus de grandeur s'ils sont des démarches premières, qui néanmoins, d'Eschyle à Shakespeare ou des peintres siennois à Picasso, ont eu de prodigieux renouvellements. La conscience de l'homme actuel, pour aussi fragilement suspendue qu'elle demeure dans l'agitation en même temps excessive et affaissée que nous vivons, est peut-être, elle aussi, digne d'intérêt : ne pourrait-elle aller plus loin? ne pourrait-elle, elle aussi, s'éveiller prodigieusement? Il n'empêche que le non-savoir du Bouddha est aujourd'hui la conclusion d'un développement monstrueux des connaissances, qui nous livre un détail où nous nous perdons, tandis que l'ensemble nous échappe. L'illumination liée au non-savoir alors qu'à la science se lient l'angoisse et la folie nous montre également la vertu d'une démarche première qui atteignit, vingt-cinq siècles avant nous, le sommet auquel nous pourrions timidement accéder.

Ces aperçus, me semble-t-il, suffisent à montrer la richesse de *Tristes tropiques*.

Les réflexions que Lévi-Strauss a poursuivies dans ce livre sans système ne sauraient prétendre épuiser les possibilités de la pensée. Mais je ne pense pas que, proposées à la méditation des lecteurs les plus éveillés, elles peuvent être à l'origine d'une ouverture à des horizons qui nous éloignent d'une sorte de stagnation intellectuelle. Rien est-il plus malsain que s'enfermer sur soi-même? la pensée a besoin de mouvement, d'impulsion en profondeur. La nouveauté du livre de Lévi-Strauss s'oppose à un ressassement, elle répond au besoin de valeurs plus larges, plus poétiques, telles que l'horreur et la tendresse, à l'échelle de l'histoire et de l'univers, nous arrachent à la pauvreté de nos rues et de nos immeubles.

L'érotisme ou la mise en question de l'être

Les Lettres nouvelles [1]

L'ÉROTISME, ASPECT « IMMÉDIAT » DE L'EXPÉRIENCE INTÉRIEURE EN OPPOSITION À LA SEXUALITÉ ANIMALE

L'érotisme est l'un des aspects de la vie *intérieure* de l'homme. Nous nous y trompons parce qu'il cherche sans cesse, *au-dehors*, un objet du désir. Mais si cet objet existe comme tel, c'est dans la mesure où il répond à l'*intériorité* du désir. Jamais notre choix d'un objet n'est objectif; même si nous choisissons une femme que la plupart, à notre place, auraient choisie, le choix de la plupart se fonde sur une similitude de la vie intérieure des uns et des autres, et non sur une qualité objective de cette femme, qui n'aurait sans doute, si elle n'atteignait en nous l'être intérieur au plus intime, rien qui forçât nos préférences. En un mot, même conforme à celui de la plupart, notre choix diffère encore de celui de l'animal : il fait appel à cette mobilité intérieure, infiniment trouble, qui est le propre de l'homme. L'animal a lui-même une vie subjective, mais cette vie, semble-t-il, lui est donnée, comme les objets le sont dans le monde, une fois pour toutes. L'érotisme de l'homme diffère de la sexualité animale, justement en ce qu'il met la vie intérieure en question. *L'érotisme est dans la conscience de l'homme ce qui met en lui l'être en question.* La sexualité animale introduit elle-même un déséquilibre et ce déséquilibre menace la vie, mais l'animal ne le sait pas.

Quoi qu'il en soit, si l'érotisme est l'activité sexuelle de l'homme, c'est dans la mesure où cette dernière n'est pas animale. L'activité sexuelle des hommes n'est pas nécessairement érotique. Elle l'est chaque fois qu'elle n'est pas rudimentaire, qu'elle n'est pas simplement animale.

IMPORTANCE DÉCISIVE DU PASSAGE DE L'ANIMAL À L'HOMME

Dans le passage de l'animal à l'homme, sur lequel nous savons peu de chose, est donnée la détermination fondamentale. De ce passage, tous les événements nous sont dérobés; sans doute définitivement. Pourtant nous sommes moins désarmés qu'il ne semble. Nous savons que les hommes fabriquèrent des outils et les utilisèrent en vue de pourvoir à leur subsistance, puis, sans doute assez vite, à des besoins superflus. En un mot, ils se distinguèrent des animaux par le *travail*. Parallèlement, ils s'imposèrent des restrictions connues sous le nom d'*interdits*. Ces interdits ont essentiellement – et certainement – porté sur l'attitude envers les morts. Il est probable qu'ils touchèrent en même temps, ou peu s'en faut, l'activité sexuelle. La date ancienne de l'attitude à l'égard des morts est donnée dans les nombreuses trouvailles d'ossements recueillis par des hommes. En tout cas, l'Homme de la Chapelle-aux-Saints, qui n'est pas tout à fait un homme, puisqu'il n'avait pas encore atteint rigoureusement la station droite et que son crâne ne différait pas autant que le nôtre de celui des anthropoïdes, ensevelit ses morts. Les interdits sexuels ne remontent pas sûrement à ces temps très reculés. Nous pouvons dire qu'ils apparaissent partout où l'humanité apparut, mais que, dans la mesure où nous devons nous tenir aux données de la préhistoire, rien de tangible n'en porte le témoignage. L'ensevelissement des morts a laissé des traces, rien ne subsiste qui nous apporte même une indication sur les habitudes sexuelles des hommes les plus anciens. Nous pouvons admettre seulement qu'ils travaillaient, puisque nous avons leurs outils. Puisque le travail, autant qu'il semble, a logiquement engendré la réaction qui détermine l'attitude devant la mort, il est légitime de penser que l'interdit réglant et limitant la sexualité en fut aussi le contrecoup et que l'ensemble des conduites *humaines* fondamentales – travail, conscience de la mort, sexualité contenue – remontent à la même période reculée. Les résidus du travail apparaissent dès le *Paléolithique inférieur* et l'ensevelissement le plus ancien que

nous connaissons date du *Paléolithique moyen*. En vérité il s'agit
de temps qui durèrent, selon les calculs présents, des centaines
de milliers d'années : ces interminables millénaires corres-
pondent à la mue par laquelle l'homme se dégagea de l'animalité première. Il en sortit en travaillant, en comprenant
qu'il mourait et en glissant de la sexualité sans honte à la
sexualité honteuse, dont l'érotisme découla. L'homme proprement dit, que nous appelons notre semblable, qui apparaît
dès le temps des cavernes peintes (c'est le *Paléolithique supérieur*), est déterminé par l'ensemble de ces changements qui
se placent sur le plan de la religion, et que, sans doute, il
avait les uns et les autres derrière lui.

L'ÉROTISME, SON EXPÉRIENCE INTÉRIEURE ET SA
COMMUNICATION LIÉS À DES ÉLÉMENTS OBJECTIFS ET
À LA PERSPECTIVE HISTORIQUE OÙ CES ÉLÉMENTS NOUS
APPARAISSENT

Il y a dans cette manière de parler de l'érotisme un inconvénient. Dans la mesure où j'en fais l'activité génétique propre
de l'homme, je définis l'érotisme objectivement. Mais j'ai laissé
au second plan, quelque intérêt que je lui prête, l'étude objective de l'érotisme. Mon intention est, au contraire, d'envisager
dans l'érotisme un aspect de la *vie intérieure*, si l'on veut, de
la vie religieuse de l'homme. L'érotisme, je l'ai dit, est à mes
yeux le déséquilibre dans lequel l'être se met lui-même en
question, consciemment. En un sens, l'être se perd objectivement, mais alors le sujet s'identifie avec l'objet qui se perd.
S'il le faut je puis dire : dans l'érotisme, *je me perds*. Sans doute
n'est-ce pas une situation privilégiée. Mais la perte *volontaire*
impliquée dans l'érotisme est flagrante : personne n'en peut
douter. Parlant maintenant de l'érotisme, j'ai l'intention de
m'exprimer sans ambages au nom du sujet, même si, pour
commencer, j'introduis des considérations objectives. Mais si
je parle des mouvements de l'érotisme objectivement, je dois
le souligner d'abord : c'est dans la mesure où jamais l'expérience intérieure n'est donnée indépendamment de vues
objectives que nous la trouvons toujours liée à tel aspect,
indéniablement objectif.

LA DÉTERMINATION DE L'ÉROTISME EST PRIMITIVE-
MENT RELIGIEUSE ET MON ÉTUDE EST PLUS PROCHE DE
LA THÉOLOGIE QUE DE L'HISTOIRE SAVANTE ET INDIF-
FÉRENTE DE LA RELIGION

J'y insiste : si parfois je parle le langage d'un homme de
science, c'est toujours une apparence. Le savant parle du
dehors, tel un anatomiste du cerveau. (Ce n'est pas tout à fait
vrai : l'historien des religions ne peut supprimer l'*expérience
intérieure* qu'il a (ou qu'il eut) de la religion... Mais il n'importe
s'il l'oublie dans la mesure où il le peut.) *Je parle, moi, de la
religion du dedans, comme le théologien de la théologie.*
Le théologien, il est vrai, envisage une théologie *chrétienne*.
Tandis que la *religion* dont je parle n'est pas *une* religion.
C'est *la religion* sans doute, mais elle se définit justement en
ce que, dès l'abord, ce n'est pas une religion particulière. Je
ne parle ni de rites, ni de dogmes, ni d'une communauté
donnés, mais seulement du problème que toute religion s'est
posé : je prends ce problème à mon compte, comme la théologie, le théologien... Mais sans la religion chrétienne. S'il
n'était que cette religion en est une malgré tout, je me sen-
tirais même aux antipodes du christianisme. C'est si vrai que
l'étude en tête de laquelle je définis cette position a l'*érotisme*
pour objet. Il va de soi que le développement de l'érotisme
n'est *en rien* extérieur au domaine de *la religion,* mais justement le christianisme s'opposant à l'érotisme a condamné la
plupart des religions. En un sens, la religion chrétienne est
peut-être la moins religieuse.
Je voudrais sur mon attitude être exactement entendu.
Tout d'abord, j'ai voulu une telle absence de présupposition, qu'aucune ne me semblât plus parfaite. Il n'est rien qui
me lie à quelque tradition particulière. Ainsi, je ne puis manquer de voir, dans l'occultisme ou dans l'ésotérisme, une présupposition, qui m'intéresse en ce qu'elle répond à la nostalgie
religieuse, mais dont je m'éloigne malgré tout, puisqu'elle
implique une croyance donnée. J'ajoute qu'en dehors des
chrétiennes, les présuppositions occultistes sont à mes yeux
les plus gênantes, en ce que, s'affirmant dans un monde où
les principes de la science s'imposent, c'est de propos délibéré
qu'elles leur tournent le dos. Elles font ainsi de celui qui les

reçoit ce que serait au milieu des autres, un homme qui saurait qu'existe le calcul, mais refuserait de corriger ses erreurs d'addition. La science ne m'aveugle pas (ébloui, je ne pourrais que répondre mal à ses exigences) et de même le calcul ne me trouble pas. J'aime donc que l'on me dise « deux et deux font cinq », mais si quelqu'un, visant une fin précise, fait des comptes avec moi, je ne m'attarde pas à l'identité prétendue de cinq et deux et deux. Personne ne saurait à mes yeux poser le problème de *la religion* à partir de solutions gratuites que l'actuel *esprit de rigueur* récuse. Je ne suis pas un homme de science dans la mesure où je parle d'expérience intérieure, non d'objets, mais dans la mesure où je parle d'objets, je le fais, comme les hommes de science, avec la rigueur inévitable.

Je dirai même que, le plus souvent, dans l'attitude religieuse, entre une si grande avidité de réponses hâtives, que *religion* a pris le sens de la facilité d'esprit, et que mes premiers mots donnent à penser à des lecteurs non prévenus qu'il s'agit d'aventure intellectuelle, et non de l'incessante démarche qui met l'esprit *au-delà*, s'il le faut, mais *par la voie* de la philosophie et des sciences, en quête de tout le possible qu'il peut s'ouvrir.

Tout le monde, quoi qu'il en soit, reconnaîtra que la philosophie, ni les sciences, ne peuvent envisager le problème que l'aspiration religieuse a posé. Mais tout le monde également reconnaîtra que, dans les conditions qui se rencontrèrent, cette aspiration, jusqu'ici, n'a pu se traduire autrement qu'en des formes altérées. Jamais l'esprit humain ne peut chercher ce que *la religion* cherche depuis toujours, sinon dans un monde où sa recherche dépendait de causes douteuses, soumises, sinon au mouvement de désirs matériels, à des passions de circonstances : elle pouvait combattre ces désirs et ces passions, elle pouvait aussi les servir, elle ne pouvait leur être indifférente. La recherche que la religion commença ne doit pas moins que celle de la science être libérée des vicissitudes historiques. Non que l'homme n'ait pas en entier dépendu de ces vicissitudes, mais c'est vrai pour le passé. Le moment vient, précaire sans doute, où, la chance aidant, nous ne devons plus attendre la décision des autres avant d'avoir l'expérience que nous voulons. Et nous pouvons encore communiquer librement le résultat de cette expérience.

Je puis, en ce sens, me préoccuper de la religion, non comme le professeur qui en fait l'histoire, qui parle, entre autres, du *brahman*, mais comme le brahman lui-même. Pourtant je ne suis ni brahman, ni rien, je veux poursuivre une expérience solitaire, sans tradition, sans rite, sans rien qui me guide, et sans rien non plus qui me gêne. J'exprime une expérience, sans faire appel à qui que ce soit de particulier, ayant essentiellement le souci de communiquer l'expérience intérieure – c'est-à-dire, à mes yeux, l'expérience religieuse – en dehors des religions définies.

Ainsi mon étude, que fonde essentiellement l'expérience intérieure, diffère-t-elle en son origine du travail de l'historien des religions, de l'ethnographe ou du sociologue. Sans doute, la question se posa-t-elle de savoir s'il est possible pour ces derniers de se diriger à travers les données qu'ils élaborent indépendamment d'une expérience intérieure qu'ils ont d'une part en commun avec celle de leurs contemporains, qui d'autre part est aussi, jusqu'à un certain point, leur expérience personnelle modifiée par un contact avec le monde qui fait l'objet de leurs études. Mais dans leur cas, nous pouvons presque avancer en principe que : *moins leur expérience joue* (plus elle est discrète), plus grande est l'authenticité de leur travail. Je ne dis pas : moins leur expérience est grande, mais moins elle joue. Je suis en effet convaincu de l'avantage, pour un historien, d'avoir une expérience profonde, mais s'il l'a, puisqu'il l'a, le mieux est qu'il s'efforce de l'oublier, et d'envisager des faits du dehors. Il ne peut l'oublier tout à fait, il ne peut réduire entièrement la connaissance des faits à celle qui lui est donnée du dehors – et cela vaut mieux – mais l'idéal est que cette expérience joue *malgré lui,* dans la mesure où cette source de connaissance est irréductible, dans la mesure où parler de religion sans référence intérieure à l'expérience que nous en avons, mènerait à des travaux sans vie, accumulant une matière inerte, livrée dans un désordre inintelligible.

En contrepartie, si j'envisage personnellement les faits sous le jour de l'expérience que j'en ai, je mesure ce que je lâche en lâchant l'objectivité de la science. Tout d'abord, je l'ai dit, je ne puis m'interdire arbitrairement la connaissance que m'apporte la méthode impersonnelle : mon expérience suppose toujours la connaissance des objets qu'elle met en jeu (ce sont, dans l'érotisme, au moins les corps, dans la religion, les formes stabilisées sans lesquelles la pratique religieuse *commune* ne saurait être). Ces corps, ou plutôt leurs aspects, ou ces formes, ne nous sont donnés que dans la perspective où l'aspect ou la forme ont historiquement pris leur sens. Nous ne pouvons séparer entièrement l'expérience que nous en avons de ces formes objectives et de ces aspects ni de leur apparition historique. Sur le plan de l'érotisme, les modifications du propre corps qui répondent aux mouvements vifs qui nous soulèvent intérieurement sont elles-mêmes liées aux aspects séduisants et surprenants des corps sexués.

Non seulement ces données précises, qui nous viennent de tous côtés, ne sauraient s'opposer à l'expérience intérieure qui leur répond, mais elles l'aident à sortir du fortuit, qui est le propre de l'individu. Fût-elle associée à l'objectivité du monde réel, l'expérience introduit fatalement l'arbitraire et, si elle n'avait le caractère universel de l'objet auquel se lie son retour, nous ne pourrions pas en parler. De même, sans expérience, nous ne pourrions parler ni d'érotisme ni de religion.

LES CONDITIONS D'UNE EXPÉRIENCE INTÉRIEURE IMPERSONNELLE : L'EXPÉRIENCE CONTRADICTOIRE DE L'INTERDIT ET DE LA TRANSGRESSION

Quoi qu'il en soit, il est nécessaire d'opposer nettement l'étude qui s'étend *le moins possible* dans le sens de l'expérience et celle qui s'y avance résolument. Il faut dire encore que, si la première n'avait pas été faite en premier lieu, la seconde demeurerait condamnée à la gratuité impudente qui nous est connue. Il est enfin assuré qu'une condition qui nous semble aujourd'hui suffire n'est donnée que depuis peu.

Qu'il s'agisse d'érotisme (ou généralement de religion), l'expérience intérieure lucide en était impossible en un temps où ne ressortait pas en plein jour le jeu de balance de l'interdit et de la transgression, qui ordonne la possibilité de l'un et de l'autre. Encore est-il insuffisant de savoir qu'existe ce jeu. La connaissance de l'érotisme, ou de la religion, demande une expérience personnelle, égale et contradictoire, de l'interdit et de la transgression.

Cette double expérience est rare. Les images érotiques ou religieuses introduisent essentiellement, chez les uns, les conduites de l'interdit, chez d'autres, des conduites contraires. Les premières sont traditionnelles. Les secondes elles-mêmes sont communes, sous la forme du moins d'un retour à la nature, à laquelle s'opposait l'interdit. Mais la transgression diffère du « retour à la nature » : la transgression lève l'interdit *sans le supprimer* *. Là se cache le secret de l'érotisme, là se trouve en même temps le secret des religions. J'anticiperais sur le développement de mon étude si je m'expliquais tout d'abord sur la profonde complicité du bien et du mal. Mais s'il est vrai que la méfiance (le mouvement incessant du doute) est nécessaire à qui s'efforce de rapporter l'expérience dont je parle, elle doit en particulier satisfaire aux exigences que je puis dès maintenant formuler.

Nous devons d'abord nous dire de nos sentiments qu'ils tendent à donner un tour personnel à nos vues. Mais cette difficulté est générale, et il est relativement simple, selon moi, d'envisager en quoi mon expérience intérieure *coïncide* avec celle des autres, et par quoi elle me fait *communiquer* avec eux. Ce n'est pas admis d'habitude, mais le caractère vague et général de ma proposition m'empêche d'insister sur elle. Je passe outre : les obstacles redoutables opposés à la communication de l'expérience me paraissent d'une autre nature : ils tiennent à l'*interdit* qui la fondent et à la duplicité dont je parle : conciliant ce dont le principe est inconciliable, le bien et le mal, l'interdit et la transgression.

De deux choses l'une : ou l'interdit joue, dès lors l'expérience n'a pas lieu, ou elle n'a lieu que furtivement, elle demeure en dehors du champ de la conscience : ou il ne joue pas : c'est le cas le plus mauvais. Pour la science, en effet, l'interdit n'est pas justifié, il est pathologique, c'est le fait de la névrose. Il est donc connu *du dehors* : si même nous en avons une expérience personnelle, dans la mesure où nous l'envisageons comme maladif, nous le réduisons au mécanisme tout extérieur, qui, dans notre conscience, est l'intrus. Cette manière de voir ne supprime pas exactement l'expérience, mais elle lui donne un sens mineur. De ce fait l'interdit et la transgression, s'ils sont décrits, le sont comme des objets, ils le sont par l'historien – ou par le psychiatre (le psychanalyste).

L'érotisme envisagé par nous comme une chose est au même titre que la religion, une *chose*, un objet monstrueux. L'érotisme et la religion nous sont fermés dans la mesure où nous ne les situons pas résolument sur le plan de l'expérience

---

* Inutile d'insister sur le caractère hégélien de cette opération, qui répond au moment de la dialectique qu'exprime le verbe allemand intraduisible *aufheben* (dépasse en maintenant).

intérieure. Nous les situons sur le plan des *choses,* que nous connaissons du dehors, si nous obéissons platement à l'interdit. L'interdit observé autrement que dans l'horreur n'a plus la contrepartie de désir qui en est le sens profond. Le pire est que la science, dont le mouvement veut qu'elle le traite objectivement, procède de l'interdit, sans lequel l'érotisme ne peut devenir une chose à la longue, mais en même temps le refuse en tant qu'il est irrationnel, et que seule l'expérience du dedans en donne l'aspect inévitable, l'aspect justifié dans la profondeur. Si nous faisons œuvre de science, en effet, nous envisageons nos objets en tant qu'extérieurs au sujet que nous sommes : le savant lui-même devient, dans la science, un objet extérieur au sujet qui fait seul œuvre de science, mais ne pourrait le faire si d'abord il ne s'était nié comme sujet. Cela va si l'érotisme est condamné, si d'avance nous l'avons rejeté, si nous sommes libérés de lui, mais si (comme elle le fait souvent) la science condamne la religion, qui s'avère, à ce point, être le fondement de la science, nous cessons de nous opposer légitimement à l'érotisme. Ne nous *opposant* plus à lui, nous cessons d'en faire une chose, un objet extérieur à nous. Nous l'envisageons comme le mouvement de l'être en nous-mêmes.

Si l'interdit joue, c'est difficile. L'interdit fit d'avance les affaires de la science : nous éloignant de son objet, il ne pouvait le faire sans nous éloigner en même temps du mouvement qui nous éloignait : tout en un même temps se perdit dans la nuit de l'objectivité. Nous ne pouvons en effet revenir à la connaissance de ces domaines sans d'abord revenir à celle des interdits qui nous la ferma, non comme à l'erreur qui nous abuse, mais comme au sentiment profond qui ne cesse pas de nous mouvoir. La clé est la vérité de l'interdit, la certitude qu'il n'est pas en nous venant du dehors, ce qui nous apparaît dans l'angoisse au moment où nous *transgressons* l'interdit. Si nous *observons* l'interdit, ce n'est en nous qu'un *résultat* dont nous n'avons plus conscience. Nous éprouvons en le transgressant l'angoisse sans laquelle l'interdit ne serait pas, c'est l'expérience du péché. Mais l'expérience n'est pleine que dans la transgression achevée, dans la transgression réussie, qui maintient l'interdit, mais le maintient *pour en jouir. L'expérience intérieure de l'érotisme demande de celui qui la fait une sensibilité non moins grande à l'angoisse fondant l'interdit qu'au désir menant à l'enfreindre.* C'est la sensibilité *religieuse,* qui associe toujours étroitement le désir et l'horreur, le plaisir intense et l'angoisse.

Celui qui n'éprouve pas, ou n'éprouve que furtivement, les sentiments d'angoisse, de nausée, d'horreur, communs, par exemple, aux jeunes filles du siècle dernier n'en est pas susceptible, mais il en est de même de celui qui les éprouve sans les surmonter. Ces sentiments n'ont rien de maladif, mais ils sont dans la vie de l'homme ce qu'est la chrysalide à l'animal parfait. L'expérience intérieure de l'homme est donnée dans l'instant où, brisant la chrysalide, il a conscience de se déchirer lui-même, non la résistance opposée du dehors. Le dépassement de la connaissance objective, que bornaient les parois de la chrysalide, se lie à ce renversement.

L'ACTIVITÉ REPRODUCTRICE ENVISAGÉE COMME UNE FORME DE CROISSANCE

L'expérience *intérieure* cherchant les *objets* qui lui sont liés n'est pas limitée aux données que l'histoire des religions lui apporte. L'histoire des religions lui parle, par exemple, d'interdits concernant le sang menstruel ou l'inceste, elle lui parle également de transgressions. Mais l'érotisme, en son essence infraction à la règle que les interdits impliquent, a beau, comme je le crois, commencer où finit la sexualité animale, cette sexualité en est aussi le fondement, nié en même temps que maintenu. L'animalité charnelle est même si bien l'élément de base de l'érotisme que le terme d'*animalité* lui est encore associé populairement : la transgression de l'interdit, considéré comme le propre de l'homme, a souvent pris le sens, abusivement, d'un retour à la nature, que l'animal figure à nos yeux. Mais l'abus serait impossible si l'activité à laquelle l'interdit s'oppose n'était pas d'abord et objectivement l'analogue de celle des animaux, si la sexualité physique n'était pas commune à l'homme et à l'animal. Extérieurement, la sexualité physique est à l'érotisme ce que le corps est à la pensée : et comme la physiologie peut toujours être tenue pour le fondement objectif de la pensée, la fonction sexuelle de l'animal s'ajoute aux données de l'histoire des religions si nous situons dans le monde des choses l'expérience intérieure que nous avons de l'érotisme. Ce point n'a d'ailleurs pas le sens borné que nous lui prêtons en premier. La fonction sexuelle de l'animal a des aspects qui, pour être donnés du dehors, sont proches de l'expérience dont je parle, et pour cette raison peuvent nous aider si nous voulons réduire l'imprécision qui lui est liée.

Nous retrouvons de cette façon l'objectivité sur laquelle se fonde le plus souvent la pensée. Sur le plan de la réalité objective, la vie, mobilisant toujours, à moins d'impuissance, un excès d'énergie qu'il lui faut dépenser, cet excès se dépense en effet soit dans la croissance de l'unité envisagée, soit dans une perte pure et simple. À cet égard, l'aspect de la sexualité est d'une manière fondamentale ambigu : même une activité sexuelle indépendante de ses fins génésiques n'en est pas moins dans son principe une activité de croissance. Les gonades s'accroissent envisagées dans leur ensemble. Pour apercevoir le mouvement dont il s'agit, il faut nous fonder sur le mode de reproduction le plus simple, qu'est la scissiparité. Il y a croissance de l'organisme scissipare, mais la croissance une fois acquise, un jour ou l'autre, cet organisme unique en forme deux. Soit l'infusoire a devenant $a' + a''$, le passage du premier état au second n'est pas indépendant de la croissance de a, $a' + a''$ représentant même, par rapport à un état plus ancien de a, la croissance de ce dernier.

Ce qu'il faut remarquer alors est que a' étant autre que a'' n'est, *pas plus* que n'est ce dernier, autre que a. Je reviendrai sur le caractère déconcertant d'une croissance qui met en cause l'unité de l'organisme qui croît. Mais je retiens d'abord ce fait : que la reproduction n'est qu'une forme de croissance. Ceci ressort en général de la multiplication des individus, résultat le plus clair de l'activité sexuelle, mais l'accroissement de l'espèce dans la reproduction sexuée n'est qu'un aspect de la scissiparité primitive. Comme les cellules de l'organisme individuel, les gonades sont elles-mêmes scissipares. À la base, l'unité vivante s'accroît ; si elle s'est accrue, elle peut se diviser, mais la croissance est la condition de la division que, dans le monde vivant, nous appelons reproduction.

LA MISE EN JEU DE L'ÊTRE LUI-MÊME AU POINT CRITIQUE DE LA CROISSANCE

Si nous envisageons l'expérience intérieure de l'activité sexuelle, c'est-à-dire, en nous, l'érotisme, nous devons tenir compte en premier lieu de l'aspect objectif que, selon l'apparence, il revêt pour nous en premier lieu : objectivement, si nous faisons l'amour, c'est la reproduction qui est en jeu. C'est donc, si l'on m'a suivi, la croissance. Mais cette croissance n'est pas *la nôtre*. Ni l'activité sexuelle, ni la scissiparité n'assurent la croissance de l'être lui-même qui se reproduit, qu'il s'accouple ou plus simplement qu'il se divise. Ce que met en jeu la reproduction est la croissance impersonnelle.

L'opposition fondamentale que j'ai tout d'abord affirmée de la perte et de la croissance est donc réductible, en un cas, à une autre différente, où la croissance impersonnelle, et non la perte pure et simple, s'oppose à la personnelle. L'aspect fondamental, égoïste, de la croissance, n'est donné que si l'unité qui s'accroît reste la même. Si la croissance a lieu au profit d'un être ou d'un ensemble qui nous dépasse, ce n'est plus une croissance mais un *don*. Pour celui qui le fait, le don est la *perte* de son avoir. Il se peut que celui qui donne s'y retrouve, mais tout d'abord il doit donner, et tout d'abord, plus ou moins entièrement, il lui faut renoncer à cela même qui, pour un ensemble qui l'acquiert, a le sens de l'accroissement.

Jamais nous ne devons négliger cette diversité d'aspects réels si nous songeons à l'émotion éprouvée intimement. N'avons-nous pas au moment sexuel, dans la nudité par exemple (n'importe s'il s'agit d'une réaction très complexe et tardive), le sentiment de revenir à la profusion de la croissance ? Comme passant d'un état fixe, limité, à un autre plus mobile, où nous nous sentons plus voisins de la sève qui monte, de l'arbre qui fleurit. Ces comparaisons sembleront d'abord hasardées, mais l'être que ses vêtements classent et définissent, qui, de la même manière qu'un outil approprié à ses fins, est pour lui-même une *chose* séparée, s'oppose à celui qui s'écoule dans l'exubérance, qui, se sentant nu près de l'autre nu, est noyé par une impression d'illimité.

Quand le sentiment de croître a lieu dans la solitude, quand l'individualité de l'accroissement est clairement isolée, rien ne vient en contredire en nous la séparation, qui est le propre des *choses*. Dans le domaine des *choses*, nous pouvons amonceler sans être aussitôt débordés par l'exubérance. Le domaine organique lui-même se maintient souvent dans le calme de l'abondance. Mais l'abondance, en quelque domaine que nous la trouvions, connaît un point critique où l'unité de l'être qui en bénéficie est mise en jeu. À ce point critique, la croissance, qui ne cesse pas d'être telle en un sens, devient perte pour le bénéficiaire qu'une richesse excessive a *dissocié*. Ce point peut être objectivement connu, mais l'expérience que nous en avons intérieurement possède une importance privilégiée : il se définit par le fait que l'être lui-même y est en jeu, puisque son unité est en jeu.

DANS LA DISPARITION DE LA CHOSE, DONNÉE DANS LA DIVISION SCISSIPARE, L'EXPÉRIENCE DU SUJET COÏNCIDE AVEC LA CONNAISSANCE DE L'OBJET

La sexualité et l'érotisme se lient en un même mouvement à cette crise de l'unité. Mais surtout la connexion des données du dehors et du dedans y prend une valeur décisive. La considération objective des moments de croissance et de perte y prend un sens inattendu, puisque la croissance *matérielle* met en jeu l'être lui-même, le *sujet*, qui s'accroît.

Je reviens à la notion savante de scissiparité.

Quand l'être unicellulaire se divise, il ne cesse pas d'être, il perd sa continuité intérieure. S'il la perd, c'est apparemment qu'il l'avait. Mais supposons (j'en conviens, cette supposition est rapide, elle engage à perte de vue) que la continuité *apparaisse* dans l'instant où elle se perd. La discontinuité est essentielle à l'être dont je parle : c'est *celui-ci*, il me semble, absolument distinct de *celui-là*. Une continuité unit l'être au-dedans : au-dehors, une discontinuité le limite. Mais au moment de la division, à la limite de deux individus nouveaux, il n'y avait pas encore discontinuité. La continuité se perdait, la discontinuité se faisait. Il y avait, le temps d'un éclair, continuité de ce dont l'essence était déjà la discontinuité (de deux individus naissants). De cet état suspendu, je dirai, poursuivant ma supposition, qu'étant la crise de l'être, il est profondément celle de la discontinuité. L'être *nous* est donné dans la discontinuité. Nous n'en concevons *rien* sans la discontinuité : au moment où celle-ci se dérobe, nous devons donc nous dire qu'au lieu de l'*être*, il n'y a *rien*. Il n'y a *rien* du moins que nous pourrions saisir et concevoir. J'ai *supposé* que la continuité apparaissait dans l'instant où elle se perdait : cela veut dire que *rien* n'apparaissait. Ou plutôt, sa disparition succédait à l'apparition de quelque chose.

Autrement dit, jamais l'être n'est saisi, objectivement saisi, sinon comme une chose. Je m'excuse de le dire en des phrases qui ne sont pas seulement un peu fermées, mais inutilement surprenantes. Elles sont elles-mêmes d'une banalité si profonde qu'on y pourrait voir essentiellement la tautologie. L'intérêt qu'elles offrent à mes yeux est de dire à propos de la scissiparité, ce que d'autres diraient de l'être en lui-même, indépendamment d'un donné fortuit. Cela m'importe pour une raison. *La scissiparité, au point critique de la croissance, est la base objective de la reproduction sexuelle, c'est en même temps celle de l'érotisme* ; or il y a, dans *l'expérience intérieure* dont je parle, un élément qui selon moi est toujours saisissable : *quelque* « *chose* » *y est détruite, quelque* « *chose* » *s'y change en rien, si bien qu'en définitive, dans l'érotisme, l'objet coïncide avec le sujet.* Dans la réflexion objective, la chose qui nous était donnée nous échappe dans la réflexion du sujet sur lui-même, nous faisons l'expérience de la disparition. L'élément saisissable de l'expérience est saisi négativement ; ce que, si je puis dire, nous saisissons, est le vide laissé : nous avions saisi, nous nous efforcions de saisir encore et soudain, nous ne saisissons *rien*.

L'ORIGINE DE MA MÉTHODE

En quelque sorte même, nous saisissons le *rien*. La langue française est plaisante qui partit du mot *rem*, qui voulait dire chose, et lui donna le sens de *rien*...

Touchant l'expérience intérieure, mon affirmation ne peut être fondée que dans le détail. Je n'ai parlé ici que du passage de l'être vêtu à l'être nu. Mais l'expérience intérieure en moi précède la réflexion objective, sinon toujours, du moins généralement, en ce que, dès le début, le développement de ma pensée s'y rapporta, comme au foyer dont la lumière lui venait (ainsi la lumière de la lune vient, indirectement, du soleil) – en ce que, le plus souvent, la mémoire d'un état quelconque était l'origine de recherches ennuyeuses (aurai-je réfléchi sur la scissiparité si je n'avais d'abord vécu le glissement que j'y considère?). Mais j'avais besoin de retrouver, dans la réalité objective, le moment où elle se dissout. Réfléchir si longuement, si minutieusement, qu'à la fin l'objet de la réflexion ne soit plus *rien*, qu'il transparaisse, et qu'au lieu de vérités particulières, il n'y ait plus *rien* : tel fut dès l'abord le mouvement de retour à ce qui n'est plus la pensée, qui constitua le mouvement de ma pensée. Chaque vérité était l'obstacle me séparant du moment libre où elle ne m'imposerait plus. Je ne cherchai pas ces vérités plus subtiles, que j'aurais tirées de ma réflexion sur le sujet. Au contraire, je m'adonnai de préférence à la réflexion objective, afin d'y trouver les voies qui mènent à l'inanité de l'objet. La pensée n'est, devant moi, qu'un désert dont j'avais à venir à bout, dont j'avais à changer le contenu en un vide laissant transparaître à la fin le *rien* où nous mènent le ravissement et la terreur mêlés qu'est la vie sans réflexion. Je devais dépouiller l'expérience de la somme des croyances embarrassées qui veulent lui donner un sens : j'avais à retrouver la sensibilité nue à laquelle la pensée n'ajoute à la fin que la certitude de l'inanité de chaque pensée. Mais ce peu qu'elle ajoute est beaucoup : c'est ne plus vivre à la merci de la crainte conseillère des sottises, c'est l'invitation au courage d'être, sans secours, sans *espoir,* dans le mouvement heureux d'un homme qui ne compte sur *rien,* sinon sur une audace suspendue. La réflexion extrême nous ramène à la situation première où rien ne nous avait encore trompés : comme au premier jour, nous savons transformer le monde en utilisant la possibilité à la satisfaction de nos besoins, rien ne nous engage à nous en servir pour notre malheur. Mais les objets que nous avons asservis n'ont de sens que le bonheur *suspendu* où ils nous jettent. Au-delà de ce bonheur, qu'ils ont rendu possible, mais qu'ils menacent, ils sont à nos yeux la fantasmagorie qu'est le monde, où le bonheur que nous avons est de nous libérer de leur poids. Nous devons penser jusqu'au bout pour n'être plus victimes de la pensée, agir jusqu'au bout pour n'être plus victimes des objets que nous produisons.

DE LA DIVISION DE L'INDIVIDU À L'OPPOSITION DU MÂLE ET DE LA FEMELLE, ET DE L'HÉCATOMBE DES GONADES AU VOL NUPTIAL

À ce sujet, il me semble d'ailleurs que, nécessairement, l'action et la pensée se lient, et qu'à l'extrême du possible où elles parviennent, elles ne cessent pas d'être liées. Souvent, la pensée se détache de l'action, et l'action se détache de la pensée menée jusqu'au bout pour elle-même : elles se retrouvent un peu plus loin. Même sans la plus lointaine pensée, qu'est la dissolution de la pensée, l'action s'engagerait dans la méconnaissance des menaces de dissolution qui pèsent sur elle. Le dilemme de la destruction et de la croissance est sans doute le problème décisif de l'action : la destruction est la limite de la croissance, la croissance inconsidérée mène à la destruction inconsidérée. Mais la destruction, par laquelle nous passons de quelque *chose* à *rien*, est aussi *notre fin souveraine*. Cela ressort de l'expérience que nous faisons de l'érotisme au-dedans. Cela ressort aussi des données objectives de l'activité sexuelle, dont je m'efforce de faire à l'avance un point de repère exact.

Je reviens à présent sur la donnée fondamentale tirée de la scissiparité. En un sens, ce n'est pas une destruction. Mais absolument, il n'y a dans le monde ni destruction ni croissance. Toujours, ce qui s'accroît, ce qui est détruit est un être particulier, relatif à l'ensemble du donné. Si dans l'ensemble, nous n'apercevons jamais objectivement de perte, jamais de création, les êtres relatifs que nous discernons apparaissent et disparaissent, se développent aux dépens des autres ou se perdent à leur profit. Ainsi devons-nous dire de l'individu scissipare qu'il se perd au moment où il se divise. Je sais qu'il est commun de le dire immortel : c'est vrai si je néglige l'*individu* qui, dans la *division*, n'est plus. J'ai montré que la discontinuité, étant devant moi le principe de l'être dont je parle, que je conçois, une discontinuité nouvelle me fait concevoir un instant la continuité préalable de nouveaux êtres discontinus : de cette manière, elle m'a laissé apercevoir le *rien* de quelque chose qu'est le nouvel être discontinu.

Jamais cette base objectivement donnée au sentiment de *rien* ne manque au jeu de la reproduction sexuée. Cette modalité est comme un voile jeté sur la hideuse simplicité de la division : dans les espèces sexuellement différenciées, le plus souvent, les *individus* qui engendrent survivent individuellement, mais la *gonade*, dont procède le nouvel être, est l'effet de la *division*. C'est toujours la croissance au point critique, devenant par la division le contraire de la croissance, et c'est la perte, non dans le sens absolu du mot, mais la perte de ce qui fut *relativement,* qui se perd en partie ou cesse d'être. L'individu qui engendre survit, mais, en quelque manière, sa mort est engagée dans la naissance des descendants.

J'ai dit que le jeu sexuel voilait ce caractère de perte : il

l'accentue en même temps qu'il le voile. Objectivement, la
sexualité compense ce qu'en apparence, elle accorde au désir
des êtres, qui se veulent à l'abri de la disparition. Dans la
reproduction sexuelle, le mâle et la femelle effectuent sans
disparaître cette division reproductrice qui ne laissait *rien*
subsister de la fonction première, puisque, à la première cellule, deux nouvelles cellules succédaient. Le mâle et la femelle
survivent, il est vrai divisés d'une division définitive, qui n'oppose plus, comme dans la reproduction primitive, deux semblables, mais, autant qu'il se peut, deux contraires. Les survivants de ce naufrage, qu'est la reproduction, n'échappèrent
qu'à une condition : dans le moment qui les sauvait, qui faisait
d'eux les sauvés du naufrage, de ne pas, simplement, rester
à l'abri, la reproduction devenant, à part, une fonction distincte. Les êtres séparés de leur fonction mortelle étaient en
principe à l'abri, préservés de la division scissipare, mais à la
division qui constituait jadis des êtres multiples, chacun l'ombre
l'un de l'autre, la reproduction qui lui succédait constituait
des êtres différents. Dans la scissiparité du moins, jamais l'être
en se perdant ne devenait autre : dans la sexualité se reproduire était devenir autre dès l'abord. La fonction de reproduction distincte de l'être se liait dès l'abord à la différence
du mâle et de la femelle. La reproduction est toujours, aussi
bien dans la sexualité, la crise où l'être lui-même est en jeu,
la crise amenée par le mouvement de l'être qui voulait durer,
fidèle à lui-même, en s'accroissant, qui ne voulait pas être mis
en jeu. Mais *objectivement* l'être scissipare retrouvait ce père
qu'il avait perdu, qui n'était pas lui-même, mais n'en différait
pas. La crise ne dépassait pas la séparation de celui qui ne
pouvait en aucun cas *se poser* comme un *autre*. Au contraire,
dès le premier pas, l'être sexué rencontrait l'*autre,* son semblable sans doute, et pourtant *différent* de lui. La division de
la sexualité, qui opposait mâle et femelle, put revêtir le sens
que le mythe de Platon lui donna. Plus loin, la différenciation
s'accusa dans la descendance, si bien qu'en survivant, l'être
différencié, se reproduisant, s'annihilait d'avance dans la multiplicité des semblables différents. Considérons, à l'extrême,
en quête de son unité égarée, l'humanité furtive, haineuse,
prête à prendre les armes! L'amour est cependant l'événement inespéré, le miracle où nous retrouvons l'unité dans la
différence, où la division scissipare est compensée, refaite, en
quelque sorte, en un sens inverse.

Il n'était pas facile, en ces dernières phrases, d'éviter, au moins dans la pensée de celui qui me lit, l'anticipation des sentiments que nous lions de nous-mêmes à ces éléments objectifs. Jamais nos sentiments ne se passent d'une perspective intérieure et la réciproque peut être vraie. Au surplus, m'avançant dans ces domaines, j'ai l'intention de les parcourir à la hâte sans m'encombrer de précisions épuisantes. Quoi qu'il en soit, j'ai voulu, dans ce qui précède, recourir à des données plus rigoureusement objectives, à des données que la science modifia et qu'elle enrichit sans exactement les créer.

C'est aussi la science qui mesure la somme de dilapidation par laquelle la sexualité associait encore à la fonction reproductrice ce caractère de perte, qui témoigne d'une manière nouvelle du point de crise auquel parvient la croissance. La disproportion des ressources mises en jeu dans l'activité génératrice des êtres est bien connue. Je crois inutile d'alléguer dans sa précision le caractère infinitésimal du résultat par rapport aux effectifs engagés en pure perte. Nous naissons comme un survivant sur un champ couvert de morts. Un désastre est à l'origine de la croissance à laquelle pourvoit, malgré tout, l'activité sexuelle envisagée dans son ensemble. Pourtant, l'opposition des sexes et les massacres de gonades n'ajoutent que des témoignages mineurs à l'essentiel.

Il en est de même de ces accouplements mortels, qui frappent l'imagination de l'homme, où, par exception, le jeu n'est plus d'aucune façon voilé, où le mâle du moins succombe dans la crise. Le faux-bourdon qui, dans l'aveuglement du vol nuptial, meurt d'avoir approché la reine, n'a pas cessé de proposer à l'érotisme de rêve une forme où l'anéantissement de l'être comme objet est le symbole de tout le jeu. C'est néanmoins dans la division scissipare que la figure objective des fonctions génétiques coïncide de plus près avec cet érotisme secret qui nous égare dans ses glissements.

L'EXUBÉRANCE FONDAMENTALE, LE POINT CRITIQUE
ET LE DON QUI LA FAIT PASSER D'UN ÊTRE À L'AUTRE,
NIANT LA DIFFÉRENCE ENTRE EUX

La mise en question de l'être lui-même se retrouve donc dans tous les aspects de l'activité reproductrice. Mais la subtilité de la disparition de l'*individu* dans la division répond seule à la profondeur horrible et douce de la dissolution érotique. Non que nos sensations reproduisent avec une exactitude saisissable ce qui répondait en nous aux passages du continu au discontinu, du discontinu au continu. C'est impossible par définition : ces glissements sont indistincts. C'est cependant le sens que prennent les passages de la femelle au mâle, du mâle à la femelle. C'est aussi le sens d'une alternative de la violence et de la fusion.

La mort, au contraire – en dépit du langage qui nous fait dire, du moment de la convulsion, la « petite mort », en dépit d'affinités frappantes – la mort répond mal, en raison de son caractère défini, définitif, à la sensation d'éternité de l'instant donnée dans la fulguration de l'amour. De la mort, nous parlons d'une façon tranchée : c'est *oui*, c'est *non*. L'érotisme est équivoque : la fusion n'est jamais acquise et la violence se déchaîne le plus souvent sans renoncer à la fusion. L'étreinte amoureuse est ambiguë, comme le sont les rapports des êtres scissipares au moment de la division : elle tend à se maintenir dans cette ambiguïté, elle tend à rendre interminable un instant suspendu où rien n'est tranché, où, malgré la logique formelle, *a* est la même chose que *non a*, bien que *a* soit toujours autre que *non a*.

Il ne s'agit pas de supprimer, en effet, mais seulement de nier la différence. Il s'agit de créer un point de vue, ou, si l'on préfère, un ensemble confus de sensations, où la différence est perdue, où l'inanité de la différence *apparaît*. Ce qui nous constitue comme êtres différents n'est pas plus vrai que la différence de *a'* et de *a"* avant le moment de la division. Nous devons donc, pour accéder à la fusion, nier ce qui distingue les choses les unes des autres, les détruire en tant qu'elles sont des choses distinctes. Nous devons, à la place des choses, discerner le *rien*, à la place de l'être habillé l'être nu, dont le sentiment déchaîne la fusion érotique.

Qu'est-ce que l'histoire universelle?

Critique [1]

Histoire universelle, I. Des Origines à l'Islam, **Volume publié sous la direction de René Grousset et Émile G. Léonard *, Gallimard, 1956. In-16, xxxii-1864 p. (***Encyclopédie de la Pléiade,* **publiée sous la direction de Raymond Queneau.)**

Une « encyclopédie » est d'abord la somme des connaissances élaborées considérée indépendamment d'un ensemble. Cette somme est jusqu'à un certain point (seulement jusqu'à ce point) comparable à la somme des individus. La somme des individus est différente de leur ensemble. Cet ensemble est la société : si nous considérons cette somme, elle ajoute une vue renouvelée où se fait jour une réalité bien à part. De même, aux connaissances particulières, en principe additionnées dans la mémoire – mais en fait, parce que le contenu de la mémoire est limité, dans la matière imprimée des livres –, s'ajoute la vue d'ensemble que chacun de nous se fait de ce savoir de l'homme en général, qui constitue notre spécificité humaine. Chacun de nous distingue ce savoir général de ces connaissances particulières qui, pour nous, se présentent comme des moyens. Ce qui caractérise une connaissance

---

* L'étude suivante a été faite à propos de la publication du tome I de l'*Histoire universelle* de l'*Encyclopédie de la Pléiade,* mais il m'a semblé opportun de comparer cet ouvrage aux deux premiers volumes correspondants de l'*Histoire générale des civilisations,* publiée sous la direction de Maurice Crouzet, qui sont l'un et l'autre l'œuvre d'André Aymard et Jeannine Auboyer : 1) *L'Orient et la Grèce,* Presses Universitaires de France, 2ᵉ *éd. revue et corrigée,* 1955. In-4°, xii-703 p., 48 pl. : 2) *Rome et son Empire,* même éditeur, 2ᵉ éd., 1956. In-4°, 784 p., 48 pl. Nous avons déjà donné sur le premier de ces volumes (1ʳᵉ éd., 1953), une étude de Fernand Robert (*L'Éclosion des civilisations de l'Homme dans l'Antiquité, Critique,* janvier 1956, n° 104, p. 62-74).

particulière est *en principe* sa valeur pratique. Ceci ne peut faire ici l'objet d'une trop longue élucidation. Mais, dans son aspect particulier, une connaissance, même désintéressée, prend *en principe*, fût-ce secondairement, valeur de moyen, c'est-à-dire que j'oublie naturellement, en l'assumant, sa valeur de fin. La fin est en moi l'être que je suis, le sujet, mais je puis me regarder provisoirement comme un acquisiteur qui s'enrichit d'objets divers et, comme tel, je puis acquérir telles connaissances touchant Shakespeare. Ces connaissances ne prennent finalement de sens que dans leur rapport à mon être intérieur, mais je puis indéfiniment les mettre, à certains égards, sur le même plan que celle d'une route qui mènera mon corps, envisagé comme un objet, dans telle région. Dans l'expérience de fait, un objet n'apparaît presque jamais parfaitement détaché du sujet par rapport auquel il prend un sens, et de même, le sujet est toujours plus ou moins assimilé par nous à un objet entre les divers objets qui occupent le champ de sa conscience. Mais nous pouvons faire, si nous sommes attentifs, une distinction fondamentale entre la sphère des objets et celle du sujet. La sphère du sujet ne doit d'ailleurs en aucune mesure être confondue avec celle de l'individu isolé. Le sujet en moi est sans cesse *en communication* avec d'autres sujets. La distinction que nous faisons des objets a finalement cette valeur qu'elle met en relief en nous – et dans les autres – ce qui n'est pas réductible à l'objet, dont les objets ne sont que les moyens, et qui se pose nécessairement comme fin. En aucun cas les objets ne peuvent être envisagés comme des fins, à moins que par erreur, nous leur prêtions l'existence d'un sujet.

Cette opposition du moyen et de la fin est fondamentale. Elle pourrait être familière à chacun de nous comme la base de son existence. Mais nous appartenons à un monde – à une civilisation – dont l'essence est la confusion générale du moyen et de la fin. Cette confusion n'est pas systématique, si bien qu'elle est insaisissable, et comme telle plus profonde. Il est donc inévitable de reprendre à tout propos la distinction – et de la reprendre sans lassitude.

Je la reprends ici au sommet, à propos de la différence générale de la connaissance particulière et du savoir de l'homme en général.

Ce qui dès l'abord apparaît est le fait que le savoir de l'homme en général, à partir du moment où son origine n'est plus l'expérience religieuse, part exclusivement des connaissances particulières et qu'il ne peut facilement s'en dégager. Le savoir général tend à prendre et il prend spontanément la forme d'une somme des connaissances particulières.

Je tenterai de le montrer par un exemple, celui de l'histoire universelle.

Cet exemple pourrait sans doute être tenu pour incorrect, puisque l'histoire universelle n'est pas le savoir général, mais n'en est qu'un aspect particulier. Mais je pose en principe que dès l'instant où l'histoire n'est plus celle d'une contrée et d'un temps, mais celle de toutes les contrées et tous les temps, elle n'est plus seulement somme des connaissances particulières : elle prend place, dès l'instant, dans la vue d'ensemble qu'est généralement le savoir de l'homme. Le savoir de l'homme en général apparaît en réponse à la question fondamentale : « Que signifie ce que je suis? » À quoi l'histoire universelle ne répond sans doute que partiellement. Mais laissons pour l'instant la difficulté. Je montrerai d'abord que l'histoire répondant à la question : « Que signifie ce que je suis? » diffère de celle qui fait la somme des faits connus – comme la fin diffère des moyens.

I

Une histoire universelle, si elle se borne à présenter cette somme, ne devrait-elle pas de préférence s'intituler : *« Données de l'histoire universelle »*?

Non, sans doute. L'*Histoire universelle* de l'*Encyclopédie de la Pléiade* dont le premier des trois tomes prévus vient de paraître ne contient en effet que les données du contenu qu'elle énonce. Mais comment contester le caractère légitime d'un usage consacré? Sur cette voie, la critique se perdrait dans une discussion vaine et déplaisante. La critique peut représenter la possibilité, et la nécessité, de dépasser l'histoire qui se contente d'exposer la cohérence des faits. Mais elle ne peut que d'abord reconnaître son bien-fondé. Le savoir général ne peut être en question qu'à partir d'une somme des connaissances particulières : il diffère de cette somme, mais ne saurait être conçu qu'au-delà d'elle. De même l'histoire universelle proprement dite, celle qui répond à la question : « Que signifie ce que je suis *?», n'est possible qu'à partir des « *données* de l'histoire universelle ».

Ce sont même ces données historiques particulières qui, évidemment, la fondent, et sans lesquelles elle ne saurait être fondée, qui l'exigent. C'est à partir du tableau qui résulte de l'accumulation des données que nous sommes conduits à nous dire qu'il ne répond que bien imparfaitement à notre question première.

Tout d'abord, nous sommes amenés, sur le plan de l'histoire, à poser cette question sous sa forme initiale. La première réponse étant l'origine animale de l'être humain, ne devons-nous pas en premier lieu nous demander comment, de l'existence animale, le passage à l'homme eut lieu. Cette question est dans son principe hors de l'histoire. La définition traditionnelle de l'histoire est, il est vrai, dépassée depuis longtemps. D'après cette définition, l'histoire ne serait que l'élaboration critique des données écrites. Mais elle utilise depuis longtemps des données archéologiques contemporaines, indépendantes de l'écriture. L'élaboration des données archéologiques antérieures à l'écriture a reçu le nom de préhistoire s'il s'agit d'un temps où l'écriture n'existait encore en aucune région, et de protohistoire, si des documents écrits provenant d'autres régions peuvent servir à la connaissance d'une région où, pour commencer, l'écriture n'était pas encore connue. Cependant la préhistoire et la protohistoire n'ont pas d'autre sens que l'*histoire* des temps et des régions qu'elles envisagent. Les méthodes employées sont différentes, les documents utilisés, à défaut de documents écrits, sont en principe plus imparfaits. Mais il s'agit toujours de rechercher ce qui s'est passé sur le plan de l'existence humaine en des régions ou des temps donnés. Loin d'être insignifiant, le résultat de cette recherche est finalement d'une importance décisive. La préhistoire, qui n'est en vérité qu'une forme d'histoire distincte, ne serait-elle pas finalement *la clé* de l'histoire?

L'*Histoire universelle* de la *Pléiade* se distingue d'ailleurs de celles qui l'ont précédée par la place importante qu'elle accorde à la Préhistoire (et à la Protohistoire).

Le chapitre sur la Préhistoire n'a pas seulement plus de cinquante pages très denses, dues à la compétence d'André Leroi-Gourhan. Il peut passer pour un des meilleurs exposés, même un des plus complets, de nos connaissances préhistoriques. Ses défauts, s'ils peuvent être tenus pour tels, ne tiennent pas à son insuffisance, mais surtout au plan général de l'ouvrage, qui rejette aux volumes consacrés à l'*Histoire de l'art* et à l'*Histoire des religions* ce que nous pouvons connaître de l'art et de la religion des premiers âges. Cet exposé, au contraire, est très complet sur la paléanthropologie et sur l'évolution des techniques industrielles. Il est réduit au résumé le plus rapide en ce qui touche l'apparition capitale de l'art au Paléolithique supérieur. La question des pratiques funéraires, qui relève de l'*Histoire des religions,* n'est pas elle-même l'objet d'une étude conséquente.

En soi-même, ce rejet à d'autres parties de l'*Encyclopédie* n'est pas critiquable. Mais il a ce résultat singulier. Il renvoie à d'autres volumes les développements concernant deux des faits historiques fondamentaux de l'histoire universelle : 1) l'apparition de l'attitude humaine universelle à l'égard des morts ; 2) la naissance de l'art. Le jour où les volumes spéciaux seront publiés, l'*Encyclopédie* cessera de présenter la lacune dont je parle et dont j'aurais préféré ne pas parler, si elle n'avait mis en relief un caractère essentiel de la science historique classique, qui, sans hésitation, presque consciemment, se désintéresse de la question fondamentale de l'histoire universelle entendue dans le sens d'un savoir général : « Que signifie ce que je suis ? »

À cette question, c'est en effet la préhistoire qui apporte les réponses décisives.

La première réponse qui, sans doute, est fondamentale, est apportée, implicitement du moins, par l'exposé d'André Leroi-Gourhan. Essentiellement, l'homme s'est différencié de l'animal par le travail. Par le travail de la pierre, dont il a tiré ses outils, l'homme a innové la démarche humaine de laquelle toutes les autres dérivent. Il s'est attaché à la réalisation d'un moyen en vue d'une fin ultérieure : il a provisoirement négligé cette fin au profit d'un moyen qui, dans l'immédiat, devient le seul objet de l'attention profonde. L'animal qui chasse sait aussi faire ceci en vue de cela, mais sans que la fin disparaisse jamais du champ de son attention : il ne cesse jamais, au contraire, d'être immédiatement tendu vers la fin. L'homme est donc dès l'abord l'animal qui échappe à la contrainte toute-puissante du désir immédiat, il est l'animal qui met le désir en sursis, pour se consacrer entièrement à la mise en œuvre du moyen. C'est ce qu'André Leroi-Gourhan ne juge pas nécessaire de dire. Le fait historique premier, décisif, et qui porte en lui tous les autres, se réduit dans son exposé à l'étude, non de l'événement lui-même en tant qu'il a donné le sens de l'être humain, mais en tant qu'il contribue à déterminer, par ses différences secondaires, les phases successives du développement de l'industrie humaine. L'auteur nous parle de l'abandon progressif avant l'âge du Renne du gros couteau de silex que les préhistoriens nomment biface, ou du débitage systématique des lames à cette période, sans juger nécessaire d'insister sur la découverte humaine décisive, la première en date, celle du travail de la pierre, comme moyen répondant à des fins variées, qui toutes visent la satisfaction des besoins. Il déplore le fait que nous ignorons « ce que savait faire le Pithécanthrope hormis le débitage de la pierre » (p. 10). Il est si préoccupé d'ajouter l'une à l'autre des phases bien différenciées, permettant ainsi à la préhistoire de rivaliser avec la discipline qu'il a choisie pour spécialité, qui est d'apporter quelque lumière sur le passage de l'animal à l'homme : comme l'histoire en général, il néglige ce qui répondrait à la question : « Que signifie ce que je suis ? » Il ne date la naissance du travail qu'incidemment, dans la phase précédemment citée, qui lui assigne la première moitié du Quaternaire *.

Ainsi, le fait décisif, et le plus important, de l'histoire universelle entière n'est-il en aucune mesure mis en relief. Il ne figure même pas dans les tableaux chronologiques où André Leroi-Gourhan situe relativement, les uns par rapport aux autres, tous ceux des faits que la science préhistorique a permis d'établir.

Sans doute n'y a-t-il là rien d'anormal, encore moins de condamnable. Ce peu d'intérêt tient, sans plus, à la rédaction par un spécialiste – et l'un des meilleurs – de cette partie de l'histoire universelle consacrée à la préhistoire. Pour un spé-

---

* En principe, à juger très grossièrement, entre 1 000 000 et 500 000 ans avant notre ère. Mais André Leroi-Gourhan préfère un système ingénieux de datation relative, dont le seul inconvénient est que l'on ne pourrait s'y référer sans l'avoir expliqué, mais il est très clair, très simple et mériterait à coup sûr de s'imposer généralement. Disons aussi – comme la science préhistorique change avec chaque découverte nouvelle – qu'une opinion s'est fait jour depuis la rédaction de l'étude de Leroi-Gourhan qui recule beaucoup plus loin la naissance du travail. Le travail semble avoir été le fait de l'Australopithèque, sorte d'homme si rudimentaire que le nom sous lequel il est désigné est formé à partir du mot grec qui signifie « singe », mais homme cependant s'il se confirme, comme il paraît, qu'il fabriquait un outillage très primitif. L'Australopithèque daterait du Tertiaire : il aurait donc « travaillé » à une date, en termes très approximatifs, antérieure à 1 000 000 avant notre ère.

cialiste de la préhistoire, le fait du travail est la base de ses recherches. Ce n'est pas une question qui l'occupe. En particulier, ce n'est pas son affaire d'en chercher le sens. Il veut connaître le détail des faits, et les arbres qui l'occupent dissimulent à ses yeux la forêt. Mais celui que nulle habitude de spécialiste n'incline est d'abord soucieux de la signification la plus générale des aspects que révèlent les documents, en l'espèce ces humbles cailloux que, dès le fond des temps, l'obstination de celui qui devenait l'homme contraignit à servir ses fins, et qui, dans le temps qu'il les transformait, fut changé lui-même d'animal en homme – *par le fait qu'il les travaillait.* Cette question, qui, peut-être, a pour nous plus d'importance que le passage de l'industrie dite acheuléenne à la moustérienne, est l'affaire du philosophe, qui saisit les aspects majeurs ; non du savant spécialisé qui la lui laisse bien volontiers, non sans marquer quelque dédain. À la vérité, le dédain de l'un ou de l'autre serait également injustifié car le philosophe sans le spécialiste n'est rien et, faute du philosophe, c'est-à-dire simplement faute de celui qui sans spécialité assume le savoir le plus général, comme le destin final et inéluctable de l'homme, le spécialiste devrait reconnaître lui-même que, si parfait qu'il soit, son travail, de lui-même, puisqu'il se limite, ne prend de sens – ou ne prendrait de sens – que par rapport à une connaissance plus vaste : cette fonction négative, le spécialiste du moins doit-il l'accorder au philosophe.

Nous voyons donc que, dès l'abord, l'histoire universelle, en tant qu'elle peut répondre à la question que pose la soif illimitée du savoir, apparaît bien différente des données qu'établit la méthode appliquée à une région et à un temps particuliers. Bien entendu, la préhistoire s'avère en elle-même, dans son essence, irréductible à cette méthode, moins du fait qu'elle dispose de documents très imparfaits, qu'en raison de son caractère de commencement universel. Il ne s'agit pas en effet d'une région ni même d'un temps particuliers. La terre entière est en cause indifféremment : il n'importe qu'en second lieu de savoir s'il s'agit de Java ou de Chou-Kou-Tien, de l'Afrique du Sud ou du Nord. Le temps lui-même n'est pas seulement ce temps entre autres, mais l'insaisissable commencement, qui, pour ainsi dire, se situe en dehors du temps, en dehors, tout au moins de notre temps humain. La préhistoire est par excellence histoire universelle : elle a dès l'abord un sens planétaire et non régional et, dès la première détermination, l'avenir entier de l'homme est en cause : ce qui fait l'intérêt *pour nous* de la pierre taillée la plus ancienne, c'est qu'elle ouvre le monde désigné si nous disons *nous* : c'est le premier objet se rapportant d'une manière privilégiée à ce sujet universel, que compose l'ensemble humain de tous les temps. Dès l'abord, il annonce cet ensemble, qui reste solidaire de lui, dont il est solidaire sans limites. C'est l'objet qui annonce le sujet, qui annonce le *je*, qui annonce le *nous*.

Mais si j'énonce cet aspect fondamental de l'« histoire universelle », je sais que l'« histoire universelle », entendue comme la somme des histoires régionales de temps donnés, l'ignore, et je ne puis m'étonner s'il en est absent. Je dois seulement me demander si ce premier aspect est le seul ignoré, s'il n'en est pas d'autres, qui, malgré leur caractère également fondamental, ne sont pas voués à la même négligence et tenus, comme par mégarde, à l'écart. Entendons-nous : je ne prétends rien découvrir. On sait généralement depuis l'élaboration de la préhistoire, qu'au commencement de l'humanité se trouve le travail. Si le témoignage de son travail est associé au témoignage de sa vie que représente un reste osseux, tout le monde en conclut, s'il s'agit de quelque forme intermédiaire entre l'homme et l'anthropoïde, que l'être en question participa de l'humanité jusqu'à un certain point. Mais cela n'introduit pas la naissance du travail dans l'histoire universelle classique. Or il en est de même des *conséquences* du travail.

La *connaissance* est évidemment la conséquence du travail. Il va de soi que cette conséquence est connue, mais ce fait n'en est pas moins tenu, sinon systématiquement, du moins pratiquement, à l'écart de l'histoire. Témoin l'innocence avec laquelle les préhistoriens, qui, pour les premiers temps, représentent la science historique, parlent d'*Homo sapiens*, l'opposant à l'*Homo faber*. Si l'on tenait compte de ce vocabulaire, il semblerait que les hommes n'aient d'abord été, jusqu'à l'Homme de Neandertal inclusivement, que des « Hommes du travail. » Seul l'Homme du Paléolithique supérieur aurait été l'« Homme de la connaissance. » Nous ne pourrions, en vérité, accuser les préhistoriens de vouloir maintenir une erreur aussi évidente. Les préhistoriens savent que, si l'Homme du Paléolithique supérieur est par eux désigné sous le nom d'*Homo sapiens*, cela ne signifie rien de bien précis : *Homo sapiens* est un mot servant à désigner une réalité distincte, sans qu'il soit possible de s'attarder au sens précis du mot *sapiens*, « doué de raison », « doué d'intelligence ». Si l'on fait abstraction des différences anthropologiques, sur le plan de la culture, l'*Homo sapiens* ne se distingue clairement du type précédent que par la faculté de faire œuvre d'art! Le travail de l'*Homo sapiens* ne se distingue par aucun aspect bien marqué de celui du Néandertalien *. Or, sur le plan de la connaissance, le travail seul est, pour ces temps, le témoignage significatif : à l'exception du respect – ou de la crainte – des morts. Mais l'inhumation était déjà connue des Néandertaliens, dont Leroi-Gourhan écrit (p. 24) « qu'ils ont laissé le témoignage de pratiques funéraires qui attestent une religiosité explicite ».

Sans doute, l'histoire classique ne pouvait manquer de mentionner l'apparition de pratiques aussi significatives. Et si l'*Histoire universelle* de la *Pléiade* ne lui accorde que cette phrase, c'est qu'elle sera étudiée longuement dans une *Histoire des religions,* qui suivra. Mais l'« histoire universelle » entendue dans le sens du savoir humain le plus général ne peut faire ce renvoi. Non seulement l'inhumation des morts est la preuve de la présence au monde d'un « Homme de la religion », mais elle atteste une forme de savoir complémentaire de celle dont le travail témoigne.

La sépulture est la conséquence du travail, en ce sens que, dans le monde résultant de la connaissance liée à l'activité laborieuse, le cadavre prend la valeur d'un élément terrifiant, irréductible aux objets connus, mais prenant la suite de l'être vivant. Je ne crois pas nécessaire ici de préciser davantage l'aspect paradoxal du mort, de ce « sujet » qui a perdu les

---

* Les préhistoriens ne peuvent certainement s'y tromper, mais sortant pour une fois de son domaine, celui de l'Antiquité classique, orientale et méditerranéenne, André Aymard emploie les mots comme s'ils déterminaient les réalités. Il écrit (*L'Orient et la Grèce,* p. 1) : « Au reste, pendant longtemps, il ne peut s'agir que de l'homme zoologique, l'anthropoïde. L'homme bien vertical, plus encore l'*Homo sapiens*, doué d'intelligence, ne sont apparus que beaucoup plus tard. L'*Homo faber,* utilisant des outils et les retouchant, a précédé ce dernier et lui-même a été précédé par les hominiens. » Encore une fois, *Homo faber, Homo sapiens* ne peuvent rien désigner de semblable, mais seulement, d'une manière toute conventionnelle, des sortes d'hommes physiquement distincts. Le vocabulaire de la préhistoire est en fait bien défectueux. Dans la mesure où *Homo faber* désigne sans plus le Néandertalien, *Homo sapiens,* les divers hommes à partir du Paléolithique supérieur, les choses sont claires. Mais la méprise d'André Aymard est, me semble-t-il, inquiétante. Dès l'abord, il emploie le terme d'anthropoïde apparemment dans le sens où d'habitude hominien est employé, mais c'est là encore une autre question. Que signifient précisément « homme » et « hominien »? En fait, tant que le sens d'« homme » est mal défini, les diverses expressions n'auront qu'un sens flottant. Je ne vois d'ailleurs pas la raison pour laquelle la solution qui s'impose n'est pas généralement adoptée. Est « homme » l'animal d'un type voisin de celui du grand singe, de l'anthropoïde si l'on veut, *qui sait travailler* (le travail d'autres animaux est d'une nature toute différente). La question de savoir s'il est simplement *faber* ou *sapiens* est mal posée, puisque de *faber* à *sapiens,* du travail à la connaissance, il ne peut y avoir solution de continuité. Ce dernier aspect est décisif.

pouvoirs des vivants, mais qui, profondément, n'en est pas moins le semblable des autres, qui lui survivent, et lui prêtent les intentions qu'ils auraient eux-mêmes, leur semble-t-il, si le malheur qui l'a frappé les frappait. Le mort est, de toute façon, l'objet qui ne peut demeurer dans la communauté, mais qui ne peut non plus en être rejeté. Dès l'instant du moins où les hommes, doués par le travail de connaissance, réalisèrent ce qui distingue leur semblable défunt. La sépulture, primitivement, disposée sous le foyer, était la seule solution du problème : le mort rejeté sous la terre demeurait pourtant au milieu des siens; ceux-ci, ne l'ayant pas chassé, n'avaient plus à craindre sa vengeance, que la terre, qui le recouvrait, ne lui permettait d'ailleurs plus d'exercer. Mais ce qui, dans le mort, était *reconnu* était cet élément violent, *sacré* et redoutable que l'existence humaine, en tant que l'activité laborieuse en détermine les formes paisibles, ne peut accueillir et qu'elle ne peut cependant supprimer. L'animalité, de laquelle ne se dégage pas la pensée, et ce domaine clair et rassurant qu'ordonne la pensée distincte, où chaque chose est connue, où la succession d'événements définis est prévue, ne peut s'élever à la connaissance de ce qui excède ce domaine. Autrement dit, l'animalité ne connaît pas la sphère *sacrée*, que seule détermine par exclusion la représentation familière d'un monde connu : ou encore, les animaux ne connaissent pas d'*interdits*.

L'*interdit*, qui apparaît la première fois en l'espèce du cadavre, est, d'une part, sur le plan de la connaissance, la définition d'un aspect déterminé, le *sacré*, s'opposant au *profane*. Le domaine des cadavres, autant dire le domaine de la mort, est pour l'homme un domaine *interdit*. Historiquement, lorsque l'homme enterre les morts, commence manifestement la discrimination fondamentale du *sacré* et du *profane*. D'autre part, sur le plan des conduites et de la réalité même, l'existence d'*interdits*, qui la commande, va définir l'humanité.

L'apparition de l'*interdit* est, après celle du travail, et de la connaissance liée au travail, un événement historique majeur. C'est la caractéristique de l'histoire classique de la tenir cependant hors de l'histoire. Mais le fait qu'une histoire universelle, par ailleurs excellente, n'en fasse pas état ne signifie pas qu'elle doive demeurer au-dehors : simplement, certains événements fondamentaux de l'histoire humaine sont encore l'objet d'une méconnaissance. Il ne suffit donc pas d'introduire la préhistoire dans l'histoire universelle. En ce sens même, au contraire, son introduction dans une histoire universelle rend manifeste une sorte d'incompatibilité des manières de penser propres aux historiens spécialistes et de la matière fondamentale de l'histoire envisagée comme un aspect d'ensemble du savoir. Tant est profonde et généralement décisive l'opposition du savoir spécialisé et d'un *savoir tout court,* qui n'en demeure pas moins le destin par excellence de l'humanité.

II

Si nous voulons tenter, à partir de l'histoire universelle telle qu'elle est, de passer à cette vue d'ensemble où, au lieu des arbres enchevêtrés et nombreux, la forêt nous apparaîtrait, nous pouvons reprendre maintenant dans leur cohérence ces aspects essentiels qui sont généralement tenus au-dehors.

Le point de départ est le travail. Le travail ordonne un monde qui n'a pas cessé de nous être familier, où chaque chose tient un sens de la raison à laquelle elle est utile. Je fais ceci pour telle raison, j'évite cela pour telle autre raison. Si je fais une maison, c'est pour m'abriter, et si je ne mange pas ce champignon, c'est qu'il est vénéneux. Dans chaque cas, ses conséquences ultérieures déterminent le choix que je fais. Car le monde du travail est un monde de la connaissance, où chaque chose, généralement reconnaissable, est cependant distincte : c'est le monde de la raison.

Le monde de l'interdit est aussi monde de la connaissance, mais ce n'est pas un monde de la raison. C'est le monde de ce qui n'est pas réductible à la raison, c'est-à-dire aux lois qui ordonnent le travail. Dans un milieu de civilisation archaïque, un homme qui vient d'enfreindre un interdit et qui l'apprend peut se laisser mourir, et mourir effectivement, du jour au lendemain. La puissance de l'interdit est en un certain point violente et irréductible. Personne n'en peut rendre raison. Quelle qu'en soit la nature, une horreur insurmontable le commande, analogue à celle que nous avons de la mort et des morts. Il s'agit, je le pense, de l'horreur que nous inspire ce qui ne peut entrer dans le monde ordonné par la puissance régulière du travail : une extrême violence et le trouble des sentiments qui en résultent rendent impossibles les calculs et la confiance liée aux calculs sur lesquels l'action du travail est fondée.

Je ne puis ni ne veux dériver ici vers des considérations philosophiques dont l'histoire ne veut pas entendre parler et auxquelles elle se doit de rester étrangère. En fait, le domaine de la philosophie et celui de l'histoire s'impliquent l'un l'autre, mais s'il s'agit simplement d'exposer (la même chose n'était pas vraie lorsqu'il s'agissait d'élaborer), il est facile d'envisager chaque question en dehors d'un aspect philosophique. Le travail et l'interdit sont des données fondamentales que tout le monde peut reconnaître et dont le caractère opposé ressort d'évidence. C'est même une théorie historique d'expliquer les interdits par des raisons analogues à celles qui sont de règle dans la sphère du travail. L'interdit de l'inceste s'expliquerait du fait que les unions consanguines nuiraient à la descendance. Ou les Juifs auraient décidé, pour des raisons d'hygiène, de s'abstenir de viande de porc. Mais ces interprétations, justement, n'ont pu être retenues. Les interdits se sont introduits d'une autre manière : c'est dans la mesure où l'état d'esprit qui préside à l'ordonnance calme du travail ne pouvait être maintenu qu'ils se sont imposés dans une sorte de terreur. À la longue, cet état d'esprit assuré devint moins fragile, les interdits s'atténuèrent : ils tendent à céder devant la raison. Beaucoup d'entre eux ne sont plus finalement observés que par routine et s'ils ne gênent pas, certains, s'avérant à la fin raisonnables, peuvent être pratiqués au nom même de la raison. Leur explication rationnelle est sans doute erronée quant à l'origine, mais elle est elle-même symptôme de leur insignifiance croissante. L'histoire des interdits n'en est pas moins, comme celle du travail, histoire essentielle, au même titre et au même degré. Les interdits disparaissent, sans doute, mais l'histoire de leur disparition n'a pas une importance moindre : il est hors de question d'avoir une vue d'ensemble de l'histoire et d'aboutir à une histoire universelle authentique, si nous ne tenons pas compte de l'action du travail, et réciproquement, si nous ne tenons pas compte de celle des interdits.

Mais les faits que nous avons allégués jusqu'ici, et qui manquent à l'histoire universelle, étaient au premier chef historiques, en ce sens du moins qu'ils étaient de ceux que,

même les négligeant en fait, la préhistoire a pour fonction
d'établir.

Ceux dont je parlerai maintenant ne relèvent ni du préhistorien ni de l'historien. Ils sont seulement du domaine des
sociologues. Mais les sociologues, en principe, dans la mesure
où ils les envisagent, le font en dehors de l'histoire, alors que
l'histoire en est faite (je suis même porté à penser qu'une fois
les interdits résorbés — mais ceci devrait être expliqué avec
soin —, l'histoire serait finie ; je ne puis, d'ailleurs dans le cadre
de cet article, aller plus loin qu'une allusion).

L'interdit qui commande l'histoire est celui du meurtre. Le
commandement de la Bible a été en principe reconnu uni-
versellement. En général, cela n'est pas mis en relief, du fait
de l'habitude universelle du meurtre. Mais le meurtre n'a pas
moins été le fait de ceux qui en tinrent l'interdit de la Bible
que des peuples étrangers à ses commandements. L'interdit
du meurtre n'est d'ailleurs qu'un aspect particulier de l'attitude générale envers les morts, telle que l'usage apparaissant
au Paléolithique moyen nous en est connu.

Toujours est-il que l'interdit du meurtre n'est pas envisagé
comme un fait historique, parce que en dehors de la rédaction
de la Bible, il serait impossible de faire état de son apparition.
Sans doute, il est vrai, pouvons-nous apercevoir qu'un certain
nombre de faits historiques nous sont connus sans date et sans
témoignage. Il suffit qu'un usage soit à la fin très général et se
soit établi sans que le marque un événement pour que l'histoire
l'ignore : elle pourrait néanmoins le tirer de l'usage subsistant.
Des interdits peuvent remonter de cette manière à des temps
où il y eut une civilisation œcuménique, c'est-à-dire, semble-
t-il, encore aux temps du Paléolithique supérieur. Il put en
être ainsi de l'interdit de l'inceste, de celui du sang menstruel...
Il est relativement douteux que l'interdit du cannibalisme
remonte si haut, en ce sens que l'usage, en principe contraire
à l'interdit, en dut être très répandu. Cependant, il n'est apparu
le plus souvent qu'en forme de transgression rituelle. L'anthropophagie normale, étant rituelle, ne prouve pas l'ignorance, mais la connaissance de son interdit. Mais, l'interdit
donné, la pratique avait une valeur religieuse.

J'insisterai ici sur l'interdit du meurtre et sur celui de la
consommation des morts, parce qu'ils sont, conjointement, à
l'origine de la guerre. Ceci m'amène à préciser dès l'abord
que le caractère essentiel des interdits ne réside pas dans la

suppression d'un usage, mais dans le fait de le définir au sens large du mot comme sacré. Il y a, d'une manière fondamentale, identité entre le sacré et l'interdit. Le sacré est toujours interdit et, du moins pour commencer, l'objet d'un interdit a toujours eu un sens, une valeur sacrée. Si le sacré avait été simplement rejeté, il n'y aurait pas eu de religion. Mais il fut toujours possible de parvenir au sacré par la voie singulière qu'est la transgression – rituellement déterminée – d'un interdit. L'interdit, pris à la lettre, rendrait inaccessible le sacré. Mais dans bien des cas, qui n'ont rien d'anormal ni d'exceptionnel, l'interdit finit par une infraction rituelle, qui tire son intérêt de l'interdit enfreint.

Ainsi de l'interdit du meurtre : une guerre est l'infraction – qui n'a rien d'anormal ni d'exceptionnel – de l'interdit du meurtre. Si nous négligeons ce caractère, il est toujours possible de faire l'histoire d'une guerre, mais l'histoire générale de la guerre – ou des guerres – est impossible. Nous devons aussitôt ajouter que la guerre, envisagée dans son rôle historique global, est en même temps respect de l'interdit de la consommation des morts. Sauf exception, l'animal tue pour manger, mais la guerre, dans son essence, n'est pas seulement un meurtre généralisé : c'est un meurtre qui, du fait de l'interdit, n'a pas le sens économique immédiat, naturel, qu'il a, dans l'animalité, sur le plan alimentaire.

Il ne s'agit pas d'affirmer que la guerre est dépourvue de sens économique, mais de montrer qu'en raison du double interdit, qui est à son origine, elle n'a de sens économique que par un détour.

Les auteurs du chapitre de l'*Histoire universelle* de la *Pléiade* (t. I, p. 1552-1553) consacré à l'Extrême-Orient * décrivent ainsi l'évolution des guerres aux temps de la Chine féodale : « La guerre de baronnie à baronnie commence par un défi. Des braves, envoyés par leur seigneur, viennent se suicider héroïquement devant le seigneur rival, ou bien un char de guerre accourt à toute allure insulter les portes de la cité adverse. Puis c'est la mêlée des chars où les seigneurs, avant de s'entre-tuer, font assaut de courtoisie... »

« Mais à mesure que nous avançons... ces mœurs chevaleresques se perdent. L'ancienne guerre de la chevalerie dégénère en lutte sans pitié, en choc de masses où toute la popu-

* René Grousset et Sylvie Regnault-Gatier.

lation d'une province était lancée contre les populations voisines... »

Les guerres de « l'époque des États combattants », dont il s'agit, sont loin de représenter l'origine des guerres, mais il est essentiel d'apercevoir un aspect constitutif de la guerre. La guerre n'est pas, en son essence, un travail, mais un jeu. Elle ne se situe pas d'emblée sur le plan d'un travail ou d'une entreprise envisagée à telle ou telle fin. Elle est située sur le plan de l'interdit. La guerre n'est pas d'abord respect, elle est transgression, au contraire, d'un interdit. Elle n'est respect que dans la mesure où jamais les morts ne sont mangés. Mais la transgression comme le respect se situent d'abord sur le plan de l'interdit, et comme tels constituent un décor trompeur, derrière lequel les intérêts économiques des guerres ont été aperçus par la suite. Il ne s'agit pas de nier le sens économique de l'histoire, mais de saisir ce qui le dissimule.

Comment déterminer la signification historique précise des guerres, c'est-à-dire : comment prendre de l'histoire une vue significative, si l'on ne détermine pas d'abord, d'une manière fondamentale, la valeur de jeu dont la fascination est indépendante de l'intérêt escompté? Si l'on néglige cette valeur de jeu, la multiplication diabolique des guerres de toute sorte, si contraire à l'intérêt économique général, n'est plus qu'un cauchemar inintelligible. Mais la guerre, qui est l'effet de la prospérité, répartit nouvellement la prospérité des vainqueurs et des vaincus. La guerre fut à l'origine un jeu, mais son enjeu fut vite si grand, il provoqua une telle cupidité, qu'il tendit à en atténuer le caractère de jeu.

Ce ne fut pas d'ailleurs une question de cruauté. La cupidité put même, en une certaine mesure, atténuer la rigueur du massacre, à partir du moment où l'on vit dans des prisonniers, qu'autrement l'on aurait tués, les esclaves possibles. En dépit de ce caractère douteux de l'esclavage – envisagé comme plus humain... – la cupidité accentua le caractère affreux et inexpiable des guerres, elle en altéra les formes chevaleresques. Il est vrai, nous ne pouvons savoir si la guerre primitive, quelque forme rituelle qu'elle ait prise en vue de répondre à l'interdit, fut relativement peu cruelle : en une certaine mesure, c'est possible, mais nous n'en savons rien. Nous devons seulement supposer que, si même d'autres sortes de guerres précédèrent celles que nous connaissons, qui se situèrent sur le plan de l'interdit, celles-ci ne remontent guère qu'à l'âge néolithique. (Nous n'avons pas de traces sûres de l'existence des guerres pendant le Paléolithique supérieur; seule, au début de cette époque, la disparition des Hommes de Neandertal semble bien avoir été violente, mais y eut-il une véritable guerre? Il serait en tout cas invraisemblable de songer à une guerre fondée sur l'interdit; – l'apparition des interdits remonte au moins au Paléolithique moyen, et la sépulture est certaine vers la fin de cette époque –, mais leur développement ne put guère se produire avant le Paléolithique supérieur – en même temps que celui de l'art –, et leur mise en ordre cohérente ne fut apparemment terminée qu'au Néolithique.)

La lacune présentée jusqu'ici par l'histoire universelle sur le point de l'apparition des guerres – et des guerres caractérisées comme je l'ai dit – est de toute façon surprenante. Je dois même ajouter aux raisons que j'ai données, qui me semblent les plus valables, que la nécessité de l'intégrer dans l'histoire était néanmoins donnée dans des documents précis. Les peintures rupestres du Levant espagnol, qui remontent au moins au Mésolithique * et peut-être en partie, mais en partie seulement, au Paléolithique supérieur, ont représenté la guerre, indiscutablement, sous forme de combat d'archers. Le document constitué par ce combat d'archers me semble même à lui seul montrer que le terme de préhistoire est mal fait : il est consacré depuis trop longtemps pour être contesté, mais refuserait-on valeur de document historique à ce document préhistorique?

Il est maintenant un point plus épineux. L'apparition des rois est certainement plus difficile à situer que celle des guerres. En premier lieu, il est vrai, pour les rois, nous n'avons rien de comparable au document relativement datable et fort ancien que les peintures rupestres nous apportent sur la guerre. Mais surtout nous ne pouvons facilement répondre à la question : qu'est-ce qu'un roi? Cependant, l'histoire universelle, si elle devait nous parler entièrement, sans suivre, comme le fait et peut le faire l'histoire spécialisée, le hasard des trouvailles, de *tout* ce qui s'est passé, devrait évidemment mentionner l'apparition des rois. Passer la question sous silence a beaucoup d'inconvénients. Je ne parle pas de son importance, mais personne pourrait-il affirmer que nous ne savons rien de cette

* L'âge mésolithique est intermédiaire entre le Paléolithique supérieur et le Néolithique.

apparition ? L'histoire surtout retrouve nécessairement la question chaque fois qu'elle envisage, sinon chaque roi distinctement, du moins les royautés locales. L'histoire évidemment voudrait rester étrangère à la philosophie comme à tout ce qui lui ressemble. Mais elle emploie les mots du vocabulaire : elle parle à tout instant de roi, mais impuissante à définir le terme, elle aboutit à la confusion. Du moins les histoires universelles postérieures aux travaux de Georges Dumézil pourraient-elles en reprendre l'essentiel. À tout le moins, Dumézil a-t-il pu retrouver les éléments d'une sorte de théorie royale, qui eut cours à travers le domaine indo-européen proto-historique. Mais les histoires que nous examinons se contentent d'y faire allusion, plus ou moins vite. En fait l'histoire retrouve à chaque fois la question. Les rois entrent en scène (p. 117-118) dans le chapitre de l'*Histoire universelle* que Jean Yoyotte consacre à l'Égypte ancienne. Jean Yoyotte, naturellement, évoque leur pouvoir surnaturel, mais aussitôt il ajoute : « Forts de ce prestige moral, ils surent assurer une exploitation aussi rentable que possible du sol sur la base d'un nivellement social. » L'auteur connaît certainement les travaux sur les rois qui se trouvent un peu partout sans avoir jamais été repris dans l'ensemble. Il avouerait lui-même qu'un bon journaliste moderne, ignorant de ces travaux, pourrait s'exprimer de cette façon. Néanmoins, l'entrée en scène des rois dans l'*Histoire universelle* est faite... L'*Histoire générale des civilisations* consacre plus de temps et de soin à la présentation du roi de l'Égypte ancienne. Les deux principales fonctions du roi, explique longuement André Aymard, sont la religion et la guerre. Mais il apparaît vite que l'auteur est seulement moins pressé que Jean Yoyotte de faire entrer celui dont il a décrit la réalité sacrée, contenue dans le domaine des interdits, dans ce domaine pratique où les « besoins de l'administration d'un aussi vaste pays imposaient au roi un rôle de législateur ». S'il parle de la « noblesse de la civilisation égyptienne », elle est d'avoir « abouti à tempérer la puissance sans limites qu'elle reconnaissait à la monarchie ». Tant il est vrai qu'il s'agit moins, malgré tout, de déterminer les préoccupations auxquelles cette monarchie répondit que de chercher comment elle put répondre à nos préoccupations modernes. Ce n'est pas si grave. Mais il est certain que le gauchissement vers le monde pratique, obéissant aux lois du travail – selon lesquelles il est nécessaire de répondre, pour chaque chose, à quoi elle sert –, éloigne au lieu de rapprocher d'une définition fondamentale de l'histoire.

Il est nécessaire d'envisager la vue d'ensemble dont j'ai parlé pour situer généralement le personnage du roi dans le cadre où sa place est préparée. Comme on l'a généralement pressenti, le roi et la guerre sont liés. Mais le roi n'a pas tellement le rôle actif du guerrier valeureux, encore moins du chef de guerre calculant des opérations stratégiques. Le caractère du roi répond au caractère religieux de la guerre à son origine. La guerre est la transgression de l'interdit du meurtre; celui qui la prend à son compte se situe sur le plan des interdits. Il n'entre pas dans le calcul des résultats, mais dans le sens sacré de transgression qu'a la guerre en elle-même développée selon des règles comme un jeu. C'est secondairement que, dans la guerre, le calcul du résultat politique devint l'essentiel : c'est même *en dernier lieu* que le combat fut envisagé comme une action analogue au travail, où telle opération dut avoir cet effet donné.

Je crois avoir simplifié, en ce sens que le rôle du roi ne se limite pas à la guerre. Le roi préside généralement à toute la fonction religieuse... Mais la transition historique du roi personnage religieux au roi personnage politique d'une époque plus moderne est donnée sur le terrain de glissement que la guerre constitue, qui, dérivant du domaine religieux, inévitablement devait déborder dans le domaine pratique : ce débordement eut la force des armes, et personne ne put discuter; les vainqueurs n'ont pas moins débordé que les vaincus. L'histoire est faite de ce glissement, précipité par la violence. Mais encore, si nous voulons, de ce glissement, avoir une vue assez claire, devons-nous montrer le sommet à partir duquel il se produisit... Je ne puis d'une manière improvisée évoquer la complexité de tels mouvements : l'histoire universelle elle-même, de ce point de vue est à reprendre dans l'ensemble.

Mais la guerre et la souveraineté ne pourraient y paraître seules. Dans l'unité d'un mouvement né du choc de deux courants, celui du travail et de la raison, celui des interdits et des représentations souveraines, il n'est rien qui ne soit violemment emporté et changé. Qu'il s'agisse d'esclavage ou d'industrie, de religion universelle, de philosophies ou de révolution politique et sociale, l'histoire retentit de l'action qui oppose la raison individuelle, clairvoyante, à la force aveugle qui sans cesse renaît d'un immense jeu de transgressions et d'interdits. Mais d'avance la victoire du travail est donnée. Jamais, depuis les origines, les interdits ne cessèrent de céder aux jugements de la raison.

III

Cette échappée sur une vue d'ensemble de l'histoire apparaîtra sans doute peu satisfaisante – banale d'ailleurs. Mais j'aimerais insister sur un aspect de ces commentaires. J'ai dû simplement faire observer que les exposés d'histoire universelle récemment parus en France font pratiquement bien peu de place à un certain nombre de faits indubitables ou clairement établis, survenus dans la période antérieure à l'histoire écrite. Ces faits m'ont semblé être à la clé de l'histoire entière. Il s'agit des apparitions successives du travail, de l'inhumation (premier témoignage de l'existence d'interdits), des guerres en tant que transgression d'interdits et des rois en tant qu'ils dérivent des guerres envisagées de cette manière. Mes conclusions passeront près des historiens pour être d'ordre philosophique. Je répondrai qu'une histoire universelle ne peut alléguer quoi qu'il en soit la moindre raison de passer ces faits sous silence, sinon celle-ci : qu'on n'en pourrait parler sans les interpréter. Personnellement, l'interprétation m'a semblé possible : c'est de bien peu si elle excède les limites ordinaires de l'histoire. L'omission me semble impossible.

Encore une fois, je n'ai voulu faire cette critique des ouvrages dont j'ai parlé, que dans une juste mesure. L'exposé d'André Leroi-Gourhan n'en est pas moins bon, et s'il est incomplet, c'est à partir de points de vue qui ne peuvent passer pour admis généralement.

J'aimerais même insister sur l'intérêt que présente l'*Histoire universelle* de la *Pléiade*. Le volume paru fait à la succession des faits une place que, dans la manière récente d'écrire l'histoire, on tend à lui refuser de plus en plus. À vrai dire, la justification de la tendance dominante apparaît en même temps que le résultat de fait de cette réaction exceptionnelle. Ce résultat surprend, il déconcerte, et même il embarrasse : l'esprit que l'ouvrage introduit dans cette succession inépuisable de guerres, de batailles et de luttes de royaumes ou de prétendants, se perd dans la répétition de faits analogues, que différencient bien vaguement des noms barbares; notre lecture n'a pas suffi à nous les faire connaître et c'est un brouillard de consonances étranges qui, si l'on peut dire, nous passe sous les yeux. Il est nécessaire néanmoins de s'obstiner. En effet, il serait impossible de suivre l'exposé des faits si l'on sautait des lignes et cela seul prouve une rigueur dont le sens se montre à la longue. Il n'est pas d'autre moyen d'entrer dans la connaissance de l'histoire.

La suppression du détail des faits a deux inconvénients. D'abord les résumés déforment gravement. Surtout ils ne font pas apparaître la somme d'efforts épuisants, de massacres, de famines et de triomphes abominables, qui forment, avec les joies, les fêtes et les réussites, enfin les affaissements, la trame surprenante de l'histoire. Sans doute semblera-t-il que l'imagination, partant des données les plus générales, y pourrait suppléer. C'est une erreur : l'accumulation a seule la force de convaincre, seule elle convainc jusqu'à l'accablement! En particulier s'il faut mettre en lumière ce flot terrifiant d'énergie guerrière qui, depuis l'âge néolithique au moins, déferla à travers le monde et qu'il fut toujours impossible de contenir.

Sur ce point, l'*Histoire universelle* de la *Pléiade* s'oppose à mon sens heureusement à toute une tradition historique où les faits, les batailles et les règnes étaient remis à l'arrière-plan, où seule devait compter la vie sociale et économique. Je regrette seulement que le bref exposé des faits, parfois sans substance, donne facilement à l'ouvrage un aspect aride. Il m'a semblé à la lecture que les nombreux savants qui l'ont rédigé n'ont pas toujours dominé entièrement la fatale tendance des spécialistes : le spécialiste oublie souvent qu'il n'écrit pas pour d'autres spécialistes. Il a beau lutter contre ce travers : à la longue, quels que soient les principes convenus, et le caractère des lecteurs prévus, telle phrase vient sous sa plume qui n'aurait de sens que dans une initiation destinée à ceux qui veulent approfondir un domaine historique particulier, et qui déjà ne lui sont pas entièrement étrangers. Ce défaut n'est pas si marqué. Je crains même que ma critique lui donne, malgré mes réserves, une importance qu'il n'a pas; je la maintiens cependant : je crois que les travers des spécialistes ont une gravité sur laquelle on n'insistera jamais assez. Le spécialiste oublie que, s'il a lui-même un sens, c'est dans la mesure où il existe en lui, par-delà sa spécialité, un intérêt général pour la connaissance. Il est rare qu'il perde entièrement conscience de cette subordination fondamentale, contre laquelle il ne peut rien. Toutefois, s'il existe généralement une certaine impudeur de spécialiste, il n'en est pas question dans ce livre : il ne s'agit apparemment que d'une fatigue engageant à de peu durables oublis. Mais le critique est utile au spécialiste, s'il lui rappelle que cette manière d'écrire comme si tout le monde devait s'initier à sa spécialité déconcerte parfois, même portant rarement sur une phrase isolée. Il me semble au contraire qu'un sentiment clair du malheur propre au lecteur le plus soucieux devrait faire place à cette négligence : le lecteur est parfois un homme qui succombe, débordé par la somme des connaissances qu'il voudrait acquérir, qu'il s'efforce d'acquérir dans l'angoisse que lui donne cette immensité qui se dérobe sans cesse.

Il m'a semblé impossible de rendre compte de cet ouvrage seul. C'est à l'occasion de la publication de l'*Encyclopédie de la Pléiade* que j'ai entrepris cette étude, mais il m'a semblé qu'une comparaison entre deux ouvrages de même nature aurait seule un sens : un aperçu isolé aurait peu de chances de répondre à la préoccupation du lecteur possible. Les deux premiers tomes de l'*Histoire des Civilisations,* que publie Maurice Crouzet, embrassent à bien peu près la même partie des événements que le tome I de l'*Histoire universelle.* Le plan est le même des deux côtés : le chapitre des *Civilisations* consacré à la préhistoire n'est cependant qu'une trop brève introduction (où le caractère œcuménique de la civilisation la plus ancienne, et les divergences entre elles de celles qui suivirent, est cependant marqué d'une manière intéressante). Ce qui est nouveau : les deux ouvrages consacrent l'un et l'autre une part presque égale aux régions du globe qu'il n'était pas autrefois généralement convenu d'intégrer dans l'histoire universelle. L'entrée en scène massive de l'Inde et de la Chine s'imposait aujourd'hui. Qui pourrait concevoir encore une histoire universelle qui ne les engloberait pas?

À cette similitude générale de plan dans la répartition des chapitres répond au contraire une opposition fondamentale en ce qui touche la manière d'envisager l'histoire. Délibérément, l'*Histoire des Civilisations* refuse d'entrer dans le détail des faits. Elle me semble, sur ce point, mieux répondre au goût général du public comme à la tendance actuellement dominante de la science historique. J'ai donné les raisons pour lesquelles le parti pris de la *Pléiade,* en réaction contre cette tendance, me semble avoir des avantages incontestables. Ce n'est pas une raison de ne pas reconnaître la contribution fondamentale à l'histoire que représente l'étude moderne de la vie sociale et économique. J'ai parlé avec insistance de la vue d'ensemble nécessaire. C'est en somme dans la succession sèche des faits que les arbres dissimulent le mieux la forêt. Et si même de cette succession l'horreur naît, elle tient au sentiment d'excès qu'elle nous donne : les auteurs, semble-t-il, n'ont pas voulu nous la donner. Je dirais volontiers d'elle que nous étions tenus d'en retrouver le jeu vertigineux, disons la frénésie. C'est à mes yeux le plus précieux, ce qui contribue le plus vivement au spectacle de la forêt, qui seul représente l'homme en son ensemble. Mais sans la tendance qui voulut éviter la sécheresse des faits, atteindre dans la peinture des civilisations la substance de l'histoire, nous ne pourrions non plus nous rapprocher d'une histoire universelle qui réponde au souci de ne pas *nous perdre* dans le détail. De toute façon, une manière d'écrire l'histoire proche de la vie a l'avantage d'une lecture plus attrayante, plus facile à suivre – ce qui compte s'il s'agit de volumes interminables – et l'on serait tenté de préférer cette voie, si l'on n'apercevait vite un danger. André Aymard, dans le chapitre qu'il a consacré à l'Égypte, omet de nous parler de ces révolutions, de ces subversions de la seconde moitié du troisième millénaire avant J.-C., qui sont bien mal connues, mais qui certainement contestèrent l'autorité royale : ainsi la négligence du détail peut-elle amener à laisser passer l'essentiel. Cette lacune dans l'*Histoire des Civilisations* m'a semblé exceptionnelle, mais elle rappelle opportunément la nécessité, si nous devons parvenir à quelque « histoire universelle » qui ne soit pas la succession sans plus des histoires par région, de maintenir cependant aux faits la place de premier plan.

La lecture de ces ouvrages généraux engage donc à les compléter au moins l'un par l'autre, en même temps qu'elle fait ressortir la nécessité d'introduire sous le nom d'histoire universelle un exposé plus entier de ce que nous savons des origines, seul susceptible de donner à l'ensemble le mouvement d'unité dans lequel l'humanité entière trouve un sens. J'ai déjà dit, comme je devais le dire, que l'aperçu donné dans cet article ne pouvait donner l'impression exacte du nouvel aspect qui résulterait de cette addition, faite à l'histoire universelle, de ses fondements. Je voudrais seulement rappeler, pour finir, que rien ne répondra à l'ambition constitutive de l'histoire universelle, tant qu'elle ne visera pas essentiellement la question : « Que signifie ce que je suis? », ce qui implique, avec la description des aspects, la succession des faits, mais ne peut être fondé que sur les déterminations majeures.

À ce moment, une histoire universelle qui, par définition, ne pourrait s'ordonner dans la bataille rangée qu'est l'élaboration d'une « encyclopédie » – c'est-à-dire, de l'ensemble des connaissances (une « encyclopédie », me semble-t-il, doit résumer les connaissances acquises et non créer la connaissance nouvelle) – devrait cependant prendre – en un sens modeste du moins – valeur encyclopédique : en ce sens que le savoir lui-même, au moins dans son essence, se trouverait de lui-même au centre, le savoir étant finalement, avec l'équipement technique, la grande œuvre de l'histoire.

L'équivoque de la culture

Comprendre [1]

Je m'excuse de situer la question dès l'abord en dehors de ses perspectives habituelles. La forme première de la culture n'est pas à mes yeux celle que nous envisageons le plus souvent. Nous envisageons d'habitude la culture individuelle, mais les *peuples* primitifs – ou archaïques – ont leur culture. En réponse à la question des devoirs de l'« homme de culture », il est peut-être déplacé de remonter si loin ; autant qu'il semble, hors du domaine où la question se pose pour nous. Il me semble néanmoins que c'est dans le cadre d'une telle culture, à laquelle je donne ici le nom d'archaïque, que les relations – et l'opposition – de la culture et du pouvoir sont données le plus clairement.

Le pouvoir qui s'oppose à l'autonomie de la culture peut le faire en premier lieu, s'il donne le pas à des préoccupations militaires ; en second lieu, s'il préfère au développement de la culture celui des forces productives.

L'exemple de l'Égypte me permet de m'exprimer. Sa culture a l'avantage de se définir, nécessairement, en contraste avec la culture individuelle des Grecs. Mais surtout les représentations que j'en tirerai me permettront d'être aisément compris.

Je n'essayerai pas d'analyser des composantes qui ressortent suffisamment. Je partirai de l'image familière des Pyramides. Personne n'en doute, les Pyramides comptent au nombre des merveilles de la culture. Je n'entre pas dans le détail de leur interprétation religieuse. Je me borne à rappeler qu'elles ont eu et qu'elles ont gardé le sens d'un triomphe de la pensée

sur la mort. Cette manière de voir est sans doute une simplification, mais il n'en est pas de plus légitime.

Nous pourrions en même temps, dans une réflexion superficielle, lier les Pyramides au poids de la pierre et aux souffrances de milliers d'esclaves, mais c'est justement d'avoir
triomphé de la pesanteur et de la souffrance que ces édifices
sont merveilleux. En eux, l'humanité est belle en son entier.
La douleur est laide, elle est impuissante et ne répond que
par le non-sens à la question que l'angoisse pose en nous.
Dans la sérénité des Pyramides, l'humanité est belle d'avoir
dépassé le malheur de ceux qui les ont élevées ; elle est belle
de cette apparence inchangée, maintenue comme un effet
d'une souffrance laide et innombrable, qui s'est tue. L'humanité ne cesse pas individuellement de mourir, de souffrir
et de trembler, mais au-delà de la mort, de la souffrance et
du tremblement, elle peut se contempler dans le rêve que fut
la victoire de la pensée sur la misère de notre condition. Notre
culture, il est vrai, ne s'en tient pas toujours à ce mouvement
d'indifférence du vainqueur. Ce mouvement nous laisse après
tout désarmés, mais si la culture, effectivement, nous ouvre
un peu plus loin un horizon hideux, son premier pas n'en est
pas moins lié à la possibilité d'un triomphe aussi parfait. Dût-
elle à cette fin nous mentir, elle dut en premier lieu figurer
pour nous ce monde à notre mesure.

Ce triomphe, essentiellement, fut celui du *travail,* que la
culture a commandé, mais qui diffère de la culture en ce que,
dans tout son mouvement, il est l'effet d'un calcul des causes
rapportées à leur effet pratique.

Je ne crois pas que nous puissions jamais parler de culture
sans l'opposer dans son essence au travail, que la culture seule
peut détourner d'une application immédiate à la satisfaction
des besoins. L'exemple des Pyramides est remarquable en ce
qu'il montre un immense travail au service d'une fin inutile,
d'une fin propre à la culture, non à la raison d'être fondamentale
du travail, que furent les proies à dépecer, les huttes à élever
pour ne pas mourir. Le travail d'édification des Pyramides
est en son essence la négation du travail ; elles furent édifiées
comme si le travail était négligeable et pouvait être en quelque
sorte enseveli. Du point de vue pratique, qui est celui du
travail, les Pyramides sont aussi vaines que serait aujourd'hui

la construction d'un gratte-ciel suivie de son incendie voulu sans raison. Ce défi à la mort n'évita la mort à personne, il dut au contraire entraîner de nombreuses morts accidentelles. Mais sa folle négation eut un sens : celui de la richesse, du travail enfouis, qui, du fait d'échapper à leur emploi utile, prenaient valeur de fin *souveraine*. Cette richesse, ce travail enfouis consacraient en effet souverainement le pharaon mort, faisant de lui ce qu'il ne fut pas de son vivant, l'image de l'éternité divine. C'est d'être soustraites à leur emploi servile que les choses abandonnent leur sens et ne sont plus des choses, mais des reflets divins, des apparences souveraines, des choses sacrées. C'est pour situer devant eux et contempler ces apparences que les hommes les voulurent incarner en la personne de l'un d'entre eux, qui dès lors, pouvait devenir la fin de tous les autres, marquant le lieu où la servitude se dissolvait : dans l'ombre des Pyramides, la réalité se détachait même de la vie, sans fin la mort la transfigurait.

Les Pyramides manifestent une valeur de culture indépendante de la composition de force à partir de laquelle exista la puissance de l'Égypte : la puissance, c'est-à-dire un État réalisé dans une armée. Mais cette indépendance de principe ne pouvait être assurée solidement. Bien que la dignité de pharaon n'ait tenu sa valeur que d'une pensée extérieure au pouvoir militaire, nous savons que la désignation du souverain put dépendre de luttes armées. Ce sont des guerres qui placèrent dans les mains d'un seul le patrimoine religieux de plusieurs pays : et la richesse propre à telle souveraineté locale put être acquise militairement. La richesse spirituelle, en quelque sorte mystique, différait essentiellement des mouvements des chars et des corps de troupe. De même, encore qu'avec plus de netteté, la dignité d'un pape ne cessa jamais d'être distincte du commandement des mercenaires pontificaux. Il s'agit d'un côté d'une création de la culture, de l'autre, d'une force matérielle. Il n'existe guère de force matérielle qui ne soit liée à quelque prestige. Mais réciproquement, sur le plan où nous sommes à l'instant placés, il n'est guère de richesse spirituelle qui puisse être souveraine autrement que dans la mesure où elle dispose d'une force armée. Théoriquement, je puis imaginer un pouvoir spirituel pur, tel que le prestige lié à une dignité suffise à déplacer cette force. Mais dans la pratique, la force obéit mieux à ceux qui possèdent les qualités proprement militaires (physiques ou techniques). C'est pourquoi il n'est pas de pouvoir spirituel qui ne puisse être vicié par l'intervention des valeurs militaires, c'est-à-dire de la force matérielle. Au sommet, toutefois, c'est d'un effet de la culture qu'il s'agit, lié au pouvoir qu'un être a de magnifier les valeurs souveraines, et de les placer au-dessus du calcul de l'intérêt. D'une manière fondamentale, est souverain, sur le plan spirituel, celui qui donne sans calculer, sans compter, qui veut le rayonnement de la splendeur (les valeurs spirituelles plus récentes, qui font la part de la morale, ne jouent qu'en second lieu; au temps des pharaons, elles sont encore insignifiantes). L'opposition des valeurs souveraines aux valeurs utiles a la plus grande simplicité. Elle est toujours facile à faire et cet aperçu l'accusera. Elle est la base de l'opposition des biens de culture aux valeurs pratiques. Sur ce point, la confusion est de règle. Souvent les biens de culture sont appréciés à partir de leur valeur pratique : il me semble qu'un avilissement de la vie humaine en découle, et c'est la raison pour laquelle j'écris ces pages. L'origine de la confusion est d'ailleurs claire : elle tient au glissement dont je parle, qui, dans la mesure où elles se lient au pouvoir politique, laisse les valeurs spirituelles à la merci de la force armée. Ce glissement est d'autant plus lourd qu'il y a une affinité possible entre deux réalités essentiellement opposées, militaire et sacrée. Cette affinité est superficielle, mais elle n'en a pas moins de conséquence. Du fait que la guerre met la mort en jeu, et qu'en elle, du moins dans les conditions de la civilisation archaïque, la violence est souvent plus forte que le calcul de l'intérêt, il semble qu'elle s'accorde avec des sentiments très populaires et très profonds. Cet accord est menteur et profondément malheureux, il est à l'origine en premier lieu de l'avilissement que je veux dénoncer. Sans doute, peu d'esprits sont aujourd'hui prêts à cette confusion. Mais dans le sens contraire une erreur plus grave en découle. La morale qui s'oppose au jeu des valeurs militaires fait à son tour intervenir le calcul : elle condamne ces valeurs au nom de l'intérêt pratique et de la raison, qui est avant tout la raison pratique. Je ne conteste pas la condamnation de la morale, mais je vois que les valeurs souveraines étant la plupart du temps confondues avec les valeurs militaires, étant compromises avec elles, une condamnation générale confuse en est résultée. Pas assez logique, pas assez rigoureuse sans doute pour qu'une beauté aussi étrange, aussi loin de l'ordre réel que les Pyramides, en puisse être touchée. Mais ce qui, de nos jours, se détache dans sa pureté se lia jadis à des circonstances politiques complexes, mettant en jeu des intérêts, des forces et des calculs. Je dois faire ressortir ici le sens de cette décantation, opérée par le temps. Mais immédiatement, le développement de la culture reposa sur la conscience d'une contradiction : ce qui peut nous apparaître aujourd'hui sacré sur le plan spirituel dut aussi revêtir un aspect sordide. Le premier mouvement de la culture fut la création des valeurs, mais dans un mouvement secondaire la culture devait critiquer ce qu'elle avait elle-même créé. En principe, il était nécessaire de contester l'usage intéressé de ce qui, dans son essence, était la négation de l'intérêt (du calcul). Cela ne put se faire, en premier lieu, que sous une forme limitée : la tricherie au profit de privilégiés fut dénoncée au nom de l'intérêt individuel lésé. Si bien que la culture se développa *sur le plan individuel* dans le sens d'une opposition des valeurs utiles aux valeurs sacrées. La culture repose sur la négation de l'utile, du moins de sa domination, sur l'affirmation des valeurs et des biens qui font de nous des hommes et non des animaux. Mais elle put en second lieu, et même elle dut nier ces valeurs et ces biens parce qu'ils deviennent, pour un petit nombre, le principe de leur égoïsme et de leurs calculs. La culture devint le pavé de l'ours de la culture : parce qu'elle devait contester l'utilisation des valeurs sacrées, des biens de culture, elle servit le primat des valeurs utiles.

Cet aspect de la culture et ses extraordinaires conséquences doivent être soulignés. La critique de la comédie sur laquelle reposaient les valeurs archaïques était inévitable. Pour l'ensemble des hommes, il était impossible d'être longtemps satisfaits des biens que leur apportait le premier mouvement de la culture, tel que le manifestent les Pyramides. Ces biens étaient des biens, dans la pensée, dans la réflexion, comme l'est un spectacle insaisissable, mais ils formaient le patrimoine réel du pharaon. Pour les autres, il s'agissait d'une image et d'une fable. Le pharaon était le seul bénéficiaire *réel* : il entrait seul dans l'éternité. À la longue, *les autres* furent déçus par un triomphe qui les concernait dans la mesure où ils jouissaient humblement d'une gloire et d'un salut qui n'étaient

pas *les leurs.* Dans les limites de l'histoire égyptienne, une
évolution se produisit dans le sens d'un individualisme croissant. Il semble même qu'une période de troubles en résulta,
une sorte de révolution où l'ordre social chavira. Mais seul
le développement de la civilisation hellénique fit passer de la
collectivité à l'individu les créations de la culture.

Les biens de culture ne peuvent en réalité être l'objet d'aucune appropriation particulière. Mais non seulement une telle
appropriation en annule le sens. (Ainsi, du fait que la Pyramide assurait la survie du pharaon elle lui était *utile,* tandis
qu'elle était *pour les autres* un bien de culture.) L'appropriation devient le point de départ d'une confusion entre la valeur
et la négation de l'appropriation. La morale est dans son
mouvement essentiel une lutte contre l'appropriation violente, ou sournoise, dont les biens de toute nature sont l'objet.
Il est remarquable que ces biens se trouvent valorisés par voie
de conséquence sur le plan de la morale. Ils ne sont plus alors
désirés immédiatement, mais ils prennent une valeur morale
en tant que la morale, qui exige leur juste répartition, fait de
leur utilité l'exigence du bien (dans la négation de l'appropriation, c'est l'utilité que la Pyramide eut pour le pharaon
qui ressort). Dans la culture individuelle des Grecs, ces préoccupations, que l'Égypte ancienne ne mit jamais au premier
plan, prirent le dessus. Dans la mesure où il se charge de
l'intérêt des individus généralement, l'individu tend à s'opposer aux valeurs souveraines du passé, parce que, dans la
lutte d'un petit nombre pour le pouvoir, elles sont devenues
pour lui des objets d'appropriation particulière, et parce
qu'elles servent au développement d'un pouvoir central contre
les individus.

Ce glissement discret de la culture au profit de l'utilité
matérielle se fit en même temps que s'ordonna l'ensemble de
réflexions qui aboutit à la science, qui d'abord opposa aux
valeurs souveraines et sacrées du passé le prestige de la raison.
Le mouvement essentiel de la culture grecque posa le prestige
de la raison de telle manière qu'il parut extérieur à l'utilité.
La philosophie, la logique et la science se développèrent parallèlement au travail et à la technique, qui sont essentiellement
des activités raisonnables. Mais dès l'abord, au même titre
que la morale, elles se voulurent désintéressées. Elles étaient
des biens de culture et, comme telles, elles devaient s'affirmer

souveraines. Leur vérité ne devait en aucune mesure être servile. Elle devait avoir une valeur en soi, non pour les services matériels qu'elle pouvait rendre.

Personne évidemment ne discute un caractère essentiel de la culture. L'« homme de culture » se distingue de celui qui met son intelligence au travail en vue d'un résultat pratique. Là-dessus le doute ne pourrait s'introduire sans donner le sentiment d'un danger fondamental. La culture est souveraine ou n'est pas. Il y va de la dignité humaine. L'esclavage fait de l'homme un animal. La culture servile a le même sens, elle retire à l'homme ce qui l'élève et le distingue de l'animal. Encore ne nous ramène-t-elle pas à l'animal sauvage, mais à l'animal domestique, au niveau de la ferme et de la basse-cour.

Mon affirmation appelle, il est vrai, une contrepartie. Le travail et la technique ne fondent pas moins la particularité humaine que la culture. C'est même apparemment par le travail que l'homme se dégagea de l'animalité. La culture, en un sens l'opposé du travail utile, est le fait d'un être qui travaillait. Nous devons même dire des biens culturels qu'ils sont dans leur essence un antidote du travail. Le travail fait du travailleur un *moyen,* mais une préoccupation poursuivit l'homme dès l'origine, qui jamais ne cessa de la dominer : l'homme avant tout voulut se donner à lui-même *comme une fin.* Sans doute dut-il faire en ce sens un effort d'autant plus grand que le travail tendait à le réduire à l'état d'instrument. Ce n'est d'ailleurs pas l'aspect le plus généralement reconnu de la religion qui répondit à cette préoccupation : la religion fut aussi *royale,* l'institution de la souveraineté personnelle fut l'une de ses formes majeures et c'est en elle que l'homme s'est sans cesse et sous diverses formes affirmé comme une fin, comme une fin d'ordre religieux. Mais j'ai représenté l'échec, le glissement, qui fit assez vite de la souveraineté une vérité bâtarde, une équivoque. Dans la mesure où il fut un chef d'armée pris dans les marchandages et dans les rapines de la politique militaire, le souverain, généralement, se réduisit lui-même à un moyen d'appropriation des richesses!

Mais la morale, la philosophie et la science, qui tentèrent d'opposer aux valeurs sacrées du passé des biens culturels fondés, comme ces valeurs, sur un désintéressement souverain furent à leur tour engagées dans un glissement. Ces biens ne pouvaient se lier à l'indifférence devant la situation laissée par l'équivoque d'un monde soumis à la pire domination, celle de la force armée; soumis encore à la domination de la misère contre laquelle la science est tenue de lutter par le moyen de la technique. (Ne parlons pas des contributions décisives que la science apporte à l'activité militaire!) De toute façon, les biens que nous tenons de la culture individuelle sont décevants. Nous attendons de la culture qu'elle nous détermine comme des fins, mais la philosophie, la science ou la morale sont équivoques. Nous sommes sûrs de l'espoir qui les suscita, non des valeurs qu'elles ont créées. Ce que nous appelons la culture est le contraire de ce que nous voulons saisir dans la mesure où nos connaissances techniques en découlent. La culture est donc limitée en nous à l'espoir vague et toutefois merveilleux que nous maintenons, dans l'immense confusion des esprits, même à la faveur de cette confusion.

Il y a une équivoque de la culture. La culture n'est pas en fait toujours maintenue dans les limites de l'affirmation de l'homme comme fin.

C'est si vrai qu'il existe des politiques culturelles, où la culture elle-même est un moyen, dont un pouvoir d'État est la fin. Il y a deux aspects de cette équivoque. L'aspect nationaliste est le moins significatif, mais il en est un autre où la culture n'est pas seulement la richesse d'un État, seul considéré comme une fin, mais la créatrice des richesses de la civilisation, qui peut être cette fois la civilisation universelle. S'il s'agit des richesses matérielles, il est à la rigueur possible, sinon facile, de résoudre l'équivoque, mais la confusion est plus lourde s'il s'agit des richesses morales.

En effet, l'équivoque a sa source dans la morale, où la fin n'est jamais séparée des moyens que formellement. J'arrive à l'essentiel de mon étude : une culture est possible s'identifiant à l'affirmation de l'homme comme une fin, mais l'affirmation ne peut être le fait de la morale. La morale envisage les *moyens* de rendre l'humanité viable.

La culture seule, au-delà de la morale, a le loisir d'envisager la fin. Elle peut même dès l'abord, indépendamment des valeurs qu'elle a créées, se donner pour la fin de l'homme, mais c'est aller trop vite. Si elle définit la fin, si elle l'*envisage*, elle devient en effet cette fin, mais alors seulement. La fin de

l'homme est bien une forme de culture : celle dont l'objet est
la fin de l'homme. Il est vrai que les premières tentatives,
dont le pharaon est l'exemple, ne pouvaient aboutir, parce
que le pharaon faisait appel à la sensibilité inintelligente. Il
en résultait non seulement une insuffisance, mais le glissement
dont j'ai parlé d'abord. L'existence d'un pharaon était bien
le produit d'une culture, et elle voulait être une image de la
fin de l'homme. Mais seul l'« homme de culture », qui n'est
pas le sujet du pharaon, mais dont, entre autres, l'existence
du pharaon est l'objet possible, peut accéder effectivement à
cette fin. Le pharaon, bien entendu, n'est pas le thème obligatoire de cette forme de culture, il n'est que l'exemple d'une
foule, par l'intermédiaire d'un individu souverain, s'efforçant
grossièrement vers la fin humaine. C'est pourtant dans la
réflexion sur un tel exemple que l'« homme de culture », en
même temps qu'il évite la pureté de l'abstraction, évite celle
de la solitude et fait l'expérience d'un lien qui l'associe, non
seulement à l'homme qui peupla communément l'Égypte
ancienne, mais à tout homme possible.

Nous accédons de cette manière à un humanisme plus entier,
se donnant pour objet complémentaire ce qui d'abord rendit
l'humanisme, la culture individuelle, impossible, et contre
quoi l'humanisme envisagé dans son essor, à partir de la
Grèce, dut nécessairement se dresser. L'humanisme, nécessairement, dut être révolutionnaire, mais son accomplissement ne se produit qu'au moment où il aperçoit la valeur de
ce qui le révolta, qui le révolte encore, où il aperçoit en même
temps le sens de sa révolte.

La sorte de culture dont je veux parler n'est donc pas *une*
sorte de culture entre autres, mais la culture faisant le tour
de la culture, revenant sur son commencement et, dans ce
retour, sortant de l'équivoque, cessant absolument d'être un
moyen, devenant une fin, étant réflexion sur la fin, réflexion
de la fin, réflexion infinie.
Mais elle peut être dans tous les sens réflexion qui s'accomplit. Il est important de faire observer qu'étant en son essence
réflexion de la fin, réflexion sur la fin, elle ne peut l'être
entièrement qu'en étant dans le même mouvement réflexion
sur les moyens.

Je me bornerai dans les limites de cet aperçu à donner en conclusion une représentation typique de l'effort auquel elle est condamnée dans le sens de la réflexion sur les moyens.

Si la fin de l'homme implique la consécration d'une partie des richesses produites à autre chose qu'au développement de la production (je rappelle que la construction des Pyramides est l'exemple dont je suis parti), nous devons cependant reconnaître la place considérable (je dirais essentielle si l'essentiel n'était pas donné dans la fin, non dans un moyen) à laquelle a droit le développement de la production. À cet égard, la perspective du temps présent est la plus remarquable. Le système de production dans lequel nous vivons a demandé l'accumulation des richesses : la production moderne exige en premier lieu la consécration des ressources à la production des moyens de production, c'est-à-dire à l'équipement industriel. La période d'accumulation est toujours une période critique. Dans une période d'accumulation, il ne peut y avoir d'essor heureux de la culture désintéressée. La culture au contraire entre dans l'équivoque : elle ne peut compter que dans la mesure où elle est utile – ou du moins semble utile. Encore dans la société où l'avarice bourgeoise à la base assuma l'accumulation, la crise a-t-elle été larvée. Nous savons cependant quelle fut la misère des classes pauvres en Angleterre à l'époque de son plus grand effort industriel. La crise est forcément plus grave dans les sociétés où le mode d'existence féodal s'est perpétué, rendant en premier lieu l'accumulation bourgeoise impossible. La classe ouvrière et les intellectuels de ces pays durent y prendre l'initiative de l'industrialisation. Cela ne pouvait se faire sans accentuer l'équivoque de la culture dans le sens d'un utilitarisme que la bourgeoisie n'ignore pas. Dans la société bourgeoise, qui de nos jours a dépassé la période critique de l'accumulation, cette orientation du communisme fut souvent mal comprise. Je ne parle pas de ceux qui se réjouirent de toutes les difficultés de régimes à leurs yeux menaçants. Mais la mise de la culture au service de la production pouvait être déplorée à bon droit.

J'ai parlé de cet aspect dramatique de la période récente, afin d'introduire un point de vue qui me semble fondamental.

Loin d'accroître réellement l'équivoque de la culture, les crises russes et chinoises tendent à la résoudre. Ces crises sont des exemples frappants des conditions dans lesquelles la fin de l'homme est accessible. Nous ne devons ni prendre les moyens pour la fin ni méconnaître la nécessité d'en passer par les moyens. Il est risible de jeter la pierre à ceux que les moyens ont obsédés, parce qu'ils devaient les vouloir à tout prix. Mais nous devons faire une différence entre ceux qui ont dépassé la période critique de l'accumulation et ceux qui sont à son début. En fait le jdanovisme, qui pourrait aujourd'hui être dépassé par les Russes, peut l'être plus difficilement par les Chinois. Mais autant nous devons nous ouvrir à la considération des nécessités qui peuvent altérer provisoirement la pensée humaine, autant nous devons reconnaître qu'il est temps, *pour nous* (à tenir compte de notre développement industriel) d'envisager avec quelque âpreté ce qui nous incombe. Nous pouvons, nous, sortir de l'équivoque. La prospérité où nous vivons demande la culture accomplie, qui n'est en aucune mesure un moyen, qui est une fin et qui, se voulant telle, se consacre à la réflexion sur la fin.

J'aimerais, pour finir, donner une image vivante de cette culture accomplie, liée à l'histoire de tous les mouvements qui cherchèrent dans ce monde à consacrer les ressources humaines à une fin dépassant l'utilité. L'histoire des religions et l'histoire de l'art (de la littérature autant que les beaux-arts) en seraient la substance, avant la philosophie. C'est qu'elle serait le prolongement de cette manière d'être homme que seuls la religion et les arts ont su traduire. Mais sur le plan philosophique, elle serait d'abord antiphilosophie. Non qu'une philosophie ne puisse s'élever au souci de la fin opposé à celui des moyens, mais la philosophie, généralement, donne le pas au jeu de l'intelligence et, sans une critique de l'intelligence ustensile, la philosophie est elle-même ustensile. Cette critique, me semble-t-il, n'a jamais été poussée assez loin : la philosophie n'a jamais rejoint dans la haine des exigences du discours logique la simplicité, la puissance de la poésie. L'art et l'exercice de la pensée ne peuvent que difficilement se rejoindre dans un silence qui soit d'abord un tremblement.

Cette difficulté ne saurait nous faire désespérer de voir la société future laisser une *modeste* place à cette culture accomplie : elle ne peut elle-même, sans doute obscurément, que souhaiter « d'admettre dans son sein la présence de quelques personnes » qui lui soient « complètement inutiles ». Elles ne sauraient d'ailleurs lui sembler telles. Délivrer, un instant du moins, l'humanité de la poursuite du profit n'a pas seulement pour finir une utilité négative. Il n'est pas seulement utile en premier lieu de délivrer quelques personnes de l'utilité.

Si aucun mouvement ne retirait la valeur suprême à l'action, les hommes seraient condamnés à retrouver leur fin aveuglément dans la convulsion, cette fois sans doute définitive, de la guerre. Il est de l'intérêt de tous de montrer la valeur de fin souveraine que la guerre put avoir jusqu'à nos jours. Nous ne devons pas craindre de faire apercevoir dans la guerre une des formes où l'activité humaine dépassa la recherche des moyens pour accéder à sa fin. La culture dont je parle, étant réflexion sur la fin, ferait la part du jaillissement désintéressé qu'est la guerre. Son attitude à l'égard de la guerre serait la même qu'à l'égard de tout le délire souverain du passé. Née d'une révolte contre lui, elle en serait pourtant la justification. Mais de telle sorte que la guerre à tout jamais prît le sens du silence et du tremblement.

Dans ces perspectives, il me semble que la culture et la « politique de la culture » se confondent. Ceci revient à dire que l'extrême conscience pourrait, en même temps qu'elle en assure l'accomplissement, définir le salut de l'humanité. Mais l'extrême conscience, ou l'extrême culture, me semblent possibles à la condition seulement de se détacher de l'action, qui ramène à l'utilité − ou aux agissements belliqueux, que dissimule parfois, et auxquels aboutit, la recherche de l'utilité. Dénoncer l'équivoque de la culture est à mon sens la seule « politique de la culture » qui, sans contradiction, situe efficacement la culture sur le plan de la politique, sur un plan tout à fait opposé au sien.

POST-SCRIPTUM

Je n'ai pas cru devoir donner indépendamment de ses fondements le sens de ma position ; la culture ne peut envisager la question du pouvoir (en conséquence celle de la liberté, c'est-à-dire de la résistance au pouvoir), tant qu'à la base elle ne s'en est pas détachée. En particulier dans les circonstances présentes, il me semble que la politique de la culture doit se borner à comprendre de chaque côté les positions adverses. C'est en effet une banalité de dire aujourd'hui que les adversaires, ou se comprendront, ou s'anéantiront dans le même mouvement. Ils ne peuvent renoncer sans feinte à l'anéantissement de l'autre partie qu'en allant jusqu'au bout de la compréhension, celle-ci devant se fonder sur une reconnaissance des fins humaines au-delà des moyens de la civilisation industrielle. Cela ne signifie pas la passivité mais la patience devant les forces politiques que les nécessités internes de leur mouvement opposent à la liberté de cette compréhension.

Vous me demandez ce que je pense des possibilités des « hommes de culture » en France. De mon point de vue, je dois simplement dire que je les aperçois, sur le plan de la recherche des fins, divisés, comme ils le sont ailleurs. Sans doute la recherche des moyens – qui fondent la richesse matérielle – divise davantage. C'est la répartition des moyens qui décide de l'adversité majeure entre les peuples. Reste à dire seulement que le fait d'être un « homme de culture » signifie une conscience quelconque des fins, des fins qui rapprochent, au-delà des moyens, qui divisent.

À cet égard la culture en France a deux aspects. L'aspect traditionnel est le même qu'ailleurs. Mais le seul dont je parlerai, l'aspect moderne et singulier qui s'est dégagé, d'une manière voyante, et sans doute ne cesse pas de se dégager, surtout dans les parages du surréalisme. Cet aspect est la *subversion*. Je crois que, pour sa partie vivante, le développement actuel de la culture est en France dominé par l'esprit de subversion. Sans doute les esprits subversifs, dans l'intolérance d'un état de choses établi, purent se trouver d'accord avec la subversion politique, et par là s'éloigner de la recherche des fins. Que le surréalisme, en premier, ait posé comme un principe la nécessité de supprimer d'abord, par la révolution, la division des hommes en classes ne signifie pas néanmoins l'indifférence au problème des fins. Les fins de l'homme, pour le surréalisme, sont données dans la poésie. Il est même possible de dire que cet intérêt fondamental est à l'origine des malentendus et des difficultés essentielles qui opposèrent les surréalistes aux marxistes (le stalinisme n'en est pas la seule explication). Il est vrai que l'exemple du surréalisme montre plutôt la possibilité de multiples désaccords à partir de la subversion. Je crois ce risque superficiel et je dirai plutôt que la subversion seule est de nature à ouvrir à l'extrémité la solution de ces désaccords. La subversion seule donne à la culture le sens d'un accord de l'homme avec lui-même. L'article que vous avez accepté de publier me semble à cet égard subversif, sinon sensiblement, essentiellement : la fin de l'homme n'étant jamais donnée que par une subversion, par un renversement des valeurs. Il n'est pas inutile de souligner ici ce paradoxe, qu'en dépit d'un caractère conciliant, j'ai moi-même été tenu, en France, pour un esprit *subversif*, un des plus subversifs de ce temps, m'a-t-on dit quelquefois!

J'insiste enfin sur le fait que, du point de vue de la subversion, le surréalisme n'est pas en France un symptôme isolé; les écrivains les plus significatifs, qu'ils aient ou non « passé par le surréalisme », ont d'abord été et sans doute sont encore des esprits subversifs. J'ai implicitement allégué Breton. Je nommerai Blanchot, Malraux, Char, Michaux, Leiris, Queneau, Genet... (je ne citerai pas d'autres noms : pour ne rien embrouiller davantage). Je n'en veux pas tirer de conclusions rapides, mais ce fait, négligé ou méconnu, me semble seul justifier l'intérêt que suscite le développement de la culture en France. Sur le plan de la culture, la France est aujourd'hui le pays de la subversion. Or la compréhension dont je parle, si elle mûrit, suppose un renversement. Je me passe, si je peux, de laisser voir dans mes écrits cet aspect. Mais je crois que sans un mouvement violent, traduit dans la cohérence calme du langage, la culture ne peut être la *fin* qu'exige la rigueur de l'être, mais un bavardage impuissant, qui jouit de son impuissance.

Je sens trop bien ce qu'un tel aperçu a de paradoxal, et d'insatisfaisant. Mais de deux choses l'une, si l'on y tient, il est possible au moins de me suivre en pressentant la nécessité de la question. Si l'on n'y tient pas? Je n'ai jamais trouvé la possibilité de mettre sur la voie ceux qui veulent éviter le problème des fins. La culture, à mon sens, mène souvent à la méconnaissance de ce qu'elle est; mais, plus contraire encore à la culture, le pire n'est-il pas l'impatience?

ANNÉE 1957

L'affaire Sade

Le procès [1]

Mᵉ GARÇON : Je crois, Monsieur le Président, que le témoin a fait beaucoup d'études relatives aux œuvres du marquis de Sade. Je voudrais qu'il vous dise ce qu'il pense de la publication qui en a été faite par M. Pauvert et de ses résultats, de ce qu'elle peut constituer, dans quelle mesure, dans son esprit, cette publication, telle qu'elle se présente, bien entendu, constitue un outrage aux bonnes mœurs.

G. BATAILLE : Il y a deux aspects à cette publication. Il y a un aspect qui touche les descriptions faites par Sade; mais il y a aussi un aspect démonstratif. En ce qui concerne les études auxquelles Mᵉ Maurice Garçon vient de faire allusion, c'est de cet aspect démonstratif que je me suis occupé exclusivement et auquel j'ai attribué une importance qui m'a paru devoir être doublement soulignée.

En effet ce qu'a innové le marquis de Sade, parce que personne ne l'avait dit avant lui, c'est que l'homme trouvait une satisfaction dans la contemplation de la mort et de la douleur. Cela peut être considéré comme condamnable et je m'inscris dans ce sens. Je considère comme parfaitement condamnable la contemplation de la mort et de la douleur; mais si nous tenons compte de la réalité, nous nous apercevons que si condamnable que soit cette contemplation, elle a toujours joué un rôle historique considérable. J'estime que du point de vue moral il est extrêmement important pour nous de savoir, étant donné que la morale nous commande d'obéir à la raison, quelles sont les causes possibles de la désobéissance à cette règle. Or Sade a représenté pour nous un document inestimable, en ce sens qu'il a su développer et rendre sensible la cause la plus profonde que nous avons de désobéir à la raison.

Si nous considérons que cette désobéissance éclate dans les guerres et dans l'histoire, nous ne pouvons pas négliger ce fait.

Vous me direz que nous avons d'autres documents qui plaident dans le même sens que Sade, mais en le démontrant par des témoignages et des documents, au lieu de le dire. Les documents médicaux-légaux d'une part, les documents ethnographiques d'autre part, les documents historiques nous montrent que l'homme a toujours trouvé une satisfaction dans la contemplation de la mort et de la douleur. Seulement ce que je tiens à faire observer ici, c'est que ces documents se trouvent sous de nombreuses formes – après tout toute l'histoire joue dans le même sens – tandis qu'au contraire l'œuvre de Sade est unique ; l'œuvre de Sade contraste avec tout ce qui l'a précédée. Sade est un homme qui a voulu non seulement dépeindre – et certainement il a voulu cela – dépeindre le plaisir, mais il a voulu dépeindre aussi le dilemme où était enfermé un homme qui vivait dans une société pour laquelle les provocations de la mort et de la douleur n'étaient pas rares, une société où l'injustice régnait encore. Il s'est certainement trouvé en présence d'une contradiction, en ce sens qu'il n'a trouvé d'excuse à ses crimes, ou plutôt à ses velléités de crimes, que dans la société dans laquelle il a vécu. Cette société, il la combat, mais cependant il a participé à son esprit criminel. Mais toujours est-il que son œuvre mérite autre chose, je crois, que le jugement de simple pornographie qu'on serait tenté de lui attribuer, au premier abord, et qui est d'autant moins justifié que la plupart du temps, n'importe qui s'essayant à la lecture de Sade se trouve plutôt soulevé d'horreur.

Il est certain que ce n'est pas le sens que la lecture de Sade peut prendre actuellement. Actuellement nous ne devons retenir que la possibilité de descendre par Sade dans une espèce d'abîme d'horreur, abîme d'horreur que nous devons connaître, qu'il est en outre du devoir en particulier de la philosophie – c'est ici la philosophie que je représente – de mettre en avant, d'éclairer et de faire connaître, mais non pas, je dirai, d'une façon très générale. Il est certain en effet que la lecture de Sade ne peut être que réservée. Je suis bibliothécaire; il est certain que je ne mettrai pas les livres de Sade à la disposition de mes lecteurs sans aucune espèce de formalité. Mais la formalité nécessaire, demande d'autorisation au conservateur, étant accomplie, les précautions voulues étant prises, j'estime que pour quelqu'un qui veut aller jusqu'au fond de ce que signifie l'homme, la lecture de Sade est non seulement recommandable, mais parfaitement nécessaire.

Le président : Il faudrait donc distinguer, dans les livres de Sade, entre d'une part la philosophie que vous évoquez, et d'autre part les scènes dont le caractère est indiscutable, nous n'avons pas besoin d'insister là-dessus. Mais même en ce qui concerne cette philosophie, lui trouvez-vous un caractère édifiant? Comme je le disais tout à l'heure, elle est absolument destructrice; elle ne laisse rien subsister de ce qui peut être la base ou la convention fondamentale de la morale. Vous êtes d'accord là-dessus?

G. Bataille : J'en suis tout à fait d'accord.

Le président : Ne trouvez-vous pas qu'il est pernicieux de répandre cela dans le public? Vous vous rendez compte de l'effet que cela peut produire, peut-être pas sur des esprits cultivés, sur des esprits déjà exercés, mais dans un public qui comporte de nombreuses catégories de gens différents, de culture différente. Encore une fois je laisse à dessein de côté les descriptions de scènes qui ne se discutent même pas, mais même en ce qui concerne la philosophie de Sade, vous trouvez qu'elle peut avoir un caractère édifiant?

G. Bataille : Je pense que sa lecture ne peut pas être pernicieuse étant donné que dès l'abord nous sommes en présence de documents analogues à des documents médico-légaux.

Le président : Je vous parle au point de vue du public. Même en faisant abstraction de toute cette série de scènes et de descriptions dont je ne fais même pas état, en nous plaçant simplement sur le terrain philosophique que vous avez évoqué, vous pensez que ces livres ne présentent pas de dangers, qu'il n'y a pas de danger à les répandre dans le public, étant donné les thèses philosophiques qui y sont développées.

G. Bataille : Il me semble que pour l'esprit commun il ne peut s'agir que de curiosités monstrueuses.

Le président : Au point de vue de l'immoralité, que reste-t-il de cela? C'est l'apologie du vice. Vous connaissez à fond toutes ces descriptions qui détruisent ce qui reste de la morale sociale, qui font valoir que la morale sociale ne paie pas, qu'en somme il vaut mieux s'orienter vers la violence, vers le vol, parce que cela rapporte, parce que cela procure un bénéfice certain. Vous ne trouvez pas que c'est d'une exemplarité extrêmement dangereuse?

G. Bataille : Il me semble que les publications qui sont mises en avant...

Le président : Vous allez répondre par un biais alors que je voudrais une réponse précise. Nous ne parlons pas des autres publications, nous ne parlons que de celle-ci. Même en ne se fondant que sur les théories philosophiques que vous avez évoquées, vous ne trouvez pas que donner de la publicité à un ouvrage comme celui-là et le répandre dans le public peut être éminemment pernicieux?

G. Bataille : Je pense que la plupart des gens qui ont acheté aux Éditions Pauvert, étant donné le prix qu'ils les ont payées, les œuvres de Sade, ne pouvaient pas y mettre la curiosité malsaine que vous craignez, mais une curiosité d'érudits.

Le président : Vous me répondez d'une façon indirecte, en me retournant ce que je vous demandais. Vous me dites qu'étant donné le prix qu'il fallait la payer, cette édition ne pouvait s'adresser qu'à une minorité d'érudits. Mais je vous parle, moi, de la majorité. Ne croyez-vous pas que quand on parle du public il faut en envisager la majorité et non pas une minorité quelle qu'elle soit? Je pourrais aussi bien vous dire que même s'il s'agissait d'une édition bon marché, dès l'instant qu'elle s'adresserait à un public d'érudits ou de gens avertis, on pourrait dire qu'elle n'est pas dangereuse.

Répandre une œuvre comme celle-là dans le public, avec cette apologie constante du vice, qui ne laisse rien subsister des bases de la morale, vous ne croyez pas que cela peut constituer un danger?

G. Bataille : Il me semble que non. Je dois dire que j'ai une confiance assez grande dans la nature humaine.

Le président : Je vous en félicite, Monsieur. Vous avez un optimisme qui vous fait honneur.

Je vous remercie.

Ce monde où nous mourons

Critique [1]

MAURICE BLANCHOT, *Le Dernier homme*, Récit, Gallimard, 1957. In-16, 159 p.

Il n'est rien, me semble-t-il, en ce monde qui se dérobe à notre pensée. Nous nous déplaçons : chaque chose entre dans nos regards. Plus loin que le regard, nous supputons une immense étendue où s'ordonnent des mondes que révèle une photographie lente. Immense? mais cette immensité prétendue, nous l'avons fait entrer dans nos mesures, nous avons même réduit à nos mesures ce qui d'abord sembla les excéder. *Seule la mort se dérobe à l'effort d'un esprit qui s'est proposé de tout embrasser.* Mais la mort, dira-t-on, est hors du monde. La mort est hors des limites. Comme telle elle se dérobe nécessairement à la rigueur d'une méthode de pensée qui n'envisage rien sans l'avoir limité.

Si l'on veut.

J'ai dans les mains un album somptueux dont le texte s'accompagne de nombreuses illustrations en couleurs.

Sous le titre *The World we live in*, la revue *Life* (publiée en Amérique à quatre millions d'exemplaires) a fait paraître, au cours de l'année 1954, l'ensemble des articles qu'en 1955 l'album a réunis *.

La naissance de la terre, la formation de la mer et des continents, le peuplement de l'étendue terrestre par les ani-

* Une édition française, intitulée *Le Monde où nous vivons*, paraît aujourd'hui.

maux et par les hommes, ou le ciel étoilé à travers lequel se déplace la terre ont donné lieu à une succession d'images captivantes. Ce que la photographie ne put atteindre, le dessin l'a figuré. Cet album dans les mains, ce que fait apparaître la vie, ce que la formation de l'esprit humain révèle à cet esprit, s'ouvre à mes yeux dans son ensemble saisissable. *Le monde où nous vivons* est pour nous le monde d'où l'homme procède, à la mesure duquel l'homme est fait et qu'une représentation claire met à la mesure de l'esprit de l'homme. L'homme, il est vrai, ne possède pas le monde. Du moins y possède-t-il ce qui lui est proche et la domination qu'il exerce sur le plus proche lui donne généralement dans l'espace que découvre la science le sentiment d'être *chez lui*.

Mais je veux maintenant poser la question.

Le monde où nous vivons, *the world we live in,* n'est-il pas en même temps *the world we die in,* n'est-il pas « le monde où nous mourons »? *The World we die in* aurait aussi bien pu servir de titre à l'éditeur américain.

Peut-être.

Il y a toutefois une difficulté.

The world we die in n'est en aucune mesure ce que nous possédons. La mort est, en effet, dans ce « monde où nous vivons », ce qui se dérobe à la possession, soit que, réduits à la crainte, nous n'ayons pas le désir de la posséder, soit qu'ayant tenté d'exercer sur elle une domination, nous ayons à la fin admis qu'elle se dérobait.

Les rites et les exercices religieux de tous les temps se sont efforcés de faire entrer la mort dans le domaine de l'esprit humain.

Mais ces rites et ces exercices nous maintenaient dans la fascination de la mort. L'esprit qu'elle fascinait put imaginer que la mort devenait *son* domaine : un domaine où la mort était surmontée. La mort n'en est pas moins restée, dans ce monde où nous vivons, où, finalement, du fait de la science, rien ne nous est plus tout à fait dérobé, ce qui se dérobe. *Le monde où nous mourons* n'est pas le « monde où nous vivons ». Le monde où nous mourons s'oppose au monde où nous vivons comme l'inaccessible à l'accessible.

Je montre à l'enfant *The World we live in.* Il saisit aussitôt ces images, elles sont immédiatement accessibles. Je propose à l'esprit le plus réfléchi la lecture du *Dernier homme,* qui pourrait lui ouvrir « le monde où nous mourons », ce n'est

pas avant d'avoir lu deux ou plusieurs fois ce petit livre, qu'il
entreverra la raison de reprendre une lecture ardue, dans
laquelle, d'abord, il ne peut entrer. Sans doute cette lecture
pourra l'imposer par une force de dépassement inouïe, mais
ce n'est pas avant un temps de patience qu'un aspect de la
mort insaisissable s'ouvrira devant lui, se dérobant encore en
se donnant : encore se pourra-t-il alors que sa propre pensée
le dérobe à l'exigence de ses fondements, qu'elle le dérobe à
tout ce que d'abord la pensée ordonnait en lui.

J'ai parlé des difficultés que présente la lecture du *Dernier
homme*. Les quelques phrases qui précèdent pourraient suggérer qu'il s'agit de philosophie. Cependant, *Le Dernier homme*
est extérieur à la philosophie.

En premier lieu, comme la page de titre l'indique, c'est un
récit.

Ce récit introduit des personnages, il les place dans une
situation définie, il mène à une résolution. Je décrirai plus
loin ces personnages et ce qu'ils affrontent. Mais je veux sans
plus attendre dire la raison plus profonde qu'il y a de ne pas
accorder au *Dernier homme* un caractère philosophique : ce
livre en effet n'est pas un travail. La philosophie est un *travail*
où l'auteur, en vue d'une fin, renonce à la folle liberté de sa
démarche. Seule la *littérature* est un *jeu*, qui jette les dés pour
atteindre un chiffre imprévisible...

J'énoncerai maintenant la donnée du récit. Je dirai du moins
ce qui m'apparaît (qui, peut-être en partie, s'éloigne de la
pensée dont l'œuvre est issue, mais qui ne me semble pas s'en
éloigner de manière à rendre impossible un retour).

Trois personnages, chacun à leur manière, se rapprochent
de la mort. L'un d'eux, le « dernier homme », s'en approche
avant les deux autres : sa vie entière est peut-être fonction de
la mort qui entre en lui. Non qu'il en ait lui-même un souci
définissable, mais le narrateur le regarde mourir, il est pour
le narrateur un reflet de cette mort qui *est* en lui. C'est en
lui qu'il est donné au narrateur de regarder, de contempler
la mort.

Cette contemplation n'est jamais donnée d'emblée. Les
témoins du « dernier homme » ne l'approchent pas vraiment,
ils ne pressentent ce qu'il est en dernier lieu que dans la
mesure où ils entrent eux-mêmes dans « le monde où nous
mourons ». Dans cette mesure, ils se dissolvent : ce « je » qui
parle en eux leur échappe.

Celui qui regarde mourir est dans le regard qu'il ouvre à la mort : s'il l'est, c'est dans la mesure où, déjà, il n'est plus lui, où il est déjà « nous », où la mort le dissout. Mais ce « nous » situé dans la mort ne peut être évidemment situé devant cette mort isolée, inintelligible et familière, qui épouvante et que, la regardant, personne ne regarde qu'en dérobant une présence épouvantée, que personne ne regarde sinon détournant d'avance un regard malade * ; en vérité, ce « nous » ne pourrait résulter d'une somme, d'une suite de « je » ; il est possible d'envisager ce « nous » dans la mesure où la mort dont il s'agit n'est plus celle que nous connaissons en fuyant, mais la « mort universelle » à laquelle appartient le « dernier homme ». Celui qui meurt, mais qui, mourant, accorde à la mort sa présence, celui du moins qui meurt en se détournant de la ritournelle de la vie, qui meurt donc absorbé dans « le monde où nous mourons » (où l'absence, il est vrai, succède à la *présence* que nous n'accordons véritablement qu'au « monde où nous vivons »), celui qui meurt consacré tout entier à la disparition qu'est sa mort ne pourrait avoir de témoins si déjà ces témoins ne participaient, fût-ce par un léger trouble, de l'universelle disparition qu'est la mort (mais cette universelle disparition ne serait-elle pas, à la fin, l'universelle apparition ?).

En son langage sans recherche, mais déconcertant, Maurice Blanchot « précise » les préférences de ce « dernier homme », qui entre le premier dans la « mort universelle » : « Par ses préférences, chacun, je crois, sentait qu'un autre était visé, mais ce n'était pas n'importe quel autre, c'était toujours le plus proche, comme s'il n'avait pu regarder qu'en regardant un peu ailleurs, choisissant celui que l'on touchait, que l'on frôlait, celui qu'à la vérité jusqu'ici l'on était persuadé d'être. *Peut-être choisissait-il en vous toujours un autre. Peut-être, par ce choix, en faisait-il quelqu'un d'autre. C'était le regard par lequel on eût le plus souhaité d'être regardé, mais qui ne vous regardait peut-être jamais, ne regardait encore qu'un peu de vide auprès de vous. Ce vide, un jour, fut une jeune femme avec qui j'étais lié* » (p. 25-26). J'ai souligné les phrases sur lesquelles j'ai voulu attirer l'attention (les phrases antérieures demandant au lecteur, si elles doivent s'ouvrir à lui, de descendre plus avant

---

* La Rochefoucauld a écrit : « Le soleil ni la mort ne se peuvent regarder fixement. »

dans la profondeur de ce livre – apparemment le plus profond de tous les livres).

C'est ce vide, « un peu de vide auprès de vous » – mais une formule, dans *Le Dernier homme* n'a jamais qu'une valeur douteuse, provisoire, au surplus le schéma par lequel je m'efforce d'y introduire n'a lui-même à mes propres yeux qu'une valeur douteuse – c'est malgré tout ce vide, altérant l'ordonnance propre à la vie, qui annonce l'entrée des personnages du récit dans « ce monde où nous mourons ». Il semble que, sans ce vide, le « je » qu'un jour fut le narrateur ne serait pas « un Qui? », à lui seul, « une infinité de Qui? ». Au « je » ne serait pas substitué l'oubli qui est le principe du « nous » qui se compose dans le lointain du « monde où nous mourons ».

Un obscur rapprochement unit à la limite les personnages du récit. L'aspect particulier, les réactions et la mobilité particulière du « dernier homme » nous sont donnés. Le son de sa voix ou de sa toux et de son pas dans les couloirs nous sont donnés. Il habite le même bâtiment que ce narrateur et cette jeune femme, qu'unissent les liens d'une attirance réciproque. De ce « grand bâtiment central », de ce lieu du récit, nous ne savons que peu de chose : nous entendons parler d'un ascenseur, d'interminables couloirs blancs, semblables à ceux d'un hôpital. La maladie paraît être le lien des habitants nombreux de cette maison, qui comprend des cuisines, une cour – où tombe un jour de la neige – une salle de jeu semblable à celles des casinos. Mais, saisissables, ces réalités sont là pour *disparaître*. Comme si la disparition, qui est – fût-il lui-même, à son tour, dérobé à la connaissance qui précise – l'événement que le livre suggère, avait besoin pour avoir lieu, pour « arriver », d'objets apparaissant qui disparaissent. Sans cela un aspect fondamental de la disparition nous serait donné trop tôt. De cet événement, nous saurions trop tôt qu'il est une absence d'événement.

La jeune femme est en particulier moins absorbée dans sa proche disparition. Auprès d'elle, nous nous retrouvons. Nous pouvons souffrir, ressentir de l'angoisse. « Là où elle se tenait, nous est-il dit, tout était clair, d'une clarté transparente et, certes, cette clarté se prolongeait bien au-delà d'elle. Quand on sortait de la chambre, c'était toujours aussi tranquillement clair; le couloir ne risquait pas de s'effriter sous les pas, les murs restaient blancs et fermes, les vivants ne mouraient pas, les morts ne ressuscitaient pas, et plus loin il en était de même, c'était toujours aussi clair, moins tranquille peut-être ou au contraire d'un calme plus profond, plus étendu, la différence était insensible. Insensible aussi, quand on s'avançait, le voile d'ombre qui passait par la lumière, mais il y avait déjà de curieuses irrégularités, certaines places étaient repliées dans l'obscurité, privées de chaleur humaine, infréquentables, alors que tout à côté brillaient de joyeuses surfaces de soleil » (p. 72-73). Malgré l'insaisissable vide qui a déterminé la « préférence » du « dernier homme », la « jeune femme » est en effet demeurée *dans la vie*. Ou du moins, de la vie n'est-elle séparée que par ce glissement « insensible », allant de l'espace limité « par des murs blancs et fermes » à ce « voile d'ombre », à ce voile de mort, où disparaît lui-même insensiblement celui qu'elle appelle « le professeur ». Mais dans la mesure où la vie est sa demeure, sa présence à côté de celui qui meurt maintient le caractère de disparition de la mort : qui pourrait disparaître si rien auprès de lui ne continuait d'apparaître?

La jeune femme est le lieu d'un double mouvement.

Elle apparaît soudain dans la lumière. Cette lumière est jetée sur une réalité fuyante, qui ne cesse pas, pourtant, d'être réelle. Le narrateur évoque cette femme qu'il touche et qu'il étreint. « Je pouvais, dit-il, sentir ce qu'il y avait eu de désespérant dans la soudaine horreur qui l'avait fait bondir hors de cet instant de la nuit où je l'avais touchée. Chaque fois que j'y revenais c'est le caractère merveilleux de ce mouvement que je retrouvais toujours en moi, l'impression de joie que j'avais eue à la ressaisir, de lumière à étreindre son désordre, à sentir ses larmes, et que son corps de rêve ne fût pas une image, mais une intimité bouleversée de sanglots » (p. 100).

L'éclat de cette réalité en larmes se détache justement sur le vide. Plus encore, à travers la réalité des larmes, le vide, l'oubli qui gagnent se font tout à coup saisissables. Le vide n'est rien, l'oubli n'est rien : si les sanglots précèdent le vide, s'ils précèdent l'oubli, le vide, l'oubli sont l'absence des sanglots. Cette place où disparut ce qui fascinait, qui fascine plus encore ou plus étrangement : c'est la disparition même se faisant et se proposant, grandissant au point d'envoûter et de subtiliser ceux qu'elle envoûte.

Cependant celui qui cherche égaré dans ces doubles mouvements ce qui lui échappe, n'appartient plus à ce « monde où nous vivons », où jamais ne lui faisait défaut la possibilité de s'affirmer, de dire «je». Il entre dans le «monde où nous mourons», où le «je» sombre, où demeure seul un «nous» que rien jamais ne peut réduire. Le «je» qui meurt, que chasse la mort, traqué, se condamne à tomber dans un silence, dans un vide qu'il ne supporte pas. Mais complice du silence, complice du vide, il est dans le pouvoir d'un monde où il n'est rien qui ne s'égare.

Abordant cet insaisissable monde, qu'est le monde de la disparition, le narrateur exprime encore un sentiment. Une fois encore, il le rapporte à lui-même, mais en vain, car la disparition l'absorbe, ou il s'absorbe dans sa disparition. «Sentiment d'immense bonheur, nous est-il dit, c'est cela que je ne puis écarter, qui est le rayonnement éternel de ces jours, qui a commencé dès le premier instant, qui le fait durer encore, et toujours. Nous demeurons ensemble. Nous vivons tournés vers nous-mêmes comme vers une montagne qui vertigineusement s'élève d'univers en univers. Jamais d'arrêt, pas de limite, une ivresse toujours plus ivre et toujours plus calme. " *Nous* " : ce mot se glorifie éternellement, il monte sans fin, il passe entre nous comme une ombre, il est sous les paupières comme le regard qui a toujours tout vu» (p. 121).

Nous devons ici nous arrêter à cette signification surprenante de la mort, qui tient à la possibilité de la séparer de la souffrance.

La jeune femme du récit laisse entendre au narrateur ce qu'est son mouvement en face de la mort.

«" Mourir, je crois que je le pourrais, mais souffrir, non, je ne le puis pas. " – " Vous avez peur de souffrir? " Elle fut traversée d'un frisson. " Je n'en ai pas peur, je ne le puis pas, je ne le puis pas. " Réponse où je n'avais vu alors qu'une appréhension raisonnable, mais peut-être avait-elle voulu dire tout autre chose, peut-être à cet instant avait-elle exprimé la réalité de cette souffrance qu'on ne pouvait pas souffrir, et peut-être avait-elle trahi là l'une de ses pensées les plus secrètes : qu'elle serait morte, elle aussi, depuis longtemps – autour d'elle tant de gens avaient passé – si, pour mourir, il n'y avait eu à traverser une telle épaisseur de souffrances non mortelles et si elle n'avait pas eu l'effroi de s'égarer dans un espace de douleur si obscur qu'elle n'en trouverait jamais l'issue» (p. 98-99).

Une incidente – «quand elle mourut» – apprend, à la fin

de la première partie, que la mort de la jeune femme a effectivement succédé à l'approche.

Le narrateur ne peut lui-même parler de sa mort, mais, parlant, au moment où s'achève cette partie, de ce « couloir étroit, ruisselant jour et nuit de la même lumière blanche, sans ombre et sans perspective, où, comme dans les couloirs d'un hôpital, se pressaient des rumeurs ininterrompues », il ajoute : « J'y passais avec le sentiment de sa vie calme, profonde, indifférente, sachant que là pour moi était l'avenir, et que je n'aurais plus d'autre paysage que cette solitude propre et blanche, que là s'élèveraient mes arbres, là s'étendraient l'immense bruissement des champs, la mer, le ciel changeant avec ses nuages, là, dans ce tunnel, l'éternité de mes rencontres et de mes désirs » (p. 111).

Quelques lignes encore, et la seconde partie, la partie finale, commence, où le récit atteint un cours sublime. Si j'emploie ce mot, ce n'est pas avec sa valeur d'éloge (à mes yeux, le petit livre de Maurice Blanchot se situe au-delà, au-dessus de tout éloge) mais en un sens précis : ce cours en sa lenteur ne cesse plus d'élever au sommet.

Je me suis efforcé de donner, sous une forme schématique, le contenu de la première partie, de beaucoup la plus longue. Pour la seconde, je n'essaierai plus de le faire. Ayant en quelque sorte résumé la première partie, je crains d'avoir donné le sentiment d'une fabrication. En tout cas j'ai trahi en le résumant ce qui ne pouvait être résumé : nous n'entrons vraiment dans le livre qu'à cette condition, qu'il nous *égare* en ses méandres. Nous n'avons pu *nous y retrouver* qu'en donnant faussement l'impression qu'il était possible de ne pas *y être perdu*. Ce que j'ai dit n'est peut-être pas loin de la pensée de l'auteur et pourrait être une introduction *vers* cette pensée, mais cette pensée ne se laisse pas *saisir* : même elle *dessaisit* celui qui l'aborde. L'apparence de fabrication que donne le résumé ne répond jamais à son mouvement. D'un bout à l'autre, comme dans un cataclysme, les phrases *lentement* précipitées échappent au schéma par lequel il n'est possible qu'à la rigueur d'en évoquer la direction : toujours elles sont précipitées par une force qui les domine, qui domina celui qui les écrivit. Cette force est par lui contenue. Sans un calme *hors du monde*, hors du moins de « ce monde où nous vivons », il n'y aurait pas eu de livre. Mais cette force s'impose à celui qui a l'énergie de le lire avec une patience analogue à celle qui l'écrivit. Celui que cette force soulève ne peut la discuter. Il entre dans ce « monde où nous mourons », dans ce monde de l'universelle disparition, où rien n'apparaît que pour disparaître, où *tout* apparaît.

De la seconde partie, je citerai cette phrase qui éclaire peut-être le sens de ce « nous » que seul ouvre une disparition illimitée de ceux qu'il embrasse :

« Contre toi, pensée immobile, vient prendre figure, briller et disparaître tout ce qui se réfléchit en nous de tous. Ainsi avons-nous le plus grand monde, ainsi, en chacun de nous, tous se réfléchissent par un infini miroitement qui nous projette en une infinité rayonnante d'où chacun revient à lui-même, illuminé de n'être qu'un reflet de tous. Et la pensée que nous ne sommes, chacun, que le reflet de l'universel reflet, cette réponse à notre légèreté nous rend ivres de cette légèreté, nous fait toujours plus légers que nous, dans l'infini de la sphère miroitante qui, de la surface à l'étincelle unique, est l'éternel va-et-vient de nous-mêmes » (p. 132-133).

Si nous prenions cette phrase au sens philosophique, nous devrions nous y attarder, nous appesantir sur la valeur exacte des mots. Mais, je l'ai dit, la pensée qui éclaire *Le Dernier homme* n'a pas un caractère philosophique. Elle ne pourrait trouver sa place dans un enchaînement rigoureux. Il y a une rigueur dans cette pensée (cette rigueur est la plus grande), mais cette rigueur ne se présente pas sous la forme de fondement et de construction. Cette pensée ne saurait être le fondement de l'un de ces frêles édifices que la triste obstination du philosophe élève à la condition de se détourner attentivement du destin qui le condamne à s'effondrer plus tard. La pensée humaine ne peut s'engager tout entière au travail, elle ne peut se laisser prendre à la tâche qui a pour fin de démontrer ce que le cours incessant de la pensée révélera faux. La pensée est en quête de l'apparition qu'elle n'a pu prévoir et dont elle est à l'avance détachée. Le jeu de la pensée demande une force, une rigueur telles qu'à côté la force et la rigueur que la construction demande donnent l'impression d'un relâchement. L'acrobate dans le vide est soumis à des règles plus précises que le maçon ne quittant pas le sol. Le maçon *produit*, mais à la limite de l'impossible : l'acrobate aussitôt lâche ce qu'il a saisi. Il s'arrête. L'arrêt est la limite qu'il nierait, s'il en avait la force. L'arrêt veut dire que le souffle manque et la pensée qui répondrait à l'effort de la pensée serait celle que nous attendrions si le souffle, à la fin, ne manquait pas.

Tout s'ordonne en ce « monde où nous vivons », tout s'ordonne et tout se construit. Mais nous appartenons au « monde où nous mourons ».

Là, tout est *suspendu,* là tout est plus vrai, mais nous n'y accédons que par la fenêtre de la mort.

Il y a dans la mort ce qui, pressenti, réduit la vie à la mesure de l'illusoire stabilité des solides immobiles, des solides qu'enchaînent des relations stables. Mais la mort, nous devions la débarrasser d'un sinistre cortège qu'ouvre la douleur indicible et que ferme la puanteur. Nous devions accéder à l'éternité rayonnante qu'elle est : la mort universelle est *éternelle.* Le *Dernier homme* révèle un monde auquel nous n'accédons qu'en un mouvement vertigineux. Mais ce livre est le mouvement, où perdant toute assise, nous avons, s'il se peut, la force de *tout* voir.

Du *Dernier homme,* il est difficile de parler, tant ce livre échappe aux limites où la plupart voudraient rester. Mais celui qui accepte de le lire aperçoit qu'il était dans le pouvoir d'un homme de vouer la pensée, dans un livre, au mouvement qui le libère de ces limites. À la condition de braver une menace. Ce n'est pas seulement à l'auteur qu'est demandée la force d'affronter : le lecteur échapperait-il à l'épreuve inévitable ? Lire à l'extrême pourrait demander de faire face à ce que signifie ce monde – et l'existence que nous y menons –, à ce qu'ils signifient, à leur non-sens (nous ne les séparons que par fatigue).

L'érotisme,
soutien de la morale

Arts [1]

L'érotisme est le propre de l'homme. C'est en même temps ce dont il rougit. Mais à la honte que l'érotisme impose, nul ne sait le moyen d'échapper. L'érotisme est la chausse-trape où le plus prudent se laisse prendre. Qui pense être en dehors, comme si le piège ne le concernait pas, méconnaît le fondement de cette vie qui l'anime jusqu'à la mort. Et qui pense dominer, prenant cette horreur à son compte, n'est pas moins joué que l'abstinent. Il méconnaît la condamnation, sans laquelle la fascination de l'érotisme, à laquelle il veut répondre, cesserait de fasciner.

À cette horreur, nous ne pouvons nous dérober au point de n'avoir plus à rougir, nous n'en pouvons jouir qu'à la condition d'en rougir encore.

Baudelaire évoqua merveilleusement (dans « Fusées III ») ce scandale de la pensée (qui est le scandale de toute pensée) : « Moi, je dis : la volupté unique et suprême de l'amour gît dans la certitude de faire le *mal*. Et l'homme et la femme savent de naissance que dans le mal se trouve toute volupté. »

C'est de quelque façon, dans la honte, nous dissimulant sournoisement, que nous parvenons au moment suprême. Comment l'homme a-t-il pu condamner un mouvement qui le porte au sommet ? Comment le sommet n'est-il désirable et n'est-il le sommet, qu'à partir d'une condamnation ?

Il y a toujours en nous quelque chose de louche profondément. Les traits qui expriment pleinement l'humanité ne sont pas les plus clairs. Un homme, s'il est digne du nom d'homme, a toujours un regard chargé, ce regard *au-delà* qui, dans le même temps, est regard *en dessous*. Si nous voyons droit, nous sommes joués. Nous allons au-devant d'une difficulté extrême, insoluble préfigurant la mort, la douleur et le ravissement, portant à l'enjouement, mais au soupçon. Si nous entrevoyons une allée droite, bien vite la réflexion en révèle le faux-semblant.

Après des millénaires passés à la recherche des réponses éclairant la nuit qui nous enferme, une étrange vérité est sortie sans d'ailleurs attirer sur elle l'attention qu'elle aurait dû.

Des historiens des religions ont décelé cette coïncidence. Des *interdits* reconnus dans des sociétés archaïques, par l'ensemble de ceux qui les composaient, avaient le pouvoir de bouleverser : non seulement, ils étaient observés religieusement, mais ceux qui les avaient involontairement enfreints, étaient frappés d'une terreur si grande qu'habituellement ils en mouraient ; une telle attitude déterminait l'existence d'un *domaine interdit* qui occupait dans les esprits une place éminente ; *ce domaine interdit* coïncidait avec le *domaine sacré* ; il était ainsi l'élément même qui fondait et ordonnait la religion.

Ce qui apparaissait dans certaines sociétés archaïques ne pouvait être isolé de l'ensemble des réactions religieuses de l'humanité.

Voici ce qu'aujourd'hui il est possible d'avancer.

Le sacré est essentiellement ce qu'atteignait la transgression rituelle de l'interdit.

Le sacrifice – l'acte créateur du sacré – en est l'exemple. Sous sa forme majeure (c'est aussi sa forme la plus fréquente), le sacrifice est la mise à mort rituelle d'un homme ou d'un animal. Très anciennement, le meurtre d'un animal pouvait être lui-même l'objet d'un interdit et donner lieu aux rites d'expiation du meurtrier. Seul le meurtre de l'homme tombe aujourd'hui sous le coup de l'interdit universel. Dans des conditions définies, un interdit pouvait, et parfois même devait, être transgressé.

Ce principe de l'interdit auquel la transgression s'oppose est choquant, encore qu'il ait un analogue mécanique dans l'alternance de la compression et de l'explosion, qui fonde l'efficacité des moteurs. Mais ce n'est pas seulement le principe de l'érotisme, c'est plus généralement celui de l'action créatrice du sacré. Dans le sacrifice classique, la mise à mort, du fait même qu'elle est criminelle, met le sacrifiant, le sacrificateur et l'assistance en possession d'une chose sacrée, qu'est la victime. Cette chose sacrée est elle-même interdite, le contact en est sacrilège : elle n'en est pas moins proposée à la consommation rituelle. C'est par cette condamnation en même temps sacrilège et prescrite qu'il est possible de participer au crime, qui devient alors en commun. Crime des participants : c'est la communion.

Ainsi, ce regard au-delà qui, néanmoins, est regard en dessous se retrouve à la base d'un trouble religieux qui fonde l'humanité. Le sentiment du sacré ne cesse pas, même aujourd'hui, de nous fonder.

L'*humanité,* dans son ensemble et dans sa réaction publique aussi bien que dans le secret de l'érotisme, a donc été soumise à la paradoxale nécessité de condamner le mouvement même qui la porte au moment suprême!

Le rapprochement de la religion et de l'érotisme surprend, mais sans droit. Le domaine interdit de l'érotisme fut luimême, sans aller plus loin, domaine sacré. Chacun sait qu'anciennement la prostitution fut une institution sacrée. Les temples de l'Inde, à foison, multiplièrent les images de l'amour les plus tumultueuses et les plus incongrues.

*

La condamnation, mais non sans réserve, de l'érotisme est universelle. Il n'y a pas de société humaine où l'activité sexuelle soit acceptée sans réaction, comme l'acceptent les animaux : elle est partout l'objet d'un interdit. Il va de soi qu'un interdit de cette nature appelait des transgressions innombrables. Le mariage lui-même est, au départ, une sorte de transgression rituelle de l'interdit du contact sexuel. Cet aspect n'est pas habituellement perçu, parce qu'un interdit général des contacts sexuels apparaît absurde dans la mesure où l'on voit mal que l'interdit est essentiellement le prélude de la transgression. La religion tout entière est accord réglé de l'interdit et de la transgression. Le paradoxe en vérité n'est pas dans l'interdit. Nous ne pouvons imaginer une société où l'activité sexuelle ne serait pas inconciliable avec l'attitude assumée dans la vie publique. Il existe un aspect de la sexualité qui l'oppose au calcul fondamental d'un être humain. Tout être humain envisage l'avenir. Chacun de ses gestes est fonction de l'avenir. De son côté, l'acte sexuel a peut-être un sens par rapport au futur, mais d'abord ce n'est pas dans chaque cas, et l'érotisme, à tout le moins, perd de vue la portée génétique du désordre désiré. Parfois même il le supprime. J'en reviens à ce point précis : l'être humain pourrait-il accéder au sommet de son aspiration si d'abord il ne se départait du calcul auquel le rive l'organisation de la vie sociale? En d'autres termes, une condamnation prononcée du point de vue pratique, exactement du point de vue de l'avenir, ne détermine-t-elle pas la limite à partir de laquelle une valeur suprême est en jeu?

*

Je vais à l'encontre de la doctrine répandue selon laquelle la sexualité est naturelle, innocente, la honte qui lui est associée n'étant recevable d'aucune façon.

Je ne puis douter qu'essentiellement par le travail, le langage et les comportements qui leur sont liés, l'être humain n'excède la nature.

Mais surtout, si nous abordons le domaine de l'activité sexuelle de l'homme, nous sommes aux antipodes de la nature. Nul aspect dans ce domaine qui n'ait acquis un sens d'une étrange richesse, où se mêlent les terreurs et les audaces, les désirs et les dégoûts de tous les âges. La cruauté et la tendresse s'entre-déchirent : la mort est présente dans l'érotisme et l'exubérance de la vie se livre en lui. Je ne puis rien imaginer qui soit, plus que cet immense désordre, contraire à une ordonnance rationnelle de chaque chose. Faire entrer la sexualité dans la vie rationalisée, en éliminer la honte, liée au caractère inconciliable de ce désordre avec l'ordre avouable, c'est en vérité le nier. L'érotisme, qui en commande les possibilités brûlantes, se nourrit de l'hostilité de l'angoisse qu'il appelle. Il n'y a rien en lui que nous puissions atteindre sans le violent mouvement que traduit le mieux le tremblement, sans avoir perdu pied par rapport à tout le possible.

*

Voir une expression de l'esprit humain dans l'érotisme ne signifie donc pas la négation de la morale.

La morale est en fait le plus ferme soutien de l'érotisme. Réciproquement, l'érotisme appelle la fermeté de la morale. Mais nous ne pourrons imaginer l'apaisement. La morale est nécessairement le combat contre l'érotisme et l'érotisme, nécessairement, n'a sa place que dans l'insécurité d'un combat. Peut-être s'il en va de cette manière, devons-nous envisager finalement, au-dessus de la morale commune, une morale mouvementée où jamais rien ne serait acquis, où chaque possibilité serait à chaque moment mise en jeu, où consciemment un homme aurait toujours devant lui l'impossible : un combat sans trêve, épuisant, contre une force irréductible et, de chaque côté, reconnue comme telle.

*

Cette attitude demande une grande résolution, surtout une sagesse singulière, résignée au caractère indéchiffrable du monde. Seule la soutient l'expérience interminable des hommes, l'expérience de la religion – de la plus ancienne d'abord, mais à la fin de celle de tous les temps. J'ai montré dans le sacrifice classique la recherche d'une fascination contraire au principe d'où elle partait. Si l'on envisage dans la religion cet inaccessible sommet vers lequel est portée notre vie, puisqu'elle est, malgré tout, le désir d'excéder sa limite (de chercher au-delà de ce qu'elle a trouvé), une valeur commune de la religion et de l'érotisme apparaît : il s'agit toujours de chercher en tremblant ce qui renverse le fondement le plus voyant. Sans doute l'aspect le plus familier de la religion actuelle est-il à l'opposé de l'érotisme : il se lie à la condamnation presque sans réserve. Cette religion n'en aspire pas moins dans des expériences hardies, consacrées parfois par l'admiration de l'Église, à des combats dans lesquels la règle est de perdre pied.

ANNÉES 1958-1961

La planète encombrée

La Ciguë [1]

La planète encombrée de mort et de richesse, un cri perce les nuages. La richesse et la mort enferment. Nul n'entend ce cri d'une attente misérable.

Sachant qu'il n'est pas de réponse, j'aurais voulu trembler dans mon imploration :

– Ô Dieu! soulagez-les de la mort et de la richesse! Délivrez-les ô Dieu de l'espoir que nourrit en eux le sentiment de leur mort à venir et de votre néant! Enfermez-les dans *votre* solitude! Enfermez-les dans votre *désespoir*!

J'ai la certitude, écrivant, de ne pas venir à bout de l'effort ébauché.

Jamais personne ne vient à bout. Mais comment, si je n'apercevais chaque chose à cette excessive lumière, pourrais-je accéder au bonheur?

L'agitation et la vivacité des phrases les tiennent.

La multitude des paroles m'assiège et j'écoute leur marée bruyante.

Mais, d'avance, je savoure la tristesse des eaux qui se retirent.

Comment ne pas attendre, avant d'écrire, que les eaux se soient retirées?

Ce savoir qui situe l'être humain dans le monde, en premier lieu, fut le savoir de l'animal.

L'animal, dans le jeu de ce monde inintelligible – inintelligible, à tout le moins, pour lui – discerne ce qui répond à ses besoins. Le savoir humain n'est rien d'autre en son principe que ce savoir élémentaire formant par le langage une cohésion. Le savoir est l'accord de l'organisme et du milieu dont il émerge. Sans lui, sans l'identité de l'organisme et de cet accord, la vie ne pourrait être imaginée. Qu'est-ce donc que l'organisme dans le monde, sinon l'élan inconsidéré d'un possible au sein de l'impossible qui l'entoure? Se développant, le savoir s'efforce de ramener l'impossible (l'imprévisible) au possible (au prévisible). L'élan hasardé se change dans le savoir en calcul sage : le calcul n'est lui-même possible qu'en donnant la valeur fondamentale à sa possibilité.

Le pari du savoir ouvre deux voies.

La première est l'affirmation implicite qu'est le savoir *en fait.*

Le savoir qu'affermit le sentiment que le savoir est *« possible »* aperçoit toute chose dans la perspective du «possible». Parfois, le «possible», en tant que possibilité, s'hypostasie, parfois non. Mais toujours, en cette première voie, le monde se confond avec le possible et le possible avec le monde. Le savoir animal, le premier savoir, était le produit d'une recherche hasardée que l'organisme faisait d'un possible à sa mesure (l'organisme étant défini par cette recherche); essentiellement, le savoir humain devient le calcul de la possibilité où s'ordonne l'ensemble des choses, le calcul de la possibilité saisie comme un fondement.

Une première réaction enivrée suspend le doute et, dans cette certitude, faite en somme de jobardise, l'homme sur la terre a l'impression d'être chez lui. Le savoir, en son principe même, n'en est pas moins la mise en question du savoir lui-même. Si j'approfondis les voies du savoir, je suis semblable à la fourmi consciente de la menace suspendue qu'un hasard renverse la fourmilière, et de la vérité dernière de ce hasard. Le langage échafaude un ordre, il en fait le fondement de ce qui est, mais rien est-il qui soit *en dernier lieu* : toute chose est en suspens, par-dessus l'abîme, le sol lui-même est illusion d'une assurance; j'ai le vertige, *si je sais,* dans le milieu d'un champ; même dans mon lit, je sens que le monde et l'univers se dérobent.

Le caractère insignifiant, provisoire, des données du savoir le plus certain se révèle à moi dans cette voie. Mais l'apparence ordonnant l'illusoire certitude ne m'en exile pas moins chaque jour dans cette région où rien n'est tragique, ni terrifiant ni sacré. Mais rien, dans cette région, n'est *poétique.*

Poétique, à nouveau le langage m'ouvre à l'abîme.

Mais la poésie ne peut effectivement nier l'affirmation du discours cohérent, elle ne peut longuement dissiper le mensonge du discours. Jamais la poésie n'établit ce qu'elle donne à voir. Niant l'ordre où m'enferme un discours cohérent, c'est encore en moi la cohérence du discours qui le nie. Un instant, le discours ordonne en moi ce qui défait l'ordre où il m'enferme, il ordonne ce qui — tragiquement — me rend jusqu'à la mort au délire de la poésie.

Accédant au possible, au repos sans fin, la certitude me serait-elle donnée de vivre *éternellement* devant la vérité, je gémirais. Ce que je veux et que veut en moi l'être humain : je veux, un instant, excéder ma limite, et je veux, un instant, n'être tenu par rien.

Un désordre d'affirmations, dans le passé, en dernier lieu abandonnait la réflexion à la panique. Sortirions-nous de cet abandon ne hasardant plus rien et n'affirmant plus rien qui ne repose sur une expérience souvent répétée ? Pratiquement, la certitude est suffisante que fonde une expérience si durable : mais elle nous laisse à la merci de la douleur intolérable et du supplice à mort, *en dernier lieu*. La dernière vérité ressemble-t-elle à la mort la plus douloureuse ? ou ce monde prosaïque ordonné par un savoir fondé sur une expérience durable en est-il la limite ? Délivrés de croyances saugrenues, notre bonheur est-il devant la mort et le supplice ? Le pur bonheur ? au fond d'un monde où seule la défaillance est l'issue ?

Le pur bonheur

Botteghe oscure [1]

SUICIDE

Le pur bonheur est dans l'instant, mais de l'instant présent la douleur m'a chassé, dans l'attente de l'instant à venir, où ma douleur sera calmée. Si la douleur ne me séparait de l'instant présent, le « pur bonheur » serait en moi. Mais à présent, je parle. En moi, le langage est l'effet de la douleur, du besoin qui m'attelle au travail.

Je veux, je dois parler de mon bonheur : de ce fait un malheur insaisissable entre en moi : ce langage – que je parle – est à la recherche d'un futur, il lutte contre la douleur – fût-elle infime – qu'est en moi le besoin de parler du bonheur. Jamais le langage n'a pour objet le pur bonheur. Le langage a l'action pour objet, l'action dont la fin est de *retrouver* le bonheur perdu, mais elle ne peut l'atteindre elle-même. Puisque heureux, je n'agirais plus.

Le pur bonheur est négation de la douleur, de toute douleur, fût-ce de l'appréhension de la douleur, il est négation du langage.

C'est, au *sens* le plus *insensé*, la poésie. Le langage entêté dans un refus, qu'est la poésie, se retourne sur lui-même (contre lui-même) : c'est l'analogue d'un suicide.

Ce suicide n'atteint pas le corps : il ruine l'activité efficace, il y substitue la vision.

Il y subsiste la vision de l'instant présent, détachant l'être du souci de ceux qui suivront. Comme si la suite des instants était morte, qui ordonne la perspective du travail (des actes dont l'attente change en subordonné l'être souverain, qu'éclaire le soleil de l'« instant présent »).

Le suicide du langage est un pari. Si je parle, j'obéis au besoin de sortir de l'instant présent. Mais mon suicide annonce le saut dans lequel est jeté l'être libéré de ses besoins. Le pari demandait le saut : le saut que le pari prolonge en un langage inexistant, dans le langage des morts, de ceux que le bonheur ravage, que le bonheur anéantit.

INSOMNIE

Travailler pour vivre! Je m'épuise dans l'effort et j'ai soif de repos. Alors il n'est plus temps de dire : vivre est se reposer. Je suis alors embarrassé par une vérité décevante : vivre serait-il pensable autrement que sous la forme du travail? La poésie elle-même est un travail. Je ne puis me consumer comme une lampe, qui éclaire, et jamais ne calcule. Il me faut produire et je ne puis me reposer que me donnant le sentiment de m'accroître en produisant. Je dois pour cela réparer mes forces, en accumuler de nouvelles. Le désordre érotique est lui-même un mouvement d'acquisition. Me dire que la fin de l'activité est la libre consumation (la consumation sans réserve de la lampe), au contraire, me donne le sentiment d'un intolérable abandon, d'une démission.

Pourtant, si je veux vivre, il me faut d'abord me nier, m'oublier...

Je reste là, désemparé, comme un cheval fidèle, dont le maître a vidé les arçons.

Le soir, à bout de souffle, j'aspire à me détendre, et je dois me leurrer de quelques possibilités attrayantes! Lire un livre, que sais-je? Je ne puis jouir de ma vie (de l'enchaînement en perspective en vue duquel je me suis fatigué) sans me donner un nouveau but, qui me fatigue encore.

Écrire : même, à l'instant, que j'ai préféré me démettre... Plutôt que de répondre aux nécessités de ma vie... Écrire – afin de me démettre – est encore un nouveau travail! Écrire, penser, jamais ne sont le contraire d'un travail. Vivre sans agir est impensable. De même, je ne puis me représenter *que je dors*, je ne puis me représenter *que je suis mort*.

*

J'ai voulu réfléchir à l'extrême sur une sorte d'embarras, dont jamais je ne suis sorti, dont jamais je ne sortirai.

Depuis longtemps, si s'imposait à moi un effort qui m'épuisait, lorsqu'à la suite d'une longue attente j'aboutissais – et que je jouissais des résultats –, rien, à ma surprise, ne s'offrait, qui me donnât la satisfaction escomptée. Le repos présageait l'ennui, la lecture était un effort. Je ne voulais pas me distraire, je voulais ce que *j'attendais*, qui, l'effort achevé, l'aurait justifié.

Que faire enfin, quand j'étais délivré?

Mourir? Mais non.

Il aurait fallu que, d'elle-même, la mort survînt. Que déjà la mort fût en moi, sans que je dusse travailler à l'introduire. Tout m'échappait et m'ouvrait à l'insignifiance.

Écrire ce qui précède...?

Pleurer...?

Oublier à mesure que montait un sanglot... Oublier tout, jusqu'à ce sanglot qui montait.

Être un autre à la fin, un autre que moi. Non celui qui, maintenant, me lit, auquel je donne un sentiment pénible. Plutôt le premier venu de ceux qui m'ignorent, si l'on veut le facteur qui s'avance, qui sonne, qui fait, dans mon cœur, résonner la violence de la sonnette.

Comme il est parfois difficile de s'endormir! Je me dis : je m'endors enfin. Le sentiment de m'endormir m'échappe. S'il m'échappe, en effet, je m'endors. Mais s'il subsiste...? Je ne puis m'endormir et je dois me dire : le sentiment que j'avais m'a trompé.

Nulle différence entre l'authenticité de l'être et *rien*. Mais *rien*? L'expérience en est possible à partir de quelque chose, que je supprime par la pensée. De même, je ne puis parvenir à l'expérience de «ce qui n'arrive pas», sinon à partir de «ce qui arrive». Il faut, pour accéder à «ce qui n'arrive pas», arriver, comme un être isolé, séparé, comme un être «qui arrive».

Pourtant, «ce qui n'arrive pas» seul est le sens – ou l'absence de sens – de mon arrivée. Je l'éprouve si je veux m'arrêter, me reposer et jouir du résultat cherché. *Incipit comœdia!* Tout un ministère des loisirs énonce par son travail – et son activité publique – un sentiment de mort, un sentiment qui me désarme. Mais un ministère des loisirs, avec ses couloirs, n'est qu'un détour pour éviter la simplicité du vin rouge, qui est, semble-t-il, redoutable. Le vin rouge, me dit-on, nous détruit. Comme si, de toute manière, il ne s'agissait pas de *tuer* le temps.

Mais le vin rouge est le plus pauvre, c'est le moins coûteux des poisons. Son horreur justement s'attache à sa misère : c'est la poubelle du merveilleux.

Pourtant?

Toujours à la limite de trahir son inanité (il y suffit d'un déplacement des perspectives), ce dont je parle est merveilleux sans mensonge.

Ce dont je parle n'est *rien*, c'est l'immensité de *ce qui est*, ce n'est *rien*, dont il soit possible de parler.

Le langage ne désigne que les choses, seule la négation du langage ouvre à l'absence de limite de ce *qui est*, qui n'est *rien*.

La seule limite du merveilleux tient à ceci : le merveilleux, fait de la transparence de « ce qui n'arrive pas » dans « ce qui arrive », se dissout quand la mort, dont l'essence est donnée dans « ce qui n'arrive pas », prend le sens de « ce qui arrive ».

La même angoisse que tous les soirs. Inerte dans mon lit comme l'est le poisson sur le sable, me disant que le temps, qui m'échoit, qui ne m'apporte rien, ne me sert de rien. Je ne sais où j'en suis. Réduit à dire, à sentir l'inutilité d'une vie dont l'utilité m'a déçu.

Bizarre besogne de l'insomnie : ces phrases dont j'ai perdu, sinon l'ordonnance, la raison, que peut-être je n'avais pas, de les écrire. Ma raison serait-elle une recherche littéraire? Cependant je ne puis me représenter la possibilité de ne pas les avoir écrites. J'ai le sentiment d'écrire avant tout pour savoir, pour découvrir, au cœur de mon insomnie, ce que je puis, et que je dois faire. Je m'égare attendant l'effet du somnifère.

LA VIOLENCE EXCÉDANT LA RAISON

J'ai toujours été gêné pour élaborer ma pensée. En aucun temps, je n'ai travaillé avec la régularité que le travail me demandait. Je n'ai lu qu'une faible partie de ce que j'aurais dû, et jamais je n'ai ordonné en moi l'acquisition des connaissances. En conséquence j'aurais dû renoncer à parler. J'aurais dû reconnaître mon impuissance et me taire.

Mais je n'ai jamais voulu me résigner : je me disais que cette difficulté me retardait, mais qu'en échange, elle me désignait. Dans des moments de calme, je pensais n'être pas moins capable qu'un autre. Je connaissais bien peu d'esprits qui l'emportassent sur moi par un pouvoir de réflexion cohérente. Encore avais-je la possibilité de mesurer leur infériorité sur un point donné. J'admets aujourd'hui que je pouvais rivaliser avec eux, même si j'avais une aptitude moindre à l'analyse. Cette faiblesse elle-même se liait, comme mon travail irrégulier, à la violence qui, de quelque façon, ne cessait pas de m'énerver, de me faire à tout moment perdre pied.

Je ne m'en assurais que tardivement. Cette violence, qui me débordait, me donnait cet avantage, auquel je ne devais pas renoncer. Je ne doute plus maintenant qu'en me diminuant, la violence me donnait ce qui manque à d'autres, ce qui m'a fait apercevoir l'impasse, dans laquelle la pensée paralysée se limite et, se limitant, ne peut embrasser l'étendue de ce qui la meut. Étant en nous ce qui paralyse la violence, la pensée ne peut refléter entièrement ce qui est, puisque la violence est dans son principe ce qui s'opposa au développement de la pensée. J'entends que la violence s'accorde à l'animalité, dans laquelle la conscience, en quelque manière ficelée, ne peut avoir d'autonomie. Mais déficelée du fait qu'elle excluait, et qu'elle tabouait la violence, en contrepartie elle s'interdisait de saisir le sens de ce qu'elle excluait. Le résultat le plus voyant en est l'inexactitude, essentiellement, le caractère incomplet de la connaissance de soi. Cela se voit dans la déformation, dans l'esprit de Freud, de la notion de *libido*. Suppression d'une excitation, dit Freud, s'il définit le plaisir sensuel. À cette définition négative, je ne puis directement opposer le parti pris de la violence, qui ne peut se résoudre en pensée. Mais, par chance, il put arriver que la violence s'imposât sans déranger entièrement le mouvement d'une pensée méthodique : alors la déformation donnée dans les conditions communes est mise en lumière; le plaisir est lié chez l'animal à l'excessive dépense de l'énergie – ou de la violence; chez l'homme à la transgression de la loi – qui s'oppose à la violence et lui impose quelques barrières. Mais ceci n'atteint pas le sommet de la réflexion, où la violence devient elle-même objet (interdit, saisi malgré l'interdiction) de la pensée, et se donne à la fin comme seule réponse à l'interrogation fondamentale impliquée dans le développement de la pensée : la réponse ne pouvant parvenir que du dehors, de ce que, *pour être*, la pensée devait exclure.

La réponse n'est pas nouvelle. Dieu n'est-il pas une expression de la violence donnée en réponse? Mais donné en réponse, le divin était transposé sur le plan de la pensée : la violence divine, telle que la réduisit le discours théologique, se limita dans la morale, sa paralysie virtuelle. (Revenant au dieu animal, nous retrouvons son incomparable pureté, sa violence au-dessus des lois.)

Hegel impliquant la violence dans la dialectique tente d'accéder subtilement à l'équivalence de la violence et de la pensée, mais il ouvre ainsi le dernier chapitre : rien ne peut faire, que, l'histoire achevée, la pensée ne parvienne au point mort où, devant la réponse immuable qu'elle se donne, la tirant d'elle-même, elle en saisit l'équivalence avec le silence dernier, qui est le propre de la violence.

Hegel, à ce point, manqua de la force sans laquelle l'implication de sa pensée n'eut pas, au grand jour, le développement qu'elle appelait.

Le silence est la violation illimitée de l'interdit que la raison de l'homme oppose à la violence : c'est la divinité sans frein, que seule la pensée dégagea de la contingence des mythes.

Je ne suis pas le seul auquel la nécessité de ruiner les effets du travail se révéla, mais le seul qui, l'apercevant, ait *crié*. Le silence sans cri, qui jamais ne réduit le ressassement sans issue du langage, n'est pas l'équivalence de la poésie. La poésie elle-même ne réduit rien, mais elle *accède*.

Elle accède au sommet. Du haut du sommet, tant de choses se dérobent et personne n'y voit. Il n'y a plus rien.

LA « MESURE », SANS LAQUELLE LA « DÉMESURE » NE SERAIT PAS, OU LA « DÉMESURE » FIN DE LA « MESURE »

Je dis que le domaine de la violence est celui de la religion (non de l'organisation religieuse, mais – supposons les choses tranchées – de la vision intense qui répond, ou peut répondre, au nom de religion); j'ajoute que le domaine de la Raison embrasse l'organisation nécessaire en vue de l'efficacité

commune : je crois pouvoir être entendu. Sans doute, l'équivoque est continuelle entre la violence religieuse et celle de
l'action politique, mais en deux sens : toujours la politique, à
laquelle j'aspire, devant laquelle je vis, est une fin. Étant fin,
elle est exclusive du calcul, qui est le propre des moyens. La
pleine *violence* ne peut être le moyen d'aucune fin à laquelle
elle serait soumise *. Cette formule limite en même temps le
pouvoir de la Raison. À moins de déroger, la Violence est fin
et jamais ne peut être moyen. Jamais la Raison n'est, elle,
autre qu'un moyen, mais c'est elle qui décide de la fin et des
moyens. Elle peut arbitrairement se donner pour fin : elle
refuse alors la vérité qu'elle définit. Elle est Raison dans la
mesure où elle est l'exclusion, où elle est la limite de la Violence (qu'elle distingue par définition de l'usage raisonné de
la violence).

Devant la Violence aveugle, que limite la lucidité de la
Raison, la Raison seule sait qu'elle a le pouvoir de déifier
ce qu'elle limite. Seule la Raison peut le définir comme sa
fin. La limite qu'oppose à la Violence la Raison réserve –
provisoirement – la précarité des êtres discontinus, mais elle
désigne, au-delà de cette précarité, à l'intérieur de laquelle
règne sa loi ; la *continuité de l'être* où l'absence de limite est
souveraine : l'absence de limite, la Violence excédant, quelle
qu'elle soit, la limite concevable.

Ce que la Raison n'avait d'abord ni défini ni limité limitait
la Raison. La Violence ne pouvait elle-même ni se définir
ni se limiter. Mais la Raison, dans son attitude raisonnée
vis-à-vis de la Violence, la parachève : elle porte à hauteur
de Violence la rectitude de la définition et de la limite. Ainsi
a-t-elle seule, *humainement,* le pouvoir de désigner la Violence démesurée, ou la Démesure, qui, sans la mesure, ne
serait pas.

La Raison libère la Violence de la servitude, à elle imposée
par ceux qui, contrairement à la Raison, l'assujettissent aux
calculs de leur ambition raisonnée. Les hommes peuvent aller,
doivent aller, jusqu'au bout de la Violence et de la Raison

---

* La violence à laquelle je songe, n'ayant de sens qu'en elle-même, indépendamment
de ses effets (de son utilité), n'est pas forcément limitée au domaine « spirituel », mais
elle peut l'être. Si elle ne l'est pas, cela ne peut avoir de conséquence, sinon immédiate.
La seule conséquence immédiate d'une violence illimitée est la mort. – La violence
réduite à un moyen est une fin au service d'un moyen – c'est un dieu devenu serviteur,
privé de vérité divine : un moyen n'a de sens que la fin cherchée, ce que sert le moyen
doit être une fin : – dans le monde inversé, la servitude est infinie.

dont la coexistence les définit. Il leur faut renoncer aux accords équivoques, inavouables, qui ont assuré, au hasard, la servitude de la plupart, jusqu'à la servitude de « souverains » prétendus.

La Raison, face à la violence, maîtresse de son domaine, laissant à la Violence l'inconséquence de ce qui est. Non le possible, qu'elle organise, mais ce qui lâche au bout de tout possible, mais l'impossible au bout de tout possible : la mort dans la vie humaine et dans l'univers la totalité.

La Raison décèle, dans la série des possibilités qui lui répondent, l'ouverture à ce qu'elle n'est pas : dans la série des êtres vivants, la reproduction (sexuelle ou asexuée) appelant la mort, et dans la mort, la Raison doublement trahie, puisqu'elle est Raison d'êtres qui meurent, et puisqu'elle embrasse une totalité qui appelle sa défaillance, qui veut la défaite de la Raison.

La confidence glacée de la Raison : – Je n'étais qu'un jeu.

Mais la Raison murmure en moi : – ce qui, dans la Raison, survit de déraison ne peut être un jeu. Je suis nécessaire!

Je réponds pour elle :

– La nécessité n'est-elle pas elle-même, globalement, perdue dans l'immensité d'un *jeu?*

– Je désigne Dieu, me dit-elle, retrouvant sa fermeté. Moi seule ai pu le désigner, mais à la condition de me démettre, à la condition de mourir.

Ensemble nous gravissons les degrés d'un échafaud...

La Raison : – Accédant à la vérité éternelle...

Moi : – Aussi bien à l'absence éternelle de la vérité.

Dieu? Si l'on veut. Manquerais-je de le désigner? Qui plus est, avant tout, *ma piété* le désigne. Sur l'échafaud déjà sanglant, je le désigne. D'avance, mon sang crie vers lui, non comme une vengeance. D'avance, mon sang se sait risible. Mon absence appelle aussi. Elle appelle Dieu : il est la plaisanterie des plaisanteries, la seule qui ait la force d'invoquer un cadavre pissant le sang, un cadavre de supplicié.

Me taire à force de rire... Ce n'est pas me taire, c'est rire. Je sais que seule ma piété rit assez longuement, que seule elle rit jusqu'à la fin.

Rirais-je sans la Raison? Rirais-je de Dieu sans la Raison, qui se crut souveraine? Mais le domaine du rire s'ouvre à la mort, Dieu le hante! La Raison, toutefois, en est la clé, sans laquelle nous ne ririons pas (encore que rire fasse la nique à la Raison).

J'en viens au « rire de la Raison ».

Si elle rit, la Raison tient pour raisonnable au sommet l'absence du respect que d'autres lui doivent.

Le rire de la Raison se regarde dans un miroir : il se regarde comme la mort. Ce qui l'oppose à Dieu lui échappe.

Dieu se regarde dans la glace : il se prend pour le rire de la Raison.

Mais l'incommensurable, *innommable*, est seul entier, il est plus terrible, plus lointain que le rire de la Raison!

Pourtant, pourrais-je enfin cesser de rire de ce rire de la Raison?

Parce que Dieu...

Dieu serait-il à la mesure de l'accident qui ouvre les corps, qui les noie dans le sang? à la mesure de ces douleurs dont chacun de nos viscères a la possibilité?

Dieu est l'esprit d'un homme envisagé dans l'excès qui l'anéantit. Mais l'excès même est la donnée de l'esprit de l'homme. Cette donnée est conçue par cet esprit, elle est conçue dans ses limites. La somme de douleurs que détient un corps humain excéderait-elle l'excès que l'esprit conçoit? Je le crois. En théorie, l'esprit conçoit l'excès illimité. Mais de quelle façon? Je lui remémore un excès qu'il n'est pas de taille à concevoir.

La Folie même ne saurait briser le rire de la Raison. Le fou est raisonnable, il l'est à contretemps, mais s'il était absolument déraisonnable, il serait raisonnable encore. Sa raison a sombré, égarée par des survivances de la *Raison*. La Raison seule accède à ce vertigineux, qui échapperait si elle n'était intangible en nous.

La réflexion de Dieu sur lui-même ne peut se traduire en théologie qu'à supposer Dieu privé d'une partie de la Raison. Je ne dis pas que la théologie chrétienne est critiquable (peut-être ne l'est-elle pas dans son intention lointaine). Mais en elle s'est inscrit le dialogue d'une Raison réduite et d'une Violence réduite.

Si le rapport de la Violence et de la Raison mène au pacte le plus conforme aux intérêts d'une violence réduite, tels que la Raison les conçoit (je songe au calcul d'ambitions prétendues souveraines, asservies à l'acquisition du pouvoir), la pleine

Violence demeure irréductible, *elle se tait.* Si les parties ne sont pas représentées par des formes abâtardies, par des hybrides, le dialogue n'a pas lieu. J'ai dû moi-même feindre un dialogue et pour le faire j'imaginais des faux-semblants.

[J'imagine deux sortes de Violence [1].
La victime de la première est fourvoyée.
C'est la Violence du train rapide au moment de la mort du désespéré qui volontairement s'abat sur la voie.
La seconde est celle du serpent ou de l'araignée, celle d'un élément inconciliable avec l'ordre où la possibilité de l'être est donnée, qui méduse. Elle ne terrasse pas mais se glisse, elle dépossède, elle paralyse, elle fascine avant que l'on puisse rien lui opposer.
Cette sorte de Violence, la seconde, est en elle-même imaginaire. C'est pourtant l'image fidèle d'une violence, celle-là sans mesure – sans forme, sans mode – qu'à tout instant je puis équivaloir à Dieu.

Je ne dis pas de l'image de Dieu qu'elle est réductible à celle du serpent ou de l'araignée. Mais je pars de l'effroi que m'inspirent, que pourraient m'inspirer, ces êtres négligeables.
Le sentiment d'horrible puissance qui défait la défense du dedans me glace : au degré le plus fort, il touche à la paralysie qui va jusqu'à tuer. J'imagine la terreur qui frappe la sensibilité devant l'approche inintelligible d'un spectre. Chacun se représente ce qu'il n'a pas connu.
Je ne puis décrire autrement ce dont je parle et dont le sens est la terreur sacrée, que rien d'intelligible ne motive.]
J'ai parlé dans la mesure où je tremblais! Mais mon tremblement me dérobait. Que puis-je dire s'il est vrai que, sans terreur, je n'aurais rien su et que, terrifié, toutes choses m'échappaient. De toute façon, ce qui motiva mon état m'excédait : c'est pourquoi j'en puis rire, de ce rire qui sans doute est tremblement.
[À la lointaine limite de l'être, un être n'est plus rien de ce qu'il semble dans les conditions de paisible effacement, liées à la régularité des phrases.
Mais si les phrases un jour appelaient la tempête et le dérangement forcené des masses d'eau? si les phrases appelaient la violence des vagues?]

*

Celui [1] qui ne veut pas me suivre n'aura nulle peine à me laisser. Au contraire le voulant, il lui faut encore de la rage, la rage insinuante qui grandit en un tremblement.

Le plus étrange : dans ce voyage aux limites de l'être, je n'abandonne pas la raison.

Je sais que faute de faire en moi, dans sa plénitude, la nuit de la violence – à ce moment, je ne verrais plus rien – ce monde auquel, avec l'accord de ma raison, je me suis voué, m'est peut-être fermé.

Mais il le serait de la même façon si je renonçais à la raison, ou si la raison me lâchait.

Qu'en saurais-je dans la nuit?

Je sais même ceci : je ne tremble pas, je *pourrais* trembler.

Je mesure le possible d'un homme et j'en méconnais les limites reçues.

Le domaine de la violence est sans limite, ou ses limites sont arbitraires. Les effractions du moins, par lesquelles j'y accède, sont infinies.

LA JOIE LA MORT

Si l'on me demandait « qui je suis », je répondrais : j'ai regardé le christianisme au-delà d'effets d'ordre politique, et j'ai vu dans sa transparence; à travers lui l'humanité première saisie d'une horreur devant la mort à laquelle les animaux n'avaient pas accédé, en tirant les cris et les gestes merveilleux, où s'exprime un accord dans le tremblement. La punition et la récompense ont fait l'opacité du christianisme. Mais dans la transparence, à la condition de trembler, j'ai retrouvé le désir, en dépit de ce tremblement, d'affronter l'impossible en tremblant jusqu'à la fin. *Le premier désir...*

Dans la reproduction, dans la violence des convulsions dont la reproduction est l'issue, la vie n'est pas seulement la complice de la mort : c'est la volonté unique et double de la reproduction et de la mort, de la mort et de la douleur. La vie ne s'est voulue que dans le déchirement, comme les eaux des torrents, les cris d'horreur perdus se fondent dans le fleuve de la joie.

La joie et la mort sont mêlées, dans l'illimité de la violence.

LE PUR BONHEUR
(notes)

La multiplicité comme seule référence de l'être pour nous s'oppose au principe de l'individu isolé comme valeur souveraine. La multiplicité ne peut trouver sa fin dans l'individu, l'individuel n'étant que l'exposant de la multiplicité. Cela ne veut pas dire cependant que nous sommes sans rémission rejetés vers l'unicité d'une socialisation ni vers celle d'un point oméga quelconque. Sans doute devons-nous voir que la granulation, la corpusculisation de l'être est nécessairement dialectique, que la réussite d'une forme corpusculaire de l'être se mesure justement au pouvoir qu'elle a d'en exprimer l'unité. Mais comment ce pouvoir jouerait-il si l'individu ne reconnaissait d'abord dans sa limite, c'est-à-dire dans l'inévitable transgression des lois qui président à la socialisation des êtres séparés, c'est-à-dire dans la mort individuelle, et en conséquence dans l'érotisme, ce qui seul donne un sens à la conscience de l'unité? C'est la force du christianisme de fonder non seulement la fusion en Dieu, mais Dieu lui-même sur la mort et sur le péché, mort de l'individu situé à la pointe du mouvement de réussite de l'individu se séparant, péché du même individu. Mais le christianisme dans sa hâte de passer de la mort à Dieu, du péché à la renonciation de l'individu – dans sa hâte de mettre l'accent sur un aboutissement qui légitime, et non sur le passage qui scandalise, sépare la réussite de l'individu, le Christ, de ceux qui la portent à la contradiction de la mort ou de ceux qui l'auraient désigné d'abord comme une négation de l'unicité, la luxure et la jouissance des prérogatives du souverain. Cette erreur n'est pas plus monstrueuse que l'erreur contraire et, dans ce sens, il est certain que, sans le christianisme, les religions anciennes ne seraient pas lisibles. Seul le christianisme les rend lisibles en mettant l'accent sur l'inévitable négation de l'individu, mais il le met trop vite. Si bien que le christianisme isolé est lui-même illisible. Il est grandiose mais à la condition qu'à travers lui nous apercevions la fantasmagorie du passé.

Ce qui m'attache le plus est à la fin le sentiment de l'*insignifiance* : il se rapporte à l'écriture (à la parole), qui seule est susceptible de nous mettre au niveau de la *signification*. Sans elle, à mesure tout se perd dans l'équivalence. Il faut l'insistance de la phrase..., des flots, du cours des phrases. Mais l'écriture est susceptible aussi de nous appeler à des flots si rapides que *rien* ne s'y retrouve. Elle nous abandonne au vertige de l'oubli, où la volonté de la phrase d'imposer au temps se limite à la douceur d'un rire indifférent, d'un rire heureux.

Du moins la phrase littéraire est-elle plus que la politique proche du moment où elle se résoudra, se faisant silence.

Zarathoustra
et l'enchantement du jeu

Club du Meilleur Livre [1]

De *Zarathoustra*, Nietzsche lui-même a parlé comme d'« une œuvre dangereuse et difficilement intelligible ». « Dangereuse », sans doute. C'est dans *Zarathoustra* que nous est faite la proposition de « devenir dur ». C'est dans *Zarathoustra* qu'il nous est dit : « Vous devez aimer la paix comme le moyen de guerres nouvelles... La courte paix plus que la longue. »

Je doute qu'immédiatement Nietzsche ait lui-même pensé au danger que sont pour les masses humaines les déchaînements de la violence. Mais ceux qui appelèrent ces déchaînements – et les provoquèrent – présentaient du moins, en eux-mêmes, le danger d'un malentendu.

Dès la guerre de 14, beaucoup de combattants allemands tombèrent avec, dans la poche, une édition de *Zarathoustra*. Ceci donne à penser que, le plus souvent, comme le craignait l'auteur, le livre fut mal compris.

En effet, qu'y a-t-il de commun entre les tâches demandées aux combattants de divers pays dans les guerres qui ont sévi depuis le temps où Nietzsche écrivait, et l'enseignement de *Zarathoustra*? Une phrase que j'ai déjà citée montre, il est vrai, qu'il ne s'agit pas d'un pacifisme de principe ; mais nous devons en premier lieu chercher ce que le héros de Nietzsche a vu dans la guerre de fascinant...

Nous devons à cette fin nous procurer la clé du livre : elle n'est pas facile à trouver. Sans doute même devons-nous dire *a priori* qu'en un sens, le livre la dérobe...

Pourtant le sens du livre est à la rigueur explicite. Son enseignement porte sur deux objets : le Surhomme, le Retour Éternel. Le premier, compris dans le sens d'un accomplissement de la Volonté de Puissance, peut apparemment s'accorder avec les valeurs aristocratiques qui se survivaient dans les guerres mondiales. Mais la méfiance s'impose. Dès 1914 (il est vrai plus qu'en 1939) la guerre moderne acheva de marquer l'opposition avec la manière de voir archaïque qui faisait de la guerre un jeu conventionnel, en même temps jeu suprême et jeu tragique. La guerre moderne au contraire a mis l'accent sur le *but,* sur le *résultat* des opérations, subordonnant tout à des calculs raisonnables.

Il est vrai : *Zarathoustra* ne met pas en avant la critique de la *guerre totale.* Le livre ne formule même pas, du moins d'une manière explicite, le rejet de l'idée de *but.*

Mais nous tournons le dos à ce qu'il est profondément tant que nous ne lions pas à la folle exaltation du hasard et du *jeu,* c'est-à-dire au mépris du monde tel que le calcul l'a conçu et mis en ordre.

Zarathoustra n'est pas un livre philosophique et d'ailleurs il ne peut y avoir une philosophie du jeu. Une philosophie du jeu ne pourrait être telle que si la philosophie pouvait elle-même être un jeu, alors qu'inévitablement, c'est une entreprise.

Il est vrai qu'apparemment *Zarathoustra* pourrait passer pour une entreprise. Le livre n'enseigne-t-il pas le Retour Éternel? N'enseigne-t-il pas le Surhomme?

Mais, dans la mesure où il enseigne, n'est-il pas déficient? *Zarathoustra* n'est-il pas avant tout l'impossible... Il y a dans ce livre la défaillance même que nous apercevons dans la danse, si nous cherchons dans le mouvement qui l'anime un équivalent de la marche, que détermine le but auquel elle répond.

Zarathoustra n'a rien de plus à voir avec un enseignement raisonné que la danse avec la marche. Il y a une distance miraculeuse entre ce livre et ce pour quoi il est ordinaire de le prendre : c'est la distance séparant de la marche la danse! *Zarathoustra* ne peut être saisi que dans l'enchantement du rire, qui, faute de vivre dans le rire, au lieu d'ordonner en nous l'explication des choses, nous serait fermé, dans l'enchantement du saut, qui est le rire de la danse.

Nietzsche s'exprime ainsi dans *Zarathoustra* (3ᵉ partie, Avant le lever du soleil) :

> *En vérité, c'est une bénédiction et non une malédiction que d'enseigner : « Sur toutes choses, se trouve le ciel hasard, le ciel innocence, le ciel à peu près, le ciel témérité. »*
>
> *« Par hasard » – c'est là la plus ancienne noblesse du monde, je l'ai rendue à toutes choses, je les ai délivrées de la servitude du … but ....*
>
> *..*
>
> *Ô ciel au-dessus de moi, ciel pur et haut! Ceci est maintenant pour moi ta pureté qu'il n'existe pas d'araignée et de toile d'araignée de la raison; que tu sois un plancher où dansent les hasards divins, que tu sois une table divine, pour les dés et les joueurs divins.*

En vérité *Zarathoustra* met en cause tout ce qui fonde l'ordre humain et le système de nos pensées.

Zarathoustra nous ouvre un monde où le jeu seul est souverain, où la servitude du travail est dénoncée : c'est le monde de la tragédie.

La religion préhistorique

Critique [1]

JOHANNÈS MARINGER, *L'Homme préhistorique et ses dieux*, Traduction de Paul Stéphano, Artaud, 1958. In-8°, 303 p., planches, cartes (Collection « Signe des Temps »).

La connaissance est un caractère décisif de l'humanité, mais encore que d'habitude on n'y prenne pas garde, la connaissance qu'a l'humanité d'elle-même et du monde présente une lacune importante. Personne en principe n'aperçoit cette lacune : pourtant si la connaissance a pour l'homme une valeur décisive, il en est de même de cette lacune. Personne ne l'aperçoit, mais de ce fait le monde est décevant : le monde est un piège pour l'homme, l'homme lui-même est un piège pour l'homme.

La difficulté de formuler cette lacune montre dès l'abord à quel point elle est embarrassante. Au cœur même de l'existence, nous trouvons une sorte de chaos, peut-être un vide béant, que dissimule un délire chaotique. Au cœur de l'existence, nous trouvons l'art, et nous trouvons la poésie; nous trouvons encore la multitude des religions. Mais il n'est personne qui n'ignore ce qu'est l'art. Ou la poésie. Personne enfin qui sache ce qu'est la religion.

J'insiste en premier lieu sur le fait que les hommes ignorent ce qu'est la *religion*.

Chacun de nous croit le savoir, cependant il est temps de le dire simplement, c'est-à-dire, à la fois, tragiquement et comiquement : personne n'en sait rien, ABSOLUMENT RIEN. Nous savons ce qu'est l'arbre, le droit, le travail... Et non seulement nous savons reconnaître l'arbre, le droit, le travail, mais, ce qui importe, nous savons les définir : *nous pouvons dire exactement ce qu'ils sont.* Il est vrai, nous savons également *reconnaître* la religion : nous la distinguons de la science, de la politique, ou de l'art... mais au moment de dire *ce qu'elle est,* chacun s'en tient à quelque définition discutable.

Je viens à l'instant de le dire : il est temps d'en finir, temps de marquer de l'étonnement devant celui qui veut la définir. À moins qu'il n'avoue simplement que, la religion n'étant pas définissable, elle ne peut à la rigueur être définie que par l'impossibilité où nous sommes de la définir.

Autrement dit – ceci du moins nous devons l'affirmer – le monde de la connaissance est à celui de la religion ce qu'est à l'horreur de la nuit la clarté du jour.

Cette affirmation ne change rien à ce principe : en dépit de cette impuissance à définir, si, renonçant à la clarté qui fonde la science, partant d'un sentiment indéfini, partant même de la nuit, de l'horreur que la nuit inspire, nous envisageons comme religieux, des *faits* dont nous avons vulgairement, sinon savamment, la connaissance, nous pouvons en parler généralement, nous pouvons même isolément définir ces faits. Mais si nous pouvons définir ainsi l'*inhumation,* ou le *sacrifice,* il ne s'ensuit pas que nous puissions dire en quoi l'inhumation est religieuse, en quoi le sacrifice est l'un des aspects majeurs de la religion. Au contraire, à l'instant où l'inhumation nous apparaît essentiellement comme religieuse, nous renonçons à savoir ce qu'est essentiellement l'inhumation. Nous cessons d'expliquer *ce qu'elle est* dans la mesure où nous disons qu'elle est religieuse : cela veut dire, en effet, qu'elle n'est pas ce qu'elle paraît être, mais *autre chose,* dont nous ne pouvons parler que pour opposer à « ce qu'elle paraît être » un sens donné « par-delà » le sens apparent qui permet d'en parler. Ce sens « par-delà » exclut d'ailleurs ces explications, qui, dans leur ensemble, différant les unes des autres, sont données par ceux qui observent le rite. Il s'agit d'un sens se rapportant à « l'horreur de la nuit », à ce que la connaissance n'atteint pas, à ce que nous ne saisissons qu'à travers un sentiment violent (le sentiment violent que, par exemple, est l'horreur, qui ne répond à rien de raisonné, que, simplement, nous subissons).

Mais s'il est possible éventuellement de parler de faits religieux, c'est dans la mesure où cette ignorance s'avoue, où elle s'avoue sans faux-fuyant.

J'ai parlé de « l'horreur de la nuit ». Un certain nombre d'auteurs imaginent qu'ils s'avancent dans la voie de la connaissance en employant des termes de ce genre. En particulier, je songe à la terminologie de Rudolf Otto, dans son ouvrage sur *Le Sacré*. En matière de *connaissance,* ces termes ont une valeur négative : ils n'en ont pas d'autre. S'ils font la nuit, c'est au sens le plus négatif. Il y a une facilité dans le fait d'envisager l'ouvrage d'Otto comme une description positive du *sacré*. Essentiellement, le *sacré,* comme la religion, ne peut se décrire que par un détour : à partir de l'instant où nous avouons qu'il n'est pas descriptible. Les caractéristiques qu'il est malgré cela possible d'en donner touchent les aspects à travers lesquels nous en percevons quelquefois la présence. Il serait vain d'envisager ces aspects, et ce que l'on en dit, comme répondant à ce qu'est le sacré lui-même. Nous pouvons avoir l'expérience du sacré. Mais nous ne pouvons donner sans aberration la description positive du *sacré*. Si j'ai parlé de religion – et si je parle de sacré – ce n'est pas du dehors, comme je puis le faire de ce que j'ai pu *connaître* correctement. J'insiste sur un caractère insolite de mon langage. C'est par une négation brutale, *agressive,* que je puis désigner *une expérience qui par elle-même est une négation de la connaissance.*

Il est discutable, évidemment, sous le prétexte de rendre compte d'un ouvrage d'histoire des religions, d'aller jusqu'à mettre en cause des principes qui jamais, d'habitude, ne sont contestés. En effet leur contestation entraîne, semble-t-il, en dehors du domaine qu'à l'abri des tourmentes de la pensée, l'« histoire des religions » se doit de limiter. En particulier s'il s'agit des premiers temps, s'il s'agit de la religion à son origine.

Personne, en effet, ne met en doute, dans l'étude de la religion – ou des religions – de la préhistoire, la nécessité de commencer par les faits religieux définissables du dehors, indépendamment de toute considération intime. Il s'agit de la préhistoire, et rien, par définition, n'est connu de la préhistoire, si ce n'est à travers les traces matérielles qu'ont laissées les hommes de ces temps lointains. À la rigueur, la comparaison possible * avec telles religions de peuplades

---

* Ces comparaisons sont possibles à la condition, formulée par W. Schmidt, que cite J. Maringer : qu'il s'agisse de « civilisations de même nature ». Ainsi la comparaison est-elle possible entre peuples de chasseurs, non entre chasseurs et pasteurs, entre chasseurs et agriculteurs. Encore faut-il que les civilisations comparées répondent à des stades de développement comparables.

archaïques introduirait un élément moins éloigné par rapport à l'expérience *intérieure*. Cependant, comme le dit Johannès Maringer au début de son ouvrage, la préhistoire n'en est pas moins définie par l'absence d'écriture aux temps qu'elle étudie. Ainsi les documents dont elle se sert excluent-ils cette sorte d'expérience intérieure, qu'à la rigueur, encore que rarement, des textes religieux * nous font connaître. Sur la religion de l'homme préhistorique, nous devons partir de documents dont seuls peuvent être tirés des renseignements rudimentaires, extérieurs. C'est ainsi qu'à partir de l'emplacement, de l'état ou de la nature d'ossements humains, il a été possible de passer à des conclusions qui permettent de parler des coutumes funéraires de l'humanité dont ils proviennent. À cet égard l'ouvrage de Johannès Maringer accumule l'ensemble des données qui proviennent des innombrables recherches des préhistoriens. Il va de soi : personne ne saurait, un instant, discuter l'intérêt de cette accumulation, qui n'est pas seulement correcte : elle fonde à ses débuts, sinon l'histoire de la religion, celle du moins des faits religieux que nous pouvons connaître du dehors. Johannès Maringer, à la suite de ceux des préhistoriens qui ont parlé des faits religieux les plus anciens, sans doute plus parfaitement, c'est-à-dire en tenant compte des discussions les plus récentes, a représenté en premier lieu ce qui concerne les trouvailles de crânes et d'ossements de l'humanité la plus ancienne. Celle de Chou-Kou-tien (la plus proche de l'anthropoïde), en Chine ; et celle de Swanscombe et de Fontéchevade, en Europe (celle-ci très primitive ; au contraire, celle-là plus proche de nous que l'humanité plus récente, dite de Néanderthal, dont nous allons parler plus loin). Les documents de ces diverses trouvailles répondent à une période chaude très ancienne. Maringer insiste à juste titre sur une prédominance, dans l'ensemble de ces restes humains, des crânes et des mandibules, qui doit faire penser à une préservation systématique des parties les plus significatives du défunt : il s'agit du visage, de la tête, qui n'ont pas cessé de représenter l'être lui-même, de préférence au reste du corps **. Les temps dont il s'agit, très

* Les textes religieux sont d'ailleurs inévitablement viciés du fait qu'ils ne peuvent traduire l'expérience intérieure sans la lier à une interprétation positive : je l'indique à la fin de cet article : d'un bout à l'autre, les religions ont porté en elles-mêmes la négation et la destruction de ce qu'elles étaient.
** Comme Maringer le souligne (p. 278), les plus anciennes des coutumes qui nous sont ainsi connues par des trouvailles d'ossements peuvent d'autre part être rappro-

anciens et de climat chaud, sont séparés de ceux de l'Homme de Néanderthal par une période glaciaire (la troisième des périodes glaciaires). Et ce n'est que dans la période chaude qui suivit, surtout vers le début de la quatrième (et dernière) des périodes glaciaires, que l'Homme de Néanderthal a pratiqué le rite de l'inhumation, au sujet duquel l'ouvrage de Maringer donne l'état actuel de nos connaissances. Il reprend d'autre part les nombreuses trouvailles de crânes et de mandibules isolés qui datent de la même période.

L'interprétation de ces faits dans le sens religieux est peu contestable. Même étrangère à toute croyance, il est vrai que l'humanité actuelle maintient à l'égard des morts une attitude qui la rapproche de celle de ces temps préhistoriques très anciens, mais seule une réaction *religieuse* a pu déterminer, à l'origine, la crainte ou le respect des morts que traduisent les trouvailles des préhistoriens. Sur un point où l'accord est général, il n'est pas nécessaire d'introduire ici des considérations complexes.

Le livre de Maringer apporte, en plus de ces précisions sur l'attitude des hommes du Paléolithique inférieur à l'égard de leurs semblables morts, de précieux renseignements sur leur attitude à l'égard des animaux qu'ils tuaient, en particulier des ours. Il y a là une note relativement nouvelle : en effet, la question, déjà abordée, n'a jamais fait l'objet de mises au point qui auraient pu la rendre familière. Elle est, dans l'ouvrage dont nous parlons, traitée, en plusieurs fois, avec ampleur. Et les rites que révèlent des trouvailles d'ossements, dont certaines sont récentes, sont très utilement rapprochés du comportement des modernes Sibériens.

Dans des grottes situées en divers lieux des Alpes, ou de régions voisines, on a trouvé des ossements d'ours, parfois accumulés, en grand nombre, et que souvent la main humaine avait disposés de manière à suggérer une intention rituelle. Ce sont surtout des crânes, qui peuvent être orientés, tantôt protégés par des revêtements de pierre, tantôt placés dans

---

chées de coutumes modernes observées de nos jours par des peuples archaïques. Les trouvailles de crânes, affirme Maringer, ont pu être interprétées « à la lumière d'une coutume observée par divers primitifs actuels d'Australie, de Tasmanie et d'ailleurs encore, dont le stade de civilisation correspond à celui des chasseurs paléanthropes. Comme nos primitifs, ceux-ci exposaient sans doute les morts sur des arbres ou les enterraient jusqu'à ce que la décomposition des chairs fût achevée, puis ils s'appropriaient certaines parties des squelettes, surtout des crânes et des mandibules. Ils devaient les conserver pieusement dans les campements et les transporter avec eux lorsqu'ils se déplaçaient... ».

des anfractuosités en forme de niches. Ils peuvent être associés
à des os longs (à des os à moelle). Certains préhistoriens ont
pu croire qu'il s'agissait de réserves, soit de viande, soit de
cervelle et de moelle. D'autres y ont vu des trophées de chasse.
Mais la signification rituelle de ces ossements est seule vraisemblable. Maringer en donne les deux interprétations possibles. Nous pourrions y voir des offrandes faites à une divinité, probablement un dieu suprême. Mais il est également
possible de penser à un culte de l'ours analogue à celui des
Koriak de la Sibérie. C'est-à-dire que le culte de l'ours tel
qu'il existe encore aujourd'hui – ou existait hier – non seulement chez les Koriak, mais chez d'autres Sibériens, ou chez
les Aïno, dans une île septentrionale du Japon, voisine de la
Sibérie, aurait son origine à l'aurore de l'humanité.

Ce n'est pas si clair en ce qui touche la période dite du
Paléolithique inférieur, à laquelle remontent en principe les
dépôts d'ossements dont nous avons déjà parlé, que l'on trouve
approximativement dans les Alpes, mais qui pourraient encore
se trouver dans d'autres régions (si les grottes des Alpes ont
conservé leurs dépôts, c'est peut-être dans la mesure où la
période glaciaire qui suivit les rendit inaccessibles au moment
où les cavernes servirent un peu partout d'habitat ; d'autre
part de nouvelles trouvailles demeurent possibles en des parties du monde où les recherches n'ont pas été systématiques).
Maringer incline à voir dans ces ossements les restes d'offrandes à un dieu suprême plutôt que les traces d'un culte de
l'ours très ancien. Mais il admet cette dernière origine au
moins pour une trouvaille d'ossements d'ours du Paléolithique supérieur, faite en 1936 en Silésie *. Les dents du
crâne fossile trouvé en 1936 ont été coupées (limées) sur le
jeune ours *vivant* par des hommes de la période glaciaire, à
peu près de la même façon que les Aïno et les Giliak de nos
jours les coupent (les scient) dans leurs fêtes de l'ours, afin
que l'animal, avant d'être abattu rituellement, ne puisse blesser les assistants. Ces fêtes de l'ours dont nous avons des
descriptions précises ne comptent pas seulement au nombre
des rites les plus curieux que nous connaissions, elles ont pris

---

* Cette découverte de 1936 confirme une hypothèse présentée dès 1928 par
A. J. Hallowell, qui voit dans le culte de l'ours, qui aurait été selon lui l'origine des
premiers dépôts alpins, « un phénomène spécifique dans l'histoire des civilisations »
(Maringer, p. 91 et n. 1).

dans les sociétés de chasseurs qui les ont célébrées une solennité et une importance exceptionnelles.

C'est que, pour les peuples dont nous avons parlé (qui scient au préalable les dents), comme dans l'ensemble pour ceux qui ont connu, de nos jours, le culte de l'ours, cet animal, qu'ils sacrifient, est l'objet d'une véritable dévotion. « Il leur inspire une terreur sacrée, dit Maringer, et ils n'osent pas prononcer son nom; ils l'appellent " grand-père ", " vieux père ", ou le désignent simplement par le pronom " il ". Ils voient souvent en lui un être intermédiaire entre l'homme et l'esprit de la forêt. (Ils) le considèrent comme un homme primitif et célèbrent sa fête en même temps que celle des ancêtres. Chez ces peuples, l'ours (capturé) à la chasse fait l'objet de tout un cérémonial. Dès que les chasseurs ont réussi à le forcer, ils lui demandent de les excuser de devoir l'abattre; et, bien entendu, ils s'en excusent encore plus après l'avoir fait. Lorsque des Koriak apportent un ours mort à leur campement, les membres de la tribu l'accueillent en dansant et en agitant des torches. Une fois l'animal écorché, l'une des femmes se coiffe de sa tête et s'enveloppe dans sa peau, puis elle danse ainsi travestie, en l'exhortant à n'être ni triste ni fâché. Ensuite, la tête et la peau sont disposées à une place d'honneur; l'ours est invité au festin où l'on mange sa propre chair. Les convives lui adressent de belles paroles et lui offrent des morceaux de choix. Chez d'autres tribus, on pare le cadavre de l'ours de divers ornements, tandis que les femmes se lamentent devant lui, comme à la mort d'un être cher, puis on l'installe sur une natte, et on lui présente des aliments et de la boisson. Là-dessus, on lui fait des offrandes, et l'on se met à lui tenir des discours dont l'exubérance ne fait qu'augmenter jusqu'au moment où, finalement, on le dépèce; ensuite, les assistants boivent son sang et se partagent sa viande. En tout cas, chez les divers peuples dont nous parlons, le moment le plus solennel d'un tel festin est celui où l'on mange la chair de la tête de l'ours et sa cervelle. Le rite que l'on observe en dernier lieu consiste à déposer son crâne en un lieu consacré, ou à l'enterrer cérémonieusement; presque toujours on inhume en même temps le reste de son squelette. Chez les Toungouses et les Yakoutes, il est interdit de briser les os de l'ours dont on mange la viande; après le festin on les enveloppe dans de l'écorce et on les place sur un arbre. Dans les chants de l'ours du *Kalevala*, l'épopée finlandaise, cet animal est supplié de faire don de lui-même aux hommes; s'il y consent, on l'invitera à s'installer dans une demeure où il sera en sécurité et où il jouira d'une belle vue : c'est-à-dire qu'on placera son crâne au sommet d'un pin. Les Lapons enterrent les restes des ours qu'ils ont mangés dans des fosses garnies de brindilles de bouleau; ils y déposent tous les os dans l'ordre anatomique, les vertèbres maintenues ensemble par une baguette passée dans leurs trous; ils y ajoutent le nez, les organes sexuels et la queue, puis recouvrent le tout de branchages et de terre *.»

Si j'ai cité longuement Johannès Maringer, c'est que la comparaison du culte de l'ours le plus récent et des données que la préhistoire a tirées des documents tend à une contestation des réserves que, pour commencer, j'ai cru devoir faire avant toutes choses (j'ai voulu montrer la difficulté d'aborder l'étude de la religion). En effet si, partant des faits préhistoriques que j'ai allégués, nous les rapprochons de ces formes subsistantes, nous apercevons la religion sous un jour nouveau. Sans doute ce que nous saisissons ne nous permet pas de la définir, de dire ce qu'elle est, mais peut-être commençons-nous à discerner un élément originel. Du moins, pouvons-nous nous demander si les fêtes de l'ours décrites dans les ouvrages modernes n'ont pas leur origine dans les temps les plus anciens. La fête de l'ours étant essentiellement la mise à mort – en somme le sacrifice – de l'animal, nous aurions un principe à partir duquel nous ne pourrions sans doute pas saisir ce qu'est la religion, mais fonder la recherche à l'issue de laquelle apparaîtrait une définition.

Là-dessus je reviendrai bien entendu puisqu'il s'agit du propos qu'introduisent les premières lignes de mon article – et puisque ces dernières considérations pourraient l'infirmer.

Mais à l'instant, je voudrais en finir avec les relations préhistoriques de l'homme et de l'ours, telles que les expose l'ouvrage de Johannès Maringer.

Le crâne aux dents limées de Silésie serait à lui seul un indice suffisant de l'existence d'un rite de mise à mort de

---

* Maringer, p. 92-93. Maringer ne tient pas compte de la différence entre le cas où l'ours est *capturé* et celui où il est *tué* à la chasse. J'ai dû pour la logique de son exposé remplacer une fois le mot *tué* par le mot *capturé*. À partir d'autres descriptions que j'ai lues autrefois, je crois pouvoir dire que la capture et non la mort de l'animal était essentiellement le but de la chasse. Cette considération est d'une importance première : c'est la coutume de la capture suivie de la mise à mort qui lie l'origine du sacrifice à la chasse plutôt qu'à l'élevage, qui, en conséquence, situe cette origine à une date très ancienne, au Paléolithique supérieur, sinon même au Paléolithique inférieur.

l'animal capturé. Mais la mise à mort rituelle de l'ours répondait si bien au sentiment religieux des hommes du Paléolithique supérieur qu'elle apparaît ailleurs sous une autre forme, prouvée, cette fois dans le sud-ouest de la France, par le modelage d'argile d'un ours sans tête, trouvé dans la caverne de Montespan. L'animal reconnaissable a le garrot saillant des plantigrades ; la patte droite de devant se termine par les cinq doigts, en bon état de conservation. Il a été découvert en 1923 par Norbert Casteret qui trouva sur le sol « le crâne fossilisé d'un jeune ours ». Ce crâne « était certainement tombé de la statue » et son emplacement répondait au fait qu'il avait dû y « être fixé jadis par une cheville de bois », pour compléter le modelage « avec une vraie tête ». La cheville s'était décomposée, mais il en « restait... des traces ». Les hommes préhistoriques ne devaient pas seulement fixer à cette statue acéphale « la tête d'un ours véritable », ils devaient « aussi la recouvrir d'une peau de plantigrade. Puis ils la criblaient de furieux coups de sagaie et de lance ». Son corps est en effet « percé de nombreux trous ronds, aux endroits des organes essentiels * ».

La question soulevée par le modelage de Montespan se situe à la suite de celles que posent dans leur ensemble les trouvailles d'ossements d'ours dont nous avons parlé, du fait du crâne trouvé entre les pattes de l'animal représenté. Elle est solidaire d'autre part de celles que posent généralement les figurations animales, si nombreuses, qu'à la même époque ont laissées les hommes du Paléolithique supérieur.

Ainsi l'ours de Montespan a-t-il une situation centrale par rapport à un ensemble de questions qui d'habitude se traitent isolément, et que d'abord nous énumérerons l'une après l'autre :

---

* Maringer, p. 141, 152-153 et 158. L'auteur, qui parle à plusieurs reprises de ce modelage n'en parle pas dans le chapitre qu'il consacre au culte de l'ours au Paléolithique supérieur. Cela tient, me semble-t-il, à ce que, pour lui, ce modelage répondait à un rite de magie, alors qu'il lie au crâne aux dents limées un sens religieux. Il me semble nécessaire de donner au modelage un sens analogue à celui du crâne. L'interprétation magique répond à la routine de l'interprétation des préhistoriens. Mais selon moi, l'inévitable rapprochement dont je parle devrait au contraire inciter à la méfiance à l'égard de cette routine. Les gravures de la grotte des Trois-Frères qui représentent des ours percés de flèches et saignant, que Maringer interprète dans le sens religieux peuvent à la rigueur avoir eu le sens magique, c'est-à-dire avoir répondu à l'intention de provoquer, par envoûtement, la mort de l'animal, tandis qu'en principe l'utilisation du modelage exigeait cette mort préalable, puisque le simulacre de mise à mort demandait l'adjonction de la tête réelle. Mais la question demande d'être envisagée dans l'ensemble justement à partir du modelage de la grotte de Montespan.

1) celle de l'attitude à l'égard des hommes morts, que révèlent les squelettes ou les parties de squelettes conservés ; 2) celle de l'attitude à l'égard des ours, que révèlent essentiellement les trouvailles d'ossements ; 3) celle des figurations animales du Paléolithique supérieur.

Nous avons envisagé les deux premières isolément. Avant d'aborder la troisième, il est bon de montrer que les deux premières, en dépit du fait que, d'abord, elles apparaissent parfaitement distinctes, ont une solidarité profonde. Ainsi la solidarité générale des trois questions sera devenue évidente au moment d'aborder la troisième ; et l'unité des différents faits religieux du monde paléolithique apparaîtra.

Une fois traitée de cette manière, dans sa solidarité avec les autres, la question des figurations animales du Paléolithique supérieur, en fait celle des rapports de l'art préhistorique avec la religion, j'aurai représenté dans son ensemble, à partir de l'ouvrage de Maringer, ce que nous savons aujourd'hui d'essentiel sur la religion préhistorique. L'ouvrage de Maringer étant, de ceux qui en traitent, le plus récent, – et le plus complet, – je pourrai pour finir, essayer de dire en quoi cette connaissance des faits nous rapproche des considérations introduites dans les premières pages de mon étude.

En ce qui concerne la solidarité des ossements d'ours et des ossements humains trouvés dans l'ensemble des temps paléolithiques, elle se heurte à un sentiment de nos jours bien ancré, celui de la différence entre l'homme et l'animal. Ce sentiment se fonde en effet sur des oppositions définissables. Mais il est un domaine réservé à l'intérieur duquel il ne joue pas. Du moins à l'intérieur de ce domaine est-il incapable de créer une distinction clairement et fondamentalement saisissable. En ce qui concerne les hommes de la préhistoire, nous sommes réduits à des conjectures. Mais ces conjectures dérivent de comparaisons inévitables. Nous avons vu plus haut que des Sibériens pouvaient voir dans l'ours affronté à la chasse un « homme primitif ».

Sans sortir de la Sibérie, j'emprunterai à un ouvrage relativement récent d'Éveline Lot-Falck * ce passage significatif : « Chez des peuples chasseurs, comme les Sibériens, l'homme se sent le plus intimement lié avec les animaux. D'espèce

* *Les Rites de chasse chez les peuples sibériens*, Gallimard.

humaine à espèce animale, il ne saurait être question de supériorité : il n'y a pas de différence d'essence. Le chasseur regarde l'animal au moins comme son égal... L'ours pourrait parler, mais il préfère s'en abstenir et les Yakoutes voient dans ce silence une preuve de sa supériorité sur l'homme... « Le gibier est comme les êtres humains, seulement plus saint »... L'ours a dans cette assimilation de l'animal et de l'homme une place privilégiée, peut-être à cause de la station debout familière à cet animal. Mais cette manière de voir a été très générale. Inutile d'en accumuler les preuves, il suffit d'alléguer le totémisme et surtout, la place que les divinités animales ont dans l'ensemble des mythologies. En ce qui concerne le monde paléolithique, il s'agit d'une conjecture, mais une conjecture aussi bien fondée n'est pas très différente de la certitude. Les pratiques rituelles dont les ossements de l'ours ont été l'objet dès la première partie des temps paléolithiques supposent elles-mêmes cette assimilation.

L'hypothèse selon laquelle ces ossements seraient les restes d'offrandes faites à une divinité suprême ne s'oppose pas plus à cette manière de voir qu'animalité, dans l'ensemble de l'humanité archaïque, ne s'oppose à divinité. L'ours a pu même être envisagé comme un intercesseur entre l'homme et cette divinité première qui, tout d'abord, dut se distinguer de l'ensemble des animaux et des hommes par un caractère de supériorité, de suprématie. Ce qui importe seul est l'impossibilité d'introduire en ce monde primitif l'opposition qui caractérise nos religions modernes, entre animalité d'une part et, de l'autre, humanité-divinité. (Justement, c'est à partir de cette opposition mal faite qu'il est devenu si difficile d'apercevoir l'opposition essentielle entre connaissance et religion : c'est sur ce point que portera la conclusion de mon étude.)

J'en reviens à la signification de l'ours de Montespan, dont j'ai dit qu'il avait par rapport à l'ensemble des faits religieux des temps paléolithiques une situation centrale.

Non seulement nous ne devons pas oublier à son propos l'équivalence générale de l'animal et de l'homme : en tant que gibier possible, l'animal dont il est la figuration, de la part du chasseur est l'objet d'une attitude équivoque ; il désire l'abattre et se nourrir de sa chair, il le tient néanmoins pour vénérable, il cherche, avant de le tuer, son accord, il pleure enfin sa mort, il le vénère et peut, devant le mort, s'imaginer tenu à des rites expiatoires.

Il reste néanmoins dans les limites de ce rapport de l'homme et de l'animal une différence profonde.

D'une part la mort d'un homme est en principe une destruction subie passivement (un cannibalisme primitif est possible, mais il ne s'oppose certainement pas au fait que, dans l'ensemble, ce sont les animaux que l'homme chassait); d'autre part la mort de l'animal est une destruction activement provoquée. Ainsi le côté passif de la religion est-il introduit par la mort humaine, et il se lie dans son principe à l'homme : essentiellement, les *interdits* (les *tabous*) sont humains, le premier d'entre eux étant l'*interdit* du cadavre (le cadavre est intouchable, ou il ne peut être touché qu'en observant des précautions rituelles; et, en conséquence, le meurtre est interdit, la mort introduisant un élément dangereux). Très anciennement, le meurtre de l'animal a lui-même été l'objet d'une interdiction relative : si l'animal était frappé pouvait naître un sentiment de culpabilité, la mort de l'animal, de l'être auquel le chasseur était lié par des liens étroits avait le sens d'une transgression. Ainsi l'homme était-il à la fois limité et protégé par des interdits, alors que l'animal, que ne limitait aucun interdit, provoquait à la transgression, appelait sur lui la mort que le chasseur était prêt à lui donner.

Rappelons que dans les perspectives classiques qu'ont introduites et régulièrement maintenues les préhistoriens, le modelage de Montespan appelait des considérations plus simples. Il répondait à l'usage magique : l'ours avait été figuré, parce qu'en frappant l'effigie, il semblait possible d'atteindre l'animal réel. La magie contagieuse assurait l'effet de l'action fictive sur l'action réelle. Ces idées ont été largement admises, et même elles n'ont guère été contestées. L'ensemble des figurations animales du Paléolithique supérieur n'aurait pas d'autre sens : l'image de l'animal promettait au chasseur la possession de celui qu'il avait figuré. C'est dans ce sens qu'un préhistorien pouvait écrire : « Les découvertes préhistoriques montrent clairement qu'au Paléolithique supérieur... les conceptions magiques furent prédominantes *. » Il serait plus exact de dire, depuis le développement des études préhistoriques, et jusqu'à ce jour, concernant le Paléolithique supérieur, les conceptions magiques furent prédominantes.

Maringer, que cite Kühn, le fait pour mettre en doute son

* H. Kühn, cité par Maringer, p. 43-44.

affirmation. Mais si, dans l'intention d'en montrer la fragilité, j'introduis des perspectives s'opposant à une routine, je dois m'éloigner quelque peu de l'exposé de Maringer. Il est vrai, celui-ci n'admet pas sans hésiter l'interprétation magique, il aimerait lui opposer la religieuse, mais ce qu'il exprime ainsi est le souhait pieux d'un chrétien, non l'argument de celui que la routine n'a pu satisfaire.

Son travail se rapporte à une définition de la religion qu'il emprunte au *Manuel d'histoire comparée des religions* du P. Schmidt. La religion serait « le sentiment... qu'a l'homme de sa dépendance à l'égard d'une ou de plusieurs puissances personnelles supra-humaines * ». Johannès Maringer, devant exposer les faits religieux préhistoriques à partir de cette définition, dut être plus d'une fois embarrassé. Il n'a pu qu'insister sur celles des trouvailles qu'il était possible d'interpréter comme des offrandes à une puissance supra-humaine... En effet, c'est possible parfois, même pour les temps paléolithiques, mais nous ne pouvons jamais exclure une interprétation différente comme celle qui rapproche certaines trouvailles d'ossements du culte de l'ours. En ce qui touche le traitement rituel d'ossements humains, Maringer est réduit à dire qu'« on vénérait la mémoire des morts, de même qu'on implorait leur appui et leur protection ** ». Ceci réserve mal la dépendance des survivants par rapport aux puissances invoquées, ceci contredit même en principe le caractère supra-humain de ces puissances. De toute façon, le côté religieux de la peur des morts est voilé à partir de là. Reste une issue étroite : trouver le caractère religieux des hommes de la préhistoire chaque fois qu'il est possible de rapporter quelque trace à des offrandes, manifestant l'aveu d'une dépendance. C'est ainsi qu'en leur ensemble, les innombrables productions

---

* Maringer, p. 45. W. Schmidt est l'ethnographe viennois qui a soutenu la thèse du dieu unique primitif, de la croyance à un être suprême, à l'origine des religions. À la condition de n'en pas faire une démonstration apologétique, la thèse du P. Schmidt est loin d'être sans intérêt. Cependant, il est remarquable qu'elle a laissé Maringer sans défense devant l'interprétation magique habituelle. Maringer aurait aimé faire la part de la spiritualité religieuse dans la civilisation du Paléolithique supérieur, qu'il tient à bon droit pour l'une des époques les plus brillantes de l'humanité, mais il s'est borné à parler (à la suite, d'ailleurs, du P. Schmidt) d'une conscience virile qui s'affirme, à la suite de nombreux progrès techniques. Ces hommes auraient cru pouvoir agir sur le monde extérieur, et auraient douté de l'efficacité d'un être suprême (Maringer, p. 145). Maringer ajoute que l'invention de l'art dut contribuer pour une bonne part à stimuler la croyance des chasseurs en des forces mystérieuses (p. 146). Bien entendu, ceci va dans le sens de la grande honnêteté de Maringer.
** P. 79.

de l'art préhistorique, en dépit d'une velléité de protestation, sont abandonnées à la magie.

Pourtant, à la condition de s'effacer, d'écarter le moindre soupçon d'ambition risquée, Maringer, à l'occasion, fait preuve d'une subtilité lucide. Reprenant l'hypothèse de l'abbé Breuil et d'Hugo Obermaier sur l'origine de l'art figuratif, il sait donner une formulation heureuse à la pensée de ses illustres devanciers. « Il est fort probable, écrit-il, que l'homme a découvert la peinture en imprimant, par jeu, l'empreinte de ses mains, enduites de glaise ou de colorants naturels, sur la paroi lisse d'une grotte. Ce faisant, il obtint les premières peintures pariétales. Ou bien, ayant observé les marques que laissaient les griffes d'ours sur l'argile qui revêtait le rocher, il s'essaya à les imiter en traçant du bout de trois doigts, dans la même argile, des lignes que l'on compare parfois à des " macaroni ". Mais en reproduisant les griffades d'ours, il en variait le dessin : il traçait des méandres, des spirales, des cercles, qui se croisaient, se recoupaient et s'entremêlaient. Puis un jour, *il vit tout à coup surgir, comme d'un taillis, une forme qui ressemblait à une tête d'animal.* Et bientôt il se mit à dessiner consciemment des bêtes de toute sorte * ».

Toujours est-il que l'homme, un jour, eut dans les mains le pouvoir de faire apparaître à volonté ces animaux qui, d'avance, étaient l'objet d'une attitude à la fois trouble et passionnée. Il eut le pouvoir de les faire apparaître à volonté, de les faire apparaître *par jeu.*

Les préhistoriens n'ont pas imaginé la difficulté que présente le passage de cet incontestable pouvoir à celui que, sans doute très anciennement, les hommes se sont prêté d'agir à travers l'image sur l'animal réel. Sans nul doute, un jour ou l'autre, les hommes ont cru à cette possibilité, mais il est étrange de ne pas voir le long chemin séparant l'apparition de l'image et son utilisation magique. Comment, d'ailleurs, indépendamment de cette difficulté, ne pas nous représenter d'abord ce que l'image animale signifie pour ceux qui, les premiers, la firent apparaître. Nous devons en effet nous rappeler qu'elle dut avoir, au-delà du sens relativement pauvre de gibier-nourriture, dont se contentent les théoriciens de la

* P. 106-107. La phrase soulignée l'est par moi : il s'agit bien entendu d'une hypothèse connue, mais je ne me rappelle pas lui avoir jamais vu une forme aussi valable, aussi bien pour sa précision que pour sa valeur expressive. Les « macaroni » ne sont pas si rares. Ils semblent en effet antérieurs au dessin figuratif.

magie, ce sens riche, que je n'ai nullement découvert, dont Maringer lui-même a su parler, mais auquel il me semble nécessaire d'accorder l'importance décisive.

Exactement, l'apparition de l'animal ne fut pas, devant l'homme qui s'émerveilla de le faire apparaître, celle d'un objet définissable, comme l'est, de nos jours, à la boucherie, celle de la viande que l'on débite en la pesant. Ce qui apparaissait avait d'abord un sens peu accessible, *au-delà* de ce qui aurait pu, virtuellement, être défini. Précisément, ce sens équivoque, indéfinissable, était religieux.

L'équivoque était dominante. D'un côté l'animal était un semblable, un ami et l'objet d'une attention craintive. Il est difficile de dire qu'il était *divin* de quelque manière. S'appliquant à ces temps lointains, le mot perd le peu de sens justifiable qu'il assuma depuis lors, mais il était, moins que l'homme, limité à ce qu'il était − à ce qu'il était dans le domaine de la connaissance définie. Il était possible de définir le bison ou le cerf. Mais ce qu'ils étaient dans la profondeur d'un monde ouvert à l'horreur sacrée, dans la profondeur des cavernes où ils apparaissaient, ne pouvait se réduire à la définition concevable du cerf ou du bison.

L'équivoque de cette apparition dans les ténèbres, à la vacillante lueur de torches ou de lampes à graisse, se doublait d'ailleurs de la réaction violente qu'elle éveillait nécessairement : l'apparition appelait la passion meurtrière du chasseur, d'avance l'apparition de l'animal vivant le plaçait dans la perspective de la mort, le bison ou le cerf n'apparaissaient que pour mourir.

La mort donnée volontairement, déplorée en même temps que désirée, plaçait ces images animales dans la sphère du sacrifice. Nous devons rappeler le festin sacrificiel auquel était convié l'ours abattu, qui se voyait offrir des morceaux de sa propre chair.

De là à l'action magique de l'image, le chemin peut être relativement court, mais il passe par l'équivoque de l'apparition. En premier lieu l'apparition de l'animal, qu'appelait la figuration, dans l'instant même où elle se faisait, ne pouvait avoir un sens magique. Finalement, peut-être même assez vite, la possibilité d'une efficacité magique put apparaître, mais sans l'émotion religieuse, équivoque, riche de l'intensité dramatique des sacrifices, l'image aurait-elle donné le sentiment d'un pouvoir supérieur à celui des armes?

Si cette manière de voir ne s'est pas d'abord imposée, c'est que l'institution du sacrifice apparaissait tardive : même aujourd'hui, il est loin d'être sûr que le sacrifice ait précédé la naissance de l'art. Mais il n'importe, s'il est vrai que la mort de l'animal suscita de bonne heure l'intérêt équivoque qui lui conféra cette place dominante, qu'elle a prise dans la sphère religieuse. Après tout, les figurations animales pourraient même être à l'origine de l'institution : l'usage aurait été déterminé au cours des émotions suscitées par l'apparition de la bête, suivie d'un simulacre de mise à mort. Il est certain, de toute façon, que les flèches figurées sur les animaux, ou la représentation du cheval tombant du haut d'un rocher (dans le fond du diverticule de Lascaux), ont eu d'abord, au-delà du sens utilitaire que des croyances magiques leur auraient prêté, un sens émouvant. Ne pas l'apercevoir ou le négliger serait inconcevable, à partir du moment où l'attention est attirée.

Les cavernes elles-mêmes, dont nous ne devons pas oublier qu'habitées elles ne recevaient pas d'images animales, contribuaient par leur profondeur et leur difficulté d'accès au sentiment d'horreur sacrée qui se dégageait de ces aspects équivoques, de ces aspects tragiques.

En particulier, l'image la plus pathétique que nous connaissons se situe dans la caverne de Lascaux, en une partie si peu accessible qu'aujourd'hui le public n'y est pas admis, dans le fond d'une sorte de puits. Un bison mourant, éventré, perdant ses entrailles y est figuré devant un homme mort (apparemment mort). D'autres détails achèvent de rendre peu intelligible cette étrange composition. Je ne puis y insister : je me borne à rappeler l'aspect enfantin de l'image de l'homme, cet aspect frappe d'autant plus que cet homme mort a une tête d'oiseau. Je n'ai pas la prétention d'expliquer ce célèbre mystère. Aucune des interprétations proposées ne m'a paru satisfaisante. Mais le plaçant dans les perspectives que je viens d'introduire, le situant dans le monde religieux équivoque, riche de réactions violentes, que j'ai voulu évoquer, je puis me borner à dire que cette peinture enfouie dans le saint des saints de la grotte de Lascaux est à la mesure de ce monde, même qu'elle est la mesure de ce monde. De ce monde pathétique et inintelligible d'où sortit la religion, puis l'inextricable foisonnement des religions.

J'ai voulu représenter à partir d'un traité récent ce que l'étude de la religion préhistorique apporte à la réflexion attentive. Le traité de Maringer accumule l'essentiel de nos connaissances. J'en ai dû, parfois, contester le caractère étroit, mais l'auteur est, en vérité, solidaire ici de l'ensemble de la science préhistorique.

Il est cependant un point sur lequel il me semble nécessaire d'introduire une critique soulignée.

Il arrive à Maringer d'écrire une phrase qui sans doute n'eut pour lui qu'une signification banale.

« Les ossements et les outils de pierre que l'on a recueillis dans (les) habitats ne nous renseignent guère que sur (la) culture matérielle et sur (l')alimentation. »

C'est vrai généralement pour les ossements, c'est encore vrai pour les trouvailles d'outils envisagées l'une après l'autre. Mais comment éviter de voir qu'en matière de religion l'outillage de pierre, envisagé dans son ensemble, a une importance déterminante. Ce sont en effet les outils qui portent la preuve de la *connaissance*. La fabrication des outils demanda le développement de la connaissance. L'homme dut *connaître* ce qui l'entourait pour les fabriquer. Et, les fabriquant, il *connut* ce qu'il fabriquait, puis généralement ce qu'il fabriquait à l'aide des premiers outils fabriqués. Il n'y a pas d'outils sans la connaissance, et de même, sans outils, il n'est pas de connaissance concevable.

Mais de plus, sans la connaissance, il n'est pas de religion concevable. Avant tout, l'être religieux doit posséder la connaissance. En fait, l'homme seul est susceptible de religion. Et de même qu'il est homme en ceci qu'il a la connaissance, il est religieux dans la mesure où il connaît.

Sans doute serait-il imprudent de dire que l'attitude religieuse de l'homme dérive de l'intelligence. Elle en dérive peut-être, *mais négativement.*

J'ai dit pour commencer que la religion, dans le domaine de la connaissance, était à l'origine d'une lacune fondamentale. Et, pour commencer, de cette lacune, je n'ai pu dire qu'une chose : que personne ne savait ce qu'est la religion. Mais – finissant maintenant l'examen que nous proposons des origines préhistoriques – nous pouvons, nous devons aller plus loin. Si nous envisageons les origines, à partir même du peu de documents que nous avons, nous sommes amenés à mettre en relief l'opposition entre un monde du travail – et de la connaissance – qui naît, et le monde de la religion, qui se développe dans la négation, parfois dans un effort de destruction, de ce monde de la connaissance et du travail. J'en arrive à proposer cette sorte de définition générale, essentiellement, exclusivement négative et paradoxale : non seulement nous ignorons ce qu'est la religion, nous devons renoncer à la définir, mais c'est en acceptant de l'ignorer, en refusant de la définir, que paradoxalement, profondément, nous sommes religieux. C'est en effet le sens paradoxal de cet exposé de n'être pas fait d'un point de vue extérieur à *la* religion. En aucune mesure, je ne voudrais marquer de cette manière l'adhésion à une religion donnée. Une telle adhésion a la vertu de changer en faussement efficace l'attitude souveraine qu'est, en ce monde de l'efficacité, l'attitude religieuse. Mais nous ne pouvons parler de la religion du dehors, nous n'en pouvons parler sans en faire une expérience que limite – que contredit même – l'appartenance à une religion particulière.

Je ne puis dans la conclusion de cette étude aller beaucoup plus loin. Je dois maintenant me borner à représenter qu'il est possible de dire, du sacrifice, qu'il est la négation, et la destruction, du monde de la connaissance. Je ne voudrais pas introduire une confusion entre le sacrifice et ce que – naïvement, pauvrement – quelqu'un pourrrait appeler religion pure... Mais je puis de cette façon faire entrevoir où j'en arrive. Je puis en même temps lier l'ensemble d'un exposé à son au-delà, l'orienter vers *autre chose*...

Je ne crois pas que, jusqu'aujourd'hui, l'humanité ait pleinement compris qu'elle était d'abord un monde du travail. Le travail la résume et, si l'on excepte la vie, il n'est rien qui ne soit en elle un effet du travail. Le langage, la pensée et la connaissance appartiennent en propre à l'être dont l'essence est de travailler. Toutefois, le travail introduit une difficulté : le sens du travail se limite à son produit, mais le produit n'a lui-même de sens qu'à la condition de ne pas être l'outil, la matière première ou généralement le moyen d'un autre travail. Il est possible de se dire que la *vie* est *à la fin* le sens du travail. Mais la vie dont il s'agit ne peut être la vie animale, en ce sens limité, du moins qu'à l'abattoir elle a pour le boucher. Envisagée par l'homme moderne, la vie animale est négligeable. Il s'agit donc de la vie humaine. Non de la vie

humaine savamment définissable, mais telle que seule la vie
religieuse de l'homme l'a déterminée en soulignant son caractère *sacré*.

Nous avons vu qu'aux yeux des hommes archaïques la vie
animale n'en était pas forcément différente. Il serait difficile
d'oublier le sentiment de l'animal propre à ces modernes
chasseurs qu'interrogea l'ethnographie devant les figurations
animales de la préhistoire apparaissant dans le jour douteux
des cavernes : ces figurations émouvantes s'opposent de telle
sorte à celle de l'homme, que nous devons penser à l'inférior-
rité ressentie par l'humanité primitive, qui travaillait et qui
parlait, devant l'apparition de l'animal muet, qui ne travaillait
pas : en principe, les figurations *humaines* des cavernes sont
minables, elles tendent à la caricature, même elles se dissimulent souvent *sous le masque de l'animal*. Ainsi nous semble-
t-il que l'*animalité*, pour l'homme des cavernes ornées, comme
elle l'est restée, de nos jours, pour le chasseur archaïque, était
plus proche d'un aspect religieux, qui devait plus tard répondre
au nom de *divinité*, que ne l'est l'*humanité* constituant le monde
du travail, de la parole et de la connaissance. Apparemment,
l'homme a d'abord dédaigné les valeurs dérivant de la
connaissance et du travail, par rapport à d'autres, moins accessibles ; mais les autres valeurs avaient le mérite singulier de
donner une réponse immédiate à ce que l'homme appelle de
souverain, par-delà ces *moyens* de satisfaction, qui ont le caractère subalterne du travail, qui, lui, ne pouvait répondre au
désir *immédiatement*.

Si l'on m'a compris, il est aisé d'apercevoir en quoi la merveilleuse apparition de l'animal qui, jusque-là, se dérobait à
ce désir, qui toutefois obéissait au pouvoir souterrain du peintre
des cavernes, appelait l'attitude sacrificielle, qui tend, au moins
dans son premier mouvement, à supprimer l'intérêt ultérieur
d'une apparition.

Cette exigence d'une valeur souveraine, refusant toute
subordination à l'intérêt, se heurte à des difficultés pour ainsi
dire insurmontables, en particulier à cette difficulté de définir,
sinon négativement, ce qui n'est pas définissable, dont j'ai
parlé dès les premières lignes de cet article.

À propos de l'origine de la religion dans les temps les plus
anciens, il m'a semblé bon de proposer cette discussion, qui

a le mérite d'introduire une interprétation moins fragile que
la tradition des préhistoriens.

Les préhistoriens auraient-ils le droit, sans finir, de déni-
grer, sans même en avoir l'intention, des images dont il est
clair qu'elles n'ont pas répondu lourdement à un besoin de
nourriture, mais à la possibilité de voir apparaître *ce qui séduit,*
ce qui échappe du moins dans l'instant de l'apparition, au
souci de répondre à l'utilité.

Il ne s'agit pas de vouloir échapper stupidement à l'utilité,
encore moins de nier la fatalité qui, toujours, à la fin, lui
laisse le dernier mot. Mais il est possible d'introduire une
discussion, portant d'une part sur un fait précis, d'autre part
sur un point central.

Ce qui dans le développement de l'histoire religieuse a
principalement dissimulé ce premier mouvement, qu'à l'instant j'ai voulu rendre sensible, est le passage de l'opposition
première entre, d'une part *animalité-divinité,* d'autre part
humanité, à l'opposition qui domine encore aujourd'hui, qui
domine même des esprits étrangers à toute religion, entre
d'une part *animalité* dépourvue de signification religieuse,
d'autre part *humanité-divinité* : Dieu faisant l'homme à son
image, étant en conséquence divinité de la connaissance et
du travail. (Cela ne signifie pas la disparition de la possibilité
religieuse, mais, à partir du moment où les formes anciennes
avaient perdu leur premier pouvoir, cette possibilité ne sub-
sista que *malgré cela* : d'un bout à l'autre, les religions réelles
ont porté en elles-mêmes la négation et la destruction de ce
qu'elles étaient.)

Terre invivable?

United States Line [1]

Civiles, militaires, religieuses, nos fêtes, désignées du même nom que celles d'un lointain passé, me semblent n'avoir qu'un rapport formel avec ces dernières. Nous ne connaissons, il est vrai que par des films ces fêtes archaïques, où le paroxysme est de règle, qui, sans une forme rituelle, accèdent à de réels embrasements. Mais aux plus sensibles d'entre nous, il suffit de se trouver devant l'image mouvante de telles frénésies pour savoir qu'elles répondent à notre nostalgie durable, et que cette dernière, au moins sous cette forme, survit à la dépression. La civilisation à laquelle nous appartenons nous lie à ses nécessités : une nostalgie, sans doute, ne signifie rien d'accessible pour nous; nous ne pouvons songer même un instant à retrouver une richesse, dont nous ne pouvons qu'en la déplorant mesurer la perte.

Mais cherchant à connaître des possibilités dont, très anciennement, nous sommes issus, de violents mouvements ne peuvent manquer de nous troubler, qui ne peuvent désormais nous porter, mais qui donnèrent encore à ceux qui nous ont précédé l'extrême exaltation. Quelque chose nous manque, dont nous n'avons pas la conscience claire, mais qui, nous manquant, nous distingue de ces foules qui, dans un grand tumulte, bondissaient et rebondissaient, qui s'étourdissaient dans leur ivresse à demi divine, à demi démoniaque...

De cette ivresse, à demi paradisiaque, nous sommes chassés! Nous nous savons déchus! Pourrions-nous prétendre à la naïveté sans laquelle, de cette ivresse, nous n'avons désormais que le sentiment, que la certitude de l'avoir perdue? Évidemment, devant ces peuplades archaïques qui, parfois, par un film, au cours d'un voyage, encore à travers des récits, nous communiquent la vision – dont nous ne pouvons douter que, dans l'ensemble, nous sépare une opacité dans laquelle, en entier, disparaît notre monde (ce monde réel, fait d'usines, de machines, de science – et d'opposition d'intérêt) – ... Du moins est-ce la vision, au moins l'entrevision d'une sorte de rêve, inouï, merveilleux, mais inaccessible...

Nous le savons : d'une part, nous ne pouvions accéder à ce monde entrevu sans nier, sans supprimer ce que nous sommes ; mais nous sommes, en outre, l'entrevoyant, tenus d'en oublier l'esprit réel, lié à d'horribles guerres de tribus, à des tortures, à des massacres ; ou, dans une civilisation moins primitive, à la réduction en esclavage d'une troupe misérable de vaincus, acheminée, sous le fouet, vers d'inavouables marchés...

Nous ne pouvons qu'au prix de mensonges haïssables dissimuler cette vérité maudite de l'histoire. Il y a dans le destin de l'être humain quelque chose d'effrayant – qui sans doute fut toujours à la limite de ce cauchemar illimité que l'armement le plus moderne, et qu'enfin – la bombe nucléaire annonce.

Seule la période première, celle de l'effort initial de l'homme – accédant dans les temps paléolithiques à la conscience –, semble avoir échappé à l'horreur que la guerre et le meurtre, médités, généralisés, puis l'esclavage... ont introduite. Seuls échappèrent ces temps – les plus lointains – où l'homme, avec une parfaite lenteur, se dégageant de l'animalité par le travail, s'approcha par degrés de la créature consciente, qui fit œuvre d'art, et qui, de ce jour au moins, devint en tous points notre semblable, ayant en même temps que notre squelette au-dedans, au-dehors notre épiderme en partie nu, notre épiderme sans fourrure.

C'est au début de la période dite du « Paléolithique supérieur », que, de cette manière, eut lieu cette révolution fondamentale, d'où l'homme achevé sortit. L'homme achevé ? sur deux plans du moins : biologiquement, déjà cet homme avait les mêmes caractères que les hommes de diverses races ont aujourd'hui dans leur ensemble ; sur le plan des réactions mentales, il eut le pouvoir – et le désir – de faire œuvre d'art, il eut si parfaitement ce pouvoir que, parlant à son sujet, le plus connu des peintres actuels ait avancé que, depuis lors, on n'avait pas mieux fait. Sans doute des intentions magiques – utilitaires – s'associèrent à la vaine joie de reproduire, et de retrouver, en quelque sorte de saisir les objets d'un souci constant : les animaux chassés, parfois des divinités animales, et soudain, des aspects obsédants de l'espèce humaine.

Ces vastes sarabandes murales où, dans la nuit de la caverne, se composèrent, aux lueurs douteuses de lampes à huile, les objets du désir immédiat et des obsessions les plus lentes ont un sens qui peut être dépassé, mais qui prélude à celui des fêtes. Dans la mesure où les animaux représentés le sont tels que le chasseur, un instant fugitif, les peut saisir, les peintures se situent encore loin d'une représentation différente, d'une réalité voisine qu'est la fête. Ce fut à la fin du « Paléolithique supérieur » qu'apparurent les thèmes qui s'étaient enrichis, au-delà de l'immédiate vérité de la chasse, de celle, plus composite, de la fête. Dans la caverne des Trois Frères – dans le département de l'Ariège – ces différents thèmes apparaissent mêlés : d'une immense foule animale émergent des figures mi-partie humaines, mi-partie animales, qui conduisent, semble-t-il, un tumulte musical, une danse emportant dans l'ivresse. Les figures animales simples étaient celles de la chasse, mais ces figures étranges – humaines et cependant animales – étaient en vérité divines : dans le sens où, pour des hommes rudimentaires, essentiellement l'animal étant le semblable de l'homme avait quelque chose de divin : la chose même, il n'accédait plus que dans l'effervescence prodigieuse de la fête.

Le plus étrange est qu'en ces temps rudes, où la vie humaine était fragile (elle ne dépassait pas la cinquantaine d'habitude, encore celle des femmes était-elle en moyenne plus courte : nous connaissons l'âge des squelettes, que l'inhumation préserva...), la guerre, qui oppose les hommes en d'inexpiables combats, n'était pas apparue. S'il arrivait, en effet, que des hommes en tuassent d'autres, ils étaient d'espèce différente. Ainsi l'homme du « Paléolithique supérieur » dut chasser, semble-t-il, il put, comme un gibier, tuer l'homme de Néandertal. À vrai dire, la limite opposant l'homme à l'animal n'avait pas la netteté qu'elle a revêtue de nos jours. Les premiers hommes, aussi bien que, de notre temps, certains sauvages très primitifs pensent être en vérité des animaux : car les animaux sont à leur jugement les plus saints, ayant une qualité sacrée, que les hommes ont perdue. Ainsi, selon les plus simples d'entre nous, ce ne sont pas les hommes qui sont des dieux, ce sont les animaux : seuls les animaux ont gardé ces qualités surnaturelles, que les hommes ont perdues...

Sans doute nous est-il difficile de penser que nous devenons tout à fait misérables!

Et pourtant...

Nous pourrions avoir une idée sublime de l'animal en des temps où nous avons cessé d'être certains que l'usage de la bombe nucléaire, un jour, ne fera pas de la planète un lieu invivable pour l'homme...

Max Ernst philosophe! [1]

J'imagine succédant à l'univers présent la risible absurdité que serait l'*être indifférencié*!

Dans cette vue, je suppose en pensée ce qui oppose une chose à l'autre. Rien ne reste, et si je parle encore, je parle de l'immensité de ce qui n'est rien...

Je sombre, évidemment mon être entier sombre dans cette pensée, qui, soudaine, est la mort de toute pensée, la mort de tout être et de toute pensée.

Dans cette universelle disparition – dans cette défaillance de tout possible – il n'est rien qui lentement ne sombre. À jamais...

Mais pourtant... Un *défaut* pourrait subsister...

De cette disparition, qui n'aurait pu être parfaite, resterait (en me jouant, je l'imagine) l'univers de Max Ernst... Un univers fragile, inutile et dernier caprice, dans l'instant qui suivra, prêt à se dissiper.

Jeune, Max Ernst aurait aimé devenir philosophe, étudier la philosophie. Me situant à la limite de l'universelle défaillance dont je parlais, je laisse en moi s'ouvrir une question saugrenue : à partir d'une dissolution, qui se faisait en lui, de toutes choses, créant l'univers de son œuvre fascinante, Ernst s'est-il détourné de cette vocation d'un jour qu'il avait cru percevoir en lui? S'en est-il détourné? Au contraire, y a-t-il, à la fin, *capricieusement*, y a-t-il *violemment* répondu?

La philosophie, devant elle, a deux voies.

La première est celle du travail : le philosophe a le loisir d'élaborer, en détail et l'une après l'autre, les questions particulières qui se posent à lui, puis, dans leur cohérence, l'ensemble des questions.

L'autre voie est la mort.

L'habitude est de n'envisager que la première, d'ignorer ce que représente une possibilité d'apercevoir de nous-mêmes et du monde – un instant – ce qui dissout en nous la question (les questions) que nous posons.

Jamais la philosophie, cependant, ne pourra se dire étrangère à la possibilité d'un tel instant. La vie ne peut échapper à la perspective de la mort et, de même, la philosophie ne peut échapper à la perspective de l'instant où le sol se dérobera, de cet instant où plus rien ne restera qui ne se dérobe. Toujours, la possibilité de cet instant *se joue* du philosophe, elle lui propose le *jeu* qui pourrait l'enivrer.

Il est vrai : cet instant n'est autre que la mort.

Et pourtant, il est jeu. Étant disparition, il est le jeu par excellence.

Se moquant de la philosophie, appelant la mort de la philosophie, le philosophe n'est pas en pleurs : en lui la mort est le jeu qui annonce le triomphe du jeu, l'impuissance du travail. Le jeu, la mort dérangent l'un et l'autre, également, la possibilité du travail.

Qu'est la création du monde turbulent et violent de Marx Ernst? sinon la substitution catastrophique d'un jeu, d'une fin en soi à l'activité laborieuse en vue d'un résultat voulu. Le philosophe sérieux envisage la philosophie comme activité laborieuse, il imite en cela les menuisiers, les serruriers... Il travaille à des meubles philosophiques, à une philosophie huilée répondant comme une serrure à la clé fabriquée. Celui qui reconnaît l'impuissance du travail, au contraire, est ébloui, fasciné par le *jeu,* qui ne sert à rien.

S'il annonce, s'il appelle la mort de la philosophie, ce philosophe *qui joue* voit dans le serrurier son semblable, mais auquel le lie la misère... Mais, devant la *colline inspirée,* qui l'éblouit, il est le frère de Max Ernst. Ce qu'il voudrait représenter, qui le trouble et le renverse, le peintre, son ami, le représente dans ses tableaux. Près de cet ami, il accepte de s'abîmer dans cette défaillance du réel, où la mort entrevue, fascinante, est le jeu décisif, où le monde, cessant d'être, se défait, où la pensée n'est qu'applaudissement sans mesure donné à la mort de la pensée.

Max Ernst philosophe! Si la philosophie devait un jour avoir l'imprudence de l'hilarité, pourrions-nous dire encore que, créant l'univers de ses toiles, Max Ernst s'en détourna?

Gustave Moreau, « l'attardé »
précurseur du surréalisme

Arts [1]

Gustave Moreau occupe dans l'histoire de la peinture une place à part. Il serait même possible de la situer en dehors de cette histoire... À bien des égards, Gustave Moreau est un isolé : si nous devons malgré tout l'apercevoir dans l'enchaînement qu'à travers les temps forme l'usage de la peinture, c'est dans la mesure où, étant sans nul doute un attardé, il n'en fut pas moins le précurseur d'une tendance qui l'a de nos jours emporté. Un fait singulier met ce caractère étrange en relief. Né en 1826, il fut le professeur de Rouault, de Matisse. De ces trois peintres, il est vrai, seul Matisse appartient sans nul doute au mouvement qui l'emporta. Le fait n'en est pas moins paradoxal : un facteur violent s'oppose en Gustave Moreau à la stagnation qui, dans l'ensemble, a stérilisé la peinture officielle, la peinture du xixᵉ siècle décadent.

Évidemment, quelque chose d'excessif, de discret cependant, détachait Moreau de ceux qui, jadis, ont maintenu la tradition. Nous ne pourrions d'ailleurs saisir le mouvement et le sens de l'art de notre temps si nous ne discernons clairement son opposition à l'évolution la plus commune. Cette évolution tendait au formalisme : de plus en plus, les aspects conventionnels des tableaux de salon laissaient devant le vide. Les œuvres de Gustave Moreau sont elles-mêmes affaiblies par un certain formalisme. Mais nous percevons en elles un caractère excessif lié à la charge psychique *inconsciente* opposant des tableaux lents et lourds, en quelque sorte malades, aux clichés des peintres traditionnels.

Moreau commença de peindre en pleine crise de renouvellement de la peinture. De cette crise, la peinture d'Édouard

Manet fut sans doute le signe le plus criant : la foule se mit
à rire à la vue des tableaux qu'à grand-peine il faisait accepter
au Salon. Auparavant déjà, le public avait ri de toiles d'Ingres,
de Delacroix, de Courbet... mais ce n'était pas encore cette
cascade de rires concertés qu'assez vite les tableaux de Manet,
surtout l'admirable *Olympia,* soulevèrent scandaleusement.

L'art de Gustave Moreau ne s'opposait peut-être pas moins
qu'un autre au cours régulier d'une peinture décadente. Mais
il ne touchait pas de la même façon les bases *techniques* de la
tradition. Le dessin de Moreau, la structure du tableau étaient
les mêmes.

Cette différence ressort dans les attitudes des deux jeunes
peintres vis-à-vis d'un vieux peintre « arrivé » de cette époque.
Manet avait été l'élève de Thomas Couture, qui, vers le milieu
du xixᵉ siècle, était célèbre. Sa célébrité se liait alors à un
tableau connu sous le nom des *Romains de la décadence.* Cette
renommée tint peut-être en partie à l'immensité du tableau,
mais surtout au caractère incongru, moralement scandaleux
d'une composition qui mettait en scène une société fabuleu-
sement riche et débauchée. Sans doute, le côté moral ne put
scandaliser Manet... Du maître à l'élève, toutefois, nulle entente
ne fut possible. Manet s'opposa violemment aux conventions
de cette peinture, en quelque sorte idéaliste, qui représentait
au lieu d'une réalité possible *l'idée* arbitraire, que se faisaient
des *Romains de la décadence* des hommes du xixᵉ siècle décadent...

Après six dures années de mésentente, l'élève rompit avec
le maître...

Il est intéressant de mettre en regard l'attitude de Gustave
Moreau vis-à-vis de Thomas Couture. Loin de s'opposer de
la même manière au maître de Manet, Moreau s'est inspiré
des *Romains de la décadence* dans une de ses compositions
importantes. *Les Prétendants* illustrent la scène du retour
d'Ulysse. Ce dernier trouve à son retour au palais d'Ithaque
les jeunes gens qui, le croyant mort, prétendaient à la main
de Pénélope... Le cadre architectural, la foule des personnages reprennent l'ordonnance des *Romains.* Mais l'esprit du
tableau de Gustave Moreau n'a rien à voir avec celui de la
grande peinture académique de Couture, l'une des plus
conventionnelles de tous les temps. Il n'y a dans l'énorme
fabrication de Couture, ni la simplicité, ni la force de Manet,
ni la trouble violence de Moreau.

La violence de Moreau est contenue. Une sorte d'immobilité est lourdement tendue dans le calme relatif des personnages : la mort, le désir de tuer, l'agonie les possèdent. Moreau est en effet le peintre de la passion. Sans frénésie, une violence de mort, une pesante sensualité envoûtent les compositions toujours étranges de Moreau.

Mais surtout la contradiction, la mélancolie chargent ces terribles envoûtements qui ont la pesanteur du rêve. Il est certain que le peintre n'eut pas vis-à-vis de la volupté qui *se cherche* dans ses *visions* plus de liberté que dans l'inextricable charme du rêve – dans le charme ou dans l'impuissance du rêve.

Subissant l'attrait de l'érotisme, il ne peut se détacher de la mort. Il oppose au fracas d'un art qui se libère une sorte de lourdeur, de sommeil.

L'opposition d'un fracas qui délivre et d'un sommeil dont la séduction toutefois ne cesse pas de peser, de lier, est peut-être constante dans cet art actuel qui s'est libéré de l'académisme. Peut-être est-elle diffuse : elle n'en est pas moins constante. Il s'agit d'un fracas souvent sobre. La sobriété de Manet se retrouve dans les architectures nues de Picasso ou de Braque, dans celles du cubisme en premier lieu (mais se retrouve dans le temps suivant). L'excessive richesse de Gustave Moreau fait pressentir une effervescence tropicale et cet érotisme brûlant que dégage le surréalisme. Masson, Dali, Max Ernst se situent peut-être dans la suite des richesses mélancoliques du peintre des *Lyres mortes* (Regnar Van Holten, *Gustave Moreau*, J.-J. Pauvert, 1960, pl. 1). Je songe en particulier à l'*Europe après la pluie* ou au *Miroir volé* de Max Ernst (Patrick Waldberg, *Max Ernst*, J.-J. Pauvert, 1958, p. 322 et 338). Il semble utile de préciser de cette façon la place de Gustave Moreau dans l'histoire de la peinture. Le mouvement moderne a librement développé une possibilité tragique, torride, dont Gustave Moreau fut l'initiateur – et peut-être la victime. Car ce qui devait plus tard se développer librement, d'une manière éclatante, n'était encore avec Gustave Moreau que timide, étouffé.

DOSSIER DU « PUR BONHEUR » [1]

EXPLICATION DE MES ÉCRITS [1]

Chaque homme est lié aux autres dont il n'est que l'expression. Quelle qu'en soit l'ambition, un écrivain n'est jamais qu'une expression du passé, du présent et de l'avenir humain. Ainsi n'a-t-il de sens qu'à la condition d'assumer le passé dans toute sa richesse, y eût-il une négation dans cette assomption. Nous couper du passé chrétien équivaut à l'abandon de la construction millénaire. Bien plus, le christianisme se dirige vers tout le possible de l'homme et même si nous devons apercevoir à travers lui un passé plus profond, nous ne pouvons l'apercevoir qu'à travers lui. Ainsi est-ce par lui que nous faisons nôtre l'expérience humaine tout entière et sous sa forme la plus riche puisqu'elle signifie le point le plus avancé.

Que signifie le christianisme ? Il est la négation de la souveraineté humaine au bénéfice d'une souveraineté transcendante fondée sur la supériorité personnelle. Dieu lui-même nous invite à l'humilité et à la mort afin de partager sa souveraineté.

Mais il abandonne la transgression, le souverain étant le transgresseur, il ne la maintient que dans le paradoxe de la croix où il rejette le péché.

Nous devons réfléchir essentiellement sur la mort sur la croix et nous placer dans la situation de l'abandon du respect et de l'assomption personnelle, de la transgression.

Il s'agit donc d'une expérience : c'est l'expérience qui est première mais elle n'évite pas l'examen objectif.

L'histoire de l'humanité commence par le travail et l'interdit. Le travail révèle la mort en tant que violence, et dans l'attitude du travail est impliqué le rejet de la violence qui appelle individuellement la satisfaction immédiate et condamne tout recours à la violence. (...)

CORYPHEA [1]

Malheur! Le sang coule de mes seins, mon gosier s'ouvre à la mort avec un mauvais roucoulement... Je donne ma vie aux sourires sournois du plaisir : il est l'odeur enivrante de l'argent.

Laisse une dernière étreinte donner à tes reins la robe gluante de la mort.

NOTES ET APHORISMES [1]
(« Le pur bonheur » aphorismes divers)

(...) La philosophie de Hegel et celle de Heidegger sont l'une et l'autre celles d'anciens théologiens. (Je ne puis dire avoir été moi-même étudiant en théologie, mais mon athéisme est aussi celui d'un théologien.) J'insère ces quelques remarques dans ce livre, c'est que je veux préciser par ce moyen la position qu'il a dans le développement de la pensée. C'est vraiment un contresens qu'on fait encore de lier ma philosophie à l'existentialisme. Tout à fait à l'encontre des représentations de Sartre, mon hostilité pour ce mouvement est assez grande pour avoir toujours voulu en éviter le vocabulaire, au point de n'avoir jamais employé le mot existentiel (sinon pour les besoins de la controverse). Mais je m'inscris expressément dans le courant de pensée foncièrement *athée* qui n'a pas renoncé à la richesse, c'est-à-dire à l'étendue de champ visuel de la *théologie*. Un *athéologisme*, c'est-à-dire une pensée nourrie de l'expérience de Dieu – devînt-elle exclusivement celle de l'absence de Dieu –, c'est la philosophie sur laquelle est fondé ce petit livre. Il va sans dire qu'en ce domaine, l'attitude de Nietzsche est décisive et que l'athéisme russe lui est un parfait contraire : c'est le thème de ce petit livre. (...)

Si le maître est sacré, l'esclave profane, tout est faussé de cette façon : a) le sacré du maître est asservi à dominer l'esclave; b) le profane de l'esclave maintient en lui-même, à l'état irrévélé quelque chose d'improfanable. Mais tout d'abord l'esclave confond cet irrévélé (du moins non clairement révélé) avec le sacré asservi du maître. Il doit donc nier entièrement le maître, mais il ne le nie d'abord que dans ce sacré asservi. Il nie ainsi le véritable souverain pour en nier l'utilité. (...)

Pour commencer, il me faut dire que ce livre ne s'adresse pas à des hommes dont la vie n'est pas intérieurement violente. Mais je dois préciser l'intérieure violence dont je parle. Elle suppose la totalité de l'intérêt ou de la passion affectée à la conscience de soi-même et du monde. J'entends par monde non la somme de ces objets de pensée séparés et subordonnés qu'envisage la connaissance « claire et distincte », mais le monde intangible, celui dont la présence se dérobe à mon action, s'adresse à ma terreur.

Je me sens très éloigné d'un souci de connaître qui n'est pas dominé par un sentiment d'attente : chaque connaissance particulière me semble en ce sens dérobée à la connaissance violente, sans laquelle l'homme est la carte truquée dans le jeu qui l'abuse. Je n'ai pas dit que l'action ni que la connaissance particulière étaient dignes de mépris (je dirai le contraire plus loin), mais elles sont à mes yeux dignes d'intérêt dans la mesure où elles sont tenues pour ce qu'elles sont, subordonnées au moment souverain où l'impatience et la connaissance se confondent. Il y a pour l'homme un moment de grandeur inconditionnelle où le silence se fait, où la tête qui ne tourne pas est plus forte que la douleur, où la pensée a la pureté du vice. (...)

Pouvoir enfin ne rien savoir ou plutôt savoir que si je ne sais rien, c'est qu'aucune question ne se pose.

On ne peut enfreindre tous les interdits. Mais seule compte l'infraction. C'est la souveraineté. La pensée est un interdit utile.

NOTES POUR LE BONHEUR
(venant du dossier sur la Sainteté du Mal)

Débat fondamental à expliquer entre le jeu et le travail. Le rire est l'exposé du jeu, c'est-à-dire de la souveraineté, c'est-à-dire de la violence. Mais l'affirmation totale de la violence en est la négation même.

Par l'érotisme se communique ce que le langage se refuse à communiquer. Il s'agit de deux sortes de communication différentes. C'est le fondement. C'est aussi le sens profond du non-savoir. Il faut cesser de savoir (de parler) pour éprouver. De même le rire.

La question de l'Être ne se pose pour moi que d'une façon : il s'agit pour moi de savoir si mon être limité cesse de différer non de l'Être conçu de telle ou telle manière mais de la continuité de l'Être c'est-à-dire de l'Être envisagé en dehors de toute manière.

Le langage est toujours relation d'une manière d'être à une autre manière d'être, à la rigueur celle d'une manière d'être à l'absence de manière. Mais, dans ce cas, c'est celle de cette manière et de sa mort, et par conséquent dans le même mouvement de la mort du langage. C'est dire que rien n'est concevable sinon dans nos bafouillements. Ne peut-on dire : l'Existence : il n'importe ? Comment ? Nous ne pouvons le savoir. Mais il est singulier de penser que l'Être ne puisse avoir lieu sans une condition donnée dans une manière d'être. C'est ce que la considération de la continuité de l'Être engage à penser. Mais l'Être serait-il sans le langage ? Quoi qu'il en soit, me semble-t-il, il ne serait pas *pour nous.*

L'ANIMALITÉ [1]

1. L'animal qui en mange un autre et sa nourriture.

J'envisage l'animal d'un point de vue qui me semble discutable, mais dont le sens apparaîtra dans la suite du développement. De ce point de vue, l'animal dans le monde est immanent, l'animalité est l'immédiateté ou l'immanence.

Le caractère d'égalité de l'animal avec son milieu est donné dans une situation précise dont l'importance est fondamentale. Je n'en parlerai pas à tout instant, mais ne pourrai le perdre de vue. Je reviendrai à ce point de départ à la fin de mes énoncés : cette situation est donnée lorsqu'un animal en mange un autre.

Il y a une supériorité de fait du carnivore sur la proie dont il se nourrit. Néanmoins, l'animal mangé n'est pas le subordonné, il n'est pas l'inférieur de celui qui le mange. Les deux animaux demeurent semblables, s'ils sont l'un au-dessus de l'autre, c'est que leurs forces diffèrent quantitativement. Mais aucun animal n'en regarde un autre de la même façon qu'un Blanc regarde un Noir ou un honnête homme un condamné de droit commun. L'idée qu'a le Blanc de lui-même transcende celle qu'il se fait du Noir ; et de même l'idée qu'a l'honnête homme de lui-même, celle qu'il se fait du condamné. Mais s'il en mange un autre, un animal n'introduit de l'autre à lui-même aucune distance à partir de laquelle il serait possible de parler de transcendance. Il mange l'autre mais aucune affirmation de supériorité ne découle de cette différence. S'il traite l'autre en aliment, il en fait effectivement une chose, mais il ne peut s'opposer lui-même à cette chose qu'il mange. Il ne nie pas mais il ignore que cette chose fut semblable à l'être qu'il est intimement. De même il ne sait pas qu'il a fait de l'animal tué un objet. C'est seulement dans la mesure où nous sommes humains que l'objet, la proie comestible, est saisi comme une chose assez durable, ayant une place en certains lieux appropriés, et disponible à notre choix.

Nous pouvons dire, à ce moment, de cet objet qu'il nous transcende ou, si l'on veut, que nous le transcendons. Mais l'animal ignore la possibilité d'opposer ce qu'il n'est pas à ce qu'il est. Il est, dans le monde, immanent : cela veut dire exactement que dans ce monde il s'écoule, et que le monde s'écoule en lui. Le lion n'est pas le roi des animaux, il n'est dans le mouvement des eaux qu'une vague plus haute, renversant les autres plus faibles. Qu'un animal soit le plus fort et mange l'autre ne modifie guère une situation fondamentale : chaque animal est dans le monde comme l'eau qui s'écoule à l'intérieur de l'eau.

2. *La dépendance et la solitude de l'animal.*

Il est vrai que l'écoulement n'a pas lieu. Le lion qui s'efforce au contraire de durer a même peur de ne pas durer, mais il admet cette situation, il l'endure car il la tolère sans l'assumer. Il s'écoule néanmoins dans la mesure où elle lui échappe. Jamais il n'est tout à fait différent de l'eau ou de l'air qui sont sans jamais avoir besoin de rien d'autre, d'aucune autre particule s'écoulant dans le monde de la même façon qu'ils s'écoulent eux-mêmes. L'eau ou l'air demeurent à l'état de parfaite immanence : nulle nécessité ne s'impose et, plus généralement, jamais rien n'importe dans la relation immanente d'une particule à une autre et aux autres. L'immanence d'un organisme vivant dans le monde est bien différente : l'organisme est en quête d'éléments déterminés avec lesquels il doit établir des liens d'immanence. Déjà il n'est plus tout à fait ce qu'est l'eau qui s'écoule. Ou plutôt il ne l'est qu'à la condition de se nourrir. Sinon il dépérit puis il meurt. L'écoulement du dehors au dedans, du dedans au dehors, qu'est la vie organique, dans la mesure où il s'est isolé de l'écoulement indifférencié, se soumet pour durer dans sa relative solitude à des conditions déterminées. Il est là s'efforçant non tellement de durer mais d'accroître en lui-même à son compte le volume ou l'intensité de ce qu'il est, d'un écoulement isolé au sein du monde, mais constituant par lui-même le monde exactement comme si rien n'existait en dehors de lui. Il ne cherche pas à durer mais dès l'abord il tend vers la possibilité de l'autonomie. Dans cette tentative de développement illimité, il n'éprouve pas seulement une résistance du dehors. Il lui est difficile de trouver et de réduire à lui-même, par une absorption incessante, tout ce qui est susceptible de l'accroître. Il ne peut cesser néanmoins de s'écouler au sein d'un monde dont il se voulut isolé. Le mouvement qui le constitue est toujours double, toujours il s'oppose à lui-même en se divisant, comme s'il n'avait voulu s'isoler et croître que pour mieux prodiguer son acquis, le perdre et finalement se perdre tout entier.

Je puis donc distinguer à première vue dans ce mouvement contradictoire à la fois la volonté de transcendance, niant cet écoulement qui se fait mais dans l'isolement le plus fermé, et la volonté opposée d'immanence où le cercle se rouvre et où l'isolement n'est plus qu'un leurre. Mais cette contradiction n'est vraiment donnée que dans l'existence humaine, en ce sens que la transcendance doit être bien définie avant que l'inanité n'en apparaisse. Jamais l'isolement de l'animal ne se dégage au point de pouvoir être saisi : le temps d'arrêt ne lui est pas donné, qui constitue la transcendance, et permet un instant d'oublier le torrent où elle va sombrer. Jamais dans l'animalité, nous ne pouvons perdre de vue la souveraineté de l'immanence.

3. Le mensonge poétique de l'animal.

Rien à vrai dire n'est aussi impénétrable pour nous que cette vie animale dont nous sommes un prolongement. Rien de plus étranger à notre manière de voir inévitable que la terre au sein de l'univers muet et n'ayant ni le sens que l'homme donne aux choses, ni le non-sens des choses que ne réfléchit nulle conscience, et que nulle présence ne limite jamais. À la vérité, nous ne pouvons qu'arbitrairement nous représenter les choses indépendamment de toute conscience, puisque *se figurer,* puisque *nous,* impliquent nécessairement des êtres n'étant pas des choses et les réfléchissant. Ces êtres meurent sans doute, la vie pourrait cesser d'infester l'univers enfin nu, où il ne resterait que des choses. Justement cette représentation d'une totale absence de représentation se donne pour un savoir sans en être un : que sont en effet ces objets prétendant faire d'une absence de savoir un savoir, sinon des objets représentés. Ils sont donnés dans la conscience, sinon il leur manque cela même sans quoi ils ne seraient pas ce qu'ils sont. J'exprime une vérité grossière, mais la vie animale à mi-chemin de notre conscience nous propose une énigme plus gênante. Si je me représente cet univers sans l'homme, où le regard de l'animal est seul à s'ouvrir devant les choses, un animal n'est ni la chose ni l'homme, et la représentation que je suscite est aussi une absence de représentation. Toutefois, un glissement est possible à partir de l'animal allant des choses dénuées de sens si elles sont seules au monde plein de sens ordonné par l'homme qui s'en sert ou compare à celles qu'il emploie celles qui ne lui sont de nul usage. Même au sein de l'humanité, bien des hommes, en sus des enfants, n'atteignent pas les sens définis sans lesquels il ne saurait être question de notre monde, ayant sa cohésion dans le savoir qui le représente. Le glissement dont j'ai parlé qui va des choses seules aux choses connues ne saurait donc être rejeté d'aucune manière, mais c'est en lui qu'apparaît l'animal : cela je ne l'oublie jamais si j'en parle.

Dès l'abord, dans la différence entre l'animal et moi, l'inconnaissable se mêle à ce que je connais : je connais ma conscience, mais seulement dans la mesure où un ou des objets connus lui sont donnés. Je ne veux pas dire : il n'est pas de conscience sans objet. Si cette proposition est justifiée, sa portée est bien étroite : cela signifie que la conscience se révèle en premier lieu pour elle-même, comme conscience d'un objet, ou mieux que la conscience ne révèle jamais que des objets. Cela veut même dire à la fin qu'il n'est de connaissance que des objets et que la conscience qui connaît ne se connaîtrait pas si elle ne connaissait d'abord l'objet, puis elle-même du dehors isolément saisie comme un objet, puis cet objet comme autre qu'un objet. Mais la conscience objet et non-objet dont je parle est ma conscience en tant que l'humanité me détermine. (...)

LA CONSUMATION (?) [1]

Nous ne pouvons « discourir » que des choses, mais la pensée ne se borne nullement aux choses, elle peut à l'aide de la chosification manier, mais elle n'est pas bornée au maniement : elle peut aussi détruire en elle-même cette position d'une chose qui a permis le maniement, c'est-à-dire qu'elle a le pouvoir – mais on pourrait aussi bien dire qu'elle est dans la nécessité – de se détruire elle-même. Mais il faut préciser : ce qui est alors détruit n'est pas la chose mais l'opération intellectuelle, ou l'une des opérations intellectuelles qui ont permis à la pensée de poser la chose. Et d'une part, cette opération ainsi dissoute peut néanmoins se refaire, mais modifiée par la contestation dont elle a été l'objet. L'esprit qui a subi sa dissolution ne s'y arrête pas et tente une opération nouvelle qui tienne compte à la fois de la position et de la négation. La pensée se développe alors prodigieusement mais dans tous les sens, et la contradiction première d'où elle est née se retrouve dans toutes les positions successives, comme dans la contradiction de ces positions entre elles. La seule chance de la pensée est désormais de construire l'ensemble des possibilités que le mouvement de l'histoire a suscitées, et d'apercevoir la nécessité, la fin et l'unité de cet ensemble épuisé. Et à supposer en effet qu'à un moment donné toutes les possibilités de penser se soient déjà sous quelque forme produites, elles se retrouvent ayant ensemble certaines relations accumulées dans un esprit qui a pu les connaître toutes par tradition.

L'objet de la réflexion d'un tel esprit sera dès lors de comprendre cet ensemble et ses relations comme un résultat. Ce résultat, qui est son esprit, pourra même apparaître alors, s'il s'ordonne, comme un savoir absolu... Quoi qu'il en soit absolument, il en fut ainsi pour Hegel.

Il est toutefois une autre possibilité (qui ne s'oppose nullement à la première), donnée simplement dans le développement des sciences envisageant les faits de toute nature, dans leur objectivité matérielle, comme des choses. Le développement aboutit dans un sens à une sorte de volatilisation générale des objets mêmes qu'il étudie. Mais en cela il ne fait que retrouver par une autre voie le mouvement de pensée contraire qui avait résulté au départ d'une possibilité immédiate qu'avait la pensée de contester l'objet posé, la chose. Mais à cet achèvement la situation n'est plus la même : l'on aperçoit à la fin que la chose a cessé de s'opposer à ce qu'elle n'est pas comme le connu à l'inconnu. La chose n'est au fond que l'inconnaissable mais la connaissance n'en demeure pas moins fondée sur nos relations avec les choses. Et si nous voulons avoir quelque connaissance digne de ce nom nous n'avons de recours en dehors d'une dialectique situant cette connaissance dans une totalité achevée, que dans la rigueur et l'objectivité de la science. Toutes les données de l'existentialisme ne représentent rien de connu mais seulement un objet de science : elles sont à mettre sur le plan des mythes – dès lors nullement négligeables du point de vue d'une connaissance objective analogue à la science des mythes (j'entends naturellement dans la mesure où elles n'ont pas lâché l'existence pour la philosophie : dans ce cas elles ne représentent qu'un moment du développement des possibilités de la pensée, et ce moment devrait être référé à la totalité achevée). À ce point se fait jour un résultat imprévu.

Quand nous faisons porter l'information sur les mouvements de l'esprit nous apercevons généralement les changements matériels qui les conditionnent. Nous pouvons envisager les conditions physiques de l'angoisse, de la fatigue, de l'effort... Si nous ne pouvons facilement déterminer les conditions particulières d'un état donné du moins pouvons-nous définir les modifications générales qui sont à l'origine de ces différents états. Mais ceci mène à un développement précis que j'ai déjà fait ailleurs mais que je ne puis éviter de reprendre ici, et qui tout d'abord semblera m'éloigner de mon propos.

L'un des aspects les plus surprenants de la nature humaine est donné dans la considération des mouvements de l'énergie que nous captons, accumulons et dépensons. Nous ne pouvons pas capter d'énergie sans en dépenser. C'est le principe du travail qui s'inscrit dans une société rationnelle en lettres de feu : QUI NE TRAVAILLE PAS NE MANGE PAS. Mais à prendre les hommes dans l'ensemble dans une époque représentant une moyenne, ils n'ont pas besoin de dépenser pour capter celle qui leur est nécessaire pour se maintenir au niveau déjà atteint... Ils disposent normalement de sommes d'énergie plus grandes que celle qui leur est nécessaire pour continuer. Il y a régulièrement un excédent qui, de deux choses l'une, doit être accumulé – dans ce cas il y a croissance (croissance démographique, augmentation de potentiel de production) – ou consumé. La croissance n'est pas constante, elle ne peut être absolument illimitée : elle n'est en tout cas jamais telle qu'un excédent à consumer ne se trouve à peu près toujours. C'est une erreur fondamentale mais universelle de penser qu'une somme d'énergie disponible devrait servir à quelque chose. Au contraire, il y a nécessairement une somme d'énergie qui doit ne servir à rien. Le mouvement même de l'énergie en nous, pris dans l'ensemble, ne peut avoir d'autre résultat qu'une consumation. Si l'on veut, la richesse, compte tenu des dépenses utiles sans lesquelles elle ne serait pas, ne peut avoir d'autre fin qu'une dépense injustifiable (dont il serait impossible de rendre raison).

Ce qui empêche au premier abord de discerner ce caractère injustifiable tient justement à l'intérêt que prête l'homme à dépenser sa richesse sans raison. Le fait est la source d'interprétations superficielles, donnant raison d'être prétendue à ce qui n'en a pas. (...) La pensée ne peut donc être d'accord avec celui qui pense, qu'en se détruisant. C'est dans ses mouvements négatifs que le développement général de la pensée (l'histoire de la philosophie) s'est accordé avec les mouvements souverains de l'homme. Ceci mène à donner le moment où elle se détruit, où elle reconnaît la nuit, identifie ce qui est l'inconnu (note : je n'ai jamais compris pourquoi Sartre m'a reproché de ne pas vouloir dire le *néant* quand j'écrivais l'*inconnu*. Je veux bien que la proposition qu'il m'oppose : « Au-delà rien n'existe puisque rien n'est que ce que je connais » ait un sens pour lui. Mais partir d'une idée aussi drôle pour attaquer, c'est masochiste), pour un aboutissement. La connaissance en effet opère à ce point ce qu'elle a toujours eu pour fin : l'adéquation du sujet à l'objet, de la pensée à ce qu'elle envisage. L'accord se fait même très avant car la pensée n'effectue pas seulement un mouvement semblable à celui qu'elle envisageait : ce mouvement subjectif a le même effet que l'objectif. De même que les destructions de richesses (sacrificielles, érotiques...) qu'analyse la pensée aboutissent à un transport d'esprit, la destruction de la pensée comme dernier terme de l'analyse aboutit elle-même, prise isolément, à un transport. Ainsi, à ce point, cette méthode se trouve être une parfaite trahison de la connaissance au bénéfice de l'existence. Elle met en lumière, à la fin, la rigoureuse opposition de la connaissance à l'instant souverain, sans lequel nous n'avons d'existence que mineure. (...)

LE PUR BONHEUR [1]

La planète Terre est tellement encombrée de mort, de richesse, d'où s'élève un cri perçant : la richesse et la mort ne poussent sur la Terre qu'un grand cri, c'est la solitude qui crie. Je me représente cette imploration, je voudrais le faire jusqu'au tremblement.

– Ô Dieu! Soulagez-les de la mort et de la richesse! Ô Dieu! Délivrez-les de l'invocation de votre néant! Délivrez-les de *votre* solitude!

(...)

Le premier savoir est celui qui situe l'être humain dans le monde, est aussi celui qui prolonge le savoir de l'animal. L'animal distingue dans le jeu de ce monde intelligible pour lui ce qui répond à ses besoins. Le savoir humain fondamental n'est rien de plus que ce savoir élémentaire systématisé par le langage. Il n'est, élémentaire, qu'un accord de l'organisme et du milieu sans lequel l'organisme est inconcevable, en ce que l'organisme est ce qui, dans le monde, interroge le milieu qui l'entoure : l'organisme demande, dès l'abord, au milieu ce qui l'organise, qu'il distingue de ce qu'il ne peut organiser. Autrement dit l'organisme est lui-même le discernement du possible et de l'impossible. Le possible est réponse à la demande d'accord, l'impossible est absence de réponse.

Je puis envisager l'organisme comme aveugle, cherchant à tâtons un possible qui l'éclaire dans la nuit de l'impossible. Mais je suppose dès lors un pouvoir qu'aurait l'organisme rudimentaire de connaître négativement. Il semble en fait que l'organisme rudimentaire soit réductible à une fonction de l'accord possible. L'organisme lui-même est simplement cet accord : il est la somme des réponses que lui fait le milieu. (...)

Il y a plusieurs aspects du non-savoir :

1) Aller dans le monde du possible jusqu'au point où l'accord possible manque. Se reporter au possible et du fait que l'impossible est là se dire que le possible cessant, c'est comme s'il n'était pas.

2) Au-delà du possible, il y a ce qui ne nous trompe pas, comme le possible évidemment nous trompe, puisqu'il cesse. Mais je l'échafaude en projetant dans l'impossible une fausse réponse à mon besoin d'un impossible possible. Cependant je puis me dire qu'il en est de ce qui ne me trompe pas comme de ce qui me trompe, je me suis arrangé pour me tromper.

3) Dans les limites humaines, le savoir est contredit par de nombreux et complexes mouvements.

C'est qu'il y a un désir de non-savoir, d'être délivré des enchaînements du savoir, même si le savoir est rassurant. Les changements du possible en impossible, du savoir en non-savoir, dès l'instant où le possible est systématisé, et où l'impossible n'échappe plus, si l'ensemble du possible subsiste, ne se font pas connaître par le mode ordinaire de la connaissance, au contraire. Ces changements, en effet, si rien ne subsiste en nous de possible ne nous donnent que la douleur, mais quand nous sommes assez riches pour les aimer, sans même que sur le plan de la connaissance discursive nous les discernions, ouvrent en nous des voies dont l'essentiel est de nous déconcerter, mais dont l'effet de surprise est le principe de réactions heureuses. Cela suppose le passage d'accords organiques qui sont nécessaires, dans lesquels sans le possible, il n'y a rien, à des accords humains très arbitraires qui veulent par exemple que dans l'église l'accord soit possible avec tout être humain se conduisant dignement ou à peu près, mais non avec un chien qui aboie.

Il y a décidément dans les formes de non-savoir que j'ai décrites une progression où le non-savoir devient un savoir plus grand, mais ce savoir nouveau se heurte à la même impossibilité que celle où le processus du non-savoir avait d'abord conduit le savoir : si l'on veut, le savoir n'est jamais qu'un rapport précaire au lieu du rapport éternel qui semblait donné. Le savoir n'est qu'un accord et l'organisme particulier qui le forme avec le milieu ne peut passer de cet accord à l'universel en ce sens que le mode d'accord défini dans des rapports particuliers ne vaut plus pour l'universel. Il en est de même des rapports qui se forment entre l'organisme qui rit par exemple et qui s'accorde avec l'objet normal d'un désaccord (d'un accord impossible) en riant. Ainsi tout d'abord l'organisme humain a des développements négatifs qui sont l'envers des développements positifs, comme le rire (je ne parle pas du sacrifice), mais il en est déjà de même de l'organisme animal. Dans l'organisme animal déjà la copulation est recherche d'accord contre soi par négativité de l'organisme. C'est le principe de la communication. (...)

Les diverses possibilités fondamentales
(à partir de la formule philosophique : *à l'absence de tout concept répond l'absence de temps* ou *la parfaite intelligibilité de l'instant;* ou *le Savoir-absolu se dissout dans le Non-savoir-absolu*).

1) Il n'y avait rien à savoir ;

2) tout ce que nous savons est vrai, mais à la condition de s'évanouir en nous (nous savons *mieux* en cessant de savoir) ;

3) le désir ayant pour objet l'absence d'objet, l'absence de concept, fait du concept la négation de la valeur, en conséquence la valeur est le refus (et dans toutes les acceptations apparentes, il y avait, par une ruse, ce qui semble accepté simplement comme nécessité de faire porter le refus sur un donné) ; le refus est la vérité de l'être (Dieu se [*illisible*]) ;

4) tout ce qui est, qui est intelligible, mais semble mieux compris au moment où je cesse de le comprendre, est le fond et la limite des choses.

Je vais ainsi de *rien* à *devenir rien* (passivement), puis à *devenir rien* (activement) enfin à *quelque chose pire que rien*. Dans le second cas, le sacré est l'objet aimé et dans le troisième le sacré est l'effet de ma violation, de ma destruction. Le quatrième cas c'est le désespoir.

Les quatre possibilités sont *équivalentes,* il n'y a pas de repos en l'une d'elles et elles se résument ainsi dans leur mobilité :

sens = non-sens

sens + non-sens = sens plus profond

sens trop profond = haine de tout sens, révolte incessante

sens étroit irrécusable = acceptation d'une équivalence de la mort.

Les possibilités fondamentales étant évanouissement de sens répondent à tout évanouissement de sens donné dans un domaine restreint, mais surtout à l'évanouissement de sens le plus riche, qui tout en étant évanouissement de sens global est plus dramatique, plus terrible et n'a pas le caractère morne de ce qui est global.

Les évanouissements de sens les plus riches sont donnés dans le christianisme et l'érotisme, et essentiellement dans le complexe de leur parfaite opposition-composition. Rien, à beaucoup près, d'aussi violent en dehors de la civilisation religieuse des chrétiens. Le thème de la crucifixion demanda l'action efficace de l'immonde, de ce que personne, en principe, ne prend sur soi, bien que, sans l'immondice accomplie, tout soit encore pauvre (même dans la mort d'Osiris ou dans le sacrifice royal des Mexicains). Ce qui est bizarre est que le prêtre du Christ rejette la faute sur autrui, il ne peut commettre lui-même la faute, il ne peut éprouver la fureur de la faute, alors que chaque matin, il crucifie mollement son Dieu. Sade, sa figure séduisante, folle, furieuse, déraisonnable et se voulant telle en raisonnant, se voulant répugnante dans le bonheur furieux, manquant de sérieux et de cohérence, tirant toute sa force du manque de sérieux et de cohérence : dans Sade, le passage de la violence déchaînée à l'apathie est plus *droit* que le christianisme, mais l'ensemble est le monde chrétien insaisissable, déchiré et tirant de sa déchirure une richesse d'autant plus éblouissante que ce monde est en même temps le monde révolutionnaire (franco-russe) de Hegel, aussi lucide et aussi calme qu'il est violent. C'est justement cette parfaite richesse de sens, cohérente au sommet, à partir de laquelle le sens, tout sens, s'évanouit, puisque cette possibilité de grande richesse est celle qu'ouvre, presque infiniment, l'évanouissement de sens. La nuit ne tombe pas *immédiatement* à partir de la pauvreté plein soleil, mais seulement dans l'illusoire richesse du crépuscule.

Bien entendu, le sens n'est jamais donné dans l'individu mais dans le champ de l'humanité, où il y a étouffement, communication d'autant plus qu'il y a étouffement immonde. (...)

Impossible finalement de m'en sortir. La désinvolture de ceux qui me lisent (et m'aiment), leur inconséquence me condamnent. Elles me rejettent vers les crânes lourds. Je garderai, si je le puis, la démarche d'un sylphe !... mais il me faut d'abord devenir *un instrument de précision*. C'est peut-être difficile, mais pas trop, tant je hais la facilité sentimentale, le faux-fuyant qui donne à la fierté que l'on a *faute d'attention* le sens d'une servilité qui se cache.

NOTES POUR LE PUR BONHEUR

Le bonheur extrême qui généralement est regardé comme le mal garde néanmoins, en principe, une valeur limitée à des cas particuliers.

Dans la mesure où une société a de grandes fêtes, le bonheur extrême est proposé pour un temps privilégié comme une fin obligatoire.

Si un individu *souverain* bénéficie de privilèges, ce même bonheur lui est donné en tant qu'il est la société incarnée.

Mais dans un monde où il n'y a plus ni temps ni individus privilégiés, le bonheur extrême n'a plus de valeur reconnue. Il est tenu pour coupable, au moins généralement, dès qu'on s'élève aux principes.

Cette condamnation du bonheur, que le christianisme lui-même ne prit qu'en partie * à son compte, mais que la morale régnante entérine sans réserves ne doit pas être envisagée dans l'imprécision. Elle se fonde sur des comptes de droit et d'avoir entre l'individu et la société mais encore faut-il demander si les comptes sont justes.

Je ne conteste pas la nécessité des comptes. L'individu n'a pas vraiment le pouvoir de nier la dette contractée. Il le peut à la rigueur dans le crime : mais dans le crime il tire encore un bonheur suprême du fait d'avoir *violé* le contrat qui le liait, positivement violé, non simplement nié **. Mais nous pouvons réclamer moins des comptes personnels que des comptes globaux, car il est possible que la morale nous trompe et se trompe.

* Marthe et Marie, les mystiques, le luxe religieux.
** Genet. (Il faut que dans ce livre on aperçoive que la suppression des criminels qu'étaient les rois a donné un caractère *royal*, sacré, au criminel. Citer Rimbaud.)

Précisément nous devons chercher si la suppression accomplie en droit des moments et des individus privilégiés n'a pas généralement faussé la balance des comptes. Il s'agit finalement de savoir si la condamnation du bonheur violent – du bonheur à hauteur de mort – n'a pas été prononcée sur des pièces truquées. C'est la question décisive de la morale. Les comptes ne sont pas justes dans l'ensemble. La société prise dans l'ensemble dispose toujours, dispose plus que jamais des biens voués à la consumation de la fête et des souverains. Ils ne sont plus justes individuellement. Mais seulement dans les cas moyens.

Possibilité d'illustrer le pur bonheur
   a) le supplicié
   b) Das enige Antlitz
      Nietzsche (85)?
      Jonathan Swift (15)
      Frédéric le Grand (19)
      Marat (22)
   Peut-être le pendu d'André (non, impossible)
   Peut-être la Judith de Pierre?
   Possibilité d'un album (...)

Toujours cela me semble dérisoire de m'adresser à des lecteurs : si je n'ai pas le sentiment de les trahir, je ne doute pas du moins de me trahir moi-même. Je n'ai pas le courage de me taire, mais j'ai bien peu d'hésitation. Je préfère la vie à la rigueur, puisque jamais la nonchalance n'éloigne du silence final. Je me fais rire aussi moi-même, mais ce n'est pas avec mépris. Bien qu'aussi quelquefois je ressente pour moi-même un grand mépris, j'ai conscience de ma « gloire » et de l'« amitié » sans laquelle je n'écrirais pas.

(...) Je me souviens avec fidélité de la fin d'un psaume : *Domine ut priusquam abem, et amplius non ero*. Il n'est pas de mots qui me semblent exprimer plus parfaitement le goût de la vie – de ce mélange d'horreur et de séduction, l'une et l'autre immodérées, mais telles que l'une ne serait pas, si l'autre n'était pas. J'ai finalement un grand mépris pour ceux qui répondent à l'horreur par un *non* solennel. Certains hommes dont la vie est primitive ne mangent ni le lièvre ni le daim, ne voulant pas que la timidité de ces animaux les gagne par contagion. Ce non est la solennité de la fuite ou du tremblement qui succède à la fuite quand celle-ci est impossible. Je ne veux pas me faire plus fort que je ne suis. Je suis du côté des victimes et je connais bien le sentiment de la peur. Mais enliser la vie dans un bégaiement haineux contre la vie! Je ne veux que ce que désira le psalmiste.

EXÉCRATION [1]

Combien il est nécessaire de maintenir la perspective du rien où tout se résout qui est en dernier lieu au niveau de l'être, à quoi s'aligne la continuité, mais il ne s'agit pas de négation des possibilités de l'être, il s'agit de l'accord essentiel entre ces possibilités et leurs formes glorieuses avec le rien qui a le sens de la continuité de l'être. Contre le bouddhisme et dans le sens de Nietzsche.

Ce qui fut pour moi l'an dernier l'affirmation de la continuité (c'est-à-dire la fin de ma dépression nerveuse) je voudrais que cette page où je mets au point le mouvement glissant de ma pensée – ou plutôt son glissement – où j'en détermine les perspectives, le soit par rapport à l'angoisse qui m'envahit aujourd'hui si facilement. Non que je veuille nécessairement lever l'angoisse, mais je me dérobe à *toute* perspective fermée.

En résumé, il n'y a pas comme dans le bouddhisme un but défini, le rien, mais un mouvement dont le but est rien, sans doute, mais qui diffère envisagé dans sa totalité du rien où il tend. (...)

Non seulement il m'est moralement nécessaire de mettre en doute la valeur de la recherche de la connaissance (au sommet, non pratiquement, mais cette exécration au sommet est pour moi fondamentale, cette exécration est la raison d'être de mon attitude, du fait qu'au milieu des autres j'écris), mais dès l'abord plaçant la morale – c'est en somme traditionnel – au point de départ de la pensée, je subordonne la pensée à l'histoire puisque à mes yeux la morale s'identifie à l'histoire de l'interdit

au-delà de l'exigence première qui condamne la recherche de l'intérêt personnel

arrêté par la nécessité de ne plus condamner ce que l'interdit condamne, je dois essentiellement condamner la transgression accomplie dans un but intéressé, par exemple la guerre non ludique

la transgression pour la transgression est le principe moral que j'avoue

cela ne va pas sans une recherche de ce que signifie la transgression
indépendamment de l'intérêt
  il y a évidemment mise en avant de ce principe : le refus de connaître,
l'athéologie, la mort de Dieu
  cette recherche est la même chose que la religion, non que la
philosophie, mais c'est l'ambition de cette recherche, de supprimer
en même temps religion et philosophie
  il n'y a pas suppression pure et simple de la philosophie comme il
y a suppression pure et simple de la religion
  la philosophie est une étude et en tant que telle elle est continuée
mais c'est sa valeur dernière qui est niée
  en effet la philosophie aboutit à son exécration
  la religion au contraire est supprimée du fait qu'elle disparaît avec
la dévalorisation de l'intérêt personnel construit
  il peut y avoir une « expérience » même systématique mais cette
expérience n'a qu'une fin, la liquidation de l'expérience, de toute
expérience systématique. D'où une valorisation silencieuse – sans
littérature – de l'expérience non systématique. Sans littérature autre
que la construction dans l'esprit humain de la renonciation athéologique.

Sans littérature ne signifie pas de changement dans la signification
de l'activité poétique (sinon peut-être en fait le changement résultant
après coup de la renonciation en général, changement que l'on doit
se garder de regarder autrement que sous le jour de changements
non systématisés, à la suite de la vie dans un monde sans possibilité
aléatoire).

L'expérience mystique et la transgression de l'interdit qui
commande la conformité de la pensée au possible
  de l'opposition de la pensée à la violence

Le discours dure alors que la transgression est dans l'instant
L'idée d'inachèvement : c'est cela qui est la transgression.

LE DÉ TRAGIQUE [1]

Dans les limites où *actuellement* nous vivons apparaissent deux possibilités, l'une, éternelle, procède de la raison. L'autre est la tragédie : le monde est en entier ce que nous sommes, il est en jeu, il n'est rien en lui qui ne soit en jeu. L'idée de Dieu concilierait la raison et la tragédie, la raison et le jeu. La création divine ouvrirait le jeu, mais elle l'ouvrirait rationnellement. Cet aspect, dans l'orthodoxie (catholique) est donné sans réserve. Le jansénisme est le gémissement répondant à la vision d'une Toute-Puissance de la raison. Mais la Toute-Puissance est donnée, dans le jansénisme à je ne sais quelle entité qui, étant extérieure à la raison, ne joue pas. Le Dieu des jansénistes ne joue pas. Il n'aurait plus la toute-puissance s'il jouait. La mort de Dieu commence au moment où un homme entrevoit le scandale des scandales, qui s'énonce idiotement : *Si j'étais Dieu, j'aurais la Toute-Puissance et je la jouerais. Sans le pouvoir de la jouer aurais-je la Toute-Puissance ? Je ne serais pas Dieu sans être un homme si je n'étais à tout instant, douloureusement, si je n'étais à tout instant gaiement, risiblement joué !* L'homme est un dé tragique. S'il n'était tel, aurait-il conçu Dieu ? Mais à mesure que la pensée de Dieu l'envahissait, le mouvement sans lequel il n'aurait pu le concevoir était paralysé. Le monde envisagé dans la perspective de Dieu à l'état statique, le monde sans jeu réduit à la raison, s'éloigne rapidement de la violence et de la terreur du jeu, il s'éloigne rapidement de l'apparition bouleversante de Dieu. (...)

L'amour de Dieu est la reconnaissance émerveillée de qui se découvre à la mesure de ce qu'il y a dans le monde de terrifiant. Mais la révélation n'est pas supportable longtemps. Dieu est en vérité le moyen d'apercevoir le plus terrible et pourtant de le supporter. Le dévot devant Dieu demeure émerveillé jouissant d'une violence infinie qu'il imagine contenue dans les limites de la bonté. (...)

LE JEU [1]

« La vie n'a qu'un charme vrai, c'est le charme du jeu » (Baudelaire).

Le jeu, dans le cours de l'histoire, est mené par les maîtres. Le jeu est le privilège des maîtres : être esclave est n'avoir pas le bonheur de jouer.

La classe inférieure insurgée abolit les privilèges, ainsi le jeu lui-même est aboli, l'humanité diminuée.

Celui qui commande – le maître – regarde la mort dans l'indifférence.

La crainte de la mort oblige l'esclave à travailler. Prendre au sérieux la mort incline à la servitude.

Le travail est accompli dans l'attente d'un résultat; et dans l'attente, les hommes sentent ce qui échappe à l'animal : l'approche inéluctable de la mort.

Qui travaille, de ce fait, sent la mort approcher : la mort ne ronge pas celui qui joue mais son ombre s'étend sur le travail. L'accomplissement du travail annonce le sérieux de la mort sous la menace de laquelle le travail s'accomplit : l'indigent qui ne travaille pas ne mange pas et, faute de manger, se promet à la mort.

EMPRUNTS *
DE GEORGES BATAILLE
À LA
BIBLIOTHÈQUE NATIONALE
(1922-1950) ** [1]

* Liste établie et annotée par Jean-Pierre Le Bouler et Joëlle Bellec Martini (conservateurs à la Bibliothèque nationale) : « À la mémoire de Jean Bruno ».

** Les prêts inscrits par Bataille lui-même sont marqués d'un astérisque. Chaque fois qu'un emprunt s'est vu attribuer un numéro d'ordre, celui-ci est restitué entre parenthèses en fin de notice (prêts 38 à 280). Aucun lieu d'édition n'est donné en adresse pour les ouvrages publiés à Paris.

La libéralité du prêt au personnel et la durée de certaines communications pourront surprendre : un règlement beaucoup plus strict, s'inscrivant dans le cadre du « Plan de sauvegarde des collections », est entré en vigueur au début des années 80.

*Car enfin M. Bataille écrit, il occupe un poste à la Biblio-
thèque nationale, il lit (...).*

Sartre, « *Un nouveau mystique* * »,
Cahiers du Sud, *oct.-déc. 1943.*

Les emprunts de Georges Bataille à la Nationale sont consignés dans cinq
registres (Hémicycle des Imprimés, Salle des Archives) :
I. B.N., Impr., Prêt 110. Ces prêts s'échelonnent du 24 juillet 1922 au
10 avril 1924. Bataille est alors au Département des Imprimés, où il note
lui-même ses emprunts.
II. B.N., Impr., Registre gris non coté, réservé au personnel des autres
Départements. Durant cette période (25 avril 1924-18 janvier 1930) Bataille
est au Cabinet des Médailles. Ces emprunts n'ont pas été inscrits par lui,
mais par ses collègues aux Imprimés.
III. B.N., Impr., Registre intitulé : *Volumes empruntés par MM. les bibliothécaires* (non coté). Bataille est de nouveau, et cette fois définitivement, au
Département des Imprimés où il inscrit lui-même ses emprunts (du 4 mars
au 26 décembre 1930).
IV. B.N., Impr., Registre non coté, où Bataille note ses emprunts du
10 janvier 1931 au 26 mai 1934.
V. B.N., Impr., Registre à tringles (non coté). Bataille y a inscrit ses
emprunts sur sept pages (du 30 mai 1934 au 20 avril 1942), à l'exception
du n° 734 ** (18 décembre 1937), de la main de Jean Bruno. Les emprunts
ultérieurs ont été portés sur le registre par divers collègues de la Nationale
(le n° 836, du 12 août 1950, excepté). À une date indéterminée (au plus
tard 1936), Bataille est affecté au Service des Périodiques, alors rattaché
au Département des Imprimés ***.
Dans les pages qui suivent, références sont faites au tome I des *O.C.* dans

---

* Apparemment, Sartre ignore que Bataille, un poumon atteint, « a dû quitter la
Bibliothèque nationale en avril 1942 » (*Notice autobiographique, O.C.,* t. VII, p. 462).
** Pour faciliter les références, nous avons numéroté de 1 à 836 les emprunts de
Bataille.
*** Ce service ne deviendra un département distinct qu'en 1945.

l'édition augmentée de 1973. Sur certaines lectures (*Le Sous-sol* – Hegel, Gurvitch, etc. – Sahagún), on verra les souvenirs ou témoignages de Leiris, Queneau et Métraux *, sans oublier (pour ce qui concerne les n°ˢ 574 et 576) *La Rosace* de Bataille **.

* « Hommage à Georges Bataille », *Critique*, n° 195-196 (août-septembre 1963), *passim*.
** *La Rosace : le « récapitulatif » inédit,* in Laure, *Écrits*, éd. de 1978 (10/18), p. 367-375.

EMPRUNTS DE G. BATAILLE

DU 24 JUILLET 1922 AU 10 AVRIL 1924

*1. 24 juillet 1922. − Dostoïevski. *L'Éternel mari.* Trad. N. Halpérine-Kaminski. − Plon-Nourrit, s.d. (Bibl. Plon; 13). − 8° Z. 20930 (13). − Rendu le 7 août.

*2. 12 août 1922. − Nietzsche. *Considérations inactuelles* : David Strauss; De l'utilité et des inconvénients... Trad. H. Albert. − Société du « Mercure de France », 1907 (*O.C.* de F. Nietzsche, publ. sous la dir. de H. Albert − Coll. d'auteurs étrangers). − 8° Z. 17174 (1). − Rendu le 10 octobre. *Cf.* O.C., *t. VII, p. 459 : « Lecture, décisive, de Nietzsche en 1923 » et, p. 615 : « J'ai connu l'œuvre de Nietzsche en 1923, elle m'a donné l'impression de n'avoir rien d'autre à dire ». La lecture de 1922, sans être « décisive », mérite d'être relevée. Voir aussi le n° suivant.*

*3. 12 août 1922. − Nietzsche. *Par-delà le bien et le mal.* Trad. H. Albert. − Société du « Mercure de France », 1903 (dans la même coll.). − 8° R. 19106. − Rendu le 10 octobre. *Cf. le commentaire qui accompagne l'emprunt n° 2. Le t. VIII des O.C. permet de nuancer : au « Je ne commençai à lire Nietzsche qu'en 1923 » (p. 562), on opposera le « Mais lorsqu'en 1922, je lus Par delà le bien et le mal » (p. 640).*

*4. 21 août 1922. − Bergson. *Essai sur les données immédiates...* 2ᵉ éd. − F. Alcan, 1898 (Bibl. de philosophie contemporaine). − 8° R. 15533. − Rendu le 20 (ou le 23) avril 1923. *B. a inscrit par erreur : « 8° R. 15333 ». Avant de consulter Le Rire (au British Museum, en 1920), B. n'avait guère lu que « quelques pages de Bergson » (O.C., t. VIII, p. 220-221 et 562), sinon « rien lu de lui » (t. V., p. 80).*

*5. 28 août 1922. − Gide. *Les Nourritures terrestres.* 3ᵉ éd. − « Mercure de France », 1897. − 8° Z. 14684. − Rendu le 10 octobre.

*6. 1ᵉʳ (ou 2) septembre 1922. − Gobineau. *Essai sur l'inégalité des races...* 2ᵉ éd. − Firmin-Didot, 1884. 2 vol. − 8° G. 1473. − Rendu le 20 octobre.

*7. 14 septembre 1922. − Boutros Ghali, Wacyf. *La Tradition chevaleresque* *des Arabes.* – Plon-Nourrit, 1919. – 8° O²g. 814. – Rendu le 23 avril 1923.

*8. 29 septembre 1922. – Claudel. *Cinq grandes odes* : suivies d'un *Processionnal...* 3ᵉ éd. – Éd. de la « N.R.F. », 1913. – 8° Z. 19222. – Rendu le 10 octobre.

*9. 21 octobre 1922. – Förster-Nietzsche, E. *Das Leben Friedrich Nietzsche's.* – Leipzig, C.G. Naumann, 1895-1904. 2 t. en 3 vol. – 8° M. 9037. – Rendu le 20 avril 1923.

Cf. également, supra, *les nᵒˢ 2-3. On sait le sort que B. fera à « Élisabeth Judas-Foerster » dans le nᵒ 2 (janvier 1937) d'*Acéphale.

*10. 21 octobre 1922. – Goncourt, E. et J. de. *L'Art du dix-huitième siècle.* – G. Charpentier, 1894-1895. 3 vol. – 8° V. 15333. – Rendu le 10 novembre (1922) ou le 10 février 1923.

B. a inscrit par erreur : « 8° V 1533 ».

*11. 2 décembre 1922. – Claudel. *Deux poèmes d'été.* 2ᵉ éd. – Éd. de la « N.R.F. », 1914. – 8° Yf. 1951. – Rendu le 20 avril 1923.

*12. 4 février 1923. – Vissière, A.-J.-A. *Premières leçons de chinois.* 2ᵉ éd. – Leide, E.J. Brill, 1914. – 8° X. 15563. – Rendu le 13 novembre.

Voir aussi, infra, *le même emprunt sous les nᵒˢ 35, 39 et 61. Cf. également le commentaire qui suit l'emprunt nᵒ 33.*

*13. 10 février 1923. – Freud. *Introduction à la psychanalyse.* Trad. S. Jankélévitch. – Payot, 1922. – 8° R. 30948. – Rendu le 6 juin.

*14. 10 février 1923. – Bushell, S.W. *L'Art chinois.* Trad. de la 2ᵉ éd. angl. et ann. par H. d'Ardenne de Tizac. – H. Laurens, 1910 (Les Études d'art à l'étranger). – 8° V. 33976. – Rendu le 6 juin.

B. indique la cote suivante, inexacte : « 8° V 33876 ». Voir aussi, infra, *les nᵒˢ 40 et 62.*

*15. 28 février 1923. – Bellesort, A. *La Suède.* – Perrin, 1911. – 8° M. 15317. – Rendu le 16 mars.

*16. 23 avril 1923. – Sseu-ma Ts'ien. *Les Mémoires historiques.* Trad. et ann. par E. Chavannes. T. I (Introd. et chap. I-IV). – E. Leroux, 1895. – 8° O²n. 941 (1). – Rendu à une date inconnue.

*17. 4 mai 1923. – Fustel de Coulanges. *La Cité antique.* 12ᵉ éd. – Hachette, 1888. – 8° J. 1952. – Rendu à une date inconnue.

*18. 1ᵉʳ juin 1923. – Fita y Colomer, le P. F. et Fernandez Guerra y Orbe, A. *Recuerdos de un viaje a Santiago de Galicia.* – Madrid, impr. de Lezcano, 1880. – 4° Ol. 1542. – Rendu à une date inconnue.

B. se trompe en transcrivant le titre, qui devient : « Recuerdos de un viaje a Compostella » (cf. l'emprunt nᵒ 19). Les cote et format de cet ouvrage sont attribués à l'ouvrage suivant, emprunté le même jour, et vice versa.

*19. 1ᵉʳ juin 1923. – *Le Codex de Saint-Jacques-de-Compostelle* (Liber de miraculis S. Jacobi). L. IV. Publ. par le P. Fita, avec le concours de J. Vinson. – Maisonneuve, 1882. – 8° Ol. 939. – Rendu à une date inconnue.

Cf. le commentaire accompagnant l'emprunt nᵒ 18.

*20. 1ᵉʳ juin 1923. – Moreau-Vauthier, C. *La Peinture.* – Hachette (1913). – 8° V. 36930. – Rendu le 11.

*21. 13 juin 1923. – Exposition des Primitifs français, Louvre (Pavillon de Marsan) et Bibliothèque nationale, avril 1904. *Catalogue...* par H. Bouchot, L. Delisle, J.-J. Guiffrey *et al.* 2 t. en un vol. – 8° V. 31265. – Rendu à une date inconnue.

*22. 13 juin 1923. – Martin, Henry. *Les Miniaturistes français.* – H. Leclerc, 1906. – 8° Q. 3488. – Rendu à une date inconnue.
*23. 26 juin 1923. – Batiffol, L. *La Vie intime d'une reine de France...* (Marie de Médicis). – C. Lévy (1906). – 8° Lb ³⁵. 1387. – Rendu le 13 novembre. *Le nom de l'auteur devient, sous la plume de B. : « Battifol ».*
*24. 17 décembre 1923. – Vingtrinier, A. *Les Incunables de la ville de Lyon...* – Lyon, Bernoux et Cumin, 1890. – 8° Q. Pièce. 651. – Rendu le 29.
*25. 17 décembre 1923. – Charléty, S. *Histoire de Lyon...* – Lyon, A. Rey, 1903. – 8° Lk⁷. 33896. – Rendu le 29.
*26. 28 décembre 1923. – Bertels, K. *Francisco Goya.* – München und Leipzig, R. Piper, 1907. – 4° V. 6876. – Rendu le 12 janvier 1924. *B. inscrit pour titre : « Francisco von Goya ».*
*27. 28 décembre 1923. – Gaultier, J. de. *Le Bovarysme.* 2ᵉ éd. – « Mercure de France », 1902. – 8° Z. 5372. – Rendu le 12 janvier 1924. *B. a d'abord écrit : « Le Bovarisme », puis remplacé le i par un y.*
*28. 7 janvier 1924. – Bonhöffer, A. *Epictet und die Stoa...* – Stuttgart, F. Enke, 1890. – 4° R. 894. – Rendu le 12. *Sous la plume de « Battaille » (sic), le nom de l'auteur devient : « Bonhöfer ». Dans la col. réservée au format, B. a inscrit « 8° » au lieu de 4°.*
*29. 7 janvier 1924. – Bonhöffer. *Die Ethik des Stoikers Epictet.* – Stuttgart, F. Enke, 1894. – 8° R. 12365. – Rendu le 12. *Comme en 28, B. écrit : « Bonhöfer ».*
*30. 12 janvier 1924. – Winckelmann, J.J. *Histoire de l'art chez les anciens.* Trad. M. Huber. Nouvelle éd. – Barrois aîné, 1789. 3 vol. – 8° V. 3218. – Rendu le 16 février. *Dans la col. réservée au nombre de vol. empruntés, B. a inscrit : « 3 v. ».*
*31. 14 janvier 1924. – Perrens, F.-T. *Histoire de Florence...* T. VI (de 1382 à 1435). – Hachette, 1883. – 8° K. 102 (6). – Rendu le 16 février. *La cote inscrite par B. : « 8° K. 108 » est inexacte.*
*32. 16 février 1924. – Épictète. *Discours philosophiques.* Recueillis par Arrien et trad. par A.-P. Thurot. – L. Hachette, 1838. – R. 35169. – Réclamé à B. et rendu par lui à une date inconnue. *En inscrivant : « Épictète. Entretiens », B. n'a fait que se conformer à l'usage.*
*33. 20 février 1924. – Hillier, W. *The Chinese Language and how to learn it...* – London, K. Paul, Trench, Trübner and Co., 1907. – 8° X. 13295. – Réclamé à B. et rendu par lui à une date inconnue. *Sur l'initiation de B. à la langue chinoise, cf. un passage de la « Notice autobiographique », O.C., t. VII, p. 459, i.f. Les emprunts des Premières leçons de Vissière (12, 35, 39 et 61) procèdent de la même intention. Autre emprunt de Hillier, infra, sous le n° 44.*
*34. 1ᵉʳ mars 1924. – Épictète. *Diatribes* (texte grec). – F. Didot, 1827. 2 vol. – R. 17976-17977. – Réclamé à B. et rendu par lui à une date inconnue.
*35. 20 mars 1924. – Vissière. *Premières leçons...* – Réclamé à B. et rendu par lui à une date inconnue. *Identique à l'emprunt n° 12 (voir aussi les nᵒˢ 39 et 61). Pour le commentaire, cf. le n° 33 (et O.C., t. VIII, p. 563).*
*36. 20 mars 1924. – Boissonnade, P. *Du nouveau sur la Chanson de Roland.* – E. Champion, 1923. – 8° Ye. 10570. – Réclamé à B. et rendu par lui à une date inconnue.

*37. 10 avril 1924. − Fuchs, E. *Das Erotische Element in der Karikatur (Die Karikatur der europäischen Völker*. 3ter Band). − Berlin, A. Hofmann, 1904. − Enfer. 928. − Rendu le 15.

> *D'après cette mention ms. de B. : « Fuchs. Die Caricaturen in den xvii' Jahrt », qui inscrit, sans doute délibérément, une fausse cote : « 8° G. 948 ». Mais B. a pu voir également, du même auteur :* Die Frau in der Karikatur *(München, A. Langen, 1906). En 1954, il saura se souvenir de Fuchs (cf. O.C., t. VIII, p. 594).*

B.N., Impr., Registre non coté

EMPRUNTS DE B. DU 25 AVRIL 1924 AU 18 JANVIER 1930

38. 25 avril 1924. − *Nietzsche's Werke.* T. VI (*Also sprach Zarathustra)* et VII (*Jenseits von Gut und Böse. Zur Genealogie der Moral*). − Leipzig, C.G. Naumann (A. Kröner), 1895 et 1910. − 8° Z. 14098 (6-7). − Rendu le 1er septembre (2193).

> *Cf. O.C., t. VIII, p. 640 : « J'ai lu Nietzsche en premier lieu (des passages de* Zarathoustra*) alors que j'étais croyant... » Entendons : avant le séjour en Angleterre de 1920 (O.C., t. VII, p. 459).*

39. 25 avril 1924. − Vissière. *Premières leçons...* − Rendu le 1er septembre (2194).

> *Voir, supra, les nos 12 et 35, et, infra, le n° 61.*

40. 25 avril 1924. − Bushell. *L'Art chinois.* − Rendu le 18 juin (2195).

> *Cf. aussi les nos 14 et 62.*

41. 5 mai 1924. − Bouge, X. de. *Le Maître populaire ou le russe...* − L'auteur, 1923. − 4° X. 1074 (absence constatée le 21-XII-1946). − Rendu le 1er septembre (2232).

> *On s'est contenté d'inscrire, après la cote, « Méthode de russe ». Sur les « études de russe » commencées alors (et la trad. de Chestov), cf. O.C., t. VII, p. 459-460. Voir aussi, infra, le n° 60.*

42. 27 mai 1924. − Dumont-Wilden, L. *Le Portrait en France.* − Bruxelles, G. Van Oest, 1909 (Bibl. de l'art du xviiie siècle). − 4° V. 7033. − Rendu le 20 juin ou le 20 août (2327).

> *Mention d'auteur erronée : « Wildin ». Même emprunt sous le n° 66.*

43. 27 mai 1924. − Soothill, W.E. *The Student's four thousand (characters)...* − Shanghai, Presbyterian Mission Press, 1899. − 8° X. 12027. − Rendu le 1er septembre (2328).

> *Toujours dans le souci d'apprendre le chinois. Cf. aussi le n° 58.*

44. 13 juin 1924. − Hillier. *The Chinese Language...* − Rendu le 1er septembre (2366).

> *La cote portée : « 8° X 18295 » est fautive. Identique au n° 33.*

45. 13 juin 1924. − Rayet, O. et Collignon, M. *Histoire de la céramique grecque.* − G. Decaux, 1888. − 4° V. 2420. − Rendu le 22 (2367).

46. 4 juillet 1924. − Cordier, H. *La Chine.* − Payot, 1921 (Coll. Payot). − 8° Z. 21054 (8). − Rendu le 1er septembre (2413).

> *Même emprunt, infra, sous le n° 59.*

47. 4 juillet 1924. − Bréhier, É. *Histoire de la philosophie allemande.* − Payot et Cie, 1921 (Coll. Payot ; 13). − 8° Z. 21054 (13). − Rendu le 8 novembre (2414).

> *On a répété ici par erreur la sous-cote 8 (cf. le n° précédent).*

48. 11 juillet 1924. – *Monumentos arquitectónicos de España.* Laminas : « Ávila ». – Madrid, impr. de Fortanet, 1859. – Gr. Fol. Ok. 82 (Atlas-I). – Rendu le 15 (2434).
    On a simplement inscrit : « Gr. fol. Ok 82 Avila ». Nous n'avons pu retrouver, dans ces volumes peu maniables, le texte auquel les planches correspondent.

49. 8 août 1924. – *Bulletin de l'Athénée oriental.* Année 1882, fasc. 1-2. – 8° G. 5090. – Rendu le 11 (2510).
    Cf. également le n° 54.

50. 8 août 1924. – *Biographisches Jahrbuch für Alterthumskunde.* Année 1885. – 8° J. 259 (3), 1885-88. – Rendu le 11 (2511).
    Cf. aussi le n° 53.

51. 8 août 1924. – *The American journal of archaeology and of the history of the fine arts.* « Vol. 1 N° 2 et 3 » (avril-juin 1885). – 4° Pb. 2965. – Rendu le 11 (2512).

52. 8 août 1924. – Grailly, F. de. *L'Indispensable garantie.* Lettre-préf. de M. E. Babelon. – E. Leroux, 1918 (La Rive gauche du Rhin). – 8° G. 10111. – Rendu le 11 (2513).

53. 11 août 1924. – *Jahresbericht über die Fortschritte der classischen Alterthumswissenschaft.* Années 1882-1885. – 8° J. 259. – Rendu en août (2520).
    On s'est contenté d'inscrire : « 1882. 83. 85. Jahresbericht » et, dans la col. relative au nombre de vol. sortis, le chiffre 7. Date de restitution illisible (sauf « 8-24 »). Cf. aussi le n° 50.

54. 11 août 1924. – *Bulletin de l'Athénée oriental.* (1881? 1883?) Fasc. 1-2. – 8° G. 5090. – Rendu en août (2521).
    Le dénominateur commun aux n°s 49 à 54 paraît être E. Babelon. Voir : A. David Le Suffleur, « Ernest Babelon, 1854-1924 » (Aréthuse, n° 4, juillet 1924) et surtout « Bibliographie des travaux d'E. Babelon » (ibid., n° 5, octobre 1924, signée D.L.S. – avec la collab. de G.B. ?).

55. 18 août 1924. – Pouchkine. *Eugène Oniéguine...* Suivi de *Achik-Kérib...* par Lermontoff. Trad. A. de Villamarie. – Le traducteur (1904). – 8° Ym. 157. – Rendu le 1ᵉʳ septembre (2534).

56. 18 août 1924. – Chestov, L. *Les Révélations de la mort...* Préf. et trad. B. de Schloezer. – Plon-Nourrit et Cⁱᵉ, 1923 (Coll. d'auteurs étrangers). – 8° R. 31854. – Rendu le 1ᵉʳ septembre (2535).
    C'est également en 1924 (cf. O.C., t. VII, p. 459-460) que B. a traduit, en collaboration avec T. Beresovski-Chestov, L'Idée de bien chez Tolstoï et Nietzsche (publié aux Éditions du Siècle, 1925; 2ᵉ éd. chez Vrin en 1949). Cf. aussi O.C., t. VIII, p. 563.

57. 20 août 1924. – Massignon, L.-F.-J. *La Passion d'Al-Hosayn-Ibn-Mansour, Al Hallaj...* – P. Geuthner, 1922. 2 vol. – 8° O²h. 717 (1-2). – Rendu le 26 mai 1925 (2540).

58. 10 octobre 1924. – Soothill. *The Student's...* – Rendu le 6 juillet 1925 (2669).
    Identique au n° 43.

59. 10 octobre 1924. – Cordier. *La Chine.* – Rendu le 25 juillet 1925 (2670).
    Cf., supra, le n° 46.

60. 10 octobre 1924. – Bouge. *Le Maître populaire ou le russe...* – Rendu le 17 juillet 1925 (2671).
    Identique au n° 41.

61. 10 octobre 1924. – Vissière. *Premières leçons...* – Rendu le 17 (2672).
Voir, supra, les n°s 12, 35 et 39.

62. 22 octobre 1924. – Bushell. *L'Art chinois.* – Rendu le 25 octobre (1924)
ou le 25 septembre 1925 (2700).
Identique aux n°s 14 et 40.

63. 22 octobre 1924. – Nietzsche. *Humain, trop humain* (1re partie). Trad.
A.-M. Desrousseaux. 2e éd. – « Mercure de France », 1899 (Coll. d'auteurs étrangers). – 8° R. 16379 (1). – Rendu le 20 février 1925 (2701).
*On a omis d'inscrire la sous-cote mais, dans la col. réservée au nombre
de vol., on lit le chiffre « 1 ». Devenu Microfiche m. 5125 (1).*

64. 22 octobre 1924. – Aragon. *Anicet ou le Panorama.* 2e éd. – Éd. de la
« N.R.F. », 1921. – 8° Y². 65510. – Rendu le 4 décembre (2702).
Cf. O.C., t. I, p. 183, note de B., i.f. (réf. à l'éd. de 1921).

65. 22 octobre 1924. – Breton, A. *Mont de Piété (1913-1919).* – Au Sans
Pareil, 1919 (Coll. de littérature). – Cote actuelle : Rés. p. Ye. 1383.
– Rendu le 31 (2703).
*Alors coté : 8° Z. Pièce. 2059 (c'est sans doute par inadvertance qu'on a
inscrit dans la col. réservée au nombre de vol. le chiffre « 3 »). Sur la
première rencontre avec Leiris (octobre 1924?) et les rapports avec Aragon
et Breton, cf. Le Surréalisme au jour le jour (O.C., t. VIII, p. 167-184)
et le témoignage de Leiris (Critique, n° 195-196, p. 685-693 ou Brisées,
p. 256-266).*

66. 24 octobre 1924. – Dumont-Wilden. *Le Portrait en France.* – Rendu le
28 (2710).
*Dans l'enregistrement du prêt, un plaisant lapsus calami : « Mᵉˡˡᵉ » B.
(aussitôt corrigé en « Mr »). En mention d'auteur : « Dumont » et pour titre :
« Portrait d'art en France ». Voir aussi, supra, le n° 42.*

67. 24 octobre 1924. – Locquin, J. *La Peinture d'histoire en France de 1747
à 1785...* – H. Laurens, 1912. – 4° V. 7567. – Rendu le 31 (2711).

68. 31 octobre 1924. – Loudun, E. *Étude sur les œuvres de Napoléon III.* –
Amyot, 1857. – 8° Lb⁵⁶. 369. – Rendu le 8 novembre (2733).

69. 31 octobre 1924. – Kirwan, C. de. *Échecs et déclin du règne de Napoléon III.*
– Arras, Paris, Sueur-Charruey. (1902. – Extrait de la « Science catholique », décembre 1901). – 8° Lb⁵⁶. 3454. – Rendu le 8 novembre (2734).

70. 31 octobre 1924. – Bourgeois, Émile et Clermont, E. *Rome et Napoléon III*
(1849-1870). – A. Colin, 1907. – 8° Lb⁵⁶. 3474. – Rendu le 8 novembre
(2735).

71. 31 octobre 1924. – Giraudeau, F. *Napoléon III intime.* 5e éd. –
P. Ollendorff, 1895. – 8° Lb⁵⁶. 3395. – Rendu le 4 décembre (2736).

72. 8 novembre 1924. – Bapst, G. *Le Maréchal Canrobert, souvenirs d'un
siècle.* – Plon-Nourrit et Ciᵉ, 1898-1913. 6 vol. – 8° Ln²⁷. 45817 (1-6).
– Rendu le 4 décembre (2770).
*B. a emprunté « 3 » vol., sans doute les t. 2, 3 et 4, qui traitent longuement
de Napoléon III (cf. les emprunts 68 à 71).*

73. 24 novembre 1924. – Poulsen, F. *Der Orient und die frühgriechische Kunst.*
– Leipzig, Berlin, B.G. Teubner, 1912. – 4° V. 7564. – Rendu le
23 décembre (2825).

74. 24 novembre 1924. – Gaupp, Ernst Theodor. *Die Germanischen Ansied-
lungen und Landtheilungen in den Provinzen des römischen Westreiches...* –
Breslau, J. Max, 1844. – M. 26528. – Rendu le 18 juillet 1925 (2826).

75. 26 novembre 1924. – Aragon. *Feu de joie.* – Au Sans Pareil, 1920. – 8° Ye. 21618 (devenu Rés. p. Ye. 2293). – Rendu le 4 décembre (2838).
76. 4 décembre 1924. – Cartwright, Julia (Mrs Ady). *Isabelle d'Este, marquise de Mantoue...* Trad. Mme E. Schlumberger. – Hachette, 1912. – 8° K. 4549. – Rendu le 4 avril 1925 (2871).
    En mention d'auteur, on s'est contenté d'inscrire : « Julia ».
77. 4 décembre 1924. – Monier de La Sizeranne, R.-H.-M.-B. de. *Béatrice d'Este et sa cour.* – Hachette, cop. 1920 (Les Masques et les visages). – 8° V. 15967 (2). – Rendu le 17 janvier 1925 (2874).
    Mention d'auteur : « Sizeranne ».
78. 20 décembre 1924. – Leroy, Gabriel. *Histoire de Melun...* – Melun, Drosne, 1887. – 4° Lk⁷. 25863. – Rendu le 6 juillet 1925 (2950).
79. 2 février 1925. – Breton et Soupault. *Les Champs magnétiques.* 2e éd. – Au Sans Pareil, 1920. – 8° Z. 7353. – Rendu le 20 (3062).
80. 2 février 1925. – Dostoïevski. *Les Possédés.* Trad. V. Derély. – E. Plon-Nourrit et Cie (1886). 2 vol. – 8° Y². 9744. – Rendu le 6 juillet (3063).
81. 2 février 1925. – Apollinaire. *Les Mamelles de Tirésias...* – Éditions Sic, 1918. – 8° Yth. 35876 (devenu Rés. p. Yf. 306). – Rendu le jour même (3064).
    En mention d'auteur : « Guillaume », suivi d'une cote erronée : « 8° Y^th 35873 ». Voir aussi, infra, le n° 84.
82. 2 février 1925. – Gogol. *L'Inspecteur en tournée...* Trad. A. Challandes. – G. Fischbacher; Genève, Georg, 1909. – 8° Ym. 250. – Rendu le 16 juin (3065).
    En mention d'auteur : « Nicolas »; en titre : « Gogol ».
83. 4 février 1925. – Gogol. *Les Âmes mortes.* Trad. E. Charrière. – L. Hachette, 1906. 2 vol. – 8° Y². 22471. – Rendu le 17 juillet (3082).
84. 4 février 1925. – Apollinaire. *Les Mamelles de Tirésias...* – Rendu le 18 juillet (3083).
    Cf., supra, le n° 81.
85. 4 février 1925. – Rivière, Jacques. *Études :* Baudelaire, Claudel, Gide, Rameau... – M. Rivière, 1911 (Éd. de la « N.R.F. »). – 8° Z. 18732. – Rendu le 20 (3084).
86. 10 février 1925. – Frizzi, Antonio. *Memorie per la storia di Ferrara...* 2e éd. T. 3-4. – Ferrara, A. Servadio, 1847-1848. 5 vol. – K. 4076-4077. – Rendu le 20 juillet (3103).
    On a inscrit les cotes extrêmes : « K 4074-78 ». Voir également, infra, les n°s 110 et 121.
87. 10 février 1925. – Sismondi. *Histoire des républiques italiennes du Moyen Âge.* T. 5-6 (ou 6-7). – Zurich, H. Gessner, 1807-1809. 8 vol. – K. 7691-7692 (ou 7692-7693). – Rendu le 23 mai (3104).
    Devant « T 5 et 6 Histoire », on a inscrit : « K 7692-93 ». Ce sont les cotes respectives des t. 6 et 7.
88. 10 février 1925. – Foville, J. de. *Pisanello et les médailleurs italiens...* – H. Laurens (1909). – 8° K. 4010. – Rendu le 20 juillet (3105).
    Lecture professionnelle : depuis la mi-avril 1924, B. est aux Médailles. Pisanello est nommé dans « Babelon (Jean)... » (O.C., t. I, p. 120).
89. 20 février 1925. – *Journal des Dames.* Année 1831. – Rés. 8° Lc¹⁴. 4. – Rendu le lendemain (3157).
90. 20 février 1925. – Henrion, baron M.-R.-A. *Annuaire biographique...*

Années 1830-1834. – P. Méquignon, 1834. 2. t. en 1 vol. – G. 24428. – Rendu le lendemain (3159).

Dans la col. réservée au titre, on lit : « T. 2 Annuaire ».

91. 16 mai 1925. – Makarov, N.P. *Dictionnaire français-russe complet.* 4ᵉ éd. – Saint-Pétersbourg, l'auteur, 1884. – 4° X. 1000. – Rendu le 23 (3436).
On a inscrit par erreur « 2 » vol.

92. 19 mai 1925. – Fuhrmann, E. et Melchers, B. *China...* 2 vol. – Hagen, Folkwang Verlag, 1921 (Geist, Kunst und Leben Asiens; 4-5). – 4° O². 1338 (4-5). – Rendu le 16 juin (3448).

93. 19 mai 1925. – Migeon, G. et Saladin, H. *Manuel d'art musulman...* – A. Picard et fils, 1908. 2 vol. – 8° V. 32113. – Rendu le 17 juillet (3449).
On a inscrit par erreur : « 4° V 32113 ». B. a emprunté les 2 vol.

94. 16 juin 1925. – Dostoïevski. *Crime et châtiment.* Trad. V. Derély. – Plon-Nourrit et Cⁱᵉ (1909). 2 vol. – 8° Y². 23349. – Rendu le 20 juillet (3534).
Dans la col. réservée au nombre de vol., on lit : « 1 ».

95. 16 juin 1925. – Senancour. *Obermann.* 2ᵉ éd. Préf. de Sainte-Beuve. – A. Ledoux, 1833. 2 vol. – 8° Y². 19929. – Rendu le 20 juillet (3535).

96. 16 juin 1925. – Dostoïevski. *Le Sous-sol.* Trad. J.-W. Bienstock. – Bibliothèque Charpentier, 1909. – 8° Y². 57451. – Rendu le 20 juillet (3536).
Même emprunt, infra, *sous le n° 116.*

97. 16 juin 1925. – Lautréamont. *Les Chants de Maldoror.* Chant premier. – Impr. de Balitout, Quesnoy et Cⁱᵉ, 1868. – Ye. 20608 (devenu Rés. p. Ye. 869). – Rendu le 18 juillet (3537).

98. 16 juin 1925. – Lautréamont. *Poésies...* – Gabrie, 1870. – Ye. 20609 (devenu Rés. p. Ye. 870). – Rendu le 18 juillet (3538).
En mention d'auteur : « Ducasse ». Même emprunt, infra, *sous le n° 124.*

99. 16 juin 1925. – Roussel, R. *Locus Solus.* – A. Lemerre, 1914. – 8° Y². 62816. – Rendu le 18 juillet (3539).

100. 20 juin 1925. – Justi, F. *Iranisches Namenbuch.* – Marburg, Elwertische Verlagsbuchhandlung, 1895. – Fol. X. 104. – Rendu le 6 juillet (3551).

101. 1ᵉʳ juillet 1925. – Joanne, P. *Itinéraire général de la France : Vosges, Alsace et Forêt-Noire.* – Hachette, 1905 (Coll. des guides Joanne). – 8° L²⁵. 56 (23). – Rendu le 18 (3578).

102. 3 juillet 1925. – Becdelièvre-Hamal, Cᵗᵉ A.-G. de. *Biographie liégeoise...* T. 2. – Liège, impr. Jeunehomme frères, 1837. – M. 23823. – Rendu le jour même (3580).

103. 18 juillet 1925. – (Un emprunt annulé non identifiable). – (3623.)

104. 22 juillet 1925. – *Nouveau recueil de contes...* Éd. par A. Jubinal. – E. Pannier (puis Challamel), 1839-1842. 2 vol. – Ye. 24718-24719. – Rendu le 27 (3637).
Cf. « Fatrasies » (O.C., *t. I, p. 103-104) et la lettre de Leiris citée p. 647. B. a réemprunté le t. II en novembre (n° 126).*

105. 27 juillet 1925. – Jubinal, A. *Jongleurs et trouvères...* – J.-A. Merklein, 1835. – Rés. Ye. 4198. – Rendu le 1ᵉʳ août (3653).
Même emprunt, infra, *sous le n° 125.*

106. 27 juillet 1925. – *Recueil général des sotties.* Publ. par Émile Picot. – Firmin-Didot, 1902-1912 (Société des anciens textes français). 3 vol. – 8° Z. 74 (88-90). – Rendu le 1ᵉʳ août (3654).

107. 1er août 1925. – Foville, J. de. *Les Premières œuvres de Jean Varin en France*. – S.l. (*circa* 1913) (Extrait de la « Revue de l'art ancien et moderne », 10-VIII-1913). – Fol. Lj²². 127. – Rendu le 14 septembre (3664).

108. 1er août 1925. – Helbig, J. *La Sculpture et les arts plastiques au pays de Liège...* 2e éd. – Bruges, Desclée, De Brouwer, 1890. – 4° V. 4558. – Rendu le 14 septembre (3665).

109. 1er août 1925. – Fétis, E. *Les Artistes belges à l'étranger...* – Bruxelles, M. Hayez, 1857. – 8° M. 12379. – Rendu le 14 septembre (3666).

110. 4 août 1925. – Frizzi. *Memorie per la storia...* – K. 4074-4078. – Rendu le 14 septembre (3677).
     Cette fois, B. a emprunté les 5 vol. Cf., supra, le n° 86 et, infra, le n° 121.

111. 4 août 1925. – Gardner, E.G. *Dukes and Poets in Ferrara...* – London, A. Constable, 1904. – 8° K. 3666. – Rendu le 14 septembre (3678).

112. 4 août 1925. – Capilupi, C. *La Devoluzione di Ferrara alla S. Sede, seconda una relazione inedita di Camillo Capilupi.* Prof. V. Prinzivalli. – Ferrara, Premiata tipografia sociale, 1898 (Extrait de « Atti della Deputazione ferrarese di storia patria »). – 8° K. 3158. – Rendu le 14 septembre (3679).

113. 4 août 1925. – Picot, É. *Les Français à l'université de Ferrare au xvᵉ et au xviᵉ siècle...* – Impr. nationale, 1902 (Extrait du « Journal des Savants », février-mars 1902). – 4° R. Pièce. 1394. – Rendu le 14 septembre (3680).

114. 8 août 1925. – Justi. *Iranisches Namenbuch.* – Fol. X. 104. – Rendu le 14 septembre (3690).
     Même emprunt, supra, sous le n° 100.

115. 8 octobre 1925. – Éluard. *Les Animaux et leurs hommes, les hommes et leurs animaux.* – Au Sans Pareil, 1920 (Coll. de littérature). – 8° Ye. Pièce. 8769. – Rendu le 3 novembre (3850).

116. 8 octobre 1925. – Dostoïevski. *Le Sous-sol.* – 8° Y². 57451. – Rendu le 3 novembre (3851).
     Voir, supra, le n° 96.

117. 8 octobre 1925. – Éluard. *Nécessités de la vie...* Note de J. Paulhan. – Au Sans Pareil, 1921. – 8° Z. 21160 (devenu Rés. p. Z. 1745). – Rendu le 3 novembre (3852).
     On a inscrit par erreur : « 8° Z 10331 ». Cf. aussi, infra, le n° 119.

118. 4 novembre 1925. – Éluard. *Répétitions.* Dessins de Max Ernst. – Au Sans Pareil, 1922. – 8° Ye. 10331 (devenu Rés. p. Ye. 1524). – Rendu le 18 décembre (3954).

119. 4 novembre 1925. – Éluard. *Nécessités de la vie...* – Rés. p. Z. 1745. – Rendu le 23 (3958).
     Identique au n° 117, supra.

120. 6 novembre 1925. – Pautard, G.-L. *De l'un au treize, synthèse arithmo-sophique de la magie.* – Chacornac frères (*circa* 1919). – 8° R. Pièce. 15947. – Rendu le 18 décembre (3971).

121. 12 novembre 1925. – Frizzi. *Memorie...* – K. 4074-4078. – Rendu le 28 décembre (3988).
     Voir aussi, supra, les nᵒˢ 86 et 110.

122. 12 novembre 1925. – Gardner. *Dukes and Poets...* – 8° K. 3666. – Rendu le 8 juillet 1926 (3989).

Même emprunt, supra, *sous le n° 111.*

123. 24 novembre 1925. – Lautréamont. *Les Chants de Maldoror* (Chants I à VI). – L. Genonceaux, 1890. – 8° Ye. 2658 (devenu Rés. p. Ye. 679). – Rendu le 18 décembre (4013).
En mention d'auteur : « Ducasse ».

124. 24 novembre 1925. – Lautréamont. *Poésies...* – Rés. p. Ye. 870. – Rendu le 22 décembre (4014).
Emprunt identique, supra, *sous le n° 98.*

125. 24 novembre 1925. – Jubinal. *Jongleurs et trouvères...* – Rés. Ye. 4198. – Rendu le 18 décembre (4015).
Voir, supra, *le n° 105.*

126. 24 novembre 1925. – Jubinal, éd. *Nouveau recueil...* T. II. – Ye. 24719. – Rendu le 22 décembre (4016).
Cf. le n° 104. Si ce t. II est de 1842, le t. I date, lui, de 1839 (voir O.C., t. I, p. 104). Sur les « Fatrasies », cf. aussi Le Surréalisme au jour le jour (t. VIII, p. 175-177), où B. nous apprend qu'il avait reçu en prix à l'École des Chartes les deux vol. de Beaumanoir (p. 176, note).

127. 25 novembre 1925. – Hegel. *Philosophie de l'esprit...* Trad. A. Véra. – G. Baillière, 1867-1869. 2 vol. – R. 38267-38268. – Rendu le 15 janvier 1926 (4021).
Selon B. lui-même, la « véritable entrée en contact avec l'œuvre de Hegel » a lieu « à partir de 1933 », en sorte que l'article écrit avec Queneau est « préalable » à celle-ci (O.C., t. VII, p. 615). On voit ici que B. s'est intéressé à Hegel dès la fin de 1925 (cf. aussi le n° 129).

128. 25 novembre 1925. – *Romania*. T. 7 (7ᵉ année : 1878). – 8° Z. 498. – Rendu le 18 décembre (4022).
Contient un article d'É. Picot sur la sottie en France (cf., supra, *le n° 106).*

129. 25 novembre 1925. – Hegel. *Logique...* Trad. A. Véra. – Librairie philosophique de Ladrange, 1859. 2 vol. – Z. Renan. 4097. – Rendu le 18 décembre (4024).
Pour le commentaire, cf. le n° 127.

130. 5 décembre 1925. – Conrad, J. *Lord Jim.* Trad. Ph. Neel. 6ᵉ éd. – Éd. de la « N.R.F. », 1924. – 8° Y². 69206. – Rendu le 19 février 1926 (4058).

131. 5 décembre 1925. – Latini, Brunetto. *Pataffio. Tesoretto.* – Napoli, T. Chiappari, 1788 (Parnaso italiano, ovvero raccolta di poeti classici italiani ; 3) . – Yd. 6933. – Rendu le 18 (4059).

132. 14 décembre 1925. – *The Tûzuk-i-Jahângîrî or Memoirs of Jahângîr...* Trad. A. Rogers. Éd. H. Beveridge. – London, Royal Asiatic Society, 1909-1914 (Oriental translation fund. New series). 2 vol. – 8° O². 803 (19 et 22). – Rendu le 28 (4086).
Utilisé et cité dans « Les monnaies... » (cf. O.C., t. I, p. 115-118).

133. 14 décembre 1925. – Cazotte, J. *Correspondance mystique... avec Laporte et Pouteau* (années 1790 à 1792). – Lerouge, Deroy et Maret, An VI. – 8° Lb⁴¹. 81. – Rendu le 8 janvier 1926 (4087).

134. 14 décembre 1925. – Cazotte. *Ollivier :* poème. – (S.l., s.n.) 1763. 2 t. en 1 vol. – Y². 6296-6297. – Rendu le 22 (4088).

135. 14 décembre 1925. – Cazotte. *Contes... Mille et une fadaises. La Patte du chat...* Avec une notice par O. Uzanne. – A. Quantin, 1880 (Petits auteurs du xviiiᵉ siècle). – Rés. p. Y². 50. – Rendu le 18 (4089).

On a inscrit pour titre : « Fadaises ».

136. 21 décembre 1925. – Kennedy, Pringle. *A History of the Great Mogul...
from 1398 A.D. to 1739 (A.D.).* – Calcutta, Thacker, Spink, 1905-1911.
2 vol. – 8° O²q. 132. Rendu le 19 février 1926 (4115).
    À rapporter à l'art. d'Aréthuse (« Les monnaies... »). *Sauf erreur,
    B. a emprunté un seul des 2 vol. (mais cf.,* infra, le n° 153).

137. 21 décembre 1925. – Grousset, R. *Histoire de l'Asie.* – G. Crès, 1914.
– 8° O². 1263. – Rendu le 25 mars 1926 (4116).
    Sans doute utilisé (quoique non cité) dans « Les monnaies... ».

138. 21 décembre 1925. – Smith, V.A. *Akbar, the Great Mogul...* – Oxford,
Clarendon Press, 1917. – 8° O²k. 1545. – Rendu le 16 mars 1926
(4117).
    Cf. O.C., t. I, p. 114, note de B.

139. 28 décembre 1925. – Pizzi, I. *Grammatica elementare della lingua sans-
crita...* – Torino, C. Clausen, 1897. – 8° X. 11530. – Rendu le 19 février
1926 (4131).

140. 28 décembre 1925. – Browne, E.G. *A History of Persian Literature.* –
Cambridge, University Press, 1902-1924. 4 vol. – 8° Z. 15954 (1-4).
– Rendu le 28 janvier 1926 (4132).
    B. n'a emprunté que « 2 » vol., sans doute les deux premiers.

141. 28 décembre 1925. – Defrémery, C. *Essai sur l'histoire des Ismaéliens
ou Batiniens de la Perse...* – Impr. impériale, 1867. – 8° Z. 17296 (6).
– Rendu le 19 février 1926 (4133).

142. 28 décembre 1925. – Henry, V. *La Magie dans l'Inde antique.* –
E. Nourry, 1909 (Bibliothèque de critique religieuse). – 8° H. 6956
(54). – Rendu le 19 février 1926 (4134).

143. 2 février 1926.– Ferri-Pisani. *L'Intérêt et l'idéal des États-Unis dans la
guerre mondiale.* – Perrin, 1918. – 8° Pb. 5589. – Rendu le 16 mars
(4244).

144. 16 février 1926. – *Hermès Trismégiste, Traduction complète* précédée
d'une étude sur l'origine des livres hermétiques par L. Ménard. –
Didier, 1866. – Z. Renan. 4129. – Rendu le 7 juillet (4296).

145. 18 février 1926. – Giovio, P. *Dialogue des devises d'armes et d'amours...*
Trad. du S. V. Philieul. – Lyon, G. Roville, 1561. – Z. 3592. – Rendu
le 25 (4304).

146. 18 février 1926.– *Andreae Alciati emblematum libellus.* – C. Wecheli,
1536. – Z. 17426 (relié avec des *Hadriani iunii medici emblemata,* Ant-
verpiae, 1566). – Rendu le 25 (4305).

147. 25 février 1926. – Thorndike, L. *The Place of Magic in the Intellectual
History of Europe.* – New York, Columbia University Press, 1905 (Studies in history, economics and public law; vol. XXIV, n° 1). –
8° R. 13191 (24, I). – Rendu le 7 juillet (4341).

148. 8 mars 1926. – Ferrero, G. *The Riddle of America.* – (S.l.), the Atlantic
Monthley Co., cop. 1913. – 4° P. 1292. – Rendu le 3 (ou 5) mai (4369).

149. 8 mars 1926. – Siegfried, de Rousiers, de Périgny, Roz, etc. *Les Questions actuelles de politique étrangère dans l'Amérique du Nord.* – F. Alcan,
1911. – 8° P. 1243. – Rendu le 16 (4370).

150. 25 mars 1926. – *Archives de la paix. La Conférence de Washington*
(12 novembre 1921-6 février 1922). T. III (Question du Pacifique,
question de l'Extrême-Orient). – « Per orbem », 1924 (La Documentation internationale). – 8° G. 11313. – Rendu le 3 mai (4432).

151. 2 avril 1926. – Josz, V. *Watteau, mœurs du xviiie siècle.* 2e éd. – « Mercure de France », 1903. – 8° Ln²⁷. 49928. – Rendu le 4 novembre (4463).

152. 2 avril 1926. – *Giornale storico della letteratura italiana.* Dir. e red. da A. Graf., F. Novati, R. Renier. T. VII-VIII (?), XIV, XXI-XXII. – Torino, E. Loescher, 1886-1893. – 8° Z. 2349. – Rendu le 7 juillet (4465).

> *Dans la col. réservée au titre, on a inscrit : « Giornale 14-1886-21-22-1893 ». Cf. le n° 172 (t. XIV, 2e semestre 1889).*

153. 29 avril 1926. – Kennedy. *A History of the Great Mogul...* – 8° O²q. 132. – Rendu le 8 juillet (4510).

> *Cf., supra, le n° 136. Cette fois, B. a sorti les 2 vol.*

154. 22 mai 1926. – Chavero, A. *México á través de los siglos...* (Éd. sous la dir. de D.V. Riva Palaccio). T. I : Historia antigua y de la conquista. – Barcelona, Espasa (s.d.). – Fol. Pd. 375. – Rendu le 8 juillet (4590).

> *À rapprocher de « L'Amérique disparue » (O.C., t. I, p. 152-158).*

155. 20 juillet 1926. – Decembrio, Angelo. *De Politia literaria libri septem...* – Basilae, per F. Hervagium, 1562. – Z. 19083. – Rendu le 4 novembre (4747).

156. 20 juillet 1926. – Soldati, B. *La Poesia astrologica nel Quattrocento...* – Firenze, G.G. Sansoni, 1906 (Biblioteca storica del Rinascimento). – 8° K. 3837 (3). – Rendu le 6 octobre (4748).

157. 8 octobre 1926. – Smith, V.A. *The Oxford History of India : from the Earliest Times to the End of 1911.* – Oxford, Clarendon Press, 1919. – 8° O²k. 1569. – Rendu le 3 janvier 1927 (5020).

> *Dans les « Notes sur la numismatique... » (O.C., t. I, p. 122-143, passim), B. se réfère aux travaux de Smith, mais sans jamais citer l'ouvrage ici emprunté.*

158. 16 octobre 1926. – Lénine. *La Maladie infantile du communisme.* 2e éd. – Librairie de « L'Humanité », 1924. – 8° M. 21611. – Rendu le 13 juillet 1927 (5053).

159. 16 octobre 1926. – Lénine. *La Révolution prolétarienne et le renégat Kautsky.* – Bibliothèque communiste, 1921. – 8° M. 20019. – Rendu le 13 juillet 1927 (5054).

160. 18 octobre 1926. – Marcel, Pierre. *La Peinture française au début du dix-huitième siècle* (1690-1721). – Quantin (1906). – 4° V. 6332. – Rendu le 3 janvier 1927 (5055).

> *L'ouvrage ne figure pas dans la bibliogr. annexée à la notice « Raoux » (cf. O.C., t. I, éd. 1973, p. 640).*

161. 4 novembre 1926. – Valéry. *La Soirée avec M. Teste...* – R. Davis, 1926. – Rés. p. Y². 1158. – Rendu le 28 décembre (5115).

162. 29 décembre 1926. – Gautier, L. *La Chevalerie.* – C. Delagrave, 1891. – 4° Ll². 91, A. – Rendu le 16 mars 1927 (5327).

> *On a inscrit une cote incomplète : « 4° Ll². A ». C'est la lecture, en 1918, de cet ouvrage qui décida de la vocation de chartiste de B. (cf. A. Masson, Bulletin des Bibliothèques de France, 7e année, n° 7 – juillet 1962 –, p. 475).*

163. 7 janvier 1927. – Hérodote. *Histoire.* Trad. Larcher, rev. par L. Humbert. – Garnier frères (1879). 2 vol. – 8° J. 547. – Rendu le jour même (5357).

> *Apparemment, B. n'a emprunté que l'un des 2 vol.*

164. 10 janvier 1927. – Decembrio, Angelo. *Politiae literariae... ad summum*

pontificum Pium II. – Augustae Vindelicorum, H. Steynetus, 1540. – Z. 626. – Rendu le 10 mars (5369).
Cf. également les n°ˢ 155 et 173.

165. 16 mars 1927. – Bergson. *Matière et mémoire.* – F. Alcan, 1896 (Bibliothèque de philosophie contemporaine). – 8° R. 14115. – Rendu le 15 avril (5552).

166. 16 mars 1927. – Dugas, L. *Psychologie du rire.* – F. Alcan, 1902 (Bibl. de philos. contemp.). – 8° R. 17826. – Rendu le 15 avril (5553).

167. 16 mars 1927. – Hesnard, A.-L.-M. *La Relativité de la conscience de soi.* – F. Alcan, 1924. – 8° R. 33179. – Rendu le 12 mai (5554).

168. 26 mars 1927. – Migeon (et Saladin). *Manuel d'art musulman...* T. 2. – 8° V. 32113. – Rendu le 15 avril (5598).
Cf., supra, le n° 93.

169. 9 mai 1927. – *Revue générale des sciences psychiques.* T. I-III. – H. Daragon, 1907-1911. – 8° R. 23560. – Rendu le 19 (5702).

170. 9 mai 1927. – Freud. *Totem et tabou.* Trad. Jankélévitch. – Payot, 1924. – 8° G. 11174. – Rendu le 19 (5709).
Dans « La mutilation sacrificielle... » (Documents, n° 8, deuxième année, 1930), B. se réfère explicitement à cet ouvrage dans sa « trad. fr. » (O.C., t. I, p. 266, note). Cf. aussi les n°ˢ 183 et 194.

171. 17 mai 1927. – Lafenestre, Georges. *Saint François d'Assise et Savonarole inspirateurs de l'art italien.* – Hachette, 1911. – 8° V. 34947. – Rendu le 19 (5730).

172. 17 mai 1927. – *Giornale storico della letteratura italiana.* « T. 14 » (2ᵉ semestre 1889). – 8° Z. 2349. – Rendu le 19 (5731).
Déjà emprunté le 2 avril 1926 (cf. le n° 152).

173. 17 mai 1927. – Decembrio. *De Politia...* – Z. 19083. – Rendu le 19 (5732).
Cf., supra, le n° 155 (ainsi que le n° 164).

174. 17 mai 1927. – Chardonne, E. *Savonarole et l'art chrétien* (in : Documents contemporains). – Bruxelles, Société belge de librairie, 1909. – 8° Z. 18916. – Rendu le 19 (5733).

175. 17 mai 1927. – *Rassegna bibliografica dell'arte italiana.* Dir. E. Calzini. T. 15 (année 1912). – 8° Q. 2553. – Rendu le 19 (5734).
Dans la col. réservée au titre : « Die Kunst ».

176. 24 mai 1927. – Cabanes (et Nass, L.). *Poisons et sortilèges.* T. I. – Plon-Nourrit, 1903. – 8° G. 8098. – Rendu le 27 (5759).
Dans la col. réservée au titre, cette précision : « Les Borgia ».

177. 24 mai 1927. – Gregorovius, Ferdinand. *Lucrèce Borgia...* – Sandoz et Fischbacher, 1876. 2 vol. – 8° K. 61. – Rendu le 13 juin (5760).

178. 24 mai 1927. – Yriarte, Charles. *Autour des Borgia : les monuments, les portraits, Alexandre VI, César, Lucrèce...* – Rothschild, 1891. – Fol. K. 168. – Rendu le 27 (5761).

179. 27 mai 1927. – Yriarte. *César Borgia...* – Rothschild, 1889. 2 vol. – 8° K. 1770. – Rendu le 7 juillet (5770).

180. 27 mai 1927. – Casanova. *Mémoires...* – Garnier frères, 1923-1924. 8 vol. – 8° K. 6366. – Rendu le 13 juin (5771).
B. n'a emprunté que 3 des 8 vol. Cf. aussi, infra, les n°ˢ 190 et 191.

181. 4 juin 1927. – Gastine, Louis. *César Borgia.* – A. Michel, cop. 1911. – 8° K. 4910. – Rendu le 18 juillet (5793).

182. 4 juin 1927. – Samaran, Charles. *Jacques Casanova vénitien...* – Calmann-Lévy, 1914. – 8° K. 4981. – Rendu le 13 (5794).
183. 4 juin 1927. – Freud. *Totem et tabou.* – 8° G. 11174. – Rendu le 13 (5795).
     Même emprunt sous les n°⁵ 170 et 194. Cf. O.C., t. II, p. 286.
184. 9 juin 1927. – *Economic Journal.* « 1923 » (année 1923, vol. XXXIII). – London, Macmillan, 1891 →. – 8° R. 29281. – Rendu le 13 (6008).
185. 9 juin 1927. – *Revue philosophique...* « 1923 » (vol. 95-96). – Baillière, puis F. Alcan, 1876 →. – 8° R. 847. – Rendu le 7 juillet (6009).
186. 9 juin 1927. – *L'Anthropologie.* « 1914 ». – Masson, 1890 →. – 8° G. 1331. – Rendu le 7 juillet (6010).
187. 13 juin 1927. – *Economic Journal.* « 1913-21-22 » (vol. XXIII, XXXI et XXXII). – 8° R. 29281. – Rendu le 7 juillet (6020).
     Cf. également le n° 184.
188. 13 juin 1927. – *Revue philosophique...* « 1924 ». – Rendu le 7 juillet (6021).
     Dans la col. réservée au titre, on a inscrit par erreur : « R. diplomatique » mais la cote est la même que sous les n°⁵ 185 et 196.
189. 13 juin 1927. – Arnaumé, Auguste. *La Monnaie, le crédit et le change.* – F. Alcan, 1922. 2 vol. – 8° R. 31832. – Rendu le 7 juillet (6022).
     B. n'a emprunté que l'un des 2 vol.
190. 13 juin 1927. – Casanova. *Mémoires...* – 8° K. 6366. – Rendu le 18 (6023).
     Dans la col. réservée au nombre de vol., on lit : « 1 ». Cf. également les n°⁵ 180 et 191.
191. 18 juin 1927. – Casanova. *Mémoires...* « t. 7-8 ». – Rendu le 7 juillet (6041).
     Voir, supra, les n°⁵ 180 et 190.
192. 18 juin 1927. – *Revue d'ethnographie et des traditions populaires.* – Maisonneuve et Leclerc, E. Lechevalier, 1886 →. – 8° G. 5784. – Rendu le 7 juillet (6042).
     Aucune indication d'année, de fasc. ou de vol.
193. 6 août 1927. – Kleinclausz, Arthur. *Claus Sluter et la sculpture bourguignonne au xvᵉ siècle.* – Librairie de l'art ancien et moderne (1914) (Les Maîtres de l'art). – 8° G. 8371 (15). – Rendu le 7 décembre (6186).
194. 6 août 1927. – Freud. *Totem et tabou.* – 8° G. 11174. – Rendu le 7 décembre (6187).
     Même emprunt, supra, sous les n°⁵ 170 et 183.
195. 6 août 1927. – Hegel. *Logique...* Trad. A. Véra. 2ᵉ éd. – G. Baillière, 1874. 2 vol. – R. 53342-53343. – Rendu le 20 octobre (6188).
     Voir également, supra, le n° 129 et, pour le commentaire, le n° 127.
196. 12 août 1927. – *Revue philosophique...* « 1920 » (vol. 89-90). – 8° R. 847. – Rendu le 27 septembre (6203).
197. 24 août 1927. – Cros, H. et Henry, C. *L'Encaustique et les autres procédés de peinture chez les Anciens...* – J. Rouan, 1884. – 8° V. 6613. – Rendu le 21 octobre (6239).
198. 24 août 1927. – Hegel. *Lectures on the History of Philosophy...* Transl. by E.S. Haldane. – London, K. Paul, Trench, Trübner, 1892 (The English and Foreign Philosophical Library). 3 vol. – 8° R. 3590 (34-36). – Rendu le 2 mars 1928 (6246).
     B. n'a emprunté qu'un vol. (mais cf. le n° suivant).

199. 26 août 1927. – Hegel. *Lectures on the History...* – Rendu le 4 janvier 1928 (6255).
   Cf. le n° précédent. Cette fois encore, B. n'a retiré qu'un vol.
200. 2 septembre 1927. – Maimieux, Joseph de. *Pasigraphie...* – Au Bureau de la pasigraphie, 1797. – V. 10531. – Rendu le 21 octobre (6278).
201. 2 septembre 1927. – Samaran. *Jacques Casanova...* – 8° K. 4981. – Rendu le 28 décembre (6279).
   Identique au n° 182.
202. 3 septembre 1927. – Simmel, Georg. *Mélanges de philosophie relativiste...* Trad. A. Guillain. – F. Alcan, 1912. – 8° R. 25346. – Rendu le 7 décembre (6280).
   Même emprunt, infra, sous le n° 538.
203. 3 septembre 1927. – La Bractéole, de (pseud. de J. de Maimieux). *Éloge philosophique de l'impertinence...* – Maradan, 1788. – R. 21613. – Rendu le 20 octobre (6281).
204. 20 octobre 1927. – Gomperz, Théodore. *Les Penseurs de la Grèce...* 2ᵉ éd. – F. Alcan; Lausanne, Payot, 1908. 3 vol. – 8° R. 24276. – Rendu le 14 décembre (6424).
205. 20 octobre 1927. – Lassalle, Ferdinand. *Die Philosophie Herakleitos des Dunklen von Ephesos...* – Berlin, F. Duncker, 1858. 2 vol. – R. 40946-40947. – Rendu le 4 janvier 1928 (6425).
206. 21 octobre 1927. – Fauconnet, André. *Oswald Spengler...* – F. Alcan, 1925. – 8° R. 33948. – Rendu le 9 janvier 1928 (6430).
207. 21 octobre 1927. – Bise, Pierre. *La Politique d'Héraclite d'Éphèse.* – F. Alcan, 1924. – 8° R. 33382. – Rendu le 7 décembre (6431).
208. 21 octobre 1927. – Rivaud, Albert. *Le Problème du devenir et la notion de la matière dans la philosophie grecque...* – F. Alcan, 1905. – 8° R. 21519. – Rendu le 7 décembre (6432).
209. 21 octobre 1927. – Oehler, Richard. *Friedrich Nietzsche und die Vorsokratiker...* – Leipzig, Dürrischen Buchhandlung, 1904. – 8° R. 19562. – Rendu le 7 décembre (6433).
210. 21 octobre 1927. – Héraclite. *The Fragments of the Work of Heraclitus of Ephesus « on nature ».* Transl. by G.T.W. Patrick. – Baltimore, N. Murray, 1889. – 8° R. 10183. – Rendu le 7 décembre (6434).
211. 2 novembre 1927. – *Die Fragmente der Vorsokratiker.* Éd. Hermann Diels. – Berlin, Weidmannsche Buchhandlung, 1903. – 8° R. 18658. – Rendu le 4 janvier 1928 (6460).
212. 7 décembre 1927. – Herzfeld, Ernst. *Paikuli : Monument and Inscription of the Early History of the Sasanian Empire.* – Berlin, D. Reimer-E. Vohsen, 1924 (Forschungen zur islamischen Kunst; 3). 2 vol. in-fol. – Fol. V. 5225 (3). – Rendu le 12 (6544).
   B. a emprunté ces 2 vol. Il se réfère souvent au t. I dans la 3ᵉ partie de « Notes sur la numismatique... » (cf. O.C., t. I, p. 134-143). Cf. aussi, infra, le n° 215.
213. 7 décembre 1927. – Duret, Théodore. *Histoire d'Édouard Manet et de son œuvre.* – H. Floury, 1902. – 4° Ln²⁷. 49400. – Rendu le 12 (6545).
   Fin 1927-début 1928, les emprunts concernant Manet sont nombreux (voir aussi les nᵒˢ 237-240 – 23 juillet 1928 – et 256-261 – 5 octobre 1928). Ils pourraient être destinés à Marie-Louise Bataille (cf. le n° 66 et O.C., t. I – éd. 1973 –, p. 685) qui participera à l'élaboration du Manet de P. Jamot et G. Wildenstein (1932, 2 vol.) : voir la bibliographie

du Manet *(1955) de G.B.* (O.C., *t. IX, p. 165).* En *1930 paraissent dans* Documents *(n°s 2 et 4) deux études (sur Manet et Courbet) signées Marie* Elbé.

214. 7 décembre 1927. – Duret. *Histoire d'Édouard Manet...* – Charpentier et Fasquelle, 1906. – 8° Ln²⁷. 53355. – Rendu le 9 janvier 1928 (6546).

215. 12 décembre 1927. – Herzfeld. *Paikuli...* – Fol. V. 5225 (3). – Rendu le 27 (6559).

   Cf. le n° 212. Cette fois encore, B. a emprunté les 2 vol.

216. 27 décembre 1927. – Proust, Antonin. *Édouard Manet, souvenirs...* – Renouard, Laurens, 1913. – 8° Ln²⁷. 58738. – Rendu le 9 janvier 1928 (6594).

   Dans la col. réservée au titre, on a inscrit : « G. Bataille ».

216 bis. 11 janvier 1928. – Badolle, Maurice. *L'Abbé Jean-Jacques Barthélemy (1716-1795) et l'Hellénisme en France...* – P.U.F. (1926). – 8° Ln ²⁷. 62322. – Rendu le 30 mars (6655).

217. 1ᵉʳ février 1928. – Proust, A. *Édouard Manet...* – Rendu le 27 juin (6700).

   Identique au n° 216.

218. 17 février 1928. – Duret. *Histoire d'Édouard Manet...* – 4° Ln²⁷. 49400. – Rendu le 7 août (6741).

   Identique au n° 213. Sur le registre, cet in-4° est inscrit par erreur comme in-8°.

219. 17 février 1928. – Moore, George. *Erinnerungen an die Impressionisten...* – Berlin, B. Cassirer, 1907. – 8° Ln¹⁰. 258. – Rendu le 27 juin (6742).

220. 17 février 1928. – Moore. *Confessions of a Young Man.* – London, T. Werner Laurie, 1904. – 8° Nx. 3649. – Rendu le 27 juin (6743).

221. 17 février 1928. – Blanche, Jacques-Émile. *Propos de peintre. De David à Degas :* 1ʳᵉ série. – Émile-Paul frères, 1919. – 8° V. 39563. – Rendu le 3 mars (6744).

222. 17 février 1928. – Sainte-Croix, C. de. *Édouard Manet.* – II. Fabre, 1909 (Portraits d'hier; 19). – 8° G. 8872. – Rendu le 13 avril (6745).

223. 20 février 1928. – *Voyage de deux Français en Allemagne, Danemarck, Suède... fait en 1790-1792.* – Desenne, 1796. 5 vol. – M. 35253-35257. – Rendu le 29 (6760).

   B. a emprunté les 5 vol.

224. 20 février 1928. – Samaran. *Jacques Casanova...* – 8° K. 4981. – Rendu le 29 (6761).

   Cf., supra, les n°s 182 et 201.

225. 29 février 1928. – *Feuillets d'art.* T. I (1919-1920) ou II (1921-1922). – Fol. V. 5718. – Rendu le 16 mai (6792).

226. 14 mars 1928. – Joyce, Thomas A. *Mexican Archaeology.* – London, P.L. Warner, 1914. – 8° Pd. 978. – Rendu le 16 mai (6847).

227. 22 mars 1928. – Prescott, W.H. *Histoire de la conquête du Mexique... Vie de Fernand Cortés.* Trad. A. Pichot. – Firmin-Didot, 1846. 3 vol. – 8° Ol. 704. – Rendu le 16 mai (6874).

   Cf. « L'Amérique disparue », *où B. s'en prend aux « historiens qui se sont occupés du Mexique » et en particulier à Prescott* (O.C., *t. I, p. 155).*

228. 22 mars 1928. – Prescott. *La Conquête du Pérou...* (extrait de : *Histoire de la conquête du Pérou,* trad. H. Poret). – Gautier, 1897 → (Bibl. de souvenirs et récits militaires; 16-17). – 8° G. 2548 (16-17). – Rendu le 16 mai (6875).

229. 22 mars 1928. – Bernardino de Sahagún, Fray. *Histoire générale des choses de la Nouvelle-Espagne...* Trad. D. Jourdanet et R. Siméon. – Masson, 1880. – 4° Ol. 1059. – Rendu le 4 août (6876).

Sahagún est cité dans « L'Amérique disparue » (O.C., t. I, p. 156). Réemprunté le 13 février 1941 (cf. le n° 801, infra).

230. 24 mars 1928. – MacNutt, F.A. *Fernando Cortes and the Conquest of Mexico...* – New York, London, Putnam's sons, 1909 (Heroes of the Nations). – 8° G. 6424 (43). – Rendu le 16 mai (6881).

231. 24 mars 1928. – Wiener, Charles. *Expédition scientifique française au Pérou et en Bolivie, 1875-1877* (in « Le Tour du monde »). – P. Angrand. 462. – Rendu le 16 mai (6882).

232. 13 avril 1928. – *Popol vuh, le livre sacré et les mythes de l'antiquité américaine.* Publ. par l'abbé Brasseur de Bourbourg. – A. Bertrand, 1861. 4 vol. – P. 445 (1). – Rendu le 16 mai (6948).

Dans la col. réservée au titre : « Collect. de documents ». B. a emprunté un seul vol.

233. 13 avril 1928. – Holmes, William H. *Archeological Studies among the Ancient Cities of Mexico* (Part I-II). – Chicago, Field Columbian Museum, 1895-1897 (Anthropological series; vol. I, n° 1). 2 t. en 1 vol. – 8° Z. 14348 (I). – Rendu le 16 mai (6949).

234. 16 mai 1928. – Herzfeld. *Paikuli...* – Fol. V. 5225 (3). – Rendu le 17 juillet (6997).

Cf., supra, les n°⁵ 212 et 215.

235. 16 mai 1928. – *Revue philosophique...* « 1920 à 1922 ». – 8° R. 847. – Rendu le 22 juin (6998).

Dans la col. réservée au nombre de vol. sortis, on lit le chiffre 3.

236. 8 juin 1928. – *Jahrbuch des kaiserlich deutschen archäologischen Instituts. Ergänzungsheft X* (1913). – 4° M. 758 bis (10). – Rendu le 27 (7044).

La cote inscrite (4° M. 758) est celle du Jahrbuch proprement dit. Dans la col. réservée au titre : « Ergänzungs-Helft X (1913) ».

237. 23 juillet 1928. – Duret, T. *Édouard Manet, sein Leben und seine Kunst.* Trad. E. Waldmann-Bremen. – Berlin, P. Cassirer, 1910. – 4° Ln²⁷. 49400 ter. – Rendu le 5 octobre (8068).

238. 23 juillet 1928. – Duret. *Manet and the French Impressionists...* – London, Grant Richards, 1910. – 4° Ln²⁷. 49400 bis. – Rendu le 6 octobre (8069).

239. 23 juillet 1928. – Duret. *Histoire d'Édouard Manet.* – 4° Ln²⁷. 49400. – Rendu le 8 octobre (8070).

Identique aux n°⁵ 213 et 218.

240. 23 juillet 1928. – Meier-Graefe, Julius. *Impressionisten : Guys, Manet, Van Gogh...* – München, Leipzig, R. Piper, 1907. – 4° V. 6399. – Rendu le 3 janvier 1929 (8071).

241. 4 août 1928. – Huysmans, J.-K. *Certains : G. Moreau, Degas...* – Tresse et Stock, 1889. – 8° V. 21312. – Rendu le 6 octobre (8100).

242. 4 août 1928. – Huysmans. *Là-bas.* 2ᵉ éd. – Tresse et Stock, 1891. – 8° Y². 45021. – Rendu le 6 octobre (8101).

Sur « la messe à laquelle Huysmans assista, qu'il a décrite dans Là-bas », cf. O.C., t. VIII, p. 115.

243. 4 août 1928. – Huysmans. *En rade.* – Tresse et Stock, 1887. – 8° Y². 40363. – Rendu le 6 octobre (8102).

244. 4 août 1928. – Huysmans. *L'Art moderne.* – G. Charpentier, 1883. – 8° V. 5786. – Rendu le 6 octobre (8103).

245. 13 août 1928. – *The Studio...* T. 92. – London, Offices of the Studio, 1926. – 4° V. 4556 (92). – Rendu le 6 octobre (8121).
    Dans la col. réservée au titre : « The Studio t. 92 ». La cote portée (4° V. 4557) correspond à une autre série, dépourvue de tomaison.

246. 31 août 1928. – Maspero, Georges. *La Chine.* Nouv. éd. – Delagrave, 1925. 2 t. en 1 vol. – 8° O²n. 1609. A. – Rendu le 5 octobre (8166).

247. 31 août 1928. – *The Cambridge Ancient History...* (t. 1 à 6 ou 7). – Cambridge, University Press, 1923 →. – 8° J. 8989. – Rendu le 5 octobre (8167).
    Le vol. 7 est daté 1928. B. a emprunté 3 vol. (O.C., t. I, p. 144-145).

248. 31 août 1928. – *The Cambridge History of India.* – Cambridge, University Press, 1922 →. 6 vol. – 4° O²k. 1638. – Rendu le 5 octobre (8168).
    Les vol. I et II ont paru en 1922, le vol. III en 1928. B. n'a emprunté qu'un seul vol.

249. 31 août 1928. – *L'Œil de la police* (« Paris de 1907 à 1924 »). Années 1907-1908. – Jo. 30171. – Rendu le 27 décembre (8169).
    En mention de titre : « L'Œil 1907-8 ». Dans la col. réservée au nombre de vol. sortis : « 1 paquet ». Sur cet « hebdomadaire illustré, parfaitement sadique », cf. O.C., t. I, p. 188-189 (art. « Œil ») et t. II, p. 114.

250. 31 août 1928.– Maspero, Gaston. *L'Égypte.* 2ᵉ éd. (in *Histoire générale de l'art*). – Hachette, 1919. – 8° V. 34131 (6). – Rendu le 5 octobre (8171).

251. 6 septembre 1928. – *Die Fragmente...* Éd. Diels. – 8° R. 18658. – Rendu le 24 novembre (8184).
    Cf., supra, le n° 211.

252. 10 septembre 1928. – Deonna, Waldemar. *Les Lois et les rythmes de l'art.* – Flammarion, 1914. – 8° V. 39039. – Rendu le 5 octobre (8195).

253. 10 septembre 1928. – Deonna. *L'Archéologie, son domaine, son but.* – Flammarion, 1922. – 8° V. 42930. – Rendu le 12 octobre (8196).

254. 10 septembre 1928. – Deonna. *L'Archéologie, sa valeur, ses méthodes.* – Renouard, Laurens, 1912. 3 vol. – 8° G. 9620. – Rendu le 5 octobre (8197).
    B. a sorti les 3 vol.

255. 5 octobre 1928. – Koehler, Erich. *Edmond und Jules de Goncourt, die Begründer des Impressionismus.* – Leipzig, Xenien-Verlag, 1912. – 8° Ln²⁷. 58021. – Rendu le 6 (8226).

256. 5 octobre 1928. – Tschudi, Hugo von. *Édouard Manet.* – Berlin, B. Cassirer, 1902. – 8° Ln²⁷. 49235. – Rendu le 18 décembre (8227).
    Dans la col. réservée à l'auteur, on lit : « Proust Manet » (cf. le n° 216). Identifié d'après la cote.

257. 5 octobre 1928. – Blanche. *Propos de peintre...* Préf. de M. Proust. – 8° V. 39563. – Rendu le 8 (8228).
    En mention de titre : « De David à Degas. » Identique au n° 221 (contient une étude sur Manet).

258. 5 octobre 1928. – Moore, G. *Modern Painting.* – London, W. Scott (1912). – 8° V. 37065. – Rendu le 6 (8229).

259. 5 octobre 1928. – Mauclair, Camille. *L'Impressionnisme, son histoire, son esthétique, ses maîtres.* – Librairie de l'art ancien et moderne, 1904. – 8° V. 30401. – Rendu le 8 (8230).

260. 5 octobre 1928. – Meier-Graefe, J. *Manet und sein Kreis...* – Berlin, J. Bard (1903) (Die Kunst; 7). – 8° V. 30806. – Rendu le 6 (8231).
261. 5 octobre 1928. – Duret. *Histoire de Édouard Manet.* – 8° Ln²⁷. 53355. – Rendu le 6 (8232).
     Identique au n° 214.
262. 19 décembre 1928. – Roman, F. *Paléontologie et zoologie.* – Payot, 1923 (Coll. Payot). – 8° Z. 21054 (30). – Rendu le 22 (8450).
     Dans « Le cheval académique », B. évoque, sans citer ses sources, « les paléontologues » (O.C., t. I, p. 162). Cf. également les n°ˢ 264 et suiv.
263. 19 décembre 1928. – Meyerson, Émile. *Les Travaux de M. Charles Henry sur une théorie mathématique de l'expression.* – A. Colin, 1890 (extrait du « Bull. scientifique », 20 décembre 1889). – 8° Z. 9931 (19). – Rendu le 22 (8451).
264. 22 décembre 1928. – Boule, Marcellin. *Conférences de paléontologie* : classes de philosophie A, B et de mathématiques A, B. – Masson, 1905 (Cours élém. d'histoire naturelle). – 8° S. 12101. – Rendu le 22 mars 1929 (8466).
265. 22 décembre 1928. – Gaudry, Albert. *Essai de paléontologie philosophique* (faisant suite aux *Enchaînements du monde animal...*). – Masson, 1896. – 8° S. 9115. – Rendu le 26 (8467).
266. 26 décembre 1928. – Joleaud, L. *Éléments de paléontologie.* – A. Colin, 1923-1924 (Coll. A. Colin. Section de biologie). 2 vol. – 8° Z. 21106 (29-30). – Rendu le 2 février 1929 (8468).
267. 26 décembre 1928. – Boule, Marcellin. *Les Hommes fossiles...* 2ᵉ éd. – Masson, 1923. – 4° G. 1511. – Rendu le 22 mars 1929 (8469).
268. (À une date inconnue, B. a bénéficié du renouvellement du prêt précédent.)
     Sous le n° 267, on a inscrit la mention : « renouvelé ». Cf. aussi le n° 278.
269. 2 février 1929. – Jaworski, Hélan. *Le Plan biologique...* – Maloine, 1917-1918 (Philosophie vérifiable. Un pas dans l'essence des choses). 3 vol. – 8° R. 28476. – Rendu le 22 mars (8575).
     B. a emprunté un seul vol.
270. 22 mars 1929. – Fludd, Robert. *Utriusque cosmi, majoris scilicet et minoris, metaphysica, physica atque technica historia...* T. II. – Oppenhemii, Francofurti, impensis J.T. de Bry, 1619-1621. – V. 4941 (1). – Rendu le 6 avril (8703).
     L'exemplaire emprunté par B. est incomplet.
271. 22 mars 1929. – Fludd. *Utriusque cosmi...* T. I. – Oppenhemii, aere J.T. de Bry, 1617-1618. – V. 5947. – Rendu le 6 avril (8704).
272. 22 mars 1929. – Manget, Jean-Jacques. *Bibliotheca chemica curiosa...* T. I. (Suivi du *Mutus liber*.) – Coloniae Allobrogum (Genève), sumpt. Chouet, G. de Tournes, Cramer *et al.*, 1702. – R. 1017. – Rendu le 5 avril (8705).
     Les n°ˢ 269-272 sont sans doute destinés à Leiris : cf. « À propos du Musée des sorciers » (de Grillot de Givry), Documents, n° 2 (mai 1929), p. 109-116 (réf. à Jaworski – Le Géon ou la Terre vivante, 1928 – et à Fludd; avec reprod. – p. 115, Manget – d'une pl. du Mutus liber ne figurant pas dans Grillot de Givry).
273. 5 juin 1929. – Reinach, Salomon. *Cultes, mythes et religions...* 3ᵉ éd. –

Leroux, 1922-1928. 2 vol. – 4° G. 1462 (1-2). – Rendu le 30 juillet (8864).

> *B. a emprunté un seul vol. Il se réfère à la 1re éd. de cet ouvrage de Reinach dans « Le gros orteil » (O.C., t. I, p. 201-202) et dans « La mutilation sacrificielle... » (ibid., p. 269, note).*

274. 27 juin 1929. – Paris, Gaston-B.-P. *La Littérature française au Moyen Âge (xie-xive siècle).* 4e éd. (publ. par Paul Meyer). – Hachette, 1909. – 8° Z. 17755. – Rendu le 5 juillet (8920).

275. 27 juin 1929. – La Bractéole, de. *Éloge philosophique...* – R. 21613. – Rendu le 5 juillet (8921).

> *En mention d'auteur : « Maimieux ». Identique au n° 203, supra.*

276. 17 août 1929. – *Magazin pittoresque* (1847). – Z. 4679. – Rendu le 10 octobre (9043).

> *Cf. l'article « Œil » (O.C., t. I, p. 188, note – et Planche XIV).*

277. 24 septembre 1929. – Delacroix, Eugène. *Journal...* Précédé d'une étude par Paul Flat. – Plon-Nourrit et Cie, 1893-1895. 3 vol. – 8° Ln27. 41620. – Rendu le 10 octobre (9139).

> *Réf. à une autre œuvre de Delacroix (Études esthétiques) dans l'article « Chameau » (O.C., t. I, p. 194). B. a sorti les 3 vol. du Journal.*

278. 12 octobre 1929. – Boule. *Les Hommes fossiles...* – 4° G. 1511. – Rendu à une date inconnue (9195).

> *Identique au n° 267 (ou 268).*

279. 23 octobre 1929. – *L'Anthropologie.* « 1922-23 ». – 8° G. 1331. – Rendu à une date inconnue (9227).

280. 18 janvier 1930. – King, Charles William. *The Gnostics and their Remains, ancient and mediaeval.* 2nd ed. – London, D. Nutt, 1887. – 4° H. 112. – Rendu à une date inconnue (n° 43 – dans la num. nouv. instituée au début de 1930).

> *Dans la col. réservée au titre : « King The Gnostics ». À rapprocher de « Le bas matérialisme et la gnose ».*

B.N., Impr., Registre intitulé :
Volumes empruntés par MM. les bibliothécaires
(des Imprimés)

EMPRUNTS DE B. DU 4 MARS AU 26 DÉCEMBRE 1930

*281. 4 mars 1930. – *L'Épatant.* « 1908 et 1909. 2 vol. » – 4° Lc². 3011 (6) (devenu 4° Jo. 59). – Rendu le 3 juillet.

> *Cf. « Les Pieds Nickelés » (O.C., t. I, p. 234).*

*282. 26 avril 1930. – Lange, Friedrich-Albert. *Histoire du matérialisme...* Trad. de la 2e éd. all. par B. Pommerol. Introd. de D. Nolen. – C. Reinwald, 1877-1879. 2 vol. – 8° R. 1076. – Rendu le 5 juillet.

*283. 26 avril 1930. – Marx. *Misère de la philosophie...* – V. Giard et E. Brière, 1908 (Bibl. socialiste internationale ; II). – 8° R. 22336. – Rendu le 3 juillet.

> *B. empruntera l'éd. de 1896 le 19 novembre 1931 (n° 361).*

*284. 26 avril 1930. – Croce, Benedetto. *Ce qui est vivant et ce qui est mort de la philosophie de Hegel.* Trad. H. Buriot. – V. Giard et E. Brière, 1910. – 8° R. 23564. – Rendu le 3 juillet.

> *B. a inscrit une cote erronée : « 8° R. 23551 ».*

*285. 13 mai 1930. – Tavernier, J.-B. *Les Six Voyages... en Turquie, en Perse et aux Indes...* T. I. – G. Clouzier, C. Barbin, 1677. – G. 6774. – Rendu le 7 juin.
Dès avant cette date, B. connaissait la relation de Tavernier (cf. O.C., t. I, p. 116). Voir aussi, infra, les n°s 288 et 303.

*286. 21 mai 1930. – Jones, Ernest. *Traité théorique et pratique de psychanalyse.* Trad. S. Jankélévitch. – Payot, 1925. – 8° R. 33859. – Rendu le 6 juin.

*287. 7 juin 1930. – Hubert et Mauss. *Mélanges d'histoire des religions.* – F. Alcan, 1909 (Travaux de « L'Année sociologique »). – 8° G. 8706. – Rendu le 3 juillet.
L'Essai sur la nature et la fonction du sacrifice est mis à contribution dans « La mutilation sacrificielle », passim. En O.C., t. VII, p. 615, B. souligne l'« influence décisive » de Mauss, tout en ajoutant qu'il a « toujours gardé les distances ». Cf. aussi, infra, le n° 328.

*288. 13 juin 1930. – Tavernier. *Les Six Voyages...* Nouvelle éd. T. II. – P. Ribou, 1713. – G. 29560. – Rendu le 21.
La page de titre de ce vol. porte : « Suite des Voyages... ». Cf. aussi, supra, le n° 285 et, infra, le n° 303.

*289. 19 juin 1930. – Stirner, Max. *L'Unique et sa propriété.* Trad. H. Lasvignes. – Éditions de « La Revue blanche », 1900. – 8° R. 35339. – Rendu le 3 juillet.
Contient une lettre ouverte de Lasvignes à André Gide. Cf. le n° 713.

*290. 21 juin 1930. – Work, Monroe Nathan. *A Bibliography of the Negro in Africa and America...* – New York, the H.W. Wilson Co., 1928. – 4° Q. 1966. – Rendu le 3 juillet.
B. a inscrit « Monroe T. Work. Negro bibliography » et une cote erronée : « 8° Q. 1136 ». En usuel Salle des Catalogues : Sc. économ. 125.

*291. 4 août 1930. – Métraux, Alfred. *La Religion des Tupinamba...* – E. Leroux, 1928 (Bibl. de l'École des hautes études. Sciences religieuses; 45). – 4° Px. 845. – Rendu le 19 février 1931.

*292. 5 août 1930. – Descamps, Paul. *Le Cannibalisme, ses causes et ses modalités* (extrait de « L'Anthropologie », t. XXXV, 1925). – 8° G. Pièce. 1590. – Rendu le 7 janvier 1931.

*293. 8 août 1930. – *Imago.* Années 1927-1928 (t. XIII-XIV). – 4° R. 2484 (13-14). – Leipzig, Wien, Zürich, Internationaler psychoanalytischer Verlag. – Rendu le 7 janvier 1931.
Le t. XIII contient, p. 145-197 : « Hindu-Mythologie und Kastrationskomplex » de C.D. Daly avec, en regard de la p. 160, l'original de la Pl. XX (cf. O.C., t. I). Dans le t. XIV : « Der Menstruationskomplex », du même auteur. La première étude est signalée par B. dans « Kâlî » (O.C., t. I, p. 244) mais la pagination qu'il indique est inexacte.

*294. 14 août 1930. – Espinas, Alfred. *Des Sociétés animales.* 3e éd. – F. Alcan, 1924 (Bibl. de philosophie contemporaine). – 8° S. 17126. – Rendu le 1er octobre.
Cf. également le n° 497.

*295. 30 août 1930. – Bohn, Georges. *La Forme et le mouvement : essai de dynamique de la vie.* – E. Flammarion, cop. 1921 (Bibl. de culture générale). – 8° R. 30556. – Rendu le 29 septembre.

*296. 13 septembre 1930. – Lévi, Sylvain. *Le Népal, étude historique d'un royaume indou.* – E. Leroux, 1905-1908. 3 vol. (Annales du Musée

Guimet. Bibl. d'études; XVII-XIX). – 8° O². 825. – Rendu le 23 octobre.

> *B. a omis de signer dans la col. réservée à l'emprunteur mais l'enregistrement du prêt est de sa main. Lévi est cité dans « Kâlî » (O.C., t. I, p. 244).*

*297. 20 septembre 1930. – Struys, Jean. *Les Voyages... en Moscovie, en Tartarie, en Perse, aux Indes...* – Amsterdam, Veuve J. Van Meurs, 1681. – G. 6750. – Rendu le 27.

> *B. a inscrit par erreur : « G. 6730 ». L'emprunt date de septembre, et non pas du « 20/10/30 », graphie fautive imputable à un collègue de B.*

*298. 26 septembre 1930. – Olearius, Adam. *Voyages... faits en Moscovie, Tartarie et Perse...* Trad. par de Wicquefort. – Amsterdam, M.C. Le Cène, 1727. – G. 1427. – Rendu le 2 octobre.

*299. 4 octobre 1930. – Riazanov, D. *Marx et Engels...* – Éditions sociales internationales, 1927 (Bibliothèque marxiste; 1). – 8° R. 35294 (1). – Rendu le 23.

> *Sauf erreur, Riazanov est nommé pour la première fois dans « La critique des fondements... » (cf. O.C., t. I, p. 281), article rédigé en 1931 (O.C., t. VII, p. 615).*

*300. 6 octobre 1930. – Trotski. *Vers le capitalisme ou vers le socialisme?* – Librairie du travail, 1928 (Bibl. de la « Lutte de classes »; 1). – 8° G. 12119 (1). – Rendu le 23.

*301. 14 octobre 1930. – Plekhanov. *Les Questions fondamentales du marxisme.* – Impr. centrale (1927) (Bibl. marxiste; 2). – 8° R. 35294 (2). – Rendu le 7 janvier 1931.

> *B. a inscrit une cote erronée : « 8° R. 25894 (2) ». À rapprocher de « La critique des fondements... ».*

*302. 15 octobre 1930. – Chardin, Jean. *Voyages... en Perse et autres lieux de l'Orient...* – Amsterdam, J.-L. de Lorme, 1711. 3 vol. – O²h. 16. – Rendu le 31.

*303. 22 octobre 1930. – Tavernier. *Recueil de plusieurs relations et traitez singuliers et curieux...* – G. Clouzier, 1679. – G. 6777. – Rendu le 31.

> *B. a inscrit par erreur : « 8° G. 6777 ». Cf. également, supra, les nᵒˢ 285 et 288.*

*304. 31 octobre 1930. – La Boullaye Le Gouz, François de. *Les Voyages et observations...* – G. Clousier, 1653. – G. 6192. – Rendu le 4 novembre.

*305. 26 décembre 1930. – Jaspers, K. *Psychopathologie générale.* Trad. de la 3ᵉ éd. allemande par A. Kastler et J. Mendousse. – F. Alcan, 1928 (Bibl. de philosophie contemporaine). – 8° R. 35674. – Rendu à une date inconnue.

> *Dans « La mutilation sacrificielle... » (O.C., t. I, p. 259, note), B. fait réf. à une autre étude de Jaspers : Strindberg und Van Gogh (dont une traduction – accompagnée d'un texte de Blanchot – paraîtra en 1953 aux Éditions de Minuit). « La mutilation... » n'a pas été publié, comme il paraît admis (cf. ici même, supra, n° 170 – d'après O.C., t. I, p. 654), en 1930, mais en 1931 (« La revue* Documents... *disparut en 1931 » indique B. – O.C., t. VII, p. 460) : on en verra la preuve dans la réf. que fait B. dans « L'esprit moderne... » à l'article de Vitrac (O.C., t. I, p. 271).*

B.N., Impr., Registre non coté

EMPRUNTS DE B. DU 10 JANVIER 1931 AU 26 MAI 1934

*306. 10 janvier 1931. – Marx. *Le 18 brumaire de Louis Bonaparte.* Trad. M. Ollivier. – Éditions sociales internationales, 1928 (Bibl. marxiste; 5). – 8° R. 35294 (5). – Rendu le 5 février.

*307. 10 janvier 1931. – Pareto, Vilfredo. *Le Mythe vertuïste et la littérature immorale.* – M. Rivière, 1911 (Études sur le devoir social; V). – 8° R. 22352 (5). – Rendu le 5 février.

*308. 12 janvier 1931. – Frazer, James George. *Le Rameau d'or...* Trad. R. Stiébel et J. Toutain. T. I : Magie et religion; les tabous. – Schleicher frères, 1903. – 8° H. 6633. – Rendu le 10 février.

> *B. a inscrit pour cote : « 8° H. 6633 (1) ». Dans le ms. de « La mutilation... », il fait réf. au « Gold(en) B(ough) vol. II, p. 217 et 242 » (cf. O.C., t. I, p. 655, note 7).*

*309. 12 janvier 1931. – Pareto. *Traité de sociologie générale.* Éd. française par P. Boven. – Lausanne, Payot, 1917-1919. 2 vol. – 4° R. 2639. – Rendu le 10 février.

> *B. n'a emprunté que le t. I.*

*310. 24 janvier 1931. – Loeb, Edwin M. *The Blood Sacrifice Complex.* – Menasha, the American Anthropological Association, 1923 (Memoirs of the Am. Anthr. Assoc.; 30). – 8° G. 8456 (30). – Rendu le 14 avril.

> *Cf. O.C., t. I, p. 265-266, notes. Dans le ms. de « La mutilation... », B. juge ainsi Loeb : « à l'exception de la bibliographie, son travail est au moins insuffisant » (ibid., p. 655, note 6). Cet emprunt est un indice décisif pour dater l'article sur Van Gogh (cf., supra, le n° 305).*

*311. 24 janvier 1931. – Bourke, John G. *Scatologic Rites of all Nations...* – Washington, W.H. Lowdermilk, 1891. – 8° Z. 12911. – Rendu le 14 avril.

> *On sait que B. avait constitué un important fichier sur les « rites scatologiques » (cf. O.C., t. II, p. 433-434). Sur les rapports entre hétérologie et scatologie, ibid., p. 61-62, note. Cf. aussi le n° 518.*

*312. 28 janvier 1931. – Dulaure, Jacques-A. *Des Divinités génératrices chez les anciens et chez les modernes* (avec un chap. complém. d'A. Van Gennep). – Société du « Mercure de France », 1905 (Nouv. coll. documentaire). – 8° J. 7508. – Rendu le 10 mars.

> *Voir O.C., t. II, p. 434, réf. de B. : « sperme cf. Dulaure, consommation par les gnostiques. Tibet ».*

*313. 6 février 1931. – *L'Année sociologique.* 1905-1906. – 8° R. 15162. – Rendu le 28 mars.

> *B. paraît s'être intéressé surtout à la Deuxième section : Sociologie religieuse (contenant des comptes rendus de Hubert et Mauss).*

*314. 17 février 1931. – Descamps, Paul. *État social des peuples sauvages...* Préf. P. Rivet. – Payot, 1930 (Bibl. scientifique). – 8° R. 37623. – Rendu le 26 mars.

*315. 18 février 1931. – Louis, Paul Lévi (dit Paul). *Le Syndicalisme français, d'Amiens à Saint-Étienne (1906-1922).* – F. Alcan, 1924 (Bibl. d'histoire contemporaine). – 8° Ll 7. 261. – Rendu le 10 mars.

> *B. a inscrit la cote du n° suivant.*

*316. 18 février 1931. – Louis, Paul. *Histoire du mouvement syndical en France, 1789-1910.* 2ᵉ éd. – F. Alcan, 1911 (Bibl. d'hist. contemp.). – 8° Ll⁷. 230. A. – Rendu le 10 mars.

B. a inscrit la cote du n° précédent et, pour titre : « Mouvement syndicaliste ».

*317. 19 février 1931. – Sorel, Georges-Eugène. *Matériaux d'une théorie du prolétariat.* 2ᵉ éd. (suivie d'*Exégèses proudhoniennes : classes, justice supplétive, patrie*). – M. Rivière, 1921 (Études sur le devenir social; XV). – 8° R. 29938 (15). – Rendu le 10 mars.

B. a omis d'indiquer la sous-cote. Sorel est nommé à deux reprises dans le t. I des O.C. (p. 451, note et p. 666).

*318. 28 février 1931. – Engels. *L'Origine de la famille, de la propriété privée et de l'État...* Trad. Ravé. – G. Carré, 1893. – 8° R. 11623. – Rendu le 9 mars.

*319. 5 mars 1931. – Williamson, Robert Wood. *The Mafulu, Mountain People of British New Guinea.* Introd. A.C. Haddon. – London, Macmillan, 1912. – 8° P²d. 144. – Rendu le 7.

B. a inscrit une cote incomplète et, pour nom d'auteur : « Johnson » (sic). Sans doute à rapprocher de « La mutilation... », où B. évoque la Nouvelle-Guinée (O.C., t. I, p. 266).

*320. 9 mars 1931. – Kropotkine. *Autour d'une vie : mémoires.* Trad. F. Leray et A. Martin. – P.-V. Stock, 1902. – 8° M. 11982. – Rendu le 26.

*321. 11 mars 1931. – Pfuhl, Ernst. *Malerei und Zeichnung der Griechen.* – München, F. Bruckmann, 1923. 3 vol. – 4° V. 9254. – Rendu le 28.

B. a inscrit pour cote : « 4° 9254 ».

*322. 11 mars 1931. – Kemmerich, Max. *Die Frühmittelalterliche Porträtmalerei in Deutschland...* – München, G.D.W. Callwey, 1907. – 8° V. 32013. – Rendu le 28.

B. a inscrit pour titre, comme en 321 : « Malerei ».

*323. 16 mars 1931. – *Second Annual Report of the Bureau of Ethnology (1880-81),* by J.W. Powell. – Washington, Government Printing Office, 1883. – 4° Pb. 808 (1880-81). – Rendu le 14 avril.

B. a écrit par inadvertance : « 8° Pb 808 ».

*324. 18 mars 1931. – Lorthiois, Dʳ M. *De l'Automutilation : mutilations et suicides étranges.* – Vigot frères, 1909. – 8° Td⁸⁶. 971. – Rendu le 14 avril.

B. se réfère à cet ouvrage dans une note de « La mutilation... » (O.C., t. I, p. 263).

*325. 18 mars 1931. – Blondel, Dʳ Charles. *Les Auto-mutilateurs, étude psycho-pathologique et médico-légale.* – J. Rousset, 1906. – 8° Td⁸⁶. 917. – Rendu le 14 avril.

Cf. O.C., t. I, p. 264, note de B. (relative à l'étude de Blondel).

*326. 18 mars 1931. – Morau, Dʳ Henry. *Des Mutilations génitales au point de vue anthropologique et psychologique.* – A. Maloine, 1896. – 8° Tb¹³. 215. – Rendu le 26.

En mention d'auteur : « Moreau ». Non cité dans « La mutilation... », bien que B. y traite assez longuement de la circoncision.

*327. 21 mars 1931. – Rogues de Fursac, Dʳ Joseph. *Manuel de psychiatrie.* 5ᵉ éd. rev. et augm. – F. Alcan, 1917 (Coll. médicale). – 8° Td⁸⁶. 819. A. – Rendu à une date inconnue.

La date de restitution indiquée par B. (« 4/3/31 ») est inexacte.

*328. 21 mars 1931. – Hubert et Mauss. *Mélanges d'histoire des religions.* – F. Alcan, 1909. – 8° G. 8706. – Rendu le 14 avril. *Cf.* «La mutilation... » (O.C., *t. I, p. 266, note, et p. 268). Identique au n° 287. L'intérêt que B. porte à l'ouvrage ne se démentira pas : il l'empruntera encore le 13 août 1938 (cf., infra, le n° 748).*

*329. 21 mars 1931. – Frazer, J.G. *Adonis : étude de religions orientales comparées.* Trad. Lady Frazer. – P. Geuthner, s.d. (Annales du musée Guimet. Bibl. d'études ; 29). – 8° O². 825 (29). – Rendu le 26. *En inscrivant la cote, B. a omis d'indiquer le format.*

*330. 26 mars 1931. – Loisy, Alfred. *Essai historique sur le sacrifice.* – E. Nourry, 1920. – 8° G. 11182. – Rendu le 14 avril. *Dix ans plus tard (cf. l'emprunt du 13 février 1941), B. s'intéressera toujours à cet ouvrage (n° 803).*

*331. 28 mars 1931. – Conrad, Joseph. *Une victoire.* Trad. I. Rivière et P. Neel. 6ᵉ éd. – Éditions de la « N.R.F. », 1923. 2 vol. – 8° Y². 68136. – Rendu le 14 avril.

*332. 5 mai 1931. – Westermarck, Edward A. *Origine du mariage dans l'espèce humaine.* Trad. H. de Varigny. – Guillaumin, 1895 (Coll. d'auteurs étrangers contemporains : histoire, morale, économie politique ; XI). – 8° Z. 13658 (11). – Rendu le 11 juillet.

*333. 11 mai 1931. – Baudin, Louis. *L'Empire socialiste des Inka.* – Institut d'ethnologie, 1928 (Univ. de Paris. Trav. et mém. de l'Inst. d'ethnol. ; V). – 4° G. 1610 (5). – Rendu le 11 juillet. *B. a inscrit : « 8° G. 1610 (5) ».*

*334. 12 mai 1931. – Barth, Auguste. *Les Religions de l'Inde* (extrait de l'*Encyclopédie des sciences religieuses*). – Sandoz et Fischbacher, 1879. – O²n. 678. – Rendu le 11 juillet. *La cote portée est : « 8° O²n 678 ».*

*335. 13 mai 1931. – Barrès, M. *Une enquête aux pays du Levant...* – Plon-Nourrit et Cⁱᵉ, 1923. 2 vol. – 8° O²e. 609. – Rendu le 11 juillet. *Dans l'inscription de la cote, le format est passé sous silence.*

*336. 13 mai 1931. – Kittel, Ferdinand. *Ueber den Ursprung des Lingakultus in Indien.* – Mangalore, Basel mission book and tract depository, 1876. – 8° O²k. 684. – Rendu le 11 juillet.

*337. 15 mai 1931. – Man, Henri ' de. *Au-delà du marxisme.* Nouv. éd. – F. Alcan, 1929. – 8° R. 36557. – Rendu le 1ᵉʳ juillet. *L'emprunt est bien du 15 mai. On ne sait pourquoi B. a écrit, en surcharge sur le « 5 » désignant le mois, le chiffre 7. À rapporter, selon toute vraisemblance, à «La critique des fondements... ».*

*338. 22 mai 1931. – Ellis, Havelock. *Études de psychologie sexuelle.* Trad. A. Van Gennep. 2 vol. – « Mercure de France », 1908-1909. – 8° R. 22845. – Rendu le 11 juillet. *B. a inscrit : « 8° G. 22845 H. Ellis Et. de psych. sexuelle IX ». À rapprocher du n° 343.*

*339. 30 mai 1931. – *L'Année sociologique.* 1923-1924 (paru en 1925). – 8° R. 15162. – Rendu le 11 juillet. *Contient l'Essai sur le don de Mauss (cf. O.C., t. I, p. 309 et 664). On verra aussi (pour une var. dans la réf.) O.C., t. VII, p. 71, note. L'Essai sera reproduit en 1950 dans Sociologie et anthropologie (ibid., p. 483-484 et t. VIII, p. 32). Sur l'importance de cette lecture : t. VII, p. 71, 2ᵉ note (et la var. donnée p. 484).*

*340. 4 juin 1931. – Kautsky, Carl. *Le Marxisme et son critique Bernstein.*
Trad. M. Martin-Leray. – P.-V. Stock, 1900 (Recherches sociales;
2). – 8° R. 17011 (2). – Rendu le 7 juillet.

Sur Bernstein, cf. un passage de « À propos de Krafft-Ebing » (O.C.,
t. I, p. 294). Voir aussi le n° 391 bis (6 février 1932).

*341. 15 juin 1931. – Sorel, G.-E. *La Ruine du monde antique, conception*
matérialiste de l'histoire (extr. de *L'Ère nouvelle,* 1894). – G. Jacques
(1902) (Bibl. d'études socialistes; X). – 8° R. 17136 (10). – Rendu le
11 juillet.

*342. 1ᵉʳ juillet 1931. – *L'Année sociologique.* 1902-1903 (vol. VII). – 8°
R. 15162. – Rendu le 10.

*Contient l'*Esquisse d'une théorie générale de la magie, *par Hubert*
et Mauss (cf. O.C., t. I, p. 340, note). Même emprunt, infra, sous le
n° 365.

*343. 19 août 1931. – Krafft-Ebing, Dʳ R. von. *Psychopathia sexualis...*
Éd. Dʳ A. Moll. Trad. R. Lobstein. – Payot, 1931 (Bibl. médicale). –
4° T. 496 (4). – Rendu probablement le 2 avril 1932.

B. a omis la sous-cote. En mention d'auteur : « Kraft-Ebing ». Cf.,
dans O.C., t. I, p. 275-276 le compte rendu de B. (ainsi que la polémique
entre G.B. et Bernier qui suivit). Nouvel emprunt, infra, sous le n° 424.

*344. 26 août 1931. – Jacolliot, Louis. *Christna et le Christ. Lingam, Nara,*
Spiritus sanctus, Phallus, Priape... – Librairie internationale, 1874. –
8° O²k. 620. – Rendu le 22 mars 1932.

*345. 26 août 1931. – Schmidt, J.W. Richard. *Liebe und Ehe im alten und*
modernen Indien... – Berlin, H. Basdorf, 1904. – 8° O²k. 1174. –
Rendu le 22 janvier 1932.

Comme en 344, B. a omis d'inscrire le format.

*346. 29 août 1931. – *Internationale Zeitschrift für (ärztliche) Psychoanalyse.*
1913. – 4° T³⁷. 252. – Rendu le 22 janvier 1932.

*347. 2 septembre 1931. – *Revue française de psychanalyse.* 1927 (vol. I). –
8° T. 1162. – Rendu vraisemblablement le 2 avril 1932.

La date de restitution portée par B. (« 2/4/31 ») est inexacte : sans
doute faut-il lire 2/4/32 (le 4 désignant le mois a été écrit en surcharge
sur un 3). Cf. également, infra, les nᵒˢ 425, 476 et 734.

*348. 5 septembre 1931. – Janet, Dʳ Pierre. *De l'angoisse à l'extase : études*
sur les croyances et les sentiments. T. I. – F. Alcan, 1926 (Trav. du
Laboratoire de psychologie de la Salpêtrière; 9ᵉ série). – 8° Td⁸⁶.
723 (9). – Rendu le 30 novembre..

Voir aussi les nᵒˢ 605, 619 et (pour le commentaire) 819.

*349. 9 septembre 1931. – Codet, Dʳ Henri. *Psychiatrie.* – Doin et Cⁱᵉ, 1926
(Les Consultations journalières). – 8° T. 512. – Rendu le 30 décembre.

*350. 12 septembre 1931. – Hesnard, Dʳ A.-L.-M. *Les Syndromes névropa-*
thiques. Préf. H. Claude. – Doin et Cⁱᵉ, 1927 (Bibl. des grands syndromes). – 8° Td¹³. 41 (6). – Rendu le 15 février 1932.

Cf. « Krafft-Ebing... », où B. cite Hesnard après avoir évoqué les
« symptômes névropathiques » (O.C., t. I, p. 276). Cf. aussi le n° 352.

*351. 12 septembre 1931. – Régis, Dʳ Emmanuel et Hesnard. *La Psycho-*
analyse des névroses et des psychoses... 2ᵉ éd. – F. Alcan, 1922. – 8° Td⁸⁶.
1065. A. – Rendu entre le 3 et le 9 janvier 1932.

*352. 18 septembre 1931. – Hesnard. *L'Individu et le sexe : psychologie du* *narcissisme.* – Delamain et Boutelleau, Stock, 1927 (La Culture moderne; 9). – 8° R. 34043 (9). – Rendu le 29 mars 1932.

*353. 28 septembre 1931. – *Revue française de psychanalyse.* 1929. – 8° T. 1162. – Rendu le 15 février 1932.

Contient une étude de H. Codet et R. Laforgue, intitulée : « Échecs sociaux et besoin inconscient d'auto-punition ». *Cf. les n°s 476 bis et 544.*

*354. 7 octobre 1931. – Mantegazza, Paolo. *L'Amour dans l'humanité : essai d'une ethnologie de l'amour.* Trad. E. Chesneau. – F. Fetscherin et Chuit, 1886. – 8° R. 7333. – Rendu le 5 décembre.

Bon nombre des emprunts d'août à octobre 1931 sont à rapprocher de « Krafft-Ebing... » *et de* « À propos de Krafft-Ebing » *(O.C., t. I, p. 291-294). La durée de certains prêts (à partir du n° 343) est d'ailleurs significative.*

*355. 10 octobre 1931. – Michelet, J. *La Sorcière.* – C. Lévy, 1878. – 8° R. 1654. – Rendu le 3 février 1932.

Sur « *l'admirable* Sorcière *de Michelet* », *cf.* « Gérard Servèze... » *(O.C., t. I, p. 298). Le 22 octobre 1936, B. empruntera une autre édition de cet ouvrage (cf. le n° 686).*

*356. 10 octobre 1931. – *Revue d'histoire et de littérature religieuses.* 1913. – 8° Z. 4534. – Rendu le 30 novembre.

B. a interverti les chiffres de la cote et écrit : « 8° Z. 3544 ».

*357. 10 octobre 1931. – *L'Encéphale, journal des maladies mentales et nerveuses.* 1882 (vol. II). – 8° T^{37}. 39. – Rendu le 3 février 1932.

B. a inscrit une cote erronée : « T^{37}. 10 ».

*358. 27 octobre 1931. – Laurat, Lucien. *L'Économie soviétique, sa dynamique, son mécanisme.* – Librairie Valois, 1931 (Bibl. économique universelle; V). – 8° R. 37560 (5). – Rendu le 3 février 1932.

*359. 27 octobre 1931. – Laurat, L. *L'Accumulation du capital d'après Rosa Luxemburg.* – M. Rivière, 1930 (Bibl. générale d'économie politique). – 8° R. 38164. – Rendu le 3 février 1932.

*360. 9 novembre 1931. – Durkheim, É. *Les Formes élémentaires de la vie religieuse...* – F. Alcan, 1912 (Trav. de « L'Année sociologique ». Bibl. de philos. contemp.). – 8° P^2b. 89 – Rendu le 5 décembre.

B. a inscrit pour cote : « P^2b. 49 ». *Il se réfère à cette éd. dans O.C., t. I, p. 345, note. Sur Durkheim, cf. aussi O.C., t. VII, p. 615.*

*361. 19 novembre 1931. – Marx. *Misère de la philosophie...* Préf. d'Engels. – V. Giard et E. Brière, 1896 (Bibl. socialiste internationale; II). – 8° R. 13495 (2). – Rendu le 29 mars 1932.

Cf. aussi, supra, le n° 283.

*362. 19 novembre 1931. – Engels. *Philosophie, économie politique, socialisme (contre Eugène Dühring).* Trad. sur la 6e éd. allem. par E. Laskine. – Giard et Brière, 1911 (Bibl. social. intern.; XXI). – 8° R. 13495 (21). – Rendu le 25 mars 1932.

B. a écrit « 8° R. 13495 (8) ». *L'ouvrage, en effet, portait alors cette sous-cote. Dans* « La critique des fondements... », *B. cite l'*Anti-Dühring « *d'après la traduction de Laskine (Paris, 1911)* » *(cf. O.C., t. I, p. 280, note).*

*363. 19 novembre 1931. – Marx. *Le Capital.* Trad. J. Molitor. T. I (précédé d'une introd. de Kautsky). – A. Costes, 1924. – 8° R. 32830 (1). – Rendu le 15 mars 1932.

*364. 19 novembre 1931. – Engels. *Ludwig Feuerbach...* Trad. M. Ollivier.
– Les Revues, 1930 (Collection orange; 4). – 8° R. 37436 (4). –
Rendu le 1ᵉʳ février 1932.

> *B. a omis la sous-cote. Les quatre emprunts du 19 novembre sont à rapprocher de « La critique... ». Sur la date de rédaction (avec Queneau) de cet article, cf. O.C., t. VII, p. 615.*

*365. 21 novembre 1931. – *L'Année sociologique.* 1902-1903 (vol. VII, publié
en 1904). – 8° R. 15162. – Rendu le 5 décembre.

> *Cf., supra, le n° 342 et, dans « Véritables rapports de la magie et de la science » (O.C., t. II, p. 173), la réf. à Hubert et Mauss (« Magie, p. 75 »).*

*366. 25 novembre 1931. – Hegel. *Philosophie de l'esprit.* Trad. A. Véra.
T. I. – G. Baillière, 1867. – R. 38267. – Rendu le 30.

> *À rapprocher de « La critique des fondements... » (cf. aussi le n° 127).*

*367. 30 novembre 1931. – Reik, Theodor. *Probleme der Religionspsychologie.*
Vorrede von Sigm. Freud. I. Teil : Das Ritual. – Leipzig, Wien,
Internationaler psychoanalytischer Verlag, 1919 (Internationale psy-
choanalytische Bibliothek; V). – 8° R. 31457 (5). – Rendu le 2 avril
1932.

> *Voir aussi, infra, le n° 426.*

*368. 4 décembre 1931. – Bouglé, Célestin. *Essais sur le régime des castes.*
2ᵉ éd. – F. Alcan, 1927 (Bibl. de philosophie contemporaine. Trav.
de « L'Année sociologique »). – 8° R. 35732. – Rendu le 1ᵉʳ février
1932.

*369. 4 décembre 1931. – Dubois, abbé Jean-Antoine. *Mœurs, institutions
et cérémonies des peuples de l'Inde.* – Impr. royale, 1825. 2 vol. – 8° O²k.
149 (1-2). – Rendu le 1ᵉʳ février 1932.

> *La cote portée par B. (« O²k 174 ») est erronée. Identifié d'après cette mention : « Dubois Peuples de l'Inde ». Sans doute B. s'est-il souvenu des n°ˢ 368-369 dans « La structure psychologique du fascisme » (cf. O.C., t. I, p. 349), mais on verra d'abord le ms. de « La notion de dépense » (p. 666).*

*370. 4 décembre 1931. – Bréhier. *Histoire de la philosophie allemande.* –
8° Z. 21054 (13). – Rendu le 15 mars 1932.

> *Identique au n° 47. Cf. également le n° 372.*

*371. 5 décembre 1931. – Eberhardt, Ernst (*pseud.* Humanus). *Seele,
Bewusstsein, Geist auf Grund des Polaritätsgesetzes...* – Leipzig, J.G. Findel,
1896. – 8° R. 14600. – Rendu le 25 mars (ou mai) 1932.

> *Sans doute à rapprocher de « La polarité humaine... » (O.C., t. II, p. 167). L'idée de polarité est au centre de l'hétérologie de B. Cf. aussi le n° 374.*

*372. 8 décembre 1931. – Gurvitch, G. *Les Tendances actuelles de la philosophie allemande* : E. Husserl, M. Scheler, E. Lask, N. Hartmann,
M. Heidegger. Préf. L. Brunschvicg. – J. Vrin, 1930 (Bibl. d'histoire
de la philosophie). – 4° R. 3558. – Rendu le 30 mars ou le 1ᵉʳ avril
1932.

> *Dans « La critique... », B. évoque l'étude sur Hartmann contenue dans cet ouvrage (O.C., t. I, p. 277, note). Sur la connaissance qu'avait B. de « la philosophie allemande moderne (phénoménologie) », ibid., p. 339, note.*

*373. 8 décembre 1931. – Leseine, Léopold. *L'Influence de Hegel sur Marx.*
– Impr. de Bonvalot-Jouve, 1907. – 8° F. 19524. – Rendu le 1ᵉʳ avril
ou le 30 mars 1932.

   *En 372-373, B. a interverti les cotes (à moins que ce ne soit les auteurs
et les titres), si bien qu'on a des doutes quant aux dates de restitution. À
rattacher à « La critique... ».*

*374. 10 décembre 1931. – Mac Kenty, Mᵐᵉ Emma. *La Polarité dans l'uni-
vers...* – M. Claudin (1909). – 8° R. 23008. – Rendu le 5 janvier 1932.

   *La date de rentrée d'abord inscrite (« 5/12/31 ») a été corrigée en :
« 5/1/32 ». À rapprocher du n° 371.*

*375. 19 décembre 1931. – Stekel, Dʳ Wilhelm. *Les États d'angoisse nerveux
et leur traitement.* Trad. Dʳ L. Hahn (d'après la 4ᵉ éd. allem.). – Payot,
1930 (Bibl. médicale). – 4° T. 496 (2). – Rendu le 15 février 1932.

   B. a omis d'inscrire la sous-cote. Même emprunt, infra, sous le n° 398.

*376. 19 décembre 1931. – Husserl, E. *Méditations cartésiennes : introduction
à la phénoménologie.* Trad. G. Peiffer et E. Levinas. – A. Colin, 1931
(Bibl. de la Société française de philosophie). – 4° R. 3680. – Rendu
le 2 avril 1932.

   Même emprunt, infra, sous le n° 427.

*377. 28 décembre 1931. – *Bulletin de la Société française de philosophie.* –
1901→. – 8° R. 19355. – Rendu le 15 février 1932.

   Sans la moindre indication de tomaison ou d'année.

*378. 31 décembre 1931. – Hegel. *Vie de Jésus.* Trad. D.D. Rosca. –
J. Gamber, 1928. – 8° H. 8697. – Rendu le 1ᵉʳ février 1932.

*379. 31 décembre 1931. – Roques, Paul-Étienne-Antoine. *Hegel, sa vie et
ses œuvres.* – F. Alcan, 1912 (Coll. historique des grands philosophes).
– 8° M. 16120. – Rendu le 5 mars 1932.

*380. 31 décembre 1931. – Bréhier, É. *Schelling.* – F. Alcan, 1912 (Les
Grands philosophes). – 8° M. 16118. – Rendu le 8 mars 1932.

   *L'enregistrement des prêts 378 à 380 est de la main de B. mais il a
oublié de signer dans la col. réservée à l'emprunteur. Cf. aussi le n° 495.*

*381. 9 janvier 1932. – Lichtenberger, Henri. *Novalis.* – Bloud et Cⁱᵉ, 1912
(Les Grands écrivains étrangers). – 8° M. 15992. – Rendu le 15 février.

   *Cf. O.C., t. VII, p. 615 : « quelque admiration que j'aie pour la
littérature romantique allemande, elle n'a pas eu dans ma vie d'influence
marquée ». Voir aussi les nᵒˢ 382-383.*

*382. 9 janvier 1932. – Spenlé, Jean-Édouard. *Novalis, essai sur l'idéalisme
romantique en Allemagne.* – Hachette, 1903. – 8° M. 21810. – Rendu
le 27 février.

*383. 9 janvier 1932. – Novalis. *Les Disciples à Saïs et les fragments...* Trad.
M. Maeterlinck. 3ᵉ éd. – Bruxelles, P. Lacomblez, 1895. – 8° R. 17943.
– Rendu le 27 février.

   *En mention d'auteur : « Maeterlinck », pour titre : « Novalis ». Iden-
tifié d'après la cote.*

*384. 16 janvier 1932. – Höffding, Harald. *Histoire de la philosophie moderne.*
Trad. P. Bordier. – F. Alcan, 1906 (Bibl. de philosophie contemporaine). 2 vol. – 8° R. 20376 (1-2). – Rendu le 15 février.

*385. 19 janvier 1932. – Adler, Max. *Marxistische Probleme...* – Stuttgart,
J.H.W. Dietz, 1913. – 8° R. 26187. – Rendu le 22.

*386. 30 janvier 1932. – Freud. *Zur Technik der Psychoanalyse und zur*

Metapsychologie. – Leipzig, Internationaler psychoanalytischer Verlag, 1924. – 8° R. 33842. – Rendu le 20 juillet.

> *On notera la durée du prêt.* « *À la fin, je lus Freud avec assez de persistance* » *indique B.* (O.C., t. VIII, p. 562, i.f.). *Les lettres échangées par G.B. et Queneau en octobre 1931 (cf. Les Amis de Valentin Brû, nᵒ 19, 2ᵉ trim. 1982) témoignent de cet intérêt pour Freud.*

*387. 1ᵉʳ février 1932. – Lange, F.-A. *Die Arbeiterfrage.* – Berlin, « Vorwärts », 1910 (Sozialistische Neudrucke; IV). – 8° R. 24057. – Rendu le 15 mars.

> *B. a inscrit pour cote :* « *8° R 27085 (IV)* ».

*388. 1ᵉʳ février 1932. – Gentile, Giovanni. *La Filosofia di Marx...* – Pisa, E. Spoerri, 1899. – 8° R. 16616. – Rendu le 15.

> *Sur Gentile, cf. O.C., t. I, p. 365 et 454, note.*

*389. 3 février 1932. – Sorel, G.-E. *Les Illusions du progrès.* 3ᵉ éd. – M. Rivière, 1921 (Études sur le devenir social; I). – 8° R. 30517 (1). – Rendu le 6.

> *Ajouter aux réf. données sous le nᵒ 317 :* O.C., t. I, p. 455.

*390. 3 février 1932. – Bakounine, M. *Œuvres.* T. III. – P.-V. Stock, 1908 (Bibl. sociologique; 39). – 8° R. 14638 (39). – Rendu le 15.

> *En mention de titre :* « *Œuvres III* ». *Bakounine est nommé dans O.C., t. II, p. 205. Cf. aussi,* infra, *le nᵒ 522.*

*391. 6 février 1932. – Bernstein. *Socialisme théorique et socialdémocratie pratique.* Trad. A. Cohen. – Stock, 1900 (Recherches sociales; 1). – 8° R. 17011 (1). – Rendu le 15.

*391 bis. 6 février 1932. – Kautsky. *Le Marxisme et son critique Bernstein.* – Stock, 1900 (Recherches sociales; 2). – 8° R. 17011 (2). – Rendu le 15.

> *Identique au nᵒ 340. Amalgamant les nᵒˢ 391 et 391 bis, B. a écrit :* « *8° R. 17011 (1 et 2) Controverse Bernstein-Kautsky* ».

*392. 6 février 1932. – Sorel. *Les Polémiques pour l'interprétation du marxisme : Bernstein et Kautsky* (extr. de la *Revue intern. de sociol.*). – Giard et Brière, 1900. – 8° R. 16943. – Rendu le 27.

> *B. a inscrit par erreur* « *8° R 16643* ».

*393. 9 février 1932. – *L'Ère nouvelle* (de G. Diamandy). Juillet 1893-novembre 1894. – 8° Z. 13759 (Microfilm m. 462). – Rendu le 15.

> *B. a inscrit pour cote* « *8° R 13759* ». *Sans la moindre indication d'année ou de mois. Cf. aussi les nᵒˢ 341 et 400.*

*394. 20 février 1932. – Marx et Engels. *Historisch-kritische Gesamtausgabe.* Herausg. von D. Riazanov. – Frankfurt a. Main, Marx-Engels Archiv; Berlin, Marx-Engels Verlag, 1927-1935. 3 t. en 13 vol. – 8° Z. 24137 (I, 1-III, 4). – Rendu le 5 mars.

> *B. a emprunté* « *2 vol.* ». *Peut-être à rapprocher de* « *La critique...* » *(paru en mars), où il fait réf. à une autre* « *publication de Riazanov* » : *le t. II des* Archives Marx-Engels *(cf. O.C., t. I, p. 281 et 289).*

*395. 2 mars 1932. – *Annales d'hygiène publique et de médecine légale.* 3ᵉ série, t. XLIII, janvier-juin 1900. – 8° T³⁶. 4. – Rendu le 31.

> *B. précise :* « *1900 (1)* ». *Contient :* « *Le sado-fétichisme* », *par le Dʳ Paul Garnier.*

*396. 2 mars 1932. – *Annales médico-psychologiques.* 7ᵉ série, vol. 19, janvier-juin 1894. – 8° T³⁷. 4. – Rendu le 31.

B. indique : « 1894 (1) ». Contient : « Curieuses érotomanies », par le Dr Hospital.

*397. 5 mars 1932. – Hesnard. *Les Syndromes névropathiques*. – 8° Td¹³. 41 (6). – Rendu le 31.

Voir, supra, le n° 350. Réemprunté le 4 septembre 1934 (n° 577).

*398. 5 mars 1932. – Stekel. *Les États d'angoisse nerveux...* – 4° T. 496 (2). – Rendu le 17 ou le 19.

Comme en 375, B. omet la sous-cote. Pour titre : « États nerveux d'angoisse ».

*399. 7 mars 1932. – *Revue philosophique...* 1926. – 8° R. 847. – Rendu le 16.

*400. 7 mars 1932. – *L'Ère nouvelle*. 1894. – 8° Z. 13759. – Rendu le 16.

La cote portée par B. (« 8° R. 15310 ») est fausse. Cf. La Critique sociale, n° 5 (mars 1932), p. 202 (n° 393/400) et 217-219 (n° 394).

*401. 10 mars 1932. – Löb, Jacques. *La Conception mécanique de la vie*. Trad. H. Mouton. – F. Alcan, 1914 (Nouv. coll. scientifique). – 8° S. 15206. – Rendu le 29.

*402. 10 mars 1932. – Bohn. *La Forme et le mouvement...* – 8° R. 30556. – Rendu le 14.

Identique au n° 295. Cf. aussi le n° 412.

*403. 11 mars 1932. – Rabaud, Étienne. *Éléments de biologie générale*. 2ᵉ éd. – F. Alcan, 1928 (Bibl. de philos. contemp.). – 8° S. 18731. – Rendu le 30.

Cf. le commentaire accompagnant l'emprunt du 6 décembre 1937 (n° 733).

*404. 15 mars 1932. – Marvaud, Angel. *La Question sociale en Espagne*. – F. Alcan, 1910 (Bibl. d'histoire contemporaine). – 8° Oc. 1973. – Rendu le 22.

*405. 15 mars 1932. – Legendre, Maurice. *Les Jurdes, étude de géographie humaine*. – E. de Boccard, H. Champion, 1927 (Bibl. de l'École des hautes études hispaniques; XIII). – 8° Z. 19898 (13). – Rendu le 22.

*406. 16 mars 1932. – Löb, J. *La Dynamique des phénomènes de la vie*. Trad. H. Daudin et G. Schaeffer. – F. Alcan, 1908 (Bibl. scientif. internationale; CIX). – 8° R. 81 (109). – Rendu le 20 mai.

B. a omis d'inscrire la sous-cote.

*407. 17 mars 1932. – Manquat, abbé Maurice-L.-R. *Sur la théorie des tropismes dans le comportement animal*. – Nancy, ancienne impr. Vagner, 1921. – 4° R. 770 bis (1 bis). – Rendu le 30.

B. a écrit « 4° R. 770 (1 bis) ». La réf. à la notion de tropisme est relativement fréquente chez B. (cf. par exemple le compte rendu de La Condition humaine, O.C., t. I, p. 374 et le titre prévu pour la conférence du 22 janvier 1938 au Collège de sociologie, ibid., t. II, p. 447).

*408. 17 mars 1932. – Löb, J. *Forced Movements, Tropisms and Animal Conduct*. – Philadelphia, J.B. Lippincott, cop. 1918 (Monographs on Experimental Biology; 1). – 8° S. 15830. – Rendu le 30.

Autre réf. au « mouvement tropique » dans O.C., t. I, p. 359.

*409. 18 mars 1932. – Cyon, Élie de. *Le Sens de l'espace* (extr. du *Dictionnaire de physiologie* de Charles Richet). – F. Alcan, 1900. – 4° Tb⁴⁶. 73. – Rendu le 19.

*410. 18 mars 1932. – Francotte, P. *Recherches sur le développement de*

l'épiphyse. – Liège, impr. H. Vaillant-Carmanne, 1888. – 8° T. 2229.
– Rendu le 19.
À verser au Dossier de l'œil pinéal (cf. O.C., t. II, p. 13-47 et notes).
*411. 19 mars 1932. – Gley, Eugène. *Études de psychologie physiologique et pathologique...* – F. Alcan, 1903 (Bibl. de philos. contemp.). – 8° Tb⁴⁸. 79. – Rendu le 22.
Traite, entre autres questions, des « aberrations de l'instinct sexuel ».
*412. 19 mars 1932. – Bohn. *La Forme et le mouvement...* – 8° R. 30556. – Rendu le 29.
Identique aux n°s 295 et 402.
*413. 21 mars 1932. – *Revue neurologique.* Janvier-juin 1927. – 8° T³⁷. 98. – Rendu le 20 juillet.
B. précise : « 1927/I ». Contient (p. 108-111) une étude sur la glande pinéale et (p. 259-260) une brève analyse des Vertiges *de Lévy-Valensi et* Halphen *(cf. le n° 417).*
*414. 22 mars 1932. – Monakow, Constantin von et Mourgue, Dʳ Raoul. *Introduction biologique à l'étude de la neurologie et de la psychopathologie...* – F. Alcan, 1928. – 4° T. 213. – Rendu le 29.
*415. 25 mars 1932. – Dumas, Georges. *Traité de psychologie.* T. I. – F. Alcan, 1923. – 8° R. 36406 (1). – Rendu le 31.
*416. 25 mars 1932. – Dumas, G. *Nouveau traité de psychologie.* T. I. – F. Alcan, 1930. – 8° R. 37544 (1). – Rendu le 29.
*417. 29 mars 1932. – Lévy-Valensi, Dʳ J. et Halphen, E. *Les Vertiges.* – N. Maloine, 1926 (Bibl. de neuro-psychiatrie). – 8° T. 663 (1). – Rendu le 2 avril.
*418. 29 mars 1932. – *Neurologisches Centralblatt.* Année 1911 (vol. XXX). – Leipzig, 1882→. – 8° T³⁷. 44. – Rendu le 1ᵉʳ avril.
Contient de nombreux articles et comptes rendus, dont plusieurs (sur un cas d'automutilation, sur la glande pinéale, etc.) susceptibles d'intéresser B. On notera cependant la courte durée du prêt.
*419. 31 mars 1932. – Hamsun, Knut. *Pan.* Trad. Mᵐᵉ R. Rémusat. – Au Sans Pareil, 1924 (La Bonne compagnie ; 6). – 8° Y². 69383. – Rendu le 2 avril.
*420. 31 mars 1932. – Hamsun, K. *Benoni.* Trad. G. Sautreau. – Rieder, 1930 (Les Prosateurs étrangers modernes). – 8° Y². 76122. – Rendu le 18 avril.
*421. 1ᵉʳ avril 1932. – David-Neel, Alexandra. *Voyage d'une parisienne à Lhassa...* – Plon, 1927. – 8° O²m. 292. – Rendu le 19 juillet.
Réemprunté par B. le 1ᵉʳ février 1937 (n° 707).
*422. 1ᵉʳ avril 1932. – David-Neel, A. *Mystiques et magiciens du Thibet.* – Plon, 1929. – 8° O²m. 294. – Rendu le 13 mai.
Réemprunté par B. le 7 mai 1942 (n° 817).
*423. 1ᵉʳ avril 1932. – David-Neel. *Initiations lamaïques...* – Adyar, 1930. – 8° O²m. 298. – Rendu le 13 mai.
Réemprunté par B. le 1ᵉʳ février 1937 (cf. le n° 708).
*424. 2 avril 1932. – Krafft-Ebing. *Psychopathia sexualis...* – 4° T. 496 (4). – Rendu le 20 juillet.
B. a inscrit pour cote : « 8° T. 496 ». Identique au n° 343. Postérieur à « À propos de Krafft-Ebing » (mars 1932). Cf. aussi O.C., t. II, p. 130, note.

*425. 2 avril 1932. – *Revue française de psychanalyse.* 1927. – 8° T. 1162. – Rendu le 13 mai.

> *Identique au n° 347, supra. Cf. également,* infra, *les n°s 476 et 734.*

*426. 2 avril 1932. – Reik. *Probleme der Religionspsychologie.* I. Teil. – 8° R. 31457 (5). – Rendu le 20 juillet.

> *B. a omis la sous-cote. Identique au n° 367.*

*427. 2 avril 1932. – Husserl. *Méditations cartésiennes...* – 4° R. 3680. – Rendu le 13 mai.

> *Même emprunt,* supra, *sous le n° 376.*

*428. 2 avril 1932. – Hamsun, K. *Rosa...* Trad. G. Sautreau. 6e éd. – Rieder, 1930 (Les Prosateurs étrangers modernes). – 8° Y². 76681. – Rendu le 18.

*429. 2 avril 1932. – Hardy, Thomas. *Les Petites ironies de la vie.* Trad. Mme H. Boivin. 2e éd. – F. Rieder et Cie, 1920 (Les Prosateurs étrangers modernes). – 8° Y². 65148. – Rendu le 18.

> *Les cotes des n°s 428 et 429 ont été interverties par B.*

*430. 18 avril 1932. – Dumas, Georges. *Le Sourire : psychologie et physiologie.* – F. Alcan, 1906 (Trav. du Laboratoire de psychologie de l'Asile Sainte-Anne. Bibl. de philos. contemp.). – 8° R. 20720. – Rendu le 19 juillet.

*431. 19 avril 1932. – Frazer, James G. *Le Cycle du Rameau d'or* (P. Geuthner, 1925 →). T. 4 : Le Dieu qui meurt. Trad. P. Sayn. – 1931. – 4° G. 1792 (4). – Rendu le 25.

> *Le ms. de «* La mutilation... *» renvoyait déjà au* Golden Bough *(O.C., t. I, p. 655, n. 7). Cf.,* supra, *le n° 308 (et O.C., t. VII, p. 264 et note).*

*432. 23 avril 1932. – Minkowski, M. *L'État actuel de l'étude des réflexes.* Trad. Dr Henry Ey. – Masson, 1927. – 8° T. 1295. – Rendu le 25.

*432 bis. 25 avril 1932. – Lévy-Bruhl, L. *Le Surnaturel et la nature dans la mentalité primitive.* – F. Alcan, 1931 (Trav. de « L'Année sociologique »). – 8° R. 38455. – Rendu le 20 juillet.

> *Cf., en marge du ms. de «* La notion de dépense *» (O.C., t. I, p. 663, n. 8), cette indication de B. : « citer Lévy-Bruhl » (et la 2e note de la p. 347).*

*433. 25 avril 1932. – Frazer. *Le Rameau d'or.* T. 10 : Balder le magnifique. – Geuthner, 1931. – 4° G. 1792 (10). – Rendu le 13 mai.

> *Comme en 431, B. n'indique aucune sous-cote. Le vol. 11 (également consacré à Balder) ne paraîtra qu'en 1934.*

*434. 4 mai 1932. – Davy, Georges. *La Foi jurée : étude sociologique du problème du contrat...* – F. Alcan, 1922 (Bibl. de philos. contemp. Trav. de « L'Année sociologique »). – 8° R. 34129. – Rendu le 20 juillet.

*435. 14 mai 1932. – Durkheim. *Les Formes élémentaires...* – 8° P²b. 89. – Rendu le 20 juillet.

> *Identique au n° 360. Autre emprunt,* infra, *sous le n° 519.*

*436. 14 mai 1932. – Schreiber, Émile. *Comment on vit en U.R.S.S.* – Plon, 1931. – 8° M. 23714. – Rendu le 19.

*437. 18 mai 1932. – Pierre, André. *U.R.S.S., la fédération soviétique et ses républiques.* – Delagrave, 1932 (Bibl. d'histoire et de politique). – 8° M. 23717. – Rendu le 19.

*438. 19 mai 1932. – Dumas. *Traité de psychologie.* T. I. – 8° R. 36406 (1). – Rendu le 18 juillet.

B. a omis la sous-cote. Identique au n° 415.

*439. 25 mai 1932. – Cook, Arthur Bernard. *Zeus : a Study in Ancient Religion...* – Cambridge, University Press, 1914-1940. 3 t. en 5 vol. – 8° J. 8082. – Rendu le 18 juillet.
À cette date, on en était au 2ᵉ vol. du t. II (paru en 1925) de cette publication « en cours ». Réemprunté par B. le 19 février 1937 (n° 715).

*440. 25 mai 1932. – *L'Année sociologique.* « 1925 ». – 8° R. 15162. – Rendu le 18 juillet.
Cf., supra, le n° 339 et le commentaire qui y est joint.

*441. 1ᵉʳ juin 1932. – Levinas, Emmanuel. *La Théorie de l'intuition dans la phénoménologie de Husserl.* – F. Alcan, 1930 (Bibl. de philos. contemp.). – 4° R. 3546. – Rendu le 20 juillet.
Même emprunt, infra, sous le n° 450.

*442. 27 juin 1932. – Frazer. *Mythes sur l'origine du feu.* Trad. G.M. Michel Drucker. – Payot, 1931 (Bibl. scientifique). – 8° G. 12521. – Rendu le 18 juillet.

*443. 27 juin 1932. – Sando, M. et Mᵐᵉ H. *Angleterre, Écosse, Irlande.* – Hachette, 1908 (Coll. des guides Joanne). – 8° N. 530. – Rendu le 18 juillet.

*444. 1ᵉʳ juillet 1932. – Simenon, Georges. *Le Chien jaune.* – Fayard, 1931. – 8° Y². 77396. – Rendu le 20.

*444 bis. 1ᵉʳ juillet 1932. – Simenon. *Le Pendu de Saint-Phollien.* – Fayard, 1931. – 8° Y². 77397. – Rendu le 20.

*445. 1ᵉʳ juillet 1932. – Dumas, Georges. *La Tristesse et la joie.* – F. Alcan, 1900. – 8° R. 16778. – Rendu le 18.

*446. 18 juillet 1932. – Joanne, Adolphe. *Itinéraire général de la France : Bretagne.* – Hachette, 1867 (Coll. des guides Joanne). – 8° L²⁵. 56 (25). – Rendu le lendemain.
Dans la col. réservée à l'auteur : « Guides bleus » (c'est le titre que prend la collection en 1920).

*447. 19 juillet 1932. – Simenon. *M. Gallet, décédé.* – A. Fayard, 1931. – 8° Y². 77384. – Rendu le lendemain.

*448. 23 août 1932. – Knickerbocker, H.R. *Commerce rouge : U.R.S.S. contre Europe.* Trad. Alice Cuénoud. – E. Flammarion, 1932. – 8° M. 23729. – Rendu le 17 septembre.

*449. 23 août 1932. – Spengler, Oswald. *Déclin de l'Occident : esquisse d'une morphologie de l'histoire universelle.* Trad. M. Tazerout. – « Nouvelle revue française », 1931-1933 (Bibl. des idées ; 4). 2 t. en 5 vol. – 8° Z. 24139 (4). – Rendu le 13 février 1933.
B. n'a emprunté que le t. I, seul paru à cette date (« 8° Z. 24139 (4, I) » : Forme et réalité, 2 vol.), mais cf. également les nᵒˢ 559 et 562. Réemprunt (du t. I), infra, sous le n° 548. Quant au Spengler de Fauconnet, cf. les nᵒˢ 206 et 558. On verra aussi : « Chronique nietzs-chéenne » (O.C., t. I, p. 477, 2ᵉ note).

*450. 26 août 1932. – Levinas. *La Théorie de l'intuition...* – 4° R. 3546. – Rendu le 11 juillet 1933.
Comme en 441, B. a inscrit pour titre : « Husserl ».

*451. 29 août 1932. – Cohn, William. *La Sculpture hindoue.* Trad. Paul Budry. – G. Grès (*circa* 1921). – 4° V. 9346. – Rendu le 19 avril 1933.

*452. 29 août 1932. – Cavaignac, Eugène. *Le Monde méditerranéen jusqu'au*

IVe *siècle avant J.-C.* – De Boccard, 1929 (Histoire du monde; 2). –
8° G. 11148 (2). – Rendu le 19 avril 1933.

*453. 2 septembre 1932. – Brochard, Victor. *Les Sceptiques grecs.* 2e éd. –
J. Vrin, 1923. – 8° R. 31980. – Rendu le 21.

*454. 3 septembre 1932. – La Vallée-Poussin, Louis de. *Indo-Européens et
Indo-Iraniens : l'Inde jusque vers 300 av. J.-C.* – De Boccard, 1924
(Histoire du monde; 3). – 8° G. 11148 (3). – Rendu le 13 février
1933.

> *En mention d'auteur : « Poussin », et pour titre : « Inde antique ». Cf.,
> dans O.C., t. II, p. 434, cette mention : « excréments Inde la Vallée
> Poussin ».*

*455. 3 septembre 1932. – Maspero, Henri. *La Chine antique.* – De Boccard,
1927 (Histoire du monde; 4). – 8° G. 11148 (4). – Rendu le 21.

*456. 5 septembre 1932. – Grousset, R. *Histoire de l'Asie.* – G. Grès, 1921-
1922. 3 t. en 2 vol. – 8° O². 1263. A. – Rendu le 19.

> *B. connaissait déjà la 1re éd. de cet ouvrage (cf., supra, le n° 137).
> Autre emprunt de la nouvelle éd., infra, sous le n° 531.*

*457. 10 septembre 1932. – Taboui, Geneviève. *Nabuchodonosor et le triomphe
de Babylone.* – Payot, 1931 (Bibl. historique). – 8° O²d. 682. – Rendu
le 21.

*458. 13 septembre 1932. – Diehl, Charles. *Choses et gens de Byzance.* – De
Boccard, 1926 (Coll. d'études d'histoire et d'archéologie). – 8° J.
9408. – Rendu le 17.

*459. 14 septembre 1932. – Diehl. *Histoire de l'Empire byzantin.* – A. Picard,
1919. – 8° J. 8494. – Rendu le 17.

> *Cf. « La notion de dépense » (O.C., t. I, p. 307 et p. 663, n. 9 et
> 10), où B. évoque les « extravagances des Byzantins ».*

*460. 14 septembre 1932. – Dhan Gopal Mukerji. *Brahmane et Paria : Caste
and Outcast.* Trad. S. Godet. – Paris, Neuchâtel, V. Attinger, 1928
(Orient; 2). – 8° Z. 24552 (2). – Rendu le 19.

> *Peut-être à rattacher à l'évocation par B. des « brahamanes » (O.C.,
> t. I, p. 665-666, note) ou des intouchables (ibid., p. 349).*

*461. 17 septembre 1932. – Oldenberg, Hermann. *La Religion du Véda.*
Trad. V. Henry. – F. Alcan, 1903 (Bibl. de philos. contemp.) –
8° O²k. 1158. – Rendu le 19 avril 1933.

> *On rapprochera le titre inscrit par B. (« Vedas ») de la mention :
> « Vedas (ascétisme) » (cf. O.C., t. II, p. 434).*

*462. 17 septembre 1932. – Guénon, René. *Introduction générale à l'étude
des doctrines hindoues.* – Éditions Véga, 1932 (L'Anneau d'or). –
8° O²k. 1851. – Rendu le 19 avril 1933.

> *On notera la durée des prêts n°s 461 et 462. Dans L'Histoire de
> l'érotisme, B. jugera très sévèrement Guénon (cf. O.C., t. VIII, p. 64,
> note).*

*463. 17 septembre 1932. – Philip, André. *L'Inde moderne : le problème
social et politique.* – F. Alcan, 1930. – 8° O²k. 1840. – Rendu le
4 octobre.

*464. 19 septembre 1932. – Husain, Yusuf. *L'Inde mystique au Moyen Âge :
hindous et musulmans.* – A. Maisonneuve, 1929. – 4° O²k. 1824. –
Rendu le 21.

*465. 21 septembre 1932. – Grousset, René. *Histoire de la philosophie orien-*

tale : Inde, Chine, Japon. – Nouvelle librairie nationale, 1923 (Bibl. française de philos.). – 8° R. 32389. – Rendu le 19 avril 1933.
La cote inscrite par B. (« 8° R. 32289 ») est erronée.

*466. 23 septembre 1932. – Grousset, R. *Les Civilisations de l'Orient.* T. 2 : L'Inde. – G. Crès, 1930. – 8° G. 12186 (2). – Rendu le 15 novembre.

*467. 26 septembre 1932. – Lot, Ferdinand. *La Fin du monde antique et le début du Moyen Âge.* – La Renaissance du livre, 1927 (L'Évolution de l'humanité ; 31). – 8° G. 11125 (31). – Rendu le 4 octobre.
B. a inscrit pour cote : « 8° G. 11108 (31) ».

*468. 1er octobre 1932. – Granet, Marcel. *La Civilisation chinoise : la vie publique et la vie privée.* – La Renaissance du livre, 1929 (L'Évolution de l'humanité ; 25). – 8° G. 11125 (25). – Rendu le 5 novembre.
B. a omis la sous-cote. Réemprunté le 14 juin 1934, ainsi que le 17 avril 1937 (cf., infra, les n°s 570 et 719).

*469. 4 octobre 1932. – Marx. *Œuvres philosophiques.* Trad. J. Molitor. – A. Costes, 1927. – 8° R. 35356. – Rendu le 15 novembre.

*470. 12 octobre 1932. – Maréchal, Pierre-Sylvain. *Le Jugement dernier des rois : prophétie en 1 acte, en prose...* – Impr. de C.-F. Patris, An II. – 8° Yth. 22892. – Rendu le 19 avril 1933.

*471. 15 octobre 1932. – Granet, M. *Danses et légendes de la Chine ancienne.* T. 1-2. – F. Alcan, 1925 (Bibl. de philos. contemp. Trav. de « L'Année sociologique »). – 8° O²n. 1775. – Rendu le 15 novembre.
B. a inscrit : « 8° O² 1775 Granet Fêtes et légendes ».

*472. 18 octobre 1932. – Halévy, Daniel. *Jules Michelet.* – Hachette, cop. 1928 (Les Romantiques). – 8° Ln9. 349 (5). – Rendu le 24.
L'ouvrage n'étant plus en état d'être communiqué, on verra à la Nationale : Impr. Microfiche. m. 6464.

*473. 22 octobre 1932. – Lawrence, D.H. *Fantaisie de l'inconscient.* Trad. C. Mauron. – Stock, 1932. – 8° R. 39145. – Rendu le 15 novembre.

*474. 24 octobre 1932. – Michelet. *Histoire de la Révolution française.* – C. Marpon et E. Flammarion, 1879. – 8° La³². 244. G. – Rendu le 19 avril 1933.
Le Catalogue général (Auteurs) de la B.N. indique : « 8 vol. in-16 ». En l'état actuel, cette édition n'est plus représentée que par 6 vol. (numérotés 4-9).

*475. 29 octobre 1932. – Hubert et Mauss. *Mélanges d'histoire des religions.* – Alcan, 1909. – 8° G. 8706. – Rendu le 15 novembre.
Identique aux n°s 287 et 328.

*476. 15 novembre 1932. – *Revue française de psychanalyse.* 1927 (vol. 1). – 8° T. 1162. – Rendu le 12 juillet 1933.
Cf. les n°s 347 et 425, supra; et, infra : n° 734.

*476 bis. 15 novembre 1932. – *Revue française de psychanalyse.* 1929 (vol. 3). – 8° T. 1162. – Rendu le 19 avril 1933.
Identique au n° 353. Cf. aussi, infra, le n° 544.

*477. 21 novembre 1932. – *Internationale Zeitschrift für Psychoanalyse.* X. Band (1924). – Leipzig, Internationaler psychoanalytischer Verlag. – 4° T³⁷. 252 (10). – Rendu le 19 avril 1933.

*478. 15 décembre 1932. – Freud. *La Science des rêves.* Trad. I. Meyerson. – F. Alcan, 1926 (Bibl. de philos. contemp.). – 8° R. 34855. – Rendu le 19 avril 1933.
Dans « La notion de dépense », B. évoque, à propos des bijoux, la

psychanalyse et le rêve (O.C., t. I, p. 305 – cf. également la p. 661, *2e note*, i.f.). *Dans « La structure psychologique du fascisme », il renvoie explicitement à l'ouvrage ici emprunté (ibid., p. 347, en note). Cf. le n° 516.*

*479. 6 janvier 1933. – *Nouvelle iconographie de la Salpêtrière*... Publ. sous la dir. de Charcot. – Lecrosnier et Babé, 1888→. – 8° T³⁷. 66. – Rendu le 13 février.
    B. a inscrit : « 8° T 3766 Iconographie », puis un signe indéchiffrable. En l'absence de sous-cote, nous n'avons pu retrouver le (ou les) vol. emprunté(s).

*480. 10 janvier 1933. – Calvert, Albert F. *Goya, an Account of his Life and Works*. – London, J. Lane, 1908 (The Spanish Series). – 8° Oo. 1377. – Rendu le 19 avril.

*481. 30 janvier 1933. – *Nouveaux modèles de tombeaux*. – Dourdan, C. Juliot, 1903. – Fol. V. 5038. – Rendu le 13 février.

*482. 11 février 1933. – Rabaud, Étienne. *Éléments de biologie générale*. – F. Alcan, 1920. – 8° S. 16826. – Rendu le 19 avril.
    B. connaissait déjà la 2e éd. (1928) de cet ouvrage (cf., supra, le n° 403). Cf. aussi l'emprunt du 6 décembre 1937 (n° 733).

*483. 24 février 1933. – Marañon, Gregorio. *L'Évolution de la sexualité et les états intersexuels*. Trad. Dr S. d'Arellano. – Gallimard, 1931 (Les Documents bleus. In-octavo. L'Homme). – 8° Z. 25653 (1). – Rendu le 19 avril.

*484. 25 février 1933. – *Recherches philosophiques*. Vol. I (1931-1932). – Boivin, 1932. – 4° R. 3850. – Rendu le 19 avril.
    En 1934 (cf. infra), B. verra également le 2e et le 3e vol. Autre emprunt du vol. I (ou II) sous le n° 537.

*485. 1er mars 1933. – *Deutsche Literaturzeitung für Kritik der internationalen Wissenschaft* (vol. 49). – Berlin, W. de Gruyter, 1928. – 4° Q. 207 (49). – Rendu le 19 avril.

*486. 8 mars 1933. – *Jahrbuch für Philosophie und phänomenologische Forschung*. Herausg. von E. Husserl. Vol. 10. – Halle, M. Niemeyer, 1929. – 8° R. 26246 (10). – Rendu le 22 avril.
    Après le titre, B. a indiqué : « (Husserl) ». Un emprunt du vol. 8, infra, sous le n° 549. Pour un nouvel emprunt du vol. 10, cf. le n° 534.

*487. 17 mars 1933. – Vermeil, Edmond. *L'Allemagne contemporaine : 1919-1924*... – F. Alcan, 1925. – 8° M. 22269. – Rendu le 19 avril.

*488. 18 mars 1933. – Hirth, Frédéric. *Hitler, ou Le Guerrier déchaîné*. – Éditions du Tambourin, 1930. – 8° M. 23520. – Rendu le 19 avril.

*489. 18 mars 1933. – Knickerbocker, H.-R. *Allemagne : fascisme ou communisme?* Trad. A. Cuénoud. – E. Flammarion, 1932. – 8° M. 23781. – Rendu le 19 avril.

*490. 18 mars 1933. – Trentin, Silvio. *Aux sources du fascisme*. – M. Rivière, 1931. – 8° K. 6861. – Rendu le 19 avril.

*491. 18 mars 1933. – Van Leisen, Herbert. *Explication du fascisme*. Introd. de M. Péguy. – Cahiers de « La Quinzaine », 1926 (16e série, 12e cahier). – 8° Z. 15709 (XVI, 12). – Rendu le 19 avril.

*492. 24 mars 1933. – Ludwig, Emil. *Entretiens avec Mussolini*. Trad. de l'all. par R. Henry. – A. Michel, 1932. – 8° K. 6981. – Rendu le 19 avril.
    Pour replacer les emprunts 487 à 492 dans le contexte de l'époque,

> *le rappel de deux dates suffira : 30 janvier 1933 (Hitler est chancelier d'Allemagne), 23 mars 1933 (il obtient les pleins pouvoirs pour une durée de quatre ans). Huit mois séparent ces lectures (cf. aussi le n° 494) de la parution de* « La structure psychologique du fascisme » *(novembre 1933).*

*493. 24 mars 1933. – Boukharine, N. *La Théorie du matérialisme historique.* – Éditions sociales internationales, 1927 (Bibl. marxiste ; 3). – 8° R. 35294. – Rendu le 22 avril.

*494. 27 mars 1933. – Salvemini, Gaetano. *La Terreur fasciste : 1922-1926.* – Gallimard, 1930 (Les Documents bleus. Notre temps ; 14). – 8° Z. 22008 (II, 14). – Rendu le 19 avril.

> *En mention d'auteur : « Salverini ». Pour le commentaire, cf. le n° 492.*

*495. 6 avril 1933. – Bréhier, É. *Schelling.* – F. Alcan, 1912 (Les Grands philosophes). – 8° M. 16118. – Rendu le 22.

> *Identique au n° 380.*

*496. 10 avril 1933. – Baedeker, Karl. *La Suisse et les parties limitrophes de la Savoie et de l'Italie.* – Leipzig, Baedeker, 1928. – 8° M. 23228. – Rendu le 12 juillet.

*497. 14 avril 1933. – Espinas, A. *Des Sociétés animales.* 3ᵉ éd. – Alcan, 1924 (Bibl. de philos. contemp.). – 8° S. 17084. – Rendu le 22.

> *Cet exemplaire est absolument identique à celui coté 8° S. 17126, emprunté par G.B. le 14 août 1930 (cf. le n° 294). Malgré une indication ms., la couv. (portant la mention de collection) a disparu au moment de la reliure. Espinas sera nommé dans* Rapports entre « société », « organisme », « être » (2) (O.C., t. II, p. 304).

*498. 14 avril 1933. – Feytaud, Jean. *La Cité des termites : mœurs sociales du termite lucifuge...* – Paris, L. Lhomme ; Bordeaux, Féret, 1921. – 8° S. 16195. – Rendu le 22.

> *L'ouvrage a pour avant-titre : « Une société communiste dans une souche de pin ».*

*499. 14 avril 1933. – Maeterlinck, Maurice. *La Vie des termites.* – E. Fasquelle, 1927 (Bibl. Charpentier). – 8° S. 17687. – Rendu le 21.

*500. 14 avril 1933. – Wheeler, William Morton. *Social Life among the Insects...* – New York, Harcourt, Brace and Co., 1923. – 8° S. 18851. – Rendu le 22.

> *B. a inscrit pour titre : « Among the insects ».*

*501. 19 avril 1933. – Hingston, R.W.G. *Problèmes de l'instinct et de l'intelligence che₂ les insectes* (insectes des tropiques). Trad. S. Jankélévitch. – Payot, 1931. – 8° S. 18838. – Rendu le 12 juillet.

> *Dans la col. réservée au titre : « Intelligence des insectes ».*

*502. 20 avril 1933. – Maeterlinck. *La Vie des fourmis.* – Fasquelle, cop. 1930 (Bibl. Charpentier). – 8° S. 18607. – Rendu le 12 juillet.

*503. 20 avril 1933. – Bouvier, E.-L. *Le Communisme chez les insectes.* – E. Flammarion, 1926 (Bibl. de philos. scientifique). – 8° S. 17629. – Rendu le 12 juillet.

*504. 21 avril 1933. – Maeterlinck. *La Vie des abeilles.* – Fasquelle, 1901 (Bibl. Charpentier). – 8° S. 10851. – Rendu le 12 juillet.

> *Les emprunts nᵒˢ 497 à 504 sont remarquablement convergents. Une réminiscence probable de ces lectures entomologiques dans* Le fascisme en France *(écrit en 1934), où B. évoque les « lois biologiques qui régissent (...) les sociétés d'insectes »* (O.C., t. II, p. 211).

*505. 21 avril 1933. – Hering, Jean. *Phénoménologie et philosophie religieuse : étude sur la théorie de la connaissance religieuse.* – F. Alcan, 1926 (Études d'histoire et de philos. religieuses publ. par la Fac. de théologie protestante de l'Univ. de Strasbourg ; 15). – 4° Z. 2359 (15). – Rendu le 13 juillet.

*506. 22 avril 1933. – Baedeker, Karl. *Tyrol and the Dolomites, including the Bavarian Alps.* 13 th ed. – Leipzig, Baedeker, 1927. – 8° M. 23222. – Rendu le 12 juillet.
Identique au n° 728, infra.

*507. 22 avril 1933. – Nietzsche. *Aurore, réflexions sur les préjugés moraux.* Trad. H. Albert. – Société du « Mercure de France », 1901 (Coll. d'auteurs étrangers). – 8° R. 17602. – Rendu le 12 juillet.
Réemprunté par B. le 25 juillet 1936 (cf. le n° 672).

*508. 22 avril 1933. – Nietzsche. *L'Origine de la tragédie, ou Hellénisme et pessimisme.* Trad. J. Marnold et J. Morland. – Société du « Mercure de France », 1901 (O.C. de Nietzsche. Coll. d'auteurs étrangers). – 8° Y. 287. – Rendu le 12 juillet.
B. a inscrit pour titre : « Tragédie ». Cf. également le n° 721.

*509. 8 mai 1933. – Ford, John. *Annabella* ('t is pity she 's a whore) : drame en 5 actes. Trad. et adapt. M. Maeterlinck. – P. Ollendorff, 1895. – 8° Yk. 429. – Rendu le 12 juillet.
Nouvel emprunt, infra, sous le n° 574.

*510. 9 mai 1933. – Roule, Louis. *Les Poissons et le monde vivant des eaux...* – Delagrave, 1926-1937. 10 vol. – 8° S. 17547 (1-10). – Rendu le 12 juillet.
Les t. 1 à 5 ont paru de 1926 à 1932; il est peu vraisemblable que B ait vu le t. 6 (publié en 1933).

*511. 11 mai 1933. – Brocher, Henri. *Le Mythe du héros et la mentalité primitive.* – F. Alcan, 1932 (Bibl. de philos. contemp.). – 8° R. 39379. – Rendu le 12 juillet.

*512. 15 mai 1933. – Watson, John B. *Behaviorism.* – London, K. Paul, Trench, Trubner & Co. (1925). – 8° R. 39752. – Rendu le 12 juillet.

*513. 17 mai 1933. – Higier, Stanislas. *Les Fonctions sexuelles mâles et leurs troubles, introduction à la clinique de l'impuissance.* – J. Doin, 1932. – 8° T. 2995. – Rendu le 12 juillet.

*514. 20 mai 1933. – Sorel, G.-E. *Réflexions sur la violence.* 2e éd. – Rivière, 1910 (Études sur le devenir social; IV). – 8° R. 22352 (4). – Rendu le 12 juillet.
En mention de titre : « Violence ». Pour d'autres lectures de Sorel, cf. les n°s 317, 341, 389 et 392.

*515. 30 mai 1933. – Hamsun. *Pan...* Trad. C. Sautreau. 5e éd. – Rieder, 1932 (Les Prosateurs étrangers modernes). – 8° Y². 78614. – Rendu le 12 juillet.
Cf., supra, l'emprunt par B. d'une autre édition (n° 419).

*516. 31 mai 1933. – Freud. *La Science des rêves.* – Alcan, 1926. – 8° R. 34855. – Rendu le 12 juillet.
Identique au n° 478 (4 décembre 1932), que B. a restitué en avril. Cf. O.C., t. VIII, p. 562, i.f. : « À la fin, je lus Freud avec assez de persistance », formule dont la reprise s'impose devant le double emprunt de La Science des rêves. Aux réf. données en 478, ajouter : O.C., t. II, p. 113-114.

*517. 7 juin 1933. – *L'Année sociologique*. « 1924-1925 (1) ». – 8° R. 15162.
– Rendu le 12 juillet.

> *En réalité, ce vol. 1 (publié en 1925) couvre les années 1923-1924.*
> *Identique aux n°s 339 et 440 : B. relit l'Essai sur le don de Mauss.*

*518. 7 juin 1933. – Bourke. *Scatologic Rites...* – Washington, Lowdermilk,
1891. – 8° Z. 12911. – Rendu le 13 juillet.

> *Identique au n° 311. Le réemprunt de cette « dissertation upon the*
> *employment of excrementitious remedial agents in religion, therapeutics,*
> *divination, witchcraft, love-philters (...) » (cf. le sous-titre de l'ouvrage)*
> *témoigne de l'intérêt que B. portait aux « rites scatologiques ». Sur le*
> *fichier qu'il avait constitué, cf. le n° 311, supra.*

*519. 9 juin 1933. – Durkheim. *Les Formes élémentaires...* – 8° P²b. 89. –
Rendu le 12 (ou 13) juillet.

> *Identique aux n°s 360 et 435. La graphie de la cote (avec un « P^bis »)*
> *est fautive : il eût fallu écrire P² (bien que l'habitude, à la Nationale,*
> *soit de dire P bis). Pour un jugement de B. sur l'œuvre, cf. O.C., t. VII,*
> *p. 358 (où réf. est faite non pas à la 1re éd. ici empruntée – Alcan, 1912*
> *– mais à la « 2e éd., Alcan, 1925 »).*

*520. 27 juin 1933. – *Provence.* – Hachette, 1922 (Les Guides bleus). –
8° L²⁵. 56 (7) H. – Rendu le 13 juillet.

*521. 8 juillet 1933. – Blanchard, Raoul et Seive, F. *Les Alpes françaises à
vol d'oiseau.* – Grenoble, Arthaud, 1928. – 8° L¹⁹ bis. 91. – Rendu le
13.

*522. 12 juillet 1933. – Bakounine. *Œuvres.* T. II et III. – P.-V. Stock,
1907-1908 (Bibl. sociologique ; 38-39). – 8° R. 14638 (38-39). – Rendu
le lendemain.

> *B. avait déjà emprunté le t. III le 3 février 1932 (n° 390).*

*523. 12 juillet 1933. – Marx-Engels. *Le Manifeste communiste.* Trad.
C. Andler. – F. Rieder, 1925 (Bibl. socialiste). – 8° R. 33899. – Rendu
le lendemain.

> *Le Manifeste faisait déjà l'objet d'une citation dans « La critique*
> *des fondements... » (O.C., t. I, p. 289, 2e note). Sur « Charles Andler,*
> *éditeur sympathisant du Manifeste communiste » et auteur du « prin-*
> *cipal ouvrage sur Nietzsche », ibid., p. 452, fin de la note de la p. 451.*

*524. 18 août 1933. – *Bourgogne, Franche-Comté, Jura, Lyonnais.* – Hachette,
1931 (Les Guides bleus). – 8° L²⁵. 56 (16) F. – Rendu le 23.

*525. 21 août 1933. – Ure, Percy Neville. *The Origin of Tyranny.* – Cambridge, the University Press, 1922. – 8° J. 8786. – Rendu le 4 octobre.

*526. 23 août 1933. – Schoemann, Georg Friedrich. *Antiquités grecques.*
Trad. C. Galuski. – A. Picard, 1884-1887. 2 vol. – 8° J. 1100. –
Rendu le 26 mars 1934.

*527. 23 août 1933. – Moret, A. et Davy, G. *Des clans aux empires : l'ad-
ministration sociale chez les primitifs et dans l'Orient ancien.* – La Renaissance du livre, 1923 (Bibl. de synthèse histor. L'Évol. de l'humanité,
1re section : Préhistoire, protohistoire ; VI). – 8° G. 11125 (6). – Rendu
à une date inconnue.

> *En mention d'auteur : « Davy ». B. a omis la sous-cote. Cf. également,*
> *infra, le n° 625.*

*528. 2 septembre 1933. – Jollinek, Georg. *L'État moderne et son droit.*
Trad. G. Fardis. – A. Fontemoing, 1904-1913. 2 vol. – 8° *E. 786.
– Rendu le 26 mars 1934.

Le t. 1 traite de la « doctrine générale de l'État », le t. 2 de sa « théorie juridique ». Cet emprunt (ou tel autre de la même période) se situe sans doute dans le prolongement (plutôt que dans la perspective) du « Problème de l'État », paru dans le n° 9 (septembre 1933, précisément) de La critique sociale.

*529. 7 septembre 1933. – Andler, Charles. *Les Origines du socialisme d'État en Allemagne.* – F. Alcan, 1897. – 8° M. 9852. – Rendu le 26 mars 1934.

À rapprocher du n° précédent, ne serait-ce que quant à la durée du prêt.

*530. 8 septembre 1933. – Duruy, Victor. *Histoire des Romains* : depuis les temps les plus reculés jusqu'à l'invasion des Barbares... T. VII (de Dioclétien à la mort de Théodose). Nouvelle éd. – Hachette, 1904. – 8° J. 5146 (7). – Rendu le 4 octobre.

*531. 8 septembre 1933. – Grousset. *Histoire de l'Asie.* – 8° O². 1263. A. – Rendu le 4 octobre.

Identique au n° 456. B. a inscrit : « Histoire de l'Asie (I-II) ».

*532. 10 septembre 1933. – Goldziher, Ignaz. *Le Dogme et la loi de l'Islam...* Trad. F. Arin. – P. Geuthner, 1920. – 8° O². 1296. – Rendu à une date inconnue.

Réemprunté par B. le 20 février 1943 (cf., pour le commentaire, le n° 828).

*533. 10 septembre 1933. – Massé, Henri. *L'Islam.* – A. Colin, 1930 (Coll. A. Colin). – Cote d'alors : 8° G. 12274. – Rendu à une date inconnue.

Devenu : 8° Z. 21106 (126). Cf. également, infra, le n° 739.

*534. 15 septembre 1933. – *Jahrbuch für Philosophie...* 10. Band (1929). – 8° R. 26246 (10). – Rendu le 26 mars 1934.

Identique au n° 486. Pour le commentaire, cf. le n° 549, infra.

*535. 16 septembre 1933. – Corteano, André. *L'Évolution de l'État : étude des lois psychologiques de la vie sociale et économique.* – Payot, 1933 (Bibl. politique et économique). – 8° R. 40002. – Rendu le 26 mars 1934.

*536. 16 septembre 1933. – Dante. *De la Monarchie.* Introd. et notes de B. Landry. – F. Alcan, 1933 (Textes et trad. pour servir à l'histoire de la pensée moderne). – 8° R. 39939. – Rendu le 26 mars 1934.

*537. 16 septembre 1933. – *Recherches philosophiques.* Vol. I (1931-1932) ou II (1932-1933). – 4° R. 3850. – Rendu le 20 janvier 1934.

Sous la plume de B., la cote devient : « 8° R. 5830 ». En l'absence d'indication de tomaison ou d'année, rappelons que le vol. I (paru en avril 1932) contient l'article de Jean Wahl « Vers le concret » et le vol. II (avril 1933) un compte rendu du livre du même titre (cf., infra, le n° 604). Voir aussi les n⁰ˢ 484, 573 et 586.

*538. 23 septembre 1933. – Simmel, G. *Mélanges de philosophie relativiste...* – Alcan, 1912. – 8° R. 25346. – Rendu le 26 mars 1934.

Cf., supra, le n° 202. Comporte un chapitre intitulé : « Du réalisme en art ».

*539. 6 octobre 1933. – Hesnard. *Traité de sexologie normale et pathologique.* – Payot, 1933 (Bibl. scientifique). – 8° T. 3391. – Rendu le 26 mars 1934.

Inscrivant pour cote « 8° T. 33091 », G.B. s'est repris et a barré le zéro de deux traits obliques.

*540. 6 octobre 1933. – Hesnard. *L'Individu et le sexe...* – 8° R. 34043 (9). – Rendu le 26 mars 1934.

Cf., supra, le n° 352.

*541. 6 octobre 1933. – Hesnard. *La Vie et la mort des instincts chez l'homme.* – Stock, 1926 (La Culture moderne; 4). – 8° R. 34043 (4). – Rendu le 26 mars 1934.

La sous-cote « 5 » indiquée par B. est, à l'évidence, inexacte.

*542. 9 octobre 1933. – Fried, Ferdinand. *La Fin du capitalisme.* Trad. J. Brunnen. – B. Grasset, 1932 (Les Écrits. 3ᵉ série; 4). – 8° Z. 25957 (4). – Rendu le 26 mars 1934.

*543. 24 octobre 1933. – *La Vie de Frédéric Nietzsche, d'après sa correspondance.* Textes choisis et trad. par G. Walz. – Rieder, 1932. – 8° M. 23995. – Rendu le 26 mars 1934.

Avec une « préface biographique » du traducteur. Cf. également les nᵒˢ 670, 703 et 788.

*544. 31 octobre 1933. – *Revue française de psychanalyse.* 1929 (vol. 3). – 8° T. 1162. – Rendu le 26 mars 1934.

Identique aux nᵒˢ 353 et 476 bis.

*545. 7 novembre 1933. – Spiridovitch, Gᵃˡ Aleksandr. *Histoire du terrorisme russe (1886-1917).* Trad. V. Lazarevski. – Payot, 1930 (Bibl. historique). – 8° M. 23451. – Rendu le 26 mars 1934.

*546. 15 novembre 1933. – Malraux. *Les Conquérants.* – Grasset, 1928 (Les Cahiers verts. 3ᵉ série; 4). – Cote d'alors : 8° Z. 21172 (III, 4); devenu : Rés. p. Y². 1912. – Rendu le 25 mars 1934.

C'est précisément en novembre 1933 que paraît dans le n° 10 de La critique sociale *le compte rendu par G.B. de* La Condition humaine. *Cf. O.C., t. I, p. 372-375.*

*547. 19 décembre 1933. – Engels. *L'Origine de la famille...* Trad. Bracke (A.-M. Desrousseaux). – A. Costes, 1931 (*O.C.* de Fr. Engels). – 8° R. 38674 (1, I). – Rendu le 26 mars 1934.

*Pour l'emprunt d'une autre éd. de l'œuvre, cf. le n° 318. L'exemplaire actuellement en Magasins est un ex. de remplacement. Sur « Bracke (traducteur d'*Humain trop humain*)», cf. O.C., t. I, note de la p. 451.*

*548. 23 décembre 1933. – Spengler. *Le Déclin de l'Occident.* 1ʳᵉ partie (2 vol.). – « N.R.F. », Gallimard, 1931 (Bibl. des idées). – 8° Z. 24139 (4, I, 1-2). – Rendu le 26 mars 1934.

B. ayant inscrit « 8° Z. 24139 (4, 1) » et « t. I », on peut penser qu'il a retiré les 2 vol. dont ce tome est constitué. Cf. aussi les nᵒˢ 449, 559 et 562 (ainsi que 206 et 558).

*549. 23 janvier 1934. – *Jahrbuch für Philosophie...* 8. Band (1927). – 8° R. 26246 (8). – Rendu le 26 mars.

Réunit Sein und Zeit *(Erste Hälfte) de Heidegger et* Mathematische Existenz *d'Oskar Becker. Le vol. 10 (cf. les nᵒˢ 486 et 534) contient (p. 515-569)* Der Ekel, *étude d'Aurel Kolnaï consacrée au dégoût, à laquelle B. se réfère dans O.C., t. II, p. 438-439 (cf., p. 438, la 2ᵉ note de l'éditeur).*

*550. 24 janvier 1934. – Marc-Aurèle. *Pensées.* Texte établi et trad. par A.-I. Trannoy. – Société d'éd. « Les Belles-Lettres », 1925 (Coll. des Universités de France). – 8° Z. 20848 (42). – Rendu le 28 mars.

*551. 24 mars 1934. – Boreux, Charles. *L'Art égyptien.* – Paris, Bruxelles, G. Van Oest, 1926 (Bibl. d'histoire de l'art). – 4° V. 9870. – Rendu le 28.

*552. 26 mars 1934. – Breasted, James Henry. *Histoire de l'Égypte... jusqu'à la conquête persane.* – Bruxelles, Vromant, 1926. 2 vol. – 8° O³a. 1974. – Rendu le 29 juin.

*553. 26 mars 1934. – Cooper, W.R. *A Short History of the Egyptian Obelisks.* 2nd ed. – London, S. Bagster (*circa* 1877). – 8° O³a. 1484. – Rendu le 13 juillet.

« L'obélisque » *ne paraîtra (dans* Mesures) *que le 15 avril 1938. Faut-il rappeler que c'est précisément en mars 1934 que sort le n° 11 de* La critique sociale *contenant la 2ᵉ partie de* « La structure psychologique du fascisme »? *G.B. va bientôt, par ses lectures, approfondir tel ou tel thème seulement* marqué *dans* « La structure... » (*cf.* infra) ; *avait-il l'intention de les développer dans le livre alors projeté (*Fascisme en France)?

*554. 27 mars 1934. – Moret, Alexandre. *Du caractère religieux de la royauté pharaonique.* – E. Leroux, 1902. – 8° O³a. 1048. – Rendu le lendemain.

En inscrivant la cote, B. a omis d'indiquer le format. À rapprocher du § IX. Le pouvoir religieux de « La structure... » (*O.C., t. I, p. 360 : « la religion... est la source de l'autorité sociale »). Réf. à une autre œuvre de Moret (*Le Nil...) : *ibid., note de la p. 479.*

*555. 27 mars 1934. – Fowler, W. Warde. *Jules César et la fondation du régime impérial romain.* Trad. L. Rambert. – Payot, 1931 (Bibl. historique). – 8° J. 9517. – Rendu le 13 juillet.

*556. 24 avril 1934. – Lods, Adolphe. *Israël* : des origines au milieu du VIIIᵉ siècle. – La Renaissance du livre, 1930 (L'Évolution de l'humanité; XXVII). – 8° G. 11125 (27). – Rendu le 15 juin.

*557. 26 avril 1934. – Bréhier, L. et Batiffol, P. *Les Survivances du culte impérial romain* : à propos des rites shintoïstes. – A. Picard, 1920. – 8° J. 8540. – Rendu le 14 juin.

Dans « La structure... », *B. évoque, sans y insister, le « culte impérial romain ou shintoïste »* (O.C., t. I, p. 361).

*558. 1er mai 1934. – Fauconnet. *Oswald Spengler (le prophète du* Déclin *de l'Occident).* – 8° R. 33948. – Rendu le 13 juillet.

B. a inscrit par erreur : « 8° R 33448 ». Identique au n° 206, supra.

*559. 5 mai 1934. – Spengler. *Le Déclin...* 2ᵉ partie : Perspectives de l'histoire universelle (vol. II). – Gallimard, 1933 (Bibl. des idées). – 8° Z. 24139 (4, II, 2). – Rendu le 13 juillet.

Cf. aussi les nᵒˢ 449, 548 et 562.

*560. 16 mai 1934. – Saager, Adolf. *Mussolini : du rebelle au despote.* Trad. M. Tenine. 2ᵉ éd. – Gallimard, 1933 (Les Contemporains vus de près). – 8° K. 7033. – Rendu le 12 juillet.

*561. 16 mai 1934. – Borghi, Armando. *Mussolini en chemise.* – Rieder, 1932 (Témoignages). – 8° K. 6998. – Rendu le 12 juillet.

*562. 19 mai 1934. – Spengler. *Le Déclin...* 2ᵉ partie (I et/ou III). – 8° Z. 24139 (4, II, 1-3). – Rendu le 13 juillet.

B. a inscrit : « 8° Z 24139 (4-2) ». À cette date, il a toujours en sa possession le vol. II de la « 2ᵉ partie » (cf. le n° 559). Voir aussi les nᵒˢ 449 et 548.

*563. 19 mai 1934. – Nenni, Pietro. *La Lutte des classes en Italie.* – Éd. de la « Nouvelle Revue socialiste », 1930 (Bibl. de doc. sociale ; 2). – 8° K. 6874 (2). – Rendu le 10 juillet.
   Même emprunt, infra, *sous le n° 648.*
*564. 19 mai 1934. – Roux, Georges. *L'Italie fasciste.* – Stock, Delamain et Boutelleau, 1932. – 8° K. 6932. – Rendu le 12 juillet.
   B. a inscrit une cote incomplète : « 8° 6932 ».
*565. 26 mai 1934. – Sforza, Cte Carlo. *Dictateurs et dictatures de l'après-guerre.* 7e éd. – Gallimard, 1931 (Les Contemporains vus de près). – 8° G. 12530. – Rendu le 12 juillet.
*566. 26 mai 1934. – Comité Corday (Parti révolutionnaire dictatorial). *Dictature, extrémistes contre extrémistes.* – M. d'Hartoy, 1933 (Documents politiques). – 8° G. 12857 (2). – Rendu le 15 juin.
   Cf. O.C., *t. II, p. 206 : « J'écris en 1934 ce livre sur le* Fascisme en France *(...) ». Sans doute bon nombre des lectures que G.B. fit alors se rapportent-elles à ce projet. Et les emprunts de ce type vont se poursuivre : B. relit Nenni (n° 563) en octobre 1935 (n° 648), alors que le groupe* Contre-Attaque *vient tout juste de naître ; jusqu'au 16 août 1939 (date de restitution des n°s 773-774), il ne cessera de se documenter sur Hitler et le national-socialisme.*

B.N., Impr., Registre non coté

EMPRUNTS DE B. DU 30 MAI 1934 AU 20 AVRIL 1942
(PLUS QUELQUES PRÊTS DE MAI 1942 À AOÛT 1950)

*567. 30 mai 1934. – Rocca, M. *Le Fascisme et l'antifascisme en Italie.* – F. Alcan, 1930. – 8° K. 6818. – Rendu le 15 juin.
*568. 30 mai 1934. – Temple, Pierre. *L'État corporatif fasciste...* – Lyon, impr. Bosc frères & Riou, 1930. – 8° F. 34050. – Rendu le 15 juin.
*569. 5 juin 1934. – Berdiaeff, Nicolas. *Un Nouveau Moyen Âge...* Trad. A. – M.F. – Plon, 1930. – 8° G. 12790. – Rendu le 10 juillet.
*570. 14 juin 1934. – Granet. *La Civilisation chinoise...* – 8° G. 11125 (25). – Rendu le 13 juillet.
   Identique aux n°s 468 et 719.
*571. 14 juin 1934. – Clausewitz. *Théorie de la grande guerre* (Introduction). Trad. de Vatry. – L. Baudoin, 1889. – 8° V. 20961. – Rendu le 13 juillet.
   Clausewitz sera cité dans « L'obélisque » (O.C., t. I, p. 503).
*572. 14 juin 1934. – Favre, B. *Les Sociétés secrètes en Chine...* – G.P. Maisonneuve, 1933. – 8° O²n. 1966. – Rendu le 10 juillet.
*573. 30 juin 1934. – *Recherches philosophiques.* Vol. II (1932-1933). – 4° R. 3850. – Rendu le 28 août.
   Peut-être un réemprunt (cf. le n° 537). B. a lu le vol. I (n° 484, n° 537?), il lira bientôt le vol. III (n° 586).
*574. 18 août 1934. – Ford. *Annabella.* – 8° Yk. 429. – Rendu le 9 novembre.
   Cf. le n° 509, supra (et l'épigraphe à Sur Nietzsche, O.C., t. VI, p. 9*).*
*575. 18 août 1934. – *Revue française de psychanalyse.* 1932 (t. V). – 8° T. 1162. – Rendu le 6 novembre.

*576. 20 août 1934. – Conrad, J. *Fortune.* Trad. P. Neel. – Gallimard, 1933 (*O.C.* de Joseph Conrad). – 8° Y². 79896. – Rendu le 9 novembre. *Identique au n° 673,* infra.

*577. 4 septembre 1934. – Hesnard. *Les Syndromes...* – 8° Td[13]. 41 (6). – Rendu le 31 janvier 1935. *Cf. les n°s 350 et 397.*

*578. 26 septembre 1934. – Brontë, E. *Les Hauts de Hurle-Vent.* Trad. F. Delebecque. – Nouvelle librairie nationale, 1925 (Les Cahiers de la victoire; IV). – 8° Z. 23014 (4). – Rendu le 31 janvier 1935.

*579. 28 septembre 1934. – Haven, Marc (pseud. du Dr Emmanuel Lalande). *Le Maître inconnu Cagliostro* : étude... sur la haute magie. – Dorbon aîné (1912). – 8° K. 4551. – Rendu le 17 avril 1935.

*580. 28 septembre 1934. – Valet, Paul. *Le Diacre Pâris et les convulsionnaires de St-Médard...* – H. Champion, 1900. – 8° Ln[27]. 47802. – Rendu le 27 avril 1935.

Le Dr A. Borel fera bientôt paraître dans L'Évolution psychiatrique *(Année 1935, Fasc. IV, p. 3-24) une étude intitulée :* « Les convulsionnaires et le diacre Pâris». *Jean Bruno (à qui nous devons cette information) se demande si G.B., contrevenant à la règle en vigueur à la Nationale, n'a pas emprunté l'opuscule de Valet (et, peut-être, les n°s 579 et 582) à seule fin de le communiquer à Borel.*

*581. 28 septembre 1934. – Louis, Dr Eugène. *Les Origines de la doctrine du magnétisme animal...* – Société d'éditions scientifiques, 1899. – 8° Tb[64]. 305. – Rendu le 19 avril 1935.

*582. 2 octobre 1934. – Ballet, Dr Gilbert. *Swedenborg.* – Masson, 1899. – 8° M. 11142. – Rendu le 27 avril 1935.

Avant-titre : « Histoire d'un visionnaire au xviiie siècle ».

*583. 7 novembre 1934. – Cournot, Antoine A. *Exposition de la théorie des chances et des probabilités.* – L. Hachette, 1843. – V. 35559. – Rendu le 31 janvier 1935.

L'exemplaire actuellement en Magasins est un ex. de remplacement. C'est en connaissance de cause que B. écrira dans La Chance : *« Rien à voir avec le calcul des probabilités » (O.C., t. V, p. 318, note de 1959).*

*584. 22 novembre 1934. – Bréhier, É. *Histoire de la philosophie.* T. I (3 fasc. en 1 vol.). – F. Alcan, 1928. – 8° R. 35370 (1). – Rendu le 11 janvier 1935.

Non communicable (cf. Salle de travail, U Philo 51). Le chap. I du fasc. I traite des présocratiques.

*585. 22 novembre 1934. – Reichenbach, Hans. *La Philosophie scientifique...* Trad. E. Vouillemin. Introd. de M. Boll. – Hermann, 1932 (Actualités scientifiques et industrielles; XLIX). – 4° V. 12012 (49). – Rendu le 30.

*586. 23 novembre 1934. – *Recherches philosophiques.* Vol. III (1933-1934). – 4° R. 3850. – Rendu le 16 avril 1935.

Contient (p. 1-17) : « La notion de l'identique », *par E. Meyerson. Cf. également les n°s 603 et 616 (et « Lorsque M. Meyerson... », O.C., t. II, p. 137-139 et 414).*

*587. 27 novembre 1934. – Boll, Marcel. *Qu'est-ce que : le hasard? l'énergie? le vide?* (etc.). – Larousse, 1931. – 8° R. 38657. – Rendu le 30.

*588. 3 décembre 1934. – Dumas, G. *Nouveau traité de psychologie.* T. III. – F. Alcan, 1933. – 8° R. 37544 (3). – Rendu le 21.

Pour l'emprunt du t. I, cf. le n° 416.

*589. 4 décembre 1934. – Kant. *Critique du jugement...* Trad. J. Barni. – Ladrange, 1846. 2 vol. – R. 39847-39848. – Rendu le 21.

À la suite de la Critique *: Observations sur le sentiment du beau et du sublime. L'idée (sinon l'expression) de «* finalité sans fin *» est présente dans* O.C., *t. VII, p. 452 : «* Kant suivait en ce sens (...) *».*

*590. 4 décembre 1934. – Dugas. *Psychologie du rire*. – 8° R. 17826. – Rendu le 21.

Identique au n° 166.

*591. 10 décembre 1934. – Frazer. *The Scapegoat (The Golden Bough*. Part VI). – London, MacMillan and Co., 1913. – 8° R. 26657. – Rendu le 4 février 1935.

Cote inscrite : « 8° R. 26657 (6) *». Pour l'emprunt d'une autre éd. du* Bouc émissaire *(14 janvier 1939) cf. le n° 753. On verra également l'exposé du 19 février (1938) au Collège de sociologie, où B. (suppléant Caillois) évoque le* Rameau *d'or et «* le roi (...) *) sacrifié comme un bouc émissaire » (O.C., t. II, p. 339-340).*

*592. 11 décembre 1934. – Faulkner. *Sanctuaire*. Trad. R.N. Raimbault et H. Delgove, Préf. de Malraux. – Gallimard, 1933. – 8° Y². 80420. – Rendu le 31 janvier 1935.

B. a inscrit pour titre : « Sanctuary *».*

*593. 21 décembre 1934. – Hegel. *Phänomenologie des Geistes*. Herausg. von J. Schulze. – Berlin, Duncker und Humblot, 1832 (G.W.F. Hegel's Werke ; 2). – 8° R. 8192 (2). – Rendu le 25 avril 1935.

Cf. le propre témoignage de B. (O.C., t. VII, p. 615). Le cours de Kojève était consacré à la Phénoménologie de l'esprit (ibid., p. 358-359). On verra aussi : O.C., t. VI, p. 416 (f° d).

*594. 22 décembre 1934. – Bedot, Maurice. *Essai sur l'évolution du règne animal et la formation de la société*. – Genève, Georg ; Paris, F. Alcan, 1918. – 8° S. 15799. – Rendu le 26 avril 1935.

*595. 27 décembre 1934. – Dirac, P.A.M. *Les Principes de la mécanique quantique*. Trad. A. Proca et J. Ullmo. – P.U.F., 1931 (Recueil des conférences-rapports de doc. sur la physique ; 21). – 8° R. 31605 (21). – Rendu le 16 février 1935.

*596. 27 décembre 1934. – Langevin, Paul. *La Notion de corpuscules et d'atomes*. – Hermann, 1934 (Actualités scientif. et industr. ; 132). – 4° V. 12012 (132). – Rendu le 19 avril 1935.

Langevin évoque, p. 23, la « théorie de Dirac *» (cf. le n° précédent). B. a surtout retenu de cette lecture l'idée que l'atome ne peut être déterminé «* ipséellement *» (cf. O.C., t. I, p. 435 et t. V, p. 98).*

*597. 28 décembre 1934. – Caullery, Maurice. *Le Problème de l'évolution*. – Payot, 1931 (Bibl. scientifique). – 8° S. 18839. – Rendu le 16 février 1935.

*598. 28 décembre 1934. – *La Vie et l'évolution...*, par Ch. Burdo, P. Leroy, R. Collin, etc. (Archives de philosophie ; VI, I). – G. Beauchesne, 1928. – 8° R. 32772 (VI, 1). – Rendu le 21 février 1935.

*599. 28 décembre 1934. – Bohn, Georges. *Associations fonctionnelles et milieu intérieur (t. V des Leçons de zoologie et biologie générale)*. – Hermann, 1934 (Actualités scientif. et industr. ; 155). – 4° V. 12012 (155). – Rendu le 25 avril 1935.

Nous sommes à la fin de 1934, année que G.B. évoque dans L'Expérience intérieure (O.C., t. V, p. 90-91). *Les données fournies par ce texte et les indications qu'on peut tirer de l'examen du « calendrier » des emprunts de B. sont remarquablement convergentes.*

*600. 4 janvier 1935. – Thomson, John Arthur. *Concerning Evolution.* – New Haven, Yale University Press, 1925. – 8° S. 19467. – Rendu le 16 février.

*601. 5 janvier 1935. – Osborn, Henri F. *L'Origine et l'évolution de la vie.* Trad. F. Sartiaux. – Masson, 1921. – 8° S. 16625. – Rendu le 12 mars.

*602. 9 janvier 1935. – Lucius, Pierre. *Révolutions du xxᵉ siècle* : perspectives de restauration d'un ordre social français. – Payot, 1934 (Bibl. politique et économique). – 8° G. 12979. – Rendu le surlendemain.

*603. 12 janvier 1935. – Meyerson, E. *Du cheminement de la pensée.* – F. Alcan, 1931 (Bibl. de philos. contemp.). 3 vol. – 8° R. 38334. – Rendu le 24 avril.

   Cf. également les nᵒˢ 586 et 616.

*604. 12 janvier 1935. – Wahl, Jean. *Vers le concret : études d'histoire de la philosophie contemporaine* (sur W. James, Whitehead et G. Marcel). – J. Vrin, 1932 (Bibl. d'hist. de la philos.). – 4° R. 3870. – Rendu le 21 février.

   Peut-être B. connaissait-il déjà ces études, d'abord publiées dans la Revue philosophique *et la* Revue de métaphysique et de morale. *Il a pu lire la* Préface *dans le vol. I des* Recherches philosophiques *et un compte rendu dans le vol. II de la même revue (cf. les nᵒˢ 484, 537 et 573).*

*605. 18 janvier 1935. – Janet. *De l'angoisse à l'extase...* T. I. – 8° Td⁸⁶. 723 (9). – Rendu le 21.

   Identique au n° 348. Cf. aussi les nᵒˢ 619 et (pour le commentaire) 819. Une note, dans O.C., t. V, p. 430, pourrait induire en erreur : en fait, en janvier 1935 (comme en septembre 1931), B. n'a emprunté que le t. I. Il est difficile de se prononcer sur l'emprunt de février 1935 (n° 619), mais il est sûr qu'en mai 1942 G.B. a sorti aussi le t. II (paru en 1928).

*606. 26 janvier 1935. – Perrier, Edmond. *Les Colonies animales et la formation des organismes.* – G. Masson, 1881. – 8° S. 2234. – Rendu le 19 avril.

*607. 28 janvier 1935. – Diès, Auguste. *Le Cycle mystique* : la divinité, origine et fin des existences individuelles dans la philosophie antésocratique. – F. Alcan, 1909. – 8° R. 22807. – Rendu le 27 avril.

*608. 29 janvier 1935. – Cornford, Francis M. *From Religion to Philosophy* : a Study in the Origins of Western Speculation. – London, E. Arnold, 1912. – 8° J. 7746. – Rendu le 21 février.

*609. 4 février 1935. – Montesquiou-Fezensac, Robert de. *Les Pas effacés* : mémoires. Publ. par P.-L. Couchoud. T. III. – Émile-Paul frères, 1923. – 8° Ln²⁷. 62085. – Rendu le 8.

*610. 4 février 1935. – Le Dantec, Félix. *L'Unité dans l'être vivant* : essai d'une biologie chimique. – F. Alcan, 1902 (Bibl. de philos. contemp.). – 8° R. 17583. – Rendu le 8.

   B. a inscrit par erreur : « 8 R. 17853 Le Dantec. Individu ».

*611. 5 février 1935. – Rabaud, É., abbé Breuil, Grassé, P.P., etc. *Les Origines de la société.* Centre international de synthèse, 2ᵉ Semaine intern. de synth. (Fasc. I). – La Renaissance du livre, 1931. – 8° R. 37344 (2, I). – Rendu le 26 avril.

*611 bis. 5 février 1935. – Caullery, M., Janet, P., Bouglé, C., etc. *L'In-dividualité.* 3ᵉ Semaine intern. de synth. – F. Alcan, 1933. – 8° R. 37344 (3). – Rendu le 26 avril.

Réunissant cet emprunt et le précédent, B. a inscrit : « 8° R. 37344 (2 et 3) Centre international de synthèse ».

*612. 5 février 1935. – Picard, François. *Les Phénomènes sociaux chez les animaux.* – A. Colin, 1933 (Coll. A. Colin; 158. Section de biologie). – 8° Z. 21106 (158). – Rendu le 16 mars.

*613. 7 février 1935. – Driesch, Hans. *La Philosophie de l'organisme.* Trad. M. Kollmann. Préf. de J. Maritain. – M. Rivière, 1921 (Bibl. de philos. expérimentale; XI). – 8° R. 20517 (11). – Rendu le 24 avril.

*614. 9 février 1935. – Haeckel, Ernest. *Essais de psychologie cellulaire.* Trad. J. Soury. –G. Baillière, 1880. – 8° R. 2503. – Rendu le 16.

*615. 12 février 1935. – Bohn, G. *Les Invertébrés (Cœlentérés et vers)* (t. III des *Leçons de zoologie et biologie générale).* – Hermann, 1934 (Actualités scientif. et industr.; 133). – 4° V. 12012 (133). – Rendu le 19 avril.

G.B. a aussi emprunté le t. V des Leçons de Bohn *(cf. le nº 599).*

*616. 25 février 1935. – Meyerson, E. *Réel et déterminisme dans la physique quantique.* – Hermann, 1933 (Actualités scientif. et industr.; 68 – Exposés de philos. des sciences; 1). – 4° V. 12012 (68). – Rendu le 12 mars.

Cf. également, supra, *les nᵒˢ 586 et 603.*

*617. 28 février 1935. – Roussel. *Locus Solus.* – 8° Y². 62816. – Rendu le 27 avril.

Identique au nº 99.

*618. 28 février 1935. Roussel. *Impressions d'Afrique.* – A. Lemerre, 1910. – 8° Y². 58139. – Rendu le 27 avril.

*619. 28 février 1935. – Janet. *De l'angoisse à l'extase...* T. I (et/ou II?). – 8° Td⁸⁶. 723 (9-10). – Rendu le 24 avril.

Cote inscrite par B. : « 8° Td⁸⁶ 139 » (cf. les trois derniers chiffres de la cote du nº 618). En l'absence de sous-cote(s), on ne sait si G.B. a lu le t. II, paru en 1928 (Trav. du Laboratoire de psychologie de la Salpêtrière; 10ᵉ série). Cf. aussi les nᵒˢ 348, 605 et 819.

*620. 4 mars 1935. – Goul, Roman. *Lanceurs de bombes : Azef.* Trad. N. Guterman. – Gallimard, 1930 (Les Livres du jour). – 8° Y². 76865. – Rendu le 19 avril.

*621. 12 mars 1935. – Trotski. *Histoire de la Révolution russe.* Trad. Maurice-Parijanine. – Rieder, 1933-1934. 4 vol. – 8° M. 24172. – Rendu le 26 avril.

Les t. I-II traitent de la Révolution de février, les t. III-IV de celle d'octobre.

*622. 18 mars 1935. – Larisch, Cᵗᵉˢˢᵉ Marie. *Le Drame de Meyerling.* Trad. Cᵗᵉˢˢᵉ J. de S. – Émile-Paul frères, 1916. – 8° M. 17728. – Rendu le 25 avril.

Avant-titre : « Mon passé ».

*623. 15 avril 1935. – Rimbaud. *Une Saison en enfer.* – « Mercure de France », 1914. – 8° Z. 19765. – Rendu le 26.

*624. 15 avril 1935. – Lautréamont. *Œuvres complètes...* Éd. P. Soupault. – Au Sans pareil, 1927. – 8° Z. 24102. – Rendu le 26.

Les cotes respectives des n⁰ˢ 623 et 624 ont été interverties par B.

*625. 17 avril 1935. – Moret, A. et Davy, G. *Des clans aux empires...* – 8°
G. 11125 (6). – Rendu le 26.
Identique au n° 527. Cette fois, G.B. a inscrit aussi la sous-cote.

*626. 18 avril 1935. – Bevan, Edwyn. *Stoïciens et Sceptiques.* Trad. L. Baudelot.
– Les Belles-Lettres, 1927 (Coll. d'études anciennes). – 8° Z. 20973
(6). – Rendu le 26.
La cote inscrite par B. est exacte, mais dépourvue de sous-cote.

*627. 19 avril 1935. – Fougères, G., Contenau, G., Grousset, R., etc. *Les
Premières civilisations.* 2ᵉ éd. – F. Alcan, 1929 (Peuples et civilisations,
sous la dir. de L. Halphen et P. Sagnac; I). – 8° G. 11753 (1). –
Rendu le 26.
*En mention d'auteur, B. a inscrit par inadvertance les noms des deux
responsables de la collection : « Halphen et Sagnac ».*

*628. 23 avril 1935. – Weber, Alfred. *Histoire de la philosophie européenne.*
9ᵉ éd. – Fischbacher, 1925. – 8° R. 33650. – Rendu (seulement) le
7 septembre.

*629. 23 avril 1935. – Rank, Otto. *Au-delà du freudisme : la volonté du
bonheur.* Trad. (de *Wahrheit und Wirklichkeit*) par Y. Le Lay. – Stock,
Delamain et Boutelleau, 1934. – 8° R. 40859. – Rendu le surlendemain.
Réemprunté par B. le 15 septembre 1936 (cf. le n° 679).

*630. 23 avril 1935. – Jeans, J., abbé Lemaître, De Sitter, W., Eddington,
A., etc. *Discussion sur l'évolution de l'univers.* Trad. P. Couderc. 2ᵉ éd.
– Gauthier-Villars, 1934. – 8° V. 51299. – Rendu le 25.
Jeans sera nommé dans Rapports entre « société », « organisme »,
« être » (1) (O.C., t. II, p. 296). Quant à Eddington, l'auteur de The
Rotation of the Galaxy (Oxford, 1930), cf. O.C., t. VII, p. 186. Les
multiples « données de science » recueillies par G.B. fin 1934-début 1935
trouveront bientôt leur emploi dans le « fatras savant » du « Labyrinthe » (Recherches philosophiques, t. V, 1935-1936), avant d'être
réutilisées dans la version remaniée – Le labyrinthe (ou la composition
des êtres) – qu'offre L'Expérience intérieure : ce n'est pas hasard si
la réf. à Langevin (cf. le n° 596) figure dans ces deux textes.*

*631. 23 avril 1935. – Baudouin, Charles et Lestchinsky, Dʳ Alexandre. *La
Discipline intérieure...* – Neuchâtel et Genève, Forum; Paris, Fischbacher, 1924. – 8° R. 32581. – Rendu le 25.
*Pas le moindre emprunt de B. entre le 23 avril et le 15 juin 1935 :
en mai il est en Espagne, où il écrit* Le Bleu du ciel *(dont le manuscrit
est daté Tossa, mai 1935). Il y tient un journal* (Les Présages) *dont
les dates extrêmes sont : « Mercredi 8 mai » – « Jeudi 30 » (cf. O.C., t. II,
p. 266-270 et 443). Le Bleu du ciel est achevé le 29 mai (ibid., p. 270).*

*632. 15 juin 1935. – Russell, Bertrand. *A Critical Exposition of the Philosophy
of Leibniz...* – Cambridge, the University Press, 1900. – 8° R. 17110.
– Rendu le 22 juillet 1936.

*633. 22 juin 1935. – *L'Année psychologique.* « 1932 » (vol. XXXIII,
33ᵉ année). – F. Alcan, 1933. – 8° R. 12844. – Rendu le 4 avril 1936.

*634. 24 juin 1935. – Froment, Dʳ Jules. *L'Homme debout : régulation de la
statique, ses troubles.* – Lyon, impr. Audin, 1928. – 4° T. Pièce. 204.
– Rendu le 16 janvier 1936.

*635. 4 juillet 1935. – *Revue neurologique.* Année 1929 (XXXVIᵉ année),

t. I (1er semestre). – Masson, 1929. – 8° T³⁷. 98. – Rendu le 16 janvier 1936.

*636. 9 août 1935. – Toussenel, Alphonse. *L'Esprit des bêtes : zoologie passionnelle, mammifères de France.* 2ᵉ éd. – Librairie phalanstérienne, 1853. – S. 35011. – Rendu le 14.

*637. 14 août 1935. – Varley, Kirton. *Gospel of Fascism* : in five parts. – New York, the Generation Press, cop. 1934. – 8° R. 41554. – Rendu le 26.

   La 4ᵉ partie reprend partiellement The Unseen Hand, *pamphlet de janvier 1917.*

*638. 14 août 1935. – Scheler, Max. *Nature et formes de la sympathie...* Trad. M. Lefebvre. – Payot, 1928 (Bibl. scientifique). – 8° R. 36483. – Rendu le 16 janvier 1936.

*639. 14 août 1935. – Bohr, Niels. *La Théorie atomique et la description des phénomènes.* Trad. A. Legros et L. Rosenfeld. – Gauthier-Villars, 1932. – 8° R. 39397. – Rendu le 16 janvier 1936.

   Outre le n° 596 et le commentaire du n° 630, cf. O.C., t. II, p. 292 : « Si nous considérons maintenant un atome tel que les conceptions actuelles le représentent (...) ».

*640. 17 août 1935. – Cornu, Auguste. *Karl Marx, l'homme et l'œuvre* : de l'hégélianisme au matérialisme historique (1818-1845). – F. Alcan, 1934. – 8° M. 24527. – Rendu le 16 janvier 1936.

*641. 23 août 1935. – Fletcher, Joseph Smith. *Un passager pour Folkestone.* Trad. J. Rousseau. – Librairie des Champs-Élysées, 1934 (Coll. Le Masque ; 152). – 8° Y². 72925 (152). – Rendu le 26.

*642. 23 août 1935. – Christie, Agatha. *Les Quatre.* Trad. X. Roux. – Librairie des Champs-Élysées, 1933 (Le Masque ; 134). – 8° Y². 72925 (134). – Rendu le 26.

*643. 26 août 1935. – Heiden, Konrad. *Histoire du national-socialisme* : 1919-1934. Trad. A. Pierhal. Préf. de J. Benda. – Stock, Delamain et Boutelleau, 1934. – 8° M. 24456. – Rendu le 16 janvier 1936.

   Cf. également le n° 757.

*644. 9 septembre 1935. – Altora Colonna de Stigliano, Prince d'. *Les Soviets en Chine...* – Desclée, De Brouwer, 1930. – 8° O²n. 1908. – Rendu le 16 janvier 1936.

*645. 9 septembre 1935. – Vandervelde, Émile. *À travers la Révolution chinoise : Soviets et Kuomintang.* – Alcan, 1931. – 8° O²n. 1923. – Rendu le 16 janvier 1936.

*646. 9 septembre 1935. – *Vers la fin du communisme et du banditisme en Chine.* Éd. C. Kuangson Young. – Agence Chekiai, 1934 (Coll. La Chine d'aujourd'hui ; I). – 8° O²n. 2026 (1). – Rendu le 16 janvier 1936.

   B. a omis d'inscrire la sous-cote. Pour titre : « Fin du communisme ».

*647. 9 septembre 1935. – *Constitution de la Chine soviétique...* Préf. Bela Kun. – Bureau d'éditions, 1935. – 8° O²n. 2027. – Rendu le 16 janvier 1936.

*648. 28 octobre 1935. – Nenni. *La Lutte des classes en Italie.* – 8° K. 6874 (2). – Rendu le 4 avril 1936.

   Identique au n° 563. Rappelons que le manifeste inaugural du groupe Contre-Attaque date du 7 octobre 1935 (cf. O.C., t. I, p. 670). Il faut attendre le 12 février 1936 pour qu'apparaisse le prochain emprunt de

B. : *même en tenant compte des dates de restitution de certains ouvrages, on peut voir là comme le signe (inversé) de l'activité alors déployée par* G.B. *au sein du groupe* Contre-Attaque.

*649. 12 février 1936. – Dumézil, Georges. *Ouranós-Váruna* : étude de mythologie comparée indo-européenne. – A. Maisonneuve, 1934 (Coll. d'études mythologiques ; I). – 8° G. 13182 (1). – Rendu le 12 septembre.

> *Ouvrage que B. qualifie de « remarquable », et même d'« admirable »* (cf. O.C., t. II, p. 340 et t. VII, p. 358). On notera la durée du prêt.

*650. 12 février 1936. – Moret, A. *La Mise à mort du dieu en Égypte*. – Geuthner, 1927 (Fondation Frazer. Conférence ; 1). – 8° G. 11737. – Rendu le 7 juin.

*651. 13 février 1936. – Miles, Arthur. *Le Culte de Çiva* : superstitions, perversions et horreurs de l'Hindouisme. Trad. M. Logé. – Payot, 1935 (Coll. d'études, de documents et de témoignages pour servir à l'histoire de notre temps). – 8° O²k. 1962. – Rendu le 7 juin.

> *Réemprunté par B. le 13 août 1938 (cf. le n° 747).*

*652. 13 février 1936. – Marquès-Rivière, Jean. *La Chine dans le monde* : la Révolution chinoise de 1912 à 1935. – Payot, 1935 (Coll. d'études, de documents...). – 8° O²n. 2037. – Rendu le 19 mars.

> *À rapprocher des n⁰ˢ 644 à 647, supra. Dans « Vers la révolution réelle » (Les Cahiers de Contre-Attaque, n° 1, mai 1936), B. énumère les « tentatives prolétariennes », parmi lesquelles : « en Chine, les divers mouvements qui se sont développés au cours d'une période d'extrême instabilité qui n'a pas pris fin » (O.C., t. I, p. 416, note).*

*653. 14 février 1936. – Hammett, Dashiell. *Sang maudit*. Trad. M. Gauwin. – Gallimard, *circa* 1933 (Les Chefs-d'œuvre du roman d'aventures). – 8° Y². 79659. – Rendu le 7 juin.

*654. 14 février 1936. – Hammett, D. *La Clé de verre*. Trad. P.-J. Herr. – Gallimard, *circa* 1932 (Les Chefs-d'œuvre...). – 8° Y². 78284. – Rendu le 7 juin.

*655. 11 mars 1936. – Faulkner, W. *Lumière d'août*. Trad. M.E. Coindreau. – Gallimard, 1935. – 8° Y². 82178. – Rendu le 7 juin.

> *Réemprunté par B. le 4 janvier 1937 (n° 704). Cf. aussi le n° 592. En 1945, G.B. citera Faulkner dans ses premières notes pour* Méthode de méditation *(cf. O.C., t. V, p. 456).*

*656. 11 mars 1936. – Kafka. *Le Procès*. Trad. A. Vialatte. Préf. de B. Groethuysen. – Gallimard, 1933. – 8° Y² 80143. – Rendu le 4 avril.

> *Cf. O.C., t. VII, p. 615 : « J'ai connu l'œuvre (...) de Kafka vers 1935 ». D'autres lectures, qui ne doivent rien à la Nationale, ont sans doute précédé cet unique emprunt.*

*657. 28 mars 1936. – Véry, Pierre. *Le Meneur de jeu*. – Gallimard, 1934. – 8° Y². 80681. – Rendu le 7 juin.

*658. 28 mars 1936. – Hammett, D. *L'Introuvable*. Trad. E. Michel-Tyl. – Gallimard, 1934. – 8° Y². 81598. – Rendu le 7 juin.

> *Cf. les n⁰ˢ 653-654. Sans doute G.B. a-t-il en vue le roman noir lorsqu'il évoque, dans une note de* L'Histoire de l'érotisme, *les « audaces tout à fait insoutenables des personnages de roman policier » (O.C., t. VIII, p. 91). L'emprunt suivant est du 5 mai : en avril B. est en Espagne, où il écrit « La conjuration sacrée », article daté Tossa, 29 avril 1936 (cf. O.C., t. I, p. 446 – ainsi que les p. 274-276 du t. II).*

*659. 5 mai 1936. – Kierkegaard. *Crainte et tremblement...* Trad.
P.-H. Tisseau. Introd. de J. Wahl. – Aubier, Montaigne, 1935 (Philos. de l'esprit). – 8° R. 40857 (4). – Rendu le 21 août.

> *Dès 1932 (cf. O.C., t. I, p. 299-300) B. souligne l'importance des
> travaux de Wahl sur Hegel et Kierkegaard. Autres emprunts kierke-
> gaardiens de G.B., de 1937 à 1941 : n°s 712, 718, 729, 806 et 807
> (dont deux fois Le Concept d'angoisse). Le 12 septembre 1941, il
> emprunte les Études kierkegaardiennes de Wahl (n° 809). Cf. aussi
> la seconde épigraphe à « La conjuration... » (t. I, p. 442).*

*660. 5 mai 1936. – Zweig, Stefan. *Frédéric Nietzsche...* (*Le Combat avec le
Démon*. Vol. 2). Trad. A Hella et O. Bournac. – Stock, Delamain et
Boutelleau, 1930. – 8° Z. 24447 (2). – Rendu le 22 juillet.

> *Nous n'avons pu retrouver la moindre réf. à cet ouvrage. Il est vrai
> qu'en avril 1933, B. s'était déjà prononcé contre le Freud de Zweig (cf.
> O.C., t. I, p. 328).*

*661. 22 mai 1936. – Nietzsche. *Le Gai savoir.* Trad. H. Albert. 3e éd. –
« Mercure de France », 1901 (*O.C.* de Nietzsche. Coll. d'auteurs
étrangers). – 8° Z. 5197. – Rendu le 22 août.

> *Dans « Nietzsche et les fascistes », B. utilise Le Gai savoir (cf.
> O.C., t. I, notes des p. 453, 463 et 465). En l'absence de réf. bibliogr.
> précise, on ne peut affirmer qu'il a en vue l'éd. ici empruntée.*

*662. 4 juillet 1936. – Conrad, J. *Gaspar Ruiz* (A Set of Six). Trad. P. Neel.
3e éd. – Gallimard, Éditions de la « N.R.F. », 1927 (*O.C.* de J. Conrad).
– 8° Y². 73591. – Rendu le 21 août (ou le 22 juillet).

*663. 4 juillet 1936. – Conrad. *Notes on Life and Letters.* – London, Toronto,
J.M. Dent and sons, 1924 (The Uniform edition). – 8° Y². 71435
(5). – Rendu le 22 juillet (ou le 21 août).

> *Les cotes (ou les titres) des n°s 662-663 ont été interverties par B. (qui,
> de plus, a omis la sous-cote 5 restituée supra) : la durée de chaque prêt
> est donc incertaine.*

*664. 6 juillet 1936. – Andreas-Salomé, Lou. *Frédéric Nietzsche.* Trad.
J. Benoist-Méchin. – B. Grasset, 1932. – 8° M. 24355. – Rendu le
21 août.

*665. 6 juillet 1936. – Nietzsche. *Œuvres posthumes.* Trad., introd. et notes
de H.J. Bolle. – « Mercure de France », 1934. – 8° R. 41497. – Rendu
le 22 août.

> *B. se réfère à cette éd. dans « Nietzsche... » et dans « Propositions »
> (Acéphale, n° double (2), 21 janvier 1937) : cf. O.C., t. I, p. 447 et
> 470, notes. Réemprunté le 15 septembre (n° 678) et le 14 novembre (n° 694).*

*666. 11 juillet 1936. – Blondel, Dr Charles. *Introduction à la psychologie
collective.* 2e éd. – A. Colin, 1934 (Coll. A. Colin ; 102. Section de
philosophie). – 8° Z. 26470 (102). – Rendu le 21 août.

> *La Société de psychologie collective sera fondée en avril 1937 (cf.
> O.C., t. II, p. 444).*

*667. 11 juillet 1936. – Conrad. *Nostromo.* Trad. P. Neel. 3e éd. – Gallimard, « N.R.F. », 1926. 2 vol. – 8° Y². 71320. – Rendu le 21 août.

*668. 11 juillet 1936. – Conrad. *L'Agent secret...* Trad. H.-D. Davray. –
Larousse, 1928 (Contes et romans pour tous. Série beige ; 6). – 8°
Y². 72968 (6). – Rendu le 22.

*669. 11 juillet 1936. – Blondel, C. *La Psychanalyse.* – F. Alcan, 1924. – 8°
R. 32885. – Rendu le 21 août.

*670. 22 juillet 1936. – *La Vie de Frédéric Nietzsche...* – Rieder, 1932. – 8°
M. 23995. – Rendu le 21 août.
*Identique au n° 543. Cf. également les n° 703 et 788. B. a inscrit par
erreur : « 8° M. 22995 ».*

*671. 22 juillet 1936. – *Nietzsche's Werke.* T. XIII-XIV (Nachgelassene
Werke). Éd. E. Förster-Nietzsche, P. Gast. – Leipzig, C.G. Naumann,
1903-1904. – 8° Z. 14098 (13-14). – Rendu le 22 août.
*B. se réfère au t. XIII dans O.C., t. I, p. 463 (4e note) et 470 (notes),
tout en empruntant ses citations (y compris p. 463?) à la trad. de Bolle
(cf., supra, le n° 665). Voir aussi le n° 674.*

*672. 25 juillet 1936. – Nietzsche. *Aurore...* – 8° R. 17602. – Rendu le
22 août.
Identique au n° 507.

*673. 25 juillet 1936. – Conrad. *Fortune.* – 8° Y². 79896. – Rendu le
21 août.
Cf. le n° 576, supra.

*674. 2 août 1936. – *Nietzsche's Werke.* T. X (Schriften und Entwürfe, 1872 bis
1876). Éd. F. Koegel. – Leipzig, C.G. Naumann, 1896. – 8° Z. 14098
(10). – Rendu le 22.
*Les p. 27-43 sont occupées par le chapitre Heraklit de Die Philo-
sophie im tragischen Zeitalter der Griechen (Anfang 1873). Cf.
« Héraclite » (O.C., t. I, p. 466).*

*675. 12 septembre 1936. – Moeller Van Den Bruck, Arthur. *Le Troisième
Reich.* Trad. J.-L. Lénault. Introd. de T. Maulnier. – A. Redier, 1933.
– 8° M. 24415. – Rendu le 3 octobre.

*676. 12 septembre 1936. – Maulnier, Thierry. *Nietzsche.* 5e éd. – A. Redier,
1933. – 8° M. 24414. – Rendu le 3 octobre.

*677. 15 septembre 1936. – *Imago.* – 4° R. 2484. – Rendu le 3 octobre.
*Sans la moindre indication d'année ou de tomaison. Plutôt que d'un
réemprunt du n° 293, il pourrait s'agir d'un premier emprunt du n° 700.*

*678. 15 septembre 1936. – Nietzsche. *Œuvres posthumes.* – 8° R. 41497.
– Rendu le 3 octobre.
Cf. le commentaire du n° 665, ainsi que le n° 694.

*679. 15 septembre 1936. – Rank, O. *Au-delà du freudisme : la volonté du
bonheur.* – 8° R. 40859. – Rendu le 3 octobre.
B. a inscrit pour titre : « Volonté de bonheur. » Identique au n° 629.

*680. 15 septembre 1936. – Marriott, John A.R. *Dictatorship and Democracy.*
– Oxford, Clarendon Press, 1935. – 8° R. 42355. – Rendu le 3 octobre.

*681. 19 septembre 1936. – *Le Pangermanisme philosophique (1800 à 1914).*
Textes (de Fichte, Hegel, Goerres, Schlegel, etc.) trad. de l'all. Préf.
de C. Andler. 2e éd. – L. Conard, 1917 (Coll. de doc. sur le pangermanisme). – 8° M. 17973. – Rendu le 3 octobre.
*B. a inscrit : « Andler. Pangermanisme ». Réemprunté le 30 décembre
(n° 701).*

*682. 19 septembre 1936. – Andler. *Nietzsche, sa vie et sa pensée.* T. V
(N. et le transformisme intellectualiste) et VI (La Dernière philosophie de N.). – Bossard, 1922-1931. – 8° R. 30588 (5-6). – Rendu
le 3 octobre.
*Non communicable (cf. Impr. Microfiche m. 5145). B. a réemprunté
le t. VI le 14 novembre (n° 695) et le t. V le 30 décembre (n° 702). Sur
cet ouvrage d'Andler, cf. O.C., t. I, p. 452, 469 (réf. au t. VI), 474 et*

676 (avec la mention, relative au t. VI : « Bossard, 1931 » – et non pas, comme à la p. 469, « N.R.F., 1931 »).

*683. 24 septembre 1936. – Rohde, Erwin, Psyché : le culte de l'âme chez les Grecs... Éd. française, A. Reymond. – Payot, 1928 (Bibl. scientifique). – 8° R. 36303. – Rendu le 3 octobre.

Il est précisément question de Rohde dans un texte de Rosenberg que B. cite dans « Nietzsche et les fascistes » (O.C., t. I, p. 457). Réemprunté le 2 décembre (n° 698).

*684. 24 septembre 1936. – Nietzsche. Le Voyageur et son ombre... (2ᵉ partie de Humain, trop humain). Trad. H. Albert. – « Mercure de France », 1902 (O.C. de Nietzsche. Coll. d'auteurs étrangers). – 8° R. 16379 (2). – Rendu le 3 octobre.

*685. 24 septembre 1936. – Seillière, baron Ernest. De la déesse nature à la déesse vie... (Le Néoromantisme en Allemagne. T. III). – F. Alcan, 1931. – 8° Z. 7588 (3). – Rendu le 3 octobre.

B. fait réf. à ce volume de « Sellière » (sic) dans « Nietzsche... » : cf. O.C., t. I, p. 458 (note sur l'emploi de « l'expression d'acéphale » à propos de L. Klages) et 461. Réemprunté le 3 décembre (n° 699).

*686. 22 octobre 1936. – Michelet. La Sorcière. Préf. A. Van Bever. – J. Chevrel, 1911. – 4° R. 2320. – Rendu le 23 décembre.

Pour l'emprunt d'une éd. différente, cf. le n° 355. Dix ans plus tard, G.B. préfacera lui-même « l'admirable Sorcière de Michelet » (Éditions des Quatre Vents, 1946). Cf. O.C., t. V, p. 456 (et 463).

*687. 22 octobre 1936. – Nietzsche. La Volonté de puissance. T. I. Texte établi par F. Wurzbach et trad. par G. Bianquis. – Gallimard, 1935. – 8° R. 42529 (1). – Rendu le 21 juin 1937.

Le t. II de la « seule édition complète en France » de la V. de P. sortira des presses en 1937, il sera largement mis à contribution par B. dans Sur Nietzsche et dans Mémorandum (O.C., t. VI, passim). Cf. aussi le n° 696.

*688. 22 octobre 1936. – Blake, William. Le Mariage du ciel et de l'enfer. Trad. et introd., C. Grolleau. – L. Chamuel, 1900. – 8° Yk. 603. – Rendu le 14 juin 1937.

B. dit avoir connu l'œuvre de Blake « vers 1935 » (O.C., t. VII, p. 615). Il cite très souvent cet auteur, auquel il a d'ailleurs consacré un dossier (cf. le t. IX des O.C.). Autres lectures de Blake, infra, sous les nᵒˢ 764 et 779. Du 15 janvier au 15 février 1937 se tient à la B.N. l'exposition Aquarelles de Turner – Œuvres de Blake (B.N., Exp. 50).

*689. 22 octobre 1936. – Dutt, Rajani Palme. Fascisme et révolution... Trad. R. Hilsum. – Éditions sociales internationales, 1936. – 8° R. 42528. – Rendu le 1ᵉʳ février 1937.

La date de restitution inscrite par B. (« 1-II-36 ») est inexacte (cf. le n° 692).

*690. 22 octobre 1936. – Lanusse, Maxime. Manuel d'analyse grammaticale et d'analyse logique... – Hatier, 1928. – 8° X. 18235. – Rendu le 23 décembre.

*691. 22 octobre 1936. – Thabault, Roger, Yvon, H. et Lanusse, M. Cours de langue française : vocabulaire, grammaire... (Guide du maître). – Delagrave, 1936 (Nouvelle bibl. des écoles primaires sup. et des cours complémentaires). – 8° X. 19805. – Rendu le 23 décembre.

On ne voit guère l'intérêt (pour G.B.) des n°s 690-691 : il s'agit de manuels scolaires. Emprunts pour des tiers ?

*692. 14 novembre 1936. – Andler. *La Morale de Nietzsche dans le « Zarathoustra »* (Extr. de la *Revue d'histoire de la philosophie*, avril-juin 1930). – J. Gamber, 1930. – 8° R. Pièce. 18322. – Rendu le 1er février 1937.
    Date de restitution : « 1-II-37 », le 7 ayant été écrit en surcharge sur un 6 (cf. le n° 689).

*693. 14 novembre 1936. – Andler. *Nietzsche et Dostoïevsky* (Extr. des *Mélanges Baldensperger*). – H. Champion, 1930. – 8° Z. Pièce. 2578. – Rendu le 1er février 1937.
    Chestov, déjà, « philosophait à partir de Dostoïevski et de Nietzsche », ce qui « séduisait » G.B. (cf. O.C., t. VIII, p. 563).

*694. 14 novembre 1936. – Nietzsche. *Œuvres posthumes.* – 8° R. 41497. – Rendu le 1er février 1937.
    Identique aux n°s 665 et 678.

*695. 14 novembre 1936. – Andler. *Nietzsche, sa vie...* T. VI. – 8° R. 30588 (6). – Rendu le 10 juillet 1937.
    Cf. le n° 682, supra.

*696. 23 novembre 1936. – Nietzsche. *La Volonté de puissance...* Trad. H. Albert. – « Mercure de France », 1903 (O.C. de Nietzsche. Coll. d'auteurs étrangers). 2 vol. – 8° R. 18569. – Rendu le 14 juin 1937.
    Pour l'emprunt de l'éd. Wurzbach (t. I), cf. le n° 687.

*697. 28 novembre 1936. – Podach, Dr Erich F. *L'Effondrement de Nietzsche.* Trad. A. Vaillant et J.R. Kuckenburg. – Gallimard, 1931 (Les Documents bleus. L'Homme ; 36). – 8° Z. 22008 (II, 36). – Rendu le 13 juillet 1937.
    Cf. « Nietzsche... » (O.C., t. I, p. 447, note), et ces mots de « Chronique nietzschéenne » (paru en juillet 1937) : « Nietzsche s'est effondré dans une solitude humiliante » (ibid., p. 480).

*698. 2 décembre 1936. – Rohde, E. *Psyché...* – 8° R. 36303. – Rendu le 22 mars 1937.
    Identique au n° 683.

*699. 3 décembre 1936. – Seillière. *De la déesse nature...* – 8° Z. 7588 (3). – Rendu le 6 février 1937.
    Cf., supra, le n° 685.

*700. 18 décembre 1936. – *Imago.* XI. Band (1925). – 4° R. 2484. – Rendu le 14 juin 1937.
    Peut-être un réemprunt (cf. le n° 677).

*701. 30 décembre 1936. – *Le Pangermanisme philosophique...* – 8° M. 17973. – Rendu le 6 février 1937.
    Identique au n° 681.

*702. 30 décembre 1936. – Andler. *Nietzsche...* T. V. – 8° R. 30588 (5). – Rendu le 11 février 1937.
    B. a inscrit par erreur : « 8° M. 30588 (5) ». Cf., supra, le n° 682.

*703. 4 janvier 1937. – *La Vie de Frédéric Nietzsche...* – 8° M. 23995. – Rendu le 3 mai.
    Cf. les n°s 543, 670 et 788.

*704. 4 janvier 1937. – Faulkner. *Lumière d'août.* – 8° Y². 82178. – Rendu le 13 juillet.
    Même emprunt, supra, sous le n° 655.

*705. 6 janvier 1937. – Kropotkine. *L'Éthique.* Trad. et introd., M. Gold-

smith. 2ᵉ éd. – Stock, Delamain et Boutelleau, 1927. – 8° R. 35080.
– Rendu le 6 février.

*706. 6 janvier 1937. – Kropotkine. *L'Entraide, un facteur de l'évolution.*
Trad. L. Bréal. 2ᵉ éd. – Hachette, 1906. – 8° R. 21250. – Rendu le
6 février.
La cote inscrite par B. (8° R. 21150) est erronée.

*707. 1ᵉʳ février 1937. – David-Neel, A. *Voyage d'une parisienne à Lhassa...*
– 8° O²m. 292. – Rendu le 13 juillet.
Identique au n° 421.

*708. 1ᵉʳ février 1937. – David-Neel. *Initiations lamaïques...* – 8° O²m. 298.
– Rendu le 14 juin.
Cf., supra, le n° 423.

*709. 1ᵉʳ février 1937. – David-Neel. *Grand Tibet : au pays des brigands
gentilshommes.* – Plon, 1933. – 8° O²m. 305. – Rendu le 13 juillet.

*710. 1ᵉʳ février 1937. – Macdonald, David. *Mœurs et coutumes des Thibétains.*
Préf. du Cᵗᵉ de Ronaldshay. Trad. R. Bilot. – Payot, 1930 (Coll.
d'études, de doc. et de témoignages pour servir à l'hist. de notre
temps). – 8° O²m. 302. – Rendu le 13 juillet.

*Les emprunts nᵒˢ 707 à 710 sont remarquablement convergents (cf.
aussi les nᵒˢ 421 à 423, et 817) : Le paradoxe du Tibet (à propos de
Portrait of the Dalai-Lama, de Charles Bell, Londres, 1946) paraîtra
en mai 1947 dans* Critique, *avant d'être repris dans* La Part maudite
sous le titre La société désarmée : le lamaïsme *(O.C., t. VII, p. 93-
108). Dans ce chapitre, les « sources » de G.B. (Bell et Grousset mis à
part) ne sont guère repérables (cf., p. 107 : « Les auteurs (?) s'accordent
d'ailleurs »). Sur la genèse de* La Part maudite *: ibid., p. 470.*

*711. 3 février 1937. – *Africa : Journal of the International Institute of
African Languages and Cultures.* Ed., D. Westermann. Vol. II (1929).
– Oxford University Press, 1929. – 8° O³. 1439 (2). – Rendu le
10 juillet.

*712. 3 février 1937. – Kierkegaard. *Le Concept d'angoisse...* Trad.
P.-H. Tisseau. Introd. de J. Wahl. – F. Alcan, 1935. – 8° R. 42521.
– Rendu le 10 juillet.
Pour l'emprunt d'une autre éd., cf. le n° 806.

*713. 12 février 1937. – Stirner. *L'Unique et sa propriété.* – 8° R. 35339. –
Rendu le 22 mars.
*Identique au n° 289. Dans « Nietzsche et les fascistes », B. vient
tout juste d'évoquer « l'interprétation stirnérienne de Nietzsche » (O.C.,
t. I, p. 455-456.).*

*714. 12 février 1937. – Maurois, André. *Ariel, ou la Vie de Shelley.* – Émile-
Paul frères, 1924. – 8° Nx. 4620. – Rendu le 22 mars.

*715. 19 février 1937. – Cook, A.B. *Zeus...* – Cambridge, University Press,
1914-1940. 3 t. en 5 vol. – 8° J. 8082. – Rendu le 6 juillet.
*Cf., supra, le n° 439. En l'absence de sous-cote, on ne saurait dire si
G.B. a sorti un ou plusieurs vol. Quant à Zeus foudroyant Sémélé, cf.
« Chronique nietzschéenne », ainsi que « L'obélisque » (O.C., t. I,
p. 484 et 507).*

*716. 10 mars 1937. – Bianquis, Geneviève. *Faust à travers quatre siècles.* –
E. Droz, 1935. – 8° Yh. 2161. – Rendu le 22.

*717. 17 avril 1937. – Guérin, Daniel. *Fascisme et grand capital* (Italie, Alle-

magne). 3ᵉ éd. – Gallimard, 1936 (Problèmes et documents). –
8° R. 42839. – Rendu le 10 juillet.

*718. 17 avril 1937. – Kierkegaard. *La Répétition...* Trad. P.-H. Tisseau. –
F. Alcan, 1933. – 8° R. 39928. – Rendu le 13 juillet.
> *B. a inscrit par erreur : « 8° R. 39938 ». L'exemplaire actuellement
> en Magasins est un ex. de remplacement, acquis en 1973.*

*719. 17 avril 1937. – Granet, M. *La Civilisation chinoise...* – 8° G. 11125
(25). – Rendu le 29 juin.
> *Identique aux nᵒˢ 468 et 570.*

*719 bis. 17 avril 1937. – Granet. *La Pensée chinoise.* – La Renaissance du
livre, 1934 (L'Évolution de l'humanité ; XXV bis). – 8° G. 11125
(25 bis). – Rendu le 29 juin.
> *Joignant cet emprunt au précédent, B. a inscrit : « 8° G. 11125 (25
> et bis) Granet. Chine ».*

*720. 27 avril 1937. – *Orphica. Recensuit Eugenius Abel. Accedunt Procli Hymni,
Hymni magici, Hymnus in Isim aliaque ejusmodi carmina.* – Lipsiae,
G. Freytag, 1885 (Bibliotheca scriptorum graecorum et romanorum).
– 8° Z. 16225. – Rendu le 10 juillet.

*721. 8 mai 1937. – Nietzsche. *L'Origine de la tragédie...* – 8° Y. 287. –
Rendu le 23 juin.
> *Identique au nᵒ 508. Dans « Chronique nietzschéenne » (Acé-
> phale, nᵒ 3-4, juillet 1937), G.B. se réfère à cette œuvre (O.C., t. I,
> p. 484, note).*

*722. 15 mai 1937. – Lowie, Robert H. *Traité de sociologie primitive.* Trad.
E. Métraux. – Payot, 1935 (Bibl. scientifique). – 8° R. 41873. – Rendu
le 6 juillet.

*723. 15 mai 1937. – Lowie. *Manuel d'anthropologie culturelle.* Trad.
E. Métraux. – Payot, 1936 (Bibl. scientifique). – 8° G. 13389. –
Rendu le 6 juillet.
> *Ces lectures de Lowie se situent après la fondation du Collège de
> sociologie (mars 1937), mais avant la première conférence qu'y fit B.
> (20 novembre 1937) : cf. O.C., t. I, p. 491, et II, p. 291 et 447. On
> trouve, toujours dans le t. II (p. 449), cette indication : « Communautés
> électives : à partir de (Lowie) ».*

*724. 15 mai 1937. – Cervantès. *Numance.* Trad. La Beaumelle. – Lad-
vocat, 1823 (Chefs-d'œuvre des théâtres étrangers. Théâtre espagnol). – Y. 778. – Rendu le 23 juin.
> *Contient, outre Numance : Yménée (de B. Torres Naharro) et La
> Jeunesse du Cid (de G. de Castro). C'est précisément en avril-mai 1937
> qu'est jouée à Paris la tragédie de Cervantès, dans des décors d'André
> Masson (cf. O.C., t. I, p. 485-489).*

*725. 29 mai 1937. – Nietzsche. *Gesammelte Werke.* Musarion Ausgabe.
Herausg. von R. Oehler, M. Oehler, F.C. Würzbach. T. V : Vorle-
sungen (1872-1876). – München, Musarion Verlag, 1922. – 8° R.
40168 (5). – Rendu le 14 juin.
> *Pour l'emprunt de deux autres tomes, cf. le nᵒ 826.*

*726. 29 mai 1937. – Nietzsche. *The Case of Wagner...* Transl. T. Common.
– London, T. Fisher Unwin, 1899 (The Works of F. Nietzsche ; III).
– 8° R. 38874. – Rendu le 14 juin.

*727. 23 juin 1937. – Bertarelli, L.V. *L'Italie en un volume.* – Hachette,
1932 (Les Guides bleus). – 8° K. 6960. – Rendu le 13 juillet.

La 5e Section de cette 2e éd. est presque exclusivement consacrée à la Sicile. C'est précisément au cours de l'été 1937 qu'a lieu la « montée à l'Etna » de G.B. et de Laure (cf. O.C., t. V, p. 499-501).

*728. 23 juin 1937. – Baedeker. *Tyrol and the Dolomites...* – 8° M. 23222. – Rendu le 13 juillet.

Identique au n° 506.

*729. 27 septembre 1937. – Kierkegaard. *In vino veritas.* Trad. A. Babelon et C. Lund. – Éditions du Cavalier, S.C.E.L., 1933. – 8° Y². 79442. – Rendu le 14 janvier 1939.

B. est de retour d'Italie : cf. O.C., t. V, p. 501 (où l'hésitation paraît porter sur la date de la lettre de Laure à J. Grémillon, plutôt que sur celle du retour).

*730. 27 septembre 1937. – Machiavel. *Le Prince.* Trad. Colonna d'Istria, revue par P. Hazard. – F. Alcan, 1929 (Textes et trad. pour servir à l'histoire de la pensée moderne). – 8° *E. 1591. – Rendu (seulement) le 14 janvier 1939.

Peut-être réclamé à B., car il le réemprunte dès le 19 janvier 1939 (cf. le n° 759). Sur Machiavel, Hegel et Nietzsche « penseurs politiques », on ne manquera pas de voir le « passage significatif » que citait G.B., en janvier 1937, dans son « Jaspers (Karl)... » (O.C., t. I, p. 475-476).

*731. 1er décembre 1937. – Demange, Charles. *Notes d'un voyage en Grèce.* 1re série. – Impr. de Chaix, 1910. – 8° J. 7577. – Rendu le 17.

B. a inscrit par erreur : « 8° J. 8577 ». Pour gravir l'Etna, il avait renoncé à se rendre en Grèce (O.C., t. V, p. 499) et, toujours dans l'été 1937, c'est dans Le voyage en Grèce (n° 7) que parut « La Mère-Tragédie » (t. I, p. 493-494).

*732. 1er décembre 1937. – Bouglé, Célestin. *Cours de sociologie générale.* – Centre de documentation universitaire, 1935 (Les Cours de Sorbonne). 3 fasc. – 4° R. 4663. – Rendu le 24 février 1938.

*733. 6 décembre 1937. – Rabaud, Étienne. *Phénomène social et sociétés animales.* – F. Alcan, 1937 (Bibl. de philos. contemp.). – 8° R. 43587. – Rendu le 24 février 1938.

Sur Rabaud et sa théorie de l'inter-attraction, cf. les conférences de B. des 17 et 22 janvier 1938 (O.C., t. II, p. 281-287 et 307-318). Un exposé de Caillois au Collège de sociologie s'intitule : Les Sociétés animales (ibid., p. 447).

734. 18 décembre 1937. – *Revue française de psychanalyse.* 1927 (vol. I). – 8° T. 1162. – Rendu le 24 février 1938.

Identique aux n°s 347, 425 et 476. L'inscription de ce prêt est de la main de Jean Bruno (à l'exception de la date de restitution, portée par G.B.).

*735. 22 janvier 1938. – Carroll, L. *Alice au pays des merveilles.* Suivi de *L'Autre côté du miroir.* Trad. M. Fayet. – Les Œuvres représentatives, 1930 (Le Magasin des demoiselles). – 8° Z. 25555 (1). – Rendu le 9 décembre.

*736. 10 février 1938. – Donoso Cortés, Juan (Mis de Valdegamas). *Situation de l'Espagne...* – Impr. de Jules-Juteau, 1851. – 8° Of. 69. – Rendu le 24.

En mention d'auteur, B. indique : « Valdegamas ».

*737. 10 février 1938. – Donoso Cortés. *Essai sur le catholicisme, le libéralisme* *et le socialisme.* – Bureaux de la Bibl. nouvelle, 1851 (Bibl. nouvelle). – Z. 43340. – Rendu le 24.

> *En mention d'auteur : « Donoso ».*

*738. 10 février 1938. – Unamuno y Jugo, Miguel de. *Le Sentiment tragique de la vie.* Trad. M. Faure-Beaulieu. – Éditions de la « N.R.F. », 1917. – 8° R. 28461. – Rendu le 24.

*739. 24 février 1938. – Massé, H. *L'Islam.* – 8° Z. 21106 (126). – Rendu le 9 décembre.

> *Identique au n° 533. On notera la durée du prêt.* La Part maudite *traitera longuement de l'islam (cf.* O.C., *t.* VII, *p. 83-92 et notes), sans que Massé soit nommé. Ce chapitre, il est vrai, est la reprise d'un article de* Critique *consacré à des ouvrages plus récents.*

*740. 7 mars 1938. – Lécluse, Henry de. *Le Déjeuné de la Rapée, ou Discours des halles et des ports...* – À la Grenouillère, impr. de Mlle Manoir, marchande orangère (s.d.). – Ye. 25872. – Rendu le 5 octobre.

> *B. a inscrit : « La Rapée. Œuvres ».*

*741. 7 mars 1938. – Vadé, Jean-Joseph et Lécluse. *Œuvres poissardes...* – Tous les libraires amis de la gaieté (s.d.). – Y². 72289. – Rendu le 5 octobre.

*742. 17 mars 1938. – Vadé. *Desserts de petits soupers agréables...* – (S.l.), de l'Impr. de la Joye, 1755. – Ye. 34279. – Rendu le 5 octobre.

*743. 17 mars 1938. – Vadé. *Le Dessert des petits soupers...* – Paris, chez Me Boivin ; Bruxelles, chez la Veuve galante (s.d.). 10 fasc. en 1 vol. – Ye. 10630. – Rendu le 5 octobre.

*744. 29 juin 1938. – Brontë, Charlotte. *Shirley.* Trad. G. Faroux. – Catalogne et Cie, 1933 (Les Maîtres étrangers). – 8° Z. 25571 (21). – Rendu le 9 décembre.

*745. 29 juin 1938. – Kerneïz, C. (pseud. de Félix Guyot). *Le Yoga de l'Occident.* – Adyar, 1938. – 8° R. 43985. – Rendu le 13 août.

> *B. a inscrit pour titre : « Occident ». Voir la* Notice autobiographique *: « Bataille en effet s'est dès 1938 adonné à des exercices de yoga (...) »* (O.C., *t.* VII, *p. 462). Cf. aussi, infra, le n° 786.*

*746. 12 juillet 1938. – David, Maurice. *Joseph Conrad, l'homme et l'œuvre...* – Éd. de la « Nouvelle Revue critique », 1930 (Coll. des célébrités étrangères. 1re série ; 3). – 8° Nx. 4841 (3). – Rendu le 9 décembre.

> *Quant aux emprunts par G.B. d'œuvres de Conrad, cf. les n°s 130, 576, 662-663, 667-668, 673 et 790.*

*747. 13 août 1938. – Miles. *Le Culte de Çiva...* – 8° O²k. 1962. – Rendu le 14 janvier 1939.

> *Identique au n° 651.*

*748. 13 août 1938. – Hubert et Mauss. *Mélanges d'histoire des religions.* – 8° G. 8706. – Rendu le 14 janvier 1939.

> *Cf. les n°s 287 et 328.*

*749. 9 décembre 1938. – Lagrange, le P. Marie-Joseph. *Études sur les religions sémitiques.* – V. Lecoffre, 1903 (Études bibliques). – 8° H. 6602. – Rendu le 14 janvier 1939.

*750. 14 janvier 1939. – Carrel, Dr Alexis. *L'Homme, cet inconnu.* – Plon, 1935. – 8° R. 41929. – Rendu le 20 mars.

*751. 14 janvier 1939. – *Le Dossier de l'affaire des Templiers.* Éd. et trad. par Georges Lizerand. – Champion, 1923 (Les Classiques de l'histoire de France au Moyen Âge; 2). – 8° L⁴⁵. 82 (2). – Rendu le 25 février.

*752. 14 janvier 1939. – Benoist-Méchin, Jacques. *Histoire de l'armée allemande depuis l'armistice.* T. I et/ou II. – A. Michel, 1936-1938. 2 vol. – 8° M. 25048 (1-2). – Rendu le 10 juin 1940.

> *Sans indication de sous-cote, mais il est probable que B. a sorti les 2 vol.*

*753. 14 janvier 1939. – Frazer. *Le Bouc émissaire... (Le Cycle du Rameau d'or).* Trad. P. Sayn. – P. Geuthner, 1925. – 8° G. 11542. – Rendu le 26 juin 1941.

> *Pour l'emprunt d'une éd. différente, cf. le n° 591. Nous ne saurions affirmer que c'est bien cette partie du* Rameau d'or *que G.B. a en vue dans tel fragment de* La limite de l'utile *(O.C., t. VII, p. 264 et note).*

*754. 14 janvier 1939. – Deeleman, Dʳ Marinus. *Der Deutsche Ritterorden* : einst und jetzt. – Wien, M. Perles, 1903. – 4° M. 2030. – Rendu le 16 août.

*755. 14 janvier 1939. – Gastineau, Benjamin. *Le Carnaval ancien et moderne.* – Poulet-Malassis, 1862. – G. 23826. – Rendu le 25 février.

> *B. a inscrit une cote erronée (« G. 23926 ») et, pour titre, l'avant-titre de cet ouvrage :* Histoire de la folie humaine.

*756. 14 janvier 1939. – Gastineau. *Le Carnaval.* – G. Havard, 1855 (Paris historique, pittoresque et anecdotique; 9). – 8° Lk⁷. 6348 (9). – Rendu le 25 février.

> *Les nᵒˢ 751-754 se rapportent à la conférence de G.B. du 24 janvier 1939 :* Hitler et l'ordre teutonique, *dont le texte n'a pas été retrouvé; les nᵒˢ 755-756 à la* Commémoration du Mardi gras *(21 février 1939). Cf. D. Hollier,* Le Collège de sociologie, *p. 363 et 394-395; O.C., t. II, p. 445.*

*757. 14 janvier 1939. – Heiden, K. *Adolf Hitler.* Trad. A. Pierhal. – B. Grasset, 1936. – 8° M. 25216. – Rendu le 10 juin 1940.

> *Cf. également, supra, le n° 643.*

*758. 19 janvier 1939. – Rosenberg, Alfred. *Das Verbrechen der Freimaurerei* : Judentum, Jesuitismus, Deutsches Christentum. – München, Hoheneichen-Verlag, 1921. – 8° H. 8096. – Rendu le 18 août.

*759. 19 janvier 1939. – Machiavel. *Le Prince.* – 8° *E. 1591. – Rendu le 18 août.

> *Identique au n° 730 (rendu par B. le 14 janvier 1939).*

*760. 30 janvier 1939. – Berrueta, Juan D. et Chevalier, Jacques. *Sainte-Thérèse et la vie mystique.* – Denoël et Steele, 1934 (Les Maîtres de la pensée religieuse). – 8° R. 39610 (5). – Rendu le 16 août.

> *Sur Thérèse d'Avila, cf.* Le Collège de sociologie *(O.C., t. II, p. 373 et la note 6 de la p. 455 : « Muero por que no muero »), ainsi que* L'Expérience intérieure *(ibid., t. V, p. 17 et 32).*

*761. 2 février 1939. – Sade. *Idée sur le mode de la sanction des loix.* – De l'Impr. de la rue S. Fiacre (s.d.). – 8° Lb⁴¹. 2400. – Rendu le 18 août.

> *Par le Mᵘ de Sade, d'après une note ms. à la fin du texte. C'est en 1926 que B. noua commerce avec l'œuvre de celui-ci (O.C., t. VII, p. 615). Cf. aussi, infra, le n° 763.*

*762. 2 février 1939. – Waddington, Albert. *Histoire de Prusse.* T. I : Des origines à la mort du Grand Électeur (1688). – Plon-Nourrit et Cⁱᵉ, 1911. – 8° M. 15826 (1). – Rendu le 10 juin 1940.

*763. 6 février 1939. – Sarfati, Dr Salvator. *Essai médico-psychologique sur le marquis de Sade.* – Lyon, impr. Bosc frères & Riou, 1930. – 4° Ln²⁷. 64577. – Rendu le 25.
Cf. également le n° 761.

*764. 7 février 1939. – Blake, W. *Poetry and Prose.* Ed. G. Keynes. – Bloomsbury, the Nonesuch Press, 1927 (The Centenary edition of Blake's poetry and prose). – 8° Z. 25414. – Rendu le 17 avril 1940.
Contient (p. 72-73) The Tyger, *et (p. 94)* « First Draft of The Tyger »
(cf. La Part maudite, O.C., t. VII, p. 21 et 40). L'épigraphe à La Part maudite (ibid., p. 18) et les deux proverbes de Blake évoqués dans « La folie de Nietzsche » (t. I, p. 548) appartiennent au Marriage of Heaven and Hell *(« Proverbs of Hell », p. 193-194) que G.B. a lu, dans la trad. de C. Grolleau, à partir d'octobre 1936 (cf., supra, le n° 688).*

*765. 25 mars 1939. – Rosenberg, A. *Der Mythus des 20. Jahrhunderts...* 4. Aufl. – München, Hoheneichen-Verlag, 1932. – 8° R. 40509. – Rendu le 16 août.
Dès janvier 1937, cet ouvrage faisait l'objet de deux larges extraits dans « Nietzsche et les fascistes » *(O.C., t. I, p. 455-458 : § sur Alfred Rosenberg, avec pour réf.* « Munich, 1932 »*). B. y reviendra dans le premier* Appendice *à* Sur Nietzsche *(ibid., t. VI, p. 187).*

*766. 25 mars 1939. – Rosenberg. *Blut und Ehre...* Herausg. T. von Trotha. T. I-II. – München, Zentralverlag der N.S.D.A.P., 1936. 2 vol. – 8° Z. 27558 (1-2). – Rendu le 10 juin 1940.
Le t. II a un titre distinct : Gestaltung der Idee.

*767. 25 mars 1939. – De Lorenzo, Giuseppe. *L'Etna.* – Bergamo, Istituto italiano d'arti grafiche, 1907 (Coll. di monografie illustrate. Serie Iª : Italia artistica ; 36). – 4° Z. 1592 (36). – Rendu le 10 juin 1940.
Cote inscrite par B. : « 4° Z. 1592 (I-36) ». Cf., dans O.C., t. V, p. 499-501, le texte sur l'Etna du « 14 septembre » (1939).

*768. 25 mars 1939. – Ignace de Loyola, S^t. *Exercices spirituels.* Annot. du R.P. Roothaan. Trad. P. Jennesseaux. 17ᵉ éd. – J. de Gigord, 1913. – D. 74047. – Rendu le 10 juin 1940.
Une relecture : les Exercices *ont été « médités » par G.B. avant juillet 1937 (cf. la fin de* « Chronique nietzschéenne », *O.C., t. I, p. 490). Pour un jugement sur l'œuvre, on verra* L'Expérience intérieure *(ibid., t. V, p. 26).*

*769. 25 mars 1939. – Cot, Marcel. *La Conception hitlérienne du droit.* – Librairie de jurisprudence ancienne et moderne, 1938 (Bibl. de l'Institut de droit comparé de Toulouse. Études de droit public ; II). – 4° F. 3679 (2). – Rendu le 16 août.
B. a inscrit pour titre : « Droit hitlérien ».

*770. 25 mars 1939. – Senancour, Étienne de. *Isabelle :* lettres. – A. Ledoux, 1833. – Y². 68215. – Rendu le 18 août.

*771. 28 mars 1939. – Frazer, J.G. *Les Origines magiques de la royauté.* Trad. P.H. Loyson. – P. Geuthner, 1920. – 4° G. 1418. – Rendu le 18 août.

*772. 28 mars 1939. – Frazer. *Le Roi magicien dans la société primitive.* Trad. P. Sayn (Le Cycle du Rameau d'or ; 1-2). – P. Geuthner, 1935. 2 vol. – 4° G. 1792 (1-2). – Rendu le 10 mai.
En mention de titre : « Roi magicien (I et II) ».

*773. 28 mars 1939. – Stoffel, Grete. *La Dictature du fascisme allemand.* – Éditions internationales, cop. 1936. – 8° M. 25079. – Rendu le 16 août.

> *Pour titre : « National-socialisme » (cf. le nᵒ suivant, emprunté le même jour).*

*774. 28 mars 1939. – Mankiewicz, H. *Le Nationalsocialisme allemand...* T. I. – Librairie générale de droit & de jurisprudence, 1937 (Institut de droit comparé de l'Université de Lyon). – 4ᵒ F. 3596 (1). – Rendu le 16 août.

*775. 19 avril 1939. – Jünger, Ernst. *Orages d'acier* : souvenirs du front de France. Trad. F. Grenier. – Payot, 1930 (Coll. de mémoires, études et doc. pour servir à l'histoire de la guerre mondiale). – 8ᵒ M. 23277. – Rendu le 16 août.

> *Jünger est également l'auteur de* La Guerre, notre mère *(Der Kampf als inneres Erlebnis), que G.B. cite longuement dans* La limite de l'utile *(O.C., t. VII, p. 251-254 et 258). Cf. aussi* Le Coupable *(t. V, p. 247).*

*776. 12 mai 1939. – *Ka Mooolelo Hawaii...* Texte (de David Malo) et trad., précédés d'une introd. par Jules Rémy. – A. Franck, 1862. – Z. Renan. 6231. – Rendu le 18 août.

*777. 16 mai 1939. – *Journal de psychologie normale et pathologique.* XXXIIᵉ année. – F. Alcan, 1935. – 8ᵒ T³³. 799. – Rendu le 21 août.

> *L'article de C.W. Valentine : « La psychologie génétique du rire » (cf. O.C., t. II, p. 287 et 312) se trouve dans le vol. de 1936 de ce* Journal *(p. 641-672). Cf. également* La limite de l'utile *(t. VII, p. 276 et n. 36).*

*778. 12 juin 1939. – Nietzsche. *Philologica.* Band III *(Unveröffentlichtes zur antiken Religion und Philosophie).* Herausg. von O. Crusius und W. Nestle *(Nietzsche's Werke.* B. XIX). – Leipzig, A. Kröner, 1913. – 8ᵒ Z. 14098 (19). – Rendu le 31 janvier 1941.

> *Les p. 167-188 sont consacrées à Héraclite.*

*779. 14 juin 1939. – Blake. *Premiers (et Seconds) livres prophétiques.* Trad. P. Berger. – Rieder, 1927-1930 (Coll. Philosophie; 3 et 6). 2 vol. – 8ᵒ R. 34126 (3 et 6). – Rendu le 10 juin 1940.

*780. 18 juillet 1939. – Granet, Marcel. *La Religion des Chinois.* – Gauthier-Villars, 1922 (Science et civilisation). – 8ᵒ R. 30890 (4). – Rendu le 10 juin 1940.

*781. 18 juillet 1939. – Magnien, Victor. *Les Mystères d'Éleusis...* 2ᵉ éd. – Payot, 1938 (Bibl. historique). – 8ᵒ R. 44862. – Rendu le 4 novembre.

*782. 18 juillet 1939. – *Essai : revue de jeunes.* Nᵒˢ 1-3 (avril-juin 1936). – R. Debresse. – 8ᵒ Z. 27257. – Rendu le 26 juin 1941.

*783. 28 juillet 1939. – Carcopino, Jérôme. *La Basilique pythagoricienne de la Porte Majeure* (Études romaines. I). – L'Artisan du livre, 1926 (achevé d'impr. 1927). – 8ᵒ J. 9304. – Rendu le 4 novembre.

*784. 28 juillet 1939. – Loisy, Alfred. *Les Mystères païens et le mystère chrétien.* 2ᵉ éd. – E. Nourry, 1930. – 4ᵒ G. 1738. – Rendu le 4 novembre.

*785. 28 juillet 1939. – Rickard, T.A. *L'Homme et les métaux.* Trad. F.V. Laparra. – Gallimard, 1938. – 8ᵒ G. 13912. – Rendu le 27 décembre.

> *Cf., déjà, le § 11 de « Propositions » (O.C., t. I, p. 472).*

*786. 1ᵉʳ août 1939. – *Le Yoga tibétain et les doctrines secrètes...* Éd. W.Y. Evans-Wentz (suivant la trad. du Lâma Kasi Dawa Samdup). Trad. franç. M. La Fuente. – A. Maisonneuve, 1938. – 4ᵒ O²m. 313. – Rendu le 26 juin 1941.

Sur le bénéfice retiré de la lecture des Sept livres de la sagesse du Grand Sentier, *cf. J. Bruno,* « Les techniques d'illumination chez Georges Bataille » (Critique, *n° 195-196, août-septembre 1963, p. 711, n. 15). Voir aussi, supra, le n° 745.*

*787. 16 août 1939. – Nietzsche. *Lettres choisies* (20 novembre 1868-21 décembre 1888). – Stock, Delamain et Boutelleau, 1931 (Coll. Lettres, mémoires et chroniques). – 8° G. 11996 (5). – Rendu le 13 février 1941.

Pour sous-cote, B. a inscrit le chiffre « 3 ». C'est sans doute une erreur, cette sous-cote désignant les Lettres à Madame de Stein *de Goethe (parues en 1928 dans la même coll.) alors que G.B. précise : « Nietzsche. Lettres ».*

*788. 16 août 1939. – *La Vie de F. Nietzsche...* – 8° M. 23995. – Rendu le 13 février 1941.

Identique aux n°ˢ 543, 670 et 703.

*789. 18 août 1939. – Février, J.G. *La Religion des Palmyréniens.* – J. Vrin, 1931. – 4° O²e. 677. – Rendu le 23.

*790. 19 août 1939. – Conrad. *Lord Jim.* – 8° Y². 69206. – Rendu le 21.

Identique au n° 130.

*791. 22 août 1939. – Morgan, Charles. *Sparkenbroke* : roman. Trad. G. Delamain. Préf. R. Lalou. – Delamain et Boutelleau, 1937 (Le Cabinet cosmopolite ; 85). – 8° Z. 23279 (85). – Rendu le lendemain.

Quelques jours plus tard (le 1ᵉʳ septembre 1939), la guerre éclate. Dès le 5 (cf. O.C., t. V, p. 245), B. se met à écrire Le Coupable, *où il indique : « Il m'est impossible de lire. Du moins la plupart des livres (...) ». Le* Livre des visions d'Angèle de Foligno *fait exception, qu'il a « commencé de lire » (sans doute dans la nuit du 5 au 6 septembre) « debout dans un train bondé ».*

*792. 29 octobre 1939. – Delille, Jacques. *La Pitié* : poème. – Giguet et Michaud, 1803-An XI (Œuvres de J. Delille). – Ye. 19859. – Rendu le 4 novembre.

*793. 4 novembre 1939. – Fulcanelli. *Les Demeures philosophales...* Préf. E. Canseliet. – J. Schemit, 1930. – 4° R. 3613. – Rendu le 27 décembre.

*794. 4 novembre 1939. – Fulcanelli. *Le Mystère des cathédrales...* Préf. E. Canseliet. – J. Schemit, 1926. – 8° R. 34530. – Rendu le 27 décembre.

*795. 26 décembre 1939. – Shakespeare. *Jules César.* Trad. E. Montégut (avec le texte anglais). – Hachette, 1898. – 8° Yk. 511. – Rendu le 10 juin 1940.

*796. 26 décembre 1939. – Shakespeare. *Antony and Cleopatra...* Texte anglais, et trad. de Longworth Chambrun. – Payot, 1933 (Coll. des deux textes). – 8° Yk. 1980. – Rendu le 10 juin 1940.

*797. 19 février 1940. – Masson-Oursel, Paul. *La Philosophie comparée.* – Presses universitaires de France, 1923. – 8° R. 32897. – Rendu le 10 juin.

Bon nombre d'ouvrages ont été rendus par B. le 10 juin 1940, veille de l'évacuation du personnel de la B.N. dans un train à destination de Tours (J. Bruno). Voir Le Coupable, *passim (O.C., t. V, p. 291-292 et 527).*

*798. 8 mars 1940. – Lévi, Sylvain. *La Doctrine du sacrifice dans les Brâh-*

manas. – E. Leroux, 1898 (Bibl. de l'École des hautes études. Sciences religieuses; 11). – 8° Z. 114 (11). – Rendu le 26 juin 1941.

« *L'interprétation du sacrifice est le fondement de la* " conscience de soi ". *L'ouvrage de Sylvain Lévi est l'une des pièces essentielles de cette interprétation.* » (Appendice à Théorie de la religion, O.C., *t. VII, p. 359*).

*799. 8 avril 1940. – Proust. Œuvres complètes. T. VII (*À la recherche du temps perdu : Le Temps retrouvé*). – « N.R.F. », 1932. 2 vol. – 8° Y². 75585 (7, I-II). – Rendu le 26 juin 1941.

Alors coté 8° Y². 75585 (14-15). Il est probable que B. a lu Le Temps retrouvé *dès sa parution, en 1927 (cf. O.C., t. V, p. 132 et p. 448, note). Le 4 juin 1942, il empruntera d'ailleurs cette 1ʳᵉ éd. (n° 824, infra).* Le Temps retrouvé *est largement cité dans la* Digression sur la poésie et Marcel Proust *contenue dans* L'Expérience intérieure *(O.C., t. V, p. 156-175).*

*800. 15 novembre 1940. – *Historisches Jahrbuch. 55. Band (1935).* – Köln, J.P. Bachem. – 8° G. 965 (55). – Rendu le 26 juin 1941.

*801. 13 février 1941. – Bernardino de Sahagún. *Histoire générale des choses de la Nouvelle-Espagne...* – 4° Ol. 1059. – Rendu le 26 juin.

Identique au n° 229 (emprunt du 22 mars 1928). Déjà cité dans « L'Amérique disparue » *(O.C., t. I, p. 156), Sahagún apparaît de nouveau dans divers fragments d'une version abandonnée de* La Part maudite *(La limite de l'utile, O.C., t. VII, p. 192 et suiv.), avant d'être largement mis à contribution dans le texte définitif (*ibid., *p. 52-59, 65, etc. – cf. en particulier la réf. bibliogr. de la p. 54, 1ʳᵉ note). De l'avis de B., cette* Histoire *est « le document le mieux autorisé et le plus détaillé que nous ayons sur les aspects terribles du sacrifice »* (t. VII, p. 360).

*802. 13 février 1941. – Spencer, Baldwin et Gillen, F.J. *The Native Tribes of Central Australia.* – London, Macmillan, 1899. – 8° P²b. 65. – Rendu le 26 juin.

Figure parmi les cinq réf. bibliogr. ajoutées par B. sur le ms. de Théorie de la religion *(cf. O.C., t. VII, p. 606).*

*803. 13 février 1941. – Loisy, A. *Essai historique sur le sacrifice.* – 8° G. 11182. – Rendu le 26 juin.

Déjà emprunté le 26 mars 1931 (n° 330). Cf. O.C., t. VII, p. 280 : « *Le sacrifice a une histoire et ses variations (...)* » *(où Loisy n'est pas nommé), et p. 543 (large extrait de* « Loisy, Le Sacrifice, p. 115 »).

*804. 15 mai 1941. – Bosler, Jean. *L'Évolution des étoiles.* – «Journal de physique», P.U.F., 1923 (Recueil des conférences-rapports de doc. sur la physique; 8. 1ʳᵉ série, Conf. 19-20). – 8° R. 31605 (8). – Non rentré.

« *Reporté sur la feuille suivante* » *du* Registre *(cf., infra, le n° 831). Sur B. et la science des étoiles, cf. déjà* « Corps célestes » *(printemps 1938), où il utilise* The Rotation of the Galaxy *d'Eddington (O.C., t. I, p. 514-520).*

*805. 18 août 1941. – Heidegger. *Qu'est-ce que la métaphysique?* Suivi d'extraits sur l'être et le temps... Trad. Henry Corbin. 5ᵉ éd. – Gallimard, 1938 (Les Essais; VII). – 8° R. 44570. – Rendu le 22 mars 1943 (ou sa présence constatée ce jour-là).

Sur Corbin et sa trad. de Was ist Metaphysik?, *cf. O.C., t. VIII,*

p. 666, note de B. Quant à la relation de G.B. à Heidegger, cf. par ex. le ms. d'une Préface pour Le Mort : « sans jamais avoir eu, pour Heidegger, autre chose qu'un attrait énervé, il m'arrivait de le lire (c'est vrai, sauf exception, pas en allemand) » (t. IV, p. 365).

*806. 11 septembre 1941. – Kierkegaard. *Le Concept de l'angoisse.* Trad. K. Ferlov et J.J. Gateau. – Gallimard, 1935 (Les Essais; 11). – 8° Z. 25678 (11 bis). – Rentré le 22 mars 1943.
   B. s'est trompé dans le lettrage (R au lieu de Z). Cf. aussi le n° 712. Peut-être à rattacher au Coupable (O.C., t. V., p. 305 : « Pour lire le Concept d'angoisse. »).

*807. 11 septembre 1941. – Kierkegaard. *Riens philosophiques.* Trad. Ferlov et Gateau. – Gallimard, 1937 (Les Essais; III). – 8° Z. 27754. – Rendu le 16 juillet 1942.

*808. 11 septembre 1941. – Boven, Dʳ W. *L'Anxiété* : ses causes, sa signi-fication... – Neuchâtel, Delachaux & Niestlé, 1934. – 8° T. 4061. – Rentré le 22 mars 1943.
   Pour cote, G.B. indique : « 8° T. 4601 ».

*809. 12 septembre 1941. – Wahl, J. *Études kierkegaardiennes.* (Suivi d'ex-traits du *Journal* de K., 1834-1839 et 1849-1854). – F. Aubier, 1938 (Philos. de l'esprit). – 8° R. 40857 (14). – Rentré le 22 mars 1943.
   Cf., supra, le commentaire du n° 659.

*810. 16 septembre 1941. – Jaspers, K. *Philosophie...* – Berlin, J. Springer, 1932. 3 vol. (en allemand). – 8° R. 39557 (1-3). – Rentré le 22 mars 1943.

*811. 16 septembre 1941. – Hersch, Jeanne. *L'Illusion philosophique.* – F. Alcan, 1936. – 8° R. 43014. – Rentré le 22 mars 1943.
   Quant à Nietzsche et le Christianisme de Jaspers (trad. J. Hersch, Éd. de Minuit, 1949), cf. O.C., t. VIII, p. 419-420.

*812. 22 septembre 1941. – Lacroze, René. *L'Angoisse et l'émotion.* – Boivin, 1938. – 8° R. 44892. – Rentré le 22 mars 1943.

*813. 30 octobre 1941. – Gillet, Louis. *Louis de Clermont-Tonnerre* : commandant de zouaves (1877-1918). – Perrin, 1919. – 8° Ln²⁷. 60188. – Rentré le 22 mars 1943.

*814. 8 décembre 1941. – Jean de la Croix, Saint. *Aphorismes.* Texte établi et trad. par J. Baruzi. – Bordeaux, Feret, 1924. – D. 92193. – Rentré le 22 mars 1943.
   Jean de la Croix est cité à plusieurs reprises dans L'Expérience intérieure (O.C., t. V, p. 35, 61, 66-67 – où B. dit avoir « suivi sa méthode de dessèchement jusqu'au bout »). Voir aussi le t. VIII, p. 206.

*815. 8 décembre 1941. – Baruzi, Jean. *Saint Jean de la Croix et le problème de l'expérience mystique.* – F. Alcan, 1924. – D. 91909. – Rendu le 8 mai 1942.
   Cf. le n° précédent, et le propos liminaire de L'Expérience : « J'entends par expérience intérieure ce que d'habitude on nomme expérience mystique (...) » (t. V, p. 15).

*816. 20 avril 1942. – Etchegoyen, Gaston. *L'Amour divin : essai sur les sources de Sainte Thérèse.* – Bordeaux, Feret, 1923 (Bibl. de l'École des hautes études hispaniques; IV). – 8° Z. 19898 (4). – Rendu le 16 juillet.
   Outre le n° 760, supra, cf. O.C., t. V, p. 17 (où Thérèse et Jean de la Croix sont conjointement évoqués) et p. 32. Dans la Notice autobio-

graphique, *G.B. écrit ceci : « Un poumon malade, il a dû quitter la Bibliothèque nationale en avril 1942. Il s'installe à Vézelay en 1943 : il y séjournera jusqu'en 1949. » (t. VII, p. 462). De fait, l'enregistrement des prêts suivants (à l'exception du n° 836, 12 août 1950) est dû aux soins de divers collègues de B. (dont J. Bruno, qui a également assuré ou vérifié le retour des n°ˢ 804-816).*

817. 7 mai 1942. – David-Neel, A. *Mystiques et magiciens du Thibet.* – 8° O²m. 294. – Rendu le 16 juillet.

Identique au n° 422.

818. 7 mai 1942. – Denys l'Aréopagite, Saint. *Œuvres.* Trad. du grec. Introd. par Mˢʳ Darboy. – A. Tralin, 1932. – C. 5564. – Rendu le 16 juillet.

Contient (p. 155-273) le Livre des noms divins, auquel B. se réfère dans L'Expérience intérieure (O.C., t. V, p. 16). Il y reviendra dans La Souveraineté (t. VIII, p. 354-355).

819. 7 mai 1942. – Janet. *De l'angoisse à l'extase.* T. I-II. – F. Alcan, 1926-1928. – 8° Td ⁸⁶. 723 (9-10). – Rendu le 16 juillet.

Cf. les n°ˢ 348, 605 et 619. Voir les notes pour L'Expérience intérieure (O.C., t. V, p. 429, et p. 430 : « 2-8-42... Puis, je me mis à la lecture de Janet... »), ainsi que les t. VII (p. 541) et VIII (p. 206). Sans doute faut-il inclure dans cette « lecture de Janet » le n° 822, infra.

820. 15 mai 1942. – David (David-Neel), A. *Le Modernisme bouddhiste et le Bouddhisme du Bouddha.* – F. Alcan, 1911 (Bibl. de philos. contemp.). – 8° O²k. 1359. – Rendu le 16 juillet.

821. 21 mai 1942. – Rolland de Renéville, A. *L'Expérience poétique.* – Gallimard, 1938. – 8° Y. 640. – Rendu le 16 juillet.

Le chap. V de cet ouvrage s'intitule : Poètes et mystiques.

822. 27 mai 1942. – *Revue de métaphysique et de morale.* Vol. 43-44 (1936-1937). – 8° R. 12631. – Rendu le 16 juillet.

Contient une longue étude, en trois parties (vol. 43, p. 327-358 et 507-532; vol. 44, p. 369-410), de P. Janet : « La psychologie de la croyance et le mysticisme ». Cf., supra, le n° 819.

823. 4 juin 1942. – Gilson, Étienne. *La Théologie mystique de Saint Bernard.* – J. Vrin, 1934 (Études de philosophie médiévale; 20). – 8° R. 32157 (20). – Rendu le 16 juillet.

824. 4 juin 1942. – Proust. *À la recherche du temps perdu.* T. VIII : *Le Temps retrouvé.* – Gallimard, 1927. 2 vol. – 8° Y². 64341 (8, I-II); devenu : Rés. p. Y². 1902 (8, I-II). – Rendu le 25 mars 1943.

Cf. aussi le n° 799 (8 avril 1940), supra. Les citations de Digression sur la poésie et Marcel Proust (O.C., t. V, p. 156-175) sont empruntées à l'éd. de 1927 du Temps retrouvé.

825. 8 juillet 1942. – Oltramare, Paul. *L'Histoire des idées théosophiques dans l'Inde.* – E. Leroux, 1906; P. Geuthner, 1923. 2 vol. (Annales du Musée Guimet. Bibl. d'études; XXIII et XXXI). – 8° O². 825 (23, 31). – Rentré le 22 mars 1943.

Les n°ˢ 817-825 sont de la main de J. Bruno. Celui-ci a rendu les n°ˢ 807 et 816 à 823 le 16 juillet 1942. C'est sans doute entre le 8 et le 16 juillet que G.B. quitte Paris pour Boussy-Saint-Antoine, où il termine (« pendant l'été de 1942 ») L'Expérience intérieure (O.C., t. V, p. 421). Cf., parmi les mss. (ibid., p. 422), le Carnet 4 (août 1942) et les enveloppes adressées chez Mᵐᵉ Moré. Quant au « 3 rue de Lille », c'est à cette adresse que Bruno

*s'est rendu pour remettre à G.B. une partie des ouvrages empruntés (n° 817
et suiv.).*

826. 4 septembre 1942. – Nietzsche. *Gesammelte Werke.* T. I : *Jugendschriften*
(1858-1868) et II : *Kleinere Schriften* (1869-1874). – Musarion Verlag,
1922. – 8° R. 40168 (1-2). – Rendu le 25 mars 1943.
Pour un emprunt du t. V. cf. le n° 725.

827. 14 septembre 1942. – Bianquis, Geneviève. *Nietzsche.* – Rieder, 1933
(Maîtres des littératures ; 14 bis). – 8° G. 12106 (14 bis). – Rentré le
22 mars 1943.
Les n° 826-827 *sont de la main d'une collègue de B. : Simone Pétrement.
Ces emprunts de la première quinzaine de septembre 1942 paraissent
indiquer que G.B. est alors de passage à Paris (pour remettre à son éditeur
le ms. de* L'Expérience intérieure ?), *avant de partir pour la Normandie.
Le séjour « non loin du village de Tilly » dure « de septembre à
novembre 42 ». « En décembre 1942, (et) pendant les trois premiers mois
de 1943 », B. est de nouveau parisien. C'est en mars 1943 qu'il quitte la
capitale pour Vézelay. Cf. le ms. d'une* Préface *pour* Le Mort *(O.C.,
t. IV, p. 364), ainsi que les n°* 828-830, *infra.*

828. 20 février 1943. – Goldziher, I. *Le Dogme et la loi de l'Islam...* – 8° O².
1296. – Rentré le 22 mars.
Identique au n° 532, supra. *Cet emprunt, comme le suivant (le* Coran*),
est à rapprocher du chap. sur l'Islam de* La Part maudite *(O.C., t. VII,
p. 83-92). Cf. en particulier, dans un plan que l'éditeur situe justement
en 1943 (*ibid.*, p. 581), cette indication : « XIV L'islam (...) lire le Coran »
(p. 584).*

829. 20 février 1943. – *Le Coran.* Trad. Édouard Montet. – Payot, 1929
(Bibl. historique). – 8° O²g. 924. – Rendu le 25 mars.
Cf. le n° précédent.

830. 4 mars 1943. – Frazer, J.G. *Le Folklore dans l'Ancien Testament.* Éd.
abrégée. Trad. E. Audra. – P. Geuthner, 1924. – A. 18410. – Rentré
le 22.
*Le départ de B. pour Vézelay a lieu en mars 1943 (O.C., t. IV, p. 364).
Il y est, semble-t-il, le 18 (t. V, p. 554, Ms. A du* Coupable). *On peut se
demander, en lisant* Sur Nietzsche *(t. VI, p. 96 et 404-405), si le « j'ar-
rivais à V. » (p. 96) ne se rapporte pas à un bref séjour de G.B. à Vézelay
(24-26 janvier 1943 ?), antérieur à l'installation. Les n°* 828-830 *ont été
inscrits par J. Bruno, qui a assuré ou vérifié leur rentrée.*

831. (Cf., *supra*, le n° 804).
Rappel par J. Bruno (fin mars 1943 ?) de L'Évolution des étoiles *de
Bosler, ouvrage emprunté par G.B. le 15 mai 1941 et non restitué.*

832. 20 janvier 1944. – Platon. *Œuvres complètes.* T. I : *Hippias mineur.
Alcibiade. Apologie de Socrate. Euthyphron. Criton.* Texte établi et trad.
par M. Croiset. – Les Belles-Lettres, 1920 (Coll. des Universités de
France). – 8° Z. 20848 (49, I). – Rendu le 21 février.
*Le titre inscrit par M*ᵐᵉ *Genet-Varcin, ex-collègue de B. aux Périodiques,
est : « Criton ». C'est un an plus tôt, avant mars 1943, que G.B. a réuni
pour la dernière fois en Collège d'études socratiques, rue de Lille, un
groupe d'amis (dont Blanchot et P. Prévost), pour tenter « d'élaborer un
ensemble de données scolastiques concernant l'expérience intérieure » (O.C.,
t. VI, p. 279-291 et 476).*

833. 14 décembre 1945. – Brontë, Anne. *The Complete Poems.* Ed. C. Shorter.

Introd. C.W. Hatfield. – London, Hodder and Stoughton, *circa* 1920. – 8° Yk. 1417. – Rendu le jour même.

834. 14 décembre 1945. – Brontë, Emily Jane. *The Complete Poems.* Ed. Shorter and Hatfield. – London, Hodder and Stoughton, *circa* 1923. – 8° Yk. 2255. – Rendu le 26.

À l'évidence, l'un des auteurs de prédilection de B. Cf. par ex. un passage du Coupable *daté « 1942-1943 » (O.C., t. V, p. 329), le ms. d'une* Préface *pour* La Sainteté du Mal *(t. VIII, p. 639, où E.* Brontë *rejoint « tous ceux qu'une passion profonde a faits les défenseurs du mal ») et, bien entendu, «* Emily Brontë *et le mal » (article sur Jacques Blondel :* Emily Brontë*),* Critique, *n° 117, février 1957, p. 99-112 (repris dans* La Littérature et le Mal, *p. 7 et suiv.).*

835. 8 octobre 1946. – Catherine de Sienne, Sainte. *Le Lettere.* Éd. N. Tommaseo. Vol. IV. – Firenze, G. Barbèra, 1860. – D. 84678 (4). – Rentré à une date indéterminée.

Les n°s 833 à 835 sont de la main de Mme Genet-Varcin, qui s'est trompée dans la cote du 835. Cet emprunt des Lettres *est à rapprocher de deux publications de B. : sa* Note sur La Mission de Sainte Catherine de Sienne *de M.S.* Gillet *(*Critique, *n° 3-4, août-septembre 1946) et, surtout, «* Le dernier instant »*, article sur* Les Condamnés *de Madeleine Deguy (*Critique, *n° 5, octobre 1946, p. 448-457). Ce vol. IV contient en effet (p. 5-12) la longue lettre sur le jeune condamné Niccolò Tuldo.*

*836. 12 août 1950. – Jaspers, K. *Nietzsche, Einführung in das Verständnis seines Philosophierens.* 2. unveränderte Auflage. – Berlin, W. de Gruyter, 1947. – 8° R. 51967. – Rendu le 13 janvier 1951.

*Le compte rendu, par G.B., de la 1re éd. (Berlin, 1936) de cet ouvrage avait paru, le 21 janvier 1937, dans le n° double (2) d'*Acéphale *(O.C., t. I, p. 474-476). Peut-être emprunté en vue de «* Nietzsche et Jésus selon Gide et Jaspers »*, article sur Renée Lang (*André Gide et la pensée allemande) et* Nietzsche et le Christianisme de *Jaspers paru en novembre 1950 dans* Critique, *n° 42, p. 99-114, « à propos du cinquantenaire de la mort de Nietzsche » (cf. O.C., t. VIII, p. 460-473) et dont* La Souveraineté *contiendra une refonte (ibid., p. 405-423). Toutefois, on se gardera de borner l'intérêt de B. pour Nietzsche, en cette année du cinquantenaire, à l'horizon d'un seul article, lequel, de surcroît, ne renferme pas la moindre réf. à notre texte. Autre hypothèse : B. compare cette 2e éd. à la 1re, avant de citer celle-ci (sans doute sur l'exemplaire reçu pour compte rendu, qu'il aura conservé) dans «* Nietzsche à la lumière du marxisme »*, paru en janvier-février 1951 dans 84, n° 17, p. 68-75 (cf. O.C., t. VIII, p. 478, 2e note).*

ADDENDA

*357. *Contient (p. 88-96 et 260-274) un document stupéfiant : «* Onanisme avec troubles nerveux chez deux petites filles »*, par le Dr Zambaco (rééd. : Paris, Solin, 1978). Voir la lettre de Queneau à G.B. du 17 septembre 1931 (B.N., Manuscrits, N.a.fr. 15854, 342), in* Les Amis de Valentin Brû, *n° 19 (2e trim. 1982).*

*480. *Sur l'exposition consacrée au tricentenaire de la naissance de Spinoza (B.N., 24 décembre 1932-15 janvier 1933, « organisée par MM. G. Bataille et*

A. Dandieu, bibliothécaires au département des Imprimés », on verra le Bulletin des Bibliothèques, n° 1 (janvier-mars 1933), p. 6. À ce jour, nous n'avons pu retrouver le moindre texte de B. s'y rapportant.

*599. Cf. également La Rosace (Laure, Écrits, 10/18, 1978, p. 367-375), et l'ultime paragraphe de Vie de Laure (O.C., t. VI, p. 278).

*660. À tout hasard (cf. O.C., t. VII, p. 385 et VIII, p. 199-209 et 560-561), rappelons que Zweig est l'auteur d'une nouvelle intitulée (dans sa version française) : Amok ou le Fou de Malaisie. Voir : Ethnologie générale (Pléiade), p. 1666.

*675. Sur ce livre, cf. le témoignage de Hans Mayer (18 avril 1939) : « Le IIIᵉ Reich (...) fut entre 1921 et 1923, donc pendant la période décisive pour la formation du nationalisme allemand et du national-socialisme, quelque chose comme la bible de la jeunesse nationale » (Le Collège de sociologie, éd. D. Hollier, Gallimard, 1979, p. 453).

*723. Cf. également Hollier, Le Collège de sociologie, p. 156, note 2.

*733. Voir Hollier, Le Collège de sociologie, passim (Index des noms : « Rabaud Étienne », p. 595).

*748. B. écrit « Le sacré » (O.C., t. I, p. 559-563) « d'août à novembre » 1938 (t. V, p. 506 : note de 1939 pour Le Coupable).

*749. Le seul emprunt de G.B. entre la mi-août 1938 et la mi-janvier 1939. Un mois s'est écoulé depuis la mort de Laure dans la maison de Saint-Germain-en-Laye (7 novembre 1938) : « déchiré » (O.C., t. VII, p. 462), B. lit les manuscrits qu'elle a laissés (il les publiera, avec Leiris, en 1939) et achève, après cette lecture, « Le sacré » (t. V, p. 505 et suiv.). Voir aussi Marcel Moré, « Georges Bataille et la mort de Laure » (Laure, Écrits, éd. 1978, p. 341-346).

*750. À défaut de connaître le sentiment de G.B. sur ce best-seller, on verra les avis (divergents) émis par Roger Caillois et Pierre Libra : cf. Le Collège de sociologie, éd. Hollier, p. 124 (notes).

*763. Le lendemain (mardi 7 février 1939), P. Klossowski fait au Collège de sociologie une conférence intitulée : « Le marquis de Sade et la Révolution.» Il nous indique (lettre du 28 février 1984) que les n°ˢ 761 et 763 ne lui étaient pas destinés.

*792. Les n°ˢ 792 à 830 datent de l'époque du Coupable, « récit (...) formé à partir des pages d'un journal rédigé de septembre 1939 à l'été de 1943 » (cf. O.C., t. V, Notes).

*814. Sur la rédaction de L'Expérience (et du Coupable), cf. O.C., t. VI, Annexe 6, p. 363-374.

832. Sur Nietzsche a été écrit « de février à août » 1944 (O.C., t. VI, p. 15).

ARTICLES REPRIS
DANS LES TOMES AUTRES
QUE LES TOMES XI ET XII
(1944-1962)

« Devant un ciel vide », *Fontaine*, 48-49, janv.-févr. 1946, p. 207-212. Extrait avec des variantes de « Méthode de méditation ». (Cf. *O.C.*, t. V, p. 204-228.)

« Le maléfice », *L'âge d'or*, n° 4, 4ᵉ trim. 1946, p. 3-12. Préface de *La Sorcière* de Michelet. Texte repris dans « La Littérature et le mal ». (Cf. *O.C.*, t. IX, p. 211-220.)

« Baudelaire " mis à nu " ». L'analyse de Sartre et l'essence de la poésie », *Critique*, n° 8-9, janv.-févr. 1947, p. 3-27. Article sur Baudelaire : *Écrits intimes*, introduction par J.-P. Sartre. Repris dans « La littérature et le mal ». (Cf. *O.C.*, t. IX, p. 189-210.)

« Le paradoxe du Tibet », *Critique*, n° 12, mai 1947, p. 427-438. Article sur Charles Bell : *Portrait of the Dalai Lama*. Repris dans « La part maudite ». (Cf. *O.C.*, t. VII, p. 93-108.)

« Le secret de Sade », *Critique*, n° 15-16, août-sept. 1947, p. 147-160, et *Critique*, n° 17, oct. 1947, p. 304-312. Article sur Sade : *Les Infortunes de la vertu*, introduction par Jean Paulhan, *Les Cent Vingt Journées de Sodome*; Pierre Klossowski : *Sade mon prochain*. Repris dans « La littérature et le mal ». (Cf. *O.C.*, t. IX, p. 239-258.)

« Dianus », *Fontaine*, n° 61, sept. 1947, p. 380-396. Notes tirées des carnets de Monsignor Alpha. (Cf. *O.C.*, t. III, p. 157-185.)

« The ultimate instant », *Transition 48*, n° 1, janv. 1948, p. 60-69. Traduction par Thomas Walton de l'article sur Madeleine Deguy « *Les condamnés* », *Critique*, oct. 1946. (Cf. *O.C.*, t. XI.)

« Le sens de l'industrialisation soviétique », *Critique*, n° 20, janv. 1948, p. 59-76. Article sur V.A. Kravchenko : *J'ai choisi la liberté*; Grégoire Alexinsky : *La Russie révolutionnaire*; W.H. Chamberlin : *L'Énigme russe*; Georges Jorre : *L'U.R.S.S., la terre et les hommes*. Repris dans « La part maudite ». (Cf. *O.C.*, t. VII, p. 139-158.)

« Le sens de l'Islam », *Critique*, n° 22, mars 1948, p. 226-235 *. Repris dans « La part maudite ». (Cf. *O.C.*, t. VII, p. 83-92.)

---

* Article sur *L'Islam et l'Occident*; M. Godefroy-Demombynes : *Les Institutions musulmanes*; H. Holma : *Mahomet, prophète des Arabes*.

« Morale puritaine et capitalisme », *Critique*, n° 23, avril 1948, p. 344-345. Article sur R.H. Tawney : *Religion and the Rise of Capitalism*. Repris dans « La part maudite ». (Cf. *O.C.*, t. VII, p. 111-122.)

« William Blake ou la vérité du mal », *Critique*, n° 28, sept. 1948, p. 771-777, et *Critique*, n° 30, nov. 1948, p. 976-985. Article sur W.P. Witcutt : *Blake, a Psychological Study*. Repris dans « La littérature et le mal ». (Cf. *O.C.*, t. IX, p. 221-238.)

« Vers la fin de la guerre? », *Critique*, n° 29, oct. 1948, p. 931-938. Article sur François Perroux : *Le Plan Marshall ou l'Europe nécessaire*. Repris dans « La part maudite ». (Cf. *O.C.*, t. VII, p. 163-172.)

« Le dialogue entre l'U.R.S.S. et les U.S.A. », *Critique*, n° 30, nov. 1948, p. 1037-1041. (Cf. *O.C.*, t. VII, p. 172-175.)

« Discussion sur l'aide américaine », *Critique*, n° 30, nov. 1948, p. 1052-1056. Échange de lettres entre F. Perroux et G. Bataille à propos de l'article « Vers la fin de la guerre? » (Cf. *O.C.*, t. VII, p. 163-172.)

« Sade et la morale », *Cahiers du Collège philosophique*, « La profondeur et le rythme », Grenoble, Arthaud, 1948, p. 333-334. (Cf. *O.C.*, t. VII, p. 445-452.)

« Sur le rôle du don dans l'économie : le " Potlatch " », *Mercure de France*, n° 1025, janv. 1949, p. 25-37. Repris dans « La part maudite ». (Cf. *O.C.*, t. VII, p. 66-79.)

« La scissiparité », *Cahiers de la Pléiade*, printemps 1949, p. 157-164. (Cf. *O.C.*, t. III, p. 225-232.)

« Franz Kafka devant la critique communiste », *Critique*, n° 41, oct. 1950, p. 22-36. Article sur Michel Carrouges : *Franz Kafka*. Repris dans « La littérature et le mal ». (Cf. *O.C.*, t. IX, p. 271-286.)

« Nietzsche et Jésus selon Gide et Jaspers », *Critique*, n° 42, nov. 50, p. 99-114. Article sur Renée Lang : *André Gide et la pensée allemande*; Karl Jaspers : *Nietzsche et le christianisme*. (Cf. *O.C.*, t. VIII, p. 459-473.)

« L'inceste et le passage de l'animal à l'homme », *Critique*, n° 44, janv. 1951, p. 219 et suiv. Article sur Claude Lévi-Strauss : *Les Structures élémentaires de la parenté*. Repris dans « L'Erotisme ». (Cf. *O.C.*, t. X, p. 196-217.)

« Nietzsche à la lumière du marxisme », *84, nouvelle revue littéraire*, n° 17, janv.-févr. 1951, p. 68-75. (Cf. *O.C.*, t. VIII, p. 474-480.)

« Nietzsche et Thomas Mann », *Synthèses*, Bruxelles, n° 60, mai 1951, p. 288-301. (Cf. *O.C.*, t. VIII, p. 481-495.)

« L'amour d'un être mortel », *Botteghe oscure*, n° VIII, 1951, p. 105-115. (Cf. *O.C.*, t. VIII, p. 496-503.)

« La relation de l'expérience mystique à la sensualité », *Critique*, n° 60, mai 1952, p. 416-428 *. Article sur « Mystique et continence », in *Études carmélitaines*. Repris dans « L'Erotisme ». (Cf. *O.C.*, t. X, p. 218-245.)

« Jean-Paul Sartre et l'impossible révolte de Jean Genet », *Critique*, n° 65, oct. 1952, p. 819-832, et n° 66, nov. 1952, p. 946-961. Deux articles sur J.-P. Sartre : *Saint Genet, comédien et martyr*; Jean Genet : *Œuvres complètes, II, Journal d'un voleur*. Repris dans « La littérature et le mal ». (Cf. *O.C.*, t. IX, p. 287-316.)

« Le communisme et le stalinisme », *Critique*, n° 72, mai 1953, p. 415-428, et n° 73, juin 1953, p. 514-535. Deux articles sur Isaac Deutscher : *Staline*;

---

* et *Critique*, n° 63-64, oct. 1952, p. 728-745.

Joseph Staline : *Les Problèmes économiques du socialisme en U.R.S.S.* (Cf. *O.C.*, t. VIII, p. 306-346.)

« Le paradoxe de la mort et la pyramide », *Critique*, n° 74, juill. 1953, p. 623-641. Article sur Edgar Morin : *L'Homme et la mort dans l'histoire.* (Cf. *O.C.*, t. VIII, p. 504-520.)

« L'être indifférencié n'est rien », *Botteghe oscure*, n° XIII, 1954, p. 14-16. (Cf. *O.C.*, t. III, p. 367-376.)

« La critique des fondements de la dialectique hégélienne » (en collaboration avec Raymond Queneau), *Deucalion*, n° 5 (« Études hégéliennes »), n° 40 de « Être et penser », Cahiers de philosophie, n° 5, mars 1932. (Cf. *O.C.*, t. I, p. 277-290.)

« Les larmes et les rois », *Botteghe oscure*, n° XVII, 1956, p. 35-55. (Cf. *O.C.*, t. VIII, p. 248-261 et p. 277-282.)

« La souveraineté », *Monde nouveau-Paru*, n° 101, juin 1956, p. 15-30 ; n° 102, juill. 1956, p. 24-36 ; n° 103, août-sept. 1956, p. 14-29. (Cf. *O.C.*, t. VIII, p. 375-396 et p. 439-452.)

« L'érotisme et la fascination de la mort ». Conférence suivie de débats, prononcée le 12 février 1957 (44, rue de Rennes), organisée et publiée par Cercle ouvert. (Cf. *O.C.*, t. X, p. 17-30 et 690-696.)

« Emily Brontë et le mal », *Critique*, n° 117, févr. 1957, p. 99-112. Article sur Jacques Blondel : *Emily Brontë.* Repris dans « La littérature et le mal ». (Cf. *O.C.*, t. IX, p. 173-187.)

« Les larmes d'Éros », *Tel Quel*, n° 5, printemps 1961, p. 3-16. (Cf. *O.C.*, t. X, p. 573-627.)

« Conférences sur le non-savoir », *Tel Quel*, n° 10. (Cf. *O.C.*, t. VIII, p. 199-231.)

NOTES

ANNÉE 1950*

Page 11

1. « L'existentialisme », *Critique*, n° 41, octobre 1950, p. 83-86.

Page 13

1. Au moment où il rédige sa « Lettre à René Char sur les incompatibilités de l'écrivain » (p. 15) – un des derniers mots sur « l'engagement » ? – Bataille, citant Michel Leiris, rappelle, comme il l'a déjà écrit, que Sartre est plutôt « étranger » à la poésie. Ami de l'un et de l'autre, dédicataire des deux (pour *L'érotisme* et *La Putain respectueuse*), Leiris semble occuper une position de médiateur.

L'année 1950 est l'année de reparution de *Critique*, aux Éditions de Minuit, après treize mois d'interruption.

Page 16

1. « Lettre à René Char sur les incompatibilités de l'écrivain », *Botteghe oscure*, Rome, n° VI, 1950, p. 172-187.

Page 29

1. « Notes : Sociologie – La littérature et le privilège de la dépression (H. Calet) – Les règles de l'enfantillage en littérature (B. Beck) », *Critique*, n° 42, novembre 1950, p. 177-181, 181-183 et 183-184.

Page 38

1. « Le matérialisme et la fable », *Critique*, n° 43, décembre 1950, p. 229-235.

ANNÉE 1951

Page 47

1. « La guerre et la philosophie du sacré », *Critique*, n° 45, février 1951, p. 133-143.

* Les textes et les notes de ce volume XII ont été établis par Francis Marmande et Sibylle Monod.

Avec Jules Monnerot et Michel Leiris, Roger Caillois faisait partie du groupe fondateur du Collège de sociologie (*cf. O.C.*, t. II, p. 291-374; et Denis Hollier, *Le Collège de sociologie*, Gallimard, coll. Idées, 1979). Le Collège, réuni de novembre 1937 au 4 juillet 1939, se proposait d'élaborer une « sociologie du sacré », et même « une sociologie sacrée, en tant qu'elle implique l'étude de l'existence sociale dans toutes celles de ses manifestations où se fait jour la présence active du sacré ».

On saisit autrement la portée de la première phrase consacrée, seize ans après, à l'ouvrage de Caillois.

Page 58

1. « Le journal, jusqu'à la mort », *Critique*, n° 46, mars 1951, p. 212-218.

Le texte reproduit ici diffère à quelques corrections de détail près, apportées par Bataille sur exemplaire, de celui qu'avait donné *Critique*.

Page 65

1. « Notes : Léonard de Vinci (1452-1519) », *Critique*, n° 46, mars 1951, p. 261-267.

Page 74

1. « Notes : La civilisation et la guerre – Sur la princesse Bibesco – Paul Gegauff – Nietzsche », *Critique*, n° 47, avril 1951, p. 363-367, 367-368, 370-371 et 374-376.

2. Premier titre retenu et qui figure au sommaire de *Critique* : « Armement et civilisation ».

Page 85

1. « Le silence de Molloy », *Critique*, n° 48, mai 1951, p. 387-396.

Page 94

1. Le manuscrit de cet article, c'est le cas le plus fréquent, est raturé, corrigé, presque mot à mot, comme un signe de cet *effort* dont parle Bataille à propos de son commentaire de Queneau.

Page 95

1. « Note : Le racisme », *Critique*, n° 48, mai 1951, p. 460-463.

Page 100

1. « Sommes-nous là pour jouer ou pour être sérieux? », *Critique*, n° 49, juin 1951, p. 512-522, et n° 51-52, août-septembre 1951, p. 734-748.

Les articles sont présentés ici dans leur continuité.

Page 126

1. « René Char et la force de la poésie », *Critique*, n° 53, octobre 1951, p. 819-828.

Page 131

1. « L'art et les larmes d'André Gide », *Critique*, n° 54, novembre 1951, p. 919-936.

Page 149

1. « Le temps de la révolte », *Critique*, n° 55, décembre 1951, p. 1019-1027, et n° 56, janvier 1952, p. 29-41.

Page 157

1. Pour la lisibilité de l'ensemble, on restitue l'unité de ce long texte, interrompu avant le quatrième paragraphe (« 4. – Le dilemme de la révolte »), et repris dans le premier numéro de l'année 1952.

Camus attaqué par Breton au sujet de *L'Homme révolté* (et de l'appréciation sur Lautréamont) : il n'en faut pas plus – pas moins, non plus – pour que reviennent les allusions au *Second manifeste du surréalisme*.

ANNÉE 1952

Page 173

1. « Silence et littérature », *Critique*, n° 57, février 1952, p. 99-104.

Page 179

1. « Le mysticisme, et notes : Aegerter – Jacques Masui », *Critique*, n° 58, mars 1952, p. 272-278.

Page 186

1. « L'élevage », *Critique*, n° 59, avril 1952, p. 361-367.

Page 195

1. « Le souverain », *Botteghe oscure*, n° IX, 1952, p. 23-38.

Page 209

1. « Note : L'utilité de l'art », *Critique*, n° 60, mai 1952, p. 464-466.

Page 213

1. « La mystique purement poétique d'un grand écrivain irlandais », *Critique*, n° 61, juin 1952, p. 483-490.

Page 221

1. « Note : L'espèce humaine », *Critique*, n° 61, juin 1952, p. 557-560.

Cet article, à rapprocher de « Racisme » (*Critique*, n° 48), est donné ici avec quelques modifications de détail apportées par Bataille sur exemplaire.

Page 226

1. « Adrien Dansette », *Critique*, n° 62, juillet 1952, p. 662-664.

Page 230

1. « L'affaire de " L'Homme révolté " », *Critique*, n° 67, décembre 1952, p. 1077-1082.

Polémique Sartre-Camus. Bataille reprend, sous une autre forme, l'argumentation du « Temps de la révolte » publié un an auparavant. Camus pris entre Breton et Sartre.

Sous le titre « La révolte en question suite à l'affaire », *Le Soleil noir* publie un dossier dans sa série « Positions », en 1952 : « La condition d'homme révolté se justifie-t-elle ? Quelle serait d'après vous la signification de la révolte face au monde d'aujourd'hui ? » Le questionnaire est adressé à plusieurs intellectuels.

Charles Autrand et François Di Dio, pour *Le Soleil noir*, insistent pour que Bataille, qui hésite, participe à cette confrontation. Le 6 février, Bataille leur écrit : « J'avais rédigé un texte pour *Le Soleil noir*. Je ne suis pas décidé à l'envoyer, bien qu'il soit fini, à une phrase près. Si vous avez fait un extrait de mon article de *Critique*, c'est tant mieux. »

Un extrait de *Critique* (n° de décembre 1951) est publié pour tout témoignage. Du manuscrit inédit, très difficile à suivre en raison des ratures, rajouts et corrections, on retiendra ceci :

« Il y a dans la révolte un élément de passion qui ne compte plus avec rien, c'est en son essence un mouvement de générosité qui renverse les lourds enchaînements de la ruse. Ce n'est pas une raison pour les révoltés d'être sots, mais s'ils passent du côté de l'esprit de calcul et de dissimulation au point de le représenter plus parfaitement que les oppresseurs, un grand malaise commence. Cela ne prouve rien contre une entreprise commencée, mais nous apercevons à cette occasion qu'humainement, par-delà les conséquences étroites, l'esprit de révolte a un sens qui échappe à des opérations devenant bureaucratiques. Un sens peut-être déréglé ? C'est possible. Mais s'il est déréglé, l'humanité elle-même n'est plus ce qu'elle est vraiment, qui *ne peut être soumis*. C'est pour cela que je ne puis répondre à votre enquête : son objet, en ce qui concerne ma réaction, excède le cadre d'une réponse à ce questionnaire.

« Je me borne à reconnaître qu'à mes yeux, il n'est rien d'humain qui ne soit révolté. »

Page 237

1. « La littérature française en 1952 », *The American Peoples Encyclopedia,* Chicago, 1953.

« Voici la contribution que vous avez bien voulu me demander pour l'édition de 1953. Je veux espérer qu'elle vous conviendra. J'ai parlé de ce que je connais bien, mais j'ai éprouvé toute la difficulté de condenser en peu de phrases une donnée très compliquée. Orléans, le 15 janvier 1953... »

Conformément à l'usage, la traduction publiée prend des libertés avec le texte original et supprime les libertés que se permet Bataille (avec Eluard, par exemple, ou Breton, ou encore lorsqu'il donne une sorte d'avis personnel : fin du premier et du huitième paragraphe, dernière phrase, etc.).

L'année suivante, Bataille fait à nouveau l'état des lieux (pour 1953). Il signale l'événement le plus notable : la réapparition de la *N.R.F.* (reproduction de la couverture du n° 1). Il en fait l'historique.

Pour les publications marquantes, il commence par la *Lettera amorosa* de Char, *Actuelle II* de Camus, évoque « l'affaire » de *L'Homme révolté*, et souligne le rôle de Mauriac journaliste. Il expédie les « prix littéraires » de l'automne « qui malgré leur nom ont peu à faire avec la littérature ». Et il termine par le théâtre : mort d'Henry Bernstein, remplacé par ce style où poésie et réalisme se mêlent (Salacrou, Anouilh), en attendant que les jeunes auteurs (Adamov, Beckett, Ionesco) trouvent leur public.

De cette deuxième contribution à *The American Peoples Encyclopedia* (Chicago, 1954), nous ne connaissons pas le texte original rédigé en français. Aussi bien nous contentons-nous d'en résumer la version anglaise.

À ces bilans, nous pouvons joindre des notes inédites (*Env.* 113, ff^os 1-18), datées de 1952, intitulées, pour la première : « Sur la littérature » (ff^os 1-7), et « Divers » pour la seconde (ff^os 8-18) :

NOTES DIVERSES, INÉDITES (1952)
TEXTE SUR LA LITTÉRATURE

Pourquoi pas l'innocence, la joie (Queneau)
Il y a la tragédie (Masson)

Mais s'il est vrai qu'aucune barrière ne peut limiter de quelque côté que ce soit le développement de la littérature, aucune limite non plus ne peut être opposée à ses ambitions, à ses possibilités. Ces possibilités non seulement sont toutes celles de l'homme mais un peu plus – puisque la fiction, l'imagination ouvrent à l'infini à ces possibilités les horizons du rêve. (...)

Ne devons-nous pas, à la fin, demander d'où viennent et que signifient ces lois, ces missions, que de différents fronts on donne à la littérature ? Car un principe clair et communément reçu ne peut être touché : l'art s'oppose à l'activité productive comme l'agréable à l'utile, le jeu au travail, le plaisir (que j'aime, « qui me plaît ») à la nécessité (que je subis).

D'autres activités qui relèvent également de l'art ne sont pas soumises à des exigences si graves. La peinture, la musique (sans parler de celle que les ethnologues appellent lourdement « cosmétique ») sont assez librement laissées à la fantaisie.

La littérature est l'objet de plus d'intérêt. D'une part en effet, le langage, quelque fin qu'il ait, peut toujours avoir une valeur littéraire (mais la fin, la plupart du temps, se donne elle-même, tenant à la distinction, comme extérieure ou étrangère à l'art). La littérature de son côté – cet usage des mots sans nécessités – peut toujours répondre aux soucis qui nous obsèdent. Le plaisir, l'agrément dont j'ai parlé, ne peuvent être limités : ils s'opposent à l'utile, c'est entendu, mais alors que l'utile est rigoureusement défini, il n'est guère d'éléments – fussent-ils laids – qui ne soient susceptibles de plaire à leur heure.

Tous les goûts, dit-on, sont dans la nature. Il est en effet des littératures pour répondre à tous les goûts, religieuses, grivoises, politiques, épiques... L'horreur même ou l'éloge des princes sont matière à littérature. Et si l'on veut chercher non dans la force d'expression mais dans le sens ce qui constitue la littérature authentique (qui vraiment, comme littérature, échappe à l'insignifiance), il faut déterminer dans nos goûts non les plus utiles (le plaisir ne peut être limité au profit), mais ceux qui nous donnent le plus grand ravissement.

Le jeu littéraire n'en est pas moins pour certains fonction sociale, de toute façon, il engage l'écrivain. Mais c'est un jeu mineur, inauthentique, si le ravissement qu'il procure est insignifiant.

Le plus étrange est que, dès l'abord, nous apercevons que les jeux ravissants nous enivrent d'autant plus vivement qu'ils nous effraient. Nous ne pouvons ne pas voir que les sommets de la littérature ne sont pas moins désolés d'habitude que ceux des montagnes. C'est qu'en aucune façon le ravissement humain ne peut être tenu pour futile : ce n'est pas un luxe que nous pourrions à volonté retrancher, ce n'est pas une utilité non plus, mais s'il est entier, s'il en vaut la peine c'est qu'il a mis ce que nous avions de plus lourd et de plus avide en jeu. Notre désir le plus profond n'est-il pas d'être atteint au point le plus douloureux ?

C'est qu'il est un mouvement en nous qui nous veut allant le plus loin possible, qui n'est pas différent de celui des fêtes antiques, où l'angoisse et divers éléments de terreur s'associaient aux excès de la joie. Et pourquoi ne pas souligner que le ressort du plus humble roman policier n'est pas étranger à celui du sacrifice religieux : la fonction du roman, comme du film, est généralement d'éveiller en nous de l'angoisse, sans laquelle nous ne pourrions mettre en jeu la totalité du possible humain. (...)

NOTES DIVERSES

En principe, en toute femme toutes les possibilités, qu'elle opte en un sens ou l'autre, sont données : la sainteté, l'hypocrisie, la prostitution, la vie orgiaque, la frustration, le cynisme, le devoir et sa sœur la lâcheté, la sottise, la passion éperdue, la sentimentalité (compromis de la peur et de la passion), la curiosité sans limites, l'impudeur que l'orgueil étouffe, la lassitude. Chacune pour son compte abandonne cette possibilité-ci ou celle-là, mais elle ne peut l'abandonner la supprimant. Ainsi l'humanité entière fuit, mais en vain.

Je n'ai pas parlé de la lâcheté fondamentale, le sentiment de propriété : l'humanité entière est lâche puisqu'elle fuit, mais elle ne peut accepter de l'être : le sens du mot lâche le veut. (...)

J'ai cherché ce que nous faisions,
    quand nous sacrifions
    quand nous jouissons
    quand nous rions.

Sur un mode scientifique, et c'est tout.

J'admettais qu'en riant j'apercevais la vérité, que la vérité était le risible. Si les choses étaient perçues par moi d'une façon quelconque, elles me cachaient leur secret qu'elles révélaient en étant risibles. Ce n'était pas détruit, c'était l'affirmation du rire lui-même. Le rire affirme : « ce dont je ris est risible ». (...)

La difficulté qui s'oppose à l'appréhension de l'instant rappelle en un sens le principe de Heisenberg. L'observateur ne peut à la fois connaître la vitesse d'une particule et son emplacement en un temps donné : c'est que l'observation dérange l'objet observé. Plus essentiellement que la particule, l'instant est un objet que modifie l'observation. La difficulté commence dès que l'observation a pour objet l'observateur lui-même. Mais tout s'aggrave si le principe même de l'observation est contraire à celui de la chose observée. Observer est ce que nous faisons communément, mais si nous observons, nous mesurons l'objet à d'autres connus distinctement de nous, et le rapportons aux possibilités ultérieures. Observer ne peut être dissocié d'agir car nous ne pouvons agir sans avoir observé et nous n'observons qu'en vue d'actions possibles. C'est ainsi qu'en observant l'instant que je vis, je le rapporte à ce que je connaissais déjà et lui donne une valeur relative au possible qu'il définit, relative au temps qui n'est pas encore. Observer, dans ce cas, n'est même plus déranger, mais détruire : l'instant est en effet – je puis le concevoir aisément – ce qui est sans parler de ce qui le précède et le suit. L'incessante opposition dans l'instant d'objets que je rapporte au connu et au possible constitue mon existence au contraire, au mépris de ce qui est, dans la dépendance de ce qui n'est pas, qui fut ou sera. Et si je substitue l'instant lui-même à ces objets qui m'occupent incessamment, je lui donne aussitôt la nature d'un objet : je constitue l'instant qui est, dans la dépendance de ce qui n'est pas ; le moment où j'observe l'instant, où du moins je veux l'observer, ne diffère pas des autres, où j'observe un crayon (rapporté au besoin que j'ai d'écrire), un nuage (dont je sais l'origine et le sort). Je rédige à l'instant ma phrase : mon état diffère peu de la plupart. C'est celui d'un être acceptant de dépendre en attendant mieux de ce qu'il n'est pas. (...)

Esthétique

Elle a, mais personne ne s'en est exactement avisé, hérité avec les prérogatives de la religion et de la morale, de celles mêmes de la souveraineté politique. Naturellement, à la mesure de ces charges nouvelles, l'activité esthétique qui est n'est pas soutenable ; l'attitude de l'art pour l'art est insoutenable, puisqu'elle est en fait l'abandon des charges ; l'attitude de l'engagement est insoutenable puisqu'elle subordonne en fait la vie sensible à quelque activité utile – qui ne peut avoir fin que la vie sensible. Mais l'oreille n'est pas faite à cette vérité : « il n'est rien au-dessus de l'extrême intensité de l'émotion », puisqu'on la confond avec un goût déliquescent au lieu de la saisir comme une exigence sans merci. (...)

Je suis heureux d'une occasion de dire le sentiment de honte que j'éprouve à voir le christianisme tenter de se survivre et s'adapter dans un monde où il n'a que faire, sinon dans la mesure où ce que nous vivons maintenant est assez intenable – en même temps qu'essentiel et inévitable – pour expliquer une défaillance. Rien n'arrête la volonté humaine engagée dans une voie qu'elle a choisie ; même dépassée par d'angoissantes épreuves, elle ne peut qu'aller jusqu'au bout du possible qui lui revient. Mais ce n'est pas sans malaise qu'aujourd'hui je vois l'exigence chrétienne tourner en eau littéraire. L'angoisse du « monde moderne » dépasse et prolonge sans doute l'angoisse chrétienne, mais en évitant l'âpreté de l'une et de l'autre, on définit, se plaçant à ses antipodes, une exigence spirituelle qui n'admet plus l'échappatoire morale et le conte de nourrice. (...)

ANNÉE 1953

Page 243

1. « Hemingway à la lumière de Hegel », *Critique*, n° 70, mars 1953, p. 195-210.

Page 259

1. « Le passage de l'animal à l'homme et la naissance de l'art », *Critique*, n° 71, avril 1953, p. 312-330.

Page 260

1. *Cf.* « Lascaux ou la naissance de l'art » (*O.C.*, t. IX, p. 7-101, et 317-376).

Page 278

1. « Le non-savoir », *Botteghe oscure*, n° XI, 1953, p. 18-30. *Cf.* Dossier et conférences sur « Le non-savoir » (*O.C.*, t. VIII, p. 190-233).

Page 289

1. « Au rendez-vous de Lascaux, l'homme civilisé se retrouve homme de désir », *Arts*, n° 423, 7-13 août 1953, p. 1 et 6.

Les divers manuscrits sur Lascaux donnent également à lire cette page inutilisée :

Il y a plus de douze ans aujourd'hui que la caverne de Lascaux fut découverte, dans le mois de septembre 1940. Je puis maintenant admirer à loisir ces peintures stupéfiantes à même la roche, si parfaites et si fraîches qu'elles me semblent d'hier. Mais comment me défendre d'un sentiment de regret ? C'est dans les jours mêmes où ces secrètes merveilles furent révélées qu'il aurait fallu venir. La foule incessante, anonyme, de l'humanité touristique, la foule amorphe, insipide de notre temps ne cesse plus de s'écouler sous les voûtes millénaires... Depuis le plus lointain des âges, cette admirable et durable lueur, nous pourrions la laisser nous éblouir à sa manière, cette manière douce, masquée, si silencieusement animale, mais une multitude est là, impénétrable, étrangère à cet éclat sauvage qui la fascine sans la toucher. Comment pourrions-nous nous laisser déranger par ce qui, dérangeant ceux qui hantèrent autrefois ces lieux, donna leur grandeur magique à ces figures élémentaires de la vie ?

(Classé dans les papiers de l'année 1953, après le n° 108.) Voir aussi *O.C.*, t. IX, p. 7-101, et 317-376.

Page 293

1. « Aphorismes », *Arts*, n° 424, 14-20 août 1953, p. 5.

Page 295

1. « Note : Sade, 1740-1814 », Critique, n° 78, novembre 1953, p. 989-996.

ANNÉE 1954

Page 305

1. « Hors des limites », Critique, n° 81, février 1954, p. 99-104.

Pierre Klossowski, aussi proche lecteur de Sade que de Nietzsche, a fréquenté le séminaire de Kojève : avec Bataille, Lacan, Queneau, Caillois, Raymond Aron ou Merleau-Ponty.

Il est de Contre-Attaque, du Collège de sociologie et, plus profondément, d'Acéphale.

Dans la revue Change, n° 7 (hiver 1970-1971), il note : « Nous n'aurions jamais pu rester attachés l'un à l'autre et jusque dans nos oppositions, s'il n'y avait eu, au préalable, la fréquentation commune d'un même espace où la pensée peut à la fois considérer de loin les objets les plus insolites qui lui viennent, et presque aussitôt – non pas les " comprendre " – mais proprement s'accoupler avec eux. Que ce genre d'accouplement recouvrirait le désarroi de la raison attentive à ce genre d'objets, ou serait dû à la curiosité (irrésistible chez Bataille) pour ce moment de désarroi autant que pour l'incongruité de ce qui le provoque, je ne veux point en débattre ici. » (De Contre-Attaque à Acéphale).

ANNÉE 1955

Page 313

1. « L'au-delà du sérieux », La Nouvelle N.R.F., n° 26, février 1955, p. 239-248.

Page 315

1. Ici un paragraphe est abandonné (en marge : un simple signe de deleatur, sans rature ni correction) :

« L'au-delà... Imaginez la sortie de cette manière : la langue bien enfoncée dans le .... de la femme que vous aimez : l'attente (inutile), l'envers enfin, l'univers, la mort.

Imaginez du moins que, cette fois, rien n'arrive, que rien ne peut plus arriver, car tout est consumé.

C'est la mesure de l'amour et de la mort. »

Correction : « ...de la femme adorable que vous aimez. »

Plus loin, l'expression de Bataille souvent citée, elle fait image : « les pieds-bots de la pensée ». Elle remplace, après correction, « les mastodontes de la pensée » (« Il ne m'importe pas que les mastodontes de la pensée ne me suivent pas... »)

Page 316

1. Les épreuves correspondant à cet article (Boîte 18 A) donnent un passage non publié qui pourrait se placer ici (selon les articulations diffé-

rentes du texte, selon ses « montages » : comme il est fréquent chez Bataille, un paragraphe, consacré à Nietzsche, se déplace). Ce passage non publié est paginé de 73 à 80 ou, pour son dernier état corrigé, de 81 à 88. C'est ce dernier que nous donnons ici :

La grandeur de Nietzsche est de n'avoir pas accordé sa pensée à la malchance qui l'accablait. S'il n'a pas cédé, ce fut néanmoins sa chance, mais son bonheur se réduisit à n'avoir pas laissé parler le malheur en lui.

Ce dernier mot d'un impossible bonheur peut n'être pas le dernier mot de la philosophie *possible*. Je ne sais même si la pensée de Nietzsche peut être envisagée comme une philosophie. Entre l'enseignement de Nietzsche et la philosophie, la différence est la plus grande imaginable. Mais cet enseignement répond le mieux du monde à ce qu'il importait de dire encore, si *la philosophie* se tait.

Nietzsche ne fit jamais œuvre de philosophe, mais, au-delà de la philosophie, la pensée humaine se meut sur un plan de glissement où elle nie la dépendance par rapport aux objets. Sur ce plan, la pensée de Nietzsche n'a pas forcément la rigueur qu'on peut attendre, elle n'est pas même développée, mais si les possibilités de la philosophie sérieuse semblent en un point n'avoir plus qu'un sens, celui de montrer, par une expérience faite, que la philosophie sérieuse n'y change rien, que le seul avantage du philosophe sérieux est d'avoir éliminé ce que d'autres pensent naïvement, nous demeurons en présence des données qui firent l'objet de la réflexion enjouée de Nietzsche. Ces données ne sont pas élaborées (mais peuvent-elles l'être?), mais le domaine de la réflexion enjouée, par-delà le sérieux, est plus étroit que celui du sérieux, il est possible de le décrire, c'est en un mot celui de Nietzsche.

Nous pouvons y entrer plus profondément, aller un peu plus loin que Nietzsche. Mais c'est toujours le même. C'est d'abord le domaine de l'instant, s'opposant à la réflexion sérieuse en ce qu'il lui échappe et qu'il ne peut être abordé sans l'enjouement de l'angoisse. C'est le domaine du jeu, de l'absence de moralité en conséquence et c'est l'expérience de l'absence de Dieu. Ce qu'il a de fondamental, la pensée souveraine, qui parce qu'elle est la pensée détruite ou la mort de la pensée n'est jamais fondée et ne fonde rien. Mais c'est en premier lieu le domaine du bonheur.

Touchant *l'au-delà du sérieux*, c'est la vérité d'expérience que le malheur ne l'atteint pas. Il est même inconcevable sans la chance. La souffrance parachève l'au-delà du sérieux. Mais celui-ci ne peut céder à la souffrance. Celui qui cède à la souffrance est sérieux. Nietzsche est la démonstration.

On voit dès l'abord la raison pour laquelle l'au-delà du sérieux est une expérience de la souffrance. Nul ne peut se dire *au-delà du sérieux* s'il peut imaginer que le *malheur le rendrait sérieux*. C'est pourquoi *l'au-delà du sérieux* diffère essentiellement de *l'en deçà* qui n'est pas seulement du domaine de la plaisanterie, mais du « maître » de Hegel.

De l'homme de *l'au-delà du sérieux*, il est possible de dire une partie de ce que Hegel disait du maître. À vrai dire, entre les deux, la confusion est même logique. Il serait même impossible de dire que Nietzsche ne l'est *jamais* : il y a une *tentation* de Nietzsche. Il n'a pas toujours été sûr de s'opposer radicalement au monde de la guerre. Il parle de noblesse, et parfois, il a de tristes phrases dont le ton est celui du coq. Le plus triste est que le monde de la guerre à son tour s'y trompa, donnant à la réflexion sérieuse un moyen superflu de ne pas prendre Nietzsche au sérieux, ou de le regarder de haut en bas.

Le paradoxe : *l'au-delà du sérieux* s'oppose à *l'en deçà* en ce qu'il n'est pas moins sérieux que le sérieux. C'est le sérieux se prenant lui-même pour objet et ne se trouvant pas sérieux.

On voit toute la difficulté dont André Breton ne sut pas sortir. La position d'André Breton – au départ celle du mouvement dada – mais celle personnellement d'André Breton dans la mesure où il écrivit (dans *La Confession dédaigneuse*) : je ne fais jamais de projets, aurait demandé, pour en sortir, le sérieux de véritables philosophes! Mais Breton s'en remit à sa chance, il vit bien qu'il ne pouvait se passer de parler, de connaître, mais il se livra au hasard, à son goût. (Mais il avait entre autres le goût de condamner... À tout prendre il fut souvent bien inspiré, il semble bien à la fin s'abandonner au sérieux de l'occultisme, et cela – si l'on m'a suivi – ce n'est pas sérieux.)

C'est l'effondrement et la mort de la pensée, qui se retrouvent, il est vrai, dans la souveraineté, mais non celle à demi morte du maître. La mort est souveraineté dans la mesure où elle est délivrée des chaînes de la pensée sérieuse (elle laisse la pensée sérieuse à son domaine, celui des choses, de la mécanique) et l'effondrement de la pensée découvre l'inadéquation de cette pensée à ce que, jusqu'à nous (du moins jusqu'à Nietzsche), on a pris pour *le plus sérieux.*

La souveraineté de la pensée détruite est désarmée, impuissante... Elle se cache. Elle est étrangère au désir de reconnaissance. Même, elle serait honteuse d'elle-même, si elle ne voyait, dans la honte qu'elle éprouve, un jeu. Le jeu et la dérision qu'elle ne pourrait pas ne pas se permettre et qui répond au sentiment de gloire qui la porte et que la honte seule achève et magnifie, dans la haine des limites.

Cette souveraineté est de toute manière aux antipodes de l'usurpation, c'est la méconnaissance – qu'on a d'elle – qui lui convient. Elle ne s'oppose pas seulement à la puissance traditionnelle du souverain – le pouvoir est devant elle une obligation contraire à ce qu'elle est – elle se déroberait bien plutôt devant la matérialité de la gloire, si d'elle-même celle-ci ne se dérobait pas devant elle.

La gloire effective se donne à qui se dérobe devant la souveraineté authentique, soit qu'il la trahisse ou l'ignore, soit qu'une délicatesse maladive l'en éloigne. C'est que la gloire exige l'utilité, du moins le sens de l'homme chargé de gloire... Nietzsche, à devenir célèbre, devint l'alibi de ceux qui croyaient l'admirer, mais n'admiraient qu'un feu de paille, un clinquant sans conséquence. Nietzsche, depuis longtemps, est reconnu, on l'imagine du moins. Pourtant l'objet de cette reconnaissance se limite aux malentendus dont il fut l'occasion. Il n'engageait pas une action. Ce qu'il fut se pressentit à la condition de lui ressembler, de n'être pas plus que lui reconnu, ou de l'être, comme lui, à contresens. Cela suppose un affaissement de tous les énoncés du langage, ou le discours réduit à l'impossible.

La *Phénoménologie de l'Esprit* dépeint la progression lente de l'intériorité qui nous compose, et les jeux de l'attente et du reniement, de l'espérance et de la rage qui, sans fin, nous changent en machination. De plus en plus, ces jeux nous éloignent d'un fondement, d'un donné *naturel*, lui-même au diable un *immédiat* véritable. Mais l'immédiat n'a pas de sens, l'immédiat est le non-sens. C'est, avant la position d'un sens quelconque, l'être indifférencié, qui ne diffère pas du non-être. Pour Hegel, l'immédiat est détestable. Le *médiatisé* est seul digne d'intérêt. Je crois que, sur ce point (c'est-à-dire, dans la décision), Hegel a raison contre ceux qui regrettent un moment antérieur, moins éloigné de l'immédiat. La nostalgie du passé n'est qu'une élégance, au demeurant comique. Elle nous prive en effet du seul *sens* qu'eut le passé : l'*avenir*, qu'il avait devant lui, qui, maintenant, est échu. Le passé que la nostalgie nous représente n'est pas le passé, c'est le passé privé du sens qu'il se donna lui-même, où l'avenir était impliqué. C'est le reflet que juvénilement, le touriste prend pour la vérité du monde...

Mais plus que le passé n'eut vraiment l'apparence du passé, le touriste n'a pas au fond le tort qu'il se donne. Le touriste n'est pas vraiment le benêt qu'il voudrait être. Son erreur est de voir un aspect du passé comme dans le passé personne ne le vit. Devant le monument qu'il *visite* lui, le passant du passé n'avait ni le loisir ni le recul qui lui eût permis de voir l'amas de pierres comme un amas *présent*, donné en dehors des raisons pour lesquelles on l'éleva. C'est si vrai que, dans l'ignorance de ce qu'il fait, le touriste veut connaître ces raisons d'être de l'œuvre. Ne voulons-nous pas, de la même façon, savoir le lieu de naissance de l'être aimé, qui pourtant ne touche notre amour qu'à la façon de la matière dont ses bas sont faits, ou de la boutique où elle les achète? Mais pour celui qui le longeait jadis, la raison d'être du monument faisait partie de lui-même et de sa pensée, son aspect indiquait cette raison d'être, comme l'idée première de ses bas, qui lui gainent les jambes, suggéra d'abord à celle que nous aimons l'adresse de la boutique. Le seigneur du Moyen Âge, passant à cheval le long de l'église, n'avait pas le même sentiment que le visiteur moderne, il n'était pas touché par la grâce qui nous éclaire, quand nous disons de l'édifice roman qu'il est beau. Mais il avait tous les renseignements que le visiteur demande en vain, qui ordonnaient si bien à ses yeux le sens de l'église qu'il était superflu pour lui d'y penser. Je pourrais d'abord me dire que le touriste cesse d'errer s'il s'informe, s'il écoute l'archéologue. Mais le ferait-il si l'église ne l'avait séduit, ou sinon ceux dont il emboîte le pas ? Je suis sûr, à ce point, que le hasard ne voulut pas seul que, justement, le visiteur choisît l'édifice où les bâtisseurs voulurent à tout prix dépasser le sens étroit qu'avait leur entreprise, où ils voulurent que sa beauté excédât leur intention jusqu'au non-sens. Que sont en effet la magnificence et la beauté données sans mesure à la pierre, sinon la réponse au désir d'enfermer dans le temps présent ce qu'un propos formel assigne au temps qui suivra. Afin que l'église ne fût pas semblable au marteau qui frappe le fer, afin que, dans le temps présent, elle touche au point sensible dans le cœur, plus que le calcul dans l'intelligence, il fallait, plus loin que par un enseignement intelligible, émerveiller par une beauté inintelligible. Il fallait que l'église ramenât le fidèle au présent, qui, n'ayant pas d'usage, *pas de sens*, est sacré (pas de sens, si ce n'est en soi, mais pas de sens en vue d'autre chose : c'est aucun sens, absolument). Il fallait de quelque manière, à tout prix, enfoncer dans la terre de l'instant cette vie toujours à la poursuite d'un bien accru, d'un résultat pas encore obtenu. Le désir d'aller plus loin que le voisin était, il est vrai, le sens que l'absurdité se donnait. Mais ce sens même est un non-sens ; il n'était là que pour leurrer. Si bien que la nostalgie du passé ressemble elle-même à l'*erreur* que constituait l'élévation de belles églises. C'est à l'absence de sens, à la disparition de tout sens concevable que l'une et l'autre renvoient, mais sans lucidité, sans le courage de voir le vide s'ouvrir, sans avoir la force d'en rire.

*

Me déshabiller de la différence et pour RIEN éloigner la totalité du possible, ce qu'échafauderaient les efforts et le désir d'échapper au vide de ce RIEN, ce n'est pas tout à fait ce que je pensais, car ce RIEN, dont je voulais à toute force m'éloigner je sais à la fin l'accueillir si je ris. Cela d'autant plus résolument que je suis sérieux. Si bien que le bonheur en moi, que l'*absence de sérieux*, insidieusement, a la forme d'un sérieux *plus* exigeant.

Il y a, dans le silence de Valéry, je ne sais quoi de pesant, de collé, de triste. Par oisiveté, Valéry voulut être du moins un échec *organisé*, il ne fut jamais naïf. J'imagine qu'il vit dans le bonheur un piège : il avait raison, mais il est tombé, lui, dans le piège du bonheur *en le refusant*, ce qui l'engageait au sérieux. Craignant d'être joué, il fut sérieux au point d'organiser une défense, si bien qu'il fut joué, victime de la peur qu'il avait de l'être.

Valéry, s'il vivait, en conviendrait... Cela me semble. Il n'en serait pas plus *naïf*. Ce que je dis, il lui faudrait du moins le comprendre alors que l'essentiel en est une fois pour toutes compris que jamais personne ne comprendra, sinon dans la mesure où la compréhension d'un rien éleva à la sottise d'essayer de comprendre le reste.

Je ris, mais c'est à soulever *tout* le poids du sérieux que je ris. Qu'un mot risible serait lâche et comme il ternirait ma joie ! Je rends à l'absolue pureté de RIEN la glu des paroles cohérentes. Jamais le jeu inépuisable des mots n'aurait pu me dépoisser, c'est le RIEN d'un silence de mort, insignifiant, qui est léger, qui efface : c'est l'image du bonheur.

Page 321

1. « Le paradoxe de l'érotisme », *La Nouvelle N.R.F.*, n° 29, mai 1955, p. 834-839.

Page 326

1. « Hegel, la mort et le sacrifice », *Deucalion*, n° 5 (« Études hégéliennes »), n° 40 de *Être et penser*, Cahiers de philosophie, Neuchâtel, octobre 1955, p. 21-43.

Dans le même numéro, *Deucalion* publie « La critique des fondements de la dialectique hégélienne », rédigée par Bataille en collaboration avec Queneau pour *La Critique sociale* (n° 5, mars 1932).

ANNÉE 1956

Page 349

1. « Hegel, l'homme et l'histoire », *Monde nouveau-Paru*, n° 96, janvier 1956, p. 21-23 et n° 97, février 1956, p. 1-14.

Page 370

1. « L'impressionnisme », *Critique*, n° 104, janvier 1956, p. 3-13.
Exemplaire corrigé : nous suivons le dernier état.

Page 381

1. « Un livre humain, un grand livre », *Critique*, n° 105, février 1956, p. 99-112.

Page 395

1. « L'érotisme ou la mise en question de l'être », *Les Lettres nouvelles*, n° 36, mars 1956, p. 321-330, et n° 37, avril 1956, p. 514-524.

Page 414

1. « Qu'est-ce que l'histoire universelle ? », *Critique*, n° 111-112, août-septembre 1956, p. 748-768.
La sévérité du jugement tient, entre autres, à ce que Bataille préparait un projet d'« Histoire universelle », dont les éléments assez disparates sont réunis dans les papiers (*Boîte* 10, H ; paginés de 1 à 22, suivis de coupures de presse sur l'agriculture chinoise, p. 23-24) :
« Présenter un petit nombre de faits précis – Le fait que l'on ne peut écrire un roman sans supplices – etc. » Plus loin, p. 11 : « Dialogue seul à seul, c'est-à-dire sans aucun souci des autres, aussi bien peur d'eux (compromettants) – hostilité. »
« C'est le christianisme qui a tout faussé. En fait, c'est le communiste qui est le plus loin de l'animal. »
Le projet est intitulé : *La Bouteille à la mer, ou l'Histoire universelle, des origines à la veille d'un désastre éventuel.*
Dans le premier classement pour les œuvres complètes (avril 1964), Jean Bruno prévoit de réunir en deux volumes une *somme athéologique* qui comprendrait :
a) « L'expérience intérieure » (1941-1942).
b) « Le coupable » (1939-1943) et « L'Alleluiah ».
c) « Sur Nietzsche » (1944) et « Mémorandum ».
d) « Méthode de méditation » (1945-1946).
e) « Le pur bonheur, ou la part du jeu » (*cf.* Dossier du « Pur bonheur », p. 644) (1951-1958).
f) « La théorie de la religion » (1946-1959).
À quoi s'ajouterait une septième partie : « *La Bouteille à la mer* fut prévue sur une note par Bataille, j'ignore à quoi elle correspondait dans sa pensée. »
Jean Bruno prévoit enfin « un autre groupe homogène de textes et articles

de 1946 à 1952 portant sur : *L'instant, le surréalisme et l'illumination spontanée* ».

On peut reconstituer ce dernier ensemble à travers les articles de ce tome XII.

Le projet d'« Histoire universelle » apparaît trois fois dans les papiers de la *Boîte* 10 (G, H et L). Pour la *Boîte* 10, L, il est présenté sous forme de questions après des notes diverses : « coupures de presse sur l'abbé Breuil; Communisme et stalinisme; Préhistoire *(Hist. universelle ?)*; Camus; Blanchot; Hegel; Érotisme, transgression; Gide, etc. », comme pour la *Boîte* 10, G : « Plan pour *Histoire universelle ?* »

La Bouteille à la mer... propose les éléments d'un plan que nous reproduisons :

LA BOUTEILLE À LA MER
OU L'HISTOIRE UNIVERSELLE DES ORIGINES
À LA VEILLE D'UN DÉSASTRE ÉVENTUEL

La torture ou la première histoire universelle fondée sur l'ensemble des faits.
Présenter un petit nombre de faits précis.
Le fait que l'on ne peut écrire un roman sans supplicier le lecteur sensible, ne pas réussir à le supplicier, c'est échouer. (...)

LE MATÉRIAU ou l'histoire universelle (du premier homme à l'homme matériau).
Sur la bande : Envers et contre tous. *(barré : tout)*
Comment le singe ayant dominé les autres animaux par le travail s'est ravalé lui-même au-dessous de l'animal. Telle est l'histoire que j'ai voulu dire en un petit livre. Ce petit livre, il faut l'espérer, sera bientôt mis au pilon jusqu'au dernier des exemplaires... Il est déjà beau que, mourant de peur ou parfois gaiement, des milliards d'humains se fassent volontaires du néant. Le comble serait sans doute qu'un petit nombre en ait conscience et vivant enfin dans un monde heureux passe une partie du temps à regretter les malheurs d'un passé digne d'oubli. (...)

Le matériau *(barré : le dé tragique)*

I. Origines
Les premiers hommes et le travail
La naissance de l'homme et l'interdit : interdit de la mort, interdit sexuel
La divinité animale et la transgression humaine : le sacré sa première forme : l'art et la chasse

II.
La religion à partir de la divinité animale, le totémisme et le principe du sacrifice
La religion et la royauté purement religieuse
La guerre en tant que jeu de transgression
La royauté, la guerre et le principe de leur évolution
La royauté devenue moyen
L'élevage et le sacrifice
L'agriculture
L'esclavage et l'homme devenant moyen, l'esclave de Hegel
Le sacrifice humain

III.
Les empires et la religion impériale : Rome et la Chine
Le christianisme en tant que protestation contre l'utilitarisme religieux
Le christianisme en tant que religion utilitaire, réduction du jeu impérial
Marx ne put s'attarder aux misérables, à ces enfants perdus, qui n'ont pas d'efficacité et qui, même, paralysent l'efficacité.

Je n'en doute pas, je ne m'attache pas à des apparences contradictoires : Marx l'emporte. (...)

Le dépassement de l'histoire identique à la suppression des différences entre les hommes.
La volonté de non-différence, l'action se poursuivant comme une résolution vers la non-différence.
Accélération dans l'histoire de l'Europe et non dans l'histoire des périphéries.
L'histoire : ces morts innombrables qui se sont d'abord entre-tués comme ils pouvaient.
Serrer de près le sens du jeu, en tant qu'identique à la vie. Peut-être cela signifie-t-il la mort?
C'est la mort qui introduit le jeu. Et sans la mort consciente il n'est pas de jeu. Et sans jeu?
Rechercher dans les pages collées (?) le passage où je refuse le travail. N'y a-t-il pas : travailler pour jouer?
Ajouter le rôle du travail dans la guerre et la mort, en tant que le travail engage l'esprit dans la conscience de la mort.
La mort comme jeu implique la conscience de la mort.
De la guerre-jeu à la guerre-travail.
Que dans la révolution tout mène au jeu.
Discussion : le jeu des enfants, à la marchande.

Le principe des trois méthodes
a) aphorismes
b) développements partiels
c) réflexion ramassée c'est-à-dire état aphoristique systémat.

Dans la dernière partie développer la dialectique du monde actuel.
Opposition de deux forces jouant suivant la sociologie d'Ibn Khaldoun (à laquelle reviennent les considérations diplomatiques classiques : affaiblissement corrélatif de tout renforcement, possibilité de lutter contre toute force que le succès affaiblit).
Aspect particulier de la dialectique nouvelle : il ne s'agit plus d'une force tenant à l'extériorité comme dans I.K., la forme extérieure d'I.K. a perdu son sens dans la mesure où la technique se lie à la plus grande force. Une phase nouvelle est ouverte par la découverte de la poudre à canon etc. Dès lors, les plus civilisés l'emportent, mais, avec la Révolution française, la classe inférieure se substitue à la situation extérieure. Dans les premiers temps intervient la possibilité du bonapartisme. Le bonapartisme est l'utilisation de la force appartenant à la classe inférieure par une association équivoque.
La loi d'I.K. s'énonce : la force du plus faible croît du fait de sa pauvreté dans la mesure où la technique supérieure du plus riche ne joue pas contre lui (à égalité de moyens techniques). Mais si le plus faible s'enrichit, il succombe à la coalition des plus riches.
Ici s'insère une loi secondaire : cela se passe dans un mouvement de balance. Le riche s'affaiblit du fait de sa richesse. Celui qui s'empare de sa richesse s'affaiblit. Il y a une loi de croissance et de décroissance des forces propre à l'égalité relative de ces forces sur différents plans...
Il faut ajouter à la loi d'I.K. le principe de la coalition des faibles, qui participe au principe général de la croissance des faibles propre à leur faiblesse et de la décroissance des riches propre à leur richesse.
Il y a en somme deux facteurs de renversement :
a) possibilité de coalition des faibles
b) possibilité d'enrichissement des forts
Dans la diplomatie, on vise toujours la possibilité de détacher un élément d'une coalition en vue du rétablissement de l'équilibre, la diplomatie est le jeu de l'équilibre des forces. Mais dans le cas d'un facteur nouveau sur le plan de la loi d'I.K., il faut

appliquer autrement ce jeu de l'équilibre : en général, les diplomates sont des gens habitués à des stagnations propres à l'équilibre, qui ont oublié la loi d'I.K.

Cependant, les Russes peuvent aussi s'affaiblir s'ils cèdent à la possibilité de l'enrichissement (jouissance préférée à la croissance).

Page 437

1. « L'équivoque de la culture », *Comprendre,* Venise, n° 16, septembre 1956, p. 26-35.

ANNÉE 1957

Page 453

1. *L'Affaire Sade,* Paris, Pauvert, 1957, 141 p., Bataille (p. 53-59).

« C'est ici la philosophie que je représente » dit Bataille à la barre. Le compte rendu exact du procès intenté par le ministère public aux Éditions Jean-Jacques Pauvert contient notamment les témoignages de Bataille, Breton, Cocteau, Paulhan, et le texte intégral de la plaidoirie prononcée par Mᵉ Maurice Garçon.

Page 457

1. « Ce monde où nous mourons », *Critique,* n° 123-124, août-septembre 1957, p. 675-684.

C'est en 1941 que, par l'intermédiaire de Pierre Prévost, Bataille rencontre Maurice Blanchot « auquel le lient immédiatement l'admiration et l'accord ». De là date « l'entretien infini » fondé sur leur amitié. Il semble que Bataille ait envisagé d'écrire deux ouvrages sur Maurice Blanchot sans pouvoir y donner suite.

Page 467

1. « L'érotisme, soutien de la morale », *Arts,* n° 641, 23-29 octobre 1957, p. 1 et 3.

ANNÉES 1958-1961

Page 475

1. « La planète encombrée », *La Ciguë,* n° 1. (« Hommage à Georges Bataille ») janvier 1958, p. 47-49.

Textes de Michel Leiris, René Char, Fautrier, Masson, Jean Wahl, Marguerite Duras, Louis-René des Forêts et Malraux.

La revue n'aura pas d'autre numéro.

Page 478

1. « Le pur bonheur », *Botteghe oscure,* n° XXI, 1958, p. 20-30.

Le texte présenté ici est celui qu'avait donné la revue *Gramma* dans son numéro 1 (1974) : par rapport à celui de *Botteghe oscure,* il est plus long et complété par les notes qui s'y rattachent.

La *Boîte* 18, A, B est constituée de notes et de fragments à rattacher au « Pur bonheur ».

Page 487

1. Nous reproduisons la note de la rédaction qui figure en bas de la page : « Les fragments entre crochets figurent sur le manuscrit accompagné de la mention " ne pas taper " (ils n'ont donc pas été repris dans *Botteghe oscure,* n° XXI). Nous les restituons ici pour l'intérêt qu'ils présentent. »

Page 488

1. Note de la rédaction en bas de page : « Ici commence une série de fragments non publiés également dans *Botteghe oscure,* mais qui font suite, et portent en marge la mention " non revu " ».

Page 491

1. *Zarathoustra et l'enchantement du jeu,* Club du Meilleur Livre, février 1959.

Page 494

1. « La religion préhistorique », *Critique,* n° 147-148, août-septembre 1959, p. 765-784.

Page 514

1. « Terre invivable? », *United States Lines, Paris Review,* été 1960, « For a world Festival », n.p.

Page 518

1. *Max Ernst philosophe!,* avant-propos de Bataille, Gonthier-Seghers, 1960.

Page 521

1. « Gustave Moreau, " l'attardé " précurseur du surréalisme », *Arts,* n° 825, 7-13 juin 1961.

L'article de Bataille est précédé de l'introduction suivante : « Samedi 10 juin, M. André Malraux inaugurera au Louvre la plus surprenante exposition de l'année : Gustave Moreau, dont la réputation de professeur – puisqu'il avait eu comme élèves Rouault, Matisse et Marquet – était jusqu'à ce jour supérieure à celle du peintre. Créateur visionnaire d'un symbolisme féerique et fantastique où le surréalisme a puisé une grande part de son inspiration, Moreau a reçu une caution de marque, celle d'André Breton. »

DOSSIER DU « PUR BONHEUR »

Page 525

1. Des éléments rattachés au « Pur bonheur » (voir l'article publié dans *Botteghe oscure,* p. 478-490) figurent à divers endroits de l'inventaire des papiers de Bataille (ainsi des *Carnets* 17 et 18).

On trouve le plus grand nombre de fragments lisibles dans la *Boîte* 18 (A et B), après le « plan du " Pur bonheur " », f° 2 :

– « Hegel, la mort et le sacrifice.

– L'homme et l'histoire.

– Sommes-nous là pour jouer?

– L'au-delà du sérieux.

– Le souverain.

– Le non-savoir. »

« *Le pur bonheur ou la part du jeu* doit se terminer sur cette conclusion : ni Mars, ni Vénus. »

Page 527

1. « Explication de mes écrits » (*Boîte* 18, A, b – ff^{os} 4-5).

Page 528

1. « Coryphea ».

Recopié en l'état à peu près définitif par Bataille, le poème est sur-corrigé :
– Le sang ~~minable~~
– Mes seins ~~tranchés~~
– Mon gosier ~~est comme~~ / ~~coulé~~ / s'ouvre / ~~la voix~~ / ~~ma voix~~
– la mort ~~est comme un fleuve~~
un mauvais roucoulement / ~~horrible~~ / ~~affreux~~ / ~~du tonnerre~~ / ~~foudre~~ /
...
– ~~Maintenant~~ / ~~regarde~~ / ~~fix~~ / ~~Ô douloureuse enfant fille~~ / Blanche nudité
/ ~~tragique~~ / ~~impudeur~~
– ~~l'obscénité nudité~~ / vendue... / ~~chèrement achetées~~ / ~~pay~~ / ~~assise ta bouche~~
– ~~a l'haleine de beurre et d'urine~~
– ~~voluptés payantes~~ / ~~pay~~ / ~~ta~~ [*illisible*]
– ~~Toi~~ / ~~Le rire~~ / ~~nuire à~~ / Ta nudité [*illisible*]
– ~~couchée~~ // ~~toi nue sur un lit de chair et de~~
– [*illisible*] Ravissante ~~de tes~~ / dents / ~~blanche nudité~~
– ~~rit à l'adresse~~ / ~~si~~ l'odeur ~~enivrante~~ de l'argent ~~mais dans~~ laisse t'une
dernière étreinte ~~te donner~~ donner à tes reins la robe ~~de sang~~ gluante
de la mort.

Page 529

1. *Notes et aphorismes* (*Boîte* 18, A, d – ff^{os} 11-39).

Page 532

1. « L'animalité » (*Boîte* 18, A, f – ff^{os} 98-113).
Le f° 89 mentionne un « Postulat initial » : note sur la première page,
« faire de ce texte un avant-propos pour *« Le pur bonheur »* en le faisant
précéder d'une explication sur le titre général *Somme athéologique* et sur le
plan des cinq volumes :
I. *« L'expérience intérieure. »*
II. *« Le coupable. »*
III. *« Sur Nietzsche. »*
IV. *« Le pur bonheur. »*
V. *« Le système inachevé. »*

Page 536

1. « La consumation » (?) (*Boîte* 18, A, f – ff^{os} 115-123).

Page 539

1. « Le pur bonheur » (*Boîte* 18, A, h – ff^{os} 219-249).
Le premier paragraphe de cet article est publié dans « La planète encombrée » (*La Ciguë*, n° 1, janvier 1958, p. 47, p. 475).

Page 544

1. « Exécration » (*Boîte* 18, B, b, c – ff⁰ˢ 35-64).

Page 546

1. « Le dé tragique » (*Boîte* 18, B).

Page 547

1. « Le jeu » (*Boîte* 18, B).

NOTE AUX EMPRUNTS
DE GEORGES BATAILLE
À LA BIBLIOTHÈQUE NATIONALE
(1922-1950)

Page 549

1. La liste a été établie et annotée par Jean-Pierre Le Bouler et Joëlle Bellec Martini.

Élève de l'École des chartes de 1918 à 1922, Bataille est nommé archiviste-paléographe le 10 février 1922 puis, après un séjour en Espagne (à l'École des hautes études hispaniques, dite plus tard « Casa Velasquez »), bibliothécaire-stagiaire à la Bibliothèque nationale (le 10 juin). Il entre au Département des Imprimés en juillet. Le 3 juillet 1924, il entre au Département des Médailles d'où il est muté le 18 janvier 1930. Après divers congés (pour maladie, en 1942) et mises à disposition, il reprend son emploi et est nommé le 17 mai 1949 conservateur de la bibliothèque Inguimbertine de Carpentras puis, le 23 juin 1951, à la Bibliothèque municipale d'Orléans. Le 1ᵉʳ février 1962, il demande sa mutation à la Bibliothèque nationale. Elle est acceptée. Il ne pourra reprendre son poste.

Table   651

DU MÊME AUTEUR

Aux Éditions Gallimard

L'EXPÉRIENCE INTÉRIEURE
LE COUPABLE
SUR NIETZSCHE
SOMME ATHÉOLOGIQUE
LA LITTÉRATURE ET LE MAL
LE COUPABLE suivi de L'ALLELUIAH
ŒUVRES COMPLÈTES :

THÉORIE DE LA RELIGION (Collection « Tel »).

Composé et achevé d'imprimer
par l'Imprimerie Floch
à Mayenne, le 11 avril 1988.
Dépôt légal : avril 1988.
Numéro d'imprimeur : 26320.
ISBN 2-07-071305-9 / Imprimé en France.